STANISLAWSKI

DIE ARBEIT DES SCHAUSPIELERS
AN DER ROLLE

STANISLAWSKI

DIE ARBEIT DES SCHAUSPIELERS AN DER ROLLE

MATERIALIEN FÜR EIN BUCH

ZWEITAUSENDEINS

Herausgegeben von Dieter Hoffmeier
Übersetzung Karl Fend, Hans-Joachim Grimm und Dieter Hoffmeier

Copyright © für die deutschsprachige Ausgabe by Henschel Verlag GmbH Berlin 1993
Lizenzausgabe mit freundlicher Genehmigung des Henschel Verlages Berlin 1996
für Zweitausendeins, Postfach, D-60381 Frankfurt am Main.

Alle Rechte vorbehalten, insbesondere das Recht der mechanischen, elektronischen oder fotografischen Vervielfältigung, der Einspeicherung und Verarbeitung in elektronischen Systemen, des Nachdrucks in Zeitschriften oder Zeitungen, des öffentlichen Vortrags, der Verfilmung oder Dramatisierung, der Übertragung durch Rundfunk, Fernsehen oder Video, auch einzelner Text- und Bildteile.

Der gewerbliche Weiterverkauf und der gewerbliche Verleih von Büchern, Platten, Videos oder anderen Sachen aus der Zweitausendeins-Produktion bedürfen in jedem Fall der schriftlichen Genehmigung durch die Geschäftsleitung vom Zweitausendeins Versand in Frankfurt.

Printed in Germany

Dieses Buch gibt es nur bei Zweitausendeins im Versand (Postfach, D-60381 Frankfurt am Main) oder in den Zweitausendeins-Läden in Berlin, Düsseldorf, Essen, Frankfurt, Freiburg, Hamburg, Köln, München, Nürnberg, Saarbrücken, Stuttgart.

In der Schweiz über buch 2000, Postfach 89, CH-8910 Affoltern a. A.

Umschlaggestaltung: Günter Hennersdorf
Gesamtherstellung: Offizin Andersen Nexö — ein Betrieb der
INTERDRUCK Graphischer Großbetrieb GmbH

ISBN 3-86150-182-1

VORWORT

In diesem Band sind alle wichtigen von Stanislawski hinterlassenen Texte und Entwürfe für sein geplantes, doch nie vollendetes großes Buch über »Die Arbeit des Schauspielers an der Rolle« vereint und chronologisch angeordnet. Der Leser kann auf diese Weise der Entwicklung und Ausprägung von Stanislawskis Methodik unmittelbar folgen. Die Materialien sind von unterschiedlichem Wert und Gewicht.

Schon in der Jugendzeit, seit dem vierzehnten Lebensjahre entwickelte er die Gewohnheit, persönliche Erfahrungen beim Erarbeiten von Rollen, zunächst im familiären Laientheater, in »Künstlerischen Notizen« zu reflektieren. Bereits damals spürte er Wegen nach, wie man eine Rolle am besten zum Leben erwecken und sich als Darsteller dafür durch bestimmte Verfahren aktivieren könne. Solche Überlegungen begleiteten ihn während seiner Tätigkeit als Laiendarsteller und -regisseur in der Moskauer »Gesellschaft für Kunst und Literatur« (1888–1898) und in den Anfangsjahren am Berufstheater, im Moskauer Künstlertheater.

Doch erst 1909 während der Inszenierung von Iwan Turgenjews »Ein Monat auf dem Lande« wurde ihm »die Binsenweisheit« bewußt, »daß der Schauspieler nicht nur an sich selbst, sondern auch an der Rolle arbeiten lernen muß. Ich hatte es freilich auch früher gewußt, doch nur oberflächlich und anders. Das ist ein weites Feld, das besonders studiert, technisch erschlossen und durch ein System von Übungen zugänglich gemacht werden will.«[*] Er nannte dieses Feld später[**] auch den »zweiten Hauptteil« seines Lehrgebäudes, seines Systems, und begann ihn seit 1909 bewußt auszuarbeiten.

Am Anfang des vorliegenden Bandes sind einige jener Notizen abgedruckt, in denen sich Stanislawski nach 1909 mit methodischen Problemen seiner Arbeit an Rollen zu befassen begann. Das betraf den General Krutizki in Alexander Ostrowskis »Eine Dummheit macht auch der Gescheiteste« (1910), den Cavaliere di Ripafratta in Carlo Goldonis »Mirandolina« (1914) und den Antonio Salieri in Alexander Puschkins kleiner Tragödie »Mozart und Salieri« (1915) – eine Rolle, die er nicht bewältigt hatte. Dies regte ihn erst recht zu Forschungen an, zur Suche nach bestmöglichen Arbeitsmethoden an einer Rolle.

In diesen frühen Texten schälten sich schon einige Etappen und Schaffensprobleme heraus, die er später noch genauer ergründete, zum Beispiel die Art und Weise des ersten Ken-

---

[*] Konstantin S. Stanislawski: Mein Leben in der Kunst, Berlin 1987, S. 397f.
[**] Konstantin S. Stanislawski: a. a. O., S. 489.

nenlernens eines Stücks und einer Rolle, die Analyseverfahren, das Eindringen in die Motivationen und in weitere psychologische Prozesse einer Figur über das Begreifen der im Stück genannten Fakten und Lebensumstände (Situationen). Besondere Aufmerksamkeit widmete er dem allmählichen Eindringen des Schauspielers in die Gestaltungsabsichten des Dramatikers sowie dem Übergang von den äußerlich leicht erfaßbaren Seiten einer Figur zu den inneren Vorgängen.

Um 1917 entschloß er sich zu einem anderen Vorgehen. Er wollte den Arbeitsprozeß an der Rolle nun an einem Beispiel erläutern, das er bestens kannte und seit längerem erfolgreich praktizierte. Er wählte Alexander Gribojedows Komödie »Verstand schafft Leiden«. Das Werk war im Künstlertheater bereits zweimal inszeniert worden, 1906 und als Wiederaufnahme 1914. Sie kam einer Neuinszenierung gleich. In beiden Fassungen hatte Stanislawski den Bürgermeister Pawel Famussow gespielt, mit Erfolg in die Rolle immer tiefer eindringend. Er beherrschte also den Gegenstand, über den er schreiben wollte. So entstand im Verlaufe weniger Jahre, etwa zwischen 1917 und 1920, das erste größere Manuskript für ein Buch über »Die Arbeit des Schauspielers an der Rolle«. Es gab hier eine deutliche Einteilung des Arbeitsprozesses in vier große Hauptetappen, in die Periode des Kennenlernens, in die des Erlebens, in die des Verkörperns und die des Einwirkens. Die vierte Hauptetappe des Einwirkens wurde von Stanislawski leider nicht ausgearbeitet. So blieb das Manuskript Fragment. In dieser Zeitspanne herrschte bei ihm noch die Suche nach einer kreativen Arbeitsmethodik auf rein psychologischer Grundlage vor. Doch klangen Elemente seiner späteren Methodologie schon an. Beim Kennenlernen des Stücks schritt er beispielsweise von den äußerlichen, leichter zugänglichen Gegebenheiten zu den inneren, schwieriger erfaßbaren Vorgängen und Motivketten.

Denselben Gegenstand und Inszenierungsprozeß versuchte er auch belletristisch darzulegen, in der Form eines »pädagogischen Romans« mit dem Titel »Die Geschichte einer Inszenierung«. Er entstand fast zur gleichen Zeit wie das Manuskript für seine Autobiographie, also 1923/24. Zwei Handlungslinien treten hervor. Ein Theaterkollektiv arbeitet an der Inszenierung von »Verstand schafft Leiden«. Der Oberspielleiter Tworzow (in dem Namen steckt das russische Wort »Schöpfer«) tritt die Inszenierung zeitweilig an den Spielleiter Remeßlow ab (dessen Name soviel wie Handwerker bedeutet). Remeßlow stößt die Schauspieler sofort auf das zu gestaltende Endergebnis zu. Er verlangt vom ersten Augenblick an eine äußerliche Zeichnung der Rolle, äußeres Erfüllen von Arrangements; Partnerbeziehung und eigenes kreatives Verhalten der Schauspieler sind ihm unwichtig. Er organisiert lediglich die Vorstellung. Die für das Ensemble ungewohnte handwerkelnde Arbeit Remeßlows, der aus der sogenannten Provinz kommt, erregt Protest und heftige Diskussionen über wahrhaft schöpferische Schauspieler- und Regiearbeit. Tworzow muß die Inszenierung wieder selbst übernehmen. Leider konnte Stanislawski diesen Teil des Romans, der das positive methodische Gegenbeispiel darstellen sollte, nicht mehr schreiben. Die zweite Handlungslinie rückt die Erzählung eines Schauspielers namens Fantassow in den Mittelpunkt. In dem Namen stecken möglicherweise die Begriffe »Schwärmer« und »Phantast« oder auch mit »Phantasie« begabter Mensch verborgen. Eine tiefe schöpferische Krise anläßlich eines öffentlichen Auftretens zwingt ihn, seine Beziehung zur Kunst zu überdenken und die Grundlagen der schauspielerischen Technik zu studieren, die er vordem vernachlässigt hat. Hier ergeben sich deutliche biographische Züge zu Stanislawski selbst, der 1915 und 1917 mit zwei mißglückten Rollen, mit dem Salieri in der Puschkin-Tragödie »Mozart und Salieri« und dem Oberst Rostanew in der Bühnenfassung von Dostojewskijs »Das Gut Stepantschikowo« in eine ähnliche Lage geraten war. Anschließend sind Bemerkungen aus Notizbüchern Stanislawskis abgedruckt, darunter bedeutsame Gedanken »Über die Groteske«. Hierin versucht er das mißliche Verhalten von Spielleitern eines sogenannten reinen Regietheaters, auch von Avantgardisten pseudolinker Art, zu einer methodisch noch unzulänglich entwickelten Schauspielkunst genauer zu erörtern. Auch stellt er in Bezug auf die Groteske Überlegungen an, um ästhetischen Avantgardismus nicht zu einem reinen Selbstzweck entarten zu lassen. Dabei erhebt er keine abstrakten Forderungen, sondern kennzeichnet ein Programm, das er in eigenen Inszenierungen jener Zeit oft mustergültig verwirklichte. Dazu gehörten beispielsweise Ostrowskis »Ein heißes Herz« (1926), Beaumarchais' »Der tolle Tag oder Figaros Hochzeit« (1927), aber auch Michail Bulgakows Bühnenfassung von Nikolai Gogols »Die toten Seelen« (1932).

Der zweite umfangreichere Buchentwurf Stanislawskis zur »Arbeit des Schauspielers an der Rolle« rückte Shakespeares Tragödie »Othello« in den Mittelpunkt. Er entstand zwischen 1930 und 1933. Darin skizzierte Stanislawski einen deutlichen Wandel in seiner Methodik. Jetzt ging er konsequent von der Erarbeitung »physischer Handlungen« beim Aufbau einer Rolle aus. Erst von hieraus sollte der Schauspieler auch zu den komplizierten psychischen Prozessen in der Rolle vordringen. Dies Verfahren sollte ihm schließlich auch den Zugang zu den Tiefenschichten unbewußter Kreativität eröffnen. Besonders bedeutsam sind in diesem Zusammenhang die ergänzenden Auszüge aus dem »Regieplan ›Othello‹«. Hier wird ein konkreter Einblick in den Bau einer Rollenstruktur gegeben, in das, was Stanislawski fortan als »Schema der physischen Handlungen und Aufgaben« bezeichnete. Der dritte umfangreichere Buchentwurf befaßt sich mit Nikolai Gogols hinreißender Satire »Der Revisor«. Er stammt aus den letzten Lebensjahren Stanislawskis und schildert das Experimentalstadium eines unerwartet neuartigen Anfangsschrittes beim Eindringen in eine Rolle, das sogenannte »Analysieren durch Handeln«. Stanislawski konnte dies Verfahren nicht mehr ausformen. Dennoch beschreibt das Manuskript über die Arbeit am »Revisor« die Richtung, die er einschlagen wollte und die kreative Nachfolger wie etwa Marija Ossipowna Knebel nach seinem Tode dann beschritten.

Da die drei großen Buchentwürfe sämtlich Fragment geblieben sind und mehr oder minder ausführlich jeweils nur die Anfangsschritte einer Arbeit an der Rolle beschreiben, ist ein kleines Dokument, der »Plan zur Arbeit an der Rolle« von 1937, von besonderer Wichtigkeit. Darin skizziert Stanislawski nämlich den gesamten Arbeitsprozeß an der Rolle in seinen methodischen Einzelschritten, so wie er ihn kurz vor seinem Tode als Pädagoge handhabte. Entsprechend hätte er vermutlich auch das letzte Buchmanuskript zur Arbeit des Schauspielers an der Rolle weitergeführt, wenn er es noch hätte abschließen können.

Das vorliegende Buch enthält somit alle wesentlichen Texte Stanislawskis, die 1957 im Band 4 der ersten russischen Edition seiner »Gesammelten Werke« vorgelegt wurden. Die Anordnung der Texte entspricht jedoch bereits dem 1991 erschienenen Band 4 der neuen, zweiten russischen Edition seiner »Gesammelten Werke«. Die meisten Texte sind durch die in diesem Verlag 1988 erschienenen »Ausgewählten Schriften« in zwei Bänden deutsch zugänglich und für das vorliegende Buch thematisch zentriert, das heißt neu zusammengestellt worden. Ergänzt wurden sie durch die vom Herausgeber besorgte Übersetzung wichtiger Auszüge aus dem »Regieplan ›Othello‹«, die im vorliegenden Buch zum erstenmal erschei-

7

nen. Es sind nur neunzehn Seiten aus dem 357 Seiten umfassenden bedeutenden regie- und schauspielmethodischen Dokument aus Stanislawskis letztem Lebensjahrzehnt. Leider fand sich seit dem Erscheinen der russischen Erstausgabe von 1945 noch kein deutscher Verlag, der es als Gesamtpublikation vorgelegt hätte, wie es in anderen Kultur- und Weltsprachen längst geschehen ist.

Dieter Hoffmeier

1. AUS NOTIZHEFTEN DER JAHRE 1911 BIS 1916

»Eine Dummheit macht auch der Gescheiteste«

Regiebemerkungen

Hier noch ein weiteres Beispiel dafür, wie gefährlich es ist, wenn der Regisseur nicht auf die Wurzel oder den Kern des Gefühls verweist, wenn er nicht die gesamte logisch und folgerichtig anwachsende Skala dieser Gefühle zeigt, sondern nur das Endergebnis, um das es ihm geht. Ein Schauspieler wollte den Krutizki in »Eine Dummheit macht auch der Gescheiteste« als hinfällige, gleichsam moosbewachsene Stütze der Moskauer Gesellschaft spielen. In dieser Gestalt wollte er aus irgendeinem Grunde das Waisengericht, den Vormundschaftsrat und andere moosbewachsene Institutionen verkörpern, wie er sich selber ausdrückte. Aus irgendeinem Grunde waren ihm wichtigtuende alte Herren im Gedächtnis geblieben, die in belanglosen und unnötigen Angelegenheiten geschäftig und hektisch herumlaufen.[1] Die Absicht des Regisseurs deckte sich ziemlich mit dieser Gestalt, ging jedoch von einem anderen Gesichtspunkt aus, und zwar von Ostrowskis epischer Ruhe,[2] die er etwas banal und oberflächlich verstand. Er wollte, daß die handelnden Personen bewegungslos dastehen, sich nur langsam bewegen u. ä.

Der Regisseur spürte nicht gleich, daß die Schauspieler auch nach dieser Ruhe strebten, nur eben auf einem anderen, noch nicht so ausgetretenen Wege. Sie suchten die Ruhe im starren Wollen der handelnden Personen und in ihrer unüberwindbaren inneren Starrheit. Bei dieser Grundeinstellung gerieten sie in Wut, weil sie sich unverstanden und nicht genügend geschätzt glaubten, und dadurch wurde der stehende Sumpf, in dem sie zappelten, noch dichter und hoffnungsloser.

Der Regisseur beging die Unvorsichtigkeit, seine Karten aufzudecken und sein Endziel, das die Schauspieler unbewußt anstrebten, auszuplaudern. Durch diesen Lapsus stockte bei den Schauspielern sofort die innere affektive Arbeit, die ihnen bisher selber noch unklar war, und ihre Energie richtete sich auf die Oberfläche, das heißt auf die äußere Ruhe. Sie erstarrten innerlich und äußerlich.

Die durchgehende Handlung

September 1916

Haben »Eine Dummheit macht auch der Gescheiteste« wieder aufgefrischt. Die durchgehende Handlung ist immer noch nicht hergestellt. Aber welche? Wladimir Iwanowitsch [Nemirowitsch-Dantschenko] sagte: Glumows durchgehende Handlung: Er nutzt alle menschlichen Schwächen als günstigen Boden aus, um Karriere zu machen. Die durchgehende Handlung der anderen handelnden Personen besteht parallel zu Glumows durchgehender Handlung darin, alles zu verteidigen und aufs Bisherige, aufs Alte wieder zurückzubringen. Das ist die Dynamik, das heißt die Handlung, die Aktivität der Rolle. Aber außer der Dynamik gibt es ja auch noch die künstlerische Seite (das heißt den Kern), und das ist die Naivität der Menschen.

K. S. Stanislawski: Von all den Gesprächen, die in diesen zwei Monaten während der Proben geführt wurden, hat folgende Äußerung von Wladimir Iwanowitsch Eindruck auf mich gemacht und den Ton angegeben: »Ostrowskis epische Ruhe«. Ich fürchte, durchgehende Handlung mit Dynamik tötet diese epische Ruhe, und wir bekommen ein Stück, in dem sich verschiedene Parteien bekämpfen, so eine Art »Volksfeind« verkehrt herum. Meiner Meinung nach besteht die durchgehende Handlung des Stückes im Suchen nach Genuß, Freude, Vergnügen und im Nichtstun, das heißt, man redet, predigt, schwatzt (Schwatzbude), zerreißt sich das Maul, sucht anderen eine Grube zu graben, intrigiert, schimpft und kritisiert andere. Darin muß die Aktivität liegen, sonst baden wir uns in Einfachheit und Stimmungen, und dann geht der Ton herunter, und zwar so, wie man das nur im Künstlertheater kann. Eine dynamische durchgehende Handlung ist also sehr günstig für das Tempo, jedoch gefährlich für den Kern des Stückes. Eine durchgehende Handlung, die auf Ostrowskis epischer Ruhe fußt, ist für das Tempo gefährlich, jedoch nützlich für den Kern. Wie bringt man nun beides unter einen Hut? Wir müßten folgende durchgehende Handlung durchsetzen: Es ist angenehm, seinen Vergnügungen zu leben. Sollte es jedoch jemand wagen, das zu stören oder meinen alten Gewohnheiten nicht zuzustimmen, dann muß ich mit aller Macht, das heißt dynamisch handeln.

»Mirandolina«

Zur Arbeit an der Rolle des Cavaliere

Während der Arbeit an der »Mirandolina« habe ich folgende Stadien festgelegt:

1. Probelesen nach Rollen im Theater (abends im großen Konversationszimmer). Ich und die Gsowskaja (schien mir) lesen so, daß wir eigentlich gleich auf die Bühne gehen könnten. Mir war (wieder) froh, frei und fröhlich ums Herz. O weh, diese Stimmung wiederholte (ergab) sich nur bei der 10.—15. Vorstellung. In der Zwischenzeit aber — wieviel Leiden, wieviel Nerven!

2. In meiner Überheblichkeit dachte ich, meine Rolle sei schon fertig. Als ich das erste Mal auf dem Karetny rjad[3] mit Wischnewski und Burdshalow probte,[4] gab ich gnädigerweise die Stichwörter und dachte, ich tue das großartig und meine Rolle gehe schon wie geschmiert. Wie staunte ich aber, als mir Wischnewski und Burdshalow auf einmal nach vielen Vorbereitungen und Entschuldigungen sagten, ich hätte ausschließlich mit Klischees gearbeitet, noch

dazu mit ausgesprochen billigen — Baß gesprochen, Brauen hochgezogen, im Ton verärgert, entweder schrill oder unterdrückt heiser.[5] Das ist das gleiche abgedroschene schauspielerische Befinden, das mir aus Gewohnheit und Eingefahrensein zur zweiten (aber gebrochenen und nicht tatsächlichen) Natur geworden ist. Das sind die gleichen Klischees, auf die ich immer zu Anfang, bei jeder Rolle stoße, die Klischees, von denen ich jedesmal dachte, ich sei sie los, die mir aber auflauern wie böse Feinde.

Ich glaubte nicht, was mir Wischnewski und Burdshalow sagten. Ich war überzeugt, sie wollen nur an mir und meinem »System« herummäkeln, suchen einen neuen Anlaß, um mir einen Stich zu versetzen und mich zu enttäuschen. Davon war ich so überzeugt, daß mich ihre Worte überhaupt nicht aus dem Konzept brachten. Ich glaubte sie einfach nicht. Dennoch wollte ich, als ich wieder allein war, mich davon überzeugen, daß ich recht habe, und begriff schließlich, daß Wischnewski und Burdshalow recht gehabt hatten. Von da an begannen und wuchsen meine Zweifel, Qualen und Bemühungen um echte Wahrheit und Einfachheit.

3. Ein gewaltiger Arbeitsabschnitt, der darauf hinauslief, einfach zu sein wie im Leben. Nichts weiter. Je mehr ich das wollte, um so mehr spürte ich die Klischees, um so mehr wuchsen und wucherten sie. Ist ja auch klar: Will man einfach sein, denkt man nicht an die wichtigsten Aufgaben von Rolle und Stück, sondern nur an die Einfachheit und gerade deshalb beginnt man sie zu spielen. So entstehen Klischees für die Einfachheit. Das sind die schlimmsten.

4. Ich begriff das und wandte mich dem Wesen der Rolle zu, zergliederte die Rolle noch aufmerksamer in einzelne Aufgaben und suchte diese so gut wie möglich auszuführen. Um in Gang zu kommen, suchte ich nach Elementen, die zur Rolle paßten, verglich sie mit meinen persönlichen Elementen, suchte in jedem Abschnitt nach dem affektiven Kern, vor allem aber nach der durchgehenden Handlung.

5. Ich begann bei der Weiberfeindlichkeit. Ich aber liebe die Frauen, und so fand ich nicht das entgegengesetzte Gefühl in mir. Suchte mich zu erinnern, welche Frau ich hasse. Dachte an J. Georg.[6], dachte an dicke, aufdringliche und eingebildete Frauen überhaupt. In meinen Gedanken, bei mir also, haßte ich sie, verspürte Wut, aber kaum dachte ich an andere, verschwand gleich alles. Und das war nicht komisch, sondern vor allem nicht charmant. Meine strengen Töne sind unangenehm und auch im Leben lieblos.

6. Schließlich wurde mir klar, daß ich aus Weiberfeindlichkeit weder einen Kern, noch eine durchgehende Handlung machen kann. Ich bin doch vor allem gutmütig und naiv, in Fragen der Liebe ganz besonders. Als ich an meine Gutmütigkeit dachte und mich auf sie einstellte, spürte ich, daß ich eher Angst vor den Frauen habe. Ich dachte an die Probe zum ersten Akt im Studio mit der Gsowskaja in Anwesenheit von P. M. Jarzew.[7] Als habe sich da etwas angefunden, und mir wurde komisch und stellenweise auch warm ums Herz. Ich bemerkte sogar, daß der furchtsame und durchdringende Blick in Mirandolinas Augen das erwünschte Gefühl einer komischen Furcht vor ihr als Frau bringt. Das belebte mich etwas.

7. Dennoch wurde mein Klischee nicht behoben, und solange es nicht mit der Wurzel ausgerottet ist, vergiftet es alle echten Gefühle, und die Empfindung der Furcht und des Verwirrtseins vor der Frau wurde bald von der Lüge des Klischees vergiftet, und alles Neue, was zufällig durch die Inspiration eines Augenblicks gekommen war, wurde beim nächsten Mal zu Klischee und damit tot.

8. Die nächste wichtige Etappe schuf Wischnewski. Er überzeugte mich davon, daß ich es versuchen sollte mit dem Gefühl der Angst vor Frauen oder mit etwas anderem, nämlich so wie im Leben in eigenem Namen zu sprechen, ohne etwas zu spielen, kurz gesagt, sich in aufkommenden Stimmungen und Empfindungen wiederzufinden. Es begann ein erneuter Kampf gegen Klischees mit neuen, geschaffenen affektiven Stimmungen.

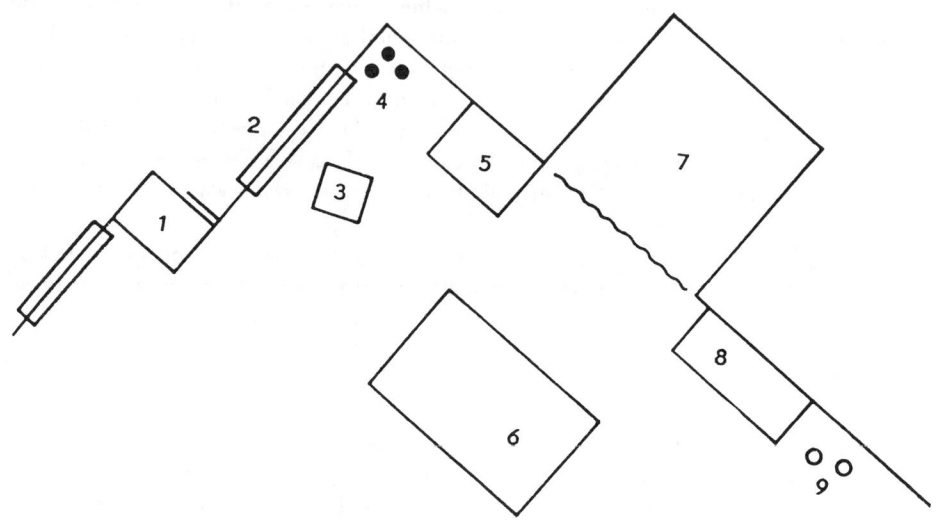

Zimmergrundriß des Cavaliere
Nach einer Skizze aus Stanislawskis Notizbuch (1913)
1 Geschirrtisch, 2 Fenster, 3 Sessel, 4 Kleidungsstücke, 5 Waschkommode, 6 Tisch, 7 Nische, 8 Koffer, Sattel, Schirm, 9 Stiefel

9. Ich vergaß zu sagen, daß mir bereits im Frühjahr und auch schon davor der Cavaliere als ausgesprochen charakteristische Persönlichkeit vorgekommen war, als eine Art Capitano Spavento[8] der Commedia dell'arte ... Benois hörte sich meine Träumereien an und gab mir die entsprechende Zeichnung und Maske: Halb Don Quichotte und halb Spavento.

Die Zeichnung gefiel mir außerordentlich. Außerdem konnte ich das Komische in meiner Rolle nicht anders fühlen und finden als unbedingt in Gestalt eines alten Cavaliere. Dadurch brachte ich ihn strenger und unbeweglicher. Das sind all die Winkel, in denen meine Klischees hausen.

10. Benois fand sich weder mit Strenge noch mit Altsein noch mit Wichtigtuerei ab (mir schien, der Cavaliere müßte irgend so ein Gouverneur sein). Benois bestand auf Gutmütigkeit und geringerem Alter. Ich fand einen Impuls, indem ich von einem einfachen Trick ausging: abgehackt und durch die Nase zu sprechen. Als ich die entsprechende Stimme gefunden hatte, fiel es mir leichter, jünger und gutmütiger zu wirken. Meine Stimme erinnerte an Rodon[9] mit seiner schnellen Sprechweise. Einige Stellen (die Szene zwischen Cavaliere und Kellner) gelangen großartig, und gerade sie unterstützte Benois. Ich irrte lange herum in die-

ser neuen Sackgasse, und die Stimme, die ich mir zugelegt hatte, brachte bald eine ganze Familie neuer Klischees hervor, die mich wie mit starken Fesseln banden.

11. Der festgelegte Tag der Aufführung kam heran. Er sollte noch vor Weihnachten sein. In der Truppe begann man zu murren. Immer häufiger saß Nemirowitsch wortlos auf den Proben. Wenn man mich antreiben will, verliere ich die Fassung und verzweifele fast. Bereits einen ganzen Monat schlafe ich schlecht. Jetzt kann ich überhaupt nicht mehr schlafen, weil ich nachts im Dunkeln in Gedanken ständig probe. Ich versuche, echte affektive Erinnerungen zu finden, die mich zu Gefühlen bringen, wie ich sie aus dem Leben kenne. Das macht sich am besten bei nächtlicher Stille, im Dunkeln. Ich dachte daran, was in Augenblicken, die der Rolle analog sind, geschehen ist, was ich dort gefühlt habe, oder aber ich versetzte mich in die Lage des Cavaliere und suchte instinktiv zu fühlen, wie ich bei der jeweiligen Gelegenheit und Situation gehandelt hätte (ich suchte also mich zu erinnern, zu rechtfertigen, zu erahnen oder zu handeln). So viele Kerne, durchgehende Handlungen und Aufgaben vermischten sich während dieser nächtlichen Proben, die ich in meinen Gedanken vollzog! Wie oft durchschaute, erlebte und überprüfte ich den logischen Faden der sich entwickelnden Gefühle und Ereignisse der gesamten Rolle von Anfang bis Ende! Wie oft lief in meinen Gedanken und Gefühlen dieser für Cavaliere so bedeutungsvolle Tag ab, und wie oft begriff und fand ich etwas, machte mir Mut, ließ mich von Hoffnungen beflügeln, am Tage aber auf der Probe brach alles wieder zusammen, und die Gefühle wurden erdrückt von Klischees und schauspielerischer Mache.

12. Nemirowitsch-Dantschenko wollte unbedingt zu einer der Proben kommen (das war mit Benois auf der neuen Bühne).[10] Er ging von einer ganz anderen Seite an die Rolle heran, obwohl er sah, wie ich auf einer der Halb-Generalproben spielte (vor Weihnachten). Seiner Meinung nach beachtet der Cavaliere die Frauen einfach nicht, geht er verächtlich an ihnen vorüber. Er ist ein lustiger Kornett (à la Gardenin[11]), der gern (etwas) trinkt, gutmütig und einfältig ist. Er ist leichtsinnig, wirft rasch ein paar Worte hin und hat überhaupt keine Angst vor Frauen. Er verliebt sich, ohne es zu bemerken, gerät in die Falle und gleitet ab, ohne sich Gedanken zu machen, gerade weil er so überzeugt ist von seiner Stärke und seinem Frauenhaß.

Dieses Bild veränderte alles, und ich stellte mich stur. Zum Schluß der Probe, als ich sagte und zu beweisen suchte, daß meine Gestalt ein ältlicher General mit Schnurrbart (ein Capitano Spavento) sein soll und Wladimir Iwanowitsch Benois' Zeichnung für diese Gestalt sah, begann auch Wladimir Iwanowitsch zu zweifeln und ins Wanken zu geraten. Dennoch war mir seine Vorstellung bereits ins Herz gedrungen, ich war vergiftet und schimpfte heftig und ungerechterweise auf Nemirowitsch, der so mit dem Wind daherkommt und die gesamte Arbeit durcheinanderbringt. Wenn ein Schauspieler kein Vertrauen zu seinen Kräften hat, sind alle schuld, nur er selber nicht. Wirklich, ich kam ganz aus dem Konzept, und diese Probe schien auf den ersten Blick nicht Nutzen, sondern Schaden gebracht zu haben. Besonders deshalb, weil Wladimir Iwanowitsch mir seine Vorstellung von der Gestalt zeigen und nicht einfach nur erklären wollte, ich sie aber mit meinem optischen und akustischen Gedächtnis kopiert und nicht durchlebt habe. Ich mußte von dieser Gestalt loskommen, bevor ich meine eigene auf der gleichen oder fast gleichen Grundlage erleben und schaffen konnte.

13. Ich stellte mich lange stur, da ich keine neue Gestalt hatte, in meiner Seele völlige Leere herrschte und ich keine Phantasie besaß ... In solchen Zeiten befassen sich die Schau-

spieler mit Unsinnigkeiten. Sie schaffen nichts Neues, sondern suchen anderen nur nachzuweisen (weil sie nichts zu tun wissen), daß man sie vom Wege abgebracht habe, daß sie unglücklich seien, daß sie Mitleid und Nachsicht verdienten... In der Zeit hab ich allen zugesetzt, als Regisseur und als Schauspieler, und habe mich — unter uns gesagt — durch meine Sturheit selber überrascht und zur Verzweiflung gebracht. Hab die unbedeutendsten Dinge nicht begriffen. Hab nächtelang nicht geschlafen.[12]

Über die Beziehungen zwischen Schauspieler und Regisseur

Ich glaube, der Schauspieler allein ist ohne fremde Hilfe nicht in der Lage, seine Rolle zu schaffen. Sie würde einseitig und unvollständig werden. Mit sich allein gelassen gerät der Schauspieler unweigerlich in die Sackgasse. Er muß unbedingt den Regisseur und Personen anhören, die bereits in das Stück eingedrungen sind und muß in ihre Gefühle eindringen. Er muß sogar einem zufälligen Gast, der sich erstmalig eine Probe ansieht, Gehör schenken. Die Sache ist ja die, daß 1. der erste Abschnitt darin besteht, daß der Schauspieler sich selber äußert, das heißt seine Einstellung zur Rolle. Übrigens geht er fast immer von den gewohnten Klischees her an sie heran. Aber inmitten dieses Unrats sollte er doch bemüht sein, sich selber zu finden. Hier liegt die erste Sackgasse des Schauspielers. Er beginnt, seine Rolle nur von dieser Seite her zu sehen, 2. aber... der Regisseur zerrt ihn auf die andere Seite, besteht in den meisten Fällen sehr selbstbewußt und unvorsichtig auf seiner Meinung und ignoriert den Schauspieler, während dieser, aus Furcht, irgendeinen instinktiv ertasteten Boden (und sei es ein kleines Fleckchen Erde) fahren zu lassen, hartnäckig auf seiner Meinung besteht, da er Angst hat, das Wenige zu verlieren, was er gefunden hat.

Es wird gekämpft und Gewalt angetan. Das ist falsch. Der Regisseur muß den Schauspieler ahnen und ihm vor allem helfen, sich in etwas zu festigen, der Schauspieler jedoch muß wissen, daß, wenn ein Regisseur oder eine andere Person anders an ein Stück herangeht, sie etwas finden, was er nicht erfaßt hat. Er muß das ausnutzen, um andere Bereiche der Rolle, ohne die die Gestalt unvollständig wäre, damit zu durchdringen. Der Schauspieler muß wissen, daß er in diesem zweiten Abschnitt sehr stark in die Seele des Regisseurs und anderer Personen eindringen muß, die das Stück richtig spüren und muß die neuen Behandlungsmöglichkeiten und Bereiche der Rolle (das Material) mit seinen eigenen Grundlagen verbinden.

So ist es beispielsweise bei der Rolle des Cavaliere. Ich hatte mich in einen strengen Generalgouverneur verstiegen (den gibt's auch in der Rolle), Wladimir Iwanowitsch hatte den lustigen Kornett entdeckt (gibt's auch). Benois bestand auf Großzügigkeit (gibt's ebenfalls). Jemand zerrte mich in Richtung eines verliebten Gymnasiasten (davon gibt's wenig).[13]

Aus Notizen von Proben

8. September 1913

Es hieß, man sollte sich vor allem: a) In ein Hotelzimmer versetzt fühlen, sich die Frage stellen und die Themen üben »Was täte ich, wenn« usw. (verschiedene Träumereien und Vermutungen). b) Wenn man sich dann in das Hotel versetzt fühlt, muß man mit dem Handeln beginnen, das heißt verschiedene Aufgaben ausführen. Erst mechanische — Gegenstände herumtragen, Tee eingießen, zum Fenster hinausschauen und glauben, man sei allein im Hotel. c) Bei der Ausführung der äußeren Aufgaben hängt sich aus Trägheit das affektive Gefühl an sie an. d) Ich bestelle mir verschiedene affektive Gefühle, das heißt, ich handele — erfülle

Aufgaben — in der Nacht, am Tage, bei Sonnenschein, bei guter und schlechter Laune, geliebt und ungeliebt.

9. September 1913
Wischnewski, Burdshalow und ich. Erklärte die Aufgaben, die durchgehende Handlung und den Kern. Wir machen es so: Für Burdshalow als Marchese besteht die durchgehende Handlung darin, seine Würde aufrechtzuerhalten. Der Kern ist hier der Zustand des Hochmuts. Für Wischnewski als Grafen besteht die durchgehende Handlung darin, Mirandolina besitzen zu wollen. Kern — ich bin ein Gott.

Wir versuchten, auf Grund der annähernden Aufgaben mit unseren eigenen Worten zu spielen, und es stellte sich heraus, daß ich bereits in mein übliches Klischee verfiel, und zwar sprach ich im Baßton und war zu finster, um einen Soldaten zum Ausdruck zu bringen. Das verwirrte mich, aber mir wurde klar, daß ich mich in der Rolle nicht gefunden, sondern verloren hatte.

Burdshalow und Wischnewski versuchten sich zu beschimpfen, schrien laut und fuchtelten herum. Es wurde heftig und theatralisch, dick aufgetragen, wenig überzeugend, mit Körperanspannung, Mache und grob.

10. September 1913
Sprach über die Elemente.

Wir kamen zu dem Schluß, daß Burdhsalow weder einen Wichtigtuer noch einen Dünkelhaften spielen kann. Das wird alles nur Schablone, da seine Seele keine Elemente von Wichtigtuerei enthält, und daher kommt sie nie heraus, wenn er von ihr ausgeht. Er muß von einem anderen Element aus an sie herangehen. Burdshalow ist ja vor allem gutmütig, und er kann sich bemühen, wichtig zu tun, um seine Gutmütigkeit zu überspielen. Wir beschlossen, daß Burdshalow nichts erreicht, wenn er von dem Wunsche ausgeht, Mirandolina besitzen zu wollen (der Wunsch besteht ja in seiner Rolle). Ihm fehlt diese Sinnlichkeit. Für ihn besteht ein anderer Anlaß, Mirandolina den Hof zu machen. Er steht im Wettstreit mit dem Grafen, es ist sein *Starrsinn* (Burdshalow hat ihn), der dem Grafen nicht den Vortritt lassen will.[14] Wir kamen zu dem Schluß, daß Wischnewskis Rollenelement in dem Wunsche besteht, Mirandolina zu besitzen, und damit ein sinnliches ist.

Ich begriff inzwischen folgendes: Gehe ich von mir aus, werde ich in der Rolle auch *gutmütig*. Sonst könnte ich mich ja weder mit solchen Dummköpfen wie dem Marchese und dem Grafen anfreunden, noch dem Marchese die Sache mit dem Geld und der ausgetrunkenen Schokolade verzeihen, noch mich Mirandolina unterwerfen. Um die Mittagszeit spürte ich dann, daß Frauenhaß bei mir von dem Gedanken kommen könnte, eine Frau setze mir nach. Das erregt in mir starkes Ekelgefühl. So hab ich also zwei Elemente für meine Rolle gefunden: *Gutmütigkeit* und *Ekel* gegenüber einem Weib.

12. September 1913
Wischnewski und Burdshalow probten ohne mich. Burdshalow zweifelte dauernd an Kleinigkeiten (ein Pedant). Ich entwickelte die Theorie von den Elementen der Seele. Burdshalow begriff, daß er seine Aufgabe instinktiv suchen muß, nicht durch Nachdenken, sondern durch

Handeln. So stieß er darauf, daß er hochnäsig werden kann, indem er in seiner *Gutmütigkeit* den Grafen *nicht beobachtet*, sich unermeßlich höher wähnt als er und *ihn verachtet.*
Also, Burdshalows Elemente sind folgende: a) Gutmütigkeit, b) Verachtung für den Grafen, c) nicht Wollust, sondern Respekt vor Frauen.
Wischnewski fand auch im Grafen Elemente von Gutmütigkeit und starkem *praktischen Sinn.* Der liegt ja auch in Wischnewskis Natur. Er fand auch (vom letzten Akt ausgehend) Elemente des *Raufbolds* in sich.

Ich fand in meiner Rolle außer *Gutmütigkeit* und *Ekel vor Frauen* (um aus dem Cavaliere einen anderen zu machen) Elemente, die nicht so sehr sinnlicher Natur waren (das heißt den Wunsch, Mirandolina besitzen zu wollen), sondern vielmehr etwas Neues bedeuteten für den Cavaliere, der auf Grund eines Weibes, das ihn einst überwältigt und ihm ein ungewolltes Kind beschert hatte, jetzt von allen schlecht dachte und nun auf einmal bei Frauen etwas Neues und bislang Unbekanntes entdeckte – kameradschaftliche, einfache intime Beziehungen. Dieses *kameradschaftliche Vertrautsein* erregt ihn (Wärme und Weichheit der Frau).

Probe zu »Mirandolina«. Das erste Mal mit der Gsowskaja[15].

»Also, über das Stück haben wir ausreichend gestritten und die einzelnen Abschnitte aufgeschrieben. Sie notieren dann noch für sich die Abschnitte des gesamten Stückes, und danach vergleichen wir Ihre und unsere. Aber jetzt beginnen wir, die Elemente der Rolle und Ihre eigenen sowie die durchgehende Handlung zu suchen.«[16]

Es hat sich gezeigt, daß die *Macht der Frau* die durchgehende Handlung des Stücks ist. Als jedoch mit der Analyse der einzelnen Elemente begonnen wurde, stellte sich heraus, daß die durchgehende Handlung im Bereich der *Hotelbesitzerin* zu suchen ist. Im weiteren zeigte es sich, wie es dazu kam.

Elemente der Mirandolina-Rolle: a) daran denken, wo sie energisch ist, wenn Olga Wladimirowna an zwanzig Stellen herumschwatzt, bald hierhin läuft, bald dorthin läuft und damit sehr zufrieden ist, das heißt *Energie* und b) *Lebensfreude,* c) sie hat einen großen Charakter, ist unnachgiebig, in ihr sitzt eine Medea Figner[17] oder Schaljapins Frau. Was den Ruf ihres Hotels angeht, ist sie unnachgiebig und unbesiegbar, ja sogar grausam, knauserig und sehr sachlich-ernst. *Sachlichkeit. Praktischer Sinn.* In diesen Dingen liegt das Entscheidende. Zur Sachlichkeit gehören auch die Tricks mit den Geschenken.

Die Macht der Frau – dafür ist dieses Stück geschrieben worden.[18] Als wir aber das Stück auseinandernahmen, spürten wir, daß die *Hotelbesitzerin* von großer Bedeutung ist. Wir hätten uns fast dahingehend festgelegt, daß die Hotelbesitzerin die durchgehende Handlung ist. Dann aber verbanden sich *Hotelbesitzerin* und *die Macht der Frau.* Und so ist die durchgehende Handlung in folgendem Bereich zu suchen: *Die Hotelbesitzerin, die nicht nur in ihrem Hotel, sondern auch in den Herzen der Männer herrscht.*

Mit diesen Elementen kann die Arbeit aufgenommen werden, das heißt, der Ausgangspunkt in der organischen Natur ist gefunden worden. Nun sind die von ihm ausgehenden Leitungen noch zu finden (bildliche Erinnerungen).

O. W. Gsowskaja erinnerte sich, wie sie Hotelbesitzerin sein könnte: Ich gehe hinunter, hab da noch etwas zu tun. Da ich beschäftigt bin, kann ich mich nicht lange dabei aufhalten (das war auch meine erste Schlußfolgerung).

Es scheint noch das Element *Gastfreundlichkeit (Pflichtbewußtsein)* zu geben.

K. S. Stanislawski: Setzen Sie die Erinnerungen in Handlungen um.

»Mozart und Salieri«

Durchgehende Handlungen bei Salieri[19]

1. Salieri ist ein Bösewicht, ein neidischer Mensch. Er geht direkt auf sein Ziel los: Mozart zu hassen, alles an ihm zu tadeln und herumzumäkeln. So kommt ein Theaterbösewicht heraus.
2. Betrachtete mir den Neid eingehender: Ich will der Erste sein, und daher stoße ich Mozart fort, obwohl ich sonst nichts gegen ihn habe.
3. Das Charakteristischste für Puschkin ist die Herausforderung an Gott. Der Kampf gegen Gott.
4. Gekränktsein über Ungerechtigkeit und daher der (schüchterne) Wunsch, Unterdrückung und Ungerechtigkeit zu entkommen.
5. Liebe zur Kunst — Rettung der Kunst.

»Man hat mir die Rolle des Salieri übertragen«[20]

Man hat mir in A. S. Puschkins Tragödie »Mozart und Salieri« die Rolle des Salieri übertragen. So muß ich mich an die Ausführung einer der schwierigsten schauspielerischen Aufgaben machen.

Wie und von welchem Ende aus gehe ich an sie heran? W. I. Nemirowitsch-Dantschenko sagt: »Ein in die Erde gefallenes Saatkorn treibt Keime, aber selber verfault es. So erregt auch ein dichterisches Werk, das in die Seele des Schauspielers eingedrungen ist, deren Schaffen, aber selber stirbt es in ihr.« Anstelle des poetischen Werkes, das sich in der Seele des Schauspielers auflöst, entsteht in ihr die Schöpfung des Schauspielers, die der des Poeten verwandt ist. Sie ist Geist vom Geiste, Fleisch vom Fleische des Autors, zugleich aber ist sie auch völlig selbständig, wenngleich sie geboren ist aus dem fremden Thema, das der Dichter gestellt hat. Natürlich darf unter dem Wort »Thema« nicht der wortwörtliche Text der Rolle verstanden werden, sondern jene unter den Worten verborgene Sinfonie der Gefühle, um derentwillen unsere Kunst besteht.

Also müssen wir uns vor allem für das Thema des Schaffens, das heißt für die geistige Seite des dichterischen Werkes sowie die geistige Substanz der Rolle begeistern und mit ihr verwachsen. Die Aneignung des künstlerischen Themas und das Einswerden mit ihm muß so vollständig und umfassend sein, daß fremde, eingegebene und beigebrachte Gefühle zu eigenen und vertrauten Gefühlen werden, die nicht mehr von uns zu lösen und zu trennen sind ...[21]

Der Darsteller, der den Salieri spielt, soll nicht nur jenen Lebensabschnitt der Figur gestalten, den der Autor angibt und der dann auf der Bühne zu sehen ist, sondern auch das gesamte vorherige, außerhalb der Bühne ablaufende Leben dieser Person, das nur in einzelnen Worten der Rolle angedeutet ist.

Lange vor der Darstellung der Salieri-Rolle muß der Schauspieler in seiner Einbildung fast das gesamte Leben der darzustellenden Person in all seinen realen erfühlbaren und in der Erinnerung vertrauten Einzelheiten durchspielen. Er muß wissen, wie und wo Salieris Kindheit verlaufen ist, was er für Eltern, Brüder, Schwestern und Freunde hatte; vor seinem geistigen

Auge muß der Schauspieler auch jene Kirche sehen, in dem der kleine Salieri zum ersten Male Musik hörte und Tränen der Rührung und Begeisterung vergoß. Der Schauspieler muß sich daran erinnern können, auf welcher Bank, bei welchem Sonnenlicht oder trüben Tag, in welcher Grundstimmung diese erste Begegnung mit der Kunst stattfand. Der Schauspieler muß die Atmosphäre — die Menschen, die Möbel, das Licht, die Stimmung — und die Empfindungen aller übrigen wichtigen Augenblicke des Lebens kennen und sich an sie erinnern können.

Worin besteht das Schöpferische beim Schauspieler?

Der Schauspieler schafft mit seinen Gefühlen, seiner Vorstellungskraft und seinem Körper. Gefühl und Körper erahnen die innere und äußere Gestalt der Rolle, während die Vorstellungskraft das gesamte Leben der handelnden Person zeichnet, das heißt die entsprechende Atmosphäre schafft, die ja auch die Seele der Rolle formt (bildet, erzieht).

Wie entsteht nun das scheinbare Leben einer handelnden Person auf Grund unserer Gefühle, und wie festigen sich Glauben an dieses Leben und affektive Erinnerungen daran?

Bei der Salieri-Rolle muß sich beispielsweise der Schauspieler so erinnern, wie Salieri sich erinnert:

Als ich ein Kind noch war, wenn hoch da droben
Die Orgel klang in unsrer alten Kirche,
Konnt ich nicht satt mich hören — und es flossen
Die Tränen unwillkürlich mir und süß.

Der Schauspieler muß wissen und sich daran erinnern können, wie Salieri schon früh müßigen Vergnügungen entsagte, weil er Handfertigkeit zum Sockel seines Könnens erhob, Musik sezierte wie einen Leichnam, die Harmonie an Algebra überprüfte ... usw. Wie er zum ersten Male drei Tage lang in »Zellennacht« verbrachte und sein Werk dann verbrannte. Der Schauspieler muß die geheimnisvolle Liebesgeschichte mit Isora kennen, von der Salieri das Gift als Liebesgabe bekam, sowie auch andere, sehr wichtige Voraussetzungen für seine Vergangenheit, die ihn zu quälendem Neid und zur Vergiftung Mozarts brachten.

Sind mit den Worten des Dichters eigene echte Gefühle, Leiden und Erregungen wiederzugeben, ohne daß man in seiner Seele Vorstellungen und Erinnerungen bewahrt, die der Rolle analog wären? Ohne diese Gefühle sind Worte und Rolle tot, denn das Wesen der Kunst besteht ja darin, das geistige Leben des Menschen wiederzugeben. Dem Dichter sind seine Worte ja auch nicht von selber gekommen. Sie waren Ergebnis sehr verwickelter und langer Erinnerungen und Kombinationen eigener Gefühle mit den aus der Erfahrung bekannten Lebensumständen, die sie hervorbrachten. Erst nachdem er selber Neid und Kränkung verspürt hatte, konnte der Dichter entsprechende Worte für Salieri finden. Auch der Schauspieler muß sich in Salieris Lage versetzen können, muß Neid und Kränkung nachempfinden ...

Der Schauspieler muß den schöpferischen Weg nachvollziehen, den der Autor gegangen ist. Sonst findet er in den Worten der Rolle nicht seine eigenen Gefühle, die die toten Buchstaben des Rollentextes beleben, und kann sie dadurch auch nicht wiedergeben. Er findet dann nicht die richtigen Intonationen, Betonungen, Gesten, Bewegungen und Handlungen. Aber wie macht man seine Gefühle für Salieri geeignet?

Man muß sie in seiner eigenen Seele ausfindig machen.

Vor allem muß der Schauspieler in seiner Phantasie Salieris Kindheit nachschaffen. Das Material dazu muß ihm sein Gedächtnis liefern. Irgendwann und irgendwo einmal gesehene Leute sollten in seiner Erinnerung wiederauferstehen und Eltern des Kindes Salieri werden. Auch Salieris Haus soll sich der Schauspieler vorstellen, das Zimmer, die Straße und die Schule, in der Salieri im Namen der Kunst auch der Wissenschaft entsagte, wo er zum ersten Male Musik hörte und Interesse für sie fand, und er soll sich das alte Klavier vorstellen, auf dem Salieri wie ein Handwerker seinen Fingern »trockne, folgsame Geläufigkeit« gab, und die schweigende Zelle, in der er es zum ersten Male wagte, sich der Wonne des schöpferischen Träumens hinzugeben, und die geheimnisvolle Isora mit ihrer fatalen Liebe und dem Gift, Ehrung und Ruhm Salieris, wie er Mozart kennenlernte und der Neid in ihm aufkeimte, und wie er ihn vergiftete, was ja dann bereits auf der Bühne gezeigt wird.

Nur mit einem solchen Vorrat vorangegangenen Lebens erhält das Dasein auf der Bühne echte Bedeutung. Das sind die Wurzeln, die den Stamm nähren. Die braucht man nicht zu sehen. Das ist das Tintenfaß, in das die Feder getaucht, ist die Palette, der die Farbe entnommen wird, ist der Quell wahren Lebens.

Aus Notizbüchern[22]

Wie stand Salieri zu anderen Musikern?

1. Bild. Niedergeschlagen, wenig Bewegung, Mozart aber ist quicklebendig.

2. Bild. Umgekehrt. Mozart sitzt unbeweglich da, wogegen Salieri lebhaft ist. Die Eifersucht verwirrt Salieri und schüchtert ihn ein. »Nein, ich kann nicht.« Es erschrickt ihn, daß seine Seele schwarz wird. (Dabei hatte ich doch immer eine helle. Jetzt ist sie trüb.) Solange Mozart noch auf der Bühne ist, wollte er ihn im Unterbewußtsein vergiften (Puschkinscher Mystizismus).

Die Szene mit dem Gift. Keinerlei Schwanken mehr. Er spürt das böse Vorhaben und gibt sich ihm hin. »Genius und Verbrechen sind unvereinbar stets« — bei Rustejkis[23] herrschte Klarheit, Stille, Ahnung, Leuchten der Seele, Grazie.

»Entstöpsle die Champagnerflasche« (das betrifft Beaumarchais).[24] Es ist zugerichtet, vorbereitet zum Vergiften.

Judas.

Während der Operation herrscht schreckliche Spannung. Wenn dann alles vorbei ist, fällt er in sich zusammen und weint.

Das Wichtigste an meiner Theorie ist, daß der Schauspieler beim Spielen seiner Rolle nicht die *Form* wiederholen darf (die Anpassung muß unbewußt folgen), sondern er soll sich das *Wesen* oder den *Inhalt der Rolle*, die bewußten Aufgaben jedes Mal ins Gedächtnis rufen und sie verspüren. Das Gefühl an sich bleibt unbemerkt.

Der Schauspieler braucht Zeichen, Gesten, Worte, Formen, um es wiederzugeben. Er braucht Methoden, um es auf andere zu übertragen. Gefühle brauchen Worte, um ausgedrückt zu werden, Worte brauchen Stimme, und die Stimme wird ergänzt durch Illustrationen, das heißt durch Gesten. Puschkins geniales Gefühl erfordert entsprechende Worte und Verse (das heißt Puschkins poetische Form). Die Form ist die beste und überzeugendste Anpassung für den Schauspieler.

Schaljapin hat mir den Salieri sehr kalt, aber sehr überzeugend vorgelesen.[25] Er hat mich irgendwie überzeugt von den Schönheiten Puschkins, hat sie tief interpretiert. Da hab ich folgendes gespürt: Er versteht es, auf Puschkins Schönheiten überzeugend einzugehen. Ein Talent wie Schaljapin vermag es, sich Puschkin dienstbar zu machen, während ein Unbegabter in Puschkins Dienste tritt. Geirot (als Mozart)[26] schuf (träumte) Mozarts Leben. Er zeichnete einen gotischen Dom und träumte dann weiter. Phantasierte, wie Mozart in den Dom zum Bischof ging. Danach stellte er sich den Klang der Orgel vor (da verirrte er sich bereits), stürzte sich auf das Original des Stückes und sprach den Text, weil er glaubte, er lebe bereits. So erschöpfte und zerzauste er vorzeitig die Worte des Autors, die ihn doch zum Schaffen anregen und beleben, nicht aber als Material das Schaffen selber sein sollten. Also: 1. Das Material muß der Schauspieler seinem Leben und seinem affektiven Gedächtnis entnehmen; 2. aus diesem Material muß er analoges Leben aufbauen (den Tag, die Atmosphäre, die Beziehungen); 3. hat er das Leben der zu schaffenden Gestalt kennengelernt und den Text zurückgehalten, muß er auf ihn zurückkommen (oder richtiger gesagt, sich ihm zuwenden), und dann werden Texte und Autor für ihn Erreger des Schaffens, beflügeln seine Phantasie, entzünden sein Gefühl und setzen das bereits bekannte und selbständig geschaffene, mit dem Autor übereinstimmende Leben in Gang. Dann werden bei jeder Aufführung die Aufgaben des Autors zu dem Thema, über das der Schauspieler zu improvisieren beginnt.

2. DIE ARBEIT AN DER ROLLE

(»Verstand schafft Leiden«)
[1916—1920]

Die Arbeit an der Rolle besteht aus vier großen Perioden: dem Kennenlernen, dem Erleben, Verkörpern und Einwirken.

I. Die Periode des Kennenlernens[27]

1. Die erste Bekanntschaft mit der Rolle

Das *Kennenlernen* ist die Vorbereitungsperiode. Sie beginnt bei der Anfangsbegegnung mit der Rolle, bei deren erster Lektüre. Dieses Schaffensmoment kann man mit der ersten Begegnung, dem Kennenlernen und Verlieben künftiger Eheleute vergleichen.

Das Moment des Kennenlernens einer Rolle ist sehr wichtig. Die ersten Eindrücke bleiben besonders frisch. Sie sind die besten Erreger schauspielerischer Begeisterung, die im Schaffensprozeß eine große Bedeutung hat.

Die ersten unbefangenen Eindrücke sind überraschend und unmittelbar. Nicht selten drücken sie der ganzen weiteren Arbeit des Schauspielers ihre Prägung auf. Die ursprünglichen Eindrücke sind spontan und unbefangen. Nicht durch den Filter der Kritik behindert, dringen sie in das Innere der organischen Natur; dort hinterlassen sie oft unauslöschliche Spuren, die zur Grundlage der Rolle und zum Keim der künftigen Gestalt werden.

Erste Eindrücke sind wie Saatkörner. Welche Abweichungen und Änderungen auch später während der weiteren Arbeit hinzukommen, der Schauspieler hängt zumeist an den unauslöschlichen Spuren seiner ersten Eindrücke, und er trauert ihnen nach, falls man ihm die Möglichkeit nimmt, sie hervorzuheben und weiterzuentwickeln. Die Stärke, Tiefe und Unauslöschlichkeit der ursprünglichen Eindrücke sind ein Anlaß, um dem ersten Moment des Kennenlernens eines Stücks besondere Beachtung zu schenken und sich zu bemühen, Bedingungen zu schaffen, die die beste Aufnahme der ersten Eindrücke begünstigen, und dafür zu sorgen, Ursachen zu beseitigen, die eine solche Aufnahme behindern oder entstellen.

Ich kann jetzt zu Anfang des Buches nicht angeben, wie man die erste Begegnung mit einer

Rolle herbeiführt. Dazu haben wir noch keine Terminologie festgelegt, um mit dem Schauspieler über seine Kunst und Technik zu sprechen.

Vorläufig kann ich nur einige Ratschläge geben und Warnungen äußern, was die erste Lektüre betrifft. Die einen gelten Schauspielern, die ein Stück zum ersten Male anhören, und die anderen denjenigen, die den Text eines Werkes zum ersten Male vorlesen.

Ich beginne mit den Schauspielern. Sie sollen wissen, daß bei der Wahrnehmung der ersten Eindrücke vor allem ein günstiger seelischer Zustand und ein entsprechendes Befinden notwendig sind. Es bedarf der seelischen Konzentration, ohne die der Schaffensprozeß nicht zustandekommt und folglich auch die Wahrnehmung der ersten Eindrücke nicht entstehen kann. Man muß imstande sein, bei sich eine Stimmung zu schaffen, die das schauspielerische Gefühl alarmiert und die Seele für die Aufnahme frischer unbefangener Eindrücke öffnet. Man muß imstande sein, sich ganz der Macht der ersten Eindrücke hinzugeben, kurz, es bedarf eines schöpferischen Befindens. Nicht genug damit. Man muß auch äußere Bedingungen für die erste Lesung schaffen. Man muß Zeit und Ort für die erste Begegnung mit dem Stück auswählen. Man muß die Lesung mit einer gewissen Feierlichkeit umgeben, die auf die Seele anregend wirkt, man muß psychisch und physisch munter sein. Man muß dafür sorgen, daß nichts das freie Eindringen erster Eindrücke in die Seele behindert. Dabei sollten die Schauspieler wissen, daß eines der gefährlichsten Hindernisse, die der freien Aufnahme frischer Eindrücke im Wege stehen, Voreingenommenheiten aller Art sind. Sie verstopfen die Seele wie ein Kork, der mitten im Hals einer Flasche stecken geblieben ist.

Voreingenommenheit entsteht vor allem durch eine fremde, aufgezwungene Meinung. In der ersten Zeit, solange sich eine eigene Beziehung zu Stück und Rolle nicht in konkreten schöpferischen Empfindungen und Ideen herausgebildet hat, ist es gefährlich, sich einer fremden Meinung zu unterwerfen, besonders wenn sie falsch ist. Die fremde Meinung kann eine sich im Herzen des Schauspielers natürlich bildende Beziehung zu der neuen Rolle und das Herangehen an sie verzerren. Deshalb soll sich der Schauspieler zu Anfang vor, während und nach der ersten Begegnung mit dem Stück möglichst vor fremdem Einfluß und dem Zwang einer fremden Meinung hüten, da sie Voreingenommenheiten erzeugen und die frischen Eindrücke, die unmittelbaren Gefühle, den Willen, den Verstand und die Phantasie des Schauspielers verschieben. Der Schauspieler soll weniger mit anderen über seine eigene Rolle sprechen. Mag er lieber mit anderen über fremde Rollen sprechen, um die äußeren und inneren Bedingungen und Situationen zu klären, unter denen die handelnden Personen des Stückes leben.[28]

Wenn ein Schauspieler aber fühlt, daß er fremde Hilfe nötig hat, dann soll man ihm anfangs nur auf eigene Fragen antworten, auf Fragen, die er selbst stellt, da nur er allein spürt, was er bei anderen erfragen kann, ohne in die Gefahr zu geraten, seiner individuellen Beziehung zur Rolle Gewalt anzutun. Soll der Schauspieler zeitweilig seine Gefühle in sich verschließen und sie ansammeln, bis sich sein Gefühl in bestimmten konkreten künstlerischen Empfindungen und Bildern herauskristallisiert. Erst allmählich, wenn im Schauspieler die eigene Beziehung zu Stück und Rolle reift und erstarkt, kann er fremde Ratschläge und Meinungen in größerem Umfang, ohne Gefahr für seine künstlerische Freiheit und Unabhängigkeit benutzen. Der Schauspieler soll daran denken, daß die eigene Meinung besser ist als eine fremde, noch so gute, da die letztere das Gefühl nicht mitreißt, sondern nur den Kopf belastet. Möge der Schauspieler das Stück anfangs ganz von sich aus empfinden.

All diese Warnungen sind beim ersten Lesen einer Rolle zu beachten, damit die ursprünglichen Eindrücke sich ganz frei und natürlich bilden können.

Da nun einmal in der Schauspielersprache kennenlernen auch empfinden bedeutet, soll der Schauspieler schon bei der ersten Bekanntschaft mit dem Stück und der Rolle nicht so sehr dem Verstand als dem schöpferischen Empfinden freien Lauf lassen. Je mehr er das Stück schon bei der ersten Begegnung durch die Wärme seines Gefühls und den Schauer regen Lebens belebt, je mehr der trockene Text sein Gefühl, seinen schöpferischen Willen und Verstand und sein affektives Gedächtnis[29] erregt, je mehr das erste Lesen des Stückes der schöpferischen Einbildungskraft optische, akustische und andere Vorstellungen, Gestalten, Bilder und affektive Erinnerungen eingibt, und die Einbildungskraft des Schauspielers den Text des Dichters mit merkwürdigen Ornamenten und Farben von einer unsichtbaren Palette bemalt (illustriert), um so besser ist es für die weitere Entwicklung des Schaffensprozesses und für das künftige Bühnengeschehen.

Wichtig für den Schauspieler ist es, den Punkt zu finden, von dem aus man das Stück betrachten muß, jenen Punkt zu finden, von dem es auch der Dichter anschaut.

Wenn es gelingt, sind die Schauspieler von der Lesung ergriffen. Sie können die Gesichtsmuskeln nicht mehr beherrschen, sie schneiden Grimassen oder lassen die Mimik spielen in Übereinstimmung mit dem, was sie lesen. Sie haben ihre Bewegungen nicht mehr in der Gewalt, diese kommen instinktiv zum Durchbruch. Die Schauspieler können nicht mehr auf der Stelle sitzen und rücken immer näher zum Vorleser hin.

Auch dem Vorleser, der das Stück zum ersten Male vorträgt, kann man vorläufig nur etliche praktische Ratschläge geben.

Vor allen Dingen soll er ein bildhaftes Illustrieren seiner Lektüre vermeiden, da dies den anderen seine persönliche Auffassung von Stück und Rolle aufdrängen kann. Die Vorleser sollen sich auf die klare Durchführung der Hauptidee des Stücks und die wichtigste Entwicklungslinie der inneren Handlung mit Hilfe von Verfahren beschränken, die beim weiteren Studium des ganzen Buches von selbst klar werden.

Das Stück soll beim ersten Lesen einfach, klar und mit gutem Verständnis seiner Grundlagen, seines inneren Wesens, seiner Hauptentwicklungslinie und seiner literarischen Vorzüge vorgetragen werden. Der Vorleser muß dem Schauspieler den Ausgangspunkt für das Schaffen des Dramatikers und den Gedanken und das Gefühl oder Erleben zeigen, die ihn zur Feder greifen ließen. Erforderlich ist, daß der Vorleser dem Schauspieler schon bei der ersten Lektüre einen Anstoß dazu gibt, auf die Hauptentwicklungslinien des geistigen Lebens im Stück zu gelangen.

Mögen sie bei einem erfahrenen Schriftsteller lernen, sofort die Hauptentwicklungslinie des Gefühls und den Grundgedanken des geistigen Lebens zu erfassen. Tatsächlich errät der erfahrene Schriftsteller nach dem Studium der Grundlagen und der Technik des literarischen Schaffens sofort die Struktur des Stückes, seinen Hauptausgangspunkt und Gefühl und Gedanken, die den Dichter zur Feder greifen ließen. Mit der Hand des Könners behandelt er das Stück wie ein Anatom und stellt ihm die richtige Diagnose. Diese Fähigkeit ist auch für den Schauspieler sehr nützlich, nur darf sie ihn nicht behindern, sondern muß ihm helfen, tief in das Wesen zu blicken. Alles übrige, was ein Vorleser noch wissen sollte, der zum ersten Male Schauspielern einen Stücktext vorliest und das Kennenlernen vermittelt, wird sich bei der weiteren Lektüre des ganzen Buches herausstellen.

Es ist ein großes Glück, wenn der Schauspieler sofort, beim ersten Kennenlernen das gesamte Stück mit ganzem Wesen, Verstand und Gefühl begreift. In diesen glücklichen, aber seltenen Fällen ist es am besten, alle Gesetze, Methoden und Systeme zu vergessen und sich ganz der Macht der eigenen schöpferischen Natur hinzugeben. Doch sind solche glücklichen Fälle selten und deshalb kann man darauf keine Regel gründen. Ebenso selten sind Fälle, in denen es dem Schauspieler gelingt, sofort eine wichtige Linie, einen Hauptteil und wichtige Elemente zu erfassen, aus denen die Grundlage des Stücks oder der Rolle besteht. Viel häufiger kommt es nach dem ersten Lesen des Stückes vor, daß sich nur einzelne Momente dem Herzen oder dem Verstand einprägen, das übrige aber noch unklar, unverständlich und der Seele des Schauspielers fremd bleibt. Bruchstücke von Eindrücken und Gefühlen, die nach dem ersten Lesen lebendig bleiben, sind nur mit einzelnen, über das ganze Stück wie Oasen in der Wüste oder Lichttupfen in der Dunkelheit verstreuten Momenten verbunden.

Wie kommt es, daß sich gewisse Stellen, vom Gefühl erwärmt, in uns sofort beleben, während andere sich nur dem intellektuellen Gedächtnis einprägen? Warum empfinden wir bei der Erinnerung an die ersten eine gewisse unklare Erregung, Ausbrüche von Freude, Zärtlichkeit, Munterkeit, Liebe usw., während wir bei der Erinnerung an die anderen teilnahmslos kalt bleiben und unser Herz schweigt.

Das rührt daher, daß die sofort lebendigen Stellen der Rolle unserer Natur verwandt und unserer Gefühlserinnerung bekannt sind, während die anderen noch fremd bleiben.

Zunächst ist das Stück also nicht als Ganzes aufgenommen, sondern nur in einzelnen Momenten und Bruchstücken. Während man es aber näher kennenlernt, wachsen diese Momente und Bruchstücke allmählich, verflechten sich miteinander und füllen schließlich die ganze Rolle aus. Es verhält sich ähnlich wie mit dem Sonnenstrahl, der durch die schmalen Ritze der Fensterläden in die Dunkelheit eindringt und zunächst nur einzelne grelle, über das Zimmer verstreute Lichtstreifen malt. Wenn aber die Fensterläden geöffnet werden, vergrößern sich die Lichtstreifen, fließen sie zusammen und füllen schließlich, die Dunkelheit verdrängend, das ganze Zimmer mit Helligkeit.

Es kommt auch vor, daß ein Stück nach einem oder mehrmaligem Lesen weder vom Gefühl noch vom Verstand aufgenommen wird. Oder aber es entsteht ein einseitiger Eindruck, entweder das Gefühl wird gefesselt, aber der Verstand hält die schöpferische Anwandlung auf und protestiert, oder umgekehrt, der Verstand nimmt auf, aber das Gefühl lehnt ab usw.

Bei weitem nicht immer beschränkt sich das Kennenlernen eines Stückes nur auf einmalige Lektüre. Nicht selten vollzieht es sich in mehreren Ansätzen. Es gibt Stücke, deren geistiges Wesen so tief verborgen ist, daß man sich grabend heranarbeiten muß. Ihr Wesen und ihre Gedanken sind so kompliziert, daß man sie entziffern muß. Ihre Struktur und ihr Skelett sind so verwickelt oder unauffällig, daß man sie nicht sofort erkennt, sondern nur in Teilen, beim anatomischen Zergliedern des Stückes und beim Studium jedes seiner Teile im besonderen. An diese Stücke tritt man wie an ein Bilderrätsel heran; bis man sie errät, erscheinen sie langweilig. Solche Stücke muß man nicht nur einmal, sondern mehrmals lesen.[30] Bei jeder Wiederholung des Lesens muß man sich von dem leiten lassen, was schon über die erste Lektüre gesagt wurde. In Anbetracht der Kompliziertheit solcher Stücke muß man sich noch mehr darum kümmern, daß falsche Schritte vermieden werden, die die ohnehin schwierige Aufgabe des Studiums solcher Werke erschweren.

Doch können die ersten Eindrücke auch irrig und falsch sein. Dann schaden sie dem

Schaffen ebensosehr, wie die richtigen Eindrücke ihm helfen. Tatsächlich, wenn die ersten Eindrücke richtig sind, dann sind sie eine wichtige Gewähr für den Erfolg, ein prächtiger Anfang für die weitere schöpferische Arbeit. Sind dagegen die ersten Eindrücke falsch, dann wird der Schaden für die weitere Arbeit groß sein, und je stärker die falschen Eindrücke sind, um so größer ist auch der Schaden.

All diese Bedingungen unterstreichen die Bedeutung des Moments der ersten Begegnung mit der Rolle noch mehr und beweisen, daß dieses wichtige Moment unvergleichlich mehr Beachtung verdient, als man ihm gewöhnlich schenkt.

Leider begreifen bei weitem nicht alle Schauspieler die Bedeutung der ersten Eindrücke. Viele nehmen das Moment der ersten Begegnung mit dem Stück nicht ernst genug. Sie gehen an diese wichtige Etappe sehr leichtsinnig heran und betrachten sie nicht einmal als den Anfang des schöpferischen Prozesses. Bereiten sich denn viele von uns für die erste Lektüre des Stückes vor? In den meisten Fällen wird es in aller Hast gelesen, wo und wie es gerade paßt: im Waggon, in der Droschke oder in den Pausen einer Aufführung, und nicht so sehr, um das Stück kennenzulernen, als um eine vorteilhafte Rolle für sich auszusuchen. Es ist nur natürlich, daß unter solchen Bedingungen eines der wichtigen Momente des Schaffens verloren geht, nämlich die erste Begegnung mit der Rolle. Dieser Verlust ist nicht wieder gutzumachen, da die zweite und dritte Lektüre und die folgenden schon des Elements der Überraschung entbehren, das für die schöpferische Intuition notwendig ist. Den verdorbenen Eindruck kann man ebenso wenig wettmachen, wie man eine verlorene Unschuld zurückgewinnen kann.

Was soll man aber in all den Fällen tun, in denen das Stück beim ersten Lesen nicht oder nur teilweise aufgenommen worden ist, oder unrichtig, falsch?

In all diesen Fällen steht dem Schauspieler eine sehr komplizierte schöpferische Arbeit bevor, eine Arbeit, die bei der Beschreibung der folgenden Prozesse in Erscheinung treten wird.

2. Die Analyse

Das zweite Moment in der großen Vorbereitungsperiode des Kennenlernens werde ich den *Prozeß der Analyse* nennen. Die Analyse setzt die Begegnung mit der Rolle fort.

Auch Analyse ist ein Kennenlernen, und zwar eines Ganzen durch das Studium seiner einzelnen Teile. Wie bei einer Restaurierung erschließt die Analyse eine ganze Dichtung über einzelne sich belebende Teile des Stückes und der Rolle.

Unter dem Begriff Analyse versteht man gewöhnlich einen verstandesmäßigen Prozeß. Man bedient sich ihrer für literarische, philosophische, historische und andere Untersuchungen. In der Kunst aber ist die verstandesmäßige Analyse an und für sich genommen schädlich, da sie oft wegen ihres Intellektualismus, ihrer mathematischen Sorgfalt und ihrer Trockenheit nicht beschwingt, sondern im Gegenteil den Anflug schauspielerischer Begeisterung und schöpferischen Entzückens abkühlt.

In unserer Kunst spielt der Verstand nur eine helfende, eine dienende Rolle.

Der Schauspieler braucht eine ganz andere Analyse als der Wissenschaftler oder der Kritiker. Während das Resultat der wissenschaftlichen Analyse ein *Gedanke* ist, muß das Ergebnis der schauspielerischen Analyse eine *Empfindung* sein. In der Kunst schafft das Gefühl und nicht der Verstand; ihm, dem Gefühl, gebührt der Vorrang und die Initiative beim Schaffen.[31] Dasselbe gilt beim Prozeß der Analyse.

Die Analyse ist ein Kennenlernen, *in unserer Fachsprache aber bedeutet kennenlernen auch empfinden.* Schauspielerische Analyse ist vor allem eine Untersuchung des Gefühls, die durch das Gefühl selbst vorgenommen wird.

Die Rolle, die das gefühlsmäßige Kennenlernen beziehungsweise die gefühlsmäßige Analyse im Schaffensprozeß spielt, ist um so wichtiger, als man nur mit ihrer Hilfe in das Gebiet des Unbewußten eindringen kann, das bekanntlich neun Zehntel des gesamten Lebens oder einer Rolle ausmacht, noch dazu den wichtigsten Teil. Somit entfällt auf den Verstand nur ein Zehntel vom Leben des Menschen oder der Rolle, während neun Zehntel, der wichtigste Teil des Lebens einer Rolle, vom Schauspieler mittels der schöpferischen Intuition, des schauspielerischen Instinktes und des überbewußten Spürsinns erfaßt werden.[32]

Unsere schöpferische Tätigkeit und ein großer Teil des analysierenden Kennenlernens geschehen intuitiv. Die frischen, unbefangenen Eindrücke nach dem ersten Lesen sind mehr als andere unmittelbar und plötzlich eingegeben. Es versteht sich von selbst, daß man sie in erster Linie für die Zwecke der Analyse benutzen muß.

Die künstlerischen Ziele eines analysierenden Kennenlernens bestehen:
1) im Studium des dichterischen Werkes;
2) im Erfassen des geistigen und sonstigen Materials zum Schaffen, das in Stück und Rolle enthalten ist;
3) im Suchen ähnlichen Materials, das im Schauspieler vorhanden ist (Selbstanalyse).[33]

Dieses Material besteht aus lebendigen, persönlichen Erinnerungen, gewonnen durch alle fünf Sinne, und wird im affektiven Gedächtnis des Schauspielers aufbewahrt, besteht aus selbst erworbenen Kenntnissen, die im intellektuellen Gedächtnis aufbewahrt werden, aus im Leben gemachten Erfahrungen usw. Muß man wiederholen, daß alle diese Erinnerungen unbedingt den im Stück und in der Rolle zu äußernden Gefühlen analog sein müssen?

4) darin, daß man in seiner Psyche den Boden für die Entstehung schöpferischen Gefühls vorbereitet, und zwar des bewußten, wie vor allem des unbewußten;
5) im Suchen nach Anreizen, die immer neue Aufschwünge schöpferischer Begeisterung ermöglichen und immer neue Teilchen geistigen Lebens auch an den Stellen des Stückes herstellen, die bei der ersten Begegnung mit ihm nicht gleich lebendig wurden.

A. S. Puschkin verlangt vom Künstler »die Wahrheit der Leidenschaften, die Wahrscheinlichkeit der Gefühle in den vorgeschlagenen Situationen«.[34] So besteht ein Zweck der Analyse auch darin, *die vorgeschlagenen Situationen des Stückes und der Rolle* eingehend zu studieren und vorzuformen, um *die Wahrheit der Leidenschaften oder die Wahrscheinlichkeit der Gefühle* dadurch in der nächsten Periode instinktiv zu empfinden.

Wie und womit soll man das analysierende Kennenlernen beginnen?

Lassen Sie uns das eine Zehntel, das in der Kunst wie im Leben dem Verstand zugemessen ist, benutzen, um mit seiner Hilfe die überbewußte Arbeit des Gefühls hervorzurufen, und nachdem sich das Gefühl geäußert hat, uns bemühen, sein Trachten zu begreifen und es unmerklich auf den richtigen Schaffensweg zu führen. Oder anders gesagt, unbewußt-intuitives Schaffen soll durch bewußte Vorbereitungsarbeit entstehen.

Über das Bewußte zum Unbewußten — das ist die Devise unserer Kunst und ihrer Technik.[35]

Wie nutzt nun der Verstand das eine Zehntel, das ihm im Schaffen zugewiesen ist? Er stellt folgende Überlegungen an: Der erste Freund und bester Erreger des intuitiven, schöpferischen Gefühls sind *künstlerische Begeisterung und Leidenschaft*. Sie sollen auch vorrangige Mittel beim analysierenden Kennenlernen sein. Dabei darf man nicht vergessen, daß schauspielerische Begeisterung besonders expansiv bei der ersten Bekanntschaft mit dem Stück zu sein pflegt. Künstlerische Begeisterung und Leidenschaft erfassen überbewußt das, was dem Gesichtssinn, dem Gehör, dem Bewußtsein und dem raffiniertesten Kunstverständnis unzugänglich ist.

Analyse mittels Begeisterung und Leidenschaft ist der beste Weg, um im Stück und in sich selbst *Schaffenserreger* zu suchen, die ihrerseits die schauspielerische Arbeit in Gang setzen. Sich begeisternd erkennt man, erkennend begeistert man sich stärker; das eine ruft das andere hervor und unterstützt es. Analyse ist notwendig für das Kennenlernen, Kennenlernen für das Suchen nach den Erregern der schauspielerischen Begeisterung, die Begeisterung für die Entstehung der Intuition und die Intuition für die Anregung des schöpferischen Prozesses. Letzten Endes ist also Analyse für das Schaffen unabdingbar. Für die Anregung der gefühlsmäßigen Analyse muß man vor allem die schauspielerische Begeisterung benutzen, zumal sie bei der ersten Bekanntschaft mit der Rolle von selbst entstanden ist. Deshalb muß man der schöpferischen Begeisterung die Möglichkeit geben, sich in vollem Maße zu äußern, und sie dabei festzuhalten bestrebt sein. Möge der Schauspieler nach der ersten Begegnung mit der Rolle weidlich alle die Stellen des Stücks und der Rolle zu genießen und zu schätzen wissen, die seine Begeisterung erregen, ihm von selbst in die Augen springen oder in seinem Herzen Widerhall finden.

In einem mit Talent geschriebenen Stück finden sich viele solcher Stellen. Der Schauspieler kann sich an der Schönheit der Form, an der Schreibweise des Dichters, an der Wortwahl, am Wohlklang des Verses, an der inneren und äußeren Gestalt, an der Tiefe des Gefühls, am Sinn, an der äußeren Fabel und anderem begeistern. Die Schauspielernatur ist expansiv und feinfühlig und reagiert auf alles künstlerische Schöne, auf das Erhabne, das Erregende, das Interessante, das Fröhliche, das Komische, das Furchtbare, das Tragische usw. Der Schauspieler begeistert sich sofort an allen Funken des Talents, die der Schriftsteller über die Oberfläche und in die Tiefe seines Stückes verstreut hat. Alle diese Stellen wirken beim Ausbruch schauspielerischer Begeisterung wie Sprengstoff. Die Schauspieler sollten das Stück ganz oder teilweise noch einmal lesen, sie sollten sich der Stellen erinnern, die ihnen gefallen haben, sie sollen immer wieder neue Perlen und Schönheiten im Werk des Dichters suchen und schließlich sollen sie von ihrer Rolle und von den anderen Rollen oder von der Inszenierung träumen. Möge der Schauspieler dabei aber im Rausch der Begeisterung nicht vergessen, seine künstlerische Unabhängigkeit und Freiheit möglichst vor fremdem Zwang, der Voreingenommenheit erzeugen kann, zu bewahren.

Jedem Ausbruch schöpferischer Begeisterung muß man freien Lauf lassen und ihn restlos ausnutzen. Mit anderen Worten, man soll die schöpferische Intuition voll als Mittel zum Kennenlernen einsetzen. So verhält es sich mit den Stellen des Stücks und der Rolle, die beim ersten Lesen von selbst lebendig wurden.

Was soll man aber mit dem Teil des Werkes tun, bei dem sich das Wunder des intuitiven Eindringens und des plötzlichen Ausbruchs von schauspielerischer Begeisterung nicht ergab?

Alle nicht lebendig gewordenen Stellen des Stücks und der Rolle muß man analysieren, um auch in ihnen Sprengstoff zu finden, der den Ausbruch schöpferischer Begeisterung und

Leidenschaft des Schauspielers hervorruft, die allein imstande sind, lebendiges Gefühl zu erregen und geistiges Leben zu wecken.

Somit muß man, nachdem der erste auf natürliche Weise entstandene Ausbruch der schöpferischen Intuition restlos vom Schauspieler ausgenutzt ist, zur Analyse derjenigen Stellen des Stückes schreiten, die nicht von selbst, sofort und beim ersten Lesen der Rolle lebendig wurden.

Man sollte deshalb in einem neuen Werk nicht zuerst dessen Mängel suchen, wie das die russischen Schauspieler gewöhnlich gern tun, sondern seine künstlerischen Vorzüge, die allein die schöpferische Begeisterung und Leidenschaft des Schauspielers anzuregen vermögen. Der Schauspieler soll vor allem lernen, das Schöne zu sehen und zu verstehen. Das fällt unseren Landsleuten nicht leicht. Sie trachten vor allem danach, das Schlechte und die Mängel zu finden, und daran sind sie nur gewöhnt. Das Schlechte zu sehen und zu kritisieren ist leichter, als das Schöne zu verstehen. Deshalb halte man sich an die Regel: Ist einmal ein Stück zur Inszenierung angenommen worden, dann soll man nichts als Gutes darüber sagen.[36]

Womit soll man aber die schwere Arbeit der Analyse und der Belebung nicht lebendig gewordener Stellen der Rolle beginnen und ausführen?

Da das Gefühl nun einmal schweigt, bleibt nichts anderes übrig, als sich an dessen nächsten Gehilfen und Berater zu wenden, das heißt an den Verstand. Er soll seine Dienst- oder Hilfsaufgabe erfüllen. Ähnlich wie ein Kundschafter soll er das Stück in allen Richtungen untersuchen; ähnlich einer Vorhut soll er für schöpferische Hauptkräfte, das heißt für die Intuition und das Gefühl, neue Wege bahnen. Das Gefühl soll einerseits neue Erreger für seine Begeisterung suchen und die Intuition wecken, die immer neue Abschnitte lebendigen geistigen Lebens der Rolle und des Stückes erfaßt, Abschnitte, die dem Bewußtsein unzugänglich sind.

Je ausführlicher, vielseitiger und tiefer die Analyse des Verstandes ist, um so größer sind die Hoffnungen und Chancen, Erreger für schöpferische Begeisterung des Gefühls und geistiges Material für das unbewußte Schaffen zu finden.

Wenn man einen verlorenen Gegenstand sucht, dann durchwühlt man alles und findet das Gesuchte meist dort, wo man es am wenigsten erwartet. Ebenso ist es beim künstlerischen Schaffen. Die Erkundung mittels des Verstandes muß sich nach allen Seiten richten. Überall muß man Anreize suchen und dem Gefühl und seiner Intuition anheimstellen, das auszuwählen, was für ihre schöpferische Arbeit am geeignetsten ist.

Bei der Analyse muß das Suchen sozusagen in die Länge, Breite und Tiefe des gesamten Stückes und der ganzen Rollen gehen; es muß in deren Teilen, zusammengesetzten Schichten und Ebenen erfolgen; es beginnt mit den äußeren, anschaulicheren und endet mit den inneren und tiefsten seelischen Schichten. Dazu bedarf es gleichsam einer anatomischen Untersuchung der Rolle und des Stücks.

Man muß tief und schichtweise sondieren, sich an das geistige Wesen herangraben, Stück und Rolle in ihre Teile zerlegen und jedes gesondert untersuchen; man muß jene Stellen, die noch nicht gelockert sind, durch Analyse lockern, Anreize für die schöpferische Begeisterung finden und sie in die Seele der Schauspieler senken, wie Samenkörner in die Erde. Darin besteht eine weitere Aufgabe der Analyse.

Das Stück und die Rolle haben viele Ebenen, auf denen ihr Leben verläuft.[37]

1) Da ist vor allem *die äußere Ebene der Fakten, der Ereignisse, der Fabel und der Bauweise eines Stückes.*

2) Mit ihr berührt sich eine andere, *die Ebene der sozialen Formen.* Sie hat mehrere Schichten: eine der *Standeszugehörigkeit,* eine *nationale,* eine *historische* usw.

3) Es gibt die *literarische* Ebene mit ihren Bereichen, a) dem *gedanklich-ideellen,* b) dem *stilistischen* und anderen. Jeder dieser Bereiche birgt seinerseits verschiedene Nuancen: a) *philosophische,* b) *ethische,* c) *religiöse,* d) *mystische* und e) *soziale.*

4) Es gibt eine *ästhetische* Ebene mit verschiedenen Schichten, der a) *theaterentsprechenden (bühnengemäßen),* b) der *inszenierungsbedingten,* c) der *stückentsprechenden,* d) der *bühnenbildnerischen,* e) der *körperlich-gestischen,* f) der *musikalischen* Schicht und anderer.

5) Es gibt eine seelische, eine psychologische Ebene mit a) dem *künstlerischen Wollen,* dem *Streben* und der *inneren Handlung,* der *Logik und Folgerichtigkeit des Gefühls,* b) der *inneren Charakteristik,* c) den *Elementen der Seele und ihrer Beschaffenheit,* d) der *Natur der inneren Gestalt* usw.

6) Es gibt die *physische* Ebene mit a) den *Hauptgesetzen der körperlichen Natur,* b) ihren *physischen Aufgaben und Handlungen,* c) ihrer *äußerlichen Charakteristik,* das heißt dem *typischen Äußeren von Maske, Manieren, Gewohnheiten, Sprechweise, Kleidung und der übrigen Gesetze des Körpers, der Gestik und des Gangs.*

7) Schließlich gibt es die Ebene der *persönlichen schöpferischen Empfindungen* des Schauspielers, das heißt *sein Befinden* in der Rolle ...[38]

Nicht alle diese Ebenen haben gleiche Bedeutung. Die einen sind beim Schaffen des Lebens und Wesens der Rolle vorrangig, die anderen besitzen nur untergeordneten Wert; sie charakterisieren und ergänzen das geistige und körperliche Leben der Gestalt, die geschaffen wird.

Nicht alle Ebenen sind anfangs dem Gefühl zugänglich. Viele muß man erst nach und nach erkunden. Sie alle vereinigen sich aber in unserer schöpferischen Vorstellung und Empfindung und geben uns dann nicht nur die äußere Form, sondern auch ein inneres geistiges Bild der Rolle und des ganzen Stückes. Es enthält nicht nur unserem Bewußtsein Zugängliches, sondern auch Unzugängliches.

Somit ähneln die bewußten Ebenen eines Stückes und einer Rolle den Schichten und Lagen der Erde, des Sandes, des Lehms, des Gesteins und so weiter, welche die Erdrinde bilden und immer tiefer hinabreichen. Je tiefer sie in die Seele hinabsinken, um so mehr werden sie unbewußt. So wie im Zentrum der Erdkugel die geschmolzene Lava und das Feuer tosen, so wallen in der Tiefe der Seele die unsichtbaren menschlichen Instinkte, Leidenschaften und so weiter. Dort ist das Gebiet des Überbewußtseins[39], dort befindet sich der Leben spendende Mittelpunkt, dort ist das tief im Innern verborgene Ich der Schauspielerindividualität, und dort sind schließlich die Geheimgänge der Begeisterung. Ihrer kann man nicht bewußt werden, sie kann man nur mit ganzem Wesen fühlen.

Somit verläuft der Weg analysierenden Kennenlernens von der äußeren Form des Werks, die in dem Text des Schriftstellers wiedergegeben und unserem Bewußtsein zugänglich ist, zu seinem inneren, geistigen Wesen, das größtenteils nur dem Unbewußten erreichbar und vom Schriftsteller seinem Werke zugrundegelegt worden ist, das heißt, der Weg führt von der Peripherie ins Zentrum, von der äußeren Wortform des Stücks zu seinem geistigen Wesen. Dabei werden die vom Dichter vorgeschlagenen Situationen erkannt, damit man später in den lebendig gewordenen Situationen die Wahrheit der Leidenschaften oder wenigstens die Wahrscheinlichkeit der Gefühle empfindet (kennenlernt). Von erfundenen fremden Situationen führt der Weg zum eigenen lebendigen, echten Gefühl.

Ich beginne die Analyse bei den äußeren Umständen und befasse mich vor allem wörtlich mit dem Text des Stücks, um aus ihm zuerst die äußeren und dann auch die inneren Umstände, die der Dichter vorschlägt, auszuwählen. Bei der bevorstehenden Analyse der Rolle und folglich auch beim Herausschreiben der Fakten aus dem Text interessiert mich jetzt nicht das Gefühl selbst, das nicht zu fassen und schwer zu bestimmen ist, mich interessieren jetzt nur die äußeren, vom Dichter vorgeschlagenen Situationen, die auf natürliche Weise Gefühl erzeugen können.

Von den äußeren Lebensumständen in Stück und Rolle ist die Ebene der Fakten am besten zu untersuchen und zu erkennen. Damit muß man die Analyse und das Herausschreiben aus dem Text beginnen.

Für den Dichter, der die kleinsten Lebensumstände im Stück geschaffen hat, ist jeder Fakt wichtig und gehört als notwendiges Glied zur endlosen Kette des Lebens im Stück. Viele von diesen Fakten begreifen wir keineswegs sogleich. Diejenigen aber, deren Wesen wir sofort, intuitiv erfassen, prägen sich ein. Die anderen hingegen, die nicht sofort empfunden und vom Gefühl entdeckt und gerechtfertigt worden sind, bleiben unbemerkt, ungewürdigt, vergessen oder — einzeln für sich — in der Luft hängen und versperren dann das ganze Stück.

Ich erinnere mich zum Beispiel an meine jugendlichen Eindrücke nach der ersten Begegnung mit »Verstand schafft Leiden«. Einige der wichtigsten Momente und Fakten des Stückes drangen mir sofort unauslöschlich ins Herz. Besonders deutlich prägten sich mir die Verjagung Tschazkis und sein Schlußmonolog ein, den ich sogar auswendig zu lernen mich beeilte. Andere Momente und Fakten blieben gleichsam in der Luft hängen. Es schien mir, als ob sie überflüssig oder langweilig wären und die Entwicklung des Stückes in die Länge zögen. Es kostete mich große Mühe, diese Stellen des Stücks zu lesen und sie mit ihm zu verknüpfen.

Darunter befand sich gleich der Anfang der Komödie. Er erschien mir unverständlich. Es fiel mir zum Beispiel schwer, mich in Zeit und Ort der Handlung zurechtzufinden. Schwierig war es auch, gewisse einzelne Fakten miteinander zu verbinden und zu rechtfertigen. Nehmen wir meinetwegen einmal das Rendezvous und Duo von Sophie und Moltschalin in einem mir damals unverständlichen Zimmer — dem Salon, der sich direkt neben den Wohnräumen und dem intimen Teil des Hauses befand, das heißt neben dem Zimmer des jungen Mädchens. In den alten Häusern befanden sich bekanntlich die Repräsentationsräume in der einen Hälfte des Hauses und die Wohnzimmer in dem gegenüberliegenden Teil. Hier, vom Salon entfernt, lagen die Kinderzimmer, die Schlafzimmer usw., und hier mußte sich auch das Mädchenzimmer von Sophie befinden.

Unverständlich und nicht gerechtfertigt erschien mir bei der ersten Begegnung mit dem Stück sowohl das Duo zu früher Stunde vor Tagesanbruch, als auch der Anlaß für das Erscheinen Famussows und die Tatsache, daß er die Musik für das Schlagen der Uhr und umgekehrt, das Schlagen der Uhr für Musik hielt, seine überraschenden Annäherungsversuche bei Lisa, überhaupt die ganze Exposition des Stückes. All das erschien mir anfangs künstlich und theatralisch. Ich verirrte mich in den Fakten und fand in ihnen kein richtiges Leben, keine Wahrheit. Das alles hinderte mich, die ersten Eindrücke von dem Stück aufzunehmen und zu verarbeiten.

Dasselbe oder fast dasselbe wiederholt sich in dem oder jenem Maße beim Kennenlernen auch anderer Werke.

Was ist in solchen Fällen zu tun? Wie kann man sich im äußeren Leben der Fakten orientieren? Wl. I. Nemirowitsch-Dantschenko schlägt dafür ein sehr einfaches und scharfsinniges Verfahren vor. Gleich zu Anfang des analysierenden Kennenlernens hilft das Verfahren nicht nur, die Fakten zu finden, sich in ihnen zu orientieren und aus ihnen klug zu werden, sondern auch, sich durch aufmerksames Betrachten zu gewöhnen, in ihr inneres Wesen und ihren gegenseitigen Zusammenhang einzudringen. Es besteht darin, daß man den Inhalt des Stückes erzählt.

Doch ist es nicht leicht, das so zu bewerkstelligen, daß auch alle Fakten gleichsam in Reih und Glied wie bei einer Parade jeder am entsprechenden Platz und in logischer Reihenfolge stehen. Es wird kaum zu erreichen sein, daß sofort das Gesamtbild und alle vom Dichter vorgeschlagenen Situationen erfaßt werden und auch das geistige Leben der dargestellten Personen ans Licht kommt. In der ersten Zeit nach dem Kennenlernen eines Stücks wird dessen Inhalt nicht besser erzählt als in einer kurzen Zusammenfassung in einem Theaterprogrammheft.

Eine solche Nacherzählung bringt freilich nicht die gewünschten Resultate. Macht nichts. Vielleicht lernt der Schauspieler dabei, das Stück besser und ausführlicher zu erzählen. Das wird ihn zwingen, in die Kette der Fakten und in ihren inneren Zusammenhang einzudringen. Der Schauspieler soll nach dem Kennenlernen des Stücks nur aus dem Gedächtnis die vorhandenen Fakten, ihre Reihenfolge und meinetwegen ihren äußeren, physischen Zusammenhang wiedergeben. Wenn man auf diese Weise alle Fakten niederschreibt, dann ergibt sich eine Art Inventarliste oder das Protokoll eines Tages aus dem Leben im Hause Famussows. Das ist die Gegenwart des Stücks in seinen lebendigen Fakten.

Ich werde versuchen, diese Arbeit an einem Beispiel auszuführen und nehme dabei das für uns Russen populärste Stück.

Stellen wir uns vor, wir analysieren das Stück »Verstand schafft Leiden« von Gribojedow und entnehmen daraus die Fakten, und zwar:

1) Das nächtliche Rendezvous von Sophie und Moltschalin hat sich bis zum Morgengrauen hingezogen.

2) Morgengrauen, frühe Stund. Man spielt im Nachbarzimmer ein Duo auf Flöte und Klavier.

3) Lisa schläft. Sie sollte Wache halten.

4) Lisa erwacht, sieht das Morgengrauen und bittet die Verliebten, auseinanderzugehen. Sie treibt zur Eile an.

5) Lisa verstellt die Zeiger an der Uhr, um die Verliebten zu erschrecken und auf die Gefahr aufmerksam zu machen.

6) Auf das Schlagen der Uhr kommt Famussow herein.

7) Er findet Lisa allein und belästigt sie.

8) Listig macht sich Lisa von Famussow los und veranlaßt ihn zu gehen.

9) Auf den Lärm hin kommt Sophie herein. Sie bemerkt die Morgendämmerung und wundert sich, wie schnell die Liebesnacht vergangen ist.

10) Da sie sich nicht trennen können, werden sie von Famussow überrascht.
11) Erstaunen, Ausfragen, Skandal.
12) Geschickt zieht sich Sophie aus der Schwierigkeit und Gefahr.
13) Der Vater läßt sie laufen und geht mit Moltschalin ab, um Akten zu unterschreiben.
14) Lisa macht Sophie Vorwürfe, und Sophie ist durch den prosaischen Morgen nach der Poesie des nächtlichen Rendezvous niedergeschlagen.
15) Lisa versucht, Sophie an Tschazki zu erinnern, der anscheinend in Sophie verliebt ist.
16) Das ärgert Sophie und veranlaßt sie noch mehr, an Moltschalin zu denken.
17) Unerwartete Ankunft Tschazkis, seine Begeisterung. Begegnung. Verlegenheit Sophies, Kuß. Befremden Tschazkis, Vorwurf der Kälte. Erinnerungen. Geistreiches freundschaftliches Geplauder Tschazkis. Liebesbekenntnis. Sticheleien Sophies.
18) Auftritt Famussows. Erstaunen. Seine Begegnung mit Tschazki.
19) Sophie geht. Ihre listige Andeutung zur Täuschung des Vaters.
20) Famussows Fragereien. Sein Verdacht hinsichtlich der Absichten Tschazkis in bezug auf Sophie.
21) Tschazkis Begeisterung über Sophie und sein überraschender Abgang.
22) Befremden und Verdacht des Vaters.

Das ist eine Liste der nackten Tatsachen des ersten Aktes. Wenn man nach diesem Muster die Fakten der folgenden Akte herausschreibt, dann ergibt sich ein Protokoll des äußeren Lebens in Famussows Haus an dem geschilderten Tag.

Alle diese Fakten schaffen die *Gegenwart* des Stückes. Doch gibt es keine Gegenwart ohne Vergangenheit. Die Vergangenheit bildet gleichsam das Wurzelgeflecht, aus dem die Gegenwart entsprossen ist. Um ein richtiges Urteil über die Gegenwart zu fällen, genügt es nicht nur, diese zu studieren. Man muß auch ihre Abhängigkeit von der Vergangenheit berücksichtigen.

Versuchen Sie, sich Ihre eigene Gegenwart ohne Vergangenheit vorzustellen, und Sie werden sehen, daß sie sofort verwelkt wie eine von den Wurzeln losgeschnittene Pflanze.

Der Schauspieler muß immer die Vergangenheit der Rolle im Rücken fühlen wie eine Schleppe, die er hinter sich herzieht. Die Vergangenheit von Stück und Rolle muß man vor allem im Werk »Verstand schafft Leiden« selbst suchen.

Auch auf der Ebene der lebendigen Fakten gibt es eine Vergangenheit, die man ebenfalls Kennenlernen (und empfinden) muß.[40]

Es gibt keine Gegenwart ohne Vergangenheit, aber auch keine ohne *Zukunftsperspektive*, ohne Traum von ihr, ohne Mutmaßungen über sie und ohne Anspielungen auf das, was kommt.

Eine der Vergangenheit und Zukunft bare Gegenwart ist wie eine Mitte ohne Anfang und Ende, wie ein Kapitel, das man willkürlich aus einem Buche herausgerissen und gelesen hat. Die Vergangenheit und die Träume von der Zukunft motivieren die Gegenwart. Der Schauspieler muß ständig einen Traum von der Zukunft hegen, der ihn bewegt und der zugleich dem Traum der darzustellenden Person analog und verwandt ist. Dieser Traum von der Zukunft muß den Schauspieler schon an und für sich locken; er muß alle seine Handlungen auf der Bühne bestimmen. Man muß aus dem Stück alle Anspielungen auf die Zukunft, alle Träume über sie herausfiltern.

Auch auf der Ebene der Fakten gibt es einen Traum von der Zukunft, von Ereignissen, die man erwartet, die man erstrebt und schafft. Die einen erwarten eine Hochzeit, die anderen den Tod, die dritten eine Abreise, die vierten eine Ankunft usw.[41]

Die unmittelbare Verbindung von Gegenwart der Rolle mit ihrer Vergangenheit und Zukunft verdichtet das innere Wesen des geistigen Lebens der dargestellten Person und liefert die Motivierung für die Gegenwart. Gestützt auf Vergangenheit und Zukunft der Rolle, schätzt der Schauspieler deren Gegenwart mehr. Somit sind Vergangenheit und Zukunft der Rolle zur größeren Bereicherung der Gegenwart nötig. Die Gegenwart ist der Übergang von der Vergangenheit zur Zukunft. Fakten, die nicht durch die Vergangenheit und Zukunft gestützt werden, bleiben zwecklos in der Luft hängen.

Oft werden die eigentlichen Fakten vom System und den Grundlagen des Lebens, von der sozialen Lebensweise hervorgebracht, und deshalb ist es leicht, von den äußeren Fakten tiefer in die *Ebene der sozialen Lebensweise* einzudringen. Dabei muß man die Verhältnisse, aus denen die Lebensweise besteht, nicht nur im Stücktext von »Verstand schafft Leiden« aufsuchen, das heißt bei Gribojedow selbst, sondern auch bei seinen Kommentatoren, in der Belletristik und in den historischen Forschungen über die zwanziger Jahre des vorigen Jahrhunderts usw.[42]

Die Ebene der sozialen Lebensweise des Stücks. Auszüge aus dem Stück:
1) Rendezvous Moltschalins und Sophies. Was ist das für eine Erscheinung? Woher kommt sie? Einfluß der französischen Erziehung und des französischen Romans? Die Sentimentalität, das Schmachten, die Zärtlichkeit und die Reinheit des Mädchens und zugleich ihre Sittenlosigkeit.
2) Lisa bewacht Sophie. Man begreife die Gefahr, die ihr droht. Man begreife auch die Ergebenheit Lisas. Man kann sie nämlich nach Sibirien verbannen oder auf einen Viehhof schicken.
3) Der alte Famussow macht Annäherungsversuche bei Lisa und spielt gleichzeitiges asketisches Verhalten. Ein Musterbeispiel des Pharisäertums jener Zeit.
4) Famussows Angst vor jeder »mésalliance«, da es die Fürstin Marja Alexejewna gibt.
5) Bedeutung der Marja Alexejwna — der Ältesten der Sippe. Angst vor ihrem Tadel. Man kann seinen guten Namen, das Prestige und sogar die Stelle verlieren. Angst des Vaters vor Jelisaweta Michailowna. Tod der Jelisaweta Michailowna.[43]
6) Lisas Ergebenheit gegenüber Sophie. Ihre Brautwerbung für Tschazki. Man wird Sophie verspotten, wenn die Hochzeit mit Moltschalin stattfindet.
7) Ankunft Tschazkis aus dem Ausland. Was heißt zu jener Zeit, mit auf den Poststationen gewechselten Pferden aus dem Ausland angereist kommen? ...[44]

Doch darf man nicht vergessen, daß die soziale Lebensweise nur benötigt wird, um das geistige Leben des Menschen und die Wahrheit der Leidenschaften zu klären und zu erschließen. Das geistige Leben beeinflußt die soziale Lebensweise und diese wiederum beeinflußt das geistige Leben.

Beim Studium der sozialen Lebensweise muß man darum auch erfassen, nicht nur *was*, sondern auch *wie* die Menschen empfanden und *warum* sie so und nicht anders lebten.

Dringt man noch weiter in tiefere Lebensbezirke des Stücks ein, dann gerät man auf die literarische Ebene. Natürlich kann man es nicht sofort, sondern erst nach Studium des betreffenden Stückes bewerten. Zu Anfang vermag man Form, Schreibweise, Sprachstil und Vers des Werkes in allgemeinen Zügen zu beurteilen.

Man kann ein Stück gleichsam in seine Bestandteile anatomieren, um sein Skelett, seine Struktur zu erfassen und sich an der Harmonie und Wechselbeziehung der Teile zu erfreuen, am Ebenmaß, der Stetigkeit und Folgerichtigkeit seiner Entfaltung, an der Bühneneignung seiner Handlung, an der Charakteristik, der Ausdruckskraft, der Farbigkeit, der interessant gewählten Konzeption und der Erfindungsgabe des Autors hinsichtlich Exposition, Verknüpfung, Faktenauswahl, Handlungsentwicklung, treffender Charakterisierung von Personen, ihrer Vergangenheit und angedeuteten Zukunft.

Man kann die Findigkeit des Dichters beim Schaffen von Anlässen und Ursachen, die die einen oder anderen Handlungen auslösen und das innere Wesen sowie das geistige Leben aufdecken, schätzen lernen. Auch kann man die äußere Form mit dem inneren Wesen vergleichen und beurteilen, ob beide übereinstimmen.

Die Idee des Stückes kann man anfangs nur in allgemeinen Zügen studieren, um sich danach allmählich in ihr Wesen zu vertiefen. Schließlich kann man Material zum sozialen, ethischen, religiösen und philosophischen Wesen des Stückes sammeln.

Zum Beispiel: Wer ist Famussow? Kein Aristokrat. Seine Frau ist Aristokratin. Nach 1812 reisten alle Aristokraten nach Paris. Die anderen blieben in Petersburg, in Moskau aber lebte der Gutsbesitzeradel. Famussow selbst ist ein Bürokrat.[45]

Alle diese Auskünfte kann man dem Werk Gribojedows selbst entnehmen wie auch den zahlreichen Kommentaren und Kritiken über das Stück.

Am leichtesten ist es, mit dem Äußeren zu beginnen, um den Plan der äußeren Stückstruktur (Akte, Szenen, Bilder und einzelne weniger bedeutende Bestandteile) und schließlich das ganze äußere Gewebe, den Kanevas des Werkes zu verstehen.

Die Entwicklungslinie der äußeren Bühnenhandlung erfassen. Untersuchen, wie sich die einzelnen Teile herausbilden und entwickeln.

Die Idee des Stückes, seinen grundlegenden Sinn (vorläufig auf verstandesmäßigem Wege) begreifen. Beurteilen, wie in dem Stück die soeben studierten sozialen, nationalen, historischen, ethischen und religiösen Lebenslinien der zwanziger Jahre gestaltet und wiedergespiegelt werden. Die Anlässe und Ursachen beurteilen, die die eine oder andere Handlung hervorgerufen haben. Die Form beurteilen, wie Sinn, soziale Lebensweise und Ethik verkörpert wurden.

Die *literarische Analyse*.[46] Die stilistische Linie: Schönheit der Sprache Gribojedows beurteilen, ferner die Eleganz des Verses, das Ätzende des Reimes, die Treffsicherheit der Worte und die Erfindungsgabe. [Hier folgen zwei unübersetzbare russische Versbeispiele.] Den allgemeinen Stil beurteilen. Allmählich — auf logischem oder anderem Wege — zur Hauptidee (Überaufgabe) und durchgehenden Handlung vorstoßen, durch die diese Idee ins Leben umgesetzt wird. Was veranlaßte den Dichter, zur Feder zu greifen (Ausgangspunkt des Schaffens)?

Steigt man noch tiefer hinunter, dann gerät man auf die *ästhetische Ebene* mit ihren verschiedenen Schichten, der theatergemäßen (bühnenbedingten), der inszenierungsbestimmten, der bühnenbildnerischen, der malerischen, der stückentsprechenden, der körperlich-gestischen und der musikalischen.

In alle diese Ebenen kann man über den Stücktext eindringen, aber nur allgemein. Anders ausgedrückt, man kann aus dem Text das herausschreiben, was der Dichter über Dekorationen, Milieu, Lage der Zimmer, Architektur, Beleuchtung, Gruppierung, Gestik, Handlungen und Umgangsformen sagt. Ferner kann man dem sein Ohr leihen, was der Regisseur sagt und der Bühnenbildner, der für das Stück die Dekorationen entwirft. Schließlich kann man die Materialien besichtigen, die für die Inszenierung gesammelt wurden. Nützlich ist es, selbst an der Sammlung von Material teilzunehmen und mit dem Regisseur und dem Bühnenbildner zu den Museen, Bildergalerien und zu allen Einfamilienhäusern jener Zeit zu fahren und auch selbst Zeitschriften, Stiche und so weiter einzusehen. Kurz, der Schauspieler soll das Stück, was das Malerische, das Körperlich-Gestische, den Farbenreichtum, die Architektur, den künstlerischen Stil und so weiter betrifft, selbst studieren.[47]

Die *ästhetische Ebene*. Beginnen wir mit der malerischen Seite. Ort der Handlung (Interieur, Landschaft).

Der Grundriß (die architektonische Hälfte) ist am wichtigsten für die schauspielerische Handlung. Was geht es mich an, ob hinten eine Dekoration von Raffael hängt. Ich sehe sie ja nicht. Der Dekorationsgrundriß zwingt mich, auf der Vorbühne zu stehen, beim Souffleurkasten, was für den Schauspieler sehr schwer ist. (Salvini 7 m, Duse 4 m).[48]

Wie Simow — regiebegabter Bühnenbildner — auch die Winkel für die Stimmung jeder Szene vorbereitete. Alles kam sofort an seinen Platz. Sich an der merkwürdigen Linie des Grundrisses und der Wände des Schlosses (architektonische Planung) oder der für die Epoche typischen Anordnung der Möbel und der Dinge des intérieur sowie an den Gegenständen selbst erfreuen.

Die rein malerische Seite. Schlechte Wirkung, wenn die Palette grau und arm ist. Das gibt kein Fest für das Auge. Schlecht ist aber auch, wenn die Palette zu grelle Farben aufweist, wenn sie dem Auge zuviel Reize bietet, die von der Hauptsache ablenken, um derentwillen das Stück geschrieben und inszeniert worden ist. Der Schauspieler kann dann gegen den visuellen Eindruck nicht ankämpfen. Das gilt besonders, wenn die Farbflächen nicht richtig angeordnet sind oder nicht dem eigentlichen Wesen des Stückes entsprechen. Denken wir zum Beispiel an den Farbakzent des grellroten Schlafrocks Gribunins in Kustodijews Inszenierung. Was die Farben betrifft, war hier des Guten zuviel getan. Man konnte den Blick nie von Gribunin abwenden. Wir versteckten den Darsteller hinter einem Stuhl, stellten ihn in eine Ecke, aber immer wieder drängte er sich auf, verdeckte Pasuchin selbst und die Idee des Stücks.[49] Wenn wir ein revolutionäres Stück inszenieren müßten, in dem als Emblem eine rote Fahne die Hauptrolle zu spielen hätte, dann wäre Kustodijews Verfahren vortrefflich.

Alle Auszüge bilden insgesamt ein ziemlich umfangreiches Material. Das ist schon etwas, das man bei der weiteren künstlerischen Arbeit gebrauchen kann.

Jetzt tritt ein neues Moment der großen Periode des Kennenlernens hinzu.

3. Erschaffen und Beleben der äußeren Umstände

Das Moment der großen Vorbereitungsperiode werde ich den Prozeß des *Erschaffens und Belebens der äußeren Umstände* nennen. Während ich im zweiten Prozeß des Kennenlernens, das heißt bei der Analyse, lediglich vorhandene Fakten feststellte, muß ich jetzt im Prozeß des Erschaffens und Belebens der äußeren Umstände das Wesen begreifen, das die Fakten erzeugt hat oder in ihnen verborgen ist.

Das Material zu den äußeren Umständen des Lebens im Stück, das durch verstandesmäßige Analyse gewonnen wurde, ist ziemlich umfangreich, doch trocken und leblos. Vorläufig gibt es da nur eine Liste mit Fakten aus Vergangenheit, Gegenwart und Zukunft, gibt es Auszüge aus dem Stücktext und Kommentare, kurz, ein *Protokoll vorgeschlagener Situationen des Lebens von Stück und Rolle.* Bei solchem rein verstandesmäßigen Kennenlernen des Stücks sind Ereignisse und Fakten ohne echte, lebendige und reale Bedeutung. Sie bleiben leere Theaterhandlung. Zu ihnen entsteht eine oberflächliche Beziehung. Theaterfakten, -ereignisse und -umstände rufen natürlich nur eine theaterhafte Einstellung hervor, nur ein theater- oder schauspielerhaftes Befinden, nur Konventionelles, Unwahrheit, nicht aber Wahrheit der Leidenschaften und auch nicht Wahrheitsähnlichkeit der Gefühle, also gerade das Gegenteil von dem, was Puschkin will. Bei einer solchen äußerlichen Beziehung zu den »vorgeschlagenen Situationen« ist es unmöglich, die »Wahrheit der Leidenschaften« und die »Wahrheitsähnlichkeit der Gefühle« zu erfahren.

Um das gewonnene trockene Material für das Schaffen geeignet zu machen, muß man dessen geistiges Wesen beleben und aus toten theaterhaften Fakten und Umständen lebendige, das heißt Leben verströmende machen. Man muß die Einstellung zu ihnen ändern, eine *theaterhafte* Einstellung in eine *menschliche* verwandeln. Man muß dem trockenen Fakten- und Ereignisprotokoll Leben einhauchen, da sonst nichts Lebendiges entsteht, das heißt echtes, organisches geistiges Leben. Das aus dem Text gewonnene leere Material muß man beleben, um aus ihm lebendige vom Dichter *vorgeschlagene Situationen* zu erschaffen.

Die Belebung des vom Verstand gewonnenen trockenen Materials geschieht mit Hilfe einer der Hauptfaktoren unserer Kunst, der *schauspielerischen Einbildungskraft.* Von diesem neuen Moment des Schaffens an wird die Arbeit aus der Sphäre des Verstandes in die der Einbildungskraft, in die Sphäre schauspielerischen Phantasierens übertragen.

Jeder Mensch lebt ein reales, echtes Leben, er kann aber auch ein Dasein in seiner Einbildungskraft leben. Die Natur des Schauspielers ist so beschaffen, daß für ihn das Leben in der Einbildungskraft oft bedeutend angenehmer und interessanter ist als das reale, echte. Die Einbildungskraft des Schauspielers besitzt die Eigenschaft, fremdes Leben an sich heranzuziehen, sich ihm anzupassen und gemeinsame, verwandte und aufregende Eigenschaften und Züge zu entdecken. Sie kann ein Scheinleben nach seinem Geschmack schaffen, das darum auch dem Herzen des Schauspielers nahesteht und ihn innerlich bewegt, ein schönes gehaltvolles Leben gerade für den schaffenden Künstler, ein Leben schließlich, das seiner Natur verwandt ist.

Das eingebildete Leben entsteht nach Wahl des Schauspielers infolge eigenen Willens und schöpferischer Bemühung aus dem geistigen Material, das in ihm ruht und deshalb ihm vertraut und verwandt ist, nicht aber zufällig ergriffen und von draußen geholt wurde. Das eingebildete Leben wird vom Schauspieler aus Fakten und Umständen geschaffen, die er selbst gemäß seinen Wünschen und Antrieben festgelegt hat, nicht aber ihnen zuwider und auf bösen Befehl von Schicksal und Zufall, wie das meist im wirklichen Leben vorkommt. Das vorgetäuschte Leben ist dem Schauspieler deswegen viel lieber als die eigentliche Wirklichkeit. Kein Wunder, daß Schauspielerphantasie einen echten und lebhaften Widerhall schöpferischer Begeisterung hervorruft.

Ein Schauspieler muß gern phantasieren, und es auch können. Das ist eine seiner wichtigsten schöpferischen Fähigkeiten. Ohne Einbildungskraft entsteht kein Schaffen. Nur die Verlockungen der Einbildungskraft oder des schauspielerischen Phantasierens erzeugen ein lebendiges schöpferisches Streben, einen lebendigen künstlerischen Aufschwung aus ganz verborgenen Winkeln des Gemüts. Eine Rolle, die nicht durch die Sphäre der schauspielerischen Einbildungskraft hindurchgegangen ist, kann nicht verlockend wirken. Ein Schauspieler muß über jegliches Thema phantasieren können. Er muß imstande sein, in der Phantasie aus jedem beliebigen vorgeschlagenen Material lebendige Wirklichkeit zu schaffen. Ein Schauspieler muß wie ein Kind mit jedem Spielzeug etwas anzufangen wissen und an diesem Spiel Freude finden. Da dieses Spielzeug — das Phantasieprodukt — von dem Schauspieler selbst aus den Stellen des Stücks, die er liebgewonnen hat, nach eigenem Geschmack ausgewählt worden ist, muß es ihm natürlich noch mehr gefallen und seinen Schaffenswillen mitreißen.

Der Schauspieler ist beim Phantasieren vollkommen frei, nur darf er nicht vom Dichter abweichen, was den Grundgedanken und das Thema angeht.

Worin besteht denn die Arbeit der schöpferischen Einbildungskraft, und wie verläuft der Prozeß des schauspielerischen Phantasierens?

Es gibt verschiedene Arten schauspielerischen Phantasierens und lebendiger Einbildung. Vor allem kann man in der Phantasie mit Hilfe des visuellen Vorstellungsvermögens alle möglichen Bilder, lebendige Wesen, Menschen und ihr Äußeres, Landschaften, die materielle Welt der Dinge, Gegenstände, das Milieu und ähnliches innerlich sehen. Ferner kann man mit dem auditiven Vorstellungsvermögen alle möglichen Laute, Melodien, Stimmen, Intonationen und so weiter hören. Man kann alle möglichen Gefühle empfinden, die im Gedächtnis unserer Gefühlswelt (im affektiven Gedächtnis) bewahrt werden. Alle diese visuellen, auditiven und sonstigen Vorstellungen kann man hegen und genießen. Man kann sich an ihnen passiv erfreuen, gleichsam als Unbeteiligter, und dabei keine Versuche zu aktivem Handeln unternehmen. Kurz, man kann Zuschauer seiner eigenen Phantasie sein. Diese Art des Phantasierens, bei welcher der Schauspieler zu seinem eigenen Zuschauer wird, werde ich *passives Phantasieren* nennen im Unterschied zum *aktiven Phantasieren*, von dem später zu reden ist.

Es gibt Schauspieler mit vorherrschendem visuellem Vorstellungsvermögen und Schauspieler mit auditivem. Die ersteren haben ein schärferes inneres Sehvermögen und die anderen ein feineres inneres Gehör. Für den ersteren Typus von Schauspielern, zu denen auch ich gehöre, verläuft der leichteste Weg zum Schaffen eines eingebildeten Lebens über die bildlichen Vorstellungen, für den letzteren über akustische Vorstellungen.[50]

Ich beginne mit dem passiven Phantasieren. Dafür wähle ich die für mich leichteste Methode zur Anregung der passiven Phantasie: den visuellen Weg. Ich versuche, mit dem »inneren Auge« das Haus von Pawel Afanasjewitsch Famussow zu sehen, das heißt den Ort, wo sich die Handlung des Stückes abspielt.

Das bei der Analyse gesammelte Material über die Architektur und Einrichtung der zwanziger Jahre kommt mir jetzt sehr zustatten.

Jeder Schauspieler, der Beobachtungsgabe und ein Gedächtnis für wahrgenommene Eindrücke hat (schlimm, wenn es ihm fehlt!), jeder Schauspieler, der viel gesehen, gelernt und gelesen hat und viel gereist ist (schlimm, wenn ein Schauspieler all das nicht getan hat), kann sich auf seine Art zum Beispiel ein Haus und dessen Einrichtung der zwanziger Jahre, als Famussow lebte, in der Phantasie vorstellen.

Wir Russen, und erst recht wir Moskauer kennen solche Häuser, wenn auch nicht im ganzen, so doch in ihren Teilen, das heißt aus einzelnen Überresten der Epoche, die erhalten geblieben sind.

In dem einen Moskauer Einfamilienhaus haben wir zum Beispiel ein für die Epoche typisches Vestibül mit Prunktreppe gesehen. In einem anderen fiel uns die Form der Säulen auf. Wieder in einem anderen skizzierten wir ein drolliges chinesisches Büchergestell. Dort prägte sich unserem Gedächtnis auch ein Stich ein, der ein Interieur der zwanziger Jahre darstellte. Ein irgendwo und irgendwann wahrgenommener Sessel blieb in unserem Gedächtnis, ein Sessel, in dem Pawel Afanasjewitsch Famussow gesessen haben könnte. Viele von uns bewahren zu Hause irgendeine alte Handarbeit auf, die mit Perlen und Seide gestickt ist. Sich daran ergötzend, erinnert man sich an Sophie und denkt, ob nicht sie diese Stickerei irgendwo an einem abgelegenen Ort, in Saratow etwa, gemacht hat, wo sie »Trübsal blasen, am Stickrahmen sitzen und über dem Kirchenkalender gähnen« mußte.

Die während der Analyse und zu verschiedener Zeit und an verschiedenen Orten gesammelten Erinnerungen an das lebendige, echte oder das in der Phantasie geschaffene Leben kommen gleichsam auf meinen Ruf herbei, nehmen ihren Platz ein und stellen in der Einbildungskraft ein altes Herrenhaus der zwanziger Jahre wieder her.

Nach einigen Arbeitssitzungen dieser Art kann man schon das ganze Haus aufbauen, und nachdem das geschehen ist, kann man es besichtigen, sich an seiner Architektur erfreuen und die Anordnung seiner Zimmer studieren. Dabei kommen die in der Einbildung vorhandenen Gegenstände an ihren Ort und werden allmählich bekannter und vertrauter, sie verschmelzen immer mehr mit dem inneren Leben des Hauses, das nun unbewußt dort entsteht. Wenn etwas dabei nicht richtig erscheint, oder wenn man seiner überdrüssig wird, kann man augenblicklich ein neues Haus errichten oder das alte umbauen oder es einfach reparieren... Das Leben der Phantasie ist insofern schön, weil es darin weder Hindernisse, Hemmungen, noch Unmögliches gibt... Alles was gefällt, ist erreichbar, und alles was man will, geschieht sofort.

Täglich genießt der Schauspieler mehrmals wie ein Unbeteiligter oder Fernstehender Famussows Haus und studiert es in den kleinsten Einzelheiten. Die Gewohnheit als unsere zweite Natur besorgt das übrige. Sie hat im künstlerischen Schaffen sehr große Bedeutung bei der Festigung (fixage) des Lebens, das von der Einbildungskraft geschaffen wird. Auf diese Weise entsteht in Gedanken Famussows Haus. Doch ist der Anblick des unbewohnten Hauses langweilig. Man möchte Menschen darin sehen... Die Einbildungskraft versucht, auch sie zu schaffen. Vor allem erzeugt eine Umgebung selbst allmählich Menschen. Die Welt der Dinge spiegelt meist die Seele derjenigen, die diese Welt schufen, das heißt der Bewohner des Hauses.

Freilich, anfangs zeigt die Einbildungskraft nicht sie selbst, nicht ihr Äußeres, lediglich ihre Kostüme und Frisuren. Man sieht mit dem inneren Auge, wie sich diese Kostüme ohne Gesicht bewegen und lebendig werden. Die Einbildungskraft bietet vorläufig nur den verschwommenen Eindruck von Gesichtern ohne bestimmte Konturen. Nur ein Büfettier wird aus irgendeinem Grunde mit außergewöhnlicher Deutlichkeit in der Phantasie lebendig. Klar erkennt man mit innerem Blick sein Gesicht, seine Augen, seine Haltungen. Ist das nicht Petruschka? Potztausend!!! Der lebenslustige Matrose, mit dem ich einmal Gelegenheit hatte, ab Noworossisk auf dem Schiff zu fahren.

Wie ist er hierher geraten, in Famussows Haus? Erstaunlich! Kommen noch mehr solcher Wunder im Leben der Schauspielerphantasie vor? Andere, noch nicht deutlicher hervortretende Wesen, die man zusammen mit Petruschka sieht, sind noch keine Persönlichkeit, ihnen fehlt es an individuellen Besonderheiten und Eigenschaften. In ihnen verkörpert sich nur sehr allgemein ihre gesellschaftliche Stellung, ihre soziale Rolle: die des Vaters, der Mutter, der Hausfrau, der Tochter, des Sohns, der Gouvernante, des Haushofmeisters, des Lakais, des Gesindes usw. Nichtsdestoweniger ergänzen diese Schatten von Menschen das Bild des Hauses und helfen, seine Gesamtstimmung, seine Atmosphäre zu schaffen, wenn sie auch vorläufig im Gesamtbild nur Beiwerk sind.

Um das Leben des Hauses eingehender zu betrachten, kann man die Tür dieses oder jenes Zimmers ein wenig öffnen und in eine der Hälften des Hauses eindringen, meinetwegen in das Eßzimmer und die daran anstoßenden Räume, den Korridor, das Anrichtezimmer, die Küche, die Treppe und so weiter. Während der Zeit des Mittagessens erinnert diese Hälfte des Hauses an einen aufgestörten Ameisenhaufen. Man sieht Leute mit ausgezogenen Schuhen (um den herrschaftlichen Fußboden nicht zu beschmutzen) in jede Richtung mit Schüsseln und Geschirr hin und her laufen. Man sieht das wandelnde Kostüm des Kellners noch ohne Gesicht, der wichtigtuerisch von einem Diener Speisen entgegennimmt und sie mit allen Kunstgriffen des Gastronoms verkostet, ehe er die Gerichte den Herrschaften serviert. Schließlich sieht man die wandelnden Kostüme der Lakaien und Küchenjungen, die im Korridor und auf der Treppe hin und her huschen. Dieser und jener umarmt, einen Liebesscherz machend, die Mädchen, die er unterwegs trifft. Nach dem Essen aber wird alles still. Man sieht alle auf den Fußspitzen gehen, da der Herr des Hauses schläft, und zwar so, daß sein gewaltiges Schnarchen auf dem ganzen Korridor zu hören ist.

Dann sieht man die lebendig gewordenen Kostüme von Gästen — arme Verwandte und Taufkinder — angereist kommen. Man führt sie zur Begrüßung Famussows in dessen Arbeitszimmer, damit sie ihrem Wohltäter und Paten die Hand küssen. Die Kinder sagen eigens für diesen Fall auswendig gelernte Gedichte auf, und der Wohltäter und Pate verteilt unter sie Geschenke und Süßigkeiten. Dann versammeln sich alle wieder zum Tee im Eckzimmer oder in der grünen Stube. Wenn alle heimgefahren sind und das Haus still geworden ist, sieht man die wandelnden Kostüme von Lampenanzündern in alle Zimmer auf großen Servierbrettern Carcellampen*) tragen. Man hört, wie diese knisternd mit einem Schlüssel aufgedreht werden, und sieht, wie die Lampenanzünder eine Leiter holen, hinaufklettern und die Öllampen auf die Kronleuchter verteilen und auch auf die Tische stellen.

Sobald es endgültig dunkel geworden ist, gewahrt man am Ende einer langen Zimmerflucht einen leuchtenden Punkt, der wie ein Irrlicht von einem Ort zum anderen huscht: Man zündet weitere Lampen an. Die trüben Lichter der Carcellampen flackern in den Zimmern hier und da auf und schaffen ein angenehmes Halbdunkel. Die Kinder laufen durch die Räume und spielen noch, bevor sie zu Bett gehen. Schließlich führt man sie in das Kinderzimmer. Danach tritt sofort Stille ein. Nur eine weibliche Stimme singt in einem entfernten Raum mit übertriebener Sentimentalität, wobei sie sich auf dem Klavichord oder dem Klavier begleitet. Die alten Herren spielen Karten. Jemand liest monoton französisch, und eine andere Person strickt bei der Lampe.

Dann herrscht nächtliche Stille. Man hört noch Pantoffeln über den Korridor schlurfen. Zum letzten Male taucht jemand auf, verschwindet wieder im Dunkeln, und wieder Stille. Nur aus der Ferne, von der Straße her hört man das Pochen des Wächters, das Knirschen

---

*) Eine von Carcel 1800 konstruierte Lampenart, die mit Rüböl betrieben wurde, und deren Docht mit einem Schlüssel höhergedreht werden mußte, um mehr Licht zu spenden.

einer verspäteten Droschke und den schwermütigen Anruf eines Wachtposten: »Achtung! ... Wer da? ... Losung! ...«

So entsteht in meiner Einbildungskraft die Gesamtatmosphäre und -anlage des Hauses, sein Leben in allgemeinen Zügen, noch ohne charakteristische Details jedes einzelnen Bewohners, noch ohne dessen Persönlichkeit oder Individualität. Ich selbst, einziger Zuschauer aller in der Phantasie entstehenden Bilder des Alltagslebens einer fernen Epoche, genieße sie als unbeteiligter Beobachter und nehme keinen persönlichen Anteil an dem fremden Dasein.

Vorläufig entwickeln sich die Lebensumstände des Famussowschen Hauses nicht über äußerliche Formen und Gebräuche hinaus. Um dem Dasein des Hauses einen geistigen Sinn zu geben, braucht man Menschen. Doch außer mir selbst, dem zufälligen Beobachter, und dem durch ein Wunder zum Leben erwachten Kellner Petruschka gibt es keine lebendige Seele im ganzen Gebäude. Bei den vergeblichen Versuchen, jene Menschen zu beleben, die sich in diesem Gespensterhaus in Kostümen bewegen, versuche ich, den eigenen Kopf anstelle eines leeren Gesichts auf die Schultern eines der wandernden Kostüme zu setzen. Und diese Operation gelingt mir. Schon sehe ich mich in Kostüm und Frisur der Epoche durch das ganze Haus gehen. Bald bin ich im Flur, bald in der Halle, bald im Salon oder im Arbeitszimmer. Ich sehe mich neben dem belebten Kostüm der Hausfrau am Mittagstisch sitzen und freue mich, daß ich hier einen solchen Ehrenplatz einnehme, und umgekehrt, sobald ich mich am äußersten Tischende neben einem noch undeutlichen Moltschalin gewahre, fühle ich mich beleidigt, weil man mich derart erniedrigt hat. So empfinde ich im Leben meiner Phantasie schon Anteil am Schicksal meiner Leute. Das ist ein gutes Zeichen. Natürlich ist Anteilnahme kein Gefühl, doch nahe daran.

Durch die Erfahrung ermutigt, versuche ich in Gedanken, meinen Kopf auf die Schultern des Kostüms von Famussow zu setzen, ferner auf diejenigen Platon Michailowitschs, des Herrn N., des Herrn D. und anderer. Wenn nur Köpfe auf die Schultern aufgeklebt werden, beleben sie dadurch nicht die Rümpfe. Ich versuche, mich jung vorzustellen und setze meinen verjüngten Kopf auf die Kostüme Tschazkis und Moltschalins. Auch das gelingt mir bis zu einem gewissen Grad. In Gedanken schminke ich mir verschiedene Masken und setze meinen geschminkten Kopf auf die Schultern verschiedener handelnder Personen, immer bedacht, in ihnen die mir vom Dichter vorgeschlagenen Bewohner des Hauses zu sehen. Wenn mir das auch bis zu einem gewissen Grade gelingt, bringt es doch keinen wesentlichen Nutzen. Nur das Kostüm Skalosubs ergibt mit meinem geschminkten und in Gedanken aufgesetzten Kopf die Andeutung einer charakteristischen und lebendigen Gestalt.

Weiter erinnere ich mich an eine ganze Galerie lebender, mir bekannter Personen. Auch betrachte ich wieder alle möglichen Bilder, Stiche, Fotos usw. Mit diesen lebenden und toten Köpfen mache ich dieselben Experimente, und alle enden mit Mißerfolg, wenn man einmal absieht von dem Kopf des Theaterkassierers, der ausgezeichnet zum Kostüm des Herrn N. und demjenigen von einem Stich, der zu dem »Schwindsüchtigen« paßte, der den »Büchern feind« ist.

Das mißlungene Experiment mit dem Ankleben fremder Köpfe überzeugte mich von der Nutzlosigkeit einer solchen Arbeit der Einbildungskraft.

Ich begriff, daß es gar nicht darauf ankommt, die Masken, Kostüme und überhaupt das Äußere der Bewohner des Famussowschen Hauses als passiver Zuschauer zu sehen, sondern darauf, daß man sie neben sich spürt, daß man ihre Anwesenheit fühlt. Nicht das Sehen und Hören, sondern das Empfinden der Nähe des Objekts hilft dem Zustand des Seins. Darüber hinaus sah ich ein, daß man diese Nähe nicht erfassen (empfinden) kann, wenn man an seinem Schreibtisch im Text des Stückes wühlt. Man muß vielmehr in Gedanken das Haus Famussows betreten und persönlich mit den Menschen seiner Familie zusammenkommen ...[51]

Wie aber kann man sich derart in eine andere Person oder an einen anderen Ort versetzen? Auch das geschieht mit Hilfe der Einbildungskraft, mit Hilfe der schauspielerischen Phantasie.

Diesmal habe ich es mit einer anderen Art schauspielerischer Phantasie und Arbeit der Einbildungskraft zu tun. Außer dem passiven Phantasieren gibt es nämlich noch eine andere, die aktive Form.

Man kann Betrachter seiner Phantasietätigkeit sein, aber auch zu ihrem handelnden Kern werden, das heißt, sich selbst vorstellungsweise in den Mittelpunkt der von der Einbildungskraft geschaffenen Situationen und Bedingungen versetzen, in den Mittelpunkt der Lebensverhältnisse, des Milieus, der Sachen und so weiter. Ich betrachte mich dann nicht mehr als unbeteiligten Zuschauer, sondern sehe, was sich rings um mich herum befindet. Mit der Zeit, wenn das Empfinden für das »Sein« erstarkt, kann ich inmitten der mich umgebenden Verhältnisse selbst zur aktiven Hauptperson meiner Phantasie werden und in Gedanken zu handeln beginnen, etwas wollen, nach etwas trachten und etwas zu erreichen versuchen.

Das ist die aktive Form des Phantasierens.

Damit beginnt ein vierter Vorgang innerhalb der Periode des schöpferischen Kennenlernens.

4. Erschaffen und Beleben der inneren Umstände

Das neue (vierte) Moment innerhalb der Periode des schöpferischen Kennenlernens möchte ich als Prozeß des *Erschaffens und Belebens der inneren Umstände* im Leben des Famussowschen Hauses bezeichnen, und zwar im Gegensatz zum vorangegangenen Prozeß von gleich langer Dauer, in dessen Verlauf es der Schauspieler mit den äußeren Lebensumständen seiner Rolle zu tun gehabt hat. Wenn wir in Gedanken die inneren Umstände des seelischen Lebens schaffen, dann analysieren, erkennen und beleben wir es mit unseren Sinnesorganen. Dieses Moment beim Kennenlernen ist die Fortsetzung des allgemeinen Prozesses, in dessen Verlauf der zu bewältigende Stoff analysiert und mit Leben erfüllt wird. Jetzt reicht das Kennenlernen tiefer, greift vom Äußeren, dem Verstandesmäßigen, ins Innere, ins Seelische über. Dort vollzieht es sich dann unter tätiger Mitwirkung des schöpferischen Gefühls beim Schauspieler.

Schwierig wird diese neue Form gefühlsmäßigen Kennenlernens und Belebens des Stoffes deshalb, weil der Schauspieler seine Rolle jetzt nicht durch das Buch, das Wort, die rationale Analyse und andere bewußte Mittel kennenlernt, sondern durch eigene Empfindungen, durch echtes Gefühl und persönliche Lebenserfahrungen.

Dazu muß er sich in den Mittelpunkt des Famussowschen Hauses versetzen, muß »dabei sein« und sich nicht wie bisher als unbeteiligter Zuschauer betrachten. Ein schwieriges und zugleich das wichtigste psychologische Moment in der allererersten Vorbereitungszeit des Schaffens, das außergewöhnliche Aufmerksamkeit erfordert.

Dieses wichtige Moment heißt im Schauspielerjargon »ich bin's«, das heißt in Gedanken fange ich an, im Stück zu »sein«, zu »existieren«, ich beginne, mich »mittendrin« zu fühlen, ich beginne, eins zu werden mit allen Umständen, die mir der Dichter anbietet und die vom Schauspieler geschaffen werden, ich beginne, das Recht zu erwerben, in ihnen zu leben. Dieses Recht bekommt man nicht gleich, sondern allmählich. Nämlich so:

Ich tue alles, um mich in Gedanken aus der Position des Beobachters in die eines Mitwirkenden, das heißt eines Mitgliedes der Famussowschen Familie zu versetzen. Ich möchte nicht sagen, daß mir das sofort gelingt, jedoch ich erreiche es, mich nicht mehr selbst als Objekt zu betrachten, sondern nur das zu sehen, was mich umgibt. Die Zimmer, die Einrichtung und die dort hausenden Phantome sehe ich jetzt nicht mehr aus der Ferne, sondern ganz nah. Wandere ich in Gedanken von einem Zimmer ins andere, ist mir schon, als ginge ich durchs ganze Haus. Ich betrete also den Treppenflur, steige die Treppe hinauf und öffne die Tür zu einer Zimmerflucht, befinde mich im Gästezimmer und stoße die Tür zum Vorsaal auf. Jemand hat einen schweren Sessel vor die Tür gestellt. Den rücke ich beiseite und schreite weiter ...

Jedoch genug! Wozu sich betrügen? Das, was ich während dieses Spazierganges spüre, ist kein Schöpfertum meiner Vorstellungskraft, ist nicht die Belebung eines Traumes, ist kein echtes Empfinden des Seins. Es ist Selbstbetrug, man tut sich und seiner Phantasie Gewalt an. Weiter nichts. Ich bemühe mich nur, mein Sein zu empfinden, empfinde es aber gar nicht. Die meisten Schauspieler begehen diesen Fehler. Sie bilden sich nur ein, wirklich zu leben, tun nur so, als ob sie ihr Sein empfinden. Aber das ist nicht der Fall. Bei der Bewertung dessen, wie man sein eigenes »Sein« auf der Bühne empfindet, gilt es außerordentlich exakt und streng zu sein. Man darf nicht den gewaltigen Unterschied vergessen zwischen echtem Empfinden des Rollengehaltes auf der Bühne und irgendwelchen zufälligen und eingebildeten Empfindungen. Solcher Illusion darf man nicht zum Opfer fallen, denn sie führt zu Verkrampftheit und Handwerkelei.

Jedoch während meines erfolglosen Spazierganges durch Famussows Haus gab es einen Augenblick, da empfand ich mein Sein echt und glaubte ihm. Das war, als ich die Tür zum Vorsaal öffnete, sie wieder schloß, den großen Sessel beiseite schob und dabei zumindest eine Andeutung auf das körperliche Empfinden der Schwere dieses Möbelstückes empfand. In dem Augenblick, der nur wenige Sekunden währte, spürte ich *Wahrheit*, echtes *»Sein«*. Es zerfloß jedoch wieder, als ich mich von dem Sessel entfernte und mich erneut im Raum befand wie in der Luft, umgeben von unbestimmten Gegenständen.

Hier erfahre ich also zum ersten Male, wie außerordentlich wichtig das *Objekt* zur Schaffung des schöpferischen Befindens, des »Seins« (»ich bin's«) ist.

Ich wiederhole meine Versuche mit Objekten. Zunächst mit unbelebten. In Gedanken stelle ich die Möbel und Sachen in den verschiedenen Zimmern um, verrücke Gegenstände von einem Platz an den anderen, wische sie sauber und betrachte sie. All diese in Gedanken ablaufenden Versuche helfen mir bei der Festigung des Empfindens meines Seins (»ich bin's«).

Dadurch ermutigt, versuche ich weiter zu gehen, das heißt, die gleiche Nähe zu einem lebenden – und nicht zu einem toten – Objekt zu verspüren.

Zu wem aber? Zu Petruschka natürlich, denn er ist ja die einzige lebende Person in diesem

Hause von Phantomen und wandelnden Kostümen. Wir treffen uns also im halbdunklen Korridor an der Treppe, die nach oben zu den Mädchenzimmern führt.

Paßt er hier vielleicht Lisa ab, überlege ich und drohe ihm scherzhaft mit dem Finger. Er aber zeigt mir nur sein liebes, bezauberndes Lächeln. In dem Augenblick empfinde ich nicht nur mein Sein inmitten gedanklich geschaffener Umstände, sondern mir ist auch ganz deutlich, als beginne die Welt der Dinge um uns herum zu leben. Echte Wahrheit entsteht und mit ihr der Glaube an sie. Danach festigt sich das Empfinden des Seins (»ich bin's«) noch mehr.[52] Schaffensfreude erfüllt mich, denn das lebende Objekt trägt noch stärker dazu bei, Sein (»ich bin's«) zu schaffen. Jetzt ist mir völlig klar: Dieser Zustand entsteht nicht an und für sich, wie man im Deutschen sagt, nicht unmittelbar, sondern dadurch, daß ich ein Objekt verspüre. Vor allem ein belebtes.

Je mehr ich in Gedanken übe, lebende Objekte zu schaffen, ihnen zu begegnen, ihre Nähe und ihr reales Dasein zu spüren, um so mehr überzeuge ich mich von einer neuen wichtigen Bedingung: für das Befinden »ich bin's« brauche ich nicht so sehr die äußere Gestalt, das heißt Aussehen, Gesicht, Körper und Verhaltensweisen des lebenden Objektes, sondern vielmehr sein inneres geistiges Bild und seine Seele. Mehr noch — ich weiß jetzt, daß ich beim Umgang mit anderen nicht deren Haltung verstehen muß, sondern meine eigene, das heißt meine Einstellung zu ihnen.

Deshalb gibt mir meine Begegnung mit dem Matrosen Petruschka so viel! Ich spüre seine innere Haltung, seine innere Welt. Ich kenne ihn doch, von der Reise, als ich aus Noworossisk kam. Hab eine Einstellung zu ihm. Nicht umsonst hab ich mich damals, während des Sturmes, so lange mit ihm unterhalten. In Augenblicken der Gefahr offenbaren sich die Menschen am besten. Ich erkenne also den Matrosen in Petruschka nicht an der äußeren Ähnlichkeit seines Gesichts, sondern weil ich eine innere Ähnlichkeit der beiden zu erkennen glaube. Ich möchte von ihm sagen: »Wie sollte man so einen Matrosen nicht gern haben?«, ähnlich wie Lisa sagt: »Den Kellner Petja doch, wär's möglich, den zu hassen?« In Petruschka erkenne ich den Matrosen wieder, da beiden ein gewisser Charme eigen ist.

Deshalb fällt es mir so leicht, den Kopf des Matrosen auf Petruschkas zum Leben erweckten Körper zu setzen, denn mit dem Aufsetzen des Kopfes habe ich zugleich, ohne daß ich es merkte, eine Seele in den Körper gelegt, die mir vertraut war. Oder fällt es mir vielleicht deshalb so leicht, in Gedanken meinen Kopf auf die wandelnden Kostüme zu setzen, weil ich im Grunde genommen unter ihnen meine eigene Seele verspüre? Nicht nur das — jetzt weiß ich, daß mir der Umgang mit Petruschka leicht fiel, weil ich dabei nicht nur ihn verspürte, sondern auch mich selber, meine Einstellung zu ihm. Und das ist ja für den Umgang mit anderen ebenfalls von Wichtigkeit.

Nach dieser Entdeckung geht es natürlich darum, wie ich durch eigene Erfahrungen die innere Welt der Bewohner des Famussowschen Hauses und besonders meine Einstellung zu ihnen erkenne (empfinde). Jedoch erscheint mir eine solche Aufgabe sehr schwierig. Das Seelenleben und die Gestalten aller Mitwirkenden zu verspüren wäre ja fast, als wolle man das ganze Stück neu entstehen lassen. So weit gehen meine Absichten nicht. Sie sind viel einfacher. Es reicht mir schon, in diesem Hause von Phantomen auf lebende Seelen zu stoßen. Auch wenn sie nicht ganz so sind, wie Gribojedow sie erschaffen hat. Ehrlich gesagt, ich glaube nicht, daß mein Inneres, meine Einbildungskraft und überhaupt mein Künstlertum un-

43

beeinflußt bleiben können von meiner gesamten vorangegangenen Arbeit, mit der ich in Famussows Haus lebende Objekte geschaffen habe.

Was ich glaube, ist, daß sich in den lebenden Objekten, die ich schaffe, Züge der Gribojedowschen Gestalten — wenn auch nur teilweise — widerspiegeln werden.

Um zu lernen, inmitten der zum Leben erweckten äußeren Umstände des Famussowschen Hauses auf lebende Objekte zu stoßen, statte ich in Gedanken den Familienmitgliedern, den Verwandten und Bekannten Famussows Besuche ab, denn in Gedanken kann ich ja jetzt bei jedem einzelnen Bewohner dieses Hauses anklopfen.

Unter dem frischen Eindruck des gelesenen Stückes suche ich natürlich in Famussows Haus vor allem diejenigen seiner Bewohner, mit denen mich der Dichter bereits beim ersten Lesen des Stückes bekannt gemacht hat. Vor allem den Hausherrn — Pawel Afanasjewitsch Famussow — möchte ich kennenlernen, dann die junge Hausherrin Sophie Pawlowna, ferner Lisa, Moltschalin usw.

Ich gehe also den altvertrauten Korridor entlang, bemüht, mich in der Dunkelheit nicht zu stoßen. Ich zähle die Türen — die dritte rechts ist es —, klopfe an, warte und öffne sie vorsichtig.

Dank meiner erworbenen Fertigkeit glaube ich sehr schnell an alles, was ich tue, glaube ich meinem Sein und meiner Existenz im Leben meiner Vorstellungskraft. Ich betrete Famussows Zimmer, und was sehe ich da? Der Hausherr steht mitten im Zimmer, nur mit einem Hemd bekleidet, und singt das Fastengebet »Möge mein Gebet erhört werden«, wobei er wie ein Chorleiter dirigiert. Vor ihm steht ein Knabe in stumpfsinniger Aufmerksamkeit, das Gesicht in Falten gelegt. Er piepst im feinen Kinderdiskant, um das Gebet zu erfassen und zu behalten. In seinen Augen glänzen noch Tränen. Ich nehme irgendwo abseits Platz. Den Alten irritiert es überhaupt nicht, daß er halbnackt dasteht, und er singt weiter. Ich lausche ihm mit meinem inneren Gehör und beginne gleichsam die Anwesenheit eines lebenden Objektes zu spüren, das heißt beginne, seine Nähe körperlich zu empfinden. Jedoch besteht das Empfinden eines lebenden Objektes nicht darin, seinen Körper zu fühlen. Seine Seele muß man empfinden.

Daß das mit dem Körper nicht möglich ist, braucht wohl nicht erst gesagt zu werden. Dazu gibt es andere Mittel. Die Menschen verkehren ja nicht nur durch Worte, Gesten u. ä. miteinander, sondern hauptsächlich durch die unsichtbaren Strahlen ihres Willens, durch Ströme und Schwingungen, die aus der Seele des einen in die des anderen übergehen. Gefühl wird durch Gefühl erkannt. Von Seele zu Seele. Einen anderen Weg gibt es da nicht. Jetzt tue ich also alles, die Seele des Objekts, seine seelische Verfassung zu ergründen und zu empfinden, vor allem aber meine Einstellung zu ihr zu bestimmen.

Ich versuche, Strahlen meines Willens oder meines Gefühls, das heißt ein Teil von mir selber, auf ihn zu richten. Mit anderen Worten — ich übe das Ein- und Ausstrahlen[53]. Aber was kann ich schon von ihm bekommen oder ihm geben, wenn Famussow für mich noch gar nicht existiert, wenn er zunächst noch unbeseelt ist? Ja! Er besteht nicht, das stimmt, aber ich kenne seine Stellung als Hausherr, ich kenne Leute dieses Schlages, kenne seine Gruppe, jedoch nicht ihn im einzelnen. Hier kommen mir meine Lebenserfahrungen zu Hilfe, denn sein Äußeres, seine Manieren, seine Gewohnheiten, sein kindlicher Ernst, sein tiefer Glaube und seine Verehrung für den Heiligengesang erinnern mich daran, daß das der mir vertraute Typ des gutmütigen, etwas lächerlichen starrköpfigen Wunderlings ist, in dem jedoch ein Feudalherr und Barbar steckt.

Das hilft mir, wenn schon nicht die Seele des Objektes zu spüren und kennenzulernen, so doch in mir selber die richtige Einstellung zu ihm zu finden. Jetzt weiß ich seine Ausfälle und Handlungen zu deuten und mich auf sie einzustellen. Eine Zeitlang beschäftigen mich meine Beobachtungen, aber dann wird es mir zu langweilig. Ich entspanne mich, nehme mich wieder zusammen und konzentriere mich, bald aber werde ich wieder unaufmerksam und verlasse in Gedanken Famussow, da ich bei ihm nichts mehr zu tun habe. Dennoch halte ich meinen Versuch für gelungen, und davon ermutigt, gehe ich, um Sophies Bekanntschaft zu machen.

Im Vorzimmer stoße ich auf sie. Sie macht sich fein, legt gerade hastig den Pelz um und will schnell fort. Lisa hat bei ihr zu tun, hilft ihr, den Pelz zuzuknöpfen und packt viele kleine Tüten, die das gnädige Fräulein mitnehmen soll. Sophie aber steht vor dem Spiegel, macht sich zurecht und schön.

Ihr Vater ist im Amt — kombiniere ich —, und nun eilt die Tochter zum Kusnezki most, zu den Franzosen, zu »Häubchen, Schleiern und Pailetten«, zu »Büchern«, vielleicht auch »aus anderen Gründen«.

Das Ergebnis ist diesmal wiederum das gleiche: Das Objekt läßt mich lebhaft den Zustand des Seins (»ich bin's«) empfinden, aber lange kann ich meine Empfindungen nicht bewahren, schweife ab, konzentriere mich wieder und verlasse Sophie schließlich, da ich bei ihr nichts mehr zu schaffen habe.

Ich muß gestehen, meine — zwar sehr flüchtigen — Exkursionen und Bekanntschaften bereiten mir Vergnügen, und so begebe ich mich zu Moltschalin.

Solange er auf meine Bitte hin die Adressen aller Verwandten und Bekannten der Famussows aufschreibt, denen ich Besuche abstatten will, fühle ich mich wohl. Mich amüsiert, wie peinlich genau Moltschalin jeden einzelnen Buchstaben schreibt. Aber als das zu Ende ist, langweile ich mich erneut und fahre ab, um meine Besuche zu machen.

In unserer Einbildung können wir ungeladen zu allen Leuten fahren. Niemand ist böse, alle empfangen uns. Vor allem fahre ich erst einmal weit hinaus, zu den Kasernen, zu dem Prototyp Sergej Sergejewitsch Skalosub.

Von Skalosub aus, auf dem Wege zur Chljostowa, besuche ich noch in Gedanken die Tugouchowskis. Ich treffe die ganze Familie gerade in dem Augenblick an, da sie die sechssitzige Kutsche bestiegen hat, um zur Vesper in die Kirche zu fahren. In Gedanken zwänge ich mich mit in den riesigen Reisewagen und lasse mich mit durchschütteln, wenn er aus einem Schlagloch ins andere versinkt. Hier erfahre ich, was schlechte Wege im alten Moskau im Frühjahr zur Fastenzeit sind. Ich muß an die arme Amfissa Nilowna Chljostowa[54] denken und weiß jetzt aus eigener Anschauung, wie schwer es ihr fällt, »mit fündundsechzig die Nichte zu besuchen«.

Glaubst du, mit fündundsechzig Jahren fällt es mir
So leicht, dich zu besuchen, Nichte? Es ist quälend.
Fährt eine ganze Stunde man doch bis zu dir!
Der Fürst, die Fürstin, die sechs Fürstentöchter und ich —
das sind doch neun!!! Ich komme mir vor wie ein Hering, den man genauso in ein Faß preßt wie uns in den »Sechssitzer«.

Zum Glück sind wir bald in Pokrowka, und am Hause Amfissa Nilownas springe ich aus dem »Sechssitzer«. Die ehrwürdige Hofdame sitzt dort, umgeben von Hoffräulein, im Mor-

45

gengewand mit der Chiffre⁵⁵. Vor ihr – ein Negermädchen und ein Hund. Amfissa Nilowna dressiert den Hund und bringt dem Negermädchen das Singen russischer Lieder bei. Alle die Matrjoschkas, Gruschkas und Akulinkas in ihren russischen Sarafanen sind dem Mädchen behilflich und kreischen den Kehrreim des Liedes, sobald ihn das Negermädchen mit seiner knarrenden und gepreßten Affenstimme gesungen hat. Alle freuen sich über Amfissa Nilownas lustige Späße und ihr gutmütiges Lachen. Für einen Augenblick unterbricht sie den Gesangsunterricht und erklärt mir, nach dem Essen brauche sie das Lachen. Dadurch würde sich das Gegessene »setzen« und die Verdauung gefördert werden. Auf einmal aber hört sie auf mit ihren Scherzen und ihrer Gutmütigkeit, und es folgen beleidigende Verhöhnungen und Kopfnüsse. Bei der Chljostowa bleibe ich auch nicht lange, da es dort nichts zu tun gibt und ich mich bald wieder langweile.

Von der Chljostowa geht's zu Sagoretzki, zu Repetilow, zu den Goritschs, zu dem, von dem Tschazki sagt: »Und jener Grieche doch, was war er gleich? Der kleine Schwarze mit den Kranichbeinen ...« Kaum habe ich in Gedanken das Haus verlassen, kann schon nichts mehr meine Künstlerneugier aufhalten. Überall spüre ich lebende Objekte, ihre Vitalität und kann zu ihnen Kontakt aufnehmen, wenn Grund dazu vorläge. Jedes Mal verstärkt dies mein Empfinden des Seins, aber leider kann auch die neue Bekanntschaft meine Aufmerksamkeit nicht lange fesseln. Warum eigentlich nicht? Ganz einfach und verständlich: All diese Begegnungen und Bekanntschaften waren ziellos. Sie entstanden nur als Übungen, um die körperliche Nähe von Objekten zu empfinden.

Es kam zu der Empfindung nur um der Empfindung willen. Aber körperliche Empfindungen können nicht auf lange Zeit Lebensinhalt und Gegenstand unseres Interesses sein. Etwas anderes wäre es gewesen, hätten diese Visiten einen Zweck gehabt, und sei es nur einen formalen.

Ich möchte also meine Versuche wiederholen und verschaffe mir dazu vorher einen bestimmten Zweck. Ich beginne beim Einfacheren, das heißt bei den unbelebten Gegenständen. Ich gehe wiederum in den Vorsaal und suche dort einen geeigneten Platz für den Sessel, der vor der Tür gestanden und mich so fühlbar an die Bedeutung des Objektes erinnert hatte. Ich stelle ihn so hin, daß er zu einem anderen Sessel gleicher Art eine Symmetrie bildet oder aber auch an eine Stelle, wo er ganz allein steht und man ihn sofort sieht. Während ich meine Aufgabe ausführe, fühle ich mich wieder »mittendrin« in Famussows Haus. Ich spüre die Nähe des Objekts, die Verbindung, den Kontakt zu ihm. Jedoch sobald ich meine Aufgabe ausgeführt habe, ist mir erneut, als ginge ich auf in dem Raum, als verlöre ich den Boden unter den Füßen und hinge in der Luft. Das erzielte Ergebnis ist dennoch etwas besser als das vorige, als ich nur einfach die Nähe des Objektes gespürt habe. Deshalb versuche ich mich jetzt an einer schwierigeren Aufgabe. Zu diesem Zwecke gehe ich in den Saal und sage zu mir: Bald heiratet Sophie den Skalosub, und da soll ich für hundert Gedecke ein großes Hochzeitsmahl zubereiten lassen. Wie ordne ich da am besten die Tische, das Besteck und all das andere an?

Alle möglichen Überlegungen gehen mir durch den Kopf. Zum Beispiel kommt ein Regimentskommandeur zur Hochzeit und möglicherweise die gesamte militärische Obrigkeit. Die müssen ja alle nach ihren Rängen plaziert werden, und zwar so, daß niemand übergangen wird, jeder dem Ehrenplatz, das heißt dem jungen Paar, so nah wie möglich sitzt. Auch bei den Verwandten muß ich so verfahren, denn von ihrer Seite könnten ebenfalls später Klagen kommen. Es werden jedoch so viele Ehrengäste, daß ich gar nicht genug Plätze habe. Das macht mir Sorgen. Vielleicht setze ich das Brautpaar in die Mitte und stelle die Tische dann im Radius nach allen Seiten auf? Dadurch bekäme ich mehr Ehrenplätze. Je mehr Plätze ich habe, um so leichter kann ich die Gäste nach Rängen plazieren. Lange beschäftigt mich die Lösung dieser Aufgabe, und als ich es geschafft habe, bekomme ich eine neue: ebenfalls die Ausrichtung eines Essens. Diesmal aber nicht für Skalosubs Hochzeit, sondern für Moltschalin und Sophie.

Da wäre ja alles anders! Eine Heirat mit dem Sekretär und Hausgenossen ist schließlich eine Mesalliance, und so müßte die Hochzeit bescheidener gefeiert werden, für die nächsten Angehörigen nur, und selbst die würden nicht einmal alle kommen. Auch keine Generäle, denn Moltschalins Vorgesetzter ist ja Famussow selber.

Neue Kombinationen gehen mir durch den Kopf. Ich denke weder an die Nähe der Objekte, noch an den Zustand des Seins (»ich bin's«), noch an den Umgang mit anderen. Ich *handele*. Mein Kopf, mein Gefühl, mein Willen und meine Phantasie arbeiten so, als wäre alles Wirklichkeit. Ermutigt durch den einen Versuch, möchte ich einen weiteren unternehmen, jedoch nicht mit toten Gegenständen und auch nicht mit meinen Gedanken, sondern mit lebenden Objekten.

Deshalb gehe ich zu Famussow, der noch immer dem kleinen Jungen »die sechste Stimme« beibringen will, dirigiert und nur im Hemd dasteht.

Ich möchte ihn ein bißchen ärgern. Trete also ein, setze mich in die Ecke, nehme ihn sozusagen aufs Korn und suche eine Gelegenheit, etwas zu mäkeln, um ihn zu reizen.

»Was singen Sie dann da?« frage ich.

Pawel Afanasjewitsch würdigt mich nicht einmal einer Antwort. Vielleicht, weil er noch nicht zu Ende gebetet hat? Bald aber ist er fertig.

»Sehr schöne Melodie«, erkläre ich in aller Seelenruhe.

»Das ist keine Melodie, mein Väterchen, sondern ein heiliges Gebet«, entgegnet er belehrend.

»Ach, verzeihen Sie, das hab ich ganz vergessen! Wann wird denn das gesungen?« frage ich aufdringlich.

»Wenn Sie in die Kirche gingen, wüßten Sie's.«

Der Alte ärgert sich bereits. Mich aber amüsiert und stachelt das noch mehr an.

»Ich würde schon gehen, aber ich kann nicht so lange stehen«, erkläre ich sanftmütig. »Außerdem ist es dort bei Ihnen sehr heiß!«

»Heiß?« fragt der Alte zurück. »In der Hölle ist es wohl nicht heiß?«

»Das ist ja etwas anderes«, rechtfertige ich mich noch sanftmütiger.

»Wieso?« will Pawel Afanasjewitsch jetzt wissen und macht einen Schritt auf mich zu.

»Weil man in der Hölle ohne Kleider herumlaufen kann, so, wie einen Gott geschaffen hat«, entgegne ich, mich dumm stellend. »Dort kann man ja auch auf der Pritsche liegen und schwitzen wie im Dampfbad. In der Kirche jedoch muß man stehen, darf sich nicht setzen, und das noch im Pelz.«

»Na Sie! Mit Ihnen versündigt man sich ja noch.« Der Alte eilt fort, um nicht laut loszulachen und dadurch »die Grundfesten ins Wanken zu bringen«.

Die neue Arbeit erscheint mir jetzt so wichtig, daß ich mich gern bestätigen möchte im Abtasten der Seele eines lebenden Objektes. Zu dem Zweck mache ich wieder Besuche, stelle mir jedoch diesmal ein bestimmtes Ziel, und zwar werde ich Verwandten und Bekannten Famussows mitteilen, daß Sophie und Skalosub heiraten wollen. Dieser Versuch gelingt mir, auch wenn es mir nicht immer im gleichen Maße glückt, deutlich die lebende Seele der Objekte zu spüren, mit denen ich zu tun habe. Dafür aber festigt sich das Empfinden des Seins (»ich bin's«) mit jedem Male.

Je weiter sich meine Arbeit entwickelt, um so schwieriger und komplizierter werden das Endziel und die Situationen, unter denen ich zu agieren habe. Ganze Ereignisse kommen zustande. So zum Beispiel geht Sophie in meiner Vorstellung in die Verbannung, in die Einöde, nach Saratow. Was soll da ihr heimlicher Bräutigam tun? Auf der Suche nach Mitteln gehe ich soweit, daß Sophie auf der Reise zu ihrer Tante entführt wird. Das zweite Mal übernehme ich die Rolle von Sophies Beschützer vor dem Familiengericht, nachdem sie mit Moltschalin zusammen angetroffen wurde. Als Richterin fungiert die Bewahrerin jahrhundertealter Grundfesten — Fürstin Marja Alexejewna. Keine leichte Sache, mit der furchtgebietenden Vertreterin von Familientraditionen ins Gehege zu kommen.

Das dritte Mal bin ich dabei, wenn Sophie plötzlich zu Skalosubs oder Moltschalins Braut erklärt wird. Ich zerbreche mir den Kopf, wie ich das Unheil abwende. Dabei kommt's sogar zu einem Duell mit Skalosub und ... ich erschieße ihn. All diese Etüden lassen mich zu der Überzeugung kommen, daß einfache Handlungen für den Zustand des Seins (»ich bin's«) nicht ausreichen. Dazu sind ganze Ereignisse erforderlich, denn dann beginnt man nicht nur zu sein und in der Phantasie zu existieren, sondern spürt die anderen auch deutlicher. Ebenso die eigene Einstellung zu ihnen und ihre Einstellung zu einem selber. Die Menschen erkennen einander im Unglück und auch im Glück.

Indem man mitten im Leben steht, anderen begegnet, aller Augenblicke zusammenkommt, gemeinsam herannahenden Ereignissen entgegengeht, ihnen von Angesicht zu Angesicht gegenübersteht, strebt, kämpft, Ziele erreicht oder sie aufgibt, spürt man nicht nur sein eigenes Sein, sondern auch seine Einstellung zu anderen Menschen und zu den Fakten.

Gelingt es mir, mich ganz dem gedanklichen Handeln und dem Kampf gegen die herannahenden Ereignisse hinzugeben, spüre ich in mir eine wunderwirkende Verwandlung ...[56]

In diesem Augenblick erkennt man den wahren Preis der inneren Umstände. Sie setzen sich zusammen aus dem persönlichen Verhältnis zu den Ereignissen des äußeren und inneren Lebens sowie aus den Beziehungen zu anderen Menschen. Besitzt ein Schauspieler technisch ein schöpferisches Befinden, den Zustand des Seins (»ich bin's«), empfindet er das lebende Objekt und vermag bei der Begegnung mit einem Phantom echt zu handeln, kann auch die äußeren und inneren Umstände im geistigen Leben des Menschen schaffen, das heißt jene Arbeit verrichten, die wir in dieser Periode des Kennenlernens untersuchen. Selbst wenn sich die Fakten und die Menschen ändern, selbst wenn anstelle eigener, vom Schauspieler erdachter Fakten und Menschen neue angeboten werden — die Fähigkeit, eingebildetes Leben zu verlebendigen, wird dem Schauspieler bei seiner weiteren Arbeit einen wichtigen Dienst leisten.

Mit dem Augenblick der inneren Verwandlung ist die erste schöpferische Periode des Kennenlernens zeitweilig abgeschlossen. Jedoch bedeutet das nicht, daß der Schauspieler weiterhin nicht mehr zu all der von ihm bereits geleisteten Arbeit zurückkehren müßte. Die Rollenanalyse, die einzelnen Hilfsmomente zur Belebung und Schaffung der vom Dichter vorgeschlagenen und vom Schauspieler ergänzten äußeren und inneren Umstände mit dem für diese Arbeit erforderlichen Befinden, Empfinden des Seins (»ich bin's«), mit der ständig neuen Bewertung der Fakten — das geht ja unverändert weiter, entwickelt und vertieft sich ständig, solange der Schauspieler mit seiner Rolle in Berührung ist.

Was hat uns nun die erste schöpferische Periode des Kennenlernens mit all ihren Prozessen gebracht und gegeben?

a) Die erste Bekanntschaft mit der Rolle.
b) Ihre Analyse.
c) Erschaffen und Beleben der äußeren Umstände.
d) Erschaffen und Beleben der inneren Umstände.

Welche Ergebnisse hat die gesamte geleistete Arbeit erbracht? Die Zeit des Kennenlernens hat den Boden zum Entstehen schöpferischer Gefühle und Erlebnisse des Schauspielers vorbereitet und seine Seele gewissermaßen gelockert. Das analysierende Kennenlernen hat die vom Dichter vorgeschlagenen Situationen mit Leben erfüllt, damit »die Wahrheit der Leidenschaften« im weiteren auf natürliche Weise das Licht der Welt erblicken kann.[57]

5. Das Bewerten der Fakten und Ereignisse des Stückes

Jetzt kommen wir zu der Arbeit, die ich als das *Bewerten der Fakten* bezeichnen möchte. Im Grunde genommen ist sie nur eine Fortsetzung bzw. — genauer gesagt — eine Wiederholung der soeben beendeten Arbeit, deren Ergebnis ja die innere Verwandlung war. Der Unterschied besteht nur darin, daß die Versuche bislang ad libitum erfolgten, das heißt zum Stück, um das Stück herum und zu einzelnen seiner Motive, wir es jetzt jedoch mit dem Stück selber zu tun haben, und zwar in der Form, wie es der Dichter schuf. Ich beginne die Bewertung der Fakten in ihrer allmählichen und folgerichtigen Entwicklung, da ich als Darsteller der Tschazki-Rolle das gesamte Leben in Famussows Hause und nicht nur den Teil kennenlernen (erfühlen) möchte, der unmittelbar zu meiner Rolle gehört.

Zwischen den inneren und äußeren Umständen besteht ein direkter Zusammenhang. Die Umstände des geistigen Lebens der Mitwirkenden, die ich jetzt schaffe, liegen in den Umständen ihres inneren Lebens und damit auch in den Fakten des Stückes. Die kann man nicht getrennt betrachten. Indem man durch die äußeren Fakten des Stückes und seine Fabel in ihr inneres Wesen, von der Peripherie zum Zentrum, von der Form zum Inhalt vordringt, gerät man unwillkürlich in den Bereich der inneren Umstände für das geistige Leben des Stückes.

Deshalb muß man wieder zurück zu den äußeren Fakten des Stückes, jedoch nicht um ihrer selbst willen, sondern wegen des Wesens, das in ihnen steckt, wegen der inneren Umstände des geistigen Lebens unseres Stückes. Die äußeren Fakten müssen von einem neuen Standpunkt aus, in neuer Beleuchtung, in einem neuen Daseinszustand des Famussowschen Hauses, mit dem neuen Befinden, das wir »ich bin's« genannt haben, betrachtet werden. So kommen wir erneut zu den Fakten des Stückes, jedoch viel besser vorbereitet und klüger geworden durch die praktischen Erfahrungen mit dem Leben in Famussows Haus.

Um die Versuchs- und Darstellungsarbeit nicht zu überlasten, gehe ich nur auf die wichtigen Fakten ein und lasse die weniger wichtigen unberücksichtigt. Beim echten Kennenlernen der Rolle darf man das natürlich nicht.

In erster Linie geht es mir um das Faktum des Stelldicheins und der Liebesgeschichte zwischen Sophie und Moltschalin. Um dieses Faktum mit eigenem Gefühl und auf Grund persönlicher Einstellung beurteilen zu können, versetze ich mich in die Lage der Schauspielerin, die die Sophie spielen soll, und beginne nun, in ihrem Namen innerhalb des Stücks zu *sein* und zu *existieren*. In diesem Daseinszustand (»ich bin's«) stelle ich mir folgende Frage: »Welche inneren Lebensumstände meines Geistes, welche persönlichen, lebendigen Gedanken, Wünsche, Bestrebungen, Eigenschaften, natürlichen Vor- und Nachteile könnten mich — wäre ich eine Frau — dazu bringen, mich Moltschalin gegenüber so zu verhalten, wie Sophie es tut?«

Nach dieser Frage geht folgendes in mir vor:

»Ein Statist der Liebe«, sage ich mir, »ein Karrierist, ein Lakai!« Alles in mir protestiert gegen ihn, alles an ihm ist mir zuwider und empört mein Gefühl. Wäre ich eine Frau, könnte absolut nichts mich dazu bewegen, eine Haltung gegenüber Moltschalin einzunehmen, wie Sophie das tut. Als Frau würde ich offensichtlich in mir weder Gefühle noch Erinnerungen noch affektives Material finden, um Sophies Rolle innerlich zu erleben, und ich dürfte bei »Verstand schafft Leiden« nicht mitspielen.

Während ich das überlege, bleibt meine Phantasie nicht untätig. Unmerklich umgibt sie mich mit den äußeren Lebensumständen des Famussowschen Hauses, die mir bereits bekannt sind, veranlaßt sie mich, unter Sophies Lebensbedingungen zu existieren, bemüht sie sich, mich in Gedanken in den Knäuel von Fakten zu zwängen, damit ich inmitten dieser Fakten durch eigene Willensanstrengung und das Wollen meines Gefühls, durch eigenes Verstehen und Erfahren ihre Bedeutung und Wichtigkeit beurteile.

In der Tat — diese Daseins- und Existenzsituation innerhalb des Stücks erfordert eine neue Betrachtungsweise für die vom Dichter vorgegebenen Fakten und Ereignisse. Nachdem die Phantasie sie vom neuen Standpunkt aus betrachtet hat, sucht sie Rechtfertigung, innere Erklärung und Einstellung zu ihnen. Sie verknüpft gewissermaßen alles, was sie im neuen Leben umgibt, mit den vom Dichter vorgeschlagenen Situationen.

»Wenn nun Sophie«, phantasiert die Vorstellungskraft, »durch Erziehung und französische Romane schon derart verdorben ist, daß ihr gerade so ein kleines, nichtiges Seelchen wie Moltschalin mit seiner Lakaienliebe gefällt?«

»Wie widerwärtig! Geradezu pathologisch!« entgegnet das Gefühl empört. »Woher nimmt man für ein solches Erleben die Inspiration?«

»Zum Beispiel von der Empörung, die es hervorruft«, erklärt der Verstand kühl.

»Tschazki?« protestiert das Gefühl. »Könnte er wirklich so eine verdorbene Sophie gernhaben wollen? Das glaube ich nicht. Das diskreditiert Tschazkis Gestalt und das ganze Stück.«

Da die Phantasie sieht, daß sie von dieser Seite aus nicht an meine Seele herankommt, sucht sie nach anderen Motiven und Umständen, die andere Verhaltensweisen auslösen.

»Wenn nun aber Moltschalin«, fragt die Phantasie wieder verführerisch, »wirklich ein ungewöhnlicher Mensch ist, so einer eben, wie ihn Sophie beschreibt, das heißt poetisch, sanftmütig, liebevoll, nachgiebig, feinfühlig und vor allem — bequem und fügsam?«

»Dann wäre das nicht Moltschalin, sondern ein anderer und sehr lieber«, erwidert das Gefühl kapriziös.

»Meinetwegen«, stimmt die Phantasie zu. »Kann man denn aber so einen Menschen liebgewinnen?«

...? Nun ist auch das Gefühl überrumpelt.

»Außerdem«, beharrt die Phantasie, die das Gefühl nicht zur Besinnung kommen läßt,

»darf man nicht vergessen, daß jeder Mensch und besonders eine verwöhnte Frau Gefallen an sich selber finden möchte, und deshalb trachtet sie danach, vor sich selber so dazustehen, wie sie in Wirklichkeit sein möchte, wie zu sein es ihr in Wirklichkeit jedoch nie gelingt. Spielt man ein solches Spiel schon mit sich selber gern, um wieviel angenehmer muß es dann sein, es in Gegenwart eines anderen Menschen spielen zu können, besonders wenn er — wie Moltschalin beispielsweise — angeblich wirklich all das glaubt, von dem man möchte, daß er es glaubt.

Welch ein Vergnügen für eine Frau, mal gutmütig, mal erhaben, mal poetisch und mal von allen gekränkt zu erscheinen! Wie angenehm, sich selber zu bemitleiden und in den anderen Mitleid und Begeisterung zu wecken! Die Anwesenheit eines Zuschauers verleitet zu einem neuen Spiel, zu einer neuen schönen Rolle, zu neuer Selbstbespiegelung. Besonders, wenn dieser Zuschauer solche ermunternden Sachen von sich gibt wie Moltschalin.«

»Aber eine derartige Deutung von Sophies Gefühlen ist doch willkürlich und widerspricht Gribojedow.«

»Durchaus nicht. Gribojedow geht es ja gerade um einen Selbstbetrug bei Sophie, er will ja, daß Moltschalin so gemein und glaubhaft lügen kann«, resümiert der Verstand.

»Glaub nicht den Literaturlehrern«, redet mir die Phantasie noch mehr zu. »Glaub deinem Gefühl als Künstler.«

Jetzt, da das Faktum der Liebe Sophies zu Moltschalin in meinem Inneren seine Bewertung und seine gebührende Rechtfertigung erfahren hat, ist es zum Leben erwacht, wird es von mir akzeptiert und erfühlt. Ich glaube seiner Wahrheit. Die gefühlsmäßige Analyse hat ihre erste Mission erfüllt, und entstanden ist ein lebendiger, sehr wichtiger innerer Umstand im Leben des Stückes, ein Umstand, der auch für meine Rolle als Tschazki sehr wichtig ist. Mehr noch — das zum Leben erwachte Faktum der aufrichtigen Liebe Sophies zu Moltschalin wirft gleich ein Licht auf viele andere Szenen, z. B. auf Sophies Schwärmen für Moltschalin, auf Sophies heftiges Eintreten für Moltschalin in verschiedenen Akten des Stückes, und zwar in der Szene mit Lisa (I. Akt) und in der mit Tschazki (III. Akt). Das authentische Faktum der Liebe erklärt auch Sophies Erschrecken im II. Akt, als Moltschalin vom Pferd fällt und jemand ihm Unvorsichtigkeit vorwirft. Ebenso ihre Rache an Tschazki und den Schmerz der Enttäuschung über Moltschalin im letzten Akt. Mit einem Wort, es erklärt alles im Zusammenhang mit Sophies Liebe zu Moltschalin und auch die Umstände, die dieser Liebe im Wege stehen.

Aber das ist nicht alles. Der lebensvolle Strom strahlt wie bei einem Telegrafen in alle anderen Teile des Stückes, die so oder so mit dieser Liebe zu tun haben.

Da erscheint beispielsweise Famussow plötzlich und ertappt die Liebenden bei ihrem Stelldichein. Das erschwert Sophies Situation, und ich kann in mir nicht die Erregung zurückhalten, wenn ich mich in ihre Lage versetze.

Stößt man unter so kompromittierenden Umständen mit dem Despoten Famussow zusammen, wird man sich bewußt, wie notwendig hier ein kühner und unerwarteter Schachzug ist, um den Gegner aus seiner Position zu drängen. In einem solchen Augenblick lohnt es sich, seinen Gegner und seine individuellen Besonderheiten zu kennen. Aber abgesehen von einigen Andeutungen, die mir nach dem ersten Lesen des Stückes aufgegangen sind, kenne ich Famussow ja überhaupt noch nicht. Da helfen mir weder der Regisseur noch der Darsteller seiner Rolle, denn sie kennen ihn ja auch nicht besser als ich. Mir bleibt nichts anderes übrig, als den Charakter, die individuellen Besonderheiten und die innere Haltung dieses alten Dickschädels selber zu bestimmen. Was ist er?! »Ein Bürokrat, ein Feudalherr«, informiert mich der Verstand, der sich noch an den Literaturunterricht im Gymnasium erinnert. »Ausgezeichnet!« stimmt die Phantasie zu und kommt gleich in Rage. »Dann ist Sophie eine Heldin!!!«

»Warum denn?« fragt der Verstand erstaunt.

»Weil nur eine Heldin mit solcher Ruhe und Dreistigkeit einen Tyrannen an der Nase herumzuführen vermag«, entgegnet die Phantasie begeistert. »Hier stoßen doch alte Grundfesten auf neue! Freiheit der Liebe! Ein modernes Thema!«

Würde der Verstand nicht sein ernüchterndes Wort sagen, flöge die Phantasie noch in Bereiche, von denen nicht einmal Gribojedow geträumt hätte.

Jedoch die heftige Tirade der Phantasie hat das Gefühl nicht entflammen können.

»Meiner Meinung nach«, erklärt sie seelenruhig, »hat es Sophie ganz einfach mit der Angst zu tun bekommen, als sie Famussow erblickte, und jetzt sucht sie mit ihrem eingebildeten Traum auf ungeschickte Weise einen Ausweg aus der Situation.«

Eine derartig prosaische Schlußfolgerung als Antwort auf die romantische Aufwallung der Phantasie enttäuscht nun vollends. Jedoch schon nach einem Augenblick findet die Phantasie eine neue Kombination und führt das Gefühl damit in Versuchung.

»Wenn nun Famussow nur den Ärgerlichen spielt, um die Grundfesten der Familie sowie die Traditionen des Geschlechtes aufrechtzuerhalten, und dies alles nur der Fürstin Marja Alexejewna zuliebe?« phantasiert meine Vorstellungskraft bereits. »Wenn nun Famussow ein gutmütiger Starrkopf, ein gastfreundlicher Mensch, aufbrausend, aber nicht nachtragend ist? Wenn er nun zu den Vätern gehört, die von ihren Töchtern an der Nase herumgeführt werden?!«

»Dann ... Dann ist das etwas ganz anderes! Dann ist der Ausweg aus der entstandenen Situation ja klar! Mit einem solchen zurechtzukommen ist nicht schwer, noch dazu, wo Sophie so gerissen ist — ›Betracht ich es genau, wie gleichst du der Mama, meiner verstorbenen Frau!‹«, informiert mich der Verstand.[58]

Weiß man, wie man mit Famussow umzugehen hat, findet man unschwer in sich die notwendige Einstellung zur Rechtfertigung vieler anderer Szenen, die mit Famussow und den Gesprächen über ihn zusammenhängen. Zum Beispiel die Szene, in der Sophie ihren Traum erzählt, Sophies Ärger nach Famussows Abgang (I. Akt) u. ä.

Hat man den Schlüssel zu den ersten beiden Hauptszenen gefunden, versteht man leicht die folgende Szene, in der die Prosa des unglückseligen Morgens nach der süßen Poesie der Nacht so viel Bitternis bringt. Mit den folgenden Szenen muß die gleiche Arbeit verrichtet werden. Bewertet werden muß die Bedeutung der Ankunft von Tschazki, des Freundes aus der Kindheit, der fast Bruder, fast Bräutigam ist, den man einst liebte, der immer forsch, stürmisch, frei und verliebt ist.

Nach vielen Jahren Abwesenheit aus dem Ausland zurückzukommen, war ja gar nicht so etwas Alltägliches für die damalige Zeit, als es noch keine Eisenbahn gab, als man in schweren Kutschen reiste und die Post Monate ging. Wie zum Schur kommt Tschazki gerade zur unpassendsten Zeit und völlig überraschend. Das erklärt, warum Sophie so verwirrt ist, warum sie sich verstellen muß, um ihre Verlegenheit und ihre Gewissensbisse zu verbergen. Da versteht man schließlich auch Sophies Ausfälle gegen Tschazki wegen seines zügellosen

Geschwätzes. Versetzt man sich jedoch in Tschazkis Lage, denkt man an seine Kinderfreundschaft mit Sophie und vergleicht diese mit der jetzigen kühlen Behandlung, so begreift und bewertet man Tschazkis Veränderung und Erstaunen. Versetzt man sich andererseits in Sophies Lage nach dem gerade erlebten poesievollen Rendezvous und der prosaischen Szene mit ihrem Vater, versteht und verzeiht man ihr gereiztes Verhalten gegenüber Tschazki sowie jenen unvorteilhaften Eindruck, den seine bissigen und draufgängerischen Geistreicheleien im Gegensatz zu Moltschalins demütiger Milde gemacht haben müssen.

Versetzt man sich in die Lage der anderen Mitwirkenden, das heißt der Verwandten Sophies, versteht man auch sie. Konnten sie sich etwa abfinden mit den freimütigen Reden und dem Benehmen des Westlers[59] Tschazki?! Mußten sie als Bewohner eines Landes, in dem noch die Leibeigenschaft herrschte, nicht Reden fürchten, die an den Grundfesten rüttelten? Nur ein Verrückter konnte doch so reden und handeln wie Tschazki! Um so listiger und erbarmungsloser erscheint auf diesem Hintergrund Sophies Rache, die ihren ehemaligen Freund und Bräutigam vor der gesamten Gesellschaft für verrückt erklärt. Nur wenn man sich in Sophies Lage versetzt, kann man ermessen, wie die Aufdeckung von Moltschalins beleidigendem Betrug ihre verwöhnte Eigenliebe getroffen haben muß. Versetzt man sich einmal in Gedanken in das Leben dieses versklavten Menschenkindes, fühlt man ihre Gewohnheiten, ihre Verhaltensweisen und ihre Lebensweise, erkennt, das heißt empfindet man, wie grenzenlos empört sie gewesen sein muß, wie es sie gequält haben muß, daß Moltschalin mit Schimpf und Schande wie ein Lakai aus dem Hause gejagt wurde. Man muß sich in Famussows Situation versetzen, um seinen gewaltigen Zorn, seine Erbitterung bei der allgemeinen Abrechnung sowie das Entsetzen zu begreifen, das sich in dem Schlußsatz äußert: »Mein Gott, mein Gott! Und was wird wohl dazu die Fürstin Marja Alexejewna sagen?«

Hat man anhand eigener Erfahrungen alle einzelnen Fakten, die äußeren und die inneren Umstände, die einen Zeitraum von zehn—fünfzehn Stunden umfassen, überprüft, dann erkennt (das heißt empfindet) man, wie aufregend und ereignisreich dieser Tag im Leben des Famussowschen Hauses, den Gribojedow für sein Stück ausgewählt hat, gewesen sein muß. Erst dann begreift man eine wichtige Besonderheit dieser Komödie, die bei ihrer Inszenierung häufig übersehen wird: ihren Nerv, ihr Temperament und ihr Tempo. Unterbringung und Rechtfertigung dieser Fülle bedeutungsvoller Fakten, die in den vier Akten des Stückes, das heißt in einigen wenigen Stunden der Aufführung entwickelt werden, erfordern natürlich einen raschen Verlauf der Bühnenhandlung und eine besonders feinfühlige Einstellung der Schauspieler zu allem, was auf der Bühne vor sich geht. Mehr noch — es muß das innere Tempo des geistigen Lebens aller Bewohner des Famussowschen Hauses sowie das Temperament, das für alle Mitwirkenden des Stückes erforderlich ist, eingeschätzt werden. Das vergißt man häufig im Theater, besonders bei den üblichen akademischen Interpretationen des Stückes, bei denen die Schauspieler deklamieren und räsonieren.

Je mehr ein Schauspieler gesehen, beobachtet und kennengelernt hat, je mehr Erfahrungen, Eindrücke und Erinnerungen er gesammelt hat, je feiner er fühlt und denkt, desto umfassender, mannigfaltiger und inhaltsreicher ist das Leben seiner Phantasie, desto vollständiger und tiefgründiger bewertet er Fakten und Ereignisse, desto klarer werden ihm die äußeren und inneren Umstände des Stückes und der Rolle. Durch tägliche systematische Arbeit der Phantasie an ein und demselben Thema, stets unter den gleichen gegebenen Umständen, entwickelt sich die Gewohnheit, eingebildetes Leben hervorzubringen und zu leben. Ihrerseits wiederum schafft die Gewohnheit die zweite Natur, die zweite eingebildete Wirklichkeit.

Jetzt, da alle Fakten des Stückes nicht nur mit dem Verstand, sondern vor allem auch mit dem Gefühl bewertet sind, bemerke ich überrascht, daß mir vieles von den inneren Umständen des Lebens der Mitwirkenden verständlich und vertraut geworden ist, und daß Fakten, die mir bislang theaterhaft vorkamen, Leben angenommen haben. Begonnen habe ich den Prozeß des analysierenden Kennenlernens mit nackten, trockenen Fakten, habe sie belebt, ohne es selber zu bemerken und bin zu einem echten Studium des Lebens in Famussows Haus gelangt.

Es besteht wirklich ein Unterschied zwischen der trockenen Faktenübersicht, die ich nach dem ersten Lesen des Stückes aufgestellt habe, und der jetzigen Einschätzung der Fakten. Damals erschienen sie mir theaterhaft, äußerlich, als reine Fabel und Faktur des Stückes, jetzt jedoch werden sie reale Ereignisse eines unendlich aufregenden Tages, sinn- und bedeutungsvolle Abschnitte echten menschlichen Lebens — meines eigenen Lebens.

Damals war es nur die einfache Regieanweisung »Famussow kommt«, jetzt aber verbirgt sich hinter ihr ernste Gefahr für die in flagranti ertappten Liebenden. Sophie droht die Verbannung »in die Provinz aufs Dorf zu einer Tante« und Moltschalin nach Twer, wo er sicherlich schon »verreckt« wäre.

Damals war es nur der bloße Hinweis »Tschazki kommt«, jetzt aber ist es die Rückkehr des verlorenen Sohnes in den Schoß der Familie, das langerwartete Wiedersehen mit der Geliebten. Wieviel Phantasie, wieviel erlebte innere und äußere Umstände, wieviel einzelne blutvolle Abschnitte aus dem geistigen Leben, wieviel heiße Wünsche, Wünsche des Schauspielers, wieviel echtes Gefühl, wieviel Vorstellungen, Bilder, Bestrebungen und Handlungen liegen jetzt für mich in den trockenen Hinweisen und in jedem Wort des vom Dichter geschaffenen Textes!

Jetzt, nach der Einschätzung der Fakten durch meine persönlichen Erfahrungen, erscheinen mir der Daseinszustand, die Fakten sowie die Umstände des äußeren und inneren Lebens meiner Rolle u. ä. auf einmal nicht mehr theaterhaft wie früher, sondern ganz echt. Ohne es selber zu merken, ändere ich meine Einstellung zu ihnen und beginne sie wie etwas Wirkliches zu behandeln und in ihnen zu leben. Alle Lebensumstände in Famussows Haus erhalten jetzt einen echten Sinn und eine bestimmte Bedeutung. Ich sehe sie nicht mehr in ihren einzelnen Teilen, sondern als unzertrennliches, zusammenhängendes Ganzes, als vielgliedrige Kette von Umständen. Ich erarbeite mir eine eigene, individuelle Einstellung zu ihnen. Mit einem Wort, ich begreife allmählich den inneren Sinn des gesamten Lebens dieses Hauses, die Ziele und Bestrebungen jeder einzelnen Person sowie das Gesamtbild der zahlreichen sich überschneidenden Linien, die die Beziehungen zwischen ihnen bestimmen. Dabei sind Fakten und Fabel des Stückes bald nicht mehr zu trennen von dem großen Gehalt, der in ihnen liegt.

Indem der Schauspieler Fakten und Fabel des Stückes vermittelt, zeigt er — ob er es will oder nicht — ihren geistigen Gehalt und das geistige Leben des Menschen, das, einer unterirdischen Strömung gleich, unter den äußeren Fakten dahinfließt. Die Bühne braucht nur geistig inhaltsreiche Fakten, die das Ergebnis innerer Gefühle sind, oder aber diese auslösen. Fakten an und für sich, als bloße spaßige Episoden, sind auf der Bühne unnötig und schädlich, denn sie lenken nur ab vom geistigen Leben des Menschen.

Das Geheimnis des Bewertungsprozesses der Fakten besteht darin, daß diese Arbeit den Schauspieler zwingt, Menschen in Gedanken zusammenstoßen zu lassen, sie handeln, kämpfen, siegen oder sich dem Schicksal und anderen Menschen unterwerfen zu lassen. Dadurch werden ihre Wünsche und Ziele, das Leben und die Beziehungen des Künstlers, des Organismus seiner Rolle zu den anderen handelnden Personen des Stückes u. ä. enthüllt, das heißt die von uns gesuchten Umstände des inneren Lebens unseres Stückes geklärt. Was heißt denn eigentlicht, Fakten und Ereignisse des Stückes zu bewerten? Es heißt, den verborgenen Sinn, das geistige Wesen, den Grad ihrer Bedeutung und ihrer Wirkung zu finden. Es heißt, den äußeren Fakten und Ereignissen auf die Spur zu kommen und in der Tiefe, unter ihnen, ein anderes, wichtigeres und tief verborgenes seelisches Ereignis zu enthüllen, das vielleicht den äußeren Fakt erst hervorgebracht hat. Es heißt, die Entwicklungslinie des Ereignisses zu verfolgen und den Grad und Charakter der Einwirkung, die Richtung und Taktik für das Streben jeder einzelnen handelnden Person zu erspüren, das Gesamtbild der vielen inneren Linien der handelnden Personen, ihre inneren Zusammenstöße, Überschneidungen, Verquikkungen, Übereinkünfte und Meinungsverschiedenheiten beim Streben eines jeden nach seinem Lebensziel zu erkennen.

Mit einem Wort — Fakten bewerten bedeutet, das innere Schema des Seelenlebens eines Menschen zu erkennen (zu erfühlen). Fakten bewerten bedeutet, fremde Fakten, Ereignisse und ein ganzes, vom Dichter geschaffenes Leben zu seinem eigenen zu machen. Fakten bewerten bedeutet, den Schlüssel zu finden, um die Geheimnisse des persönlichen, geistigen Lebens der von mir dargestellten Person, die in den Fakten und dem Text des Stückes verborgen sind, zu enträtseln.

Es wäre falsch, die Bewertung der Fakten und Ereignisse eines Stückes ein für allemal festzulegen. Bei der weiteren Arbeit kommen wir ständig zu Neubewertungen der Fakten, verleihen wir ihnen immer mehr geistigen Gehalt. Mehr noch — jedesmals und bei jeder Wiederholung unseres Schaffens müssen wir die Fakten neu bewerten, denn der Mensch ist ja keine Maschine, und er kann nicht jedesmal und bei jeder Wiederholung seines Schaffens in gleicher Weise seine Rolle spüren und sich an ein und denselben Erregern seines Schaffens entzünden. Jedesmal und bei jeder Wiederholung seines Schaffens spürt der Schauspieler die Rolle auf neue Weise und bewertet die gleichen unveränderlichen Fakten des Stückes anders. Dabei kann die gestrige Bewertung der Fakten eine ganz andere gewesen sein als die heutige. Ein winziger, kaum greifbarer Unterschied in der Behandlung der Fakten und im Befinden des Schauspielers ist nicht selten der ausschlaggebende Erreger für sein Schaffen von heute. Die Stärke eines solchen Erregers liegt in seinem Neusein, im Unerwarteten und in seiner Frische. Nicht übersehen werden darf auch all das, was den körperlichen und seelischen Zustand des Schauspielers beeinflußt, und was jedesmal und bei jeder Wiederholung seines Schaffens eine neue Bewertung der Fakten auslöst. All die unzähligen Komplexe von Zufälligkeiten infolge des Wetters, der Temperatur, des Lichtes, der Ernährung und der Auswahl innerer und äußerer Umstände wirken in diesem oder jenem Maße auf den Seelenzustand des Schauspielers. Seinerseits wiederum beeinflußt der Allgemeinzustand des Schauspielers die neue Haltung zu den Fakten und ihre Neubewertung bei jeder Wiederholung des Schaffens. Die Fähigkeit, die ständig sich ändernden Komplexe von Zufälligkeiten zu nutzen, die Fähigkeit, die Erreger des Schaffens mit Hilfe der Faktenbewertung immer wieder aufzufrischen, ist ein sehr wichtiger Bestandteil der inneren Technik des Schauspielers. Ohne diese

Fähigkeit kann es geschehen, daß der Schauspieler nach einigen Aufführungen gegenüber seiner Rolle gleichgültig wird, daß er aufhört, die Fakten als Ereignisse aus dem Leben zu betrachten, und daß er das Gefühl für ihren inneren Sinn und ihre Bedeutung verliert.[60]
Schlimmer ist, wenn der Zuschauer die Fakten des Stückes richtiger bewertet als der Schauspieler, der in dieser Zeit auf der Bühne agiert. Es kommt hier zu einem ärgerlichen Mißverhältnis zwischen Schauendem und Darstellendem. Schlimm ist es, wenn die Fakten des Stückes den Zuschauer stärker erregen als den Schauspieler, der sie schafft. Schlimm ist, wenn der Schauspieler die Fakten unterschätzt oder überbewertet und dadurch gegen die Wahrheit, gegen den Glauben an die Echtheit der Fakten und den Sinn für das Maß verstößt. (Ein Beispiel für die Unterbewertung einer Tatsache ist Tschazkis Ankunft, und ein Beispiel für ihre Überbewertung ist sein »Verrücktsein«.)

II. Die Periode des Erlebens[61]

Die zweite große schöpferische Periode möchte ich als *Periode des Erlebens* bezeichnen.

Während man die erste Periode — die des Kennenlernens — mit dem Begegnen, dem Flirten und dem Umwerben vergleichen kann, drängt sich bei der zweiten Periode — der des Erlebens — der Vergleich des Einswerdens, der Befruchtung, der Empfängnis und der Fruchtbildung auf.

W. I. Nemirowitsch-Dantschenko illustriert dieses schöpferische Moment wie folgt: Damit eine Frucht oder eine Pflanze wachsen kann, muß ein Korn in die Erde gebracht werden. Es verfault natürlich, aber aus dem verfaulten Korn gehen die Wurzeln der zukünftigen Frucht oder Pflanze hervor. Genauso muß auch das Korn der Autorenschöpfung in die Seele des Schauspielers gelegt werden, muß faulen und Wurzeln schlagen, aus denen eine neue Schöpfung entsteht, die dem Schauspieler gehört, und deren Geist dem des Schriftstellers verwandt ist.

Während die Periode des Kennenlernens nur der Vorbereitung diente, ist die des Erlebens bereits produktiv.

Die Periode des Kennenlernens hat den Boden gelockert, um in der Periode des Erlebens die Saat blutvollen Lebens bei den noch nicht lebendigen Stellen der Rolle in den vorbereiteten Boden zu werfen.

Während die Periode des Kennenlernens »vorgeschlagene Situationen« ertastete, schafft die Periode des Erlebens die »Wahrheit der Leidenschaften«, die Seele der Rolle, ihre Eigenart, ihr inneres Bild, schafft sie echte menschliche Gefühle und schließlich das geistige Leben des Menschen im lebendigen Organismus der Rolle.

Also ist *die zweite Periode — die des Erlebens — die wichtigste und ausschlaggebende im Schaffen ...*[62]

Der schöpferische Prozeß des Erlebens ist ein *organischer* Prozeß. Er beruht auf den Gesetzen der geistigen und körperlichen Eigenart des Menschen, auf der authentischen Wahrheit seines Gefühls sowie auf natürlicher Schönheit.

Wie entsteht, entwickelt und löst sich nun der organische Prozeß des Erlebens, und worin besteht des Schauspielers schöpferische Tätigkeit?

Nachdem ich gelernt habe, in den Lebensumständen des Famussowschen Hauses zu

»*sein*«, zu »*existieren*«, das heißt in Gedanken beginne, in diesem Hause mein eigenes Leben zu leben, indem ich Fakten und Ereignissen gegenübertrete, mit den Bewohnern des Hauses zusammenkomme, sie kennenlerne, ihre Seelen abtaste und unmittelbaren Kontakt zu ihnen herstelle, fange ich unmerklich an, etwas zu wollen und ein Ziel anzustreben, das sich ganz natürlich wie von selbst für mich ergibt.

Denke ich beispielsweise an meinen Morgenbesuch bei Famussow während seines Liedersingens, empfinde ich jetzt nicht nur mein Sein mit ihm und in seinem Zimmer, spüre ich neben mir nicht nur ein lebendiges Objekt und ertaste seine Seele, sondern beginne auch schon, Wünsche zu haben und nahegelegene Ziele bzw. Aufgaben anzustreben. Zunächst ganz einfache. So möchte ich beispielsweise Famussow auf mich aufmerksam machen. Dazu suche ich geeignete Worte oder Handlungen. Zum Spaß möchte in den Alten ein bißchen ärgern, da er meiner Meinung nach sehr komisch wirken muß, wenn er gereizt ist u. ä.

Die in mir aufkommenden schöpferischen Wünsche und Bestrebungen lösen natürlich den Drang zum Handeln aus. Aber er ist noch nicht die Handlung selber. Dazwischen besteht ein Unterschied. Der Drang ist ein innerer Antrieb, aber noch kein erfüllter Wunsch, Handlung dagegen ist innere bzw. äußere Erfüllung von Wünschen, ist die Befriedigung innerer Drängens. Der Drang nun wiederum löst inneres Handeln (innere Aktivität) aus, und dies bewirkt äußeres Handeln.[63] Aber davon zu reden, ist noch nicht die Zeit.

Bei der Erregung schöpferischer Wünsche und Ziele sowie des Dranges zum Handeln, beim gedanklichen Erleben von Szenen im Famussowschen Hause beginne ich jetzt[64] einen Beobachtungsgegenstand anzuvisieren und nach Mitteln zur Erreichung meines gesteckten Zieles zu suchen. Ich denke beispielsweise an die Szene, in der Famussow Sophie und Moltschalin beim Stelldichein ertappt und suche hier einen Ausweg aus der Situation. Dazu muß ich vor allem selber zur Ruhe kommen, muß meine Verwirrung hinter gemachter Ruhe verstecken, muß meine gesamte Ausdauer zu Hilfe rufen, einen Aktionsplan aufstellen und mich an Famussow und seinen augenblicklichen Zustand anpassen. Ich nehme ihn aufs Korn. Je mehr er schreit und sich ärgert, um so ruhiger bemühe ich mich zu sein. Sowie er sich beruhigt hat, spüre ich den Wunsch, ihn mit meinem unschuldigen, demütigen und vorwurfsvollen Blick aus der Fassung zu bringen. Dabei entstehen ganz von selber Feinheiten seelischer Anpassung, Kniffe der wendigen Seele, verwickelte Gefühle, unerwartete innere Anstöße sowie der Drang zum Handeln, den nur die Natürlichkeit kennt und die Intuition auszulösen vermag.

Hab ich dieses innere Drängen und diese Anstöße erkannt, kann ich bereits handeln. Zwar noch nicht praktisch, sondern nur in meiner Vorstellung, der ich wiederum volle Freiheit lasse ...[65]

»Was würdest du tun«, fragt die Phantasie das Gefühl, »wenn du in Sophies Lage kämst?«

»Ich würde dem Gesicht befehlen, eine Engelsmiene aufzusetzen«, entgegnet das Gefühl ohne Zaudern. »Und dann?«, drängt die Phantasie.

»Ich würde hartnäckig schweigen und Sophie mit noch demütigerem Gesicht dastehen lassen«, fährt das Gefühl fort. »Damit der Vater möglichst viel Scharfes und Dummes sagt. Das bringt nur Vorteile für seine Tochter, die er bislang verwöhnt hat. Hat der Alte dann Gift und Galle versprüht, ist er heiser geworden durchs Schreien und müde durch die Erregung, bleibt auf dem Grunde seiner Seele nur noch seine Gutmütigkeit, seine Faulheit und sein Ruhebedürfnis, hat er sich dann in seinen bequemen Sessel gesetzt, um seiner Atemnot Herr zu werden, und beginnt er sich den Schweiß abzuwischen, dann befehle ich, noch hartnäckiger zu schweigen und die Engelsmiene noch stärker aufzusetzen, denn das kann nur jemand, der sich im Recht fühlt.«

»Und dann?« bohrt die Phantasie weiter.

»Dann befehle ich, unmerklich eine Träne abzuwischen, so jedoch, daß der Vater es doch bemerkt, und dann stehe ich weiter ganz unbeweglich da, bis der Alte unruhig wird und mich schuldbewußt fragt: ›Warum schweigst du denn, Sophie?‹ Darauf sollte keine Antwort erfolgen. ›Hörst du mich etwa nicht?‹ beginnt der Alte dann in sie einzudringen. ›Sag, was ist denn mit dir?‹«

»Ich höre«, sagt die Tochter dann mit sanfter, hilfloser Kinderstimme, vor der man die Hände sinken läßt.

»Und was weiter?« will die Phantasie wissen.

»Ich befehle wiederum, zu schweigen und demütig dazustehen, bis der Alte anfängt, sich zu ärgern, jetzt aber nicht mehr, weil er seine Tochter mit Moltschalin ertappt hat, sondern weil sie schweigt, und diese Situation für ihn peinlich und dumm ist. Ein gutes Mittel, um abzulenken, eine gute Methode, um die Aufmerksamkeit von einem Gesprächsthema auf ein anderes zu übertragen. Schließlich hab ich aber doch Erbarmen mit dem Vater und befehle mit ungewöhnlicher Ruhe, dem Vater die Flöte zu zeigen, die Moltschalin ungeschickt und feige hinter seinem Rücken versteckt hält.«

»Sehen Sie mal, Väterchen«, lasse ich Sophie dann mit sanfter Stimme sagen.

»Was ist denn das?« wird der Vater fragen.

»Eine Flöte«, werde ich entgegnen. »Alexej Stepanowitsch wollte sie sich holen.«

»Das sehe ich, wie er sie im Rockschloß versteckt hält. Aber warum ist sie denn hier, in deinem Zimmer?« wird der Alte sich dann wieder erregen.

»Wo sollte sie sonst sein? Wir haben doch gestern das Duo einstudiert. Das wissen Sie doch, Väterchen, daß ich für die heutige Abendgesellschaft mit Alexej Stepanowitsch ein Duo einstudiere?«

»Hm … das weiß ich«, wird der Alte unsicher zustimmen, wobei ihn die Ruhe seiner Tochter, die bezeugt, daß sie im Recht ist, nur noch mehr verwirrt.

»Zwar haben wir gestern länger gearbeitet, als es der Anstand erlaubt. Dafür bitte ich um Verzeihung, Väterchen.« Wahrscheinlich befehle ich hier, die Hand des Vaters zu küssen, und dann wird er seiner Tochter über die Haare fahren und zu sich selber sagen: »Was für ein kluges Kind!«

»Wir mußten das Duo einstudieren, damit Sie keine Unannehmlichkeiten haben, Ihre Tochter sich nicht vor der Verwandtschaft blamiert und schlecht spielt. Das wäre Ihnen doch unangenehm, nicht wahr?«

»Na ja, natürlich«, wird der Alte fast schuldbewußt zugeben, während er spürt, daß man ihn jetzt in eine Falle lockt. »Aber warum denn gerade hier?« wird er plötzlich aufbrausen, als wolle er der Falle entrinnen.

»Wo denn sonst?« lasse ich die Tochter den Alten mit ihrem Engelsgesicht fragen. »Sie haben mir doch verboten, die Vorderzimmer zu betreten, wo das Klavier steht. Sie haben gesagt, es sei unschicklich, sich in abgelegenen Zimmern mit einem jungen Mann allein aufzuhalten. Außerdem ist es dort sehr kalt, da gestern nicht geheizt wurde. Wo sollen wir sonst noch das Duo einstudieren, wenn nicht hier, auf dem Klavichord in meinem Zimmer? Es ist kein anderes Instrument da. Natürlich hab ich Lisa befohlen, die ganze Zeit hier zu bleiben, um nicht mit dem jungen Mann allein zu sein. Und dafür wollen Sie nun, Väterchen ... Natürlich, ich habe keine Mutter, die sich für mich einsetzen würde! Hab niemanden, der mir raten könnte. Bin ja ein Waisenkind ... Ich Ärmste ich! Herrgott! Am liebsten möchte ich sterben!« Wenn es mir in diesem Augenblick gelingt, ein paar Tränen aus den Augen zu drücken, endet die Sache damit, daß ich sogar noch einen neuen Hut geschenkt bekomme ...«[66]

Somit gehe ich also von dem aufgekommenen Wollen, Streben und dem Drang zum Handeln in natürlicher Weise zum Wichtigsten über — zur inneren Handlung.

Leben ist Handeln, und daher ist unsere lebendige, vom Leben geschaffene Kunst eine vorwiegend aktive und handelnde.[67]

Nicht umsonst kommt ja das Wort »Drama«, »dramatische Kunst« vom griechischen δραω, das heißt »ich handle«. Zwar bezieht sich diese Bezeichnung in Griechenland auf die Literatur, die Dramatik und den Dichter, nicht jedoch auf den Schauspieler und auch nicht auf seine Kunst. Trotzdem aber ist sie in noch weit stärkerem Maße auf uns anwendbar. Übrigens spricht man ja auch in unserer Kunst vom »Agieren« und »Figurenhandeln«.

Gewöhnlich wird die Bühnenhandlung im Theater falsch und nur äußerlich verstanden. Es herrscht die Meinung, nur dasjenige Werk sei reich an Bühnenhandlung, in dem viel angekommen, weggefahren, geheiratet, geschieden, gemordet oder gerettet wird, in dem man also interessante äußere Handlungen geschickt einfädelt. Das stimmt nicht.

Bühnenhandlung bedeutet nicht, daß auf der Bühne herumgelaufen, sich bewegt, gestikuliert wird u.ä. Wichtig ist nicht die Bewegung der Hände, der Beine und des Körpers, sondern die innere Bewegung der Seele und ihr Streben. Daher möchten wir uns von Anfang an, ein für allemal darüber verständigen, daß wir unter »Handlung« nicht theatralisches Agieren, das heißt nicht schauspielerisches Vorführen, nicht äußere, sondern *innere*, nicht physische, sondern *seelische Handlung* verstanden haben wollen, geschaffen aus dem ununterbrochenen Wechsel selbständiger Prozesse, Zeitabläufe, Momente u.ä., von denen sich jeder wiederum aus dem Aufkommen von Wünschen, Bestrebungen und Handlungszwängen bzw. inneren Anstößen zum Handeln zur Erreichung von Zielen zusammensetzt.

Bühnenhandlung ist Bewegung von der Seele zum Körper, vom Zentrum zur Peripherie, vom Inneren zum Äußeren, vom Erleben zum Verkörpern. Bühnenhandlung ist das Streben zur Überaufgabe innerhalb der durchgehenden Handlung.

Äußeres Handeln auf der Bühne, das nicht durch innere Handlung beseelt, gerechtfertigt und ausgelöst wird, interessiert nur Auge und Ohr, dringt jedoch nicht in die Seele, ist für das geistige Leben des Menschen ohne Bedeutung.

Also wird unser Schaffen vor allem im geistigen Sinne dieses Wortes wirksam und aktiv. Die inneren seelischen Impulse (Anstöße) zum Handeln und die innere Handlung selber erlangen hier außerordentliche Bedeutung. Von ihnen muß sich der Schauspieler in allen Augenblicken seines Schaffens leiten lassen. Bühnengerecht ist nur ein Schaffen, das auf innerer Handlung beruht. Daher wollen wir uns dahingehend einigen, daß im Theater bühnengerecht nur das ist, was im geistigen Sinne des Wortes wirksam und aktiv ist.

Passive Zustände töten sogar die Bühnenhandlung, führen zu Untätigkeit, zum Wühlen in eigenen Gefühlen, zum Erleben um des Erlebens willen, zur Technik um der Technik willen. Passives Erleben ist nicht bühnengerecht. Nicht selten kommt es ja vor, daß ein Schauspieler seine Rolle ganz aufrichtig erlebt, – ihm ist warm ums Herz, er fühlt sich wohl auf der Bühne. Er aalt sich geradezu in seiner Untätigkeit, badet sich in seinen Gefühlen. Betrogen vom angenehmen Befinden auf der Bühne, denkt er in diesen Augenblicken, er sei schöpferisch und würde echt erleben. Aber mag ein solch echtes, aber passives Erleben noch so aufrichtig, unmittelbar und überzeugend wirken – es ist nicht schöpferisch, es dringt nicht in die Seele des Zuschauers, solange es untätig bleibt, das heißt nicht aktiv ist und das innere geistige Leben des Stücks nicht bewegt. Passives Erleben sinkt in den Schauspieler zurück, da es keinen Anlaß hat, sich in einer inneren oder äußeren Handlung der Rolle auszudrücken.

Daher müssen selbst dann, wenn passive Gefühle und Zustände auf der Bühne darzustellen sind, diese in Handlung umgesetzt werden.

Mit anderen Worten – um passive Zustände bühnengerecht zu machen, müssen sie aktiv wiedergegeben werden.

Aber mit welchen Handlungen soll Handlungslosigkeit wiedergegeben werden? Ich möchte das an einem Beispiel illustrieren. Im Augenblick einer Gefahr muß gehandelt werden, und je energischer und stärker jemand ist, um so energischer und stärker handelt er. Nun stelle man sich aber einmal vor, im Augenblick einer Gefahr handele ein Mensch energielos und träge. Dieses energielose und träge Handeln gibt seine *Untätigkeit und Passivität* wieder. Mit einem Wort – in Augenblicken der Gefahr handeln energische Menschen schnell, passive und träge dagegen schwach, oder aber sie handeln energisch, um sich vor dem Wichtigsten zu drücken. Völlige Untätigkeit gibt es nicht, und auch passive Zustände kommen nicht ohne Handlung aus. Aktiver Beteiligung an einer Sache, einem Ereignis aus dem Wege zu gehen, ist bereits Handeln. Für passive Zustände ist träges, energieloses Handeln typisch ...[68]

Erleben besteht also vor allem aus Augenblicken, in denen Wünsche, Bestrebungen und der Drang zum Schaffen aufkommen. Diese aufkommenden Wünsche, Bestrebungen, inneren Anstöße und Handlungszwänge sowie die Handlung selber sind neue Keime zu künftigem ununterbrochenem Erleben, und sie schaffen das Erleben. Genauso wie in der Wirklichkeit, ist auch das Leben auf der Bühne eine ununterbrochene Kette aufkommender Wünsche, Bestrebungen, innerer Antriebe zum Handeln und ihre Lösung in inneren und äußeren Handlungen ... Die äußeren Handlungen sind Ergebnis der Reflexe innerer Bestrebungen und Anstriebe zum Handeln. Genauso wie einzelne, sich ständig wiederholende Explosionen im Motor ein fließendes Fahren des Fahrzeugs bewirken, entwickelt auch die ununterbrochene Kette von »Explosionen« menschlichen Wollens die ununterbrochene Bewegung unseres schöpferischen Willens und schafft den Strom des inneren Lebens, das heißt, der lebendige Organismus der Rolle wird erlebt.

Um schöpferisches Erleben auf der Bühne zu erregen, müssen in der gesamten Rolle »Explosionen« schauspielerischen Wollens ausgelöst werden, damit diese Wünsche ihrerseits wiederum ununterbrochen entsprechende seelische Bestrebungen bewirken, die Bestrebungen aber ununterbrochen entsprechende innere seelische Antriebe zum Handeln in Gang setzen, die schließlich in entsprechender äußerer physischer Handlung aufgelöst werden ...[69]

Es braucht wohl dabei nicht noch gesagt zu werden, daß alle Wünsche, Bestrebungen und Handlungen des Schauspielers auf der Bühne im Augenblick des Schaffens ihrem Schöpfer gehören, das heißt dem Schauspieler, und nicht der auf Papier geschriebenen Rolle, die ja tot ist, auch nicht dem Dichter, der nicht zur Vorstellung erscheint, und auch nicht dem Regisseur, der hinter den Kulissen bleibt. Es braucht wohl auch nicht noch einmal gesagt zu werden, daß man nur seine eigenen, authentischen Gefühle erleben kann.[70] Kann man etwa im Leben oder auf der Bühne von fremden Wünschen leben, die nicht eins geworden sind mit dem Geist und dem Fleisch des Schauspielers als Menschen? Kann man sich etwa für jede Rolle bei anderen Leuten fremde Gefühle, Empfindungen, Seelen und Körper ausleihen und über sie wie über eigene verfügen?

Man kann sich zwar den fremden Wünschen und Anordnungen eines Dichters und des Regisseurs fügen und sie mechanisch ausführen, aber erleben kann man nur eigene, authentische Wünsche, geboren und verarbeitet vom Schauspieler in sich selber, nach eigenem Wollen und nicht nach fremdem. Natürlich können Regisseur oder Dichter den Schauspielern gegenüber ihre Wünsche äußern, natürlich kann der Schauspieler diese Wünsche in sich verarbeiten und sie sich völlig zu eigen machen, aber damit diese Wünsche auf der Bühne lebendig werden, müssen sie schöpferische Wünsche und Handlungen des Schauspielers geworden sein, die seiner organischen Eigenart verwandt sind. Mit einem Wort — erleben kann man nur seine eigenen echten Gefühle.

Wie werden nun auf der Bühne Wünsche unseres schöpferischen Wollens, Bestrebungen und Handlungen ausgelöst. Wir können unserem schöpferischen Gefühl nicht befehlen, können nicht zu ihm sagen: »Wolle! Schaffe! Handele!« Unser schöpferisches Gefühl unterwirft sich keinem Befehl und duldet keinen Zwang. Es kann nur *begeistert* werden. Dann beginnt es auch zu wollen, und sobald das Wollen da ist, strebt es zum Handeln.

1. Schöpferische Aufgaben

Es ist eine der wichtigsten Bedingungen des Schaffens, daß die Aufgaben des Schauspielers unbedingt Gefühl, Willen und Verstand begeistern, daß sie sein organisches Wesen erfassen, da nur das schöpferische Kraft besitzt. Wie und womit kann man nun die Schauspieler begeistern? Der einzige Köder für unseren Schaffenswillen, der ihn an sich heranzieht, ist ein verlockendes, begeisterndes Ziel bzw. eine schöpferische Aufgabe. Sie muß dazu dienen, die schöpferische Begeisterung zu erregen. Wie ein Magnet muß sie Anziehungskraft besitzen und locken. Sie muß attraktiv sein und dadurch Streben, Bewegung und Handeln auslösen. *Die Aufgabe ist der Erreger des Schaffens und sein Motor. Die Aufgabe ist das Lockmittel für unser Gefühl.* Ähnlich wie der Jäger das Getier durch Köder aus dem Gestrüpp des Waldes lockt, holt auch der Schauspieler mit Hilfe einer begeisternden Aufgabe unbewußtes schöpferisches Gefühl aus den Tiefen seiner Seele. Die Aufgabe bewirkt ein Aufflammen seines Wollens und erregt den Drang (die Anstöße) zum schöpferischen Streben. Sie schafft innere Voraussetzungen, die in der Handlung auf natürliche und logische Weise gelöst werden, sie ist das Herz des Textabschnittes, das den Puls des Rollenorganismus zum Schlagen bringt.

Das Leben auf der Bühne ist, genauso wie in der Wirklichkeit, eine ununterbrochene Kette von Aufgaben und ihrer Erfüllung. Die Aufgaben sind wie Marksteine am Wege des schöpferischen Strebens. Sie weisen die erwünschte Richtung. Wie die Noten in der Musik bilden sie Takte, die Takte wiederum bilden die Melodie, das heißt das Gefühl — Zustände von Traurigkeit, Freude usw. Melodien bilden eine Oper oder eine Sinfonie, das heißt das geistige Leben der Rolle, das aus der Seele des Künstlers erklingt.

Woher nimmt man nun die Ziele und Aufgaben zur Erregung unseres schöpferischen Willens und seines Wollens? Solche verlockenden Aufgaben ergeben sich entweder *bewußt*, das heißt, unser Verstand weist sie uns, oder aber sie entstehen *unbewußt*, von selber, intuitiv, emotional, das heißt, das lebendige Gefühl und der schauspielerische Schaffenswille geben sie uns ein. Die vom Intellekt kommende Aufgabe möchten wir als *Verstandesaufgabe* bezeichnen, die vom Gefühl kommende als *emotionale Aufgabe* und die Aufgabe, die der Wille hervorbringt, nennen wir *Willensaufgabe.*

Eine Verstandesaufgabe kann natürlich nur bewußter Art sein. Die Stärke solcher Aufgaben liegt in ihrer Bestimmtheit, Klarheit, Genauigkeit, Logik, Folgerichtigkeit, Sinnträchtigkeit u. ä. Verstandesaufgaben, die fast ohne Beteiligung von Gefühl und Willen auf der Bühne ausgeführt werden können, sind trocken, uninteressant, nicht bühnengerecht und eignen sich daher nicht für schöpferische Zwecke. Verstandesaufgaben, die nicht durch Emotionen (Gefühle) und den Willen erwärmt sind, sprechen weder den Schauspieler noch den Zuschauer an und können daher nicht das »geistige Leben des Menschen«, die »Wahrheit der Leidenschaften« und die »Glaubwürdigkeit der Gefühle« auslösen. Trockene Verstandesaufgaben bringen kein Leben in die toten Konzepte der Worte. Sie protokollieren nur trockene Gedanken. Erfüllt ein Schausieler eine solche Rolle mit dem Verstand, kann er nicht leben und nichts erleben, sondern nur die Rolle referieren. Er wird nicht zum Schöpfer, sondern nur zum Berichterstatter seiner Rolle. Verstandesaufgaben sind nur dann gut und bühnengerecht, wenn sie begeistern, wenn sie Fühlen und Wollen des Schauspielers schöpferisch werden lassen.

Was die aus dem Willen entspringenden Aufgaben anbetrifft, so sind sie so eng mit dem Gefühl verbunden, daß man über sie nicht reden kann, ohne das Gefühl mit zu behandeln.

Die besten schöpferischen Aufgaben sind die, die sofort, *emotional und unbewußt* das Gefühl des Schauspielers packen und intuitiv zum richtigen Hauptziel des Stückes führen. Die Stärke solcher unbewußten, emotionalen Aufgaben liegt in ihrer natürlichen Unmittelbarkeit (die Inder nennen solche Aufgaben höchster Ordnung überbewußt[71]), die das schöpferische *Wollen* begeistert und sein unaufhaltsames Streben auslöst. Der *Verstand* hat dabei nur die erzielten Schaffensergebnisse zu konstatieren bzw. zu bewerten. Solche emotionalen Aufgaben kommen vom Talent, vom Überbewußtsein, von der Inspiration, »von innen«. Dieser Bereich entzieht sich unserer Macht. Uns bleibt nur, einerseits zu lernen, das überbewußte Schaffen der Natur nicht zu behindern und andererseits den Boden vorzubereiten, Anlässe und Mittel — auch indirekte — zu finden, um solche emotionalen Aufgaben des Überbewußtseins zu festigen. Nicht selten müssen emotionale Aufgaben, wenn schon nicht völlig, so doch aber zur Hälfte, unterbewußt bleiben.

Bei weitem nicht alle Aufgaben können ohne Schaden für ihre Verlockung und ihren Reiz gänzlich geistig durchdrungen und bewußt gemacht werden. Bei manchen liegt der Reiz auch in ihrem Unausgesprochensein. Sie verblassen bei völliger Entblößung. Es gibt auch ausgesprochen *bewußte emotionale Aufgaben*, Aufgaben, die das Gefühl gefunden hat, sind diesem natürlich verwandt, und durch die Beteiligung des Verstandes kommen sie unserer Eigenart doppelt näher. Sie wirken gleichzeitig von zwei Seiten auf unser Wollen ein — vom Verstand und vom Gefühl her. Trotz dieser Doppelwirkung können sich Verstandesaufgaben nicht mit emotionalen Aufgaben messen, deren Stärke in ihrem Unterbewußtsein liegt.

Unbewußte Aufgaben entstehen durch Emotionen (das Fühlen) und das Wollen der Schauspieler. Intuitiv und unbewußt geschaffen, werden sie dann vom Bewußtsein bewertet und fixiert.

Fühlen, Wollen und Denken des Schauspielers beteiligen sich also stark an seinem Schaffen und insbesondere an der Auswahl seiner schöpferischen Aufgaben. Je stärker Fühlen, Wollen und Denken des Schauspielers in seine schöpferische Arbeit einbezogen werden, um so vollständiger und tiefer ergreift die Aufgabe sein gesamtes Wesen. Jedoch eine solche Behauptung erfordert Vorbehalte und Erläuterungen. Viele denken nämlich, daß Schaffen des Schauspielers sei nur *Willenssache*. Andere wiederum meinen, es sei nur *Gefühlssache*, und wieder andere halten es für ein *Werk des Verstandes*. Praktische Erfahrungen, Beobachtung und mein persönliches Befinden sagen mir, daß unser Schaffen und damit die Aufgaben, durch die es zu verschiedenen Zeiten und in unterschiedlichen Fällen ausgelöst wird, Aufgaben des Willens, des Gefühls und des Verstandes sind, daß alle drei die einzelnen Momente bestimmen.

Jeder einzelne Motor unseres geistigen Lebens hat in der allgemeinen schöpferischen Arbeit seinen Platz. Das vom Verstand und vom Willen gesteuerte Schaffen verläuft neben dem emotionalen. Deshalb kann man nicht von einem der Motore unseres geistigen (psychischen) Lebens sprechen, ohne die beiden anderen unbeachtet zu lassen. Sie sind »dreieinig«, sind nicht voneinander zu trennen und beteiligen sich fast an jeder Handlung in diesem oder jenem Maße gemeinsam. Sie dürfen nicht getrennt voneinander behandelt werden, sondern müssen gemeinsam untersucht werden. In allen Fällen also, in denen ein einzelnes Mitglied unseres seelischen Triumvirats eine Aufgabe oder eine Funktion bekommen hat oder in Zukunft bekommen wird, dürfen wir nicht vergessen, daß auch die anderen beiden Motoren unseres geistigen Lebens unvermeidlich so oder so, in diesen oder jenen Kombinationen, beteiligt sind.

In einigen Fällen ist die *Emotion* (das Gefühl) der Anführer, der Vorsänger, während die beiden anderen nur kaum hörbar mitsingen. In anderen Fällen sind *der Verstand* und in wiederum anderen Fällen *der Wille* die Initiatoren des Schaffens und stehen an erster Stelle.[72]

Außer bewußten und unbewußten Aufgaben, die sich aus dem Verstand, dem Willen und den Emotionen ergeben, bestehen noch mechanische, motorische Aufgaben, Wünsche, Bestrebungen und Handlungszwänge. Irgendwann einmal nimmt dieser ganze Prozeß — angefangen beim Aufkommen der Aufgabe, des Begehrens bis hin zu ihrer Lösung — seinen Ursprung im Bewußtsein, im Willen oder in den Emotionen. Durch die Zeit jedoch und die häufige Wiederholung prägt er sich ein für allemal so fest ein, daß er zur unbewußten, mechanischen Gewohnheit wird. Diese psychischen und physischen motorischen Gewohnheiten erscheinen uns derart einfach und natürlich, daß wir sie gar nicht mehr bemerken und uns keine Gedanken mehr über sie machen. Sie erledigen sich von selber.

Machen wir uns denn Gedanken darüber, was unsere Arme und Beine beim Gehen, beim Türöffnen, beim Essen u.ä. tun? Irgendwann einmal aber, in unserer Kindheit, haben wir mit gewaltiger Mühe und angespannter Aufmerksamkeit gelernt, unsere ersten Schritte zu machen, etwas mit den Händen, den Beinen, dem Körper, der Zunge u.ä. zu tun. Wir gewöhnen uns daran, all diese motorischen, mechanischen Aufgaben und Handlungen als leicht anzusehen und machen uns keine Gedanken mehr über sie. Macht sich beispielsweise ein Klavierspieler Gedanken über jede Bewegung seiner Finger beim Spielen, denkt etwa ein Tänzer beim Tanzen ständig an jede Bewegung seiner Arme und Beine und des gesamten Körpers? Früher jedoch, als die Bewegungen noch nicht durch die Gewohnheit mechanisiert waren, hat der Klavierspieler stundenlang schwierige Passagen gehämmert, und der Tänzer hat seinen Beinen, den Armen und dem gesamten Körper die schwierigen Tanzschritte beigebracht.

63

So ist das auch bei den elementaren psychologischen Wünschen, Bestrebungen, Handlungen und Aufgaben. Denken wir denn ständig daran, wie wir auf die Menschen wirken, zu denen wir durch ständiges Zusammenleben bestimmte gewohnheitsmäßige Beziehungen herausgebildet haben? Dabei mußten wir doch aber bei der ersten Bekanntschaft, den ersten Begegnungen mit diesen Menschen so aufmerksam und mit so großer Mühe Beziehungen aufbauen, die dann später mechanisch und unbewußt geworden sind.

Werden all diese mechanischen Gewohnheiten motorisch, sind sie mit unwahrscheinlicher Leichtigkeit und völlig unbewußt zu reproduzieren. Man staunt einfach über das mechanische, unbewußte Muskelgedächtnis, das die schwierigsten Kombinationen verschiedener Bewegungen und Schritte beim Tanz behält. Man wundert sich geradezu über die Findigkeit unserer psychischen Elemente, die sich an die kompliziertesten Situationen anzupassen vermögen und Auswege aus ihnen finden.

All diese Gewohnheiten bestehen aus einer ganzen Kette zusammengesetzter Momente und Prozesse. Sie enthalten die Aufgabe, die der Schauspieler in mechanischer Gewöhnung anstrebt, die Wünsche, die jede einzelne Aufgabe auslöst, die Bestrebungen, die Handlungsimpulse, die innere und äußere Handlung u. ä.[73]

Die Fähigkeit zum Finden oder Schaffen von Aufgaben, die beim Schauspieler Gegenreaktionen auslösen, sowie die Fähigkeit, solche Aufgaben anzugehen, ist eine der Hauptaufgaben der inneren Technik.

Jede Aufgabe kann ja unterschiedlich angepackt werden. Man muß nur die Art finden, die dem Schauspieler am meisten liegt, sowie auch die Rollen, die ihn am meisten zum schöpferischen Handeln anregen. Wie erreicht man das? Ich möchte es an einem Beispiel erläutern.

Nehmen wir an, Sophie soll davon überzeugt werden, daß Moltschalin und Skalosub nicht zu ihr passen. Überzeugungen ohne inneres Gefühl wirken aufgesetzt, verbal, trocken und nicht überzeugend. Sie bringen den Schauspieler nur dazu, sich physisch zur anderen Person hingezogen zu fühlen, das heißt, wie die Schauspieler es nennen, nicht zu überzeugen, sondern einfach nur äußerlich, physisch dem anderen »in die Seele zu kriechen«, »den Partner mit den Augen aufzufressen«. Ein solches äußerliches Kopieren des Überzeugungsprozesses ist eine Imitation, ist eine Fälschung und löst beim Schauspieler keinen aufrichtigen Glauben an die Echtheit des Gefühls aus, kann den Schauspieler nicht schöpferisch anregen. Aber ohne Glauben an die Echtheit des Gefühls gibt es kein Erleben, und ohne echtes Erleben glaubt man nicht.

Was kann mich nun dazu bringen, so sehr an die Echtheit einer Aufgabe zu glauben, daß ich den Wunsch empfinde, energisch zu handeln? Etwa der Anblick der reizenden, hilflosen und unerfahrenen Sophie neben dem beklagenswerten Jammerlappen Moltschalin und dem groben Skalosub? Aber diese Leute existieren ja gar nicht, zumindest sehe ich sie noch nicht. Weder in Wirklichkeit noch in der Einbildung. Ich kenne sie nicht. Dafür kenne ich aber aus eigener Erfahrung recht gut das Gefühl des Mitleids, der Angst, des Gekränktseins, des ästhetischen Beleidigtseins, wenn ich mir vorstelle, ein hübsches junges Mädchen (wer auch immer) begräbt sich selber durch eine Ehe mit einem groben Dummkopf wie Skalosub oder einem kleinlichen Karrieristen wie Moltschalin. Diese unnatürliche und unästhetische Verbindung weckt stets den Wunsch, das unerfahrene Mädchen vor einem falschen Schritt zu warnen, und dieser Wunsch lebt immer in jedem von uns. Im Namen dieses Wunsches fällt es nicht schwer, im beliebigen Augenblick in uns die psychischen Impulse (Anstöße) entstehen zu lassen, durch die echtes Wollen, Streben und Handeln entsteht.

Worin bestehen diese Impulse und Anstöße? Es entsteht das Bedürfnis, in eine fremde Seele das eigene Gefühl des Gekränktseins, des Beleidigtseins, der Angst und des Mitleids mit einem jungen, schönen, dem Verderben entgegengehenden Leben zu ergießen. Eine solche innere Aufgabe erregt immer und löst den unsichtbaren Drang zum Handeln aus. Etwas veranlaßt uns, zu Sophie oder einem ähnlichen jungen Ding zu gehen, zu versuchen, ihr die Augen über das Leben zu öffnen, sie davon zu überzeugen, daß sie sich nicht zugrunde richten darf durch eine ungleiche Ehe, die nur Leid bringt. Ich suche nach Mitteln und Wegen, damit sie an die Aufrichtigkeit meines guten Gefühls für sie glaubt. Im Namen dieses Gefühls möchte ich sie um Erlaubnis bitten, über ihre intimsten Herzensangelegenheiten reden zu dürfen. Aber es ist keine leichte Sache, den Blick einer anderen Person in die Tiefe einer fremden Seele zu richten. Anders aber erreicht man sein Ziel nicht, und alle weiteren Versuche wären vergebens.

Vor allem würde ich versuchen wollen, Sophie davon zu überzeugen, daß ich es gut mit ihr meine, um von vornherein ihr Vertrauen zu erringen. Dann würde ich versuchen, ihr den Unterschied zwischen ihr und dem groben Skalosub sowie zwischen ihr und Moltschalin mit seinem kleinlichen Seelchen in den grellsten Farben auszumalen. Wenn ich über Moltschalin rede, brauche ich besondere Vorsicht, Takt und Feingefühl, denn Sophie möchte ihn ja um alles in der Welt durch die rosarote Brille sehen. Noch eindringlicher muß ich Sophie fühlen lassen, wie sich mein Herz zusammenkrampft bei dem Gedanken, was sie als unerfahrenes Geschöpf in Zukunft erwartet. Die Angst um sie, von der ich möchte, daß sie sie spürt, sollte das unerfahrene Mädchen erschrecken und zum Nachdenken anregen.

Jedes Mittel zu ihrer Überzeugung, jedes Ansprechen ihrer Seele sollte gemildert werden durch Ausstrahlungen eigenen Zartgefühls, freundliche Blicke u.ä. Lassen sich etwa alle psychischen und physischen Handlungen sowie die inneren Zwänge aufzählen, die ganz von selber in der Seele eines gerührten Menschen aufkeimen, wenn er versucht, ein unerfahrenes Mädchen zu retten, das sich zugrunde richten will?!

Das Gesagte reicht, um zu erklären, wie der Schauspieler auf der Suche nach den aktivsten Aufgaben seine schöpferischen Vorhaben angehen soll. Um die aktiven Aufgaben zu fixieren, müssen sie in allen Fällen einen Namen bekommen. Gewöhnlich werden sie mit einem *Substantiv* bezeichnet. Fragt man beispielsweise den Schauspieler: »Wie würden Sie die Aufgabe nennen, der Sie gegenüberstehen?«, so wird er entgegnen: »Empörung, Überzeugung, Beruhigung, Freude, Trauer oder ähnliches ...«[74]

Die Überaufgabe bzw. die einfache Aufgabe wird gewöhnlich mit einem Substantiv bestimmt. Zum Beispiel: Verabredung mit Sophie, Begrüßung, Befremden, Erklärung, Zweifel, Überzeugung, Beruhigung.

Das Substantiv löst verstandesmäßige, visuelle, akustische oder andere Vorstellungen über ein Gefühl bzw. eine Handlung aus, nicht jedoch das Gefühl bzw. die Handlung selber. Vorstellungen über Gefühle enthalten keine Elemente des Handelns, der Aktivität. Sie sind passiv. Hat der Schauspieler visuelle oder verstandesmäßige Vorstellungen in sich ausgelöst, kann er sie äußerlich darstellen, kopieren, nachahmen, so tun oder sich so verstellen, als fühle er. All das führt zu geschickter oder ungeschickter Schauspielerei. Der Schauspieler stellt

Wiedersehensfreude, begeisterte Begrüßung, alle Anzeichen von Befremden und Zweifeln dar. Er will überzeugen und physisch »dem anderen in die Seele kriechen«.

Ein praktisches Mittel, um all dem aus dem Wege zu gehen, besteht darin, die durchgehende Handlung mit einem *Verb* zu bezeichnen, denn dieses löst nicht nur Vorstellungen von Handlungen aus, sondern regt letztere auch bis zu einem gewissen Grade an. Wir brauchen nur einmal zu versuchen, die Substantive gegen entsprechende Verben auszutauschen, und gleich kommt es — ob wir's wollen oder nicht — in ins zu einer Verschiebung. Unsere gefühlsmäßigen Vorstellungen werden aktiver, ein Anstoß, ein Zwang zum Handeln entsteht in uns, wir visieren eine Aufgabe an, scheinen schon auf sie loszugehen, das heißt es kommt zu Impulsen und Anzeichen der Aktivität (des Handelns).

Dabei kann ein einfacher praktischer Kniff empfohlen werden, wie diese seelische Aktivität auszulösen und das Substantiv in ein Verb umzuwandeln ist. Er besteht in folgendem:

Bei der Festlegung aktiver Aufgaben läßt sich das Wollen am besten mit dem Wort *ich will* lenken, denn es verleiht dem schöpferischen Wollen ein Ziel und verweist auf die Richtung des Strebens. Bei der Aufgabenfestlegung sollte ich mich immer fragen: Was will ich unter den gegebenen Umständen tun? Darauf folgt die Antwort: Ich will laufen, ich will klingeln, will öffnen u. ä. All das sind äußerliche, physische Wünsche und Aufgaben. Es gibt aber auch innere, psychische, psychologische, wie z.B.: ich will ein Mißverständnis entwirren, will einen Zweifel klären, will beruhigen, will aufmuntern, will ärgern u. ä. ...[75]

2. Physische und elementar-psychologische Aufgaben

Bewußte, unbewußte, aktive, willensbedingte, emotionale, verstandesmäßige, mechanische (motorische) Aufgaben u. ä. werden — die inneren wie die äußeren — mit der Seele und dem Körper vollständig erfüllt. Daher kann es sich bei all diesen Aufgaben *sowohl um physische als auch um psychologische* handeln.

Um beispielsweise auf die gedachte Szene meines Morgenbesuches bei Famussow zurückzukommen, so erinnere ich mich an die endlose Kette physischer Aufgaben, die ich in Gedanken auszuführen hatte: durch den Korridor gehen, an die Tür klopfen, an die Klinke fassen, darauf drücken, die Tür öffnen, eintreten, den Hausherrn und die Anwesenden begrüßen usw. Ich konnte ja nicht, ohne gegen die Wahrheit zu verstoßen, gleich mit einer Körperbewegung zu ihm ins Zimmer geflogen kommen.

All diese notwendigen physischen Aufgaben sind uns so gewohnt, daß wir sie motorisch, mechanisch ausführen. Im geistigen Leben ist das auch so.

Dort gibt es ebenfalls eine endlose Kette notwendiger, einfachster, elementar-psychologischer Aufgaben.

Ich denke jetzt zum Beispiel an eine andere Szene aus dem gedachten Leben in Famussows Haus, und zwar an das gestörte Stelldichein zwischen Sophie und Moltschalin. Wieviel elementar-psychologische Aufgaben mußte ich damals gefühlsmäßig für Sophie ausführen, um den Zorn ihres Vaters zu dämpfen und ihr eine Bestrafung zu ersparen! Ich mußte meine eigene Verwirrung vertuschen, den Vater in Verlegenheit bringen durch meine Ruhe, ihn durch eine Engelsmiene beschämen und erweichen, ihn durch meine Sanftmut entwaffnen, ihn aus seiner Position drängen u. ä. Ich konnte ja nicht, ohne gegen die Wahrheit zu verstoßen, ohne dem Leben Gewalt anzutun, mit einer Bewegung meiner Seele, mit einem inneren

Schachzug, mit einer einzigen psychologischen Aufgabe in der Seele des erzürnten Vaters eine wundersame Verwandlung bewerkstelligen ...[76]

Jeder, der in eine bestimmte Situation kommt, muß physische und elementar-psychologische Aufgaben erfüllen. Auch der Schauspieler, wenn er schöpferisch tätig ist, auch die handelnde Person, die er darstellt. Im entgegengesetzten Falle würde er gegen das körperliche und seelische Wahrheitsgefühl verstoßen, würde der körperliche und seelische Glaube an das, was er tut, erschüttert oder gänzlich getötet werden, würde Künstliches und Spannung entstehen, würde dem Geistigen und dem Körperlichen Gewalt angetan werden. Und wo Gewalt herrscht, da hört das Erleben auf, da beginnt die Anarchie schauspielerischer, klischeehafter, widernatürlicher Gewohnheiten und Spielweisen, da beginnen die Gags, die Routine, die Muskelanspannung, die psychischen und physischen Anstrengungen, die Handwerkelei u. ä. Das hat dann nichts mehr zu tun mit dem »geistigen Leben des Menschen«, mit der »Wahrheit der Leidenschaften« und nicht einmal mit der »Glaubwürdigkeit der Gefühle«. Im Gegenteil — pedantisch genaue Einhaltung aller natürlichen, gewohnten physischen und elementar-psychologischen Aufgaben, Wünsche, Bestrebungen und inneren und äußeren Handlungen in mechanischer Weise, in der gewohnten Reihenfolge trägt bei zur Erregung echter Gefühle und Erlebnisse.

Ein Ertrunkener, der nicht mehr atmet, dessen Herz nicht mehr schlägt, wird auf mechanischem Wege dazu gebracht, Luft ein- und auszuatmen. Dadurch kommen gewohnheitsgemäß und folgerichtig seine anderen Körperorgane wieder in Gang: Das Herz beginnt zu schlagen, das Blut pulsiert, und schließlich erwacht der Geist durch die Mechanik des Lebens zu neuer Tätigkeit. Dieser gewohnheitsmäßige und wechselseitige Zusammenhang unserer Körperorgane ist uns angeboren. Deshalb läßt man ein vorzeitig geborenes Kind, das noch nicht zu atmen begonnen hat, mit Hilfe künstlicher mechanischer Mittel eine Reihe von Bewegungen machen, die aufeinanderfolgende Handlungen auslösen, wie sie der menschlichen Natur eigen sind, und es beginnt zu leben.

Die gleiche organische Gewohnheit unserer Natur, die gleiche gewohnheitsmäßige Reihenfolge und Logik der Aufgaben, Handlungen und Erlebnisse benutzen wir in unserer Kunst auch, um den Prozeß des Erlebens in Gang zu bringen.

Die gewohnte Aufeinanderfolge psychischer und physischer Aufgaben und Handlungen löst mechanisch auch das Leben selber, das heißt das Erleben der Rolle, aus.

Somit spielen bei der Ausführung physischer und elementar-psychologischer Aufgaben nicht nur die Aufgaben selber, sondern auch ihre Reihenfolge, ihr Aufeinanderfolgen und ihre Logik eine große Rolle.

Daher sind vor allem beim Suchen nach interessanten schöpferischen Aufgaben die elementarsten Bedürfnisse von Körper und Seele durch exakte Ausführung äußerer physischer und innerer elementar-psychologischer Aufgaben zu befriedigen. Schon ganz zu Anfang, beim ersten Auftritt, bei den ersten Begrüßungen und Begegnungen mit anderen Mitwirkenden kommt der Schauspieler damit in Berührung.

Physische und elementar-psychologische Aufgaben sind für alle Menschen nötig. Also auch für den lebendigen Organismus der Rolle. Die Tatsache, daß der Schauspieler als Mensch wie als Rollendarsteller ein und dieselben physischen und psychologischen Aufgaben braucht, ergibt die erste organische Annäherung zwischen dem Darsteller und der von ihm darzustellenden Person.

Jedoch das reicht nicht aus. Die Aufgaben sollten nicht nur dem gehören, der sie ausführt, sie sollten auch analog sein mit den Aufgaben der handelnden Person. Um rollenanaloge Wünsche zu erkennen und zu finden, muß sich der Schauspieler in die Lage der handelnden Person versetzen, um anhand persönlicher Erfahrungen deren Leben zu erkennen. Wenn schon nicht in Wirklichkeit, dann in seiner schauspielerischen Phantasie, die ja stärker und interessanter ist als die Wirklichkeit selber.

Daher müssen die inneren und äußeren Bedingungen für die Rolle gedanklich geschaffen werden, das heißt, es müssen — um Puschkins Worte zu gebrauchen — die »vorgeschlagenen Situationen« für das geistige Leben des Stückes und der Rolle geschaffen werden. Fühlt sich der Schauspieler mitten in diesen eingebildeten Situationen, erfaßt er auch mit seinen eigenen Gefühlen, anhand seiner persönlichen Erfahrungen sowie seiner realen Einstellung zu den eingebildeten Lebensumständen die Ziele und Bestrebungen der Rolle und ihre Gefühle, das heißt — um wieder mit Puschkins treffenden Worten zu reden —, er erfaßt »die Wahrheit der Leidenschaften«, aus denen das geistige Leben der Rolle geschaffen wird.

Durch eine solche Gewohnheit, die ja unsere zweite Natur und ein wichtiger Mitarbeiter des Natürlichen ist, identifiziert sich der Schauspieler mit den Leidenschaften und dem erdachten Leben, das heißt, in ihm selber entstehen rollenanaloge Gefühle.

Dann beginnt der Schauspieler seine Rolle echt zu *erleben.*

Also hat er es bei der Wahl schöpferischer Aufgaben vor allem mit physischen und elementar-psychologischen Aufgaben zu tun.

Physische und psychologische Aufgaben müssen durch einen bestimmten inneren Zusammenhang, eine bestimmte Reihenfolge und Logik des Gefühls miteinander verbunden sein. Die Logik des menschlichen Gefühls mag ruhig manchmal unlogisch sein. In der Musik kommt ja die Harmonie als Musterbeispiel des Ebenmaßes auch nicht ohne Dissonanzen aus. Bei der Auswahl und Ausführung physischer und psychologischer Aufgaben auf der Bühne muß folgerichtig und logisch verfahren werden. Ich komme ja auch nicht gleich vom ersten Stockwerk ins zehnte, kann ja nicht mit einer Bewegung der Seele, mit einer Körperhaltung alle Hindernisse überwinden und gleich einen anderen überzeugen bzw. aus einem Haus ins andere zu der Person fliegen, mit der ich mich verabreden möchte. Dazu ist eine Kette aufeinanderfolgender und logisch miteinander verknüpfter physischer und elementar-psychologischer Aufgaben erforderlich. Ich muß das Haus verlassen, mit der Droschke fahren, das andere Haus betreten, mehrere Zimmer durchschreiten, den Bekannten finden usw. Mit einem Wort, ich muß mehrere physische Aufgaben und Handlungen ausführen, bevor ich mit der anderen Person zusammenkomme.

Auch beim Überzeugen müssen einige Aufgaben erfüllt werden: Ich muß die Aufmerksamkeit meines Gesprächspartners auf mich lenken, seine Seele abtasten, seinen inneren Zustand erkennen, mich an diesen anpassen, mehrere Mittel ausprobieren, um meine Gefühle und Gedanken wiederzugeben und mit meinem eigenem Erleben den anderen anzusprechen. Mit einem Wort, ich muß mehrere psychologische Aufgaben ausführen und innere Handlungen vornehmen, um den anderen von meinen Gedanken zu überzeugen und durch meine Gefühle mitzureißen.

Diese, unserer Natur gemäße Reihenfolge und Logik der physischen und elementar-psychologischen Aufgaben und Handlungen erinnert an das Leben und schafft die unserer Natur gemäße Mechanik physischer und psychologischer Handlungen, die zwar äußeres, aber echtes Leben, das heißt Erleben auf der Bühne auslöst ...[77]

Es ist nicht leicht, auf der Bühne ganz genau alle physischen und elementar-psychologischen Aufgaben so einzuhalten, daß sie auch den Wünschen, Bestrebungen, Handlungen und Aufgaben der darzustellenden Person entsprechen, denn der Schauspieler ist um ein Sichanpassen an das geistige Leben seiner Rolle erst dann bemüht, wenn er ihre Worte spricht. Der Schauspieler braucht nur zu verstummen, weil er das Wort an den anderen Darsteller, das heißt seinen Partner abgeben muß, und gleich ist in den allermeisten Fällen der seelische Faden abgerissen, da der Schauspieler jetzt wieder seinen eigenen Gefühlen lebt und nur darauf wartet, wieder »dran« zu sein, wenn das Stichwort fällt, um das unterbrochene Leben seiner Rolle wieder aufzunehmen.

Diese Zweiteilungen und Halte stören die Folgerichtigkeit und Logik der ununterbrochen wechselnden Gefühle und machen einen Erlebnisprozeß unmöglich. Wie soll man sich ganz in eine Rolle mit all den winzigsten Empfindungen ihres Lebens hineinfinden, wenn sich Tschazkis Leben beispielsweise alle paar Minuten mit den persönlichen Gefühlen des Schauspielers verquickt, die überhaupt nichts mit der Rolle zu tun haben? Drei Tschazki-Gefühle, sechs Schauspielergefühle; dann wieder sieben Tschazki-Gefühle und zwei Schauspielergefühle.

Man stelle sich eine Kette aus goldenen und eisernen Gliedern vor — drei goldene, sechs eiserne, dann wieder sieben goldene, zwei eiserne usw.

Reißen wir aus der logischen Kette physischer und psychologischer Aufgaben einzelne Glieder heraus und wechseln sie aus, entstellen und vergewaltigen wir das Leben, das Gefühl, die Seele der darzustellenden Person und auch die des Schauspielers. Rollenmomente ohne schöpferische Aufgaben und Erlebnisse sind gefährliche Lockmittel für schauspielerische Klischees, Theatralik und andere Tricks mechanischer Handwerkelei.

Das ist ein Gesetz, an das der Schauspieler ständig denken muß.

Wenn dem Psychischen und dem Physischen Gewalt angetan wird, ein Gefühlschaos besteht, Logik und Konsequenz der Aufgaben fehlen, ist echtes organisches Erleben nicht möglich.

3. Der Weg zur psychischen Rollenpartitur

Ich versetze mich in die Rolle des Schauspielers, der in »Verstand schafft Leiden« den Tschazki spielt und versuche zu begreifen, welche physischen und elementar-psychologischen Aufgaben sich ganz natürlich, wie von selber, in mir ergeben, wenn ich anfange, in Gedanken inmitten der Umstände zu »existieren« und mitten im Leben des Famussowschen Hauses im Moskau der 20er Jahre zu »sein« (»ich bin's«).

Da komme ich also (zunächst so, wie ich bin, ohne Tschazkis Gefühle und Erlebnisse) direkt aus dem Ausland und fahre, ohne erst zu Hause vorzusprechen, in einer schweren vierspännigen Reisekutsche vor einem Hause vor, das fast mein Vaterhaus sein könnte. Die Kutsche hält, und der Kutscher ruft den Hausknecht, er solle das Tor öffnen.

Was will ich in diesem Augenblick?

A) Recht bald Sophie sehen, nach der ich mich so sehne.

Aber das geht nicht gleich. Also bleibe ich ergeben in meiner Kutsche sitzen und warte, bis das Tor geöffnet wird. Vor Ungeduld spiele ich gedankenlos mit der Fensterschnur, was ich schon während der Reise oft genug getan habe. Dann kommt der Hausknecht, er erkennt mich und beeilt sich. Die Fallklinke am Tor knarrt, das Tor geht auf, die Kutsche könnte auf den Hof fahren, jedoch der alte Hausknecht läßt sie noch nicht weiterfahren. Er tritt an das Kutschenfenster und begrüßt mich unter Freudentränen.

a) Ich muß ihn begrüßen, freundlich zu ihm sein und Grußworte mit ihm tauschen.

Ich tue das alles geduldig, um den Alten, der mich ja schon von klein auf kennt, nicht zu kränken. Wieder muß ich mir längst bekannte Erinnerungen an meine eigene Kindheit anhören. Endlich aber setzt sich der riesige Reisewagen unter Knarren und Ächzen durch den Schnee in Bewegung, fährt auf den Hof und hält vor der Freitreppe. Ich springe aus der Kutsche. Was muß ich zuerst tun?

a_1) So schnell wie möglich den verschlafenen Filka wecken.

Ich greife nach dem Klingelgriff, ziehe, warte, klingle nochmals. Da kommt der Hofhund Roska angewinselt und schmiegt sich an meine Beine.

Während ich auf Filka warte:

a_2) Möchte ich auch das Hündchen, meinen alten Freund, begrüßen und streicheln.

Dann öffnet sich die Tür, und ich laufe in den Flur. Gleich umgibt mich die bekannte Atmosphäre des Hauses. Gefühle und Erinnerungen, die ich hier zurückgelassen habe, dringen in meine Seele und lassen sie überquellen. Gerührt bleibe ich stehen. Dann begrüßt mich Filka mit einem eigenartigen Wiehern.

a_3) Ich muß ihn begrüßen, auch zu ihm freundlich sein und Grußworte mit ihm wechseln.

Geduldig erfülle ich die Aufgabe, um nur endlich zu Sophie zu kommen. Ich steige die Treppe hinauf und bin schon auf dem ersten Treppenabsatz, da stoße ich auf den Hausmeister und die Haushälterin. Sie sind ganz perplex vor Überraschung.

a_4) Ich muß auch sie begrüßen und mich nach Sophie erkundigen: Wo ist sie? Gesund? Schon aufgestanden?

Nun schreite ich durch eine ganze Zimmerflucht. Der Hausmeister läuft mir voran. Im Korridor muß ich warten. Da kommt Lisa kreischend herausgelaufen. Zerrt mich am Ärmel. Was will ich in diesem Augenblick?

a_5) Recht bald mein Hauptziel erreichen, das heißt Sophie, meine liebe Freundin aus der Kindheit, die mir fast Schwester war, wiedersehen.

Endlich sehe ich sie.

Die erste Aufgabe — A — ist jetzt mit Hilfe einer ganzen Reihe kleiner, fast ausschließlich *physischer* Aufgaben, erfüllt worden (aus der Kutsche steigen, den Hausknecht herausklingeln, die Treppe hinauflaufen usw.).

Die neue große Aufgabe ergibt sich ganz natürlich, wie von selber:

B) Ich will die liebe Freundin meiner Kindheit, die mir fast Schwester war, begrüßen, will sie umarmen und mit ihr die Gefühle austauschen, die sich in mir angestaut haben.

Das kann ich aber nicht gleich, mit einer bloßen Bewegung meiner Seele. Dazu ist eine ganze Reihe psychischer kleiner Aufgaben erforderlich, die alle zusammen die große Hauptaufgabe ergeben.

b) Vor allem will ich mir Sophie aufmerksam ansehen, will vertraute und liebgewordene Züge wiedererkennen, die Veränderung ermessen, zu der es bei ihr in der Zwischenzeit gekommen ist.

Zwischen vierzehn und siebzehn Jahren verändern sich Mädchen ja so sehr, daß sie kaum wiederzuerkennen sind. Diese herrliche Veränderung hat sich auch an ihr vollzogen.
[...] Siebzehn Jahr,
Und Sie erblühten unbeschreiblich,
Ganz wunderbar, und Sie erfuhren's unausbleiblich.
Ich hatte gedacht, ein kleines Mädchen vorzufinden, und nun erblicke ich ein erwachsenes Fräulein.

Aus Erinnerungen an die Vergangenheit und eigenen Erfahrungen kenne ich das Gefühl der Verlegenheit, das sich eines Menschen in diesem Augenblick bemächtigt. Ich denke an Unsicherheit, Verwirrung und Verlegenheit bei Unerwartetem. Aber ich brauche ja nur einen mir bekannten Gesichtszug, ein mir bekanntes Leuchten ihrer Augen, eine Bewegung ihrer Lippen, Brauen, Schultern oder Finger wiederzuentdecken, und gleich sehe ich vor mir die altvertraute Sophie! Die für einen Augenblick eingetretene Verlegenheit ist dann sofort vorbei, die frühere Ungezwungenheit brüderlicher Beziehungen tritt wieder ein, und eine neue Aufgabe ersteht wie von selber vor mir.

b_1) *In einem Bruderkuß möchte ich alle angestauten Gefühle wiedergeben.*
Ich stürze auf meine Freundin und Schwester zu, um sie zu umarmen. Ich presse sie in meinen Armen, tue ihr absichtlich weh, damit sie fühlt, wie stark meine Liebe zu ihr ist. Aber das reicht nicht. Das angestaute Gefühl muß ich irgendwie anders zum Ausdruck bringen.

b_2) *Ich muß Sophie mit Blicken und Worten streicheln.*
Wiederum nehme ich sie gewissermaßen aufs Visier, indem ich nach zärtlichen, freundlichen Worten suche und Strahlen meines aufrichtigen Gefühls auf sie richte. Aber was sehe ich? Ein kaltes Gesicht, Verwirrtheit und einen Schatten von Unzufriedenheit. Nanu? Scheint es mir nur so? Oder kommt das durch die Verwirrung, die Überraschung oder einfach durch die Liebe?

Eine neue Aufgabe ergibt sich ganz natürlich, wie von selber für mich.
C) *Ich muß herausbekommen, warum mich meine Freundin so kühl empfängt.*
Auch diese neue Aufgabe wird mit einer Reihe kleiner, selbständiger Aufgaben erfüllt.
c) *Ich muß Sophie ein Geständnis abringen.*
c_1) *Ich muß sie mit Vorwürfen und listig gestellten Fragen aufrütteln.*
c_2) *Ich muß ihre Aufmerksamkeit auf mich lenken ... usw.*
Aber Sophie ist geschickt. Sie versteht es, sich hinter einem engelsgleichen Lächeln zu verschanzen. Ich spüre, es würde ihr nicht schwerfallen, mich — und sei es nur zeitweilig — davon zu überzeugen, daß sie sich über mein Kommen freut, um so mehr, als ich selber daran glauben möchte, um recht bald zu einer neuen großen und interessanten Aufgabe überzugehen.

D) *Nach allem fragen, was Sophie, ihre Verwandten, Bekannten, überhaupt ihr ganzes Leben betrifft.*
Auch diese Aufgabe wird durch eine Reihe kleiner Aufgaben d, d_1, d_2, d_3 usw. erfüllt.
Da kommt nun Famussow und stört unser freundschaftliches tête à tête. Dadurch ergibt sich die Aufgabe E ganz von selber und wird mit Hilfe kleiner Aufgaben e, e_1, e_2 usw. erfüllt. Dann entstehen noch die Aufgaben F, G, H usw. mit ihren Unteraufgaben f, f_1, f_2 usw., g, g_1, g_2 usw., h, h_1, h_2 usw. durch das ganze Stück hindurch, bis es schließlich zur letzten Aufgabe kommt:

Z) Fort denn aus Moskau, fort! Ich komme nie wieder her,
Durch alle Welten will ich jagen,
Ob nicht für mein Gefühl doch wo ein Eckchen wär!
Zur Ausführung dieser letzten großen Aufgabe sind erforderlich:
z) Der Befehl an den Diener. Den Wagen, meinen Wagen! und
z_1) *Rasches Fortgehen aus Famussows Haus.*

Bei der Auswahl und der gedanklichen Erfüllung dieser Aufgaben hab ich gespürt, wie die inneren und äußeren Umstände ganz von selber, auf natürlichem Wege, *Wünsche meines Willens* in mir entstehen ließen. Die Wünsche wiederum bewirkten schöpferisches *Streben*, und das fand seinen Abschluß in inneren Impulsen (Anstößen) zum *Handeln*, dieses löste die Verkörperung aus, und die Verkörperung das Schaffen. Aus den Wünschen, Bestrebungen und Handlungen entstand ein abgeschlossenes schöpferisches *Moment* in der Rolle mit seiner zentralen Aufgabe a. Ein weiteres selbständiges Moment entstand durch Aufgabe a_1, ein drittes durch Aufgabe a_2 usw.

Aus all diesen selbständigen Aufgaben a, a_1, a_2 wiederum bildete sich ein ganzer *Rollenabschnitt* mit seiner zentralen Aufgabe A. Denn wenn wir einmal eindringen in den inneren Sinn aller Aufgaben a, a_1, a_2, a_3, a_4 und a_5, das heißt in Tschazkis sämtliche Wünsche vom Augenblick seiner Einfahrt in den Hof des Famussowschen Hauses bis zum Augenblick seiner Begegnung mit Sophie, so werden wir sehen, daß eine große Aufgabe — A — erfüllt wurde, ein Rollenabschnitt, den man formulieren könnte: *Streben nach Sophie.*

Aus den einzelnen Momenten und kleinen Aufgaben b, b_1, b_2 und b_3 entstand eine weitere große Aufgabe, der Rollenabschnitt B, den man nennen könnte: *Begrüßung der lieben Freundin aus der Kindheit, die ihm fast Schwester war, der Wunsch, Sophie zu umarmen und angestaute Gefühle mit ihr auszutauschen.*

Aus den kleinen Aufgaben und Momenten c, c_1, c_2, c_3 usw. entstand die dritte große Aufgabe, der Rollenabschnitt C, dessen Sinn *das Suchen nach der Ursache für den kühlen Empfang durch die Freundin aus der Kindheit* ist.

Aus den kleinen Aufgaben und Momenten, d, d_1, d_2 usw. entstand die vierte große Aufgabe, der Rollenabschnitt D, dessen Ziel es war, *mich eingehend nach Sophie, ihrer Verwandtschaft, ihren Bekannten und dem gesamten Leben im Hause und in Moskau zu erkundigen.*

Aus e, e_1, e_2 usw. entstanden die große Aufgabe und der Rollenabschnitt E, aus f, f_1, f_2 — Aufgabe und Rollenabschnitt F, aus g, g_1, g_2, aus h, h_1, h_2 — die großen Aufgaben G, H usw. bis hin zur letzten großen Aufgabe Z, die der Text selber definiert:
Fort denn aus Moskau, fort! Ich komm nie wieder her,
Durch alle Welten will ich jagen,
Ob nicht für mein Gefühl doch wo ein Eckchen wär!

Die großen Abschnitte A + B + C + D wiederum bilden eine ganze Szene, und die könnte bezeichnet werden: *Tschazkis und Sophies erstes Wiedersehen.*

Die Aufgaben und Abschnitte E + F + G + H bilden eine andere Szene: *das gestörte Wiedersehen.*

Die Aufgaben und Abschnitte I + J + K + L sowie M + N + O + P usw. bilden die dritte und die vierte Szene.

Mehrere große Szenen wiederum ergeben die Akte, und aus den Akten bildet sich das Stück, das heißt ein großer und wichtiger Teil aus dem geistigen Leben des Menschen. Wir möchten uns daraufhin einigen, dieses lange Verzeichnis kleiner und großer Aufgaben, Abschnitte, Szenen und Akte als *psychische Partitur der Rolle* zu bezeichnen. Sie entsteht zunächst aus physischen und elementar-psychologischen Aufgaben, die die psychischen Erlebnisse des Schaffenden fixieren.[78]

Ich nehme diese Bezeichnung aus dem Bereich der Musik. Auch dort setzt sich die Partitur einer Oper oder einer Sinfonie aus einzelnen großen und kleinen Teilen — Noten, Takten und Passagen — zusammen, die die schöpferischen Gefühle des Komponisten und der von ihm geschaffenen Menschen fixieren ...[79]

Die aus physischen und elementar-psychologischen Aufgaben und Abschnitten geschaffene Partitur der Tschazki-Rolle gilt (mit geringen Abweichungen und Veränderungen) für jeden, der unter Umständen lebt, die dem Stück analog sind, sowie auch für jeden Schauspieler, der die Rolle zu erleben hat. Denn jeder muß bei der Rückkehr von einer Reise oder beim affektvollen Erleben einer Heimkehr in Wirklichkeit oder in Gedanken vor einem Haus vorfahren, aus der Kutsche steigen, den Flur betreten, sich orientieren usw. Physisch ist das notwendig. Man kann ja nicht aus der Reisekutsche gleich in Sophies Zimmer fliegen oder im Handumdrehen nach Hause eilen, sich umziehen usw.

Jeder muß bei der Rückkehr von einer Reise eine Reihe elementar-psychologischer Aufgaben ausführen. Logik, Konsequenz der menschlichen Eigenschaften und die Gesetze unserer Natur verlangen das. Bei jeder Rückkehr nach langer Abwesenheit hat man das Bedürfnis, Gefühle und Grußworte auszutauschen, sich für das zu interessieren, was von anderen Menschen zu sehen und zu hören ist, die einem nahestehen usw. Dabei kann man nicht gleich alles weitergeben, was die Seele erfüllt, Leute begrüßen, umarmen, anschauen und zu ergründen suchen. Auch hier ist logische Abfolge vonnöten.

Jedesmal und bei jeder Wiederholung seines Schaffens muß der Schauspieler auf der Bühne, wenn er seine physischen und elementar-psychologischen Aufgaben ausführt, sehr auf Exaktheit und Logik achten. Tritt beispielsweise ein neuer Mitwirkender ins Gespräch, muß er ihm die erforderliche Aufmerksamkeit widmen. Beim Betreten der Bühne sollte er nicht den geraden Weg wählen und wie eingedrillt auf den Platz laufen, den ihm der Regisseur zugewiesen hat, sondern er sollte sich jedesmal und bei jeder Wiederholung seines Schaffens einen bequemen und gewohnten Platz wählen oder suchen. »Die Schauspieler kennen das Stück zu gut. Sie müssen es vergessen können«, sagt N. W. Gogol. Nach starkem Lachen oder Weinen, wodurch ja die regelmäßige Atemtätigkeit gestört ist, sollte nicht gleich mit dem kurzen Atmen und dem Schluchzen aufgehört werden, sondern es sollte ausreichend Zeit sein, um die Atmung wieder zu regeln.[80] All diese auf den ersten Blick so nichtigen und naturalistisch anmutenden Details sind für das Schaffen von außerordentlich wichtiger Bedeutung. Ohne das alles glaubt der Schauspieler nicht an die Echtheit dessen, was er auf der Bühne tut, und ohne Glauben gibt es kein Erleben und kein Schaffen.

Natürlich sind die aufgezählten Partituraufgaben zunächst einmal physischer und elementar-psychologischer Art. Sie gehen nicht tief und wirken daher nur auf die Peripherie des Körpers, auf die Äußerlichkeiten des psychischen Lebens ein. Die Seele berühren sie also nur wenig. Dennoch hat nicht der trockene Verstand sie geschaffen, sondern das lebendige Gefühl. Schauspielerischer Instinkt, schöpferisches Feingefühl, Lebenserfahrungen, Gewohnheiten und das Menschsein des Darstellers bringen sie hervor. Sie haben Reihenfolge, Ablauf und Logik. Es sind durchaus natürliche und lebensnotwendige Aufgaben, denn eine aus ihnen bestehende Partitur soll ja den Schauspieler (zwar erst physisch) an das Leben der darzustellenden Person heranführen.

Damit sich der Schauspieler seine Aufgabe zu eigen machen kann, damit sie eins wird mit der von ihm darzustellenden Person, muß sie der Rollenaufgabe analog sein.[81]

Dazu ist der gesamte Text des Stückes und der Rolle in große *Abschnitte* einzuteilen. Vermag das Gefühl sie nicht gleich in der Tiefe und Fülle ihres inneren Gehaltes zu erfassen oder finden die großen Abschnitte in der Partitur keine ausreichende Begründung für jedes Moment, sollten sie in kleinere zerlegt und jeder einzeln einstudiert werden ...[82]

Mit der Zeit und durch häufige Wiederholung des Erlebens ein und derselben physischen und elementar-psychologischen Rollenpartitur auf Proben und bei Aufführungen wird die Rolle mechanisch erlernt und zur Gewohnheit gemacht. Der Schauspieler gewöhnt sich derart an die Aufgaben und ihre Reihenfolge, daß er schon gar nicht mehr anders denken und handeln kann als über die einzelnen Stufen und in der von der Partitur festgelegten Richtung. Durch diese Gewohnheit behandelt der Schauspieler seine Rolle jedesmal und bei jeder Wiederholung richtig.[83]

Die Gewohnheit spielt eine wichtige Rolle in seiner Arbeit. Sie fixiert erzielte Leistungen. Wie Wolkonski[84] sehr richtig sagt, macht die Gewohnheit das Schwierige gewohnt, das Gewohnte leicht und das Leichte schön. Sie schafft auch hier die zweite Natur, die zweite Wirklichkeit.

Löst die Partitur auch nicht mechanisch physische und elementar-psychologische Handlungen aus, denn sie hält ja der Schauspieler noch in sich zurück, so bewirkt sie doch die Impulse, die Anstöße dazu.

4. Die innere Tonart

Die physische und elementar-psychologische Partitur der Rolle haben wir nun abgeschlossen. Entspricht sie allen Anforderungen, die die schöpferische Veranlagung eines Schauspielers an eine Partitur stellt?[85] Die erste Anforderung besteht darin, daß sie *begeistert,* denn schöpferische Begeisterung ist der einzige Erreger und Beweger des Schaffens, lebendige und begeisternde Aufgaben sind das einzige Mittel, um auf das launische Fühlen und Wollen des Künstlers einzuwirken.

Natürlich besitzen die physische und die elementar-psychologische Partitur der Rolle sowie die Aufgaben, aus denen sie sich zusammensetzt, noch nicht alle erforderlichen Eigenschaften, um den Schauspieler jedesmal und bei jeder Wiederholung seines Schaffens schöpferisch zu begeistern und sein Gefühl anzuregen. Ehrlich gesagt, selbst beim Suchen und Auswählen begeistern mich manche Aufgaben nur wenig. Kein Wunder, denn alle ausgewählten Aufgaben sind ja nur äußerlicher Natur, sprechen ausschließlich die Peripherie des Körpers an und betreffen die oberflächlichen Gefühls- und Lebensbereiche der darzustellenden Personen. Es kann ja auch gar nicht sein, denn mein ganzes schöpferisches Bestreben orientiert sich jetzt nur an äußeren Fakten und Ereignissen des physischen und elementar-psychologischen Bereiches meiner Rolle und berührt nur teilweise tiefer liegende Bereiche des geistigen Lebens.

Eine solche Partitur und ihr Erleben widerspiegelt noch nicht die wichtigsten Seiten des geistigen Lebens, in denen ja erst das Wesen der Bühnenschöpfung, die typische Seite der

Rolle und ihre innere Individualität liegen. Jeder könnte das machen, was die Partitur an physischen und elementar-psychologischen Aufgaben angibt, denn sie sind für jeden typisch und kennzeichnen daher nicht die Rolle, die selbstverständlich individuelle Besonderheiten aufweisen muß. Physische und elementar-psychologische Aufgaben sind zwar notwendig, begeistern jedoch den Schauspieler und seine schöpferische Intuition nur wenig. Solche Partituren können das Schaffen zwar lenken, aber nicht anregen. Sie schaffen nur äußere Erlebnisse, aber kein Leben und verschleißen rasch.

Um aber das Schaffen anzuregen, müssen Gefühle, Wille, Verstand, ja überhaupt das ganze Wesen des Schauspielers tief und leidenschaftlich begeistert werden, und das ist möglich durch tiefer lotende psychische Aufgaben und Partituren. Nur sie vermögen Leben zu schaffen, nur bedeutende, aus dem Leben gegriffene Aufgaben wirken lange. Sie enthalten Geheimnis und Wesen der inneren Technik. Deshalb besteht die weitere Arbeit des Schauspielers darin, Aufgaben zu finden, die sein Gefühl ständig erregen, um die physische Partitur zu beleben. Nicht nur durch äußere physische Wahrheit, sondern vor allem durch innere Schönheit, Lustigkeit, Frohsinn, Komik, Leid, Entsetzen, Lyrik, Poesie usw. Es sollte nie vergessen werden, daß schöpferische Aufgaben und Rollenpartituren ja nicht einfache, sondern leidenschaftliche Begeisterungen, Wünsche, Bestrebungen und Handlungen auslösen sollen. Fehlen einer Aufgabe die genannten anziehenden und anderen Eigenschaften, kann sie ihre Mission nicht erfüllen. Natürlich kann nicht gesagt werden, jede erregende Aufgabe sei gut und eignet sich für schöpferische Rollenpartituren, aber auf jeden Fall kann gesagt werden, daß trockene Aufgaben zu gar nichts taugen.

Tschazkis Ankunft an sich sowie seine großen und kleinen Aufgaben sind doch im Stück nur deshalb interessant, weil sie psychischen Gehalt, innere Ursachen, Impulse und psychologische Motive besitzen, die Motoren seines geistigen Lebens sind. Ohne sie kann sich der Schauspieler nicht in die Rolle hineinversetzen. Ohne sie sind alle Aufgaben leer und inhaltslos.

Versuchen wir doch einmal, Tschazkis Aufgaben und Rollenpartitur zu vertiefen und sie mit der inneren, ich möchte sagen *unterirdischen* Strömung an den Quell des geistigen Lebens, an die organischen Eigenarten des Schauspielers und seiner Rolle, an das psychische Zentrum, an das eigentliche »Ich« des Schauspielers und der Rolle heranzuführen. Was ist dazu erforderlich? Sollte man vielleicht die Aufgaben und die gesamte physische und elementar-psychologische Partitur für das äußere Leben der Rolle ändern? Aber nein! Die physischen Aufgaben, Handlungen und Fakten bleiben. Sie werden nur vervollständigt und inhaltsreicher gemacht. Der Unterschied liegt ja nicht im äußeren physischen, sondern im psychischen Leben, im Allgemeinzustand, in der Stimmung, mit der eine Aufgabe und die gesamte Rollenpartitur ausgeführt werden. Der neue seelische Zustand gibt den gleichen physischen Aufgaben eine neue Färbung, legt einen anderen, tieferen Inhalt in sie hinein, gibt der Aufgabe eine andere Rechtfertigung und psychische Motivierung. Diese veränderliche psychische Lage bzw. Stimmung, in der die Rollenpartitur erneut ausgeführt wird, möchte ich *innere Tonart* nennen. Die Schauspieler bezeichnen sie in ihrer Sprache als *Kern des Gefühls*.[86]

Also bleiben bei der Vertiefung der Rollenpartitur die Fakten, die Aufgaben und auch die Partitur. Jedoch die psychischen Impulse, die inneren Anstöße, die psychologischen Prämissen und der psychische Ausgangspunkt, die die innere Tonart schaffen, welche wiederum die Partituraufgaben rechtfertigt, die ändern sich.

Auch in der Musik ist das ja so. Aus einzelnen Noten entstehen Melodien, aus Melodien Sinfonien. Beide können in verschiedenen Tonarten gespielt werden, das heißt in D-Dur und A-Dur, auch in verschiedenen Rhythmen und Tempi, das heißt in andante, allegro usw. Die Melodie selber ändert sich dabei nicht. Nur die Tonart, in der sie gespielt wird. In Dur und bei forschem Tempo bekommt die Melodie etwas Bravouröses und Siegesbewußtes, in Moll dagegen und bei langsamem Tempo wird sie traurig und lyrisch. Auch unser Gefühl kann ein und dieselbe Partitur, ein und dieselben Aufgaben erleben, jedoch in unterschiedlichen Tonarten. So kann man beispielsweise alle Prozesse der Heimkehr, alle dementsprechenden physischen und elementar-psychologischen Aufgaben in ruhiger und freudiger Stimmung bzw. Tonart, in der traurigen, unruhigen oder aber begeisterten Tonart eines in die Heimat zurückkehrenden Menschen, der sein Vaterland liebt, oder schließlich in der Tonart des Verliebten erleben, der von sich sagt:

Ich aber flog derweilen voller Hast
In fündundvierzig Stunden hundert Meilen,
Ein Sturmwind, hin — und ohne je zu weilen,
Flog auf und ab und manchmal um.

Eine neue Aufgabe steht: Ich nehme die Partitur aus dem physischen und den elementarpsychologischen Aufgaben heraus und vertiefe sie.

Dabei stelle ich mir folgende Frage: Was hätte sich geändert, wäre ergänzt worden oder gänzlich aus der Partitur herausgefallen, wäre ich wie Tschazki, in den Situationen seines Lebens, jedoch nicht in dem Zustande zurückgekehrt, in dem ich mich jetzt befinde, sondern ergriffen von starker Vaterlandsliebe? Mit anderen Worten, ich möchte versuchen, dieselbe physische und elementar-psychologische Rollenpartitur *in der Tonart eines Patrioten, in der Tonart eines Verliebten oder in der Tonart eines freien Mannes* zu erleben.

Ich will erst einmal versuchen, mich in die Tonart eines Verliebten zu versetzen und damit die physisch und die elementar-psychologische Rollenpartitur beleuchten.

Der neue Ton der Liebesleidenschaft beleuchtet die Partitur aus den tiefsten Seelenwinkeln des mitfühlenden Schauspielers. Die neue Tonart verleiht ihr eine völlig neue Färbung und eine gehaltvollere Substanz. Ich will einmal versuchen, diesen Wechsel der Tonart bei der Partitur für die Tschazki-Rolle vorzunehmen. Dazu führe ich eine neue Bedingung ein bzw. einen neuen »vorgeschlagenen Umstand«, wie Puschkin sagen würde. Ich nehme Tschazki als stark in Sophie verliebt. Wir gehen davon aus, er kommt nicht nur als ihr Jugendfreund, sondern auch als ihr Verehrer, als unsterblich in sie verliebter Bräutigam zurück. Was ändert sich in der Partitur durch diese neue Tonart, und was bleibt unangetastet?

Ist jemand bei der Rückkehr in die Heimat auch noch so leidenschaftlich erregt, er muß umständehalber dennoch warten, bis der Hausknecht das Tor öffnet, muß klingeln, um den Pförtner zu wecken, muß die Bewohner des Hauses begrüßen usw. Mit einem Wort, er muß fast alle physischen und elementar-psychologischen Partiturabschnitte ausführen. Der wesentliche Unterschied, den die neue Tonart des Verliebten in die Partitur hineinbringt, besteht nicht so sehr in den physischen Aufgaben selber, als vielmehr darin, *wie* diese Aufgaben ausgeführt werden. Ist der Ankömmling ruhig und nicht durch tiefe seelische Erlebnisse abgelenkt, führt er die physischen Aufgaben geduldig und aufmerksam aus. Ist er jedoch aufgeregt und ganz von seiner Leidenschaft beherrscht, wird er sie anders erfüllen. Die einen treten in den Hintergrund, lösen sich auf, gehen ineinander über und werden absorbiert von der einen großen inneren seelischen Aufgabe. Andere physische Aufgaben und Abschnitte wiederum erhalten mehr Schärfe, da Verliebte immer nervös sind und nicht warten können.

Die Grenzen zwischen den physischen und den psychischen Abschnitten können sich dabei decken oder verschieben. Ist jemand ganz von einer Leidenschaft erfüllt, vergißt er die physischen Aufgaben, werden sie nur unbewußt in mechanischer Gewohnheit ausgeführt. Im Leben denken wir ja auch nicht immer daran, wie wir gehen, klingeln, Türen öffnen und andere Leute begrüßen. Meist tun wir das alles unbewußt. Der Körper lebt motorisch sein gewohntes Leben, und die Seele lebt ihr tieferes psychologisches Leben. Dieses scheinbare Abgesondertsein zerreißt aber den Zusammenhang zwischen Seele und Körper nicht, sondern rührt daher, daß die Aufmerksamkeit vom äußeren auf das innere Leben übergeht.

In der neuen Tonart wird also die physische Rollenpartitur, die sich der Schauspieler bereits mechanisch angeeignet hat, durch neue psychologische Aufgaben und Abschnitte vertieft und ergänzt. Es entsteht eine verfeinerte, psychische, sozusagen psychophysische Partitur. Wie schafft man das praktisch? Direkt kann man nicht an diese Arbeit herangehen. Das bedarf erst einer Vorarbeit, und die besteht darin, die *Eigenart* der darzustellenden Leidenschaft — der Liebe im vorliegenden Falle — zu begreifen.

Ich muß eine Linie ziehen, auf der die Leidenschaft abläuft und sich entwickelt. Ihre Bestandteile müssen erfaßt, das heißt empfunden werden, es muß ein allgemeines Schema für sie aufgestellt werden, und das dient dann als Handlungsstrang, auf dem sich das schöpferische Gefühl bewußt oder unbewußt seine unvorstellbar schwierigen seelischen Muster der Liebesleidenschaft wirkt. Aber wie erkennt, das heißt erfühlt man das Wesen der Liebesleidenschaft, wovon läßt man sich leiten, wenn man für sie ein kurzes Schema aufstellen will?

Es liegt nicht in meiner Macht, wissenschaftliche Definitionen für die Liebe zu geben. Das ist Sache der Psychologen. Die Kunst ist nicht die Wissenschaft, obwohl sie in Eintracht mit ihr lebt. Auch wenn ich als Schauspieler meine Stoffe und Kenntnisse ständig aus dem Leben und der Wissenschaft nehmen muß, so bin ich dennoch daran gewöhnt, in schöpferischen Augenblicken von meinen schöpferischen Gefühlen und Empfindungen, von neuen und bereits gehabten Eindrücken sowie von der Intuition zu leben ... Ich bin gewohnt, mich ihnen in allen wichtigen Augenblicken meines Wirkens zuzuwenden. Auch jetzt werde ich dieser Gewohnheit nicht untreu, werde nicht im Augenblick des Schaffens Kunst und Wissenschaft miteinander verquicken. Viele wollen das. Ich nicht.

Außerdem brauche ich jetzt kein wissenschaftliches und ausführliches Studium der Liebesleidenschaft, sondern ein allgemeines, kurzes, gefühlsmäßiges Schema von ihr, und dessen Grundlagen finde ich nicht im Gehirn, sondern im Herzen. Es soll mich leiten, soll meinen schöpferischen Wesen die Richtung weisen bei der weiteren Arbeit an der Aufstellung einer verfeinerten psychophysischen Partitur der Tschazki-Rolle.

Das Wesen der Liebesleidenschaft, die mein weiteres schöpferisches Tun lenken soll, empfinde ich wie folgt: Ich spüre, daß die Leidenschaft, genau so wie die Pflanze, einen Kern enthält, aus dem heraus sie entsteht, daß sie Wurzeln hat, aus denen sie ihren Anfang nimmt, Halme, Blätter und Blüten, die ihre Entwicklung vollenden. Nicht umsonst sagt man ja, »die Leidenschaft hat Wurzeln geschlagen«, »die Leidenschaft wächst«, die Liebe »blüht« usw. Mit einem Wort, ich spüre in der Liebe — wie in jeder anderen Leidenschaft — eine ganze

Reihe von Prozessen: Befruchtung, Empfängnis, Wachstum, Entwicklung, Blüte usw. Ich fühle, die Leidenschaft entwickelt sich so, wie die Natur das vorsieht, diesem Prozeß wohnt, wie auch im körperlichen und elementar-psychologischen Leben, Folgerichtigkeit, Logik und Gesetzmäßigkeit inne, und dagegen darf ich nicht ungestraft verstoßen. Tut der Schauspieler in diesem Sinne seiner eigenen Natur Gewalt an, setzt er ein Gefühl an die Stelle eines anderen, verletzt er die Logik des Erlebens, die Abfolge der wechselnden Perioden und die stufenweise Entwicklung der Gefühle, entstellt er das Natürliche, die Struktur der menschlichen Leidenschaft, und es kommt zu psychischen Mißbildungen.

Womit wären sie zu vergleichen? Mit einem Menschen, dem anstelle des Ohrs eine Hand gewachsen ist, der dort, wo die Arme sein sollen, Ohren hat und anstelle des Mundes ein Auge usw.? So eine Mißgeburt ist ja kein Mensch, und das verunstaltete Gefühl des Schauspielers ist keine echte Leidenschaft. Die Natur der Leidenschaften darf nicht ungestraft entstellt werden, denn sie rächt sich grausam dafür.

Die Rollenpartitur steht jetzt im Lichte einer uns wohlbekannten Leidenschaft — der Liebe zu einer Frau. Aufgaben, die sich aus Leidenschaften ergeben, sind stärker und begeisternder als physische und elementar-psychologische Aufgaben. Worin bestehen nun die Aufgaben, Wünsche, Bestrebungen und Handlungen eines Verliebten?

Viele denken, Leidenschaften wie Liebe, Eifersucht, Haß u. a. seien selbständige Gefühle. Das stimmt nicht. Jede Leidenschaft ist mehrschichtiges, zusammengesetztes Erleben, bestehend aus unendlich vielen und verschiedenartigen selbständigen Gefühlen, Empfindungen, Zuständen, Eigenschaften, Momenten, Erlebnissen, Aufgaben, Handlungen, Taten usw. Diese Bestandteile kommen nicht nur in großer Zahl und Mannigfaltigkeit vor, sondern stehen nicht selten konträr zueinander. Die Liebe enthält auch Haß, Verachtung, Vergötterung, Gleichgültigkeit, Ekstase, Kraftlosigkeit, Verwirrung, Dreistigkeit usw. usw.

In der Malerei entstehen ja die feinsten künstlerischen Töne und Nuancierungen auch nicht durch eine einzige Farbe allein, sondern durch das Zusammentun vieler Farben. Weiß zum Beispiel und seine zahllosen Schattierungen entstehen durch Verbindungen aller Grundfarben — blau, gelb und rot —, Grün und seine Halbtöne und Schattierungen durch Verbindung von Blau und Gelb, Orange und seine Halbtöne durch Verbindungen von Gelb und Rot usw.

In diesem Sinne sind die menschlichen Leidenschaften mit einem Haufen Glasperlen zu vergleichen. Ihr Grundton ergibt sich aus der Verbindung unendlich vieler einzelner Perlen in den verschiedensten Farben (roter, blauer, weißer und schwarzer). Zusammengenommen und miteinander vermischt, bilden sie den Grundton des Perlenhaufens (grau, bläulich, gelblich usw.). Mit dem Gefühl verhält es sich genauso. Durch Kombinationen vieler einzelner, äußerst vielfältiger und einander widersprechender Momente, Erlebnisperioden, Gefühle, Zustände usw. entstehen Leidenschaften.

Folgendes Beispiel mag das veranschaulichen: Eine Mutter verprügelt ihr heißgeliebtes Kind, das fast von einer Kutsche überfahren worden wäre. Warum ist sie denn so böse und haßt ihr Kind so sehr, während sie es schlägt? Weil sie es leidenschaftlich liebt und Angst hat, es zu verlieren. Sie schlägt ihr Kind, damit es seinen lebensgefährlichen Streich nicht noch einmal wiederholt. Der Haß des Augenblicks verträgt sich bei ihr durchaus mit ihrer ständigen Liebe. Je mehr eine Mutter ihr Kind liebt, um so stärker haßt und schlägt sie es in solchen Augenblicken ...[87]

Nicht nur die Leidenschaften, sondern auch ihre einzelnen Bestandteile setzen sich aus den widersprüchlichsten selbständigen Erlebnissen, Handlungen usw. zusammen. In einer Novelle von Maupassant beispielsweise tötet sich jemand, weil er Angst hat vor einem Duell.[88] Sein kühnes und resolutes Handeln, das heißt sein Selbstmord, ist also die Folge von feiger Unentschlossenheit und Angst.

Das Gesagte zeigt uns, wie vielschichtig, zahlreich und mannigfaltig die einzelnen Bestandteile der menschlichen Leidenschaften sind.

In jeder großen Leidenschaft — angefangen bei ihrem Aufkommen, über ihre Entwicklung bis hin zu ihrer Auflösung —, das heißt von der Wurzel bis zur Blüte, haben fast alle Gefühle, Empfindungen, Zustände usw. Platz. Sie äußern sich entweder in einzelnen kurzen Momenten oder längeren Perioden und Zuständen. Wer kann schon alle Momente und Zustände aufzählen, die sich in dieser oder jener Form und Art in solchen großen und verwirrenden Leidenschaften wie der Liebe äußern und dort Platz finden?

Auch jede Rolle setzt sich aus solchen, selbständigen Teilen zusammen. Diese wiederum bilden ganze Leidenschaften, und diese das innere geistige Bild einer darzustellenden Person. Nehmen wir Tschazkis Rolle.

Sie und insbesondere seine Liebe zu Sophie setzen sich auch nicht nur aus Liebesmomenten zusammen, sondern aus vielen anderen, äußerst vielfältigen und einander widersprechenden Erlebnissen und Handlungen, die erst in ihrer Gesamtheit Liebe ergeben. Was tut denn Tschazki während des ganzen Stückes? Aus welchen Handlungen besteht denn seine Rolle? Worin äußert sich denn seine Liebe zu Sophie? Vor allem will er das Mädchen nach seiner Ankunft recht bald sehen. Bei ihrer Wiederbegegnung betrachtet er sie aufmerksam und sucht die Ursachen für ihren kühlen Empfang zu ergründen. Er macht ihr Vorwürfe, spielt den Geistreichen und verspottet ihre Verwandten und Bekannten. Mal sagt er ihr Kränkendes und Boshaftes, dann denkt er über sie nach, quält sich mit Mutmaßungen herum, lauscht, ertappt sie beim Stelldichein mit einem anderen, hört sie an und läuft ihr schließlich davon. Innerhalb dieser unterschiedlichen Handlungen und Aufgaben sprechen nur wenige Textzeilen von Liebe und Geständnis. Trotzdem aber bilden sie alle zusammen eine Leidenschaft — seine Liebe zu Sophie.

Seelenpalette und Partitur des Schauspielers, der Leidenschaften darstellen soll, müssen reich, farbig und abwechslungsreich sein. Bei der Darstellung einer Leidenschaft sollte der Schauspieler nicht an sie denken, sondern an ihre Bestandteile. Je stärker er sie zu entfalten vermag, um so mehr muß er nach Gefühlen suchen, die ihr nicht ebenbürtig, sondern anders geartet sind und einander widersprechen. Extreme erweitern die Skala der Leidenschaften und die Palette des Schauspielers. Wenn er einen Guten spielt, sollte er danach suchen, wo dieser böse ist und umgekehrt. Spielt er einen Klugen, sucht er, wo dieser dumm ist, spielt er einen Fröhlichen, sucht er, wo dieser ernst ist.

Dieses von mir empfohlene Mittel dient unter anderem dazu, Leidenschaften zu erweitern. Kommen die Farben oder die entsprechenden Komponenten nicht von selber, kann man sie ja suchen.

Als Beispiele möchte ich die unterschiedlichsten Gefühle, Zustände, Empfindungen usw. nennen, die mir jetzt in den Kopf kommen. Ich möchte sie einordnen, möchte Anlässe und Rechtfertigungen in der langen Kette von Gefühlen finden, aus denen sich die Liebe zusammensetzt. Muß ich erst noch erklären, daß Seelenzustände wie Freude, Leid, Seligkeit, Qual,

Ruhe, Erregung, Ekstase, Ungezwungenheit, Schüchternheit, Zügellosigkeit, Tapferkeit, Feigheit, Frechheit, Feinfühligkeit, Einfalt, Gerissenheit, Energie, Trägheit, Reinheit, Verkommenheit, Sentimentalität, Jähzorn, Ausgeglichenheit, Vertrauen und Mißtrauen durchaus Platz in ihr finden? Jeder, der durch Lebenserfahrungen weise geworden ist, findet in der langen Kette der Momente und Perioden, aus denen sich die menschliche Leidenschaft zusammensetzt, den entsprechenden Platz für diese Empfindungen und Gefühle. Nicht selten wird doch ein Verliebter im Umgang mit seiner Geliebten zynisch, übertrifft er sich selber, wenn er Erfolg erringt und Selbstvertrauen hat, wird er mutlos, wenn er verzweifelt ist und die Hoffnung auf Erfolg verliert usw. usw.

Leidenschaften entstehen, entwickeln und lösen sich meist nicht sofort, in einem Augenblick, sondern allmählich, im Verlaufe längerer Zeiträume. Dunkle Gefühle schleichen sich unmerklich und allmählich in helle ein, helle in dunkele. Othellos Seele beispielsweise strahlt erst in allen Nuancen freudiger und strahlender Liebesgefühle gleich blinkendem Metall, das Sonnenstrahlen reflektiert. Auf einmal bilden sich da und dort kaum merklich dunkle Flekken. Erste Momente aufkommenden Zweifels. Es werden immer mehr, und bald ist die strahlende Seele des liebenden Othellos von bösen Gefühlen übersät. Sie weiten sich aus, wachsen und seine einst so freudige und strahlende Seele wird schließlich finster und fast schwarz. Früher deuteten bloß einzelne Momente auf wachsende Eifersucht hin, jetzt aber erinnern nur noch einzelne Momente an frühere zärtlich-vertrauensselige Liebe. Letzten Endes verschwinden auch sie, und Othellos Seele versinkt in völliger Dunkelheit.

So entsteht in einer weißen Schneedecke, die in der Sonne glitzert, kaum merklich ein schwarzer Fleck — ein Vorbote des Frühlings. Dann entsteht ein zweiter, ein dritter, und einige Zeit später wimmelt es auf der glänzenden Schneefläche von dunklen Flecken, Sie breiten sich allmählich aus und erfassen schließlich die ganze Fläche. Nur einzelne Stellen, an denen der Schnee noch nicht getaut ist, glänzen noch weiß in der Sonne und erinnern an einstigen Glanz. Aber auch sie tauen schließlich, und man sieht nur noch schwarze Erde.

Andererseits können sich ebenso allmählich lasterhafte schwarze Seelen aufhellen und rein werden. Der weiße Schnee bedeckt ja den schwarzen Boden auch erst allmählich. Zunächst übersäen immer mehr Schneeflocken die schwarze Fläche, dann bilden sich große Schneeflächchen, die weiten sich aus und wachsen, und schließlich bildet sich die Schneedecke und hüllt den gesamten Boden ein. Nur einzelne dunkle Flecke und Punkte erinnern noch an den schwarzen Boden. Aber auch sie verschwinden schließlich, und alles wird weiß und glänzt in der Sonne.

Es gibt jedoch auch Fälle, in denen Leidenschaften urplötzlich das ganze Wesen eines Menschen erfassen. Romeo entbrennt gleich in Liebe zu Julia. Aber wer weiß, ob nicht auch er, hätte er noch länger gelebt, das Los aller hätte teilen müssen und viel Schweres durchgemacht, viele ungute Gefühle gehabt hätte, die ja die unvermeidlichen Weggefährten der Liebe sind.

Das, was auf der Bühne geschieht, widerspricht in den allermeisten Fällen völlig dem Wesen der Leidenschaften. Hier verlieben sich die Schauspieler gleich oder werden sofort beim ersten Anlaß eifersüchtig. Dabei denken viele von ihnen in naiver Weise, Leidenschaften wie Liebe, Eifersucht oder Geiz lege sich der Schauspieler wie Patronen oder Sprengbomben in die Seele. Es gibt Schauspieler, die sich sogar — und dies äußerst elementar — auf bestimmte Leidenschaften spezialisieren.

Man denke nur an die Darsteller von Liebhabern und an Operntenöre, die so nett, weibisch und gut frisiert wie Engelchen sind. Ihre Spezialität ist es, zu lieben und nochmals zu lieben, das heißt, auf der Bühne zu posieren, den Nachdenklichen und Verträumten zu spielen, ständig die Hand ans Herz zu pressen, sich leidenschaftlich hin- und herzuwälzen, Hauptdarstellerinnen zu umarmen und zu küssen, mit sentimentalem Lächeln zu sterben und ihnen ihr letztes »Verzeih mir!« zuzurufen, das heißt also, auf der Bühne alle elementaren Standardbekundungen der Liebe von sich zu geben. Kommen dann Stellen, die nichts unmittelbar mit Liebe zu tun haben, spielen solche Liebhaber bzw. Tenöre diese Momente einfachen menschlichen Lebens entweder überhaupt gar nicht erst oder aber suchen sie für ihre Spezialität, das heißt für die theatralische Liebe mit ihren Träumereien, Schaustellungen und Posen auszunutzen.

Das findet man auch bei Heldendarstellern in Schauspielen oder Baritonen in der Oper, die Eifersucht darzustellen haben. Sie sind eifersüchtig. Nichts weiter. Das ist auch so bei den sogenannten Räsoneuren und den edelmütigen Vätern in Schauspielen oder den Bässen in der Oper, die auf der Bühne hassen müssen, das heißt Bösewichte, Intriganten und Teufel spielen und singen oder aber edelmütige Väter darstellen und ihre Kinder lieben. Sie sind ununterbrochen damit beschäftigt, zu intrigieren, zu hassen oder sich um ihre Kinder zu kümmern, wenn sie Bösewichter oder Väter darzustellen haben.

Die Einstellung dieser Schauspieler zur menschlichen Psyche und zu den Leidenschaften wirkt in ihrer Einseitigkeit und Geradlinigkeit geradezu naiv. Liebe stellen sie immer durch Liebe, Eifersucht durch Eifersucht, Haß durch Haß, Leid durch Leid und Freude durch Freude dar. Kontraste und Beziehungen zwischen den einzelnen Farben der Seele kennen sie nicht. Alles ist bei ihnen flach und in einem Ton gehalten. Alles zeichnen sie nur in einer Farbe. Schwarz wird durch Schwarz auf Schwarz, Weiß durch Weiß auf Weiß wiedergegeben usw. Bösewichter sind immer schwarz, Tugendbolde immer weiß. Für jede Leidenschaft haben sie eine spezielle Farbe parat — für die Liebe eine, die Liebesfarbe, für Eifersucht und Haß eine andere. So streichen Leute ihre Zäune mit einer »Couleur«. So malen Kinder Bilder. Der Himmel ist bei ihnen ganz blau, das Gras grün und nur grün, die Erde schwarz, pechschwarz und die Baumstämme kräftig braun.

Ohne es zu bemerken, erleben solche Schauspieler ihre Leidenschaften nicht, führen sie nicht entsprechende Aufgaben aus, handeln sie nicht, sondern spielen nur die Ergebnisse unerkannten Erlebens, das heißt der Liebe, der Eifersucht, des Hasses, der Erregung, der Freude und der Lebhaftigkeit. Es kommt zu dem so sehr verbreiteten Spielen »im allgemeinen«. Die Schauspieler *lieben* »im allgemeinen«, sind »allgemein« *eifersüchtig, hassen* »allgemein«. Sie geben die vielschichtigen Bestandteile und zusammengesetzten menschlichen Leidenschaften durch allgemeine elementare, und zwar meist äußere Darstellungszeichen wieder.

Da sie sich nicht für die Leidenschaft selber interessieren, sondern nur für ihr Ergebnis, fragen sie einander nicht selten:

»Worauf legst du denn die und die Szene an?«

»Auf Tränen, auf Fröhlichkeit, auf Freude oder auf Unruhe«, entgegnet der andere, ohne dabei zu ahnen, daß er nicht von innerer Handlung redet, sondern von ihren äußeren Ergebnissen. Auf der Jagd danach müssen sich die Schauspieler sehr oft ziemlich anstrengen, um zu lieben, eifersüchtig zu sein, zu hassen, sich Sorgen zu machen usw. Man versuche doch einmal, sich auf einen Stuhl zu setzen und sich zu bemühen, allgemein unruhig zu sein, allgemein zu lieben und eifersüchtig zu sein. Das werden doch nur körperliche Anstrengungen, Verrenkungen und Krämpfe.[89]

Man kann sich nicht vornehmen, lieben, eifersüchtig sein, hassen oder verachten zu wollen. Man kann sich nicht einfach Wünsche und innere Aufgaben aussuchen, die sich aus vielen Wünschen, Aufgaben, Zuständen und Handlungen zusammensetzen, die erst ihr Ergebnis sind. Dazu braucht man lange Ketten anderer Wünsche, die in ihrer Gesamtheit Liebe, Eifersucht, Verachtung usw. ergeben.

Außerdem können Schauspieler nie warten. Nicht selten wollen sie sofort und gleichzeitig die Ergebnisse nicht nur einer, sondern mehrerer Leidenschaften, Gefühle, Zustände und Erlebnisse darstellen, das heißt, sie möchten gleichzeitig lieben, eifersüchtig sein, hassen, leiden, sich freuen, aufgeregt sein und sich herumquälen ... Wer alle Aufgaben und Wünsche auf einmal erfüllen will, erfüllt keine und gerät durch die Ausweglosigkeit seiner Situation in die Gewalt von Muskeln und Krämpfen. Man kann auf der Bühne nicht gleichzeitig an mehreren Aufgaben arbeiten. Nacheinander muß erst jede einzelne ausgeführt werden, das heißt, an bestimmten Stellen der Rolle gibt sich der Schauspieler dem Liebesgefühl hin, an anderen ärgert er sich über seine Geliebte (je mehr er liebt, um so mehr haßt er), an anderen Stellen wiederum ist er neidisch, schließlich wird er vollends gleichgültig usw.

Um nicht in all diese Fehler zu verfallen, muß der Schauspieler die Eigenart der jeweiligen Leidenschaft und ihr Schema kennen, muß sich von ihm leiten lassen. Je besser er die menschliche Psyche kennt, je mehr er sie in seiner Freizeit studiert hat, um so tiefer dringt er in das geistige Wesen der jeweiligen Leidenschaft ein, um so ausführlicher, vielschichtiger und abwechslungsreicher wird seine Partitur.

Er muß das alles erkennen, um das Wesen der Leidenschaften besser zu erfühlen, um zu wissen, wie sie entstehen, sich entwickeln, wachsen und erlöschen. Er muß sie von ihrem Aufkeimen bis zu ihrem Verschwinden kennen, muß Bescheid wissen über ihre einzelnen Entwicklungs- und Wachstumsstufen, ihre Skala und ihr Schema.

Ich möchte versuchen, anhand persönlicher Erfahrungen die wichtigsten Entwicklungsstufen der Liebesleidenschaft durchzunehmen und als Beispiel ein Schema aufstellen, wie ich es fühle. Jeder Schauspieler macht sich sein Schema, wie er es fühlt. Natürlich enthalten diese Schemata viel Gemeinsames für alle Menschen, und darin liegt ja auch das allgemeine Wesen der Liebesleidenschaft.

Die Wurzel, aus der die Liebe hervorgeht, ist die einfache und in der Folgezeit die erhöhte Aufmerksamkeit für die Person, die allmählich oder gleich das Gefühl der Liebe erregt. Die Aufmerksamkeit löst Konzentriertheit aus, und die Konzentriertheit verschärft die Beobachtungsgabe und die Neugier.

Betrachten wir einmal ausführlich, wie sich Tschazkis Liebesleidenschaft entwickelt ...[90] Ich möchte mich hier wieder der unterbrochenen Arbeit am Erleben von Tschazkis Partitur in der neuen Tonart der Liebe zu Sophie zuwenden.

Mit meinem Schema möchte ich versuchen, all die Stufen zu finden, die zur Entwicklung der Liebesleidenschaft bei Tschazki notwendig sind, als er in die Heimat zurückkehrt.

Ich denke an den Zustand des Verliebtseins und versetze mich in die vorgeschlagenen Situationen, das heißt in Tschazkis Lage. Diesmal komme ich von den großen Aufgaben zu den kleinen.

Ich treffe also aus dem Ausland ein, spreche gar nicht erst zu Hause vor, sondern halte gleich vor Famussows Anwesen. Mein Wunsch, Sophie zu sehen, ist so stark, daß diese Aufgabe nicht mit einem, sondern mit zwei Buchstaben bezeichnet werden müßte, das heißt meine erste große Aufgabe wäre:

2A) Die leidenschaftlich geliebte Sophie recht bald zu sehen.

Was muß ich dazu tun? Die Kutsche hat also gehalten, und der Kutscher ruft den Hausknecht, er solle das Tor öffnen. Ich kann nicht in der Kutsche sitzenbleiben. Ich muß etwas tun. Meine übergroße Energie zwingt mich, verstärkt zu handeln, verzehnfacht meine Unternehmungslust und drängt mich weiter.

2a) Ich will den Augenblick des Wiedersehens, von dem ich im Ausland leidenschaftlich geträumt habe, so schnell wie möglich herbeiführen.

Ich springe also aus der Kutsche, laufe zum Tor und klopfe mit der Kette daran. Ich warte, daß der Hausknecht kommt, und trete vor Energieüberschuß von einem Bein aufs andere. Er kommt also, erkennt mich und beeilt sich. Ich höre die Fallklinke, das Tor geht auf und bildet eine Durchfahrt. Ich möchte recht schnell durch, jedoch der Hausknecht versperrt mir den Weg und begrüßt mich freudig.

$2a_1$) Ich muß auch ihn begrüßen, auch zu ihm freundlich sein und Grußworte mit ihm tauschen.

Ich würde das gern tun, um so mehr, als er ja für mich nicht einfach nur ein Hausknecht, sondern *ihr* Hausknecht ist. Aber ... eine innere Kraft drängt mich weiter, und so führe ich die Begrüßung fast mechanisch aus und laufe danach gleich weiter.

Das Bedürfnis, Sophie recht bald wiederzusehen, gilt also für die kleine Aufgabe $2a_1$, und diese geht auf in der Aufgabe 2a und wird zu einer mechanischen Handlung.

Ich laufe, so schnell ich kann, über den großen Hof zur Freitreppe.

$2a_2$) Ich muß schnell den verschlafenen Pförtner Filka wecken.

Ich greife nach dem Klingelgriff und ziehe mit allen Kräften. Warte und klingele erneut. Ich kann meinen Arm nicht ruhig halten, obwohl ich weiß, ich könnte den Draht abreißen. Da kommt das Hofhündchen Roska herbeigewinselt und schmiegt sich an meine Füße. Es ist *ihr* Hündchen.

$2a_3$) Ich möchte auch das Hündchen begrüßen, möchte es wie einen alten Freund streicheln, um so mehr, als es ja ihr Hündchen ist.

Aber ich habe keine Zeit. Muß klingeln. Auch das wird mit der Aufgabe $2a_2$ erledigt. Endlich wird die Tür geöffnet, und ich laufe in den Flur. Die bekannte Atmosphäre hüllt mich ein und verwirrt mich. Eine innere Kraft drängt mich weiter und läßt mir keine Zeit, mich umzusehen. Wieder werde ich aufgehalten. Filka begrüßt mich mit seinem Wiehern.

$2a_4$) Ich muß auch ihn begrüßen, auch zu ihm freundlich sein und auch mit ihm Grußworte tauschen.

Aber diese Aufgabe wird ebenfalls in einer wichtigeren erledigt und wird zu einer mechanischen Aufgabe, das heißt zu dem Bedürfnis, Sophie recht bald wiederzusehen. Ich stürze weiter und werfe Filka in aller Eile ein paar Worte zu. Nehme gleich vier Stufen auf einmal. Ich bin nun schon auf dem mittleren Treppenabsatz und stoße dort mit dem Hausmeister und der Haushälterin zusammen. Mein Ungestüm erschrickt sie, und vor Überraschung sind sie perplex.

2a₅) *Ich muß auch sie begrüßen und mich bei ihnen nach Sophie erkundigen: Wo ist sie? Gesund? Schon aufgestanden?*

Je näher ich dem Endziel meines Strebens komme, um so mehr zieht es mich zu ihr. Fast vergesse ich zu grüßen und schreie statt dessen: »Ist das gnädige Fräulein schon aufgestanden? Darf man eintreten? ...«

Ohne eine Antwort abzuwarten, laufe ich durch die Zimmer, die ich kenne, durch den Korridor ... Jemand schreit mir etwas nach, jemand holt mich ein. Ich bleibe stehen und beginne zu begreifen.

»Das geht nicht? Sie ist beim Ankleiden?« Ich wende alle Kräfte auf, um meine Erregung zu zügeln und wieder normal zu atmen. Um der quälenden Ungeduld Herr zu werden, trete ich auf der Stelle. Jemand kommt mir kreischend entgegengelaufen.

»Ah? Lisa?!«

Sie zerrt mich am Ärmel, und ich folge ihr. Und da passiert es. Ich bin ganz verwirrt, begreife nichts mehr und kann mich an nichts erinnern! Ein Traum?! Zurückgekehrte Kindheit?! Eine Vision?! Oder Freude, die ich früher einmal in diesem oder dem vergangenen Leben gekannt habe? Das muß sie sein! Aber ich kann nichts über sie sagen. *Sie* ist es. Nein, das ist doch etwas Besseres als sie! Das ist doch *eine andere!* Natürlich ergibt sich jetzt eine neue Aufgabe.

2B) Ich will diese Vision begrüßen!

Aber wie? Für diese herrliche, aufgeblühte Jungfrau brauche ich neue Worte, neue Beziehungen.

Um sie zu finden,

2b) *muß ich Sophie aufmerksam anschauen, nach bekannten und vertrauten Zügen suchen, die Veränderung einschätzen, zu der es in der Zwischenzeit gekommen ist.*

Ich verschlinge sie mit Blicken und will nicht nur ihr herrliches Äußeres sehen, sondern auch ihre Seele. In diesem Augenblick steht vor meinem geistigen Auge ein bezauberndes junges Mädchen im Kostüm der 20er Jahre. Wer ist das? Ein bekanntes Gesicht! Aber woher? Von seiner Gravüre? Aus einem Porträt oder aus Lebenserinnerungen, in Gedanken in das Kostüm einer Epoche gekleidet?

Während ich die gedachte Sophie anschaue, spüre ich *Wahrheit* in meinem Blick. Auch Tschazki muß Sophie mit dieser konzentrierten Aufmerksamkeit angesehen haben. Hinzu kommt ein Gefühl, das ich recht gut kenne. Verlegenheit? Peinlichkeit? Was ist das für eine Empfindung? Woran erinnert sie? Woher kommt sie? Ich suche es zu erraten. Das liegt schon lange zurück. Ich war fast noch ein Kind, als ich das Mädchen kennengelernt habe. Alle um uns herum sagten zum Scherz, wir seien ein Pärchen — Braut und Bräutigam. Ich wurde verlegen und habe dann lange von ihr geträumt. Wir haben korrespondiert. Viele Jahre sind vergangen. Ich bin größer geworden, sie aber ist in meiner Vorstellung das kleine Mädchen geblieben. Nun sind wir uns endlich wiederbegegnet und sind ratlos, da wir nicht erwartet hatten, einander so wiederzusehen. Ich weiß ja nicht, wie man mit einer redet, die so geworden ist wie sie. Anders natürlich. Aber wie? So wie früher nicht ... An diese Beklommenheit, diese Verlegenheit und das Suchen nach neuen Beziehungen erinnere ich mich jetzt analogieweise. Die lebendige Erinnerung erwärmt mit ihrem lebendigen Gefühl meine Künstlerseele, läßt mein Herz schlagen und echte, reale Wahrheit empfinden. Ich spüre, wie sich in mir etwas orientieren will, nach einer Haltung sucht und neue Beziehungen zu einem für mich neuen, fremden und dennoch vertrauten Objekt herstellt. Diese Zielsuche enthält auch Wahrheit, erwärmt das Gefühl und belebt den in meiner Vorstellung geschaffenen Moment des Wiedersehens.

In dieser Sekunde wiederholt sich ein Augenblick meiner Kindheit. Irgendwann einmal hab ich auch so vor ihr gestanden, erfaßt von gleicher ungekannter Begeisterung, während überall Spielsachen herumlagen. Mehr weiß ich nicht von diesem Augenblick. Dabei ist er so tief und so wichtig. Genauso wie damals knie ich in Gedanken vor ihr nieder, ohne zu wissen, warum, obwohl mir bewußt ist, das ist theatralisch! Ich denke an ein Bild aus einem Märchenbuch. Dort kniete auch, wie ich jetzt, ein schöner Jüngling auf einem fliegenden Teppich, und vor ihm stand genauso eine herrliche Jungfrau wie sie.

In diesem Augenblick möchte ich

2b$_1$) in einem Bruderkuß alles angestaute Gefühl verspüren lassen.

Aber wie? Das kleine Mädchen von damals hätte ich gepackt, umarmt und hochgehoben. Aber die hier? Ratlos und schüchtern trete ich an Sophie heran und küsse sie fast auf neue Weise.

2b$_2$) Ich muß Sophie mit Blicken und Worten streicheln.

Jetzt, da ich die lebendige Wahrheit belebter Momente in meiner Rolle erkannt habe, stelle ich mir die Frage: Was würde ich tun, wenn ich wie Tschazki Sophies Verwirrung und Kälte bemerken und ihren unguten und stechenden Blick auf mir spüren würde?

Gleichsam als Antwort auf die gestellte Frage bricht in mir der Schmerz des Gekränktseins aus, macht sich in meiner Seele die Bitternis beleidigten Gefühls breit, und die Enttäuschung hemmt meine Energie. Aus diesem Zustand möchte ich so schnell wie möglich heraus ...[91]

Diese Partitur in der Tonart der Liebe gibt nur dann Tschazkis Zuneigung zu Sophie wieder, wird nur dann zu seiner Partitur, wenn sie am Text des Stückes überprüft und an ihn angepaßt wird, das heißt, wenn sie sich in Einklang mit den Ereignissen des Stückes und parallel zu den Entwicklungslinien der Liebesleidenschaft im Stück entwickelt, wenn also alle Worte des Textes ihre Begründung erhalten. Genauso wie bei der Schaffung und Überprüfung der physischen und der elementar-psychologischen Partitur muß ich mich jetzt dem Text zuwenden, um die Aufgaben und Abschnitte in der aufeinanderfolgenden logischen Ordnung, in der Tschazkis Leidenschaft verläuft und sich entwickelt, aus ihm zu entnehmen. Diese Arbeit besteht in folgendem und wird wie folgt ausgeführt:

Ich muß den Rollentext anatomisieren, aus ihm die Abschnitte, Aufgaben und Momente herausnehmen, die die Leidenschaft bilden und sie im Zusammenhang mit meinem Schema für die Leidenschaft, von dem ich mich ja leiten lassen muß, betrachten können. Die Textmomente müssen von mir ihre Begründung und ihre psychische Motivierung bekommen. Mit einem Wort, der Rollentext ist dem inneren, nicht aber dem äußeren Entwicklungsschema der jeweiligen Leidenschaft anzupassen. Jedes Rollenmoment muß ich in der Kette der Leidenschaften entsprechend unterbringen ...[92]

Vergleichen wir doch einmal die vier Partituren der Tschazki-Rolle, das heißt die Partituren aus physischen Aufgaben in der Tonart des Freundes, des Verliebten, des Patrioten und des freien Mannes. Was ändert sich und was nicht? Dazu ein Beispiel.

Der verliebte Tschazki, der ganz von dem Wunsch besessen ist, Sophie recht bald wiederzusehen, begrüßt den Hausknecht, den Pförtner, den Hausmeister und die Haushälterin in Eile, im Vorübergehen, mechanisch und wird sich nur zur Hälfte dessen bewußt, was er tut.

In der Partitur als Freund tut er das jedoch sehr aufmerksam. Der Verliebte hat auch keine Zeit, sich die Zimmer wieder anzusehen. Er eilt so dem Endziel seines Strebens zu, daß er gleich vier Treppenstufen auf einmal nimmt. In der Partitur als Freund dagegen nimmt er sich für die Begrüßung des Pförtners und des Hausknechts, für die Wiederbesichtigung der Zimmer usw. viel mehr Zeit. Bei der inneren Tonart des Patrioten nun wiederum werden noch mehr Abschnitte durch das patriotische Gefühl erfaßt, verallgemeinert und getönt. Tschazkis Begegnung mit dem Hausknecht, dem Pförtner, dem Hausmeister und der Haushälterin, das Streicheln des Hundes und die Besichtigung der Zimmer und vor allem natürlich das Wiedersehen mit Sophie sowie seine Enthüllungen sind durchdrungen von dem dominierenden Grundgefühl der Liebe zu allem Russischen.

Die innere Tonart wird diesmal nicht nur breiter, sondern auch tiefer, da sie alle vorangegangenen — die des Freundes und die des Verliebten — mit in sich einschließt.

Noch breiter und tiefer umfaßt jedoch die Tonart des freien Mannes die Partitur, da dieser Zustand sämtlichen Rollenmomenten seine Tönung verleiht und alle bisherigen inneren Tonarten in sich aufnimmt.

Je tiefer also die Tonart reicht, um so näher führt sie an das psychische Zentrum und an die organische Eigenart des Schauspielers, um so stärker, leidenschaftlicher und eindringlicher ist sie, um so mehr verallgemeinert, löst und vereinigt sie in sich die einzelnen selbständigen Aufgaben, Abschnitte und Perioden, die ineinander eingehen und gehaltvollere, sozusagen kompakte Rollenteile bilden.

An Quantität nehmen die Partituraufgaben und -abschnitte dabei ab, an Qualität und Bedeutung jedoch zu.

Das Beispiel der Arbeit an der Tschazki-Rolle zeigt anschaulich, wie ein und dieselbe physische und elementar-psychologische Rollenpartitur, die der Schauspieler in unterschiedlichen, sich immer mehr vertiefenden Tonarten erlebt, in allen Schaffensmomenten ihm immer vertrauter wird.

Zuerst ist es das Gefühl des Verliebten, dann das des Patrioten und schließlich das der Freiheit, das den Schauspieler allmählich erfaßt und die Partitur wie auch den Rollentext ausfüllt. Wie dreifach gepolstert, wärmt die Rollenpartitur jetzt die Schauspielerseele in ausnahmslos allen Rollenmomenten und versperrt allen handwerklerischen Gewohnheiten, die in die leeren und nicht erwärmten Rollenstellen eindringen wollen, den Weg. Jetzt werden alle Kräfte der Seele, des Gefühls, des Willens und des Verstandes, die ja die Haupttriebkräfte unseres Seelenlebens sind, von der Rollenpartitur erfaßt und in die schöpferische Arbeit einbezogen.[93]

All diese Tonarten, die durch Zeit und Gewohnheit in meiner Seele Wurzeln geschlagen haben, werden beim Schaffen zu meinen persönlichen Eigenschaften und Erlebnissen und zudem auch noch Grundelemente der Seele jenes Geschöpfes, das unsichtbar in mir heranreift.

Es gibt unendlich viele Kombinationen dieser Elemente des Rollenorganismus in Verbindung mit den unterschiedlichsten Gefühlen, Zuständen, inneren und äußeren Umständen. Sie bilden die breite Skala der Erlebnisse, die den Schauspieler unbeabsichtigt und unbewußt mit allen Gefühlsnuancierungen in allen Regenbogenfarben erfüllen. Dadurch bekommen selbst die einfachsten Partituraufgaben tiefe und für die Seele des Schauspielers wichtige Bedeutung und Begründung. Die Partitur dringt gewissermaßen in ihre feinsten Teilchen ein und erfaßt sie.

Allmählich und durch weitere Vertiefung der Partiturtonart gelangt man schließlich bis auf den Grund der Seele, bis zu den Empfindungen, die wir als »*inneres Zentrum*«, als *eigentliches* »*Ich*« definiert haben. Dort wohnen die Gefühle in ihrer natürlichen, organischen Gestalt, dort im Schmelztiegel der Leidenschaften verbrennt alles Kleinliche, Zufällige und Nebensächliche, und es bleiben nur die organischen Grundelemente der Schöpfernatur des Schauspielers.

Dort, im Mittelpunkt der Seele, verschmelzen gewissermaßen alle übrigen Partituraufgaben, werden sie verallgemeinert zur *Überaufgabe*. Sie ist das eigentlich Psychische, das allumfassende Ziel, die Aufgabe aller Aufgaben, die Konzentration der gesamten Rollenpartitur, all ihrer großen und kleinen Abschnitte. Sie schließt in sich die Vorstellung, den Begriff, den inneren Sinn aller einzelnen großen und kleinen Aufgaben des Stückes ein. Erfüllt man sie, erfüllt man auch alle Partituraufgaben, alle Abschnitte, ja überhaupt die Substanz der Rolle. Hat man diese eine, allumfassende zentrale Überaufgabe begriffen, begreift man auch das überaus Wichtige und Überbewußte in Gribojedows geistigem Leben, das sich nicht wiedergeben läßt, was aber ihn veranlaßt hat, zur Feder zu greifen, und was den Schauspieler dazu bringt, die Rolle zu übernehmen.

Eine solche Überaufgabe ist in Dostojewskis Roman »Die Brüder Karamasow« Dostojewskis »*Gottessuche*« (das Suchen nach Gott und nach dem Teufel in der menschlichen Seele). In Shakespeares »Hamlet« besteht sie im »*Begreifen (Erkennen) der Geheimnisse des Seins*«, bei Tschechow im »*Streben nach besserem Leben*« (»nach Moskau, nach Moskau«), bei Lew Tolstoi in der »*Selbstvervollkommnung*« usw.

Nur geniale Schauspieler begreifen (erfühlen) die Überaufgabe erschöpfend und umfassend, nur sie vermögen sich hineinzuversetzen in die Seele des Werkes und eins zu werden mit dem Dichter. Bescheidenere Talente, die nicht den Stempel des Genies tragen, müssen sich mit Geringerem abfinden. Sie sind nicht fähig, den geistigen Gehalt eines Werkes bis zum Grund auszuschöpfen und in das psychische Zentrum der Rolle, in die Überaufgabe des Stückes einzudringen, können nicht, wie die Genies, die Summe aller eigenen großen schöpferischen Gefühle und der der Rolle in eine allumfassende, alles erschöpfende Überaufgabe hineinlegen, sondern müssen sie in kleine Aufgaben zerhacken, die weit vom Zentrum entfernt liegen.

Jedoch auch diese großen Aufgaben verallgemeinern zahlreiche Empfindungen und Vorstellungen mit tiefem Gehalt, geistige Eindringlichkeit und Lebenskraft. Eine Überaufgabe im seelischen Zentrum des Schauspielers schafft und enthüllt natürlich Tausende einzelner kleiner Aufgaben im äußeren Bereich der Rolle. Diese Überaufgabe als Lebensgrundlage des Schauspielers und der Rolle sowie alle kleinen Aufgaben als ihre unvermeidliche Folge und Widerspiegelung erfüllen das geistige Leben des Menschen auf der Bühne, das heißt die gesamte Rolle.

So entsteht durch ein kleines Bild auf einer Platte direkt an der Lichtquelle mit Hilfe einer Projektionslampe ein großes Bild, das sich zusammensetzt aus zahllosen einzelnen Linien, Farbtupfern und Schatten, die die ganze große Leinwand bedecken. Die allumfassende und alles verallgemeinernde Überaufgabe steht somit der organischen Natur am nächsten.

Jedoch die schöpferische Überaufgabe ist noch nicht das Schaffen selber, denn dieses besteht im ständigen, ununterbrochenen Streben nach der grundlegenden Überaufgabe sowie in ihrer tätigen Erfüllung. Das ständige schöpferische Streben, in dem das Wesen des Schaffens zum Ausdruck kommt, möchte ich als *durchgehende Handlung des Stückes und der Rolle* bezeichnen.

Während sich die durchgehende Handlung für den Schriftsteller in der *Durchsetzung* seiner Überaufgabe ausdrückt, besteht sie beim Schauspieler in ihrer *tätigen Erfüllung*.

Überaufgabe und durchgehende Handlung sind also Hauptziel des Schaffens und schöpferische Handlung, die die unendlich vielen Einzelaufgaben, Abschnitte und Akte der Rolle in sich einschließen, umfassen und verallgemeinern.

Überaufgabe und durchgehende Handlung sind Hauptanliegen, Arterie, Nerv und Puls des Stückes.

Die Überaufgabe ist die Rosine im Stück und die durchgehende Handlung Leitmotiv. Überaufgabe und durchgehende Handlung sind der Kompaß für das Schaffen und Streben des Schauspielers. Die durchgehende Handlung ist die Strömung unter der Oberfläche des Stückes. So, wie eine Strömung unter der Oberfläche Wellenbewegungen hervorruft, äußert sich die unsichtbare innere durchgehende Handlung in äußerer Verkörperung und Handlung.

Die durchgehende Handlung ist der tiefe, grundlegende und organische Zusammenhang, der die einzelnen selbständigen Rollenteile miteinander verbindet, ist der rote Faden, der durch die einzelnen selbständigen Abschnitte hindurchgeht und an dem sie wie die Perlen einer Halskette aufgereiht werden.

Überaufgabe und durchgehende Handlung sind das angeborene Lebensziel und Streben, das die Natur uns, unserem eigentlichen »Ich« eingegeben hat.[94] Jedes Stück und jede Rolle bergen in sich eine Überaufgabe und eine durchgehende Handlung, und diese bilden die Substanz der Rolle und des Werkes. Die Wurzeln der durchgehenden Handlung sind zu suchen in den natürlichen Leidenschaften, in religiösen, gesellschaftlichen, politischen, ästhetischen, mystischen und anderen Gefühlen, in angeborenen Qualitäten oder Lastern, in den guten oder bösen Seiten, die in der Natur des Menschen am stärksten entwickelt sind und ihn heimlich leiten. Was auch immer geschehen mag im inneren Leben unseres Geistes oder in unserer Umgebung — alles erhält seine Bedeutung in dem geheimen, häufig unbewußten Zusammenhang mit dem Hauptsinn, dem angeborenen Streben und der durchgehenden Handlung des geistigen Lebens beim Menschen.

So sucht beispielsweise ein Geizhals in jeder Erscheinung den geheimen Zusammenhang zu seinem Streben nach Bereicherung, ein Ehrgeiziger — zu seiner Gier nach Ehrungen, ein Gläubiger — zu seinen religiösen Impulsen, ein Ästhet — zu seinen künstlerischen Idealen.

Nicht selten äußert sich die durchgehende Handlung im Leben und auf der Bühne unbewußt. Erst später, wenn sich die Linie des geistigen Lebens geklärt hat, schält sich auch sein Endziel heraus bzw. die Überaufgabe, die das Streben des menschlichen Willens geheimnisvoll und unbewußt anzieht.

Aus den Lebensläufen großer Künstler wissen wir, daß sie sich in ihrer Jugend damit herumgequält haben, nach dem Sinn des Lebens und dem Ziel ihrer Bestrebungen zu suchen. Der Zufall brachte sie mit einem Theatermann zusammen oder lockte sie ins Theater, zu einer Vorstellung, und auf einmal offenbarte sich ihre angeborene künstlerische Berufung, die Überaufgabe und die durchgehende Handlung ihres Lebens. Jeder echte Schauspieler macht bei der Schaffung seiner Rolle eine quälende Zeit des Suchens durch, in der er die Überaufgabe und die durchgehende Handlung zwar ahnt, aber sich ihrer noch nicht bewußt ist. Auch hier enthüllt der Zufall nicht selten das geheime Wesen von Stück und Rolle, ihre Überaufgabe und ihre durchgehende Handlung.[95]

Geht man jedoch von der Linie der durchgehenden Handlung ab, verirrt man sich. Nehmen wir als Beispiel den letzten Akt vom »Nachtasyl«. Vor achtzehn Jahren baute man ihn auf dem Saufgelage im Nachtasyl auf. Man vermochte es nicht, die Gedanken und die Philosophie des Stückes zu leben und zu vermitteln und belebte es rein äußerlich durch nachgemachte Fröhlichkeit von Betrunkenen. Dieser Irrtum und das falsche Befinden haben mir diesen Akt verhaßt gemacht. Man hat sich an die Lüge angepaßt, und alles weitere verlief ganz mechanisch. Achtzehn Jahre lang hab ich mich geirrt, und heute auf einmal, vor Beginn des Aktes, als ich ihn nicht mehr wie früher spielen wollte, suchte ich nach neuen Erregern, nach einem neuen Zugang. Was soll hier das Gelage? Es ist doch nur ein äußerer unwichtiger Umstand. Es geht doch um etwas anderes. Luka hat eine Spur hinterlassen – die Nächstenliebe. Satin ist davon ergriffen. Er ist nicht betrunken, sondern ganz besessen von dem neuen Gefühl des Stolzes. Ich versuchte also, alles Aufgesetzte und Verkrampfte abzuwerfen, entspannte und konzentrierte mich. Meine physischen Aufgaben und Gedanken fanden auf neue Weise Ausdruck, und ich spielte ausgezeichnet.

Um die Bedeutung der Überaufgabe und der durchgehenden Handlung besser zu verstehen und zu bewerten, sollte man sich fragen: Was geschähe ohne sie? Dann wären die einzelnen Momente, Abschnitte und Erlebnisperioden für immer isoliert und zersplittert, wären sie nicht verbunden miteinander durch einen durchgehenden, grundlegenden und alles durchdringenden Zusammenhang.

Einzelne Abschnitte, auch wenn sie belebt werden, bilden noch nicht das Leben, genauso wie ja einzelne Perlen, die nicht in einer bestimmten Ordnung auf einen Faden aufgereiht sind, noch keine Perlenkette bilden. Einzelne Abschnitte und selbständige Aufgaben, die nicht von einer durchgehenden Handlung durchdrungen sind, streben in verschiedene Richtungen auseinander und schaffen ein Chaos in der Seele. Der Zuschauer, der jeden dieser einzelnen, nicht miteinander verbundenen Rollenabschnitte in sich aufnimmt, versteht und spürt zwar den inneren Sinn, die Bedeutung und das Bestreben jedes einzelnen Abschnittes, findet jedoch keinen Zusammenhang zwischen ihnen. All diese Abschnitte und Einzelmomente, denen der innere Zusammenhang fehlt, verlieren Sinn und Logik und vernichten sich gegenseitig. Bei so einer Aufführung sagt sich der Zuschauer: Ich verstehe zwar jede einzelne Aufgabe, aber alle zusammen kommen mir vor wie das Gefasel eines Wahnsinnigen.

Entschlüsselt man also einmal die Aufgaben, die der Schauspieler meist zu erfüllen hat, insbesondere der Tschazki-Darsteller, so ergibt sich ungefähr folgende Partitur:

Aufgabe A. Schön hereingelaufen kommen und niederknien.

Aufgabe B. Gleich beim ersten Satz: »Der Morgen graut! Ich knie vor Ihnen atemlos!« Stimme und Temperament zeigen.

Oder aber man versuche für einen Augenblick, sich folgende Partitur vorzustellen:

Aufgabe A. Ich will so schnell wie möglich Sophie sehen.

Aufgabe B. Ich will sie so schnell wie möglich aufsuchen, um dann nach Hause zu fahren und mich umzuziehen.

Aufgabe C. Ich will Filka nicht herausklingeln, da ich Roska erblickt habe.

Aufgabe D. Aus irgendeinem Grunde ist die Tür aufgegangen, und ich bin ins Haus gegangen, um mit Filka, dem Hausmeister und der Haushälterin über alle Einzelheiten der Vergangenheit zu reden.

Aufgabe E. Ich will leidenschaftlich Sophie wiedersehen und mir alle Winkel des Hauses anschauen.

Aufgabe F. Ich laufe in Sophies Zimmer, um mich dem Publikum im Parterre zu zeigen.

Aufgabe G. Ohne Sophie eines Blickes zu würdigen, suche ich vor dem Spiegel eine bestimmte Pose einzunehmen.

Kann ein Schauspieler bei einer solchen Partitur Wahrheit verspüren? Kann ein Zuschauer die Überaufgabe, die durchgehende Handlung und den inneren Sinn solcher mimenhaften Handlung verstehen?

Zusammenhanglose, fetzenhafte, bunte, ungeordnete und vereinzelte Abschnitte und Erlebnisse schaffen nicht das geistige Leben des Menschen, sondern nur ein seelisches Sammelsurium, ein Chaos. Normales Leben und auch die Kunst verlangen nach Ordnung, nach Folgerichtigkeit und Reihenfolge bei der Entwicklung von Gefühl und Erleben. Überaufgabe und durchgehende Handlung liefern diese Ordnung. Überaufgabe und durchgehende Handlung lenken ständig das Schaffen des Dichters, des Regisseurs, der Schauspieler und ausnahmslos aller Schöpfer einer Aufführung in ausnahmslos allen Augenblicken des Schaffens. Dort, wo abgewichen wird von der Überaufgabe und der durchgehenden Handlung, entstehen Längen und überflüssige Einzelheiten. Schon allein die Bezeichnung »durchgehende Handlung« bestimmt ihr Tätigsein, ihre Aktivität. Indem die durchgehende Handlung das gesamte Stück durchzieht, erregt sie dieses Streben und Handeln in ausnahmslos allen Augenblicken der Aufführung. Daher müssen nicht nur die Überaufgabe, sondern auch alle einfachen Aufgaben der Partitur die Anziehungskraft besitzen, die das Streben, den Drang nach diesen Aufgaben und dadurch seelische Aktivität auslöst.

Ich muß es verstehen, die Partitur aus interessanten, aktiven physischen und psychologischen Aufgaben zusammenzustellen, muß sie auf eine allumfassende Überaufgabe bringen können, muß in der Lage sein, die Überaufgabe anzustreben und sie zu erfüllen. Alles zusammen, das heißt, die Überaufgabe (das Wollen), die durchgehende Handlung (das Streben) und ihre Erfüllung (das Handeln) schaffen den schöpferischen Prozeß des Erlebens.

Somit *besteht der Prozeß des Erlebens aus der Schaffung der Rollenpartitur, der Überaufgabe und der aktiven Ausführung der durchgehenden Handlung.* Er besteht in der Ausführung der Partitur in der umfassendsten inneren Tonart ...[96]

Jedoch jedes Streben, Bewegen und Handeln vollzieht sich ja nicht ungehindert. Weder im Leben noch auf der Bühne. Unvermeidlich stößt es auf entgegenwirkendes Streben anderer Menschen, auf Ereignisse, Naturgewalten oder andere Hindernisse.

Das Leben ist ein ununterbrochener *Kampf,* ist Sieg oder Niederlage. Deshalb gibt es auf der Bühne, genauso wie im Leben, neben der durchgehenden Handlung des Stückes und der Rolle eine ganze Reihe *entgegenwirkender durchgehender Handlungen* anderer Menschen, Fakten, Umstände usw.

Durch den Zusammenstoß und den Kampf zwischen durchgehender und ihr entgegenwirkender Handlung entstehen tragische, dramatische, komische und andere Kollisionen.

Die Partitur, ihre Aufgaben und auch die durchgehende Handlung verlieren durch häufige und unaufmerksame Nutzung bei der Wiederholung des Schaffens leicht ihre Substanz und werden *mechanisch* (motorisch), das heißt Klischees der jeweiligen Rollen. Durch häufige Benutzung verschleißt sich die Aufgabe, verliert sie ihr Aroma, ihre Verlockung und bedarf der ständigen Auffrischung, verlangt vom schauspielerischen Vorstellungsvermögen ständig neue Ausschmückungen und Verschönerungen sowie kleine Einzelaufgaben, die die Aufgabe jedesmal und bei jeder Wiederholung des Schaffens erneuern.

Die Aufgabe muß vom Schauspieler zu bewältigen sein, sonst begeistert sie ihn nicht, sondern erschrickt und lähmt nur sein Gefühl, das dann flüchtet und sich in die geheimsten Winkel der Seele verkriecht, von wo aus es Klischees und Handwerkelei aussendet, als solle es nur Hilfsarbeiten verrichten. Wie oft beobachten wir das! Solange sich die Aufgabe im Rahmen vertrauter affektiver Gefühle bewegt, erlebt der Schauspieler die Rolle richtig. Stellt er sich jedoch kompliziertere Aufgaben, die seine Kräfte übersteigen, weil sie aus einem anderen, ihm wenig bekannten Bereich des geistigen Lebens stammen, hört das natürliche Erleben auf, und an seine Stelle treten physische Anspannung, Druck, falsches Pathos, Mache, schauspielerhafte Emotionen, Klischee und Handwerkelei.

Das ist auch der Fall, wenn durch die Aufgaben Zweifel und Schwankungen entstehen, die das Wollen und Streben des schöpferischen Willens schwächen oder gänzlich zunichte machen.

Der Zweifel ist der Feind des Schaffens, denn er hemmt den Verlauf des Erlebens, zerreißt ihn und führt zu Handwerkelei. Deshalb müssen die Aufgaben behütet werden und von allem frei sein, was das Wollen von der Substanz des Schaffens, von der Hauptrichtung seiner Entwicklung ablenkt, denn das schwächt ja sein Streben.

Natürlich bedeutet das nicht, daß die Aufgaben gradlinig sein müssen. Da würden sie nur das Schaffen verflachen. Sie müssen geistig gehaltvoll, nicht zu eng, zugleich aber auch nicht zu verschwommen sein.

5. Überbewußtsein[97]

Nach Ausschöpfung aller bewußten Wege und Methoden des Schaffens gelangt der Schauspieler an eine Grenze, über die das menschliche Bewußtsein nicht hinaus kann, denn dort beginnt die unbewußte Intuition, und die erfaßt nicht der Verstand, sondern das Gefühl, nicht das Denken, sondern echtes schöpferisches Erleben, nicht die grobe schauspielerische Technik, auch wenn sie noch so ausgeklügelt ist, sondern nur die große Künstlerin Natur. Nicht selten tötet schon ein schwacher Bewußtseinsstrahl (handwerkliches Mittel schauspielerischer Technik) zarte, feine, unbewußte Gefühle und Erlebnisse.

Die Menschen sind es gewöhnt, dem Bewußten, Sicht- und Hörbaren im Leben und auf der Bühne zuviel Bedeutung beizumessen. Dabei verläuft aber nur ein Zehntel unseres Lebens im Bereich des Bewußtseins. Neun Zehntel, und zwar das erhabenste, wichtigste und schönste geistige Leben spielen sich in unserem Unter- und Überbewußtsein ab.

Professor Elmar Gates[98] sagt: »Mindestens neunzig Prozent unseres geistigen Lebens liegen im Unterbewußtsein.«

Modsley[99] behauptet, »das Bewußtsein hat nicht einmal ein Zehntel der Funktionen, die ihm gewöhnlich zugeschrieben werden«.

Das Überbewußtsein erhöht die Seele des Menschen am meisten und muß daher in unserer Kunst ganz besonders geschätzt und gehegt werden. Wenn dem so ist, kann man sich wohl kaum damit abfinden, daß bei der Schaffung geistigen Lebens auf der Bühne bisher nur ein Zehntel in Form von bewußtem Leben wiedergegeben wurde, während neun Zehntel der wichtigsten und erhabensten Momente des Unbewußten für immer von den Brettern verbannt waren. Man kann doch nicht die Hauptsubstanz des geistigen Lebens der Rolle vor die Tür kehren!

Ein so beschnittenes Leben ist eine Mißgeburt, ähnelt einem Kunstwerk, aus dem verständnislos die besten Stellen gestrichen sind, ist wie »Hamlet« ohne Monolog »Sein oder Nichtsein«.

Leider aber wird dieser wichtige Bereich des Unbewußten beim Schaffen in unserer Kunst häufig vergessen, weil sich die Schauspieler meist nur auf oberflächliches Erleben beschränken und die Zuschauer im Theater sich mit rein äußerlichen Eindrücken begnügen. Jedoch das Wesen der Kunst und der Hauptquell des Schaffens liegen tief verborgen in der Seele des Menschen. Dort im Zentrum unseres geistigen Lebens, dort in dem für uns unfaßbaren Bereich des Überbewußtseins, am Urquell unseres Lebens, wo das Hauptzentrum unseres Wesens seinen Platz hat, liegt unser eigentliches »Ich«. Von dort kommt die Inspiration. Dort ist das wichtigste geistige Material verborgen.

Es ist unerreichbar und nicht mit dem Bewußtsein zu erfassen. Mit besonderer Vorsicht muß es angepackt werden, denn es setzt sich zusammen aus unbewußten künstlerischen Aufwallungen, Neigungen des Instinkts, schöpferischen Ahnungen, Sehnsüchten, Stimmungen, Keimen, Visionen, Schatten, Gefühlsaromen, Ausbrüchen stürmischer Leidenschaften, erhabenen Ekstasen und der Inspiration selber. All diese Gefühle, Empfindungen und Zustände sind nicht in Worte zu fassen, sind weder zu sehen, noch zu hören, noch mit dem Bewußtsein aufzunehmen.

In der Tat — erfaßt etwa das Bewußtsein alle Feinheiten einer so komplizierten Seele wie beispielsweise der des Hamlet? Viele ihrer Nuancierungen, Schatten, Visionen und Gefühlsandeutungen sind nur der unbewußten schöpferischen Intuition zugänglich ...[100]

Wie erreicht man das? Wie dringt man ein in die seelischen Tiefen der Rolle, des Schauspielers und der Zuschauer? Das erreicht man mit Hilfe der Natur selber. Die Schlüssel zu den Geheimfächern des schöpferischen Überbewußtseins liefert die organische Natur des schauspielerisch tätigen Menschen. Nur sie kennt die Geheimnisse der Inspiration und die unerforschlichen Wege, die dorthin führen. Nur sie vermag das Wunder zu vollbringen, ohne das die toten Buchstaben des Rollentextes nicht zum Leben zu erwecken sind. Mit einem Wort — die Natur ist auf der Welt die einzige Schöpferin des Lebendigen und Organischen.

Je feiner und je irrealer, abstrakter, impressionistischer usw. das Gefühl ist, um so überbewußter ist es, das heißt, um so mehr nähert es sich der Natur an und um so weiter liegt es vom Bewußtsein entfernt.[101] Irreales, Impressionismus, Stilisierung, Kubismus, Futurismus und andere Verfeinerungen bzw. das Groteske in der Kunst beginnen dort, wo natürliches, lebendiges Erleben und Gefühl ihre vollständige und natürliche Entwicklung erreichen, wo sich die Natur der Bevormundung durch die Vernunft, der Macht des Gekünstelten, der Vorurteile und der Gewalt entzieht und sich der eigenen überbewußten Initiative (Intuition) überläßt, wo das Ultranatürliche aufhört und das Abstrakte beginnt.

An das Unbewußte kommt man also nur über das Bewußte heran. Nur über das Reale, das Ultranatürliche, das heißt, nur über die organische Natur und ihr *normales, nicht vergewaltigtes schöpferisches Leben* gelangt man zum Überbewußten und Irrealen. Es ist schlimm, wenn man vom Verstand, von ausgedachten, äußeren, der Mode unterworfenen und ausgeklügelten Formen bzw. einer vom Verstand kommenden Theorie aus an das Abstrakte, die Stilisierung, den Impressionismus bzw. andere verfeinerte Formen des Erlebens und der Verkörperung herangeht.

Dadurch entstehen grobe äußere Technik, Imitationen, Karikaturen, Ziererei und allgemeine Verrenkungen. Verstand und Technik sind zu grob, um Überbewußtes wiederzugeben. Echtes schöpferisches Befinden, die organische Natur selber sind dazu erforderlich. Lächerlich und erbärmlich, wer sich da anmaßt, bei der Schaffung seines besonderen szenischen, angeblich besseren Lebens außer Zeit und Raum, das nur durch Gekünsteltsein schön ist, mit ihr in Wettstreit treten zu wollen. Ich erdreiste mich nicht zu einem solchen Wagnis und zum Wettkampf mit der Natur, sondern unterwerfe mich ganz ihrer schöpferischen Initiative, lerne, ihr zu helfen oder ihr zumindest bei ihrer schöpferischen Arbeit nicht im Wege zu stehen ...[102]

Die indischen Yogi, die im Bereich des Unter- und Überbewußtseins wahre Wunder vollbringen, geben uns dazu viele praktische Ratschläge. Auch sie gelangen über bewußte Vorbereitungen zum Unbewußten, gehen vom Körperlichen zum Seelischen, vom Realen zum Irrealen, vom Naturalismus zur Abstraktion.[103] Wir Schauspieler sollten das ebenfalls tun. Die gesamte Vorbereitungsarbeit an uns selber und an der Rolle strebt doch danach, den Boden vorzubereiten für wahrhaft organische und natürliche Leidenschaften, für die Inspiration, die im Bereich des Überbewußtseins schlummert. Daher kann über diese Sphären nur gesprochen werden, wenn der Schauspieler sein Überbewußtsein technisch vollkommen beherrscht und wenn er aufhört, in seinem Schaffen auf Apoll, auf die zufällige »Eingebung von oben« zu warten, die nach Meinung einiger Leute außerhalb vom Schauspieler das für ihn erforderliche schöpferische Befinden zubereitet. Die Inspiration ist doch verwöhnt. Die kommt erst, wenn alles vorbereitet ist, und schon die geringste Abweichung von üblichen Gewohnheiten erschreckt sie, und sie verkriecht sich in die Schlupfwinkel des Überbewußtseins.

Das Überbewußte beginnt dort, wo das Reale, genauer gesagt das Ultranatürliche, aufhört (wenn man dieses Wort von »Natur« ableitet). Bevor ein Schauspieler an das Überbewußtsein und die Inspiration denkt, sollte er sich darum kümmern, sich ein für allemal das richtige Befinden auf der Bühne so anzueignen, daß er nichts anderes kennt. Alle technischen Kniffe sollte er so in sich aufnehmen, daß sie ihm zur zweiten Natur werden. Mehr noch — auch die vorgeschlagenen Situationen [der Rolle] sollte er sich zu eigen machen. Erst dann wird sich die überempfindliche Inspiration dazu entschließen, ihre geheimnisvollen Tore zu öffnen, nach außen zu treten und die gesamte Initiative im Schaffen gebieterisch an sich zu reißen. Spürt sie jedoch Gewalt, Klischee oder Lüge, wodurch die schöpferische Natur entstellt, Körper und Seele verrenkt, Wahrheit und Glaube getötet, die seelische Atmosphäre und das schöpferische Befinden vergiftet werden, so schlüpft sie wieder in ihre geheimen Winkel und schließt sich dort hinter sieben Schlössern ein.

All das geschieht, weil *das Überbewußte endet, wo schauspielerische Klischees beginnen.* Wer direkt und auf geradem Wege zum Überbewußtsein strebt und mit schauspielerischer Technik versucht, die Erscheinungsformen zu kopieren, die nur der Intuition des Überbewußtseins zugänglich sind, verfällt in das andere Extrem, das heißt in die Niederungen der Handwerkelei, anstatt zu den Gipfeln der Inspiration zu gelangen. Obwohl auch er natürlich seine handwerkelnde »Inspiration« hat. Aber die darf nicht mit dem Überbewußtsein verwechselt werden. Es gibt doch wirklich nichts Schlimmeres als »schauspielerhaft« aufgemachte primitive theatralische Formen des Impressionismus, der Stilisierung und anderer modischer »-ismen« und »-ationen«, die vom trockenen Verstand, von grober Handwerkelei und äußerlichem Kopieren kommen. Wie herrlich sind aber all diese »-ismen« und anderen Verfeinerungen szenischer Gefühle und Verkörperungen, wenn sie von selber überbewußt aus lebendiger schöpferischer Inspiration hervorgehen.

Genauso, wie feinste Elfenbeinschnitzereien nicht mit der Axt angefertigt werden können, sind unaussprechliche Feinheiten der schöpferischen Natur nicht mit groben schauspielerischen Mitteln wiederzugeben.

Zum Überbewußtsein geben uns die indischen Yogi folgenden praktischen Rat: Nimm ein Bündel Gedanken, sagen sie, und wirf sie in den Sack deines Unterbewußtseins; ich habe keine Zeit, mich damit zu befassen, tu du es (das heißt das Unterbewußtsein). Dann geh schlafen, und wenn du aufwachst, frag: Fertig? Noch nicht.

Nimm wiederum ein Bündel Gedanken und wirf sie in den Sack deines Unterbewußtseins usw. und geh spazieren, und wenn du zurückkommst, frag: Fertig? Nein. Und so weiter. Zum Schluß aber sagt das Unterbewußtsein doch »fertig« und gibt zurück, was ihm anvertraut worden war.[104]

Wie oft suchen auch wir, wenn wir schlafen- oder spazierengehen, uns vergeblich an eine vergessene Melodie oder einen Gedanken, einen Namen oder eine Adresse zu erinnern und sagen uns: »Am Morgen sind wir klüger.« Und tatsächlich — kaum sind wir am anderen Morgen aufgewacht, werden wir gewissermaßen sehend und wundern uns über alles, was am Vortage war. Man sagt ja nicht umsonst, man solle erst alles überschlafen. Weder in der Nacht, wenn der Körper und unser ganzes Sein ruht und sich erholt, noch am Tage in der Hektik des Alltags, wo Denken und Fühlen durch anderes abgelenkt sind, hören Unterbewußtsein und Überbewußtsein zu arbeiten auf. Aber von dieser Arbeit sehen und wissen wir nichts, denn sie vollzieht sich außerhalb unseres Bewußtseins.

Damit der Schauspieler also den Kontakt zu seinem Überbewußtsein aufnehmen kann, muß er in der Lage sein, »einige Gedankenbündel zu nehmen, um sie in den Sack seines Unterbewußtseins zu werfen«, denn die Nahrung für das Überbewußtsein, der Stoff zum Schaffen besteht aus derlei »Gedankenbündeln«.

Woraus setzen sie sich zusammen, und woher bekommt man sie? Sie bestehen aus Kenntnissen, Informationen, Erfahrungen und Erinnerungen, das heißt aus Material, das in unserem intellektuellen, affektiven, optischen, akustischen, muskelgebundenen und anderem Gedächtnis gespeichert wird. Daher ist es für den Schauspieler so wichtig, ständig diese sich aufbrauchenden Materialien wieder aufzufüllen, damit seiner Vorratskammer nie der Vorrat ausgeht.

Daher muß der Schauspieler ununterbrochen die Lager seines Gedächtnisses auffüllen, muß er lernen, lesen, beobachten, reisen und auf dem laufenden sein über das gesellschaftliche, religiöse, politische und anderes Leben seiner Zeit. Aus diesem Stoff bestehen die Gedankenbündel, die zur Verarbeitung durch das Überbewußtsein in den Sack des Unterbewußtseins geworfen werden. Wenn man dem Überbewußtsein Arbeit gibt, darf man es nicht drängen. Man muß geduldig sein können, denn sonst — sagen die Yogi — geschieht dasselbe wie mit einem dummen Kind, das ein Samenkorn in die Erde wirft und es alle halbe Stunde herausreißt, um nachzusehen, ob es schon Wurzeln geschlagen hat.[105]

Leider können die Schauspieler nicht von sich sagen, sie hätten Geduld. Kaum bekommt einer eine Rolle, versucht er sie schon zu spielen und verzweifelt fast, wenn sie ihm nicht gleich gelingt. Der Mißerfolg wird dann fehlendem Talent zugeschrieben, denn in unserer Kunst, die so übervoll an Binsenweisheiten ist, meint man immer, schnelles Arbeiten sei ein Zeichen von Begabung. Diese Meinung wird nicht ganz uneigennützig von den Theaterdirektoren und dem banalen Teil der Zuschauer unterstützt, die nichts von der Kunst und der Eigenart des künstlerischen Schaffens verstehen, die ganz vergessen, daß Salvini zehn Jahre an seinem Othello gearbeitet hat, daß die Duse in ihrem ganzen Leben nur ein Dutzend Rollen, die dann ständig zu ihrem Repertoire gehörten, einstudiert hat, daß Aldridge[106] und Tamagno[107] nur durch ihre Othello-Rollen berühmt waren, und daß Schtschepkin »Verstand schafft Leiden« und den »Revisor« nie gespielt hat, ohne am Morgen des Vorstellungstages mit allen Darstellern noch einmal das ganze Stück geprobt zu haben.[108]

Das Schaffen des Überbewußtseins ist so unbegreifbar fein, und die von ihm ausgelösten Gefühle sind so wenig faßbar, daß sie sich nicht mit den üblichen Worten definieren lassen, mit denen man bestimmte bewußte Schaffensaufgaben, Wünsche, Bestrebungen und innere Handlungen fixiert. Das Schaffen des Überbewußtseins muß anders, muß feinfühliger fixiert werden. Dazu ist kein bestimmtes, allzu materielles Wort erforderlich, sondern ein Symbol als der Schlüssel, der die geheimsten Fächer unseres affektiven Gedächtnisses öffnet.

Die zweite große Periode — die des Erlebens — ist abgeschlossen. Worin liegen ihre Leistungen? Bereitete die erste Periode mit ihrem analysierenden Kennenlernen den seelischen Boden für die Auslösung des schöpferischen Wollens vor, entwickelte es die zweite Periode — die des Erlebens — weiter, bewirkte Streben und inneren Drang (Anstoß) zu schöpferischem Handeln und bereitete so das äußere, das körperliche Handeln bzw. das Verkörpern der Rolle vor.

Schuf andererseits die erste Periode — die des Kennenlernens — die vom Dichter »vorgeschlagenen Situationen« für das Leben der Rolle, so schuf die zweite Periode — die des Erlebens — »die Wahrheit der Leidenschaften, die Glaubwürdigkeit der Gefühle«.

III. Die Periode des Verkörperns[109]

Die dritte Periode des Schaffens möchte ich *Periode des Verkörperns* nennen.

Konnte die erste Periode — die des Kennenlernens — gleichgesetzt werden mit der Begegnung und Bekanntschaft späterer Verliebter, die zweite Periode mit dem Einswerden und der Empfängnis, so kann die dritte Periode — die des Verkörperns — mit der Geburt und dem Wachsen des jungen Geschöpfes verglichen werden.

Jetzt, da sich innerlich Gefühl angestaut hat und affektives Leben entstanden ist, haben wir Material, das wir mit anderen Menschen austauschen können. Jetzt, da Wünsche, Aufgaben und Bestrebungen vorliegen, können wir sie ausführen, und dazu muß nicht nur innerlich — seelisch —, sondern auch äußerlich — körperlich — gehandelt werden, das heißt, wir müssen reden und handeln, um mit Worten oder Bewegungen unsere Gedanken und Gefühle wiederzugeben oder müssen einfach nur rein physische äußere Aufgaben ausführen, das heißt gehen, Leute begrüßen, Sachen verrücken, trinken, essen, schreiben, und all das natürlich zu bestimmten Zwecken.

Es kommt ja nur selten vor, daß das in der Partitur festgehaltene geistige Leben sich von selber in Mimik, Wort und Handlung äußert. Das ist ein Zufall, eine Ausnahme, auf der man keine Regeln aufbauen kann. Weitaus häufiger muß das Physische erst angeregt werden, muß ihm geholfen werden, das zu verkörpern, was das schöpferische Gefühl hervorgebracht hat. Ich möchte versuchen, diese Arbeit des Schauspielers an einem Beispiel zu erläutern.

Nehmen wir an, ich soll den Tschazki spielen, und ich fahre ins Theater zur ersten Probe, die nach einer ganzen Reihe vorbereitender Arbeiten (also nach Analyse und Erleben) für heute angesetzt ist. Erregt durch die bevorstehende Probe, will ich mich auf sie vorbereiten. Man sagt, die Droschke sei dazu nicht der geeignete Ort. Aber warum sollte ich nicht den so natürlich entstandenen Drang zur schöpferischen Arbeit nutzen? Wo soll ich beginnen? Mir einreden, ich sei Alexander Andrejewitsch Tschazki? Vergebliche Mühe. So offensichtlich lassen sich Geist und Körper des Schauspielers nicht betrügen. So eine eindeutige Lüge würde nur die Glaubwürdigkeit töten, die Natur vom Wege abbringen und die künstlerische Begeisterung abkühlen.

Man darf sich nie unerfüllbare Aufgaben stellen und sich in ausweglose Situationen bringen. Stößt unser schöpferisches Wesen auf Gewalt, streikt es und schickt nur Klischees und Handwerkelei. Man sollte sich also nie vorstellen, man sei jemand anders. Wunderwirkende Wandlungen gibt es nicht.

Natürlich kann man die Gegebenheiten des auf der Bühne darzustellenden Lebens ändern, kann an neue Überaufgaben glauben, sich der durchgehenden Handlung hingeben, kann erlebte Gefühle unterschiedlich kombinieren, ihre Abfolge und Logik anders festlegen, für die Rolle neue Gewohnheiten und Darstellungsformen in sich entwickeln, Manieren und Äußeres ändern usw. All das macht den Schauspieler in den Augen der Zuschauer in jeder Rolle zu einem anderen. Also bleibt der Schauspieler immer und in allen Rollen er selber? Ja. Auf der Bühne agiert er stets im eigenen Namen, wenn er die Rolle verkörpert und mit ihr unmerklich verwächst. Jetzt, da ich mit der Droschke fahre und mich in Tschazki verwandeln will, muß ich vor allem ich selber bleiben. Ich versuche nicht einmal, mich von der Wirklichkeit zu lösen, denn ich habe keine Angst vor der Tatsache, daß ich nicht zu Famussow fahre, sondern ins Theater zur Probe. Was hat es für Sinn, sich mit etwas zu betrügen, was man doch nicht glaubt? Da ist es doch viel zweckmäßiger, für seine schöpferischen Zwecke die lebendige Wirklichkeit zu nutzen. Sie erst verleiht glaubwürdigen Erfindungen Wirklichkeit.

Ausgedachte, aber glaubwürdige Lebensumstände der Rolle, eingezwängt in echte Wirklichkeit, gewinnen Leben und beginnen selber zu leben. Der Schauspieler glaubt der zum Leben erweckten Phantasievorstellung deshalb so gern, weil sie nicht selten begeisternder und künstlerischer ist als die Wirklichkeit. Einer schönen Phantasievorstellung glaubt man lieber als der Wirklichkeit. Wie aber verbinde ich nun ausgedachte Gegebenheiten der Rolle mit den realen Umständen und der Situation, die mich umgibt, während ich in der Droschke sitze? Wie beginne ich in der alltäglichen Wirklichkeit zu schaffen, *zu sein und zu existieren?* Wie rechtfertige ich sie mit den Gegebenheiten der Rolle? Vor allem muß ich in mir den Zustand herstellen, den wir »*ich bin's*« genannt haben. Ich muß ihn diesmal nicht nur in Gedanken und in meiner Vorstellung schaffen, sondern auch in Wirklichkeit, das heißt nicht im ausgedachten Famussowschen Hause, sondern in der Droschke.

Es wäre nutzlos, wollte ich mir einreden, heute und jetzt käme ich nach langer Abwesenheit aus dem Ausland zurück. Dieser Erfindung würde ich doch nicht glauben. Also suche ich nach einer anderen Möglichkeit, um weder mir noch meinem Vorstellungsvermögen Gewalt anzutun, sondern auf natürlichem Wege zu dem erwünschten Zustand zu gelangen. Ich suche die Tatsache einer Rückkehr aus dem Ausland zu werten. Dazu stelle ich mir folgende Frage: Verstehe ich denn (beim Schaffen heißt verstehen ja empfinden), was es bedeutet, nach langer Abwesenheit aus der Fremde wieder in die Heimat zurückzukehren? Um eine solche Frage zu beantworten, muß ich vor allem die bloße Tatsache der Rückkehr neu und möglichst tieflotend und umfassend bewerten, muß sie vergleichen mit analogen Fakten meines Lebens, die ich aus eigener Erfahrung kenne. Das fällt mir nicht schwer. Ich bin ja schon viele Male von längeren Auslandsaufenthalten nach Moskau zurückgekehrt und genauso wie jetzt mit der Droschke ins Theater gefahren. Ich kann mich genau erinnern, wie ich mich immer gefreut habe, meine Kollegen wiederzusehen, wie ich froh war über mein Theater, die russischen Menschen, meine Muttersprache, den Kreml, den bärbeißigen Droschkenkutscher und auch »das Schlechte in der Heimat«, das »uns lieb ist«. So, wie man sich auf den weiten Kittel und die weichen Hausschuhe freut, wenn man einen engen Frack und Lackschuhe getragen hat, freut man sich nach der Hektik des Auslandes auf das gastfreundliche Moskau.

Dieses Gefühl der Ruhe, der Erholung und des Zuhauseseins empfindet man noch stärker, wenn man sich vorstellt, nicht in einem bequemen Schlafwagen, sondern in einer holpernden Kutsche mit ständig gewechselten Pferden gereist zu sein. An solches Reisen erinnere ich mich doch! Auch an die Poststationen!! Und ihre Vorsteher!!! An Reisescheine, Kutscher, Gepäck, Warten, Hin- und Herschaukeln, Schmerzen in den Seiten, im Rücken und im Kreuz, schlaflose Nächte mit und ohne Mond, herrliche Sonnenaufgänge, unerträgliche Glut am Tage oder Kälte im Winter. Mit einem Wort, an all das Herrliche und Unangenehme, das man beim Reisen mit der Kutsche erlebt!!! Wenn es da schon schwierig war, eine Woche unterwegs zu sein, wie mochte es da erst Tschazki ergangen sein, der Monate gereist ist!

Wie muß er sich da über die Rückkehr gefreut haben! Das spüre ich jetzt, da ich mit der Droschke ins Theater fahre, und unwillkürlich kommen mir Tschazkis Worte in den Sinn:
Ich aber flog derweilen voller Hast
In fünfundvierzig Stunden hundert Meilen,
Ein Sturmwind, hin — und ohne je zu weilen,
Flog auf und ab und manchmal um.

In diesem Augenblick begreife ich gewissermaßen den gefühlsmäßigen Sinn dieser Worte, denn ich erkenne, das heißt, ich empfinde das, was Gribojedow viele Male empfunden hatte, als er diese Zeilen schrieb. Mir wird klar, daß sie gewissermaßen gespickt sind mit dem lebendigen, bebenden Gefühl eines Menschen, der viel gereist ist, seine Heimat häufig verlassen hat und dann wieder zu ihr zurückgekehrt ist. Deshalb liegt in diesen Versen soviel Wärme, Tiefe und Gehalt.

Erwärmt vom Gefühl eines Menschen, der sein Vaterland liebt, versuche ich, mir eine andere, schwierigere Frage zu stellen: Was empfand Alexander Andrejewitsch Tschazki, als er, ähnlich wie ich jetzt, zu Famussow und zu Sophie fuhr? Jedoch jetzt wird mir die Sache peinlich, mir ist, als verlöre ich das Gleichgewicht, und ich fürchte, mir etwas vorzumachen. Wie soll ich denn erahnen, was ein anderer fühlt? Wie soll ich in seine Haut kriechen und mich an seine Stelle versetzen? Schnell streiche ich diese Frage aus der Tagesordnung und ersetze sie durch eine andere: Was tun Verliebte, die — wie ich jetzt — nach mehreren Jahren Trennung mit der Kutsche zur Geliebten fahren?

In dieser Gestalt erschreckt mich die Frage zwar nicht mehr, aber sie kommt mir trocken, verschwommen und zu allgemein vor. Deshalb eile ich, ihr einen konkreteren Gehalt zu geben und formuliere sie so: Was täte ich, führe ich — wie jetzt — mit der Droschke jedoch nicht ins Theater, sondern zu *ihr*, mag sie nun Sophie heißen oder Eufrosinchen? Den Unterschied zur vorherigen Fassung der Frage möchte ich besonders unterstreichen. Bei der ersten frage ich, was ein *anderer* tut, jetzt aber geht es mir darum, was *ich* empfinde. Natürlich ist mir so eine Frage lieber, denn das macht sie lebendiger und herzlicher. Um zu entscheiden, was ich täte, wenn ich zu ihr führe, muß ich die Anziehungskraft ihres Charmes verspüren.

Jeder hat *so eine* Geliebte. Bei dem einen ist sie blond, bei dem anderen brünett, ist sie gutmütig, streng oder rauh, aber immer ist sie herrlich und verlockend, ist sie so, daß ich mich in jedem Augenblick leicht wieder in sie verlieben kann. Wie alle anderen, denke auch ich an ein Ideal und finde ziemlich leicht in mir entsprechende vertraute, erregende Gefühle und innere geistige Impulse.

Jetzt versuche ich, sie in die Atmosphäre des Famussowschen Hauses im Moskau der zwanziger Jahre zu versetzen. Warum sollte sie nicht auch Sophie Famussowa heißen und noch dazu so sein, wie Tschazki sie sich vorstellte? Wer kann das überprüfen? Soll sie sein, wie ich das will! Ich denke jetzt an die Famussows, an die Atmosphäre, in die ich meine Geliebte hineinzuversetzen, hineinzuzwängen habe. Dabei kommt mir ganz leicht wieder all das Material ins Gedächtnis, das sich während der vorangegangenen schöpferischen Arbeit am Erleben in so langer Zeit herausgebildet und angesammelt hat. Vertraute äußere und innere Gegebenheiten des Famussowschen Hauses ordnen sich wieder ein und umgeben mich von allen Seiten. Ich fühle mich bereits wieder »mittendrin«, beginne in ihnen zu »sein« und zu »existieren«, kann den heutigen Tag nach Stunden einteilen und meiner Reise Sinn und Rechtfertigung geben ... Es tut ja nichts zur Sache, daß ich in Wirklichkeit gar nicht zu Famussow fahre. Es reicht, wenn ich begreife, was eine solche Fahrt bedeutet. Und begreifen heißt fühlen.

Dennoch spüre ich während der ganzen Arbeit ein gewisses Unbehagen. Das möchte ich loswerden. Irgend etwas hindert mich daran, mir *sie* in Famussows Haus vorzustellen und meiner Vorstellung zu glauben. Aber was? ... Was ist los? Einerseits hab ich mein Ich von heute, hab meine Geliebte, die Leute, den Droschkenkutscher und eine Straße von heute und andererseits die zwanziger Jahre, die Famussows und ihre typischen Vertreter. Aber sind denn Lebensweise und Epoche wirklich so wichtig für das ewige und nie alternde Gefühl der Liebe?! Ist es denn für das geistige Leben des Menschen so entscheidend, daß die Droschken damals andere Federn hatten, andere Kutscher sie fuhren, das Pflaster schlechter war, die Passanten sich anders kleideten und die Wächter Hellebarden hatten? Ist es denn so wichtig, daß die Straßen damals anders aussahen, die Architektur der Häuser besser war, und daß es weder Futurismus noch Kubismus gab? Außerdem hat sich die öde Gasse mit ihren kleinen altertümlichen Einfamilienhäusern, durch die ich jetzt fahre, seit damals wohl kaum sehr verändert. Es herrscht die gleiche trübsinnige Poesie, die gleiche Menschenleere und Stille, die gleiche Ruhe. Was das Gefühl des Verliebtseins angeht, so war es zu allen Zeiten in seinen Grundlagen und einzelnen Elementen dasselbe, unabhängig von den Straßen und der Kleidung der Passanten.

Indem ich weiter nach einer Antwort auf die Frage suche, was ich täte, wenn ich zu *ihr* führe, die sie in den Verhältnissen des Famussowschen Hauses lebt, spüre ich die Notwendigkeit, in mich hineinzuschauen und eine Antwort bei den in mir aufkommenden Zwängen, Anstößen und Impulsen zu suchen. Sie erinnern mich an vertrauten Liebesschauer, an die Ungeduld des Verliebten. Ich spüre, wenn sich dieser Schauer und diese Ungeduld jetzt verstärken, fiele es mir schwer, auf meinem Platz sitzenzubleiben, und ich würde mit den Füßen trampeln, um die Schindmähre vor dem Wagen anzutreiben und den Kutscher zu bewegen, schneller zu *ihr* zu fahren. Dabei spüre ich physisch einen Zustrom echter Energie. Es macht sich erforderlich, sie irgendwohin zu lenken und auf etwas anzuwenden. Ich spüre, wie die Hauptmotoren meines psychischen Lebens an der Lösung der Frage arbeiten, wie ich die Begegnung mit ihr gestalte, was ich sage und tue, um unsere Begegnung zu feiern.

Einen Blumenstrauß kaufen? Konfekt? Pfui, wie banal! Ist sie denn eine Kokotte, der man bei der ersten Zusammenkunft Blumen und Süßigkeiten bringt?! Aber was soll ich mitbringen?! Geschenke aus dem Ausland? Noch schlimmer! Ich bin doch kein Kaufmann, daß ich *sie* im ersten Augenblick unseres Wiedersehens wie eine Geliebte beschenke. Ich erröte angesichts solcher banalen und prosaischen Beweggründe. Und dennoch — wie begegne ich ihr und wie begrüße ich sie würdig? Ich will ihr mein Herz und mich selber zu Füßen legen. »Der Morgen graut! Ich knie vor Ihnen atemlos« — diese Tschazki-Worte entschlüpfen mir wie von selber. Soviel ich überlege — Besseres kommt mir nicht in den Sinn.

Diese ersten Worte der Tschazki-Rolle, die ich früher nicht mochte, benötige ich jetzt, sie werden mir vertraut, und selbst das Niederknien auf der Bühne, während ich sie spreche, erscheint mir jetzt nicht mehr theatralisch, sondern ganz natürlich. In dem Augenblick spüre ich den gefühlsmäßigen Sinn und die geistigen Impulse, die Gribojedow beim Schreiben dieser Zeilen die Feder führten.

Aber um mich ihr vor ihre herrlichen kleinen Füße zu werfen, will ich mich ihrer würdig fühlen. Bin ich denn auch ansprechend genug, um mich ihr hinzugeben? Meine Liebe, meine Treue, mein ständiges Niederknien vor meinem eigenen Ideal sind rein und ihrer würdig. Aber ich selber? Ich bin ja nicht schön und poetisch genug! Ich möchte besser und vornehmer sein. Unwillkürlich strecke ich mich, mache mich schön, suche nach einer schönen Pose und tröste mich mit dem Gedanken, daß ich nicht schlechter bin als die anderen, und um das zu überprüfen, vergleiche ich mich mit den Passanten. Zum Glück sind sie alle — wie auf Bestellung — Mißgeburten.

Wenn ich mir die Passanten ansehe, weiche ich unmerklich vom gestellten Ziel meiner Beobachtungen ab und betrachte aufmerksam die vertraute Atmosphäre der Straßen vom Standpunkt eines Menschen, der Westeuropa gut kennt. Da sitzt jemand an einem Tor. Kein Mensch, sondern ein Pelzhaufen. An seinem Kopf glänzt ein Blechschild. Wie das einzige Auge eines Zyklopen. Ein Moskauer Hausknecht. Mein Gott, wie absonderlich! Ein Samojede ist das doch! Nicht besser als so einer.

Und da sehe ich einen Moskauer Stadtwächter. Mit der Spitze seiner Säbelscheide scheint er mit aller Gewalt die Seiten eines unglückseligen und ausgehungerten Gauls, der eine überladene Holzfuhre nicht von der Stelle bekommt, durchstechen zu wollen. Schreien, Schimpfen und Peitschenschwingen. Genauso könnte er auch dem Pferdebesitzer, einem schmutzigen, zerlumpten und zerrissenen Fuhrmann, das Fell gerben. Das ist doch Asien, die reinste Türkei! Und wir selber — wie vulgär, ungehobelt und bäuerlich sind wir, als hätten wir uns nur verkleidet mit den fremden, ausländischen Kostümen des piekfeinen Westens! Gleich denke ich an das stämmige Bauernpferd mit dem auf englische Art gestutzten Schwanz, der Mähne und dem Schopf auf Trubezkois Denkmal Alexanders III. in Sankt-Petersburg. Ich er-

99

röte wieder bei meinen Gedanken und Vergleichen mit dem Ausland, und das Herz tut mir weh. Mit welchen Augen mögen das alles die Ausländer aus dem zivilisierten Westen betrachten![110]

Für Tschazkis Worte finde ich in mir gefühlsmäßige Sinngehalte und seelische Impulse, analog denen des Dichters, der diese Zeilen geschrieben hat. Betrachtet man aufmerksam Altvertrautes, an dem man sich schon übergesehen hat und das man schon gar nicht mehr bemerkt, verblüfft einen das zuwider gewordene Alte mehr als unerwartet Neues. Auch jetzt ist das der Fall. Als hätte ich eine Brille gefunden und vor meine kurzsichtigen Augen gebracht, sehe und begreife ich erneut das, was ich eigentlich für immer vergessen wollte. Wieder schmerzen die nie verheilenden Wunden meiner Seele: die Trauer um mein Vaterland, die Sehnsucht nach besserem und schönerem Leben, der Haß auf die Trägheit, Undiszipliniertheit und Faulheit der Russen, das Wissen um die Kraft und das Talent der slawischen Rasse und der Haß gegen diejenigen, die das Leben verderben und seine Entwicklung aufhalten.

Mit einem Wort — je mehr ich sehe, während ich Bekanntes und Vergessenes am Wege anschaue, je mehr ich meine erneuerten Eindrücke durch das Prisma eines Menschen betrachte, der aus dem Ausland zurückkehrt, um so mehr spüre ich den Patrioten in mir. Also nicht aus Gehässigkeit, sondern aus seelischem Schmerz, großer Liebe zu Rußland und tiefem Verständnis für seine Werte und seine Mängel hat Tschazki diejenigen gegeißelt, die unser Leben verderben und seine Entwicklung hemmen.

Da kriecht aus einem Tor, so, als zwänge sie sich durch einen Spalt, eine riesige Kutsche, mit der die Ikone der Iwerischen Gottesmutter befördert wird.

»Das ist doch Tugouchowskis Sechssitzer!« schießt mir ein Gedanke durch den Kopf. »In so einer Kutsche ist doch die ehrwürdige Amfissa Nilowna ›eine ganze Stunde‹ zu Famussow zum Ball gefahren.« Wahrscheinlich hatte sie genauso einen Vorreiter und Zureiter auf dem Kutscherbock. Genauso hat er sich bestimmt an dem Riemen festgehalten, um nicht zu fallen. Nur hatten die Kutscher damals keine Stirnbänder am entblößten Kopf. In so einem Reisewagen ist auch Tschazki aus dem Ausland zurückgekommen.

Die Kutsche versinkt in einem Schlagloch, neigt sich zur Seite, knarrt und scheint in einer Grube zu versinken. Da muß ich wieder an meine Reise mit den ständig gewechselten Pferden und an den gefühlsmäßigen Sinn der Worte denken:

Ich aber flog derweilen voller Hast
In fünfundvierzig Stunden hundert Meilen,
Ein Sturmwind, hin — und ohne je zu weilen ...
Hundert Meilen in einem Ritt mit so einer Kutsche!

Leicht gesagt! Da muß man schon Sophie sehr lieben und zu ihr wollen, um sich so zu beeilen ohne Angst vor blauen Flecken. Auch wenn sie mir jetzt nicht wehtun, habe ich doch eine gefühlsmäßige Vorstellung von dem Schmerz, als würde ihn mir ein Souffleur vorsagen.

»Ach, guten Tag«, schreie ich mechanisch und verbeuge mich, ohne zu mir gekommen zu sein.

»Wer ist denn das? Ach ja! Dieser bekannte Pilot und Autofahrer.«

Das scheint ein Anachronismus zu sein! Da muß die ganze Illusion dahin sein. Durchaus nicht! Ich wiederhole, es geht nicht um die Epoche und auch nicht um die Lebensweise, sondern um das Gefühl des Verliebtseins, um das, was jemand empfindet, der sein Vaterland liebt und nun in die Heimat zurückkehrt. Kann ein Verliebter etwa nicht einen Verwandten haben, der Pilot ist?! Kann ein in die Heimat zurückgekehrter Patriot etwa nicht mit einem Autofahrer zusammentreffen?! Aber eigenartig — aus irgendeinem Grunde erkenne ich meine Art, mich zu verbeugen, nicht wieder. Das ging irgendwie anders. Verbeugt sich nicht Tschazki so?

Noch etwas Eigenartiges! Warum empfand ich denn eine Art artistischer Befriedigung bei dieser zufällig gemachten Verbeugung?! Wie kam denn das? Wie von selber hatte meine Hand unbewußt eine Bewegung oder eine Handlung zustande gebracht, die augenscheinlich gelang. Vielleicht, weil ich keine Zeit hatte, an die Bewegung zu denken, weil meine schöpferische Natur so unvermittelt zutage trat? Man sollte solche unbewußten Bewegungen nicht behalten wollen und sich bemühen, sie im Gedächtnis zu fixieren. Eine solche Verbeugung gelingt entweder nie wieder oder wiederholt sich von selber, unbewußt, kommt noch manches Mal, ja sogar mehrmals und wird letzten Endes zu einer Gewohnheit und für immer ein Bestandteil der Rolle, die ich schaffe. Um das zu erreichen, muß ich mir jetzt nicht die Verbeugung merken, sondern den allgemeinen Zustand, aus dem heraus sie entstand und der für einen Augenblick das Gefühl jenes äußeren Bildes ausgelöst hat, das möglicherweise schon geboren ist und jetzt seine äußere Hülle sucht.

So ist das immer, wenn man sich an einen Gedanken oder an eine Melodie zu erinnern sucht, die man vergessen hat. Je mehr man den Gedanken sucht, um so eifriger versteckt er sich. Erinnert man sich jedoch an den Ort, die Umstände und den allgemeinen Zustand, aus dem heraus er entstand, kommt er einem wie von selber wieder ins Gedächtnis. Auch ich suche mich jetzt an den Zustand zu erinnern, in dem die Verbeugung wie von selber kam, das heißt an die Kutsche mit der Ikone, das Schlagloch, die Verbeugung des Piloten und meine Gedanken zu diesem Anachronismus. Dennoch gelingt mir die Verbeugung nicht wieder. Möglicherweise geben innere Anstöße eine schwache Andeutung. Da aber muß ich meine innere Arbeit abbrechen, denn der Kutscher fährt vor dem Theater vor und hält am Bühneneingang.

Ich steige aus und gehe mit dem Gefühl ins Theater, warmgeworden und zur Probe bereit zu sein. Der Fakt ist bewertet, das »ich bin's« erspürt.

Ich befinde mich also im Theater und sitze auf der Probebühne an einem großen Tisch. Die Leseprobe beginnt. Der erste Akt ist gelesen. Der Regisseur runzelt die Stirn, alle sitzen mit gesenktem Blick da und heben die Augen nicht vom Textbuch. Befremden, Verwirrung, Verlegenheit und allgemeine Enttäuschung. Niemand will weiterlesen. Das Textbuch stört, die Notwendigkeit, hineinzusehen und den Text abzulesen, findet keine natürliche Rechtfertigung.

Das Gefühl will allein und für sich leben, die Worte werden für sich dahergeschwatzt oder in Sätzen ausgespien, stören und erscheinen überflüssig. Dabei meinten wir doch aber vor der Leseprobe, die Rollen hätten sich gesetzt in uns, und wir brauchten nur den Text zu sprechen, damit alles wieder da wäre.

Welch unerwartete Enttäuschung! Sie verwirrt nicht nur, sondern tötet auch den Glauben an uns selber und an die Richtigkeit der gewaltigen Arbeit, die jeder bereits in sich ausgeführt hat. So sitzen wir denn da wie begossene Pudel und denken bei uns ungefähr dies: Wo ist das nur alles hin, was wir so lange gesucht und mit solcher Mühe in der Stille unseres Arbeitszimmers und den schlaflosen Nächten geschaffen haben? Ich zum Beispiel, ich habe doch das unsichtbare innere Bild der von mir darzustellenden Person und ihr geistiges Leben in mir gefühlt, es mir bewußt gemacht, hab es mit meinem geistigen Auge gesehen, mit meinem inneren Gehör gehört, hab es seelisch und körperlich geahnt. Wo sind denn diese Empfindungen? Es ist, als seien sie zersplittert in ihre kleinen Bestandteile, und als gäbe es keine Möglichkeit, sie zu suchen und wieder in sich zu sammeln.

Wie ärgerlich! Mit inneren, aus dem Leben gegriffenen Reichtümern bin ich hergekommen, und auf einmal hab ich sie verloren und sitze jetzt wie ein ausgeplünderter Bettler mit hängender Seele da. Schlimmer noch – ich spüre, an die Stelle angesammelter schöpferischer Werte meiner Seele treten wieder billige schauspielerische Gewohnheiten und Tricks, abgedroschene Klischees, eine krampfhafte Stimme und übertriebene Intonationen. Ich spüre, anstelle strenger Ordnung und Harmonie, die ich beim Arbeiten zu Hause in mir gefühlt hatte, ist eine Anarchie der Muskeln und der Schauspielergewohnheiten in mir ausgebrochen, und ich habe nicht die Kraft, sie zu bändigen. Ich spüre, die Partitur, an der ich so lange arbeitete, habe ich verloren. Ich muß das Ganze von vorn beginnen. Damals, bei der ersten Leseprobe, war ich mir wie ein Meister vorgekommen, jetzt aber nur wie ein hilfloser Schüler. Damals habe ich selbstsicher Klischees benutzt und virtuos mein Handwerk betrieben. Jetzt bemühe ich mich unsicher, die Rolle zu leben und zu verkörpern. Wie ein Schuljunge. Wo ist nur alles hin?

Diese quälenden Fragen sind klar und einfach zu beantworten. Soviel ein Schauspieler schon gespielt haben mag – solche Augenblicke der Kraftlosigkeit sind bei der Geburt einer Rolle ebenso unvermeidlich wie die Wehen bei einer Niederkunft. Mag er noch so viele Rollen gestaltet, noch so lange im Theater gearbeitet und noch so viele Erfahrungen gesammelt haben – vor solchen Mißerfolgen, solchen schöpferischen Zweifeln, Qualen und Verlegenheiten, wie wir sie jetzt erleben, ist er nie gefeit. Auch wenn so ein Zustand noch so oft wiederkehrt – in dem Augenblick, da er über uns kommt, wird er uns immer schrecklich, hoffnungslos und irreparabel erscheinen.

Keinerlei Erfahrungen und keine schönen Worte können den Schauspieler davon überzeugen, daß solche Mißerfolge verfrühter Leseproben unvermeidlich und normal sind. Er vergißt ja immer, daß die schöpferische Arbeit am Erleben und Verkörpern nicht gleich, nicht in einem Zuge, sondern allmählich, in mehreren Etappen und Stadien gemacht werden muß. Zuerst wird die Rolle – wie wir das bereits sahen – erlebt und gedanklich in schlaflosen Nächten in unserer Vorstellung verkörpert, dann geschieht das bewußter in der Stille des Arbeitszimmers, dann auf intimen Proben, dann in Anwesenheit einzelner Zuschauer oder fremder Leute, dann in einer ganzen Reihe von Haupt- und Generalproben und schließlich in einer endlosen Kette von Aufführungen. Und jedes Mal muß die Arbeit von neuem gemacht werden.

In dieser langen und schwierigen Arbeit liegen die schöpferischen Wehen des Schauspielers, Geburt, Wachstum, Krankheiten, Erziehung und Reife der Rolle.

Es ergibt sich also jetzt die Frage, wie die zu Hause bereits geschaffene Rolle auf einer intimen Probe neugestaltet werden soll. Am besten beginnt man die Arbeit mit Etüden. Und tatsächlich, ruhig und wie selbstverständlich erklärt der Regisseur, die Leseprobe habe – wie zu erwarten war – gezeigt, daß wir noch nicht reif seien für Gribojedows Text. Die Worte der Rollen und des Stückes dürfen nicht unnötigerweise vorzeitig zerknittert und verschlissen werden. Deshalb schlägt er vor, die Probe abzubrechen.

Der Text eines Schauspiels, vor allem eines genialen, ist der klarste, exakteste und konkreteste Ausdruck der unsichtbaren Gefühle und Gedanken seines Verfassers und der Helden seines Stücks, denn hinter jedem Wort steckt ein Gefühl oder ein Gedanke, der es hervorgebracht hat und es rechtfertigt. Leere Worte sind nutzlos und schädlich wie taube Nüsse und gehaltlose Konzepte. Durch sie wird die Rolle überladen und ihre Struktur verschmutzt. Sie müssen wie Kehricht und überflüssiger Ballast hinausgeworfen werden.

Solange der Schauspieler nicht unter jedes Wort des Textes ein lebendiges Gefühl legen kann, um diese Worte zu rechtfertigen, solange bleiben alle Worte seiner Rolle tot und überflüssig.

Geniale Werke enthalten keine überflüssigen Worte. Jedes Wort ist notwendig und wichtig. Es sind genausoviele, wie gebraucht werden, um die Überaufgabe und die durchgehende Handlung wiederzugeben. Sie enthalten keine überflüssigen Momente und Gefühle, also auch keine überflüssigen Worte. Die Rollenpartitur, die sich der Schauspieler anlegt, darf ebenfalls kein überflüssiges Gefühl enthalten, sondern nur solche, die er für die Überaufgabe und die durchgehende Handlung braucht. Nur wenn sich der Schauspieler eine solche Partitur und innere Gestalt angelegt hat, paßt Gribojedows genialer Text direkt zur neuen Schöpfung des Schauspielers. Damit jedes Wort eines genialen Textes notwendig wird, darf es keine überflüssigen Gefühle geben. Geniale Werke erfordern geniale Partituren. Ehe sie nicht geschaffen sind, wird es immer zu viel oder zu wenig Worte, zu viel oder zu wenig Gefühle geben.

Wenn sich viele Worte aus »Verstand schafft Leiden« als überflüssig erweisen, bedeutet das nicht, daß sie nichts taugen, sondern nur, daß die Rollenpartitur noch nicht genügend ausgefeilt ist, daß sie auf der Bühne, im Schaffensakt selber, überprüft werden muß. Es genügt nicht, Geheimnisse, Gefühle und Gedanken nur zu begreifen — man muß sie auch praktisch anwenden können. So manche geniale Erfindung geht nur deshalb unter, weil ihr Erfinder es nicht versteht, sie genauso genial zu realisieren, wie er sie erdacht hat!

In unserer Kunst ist das ebenfalls so. Manch ein genialer Schauspieler geht unter, weil es ihm an schöpferischer Initiative fehlt, um sich durchzusetzen! Deshalb reicht es nicht, Rollen zu erleben und Partituren aufzustellen — man muß sie auch in schöner szenischer Form wiedergeben können. Hat der Dichter die verbale Form dafür bereits vorbereitet, und ist diese Form genial, sollte man sie ruhig nutzen. Geniale Texte sind kurz, aber dennoch gedankenvoll und inhaltsreich. Auch die Rollenpartituren sollten kurz, gedankenvoll und inhaltsreich sein. Ebenso die Form der Verkörperung und ihre Methoden. Deshalb ist die Partitur und die Form ihrer Weitervermittlung zu verdichten, und es sind markante, kurze und gehaltvolle Verkörperungsformen zu finden. Erst dann werden der von allem Überflüssigen gesäuberte reine Text eines Werkes und die treffenden Worte zur Wiedergabe seines geistigen Wesens, die anschaulichen Wendungen, durch die in aller Kürze ganze Bildvorstellungen entstehen, und die gestanzten Rhythmen, die das Anliegen des Dichters ausfeilen sollen, zur besten verbalen Form für den Schauspieler.

Ist er in seinem Schaffen reif genug für solche genialen Texte, kommen ihm die Worte der Rolle von selber in den Sinn und legen sich von selber auf seine Zunge. Dann wird der Text des Dichters die beste, notwendige und bequemste Form verbaler Verkörperung, und der Schauspieler kann seine schöpferischen Gefühle und seine Seelenpartitur offenbaren. Dann werden die fremden Worte des Dichters zu seinen eigenen, und der Text wird die beste Partitur des Schauspielers. Dann werden Gribojedows ungewöhnliches Versmaß und sein Rhythmus nicht nur nötig, um dem Ohr Genüsse zu bereiten, sondern auch um das Gefühl, das Erleben und die Partitur des Schauspielers zu schärfen und vollendet wiederzugeben. So verleihen reinste Fioriturem und Stakkati in der Musik ganzen Phrasen und Melodien ihre Vollkommenheit. Das geschieht, wenn die Rollenpartitur dem genialen Werk des Dichters entspricht, wenn im Schauspieler selber alle Gefühle, Aufgaben, schöpferischen Anstöße und Impulse, die den Geist der Rolle ausmachen, voll herangereift sind und zu leben beginnen, gereinigt von allem Überflüssigem, und sich ablagern wie Kristalle, wenn sie aufgereiht werden auf die durchgehende Handlung der Rolle wie Perlen auf einen Faden, in einer festgelegten Ordnung, wenn sich nicht nur die Seele, sondern auch der Körper an diese Logik und die Reihenfolge der Gefühle gewöhnt hat.

In den meisten Fällen braucht der Schauspieler den Text erst im letzten Abschnitt seines Schaffens, wenn sich das gesamte akkumulierte geistige Material zu bestimmten schöpferischen Momenten kristallisiert hat und durch das Verkörpern rollenspezifische und charakteristische Methoden zum Ausdrücken der Gefühle entstehen.

Diese Zeit ist noch nicht gekommen. Bei der ersten Leseprobe hindert uns der reine Text nur. Der Schauspieler ist da noch nicht in der Lage, ihn vollständig und tiefgreifend genug zu bewerten und zu erschöpfen. Solange man sich bei einer Rolle noch im Stadium des Suchens nach Formen zu ihrer Verkörperung befindet und die Partitur noch nicht auf der Bühne überprüft worden ist, sind überflüssige Gefühle, Mittel und Formen, um sie auszudrücken, einfach unvermeidlich. Der gereinigte Autorentext erscheint zu kurz, man ergänzt ihn mit eigenen Worten, mit verschiedenen Einschüben, mit allerlei »Ah«, »Nun«, »So« usw.

Der Schauspieler benutzt im Anfangsstadium des Verkörperungsprozesses alles, was sein schöpferisches Gefühl wiedergeben kann — Wort, Stimme, Gestik, Bewegung, Handlung und Mimik —, ohne Maß und wenig sparsam. Er scheut keine Mittel, um das aufgekommene und innerlich gereifte Gefühl nach außen zu bringen. Ihm scheint, je mehr Mittel und Methoden zur Verkörperung für jedes einzelne Partiturenmoment er hat, um so reicher sei die Auswahl, um so deutlicher und gehaltvoller gelänge die Verkörperung.

Aber auch in diesem ungeordneten Abschnitt des Suchens nach Verkörperungsmitteln beginnt die Verkörperung durchaus nicht immer mit Stimme und Sprache. Nicht nur die fremden Worte des Autors, sondern auch die eigenen Worte sind zu konkret, um damit die jungen, kaum gereiften Gefühle der Partitur zum Ausdruck zu bringen.

Der Regisseur tat recht daran, die Leseprobe abzubrechen. Es wäre nur Krampf geworden, hätte er sie fortgesetzt. Die mißlungene Leseprobe wird also abgebrochen, und wir werden aufgefordert, zu Etüden über freie Themen überzugehen. Das sind vorbereitende Übungen zur Verkörperung von Gefühlen, Gedanken, Handlungen und Gestalten, analog denen des Rollenorganismus. Die Übungen müssen sehr abwechslungsreich sein und systematisch betrieben werden. Mit ihrer Hilfe und durch allmähliche Einführung ständiger neuer Gegebenheiten tasten wir die Eigenart eines jeden Gefühls ab, das heißt seine Bestandteile, seine Logik und seine Abfolge.

Zuerst sind die zufälligen Wünsche und Aufgaben ausfindig zu machen, die im Schauspieler aufkommen, wenn er mit den Etüden beginnt. Sie brauchen nicht ausgelöst zu sein durch die scheinbaren Fakten des Stückes, sondern durch die Wirklichkeit, die ja den Schauspieler umgibt, wenn er auf der Probe an den Etüden arbeitet. Die inneren Impulse, die dann in ihm aufkeimen, können ihm auch die nächste Aufgabe und die Überaufgabe der Etüde eingeben. Jedoch sollten bei dieser Arbeit nicht die vom Autor des Stückes angebotenen und vom Schauspieler erlebten Lebensumstände der Rolle, des Stückes und des Famussowschen Hauses im Moskau der zwanziger Jahre vergessen werden. Ich glaube, dem Schauspieler fiele es schwer, auf sie zu verzichten. So stark hat er sich im vorangegangenen Prozeß des Erlebens bereits in sie hineinversetzt.

Deshalb beginnt er mit dem »Sein« und dem »Existieren« in der echten Wirklichkeit, die ihn umgibt und die er diesmal nicht nur gedanklich und in seiner Vorstellung empfindet, sondern unter dem Einfluß der Vergangenheit, der Gegenwart und der Zukunft seiner Rolle, mit den inneren, seelischen Impulsen, die der darzustellenden Person verwandt sind.

Aber wie mache ich das? Ich muß die Wirklichkeit, die mich umgebenden Umstände, das heißt das Foyer des Moskauer Künstlertheaters und die dort stattfindende Probe mit den Gegebenheiten des Famussowschen Hauses im Moskau der zwanziger Jahre mit Tschazkis Leben bzw. — genauer gesagt — mit meinem Leben verbinden, das ich in die inneren Lebensverhältnisse des Helden meines Stückes versetze, ferner mit seiner Vergangenheit, seiner Gegenwart und seinen Zukunftsperspektiven. Es fällt mir nicht schwer, gedanklich und gefühlmäßig in der vorgestellten Atmosphäre zu leben. Aber wie tue ich das in der Jetztzeit, in der heutigen Wirklichkeit? Wie rechtfertige ich die mich jetzt umgebenden Umstände auf der Probe? Wie erhalte ich das Recht zum Hiersein in diesem Zimmer, ohne die enge Verbindung zu einem Leben zu verlieren, das Tschazkis Leben analog ist? Die neue Aufgabe bringt hauptsächlich alle Motoren meines psychischen Lebens in Bewegung — Willen, Verstand und Gefühl. Die neue Aufgabe weckt meine Phantasie, und die beginnt gleich mit ihrer Arbeit.

»Warum sollte Stanislawski, selbst unter Tschazkis Verhältnissen, nicht mit Schauspielern des Künstlertheaters befreundet sein?« phantasiert sie.

»Eigenartig, wenn es anders wäre«, bestätigt der Verstand. »Leute wie Tschazki interessieren sich immer für Kunst. Hätte Tschazki in den zwanziger oder dreißiger Jahren gelebt, hätte er bestimmt einem Kreis von Slawophilen und Patrioten angehört, zu denen sich Schauspieler und sogar Michail Semjonowitsch Schtschepkin zählten. Lebte Tschazki jetzt, wäre er sicherlich häufiger Gast in den Theatern und hätte Freunde unter den Schauspielern.«

»Aber wie verbinde ich seine Anwesenheit auf der Probe hier und heute mit seiner gerade erfolgten Rückkehr aus dem Ausland?« fragt das Gefühl erstaunt.

»Ist denn das für diese Etüde so wichtig? Ich muß ja nicht heute, sondern kann gestern oder vorgestern aus dem Ausland gekommen sein«, sucht sich die Phantasie herauszureden.

»Aber wie kommt denn Sophie hierher?« mäkelt das Gefühl herum.

»Stört sie? Dann brauchen wir sie nicht«, lenkt die Phantasie ein.

»Ohne sie? Wie denn?« fragt das streitsüchtige Gefühl.

»Die kommt später«, entgegnet die Phantasie beruhigend.

»Na, angenommen ...«

»Wie soll ich nun klarkommen mit diesem Anachronismus?« fragt das Gefühl beunruhigt. »Wie soll ich Tschazki mit diesem Zimmer im Stile der schrecklichen art nouveau in Zusammenhang bringen?«

»Schrecklich soll die sein? Um so besser! Kritisieren, spötteln und witzeln Sie doch über diesen dummen Schmuck so, wie Tschazki alles Banale verspottet und verlacht hat«, hetzt die Phantasie.

»Wozu denn an jeder Kleinigkeit herummäkeln? Das macht es ja nur noch schwerer, an Tschazki heranzukommen und behindert wieder das Schaffen. Ein Schauspieler muß nachgiebig sein. Er muß wie ein Kind mit allen Spielsachen spielen und alles nutzen können, was ihm die Wirklichkeit bietet«, schließt der Verstand. »Wäre es nicht besser, umgekehrt zu verfahren und alles zu suchen, was uns der Rolle näherbrächte?«

Nach dieser Belehrung zügelt das schöpferische Gefühl seine Nervosität und protestiert nicht gegen die weisen Worte des Verstandes.

»Wer sind denn diese Leute?« fragt es bereits zurückhaltender.

»Die selben wie in Wirklichkeit. Schauspieler des Künstlertheaters«, erläutert die Phantasie.

»Nein, mein Vis-à-vis ist doch kein Schauspieler, sondern ›der kleine Schwarze mit den Kranichbeinen‹«, erklärt das Gefühl nicht ohne Bosheit.

»Um so besser. Tatsächlich, er ähnelt dem ›kleinen Schwarzen‹«, stimmt das Gefühl zu.

Die gefundene Ähnlichkeit mit dem »kleinen Schwarzen« amüsiert mich, denn — ehrlich gesagt — der Schauspieler mir gegenüber genießt nicht meine Sympathie. Tschazki hätte den »kleinen Schwarzen« genauso betrachtet, wie ich jetzt meinen Partner während der Etüde.

Ich packe das eben entstehende Gefühl, das mich Tschazki näherbringt und begrüße rasch den »kleinen Schwarzen« so, wie dies der elegante Salonlöwe Tschazki getan hätte.

Aber meine Hast und meine Ungeduld erfahren eine grausame Bestrafung. Alle Klischees spezifisch theatralischer Vornehmheit und Wohlerzogenheit scheinen nur auf die Gelegenheit gewartet zu haben, ihrem Versteck zu entschlüpfen. Mein Ellenbogen bildet einen Winkel beim Händedruck, mein Arm wird rund wie ein Bogen, die S-Laute pfeifen und zischen nur so beim »sssdrawsstwujtje«, lässige Wichtigtuerei verunstaltet meinen Gang, und sämtliche theatralischen Banalitäten kommen von allen Seiten gelaufen und beginnen ihr Werk in mir.

Vor Scham erstarre ich, bekomme einen Haß auf meinen Kollegen und auf mich und beschließe, nicht eine einzige Bewegung mehr zu machen. Lange sitze ich steif und unbeweglich da und suche mich zu beruhigen, indem ich mir sage: »Macht nichts. Das ist normal. Ich hätte wissen müssen, wozu Hastigkeit führt. Solange nicht aus tausend mal tausend Spinngewebefäden schöpferischer Wünsche feste und dicke Stricke geworden sind, gelingt es mir nicht, etwas auszurichten gegen meine geübten Schauspielermuskeln, die sich stumpfsinnig der Anarchie überlassen, sobald man ihnen freien Lauf läßt. Ein Spinngewebefaden kann es nicht mit einem groben Strick aufnehmen. Da muß ich warten, bis sich mein schöpferischer Wille gefestigt hat und meinen gesamten Körper seiner Initiative unterordnet.«

Während ich so überlege, demonstriert mir mein »kleiner schwarzer« Kollege mit Feuereifer und wie auf Bestellung alle entsetzlichen Ergebnisse einer solchen Muskelanarchie.

Geradezu vorwurfsvoll macht er genüßlich, selbstsicher, glänzend und mit banalem Chic dasselbe wie ich. Als reflektiere er mich in sich. Es kommt mir gleich vor, als stünden wir auf den Brettern eines Schmierentheaters in der Provinz. Ich erstarre vor Verwirrung, Schmerz, Ärger, Verzweiflung und Furcht, kann die Augen nicht heben und weiß nicht, wie ich dem »kleinen Schwarzen« meine Hand wieder entreiße und seiner selbstzufriedenen Schauspielersicherheit entkomme. Er aber — als wollte er mich ärgern — wird immer affektierter und fröhlicher, scharrt mit seinen »Kranichbeinen«, ruckt sein eingebildetes Monokel zurecht und schnarrt wie der schlechteste Schauspieler im Provinztheater, der einen Mann von Welt darstellt. Er tänzelt wie ein Geck, kreischt, anstatt zu lachen, lächelt irgendein Hundelächeln, feilt sich vornehm die Fingernägel, spielt zum gleichen Zwecke nachlässig mit der Uhrkette, nimmt die banalsten Theaterposen ein und wechselt sie alle Augenblicke wie in einem Kalei-

106

doskop. Er sagt unsinnige Banalitäten, um zu beweisen, daß er die Worte nur um der Worte, um des leeren Klanges willen benutzt.

»Ja ... zweifellos«, stammelt er, »was soll man da sagen ... gewissermaßen. Äh-äh-äh! Wissen Sie, was ich denke? Ja! Meiner Ansicht nach unterliegt es keinem Zweifel, daß das menschliche Leben ... äh ... kurz ist wie diese, diese ...« Er kramt in seinen Taschen, als suche er dort den Vergleich und holt eine Zahnbürste heraus. »So wie diese Zahnbürste hier. Ja ... äh ... das steht außer Zweifel, ist unzweifelhaft, unvereinbarlich, unstatthaft ...«

Je länger er redet, um so dümmer wird sein krampfiges Geschwätz. Wie zusammenhanglose Fieberphantasien. Er wird mir noch unangenehmer, und ich verspüre den Wunsch, mein ungutes Gefühl für ihn loszuwerden.

Aber wie? Mit Worten? Da schnappt er nur ein. Mit Armen, Gesten, Handlungen? Werd mich doch mit dem nicht prügeln! Also bleiben nur Augen und Gesicht. Die nehme ich notwendigerweise und instinktiv zu Hilfe.

Man sagt ja nicht umsonst, die Augen seien der Spiegel der Seele. Sie sind das feinfühligste Organ unseres Körpers und reagieren als erste auf alle Erscheinungen des äußeren und inneren Lebens. Die »Sprache der Augen« ist am ausdrucksvollsten, feinfühligsten und unmittelbarsten, aber auch am unkonkretesten. Außerdem ist sie bequem. Mit den Augen kann man mehr und intensiver sprechen als mit Worten. Dennoch können sie nichts ausrichten, denn die »Sprache der Augen« gibt nur die allgemeine Stimmung, den allgemeinen Charakter des Gefühls wieder, nicht aber konkrete Gedanken und Worte, an denen sich leicht herummäkeln läßt. In dem Augenblick spüre ich, daß ich zur Äußerung von Gefühlen, noch dazu solcher, die noch keine klaren, konkreten körperlichen Formen angenommen haben, am besten bei den Augen und dem Gesicht beginne.

In der ersten Periode des Verkörperns müssen erlebbare Gefühle mit Augen, Gesicht und Mimik wiedergegeben werden. In der ersten Periode des Schaffens sind ja nach Möglichkeit Handlungen, Bewegungen und Worte zu vermeiden, um keine Anarchie auszulösen, die alle Spinnwebenfäden gerade erst aufgekeimter Wünsche zerreißt und eine Anarchie der Muskeln auslöst. Indem ich einen Ausweg finde für mein Gefühl und mich der Notwendigkeit entledige, um jeden Preis verkörpern und spielen zu müssen, mache ich mich auch gleich noch frei von Muskelanspannungen, werde völlig ruhig und fühle mich nicht als Vorführmaschine, sondern als Mensch. Alles um mich herum wird wieder normal und natürlich. Ich sitze ruhig da und beobachte den »kleinen Schwarzen«, lache innerlich über ihn, will mein Gefühl auch nicht verstecken und lasse ihm freien Lauf.

Auf einmal wird die gerade erst begonnene Probe unterbrochen. Ein Angestellter bringt ein Blatt Papier. Eine Grußadresse zu irgendeiner Jubiläumsfeierlichkeit. Die ganze Truppe soll unterschreiben. Während das Blatt von Hand zu Hand wandert, beobachte ich den »kleinen Schwarzen« weiter. Wichtigtuerisch sitzt er da und wartet darauf, daß man ihm das Blatt zum Unterschreiben reicht. Aber aus irgendeinem Grunde kommt es erst zu mir.

Meinem unguten Gefühl nachgebend, lasse ich — spaßeshalber — dem »kleinen Schwarzen« mit gespielter Hochachtung den Vortritt. Er nimmt meine Liebenswürdigkeit hin, als müsse das so sein, bedankt sich nicht einmal und macht sich mit hochmütigem Gesichtsausdruck daran, die Grußadresse zu lesen. Nach dem Unterschreiben reicht er mir nicht die Feder, sondern wirft sie mir hin. Diese Ungezogenheit ärgert mich, aber ich denke an die Arbeit und beschließe, mein Aufgebrachtsein zu schöpferischen Zwecken zu nutzen.

Tschazki hätte sich über so einen Herrn nicht geärgert, denke ich. Er hätte ihn verhöhnt.

Ich beeile mich, die Grußadresse zu unterschreiben, um dem davongegangenen »kleinen Schwarzen«, der zum Ausgang will, nachzulaufen und mich über ihn lustigzumachen, wie Tschazki das getan hätte. Aber unterwegs hält mich ein anderer Kollege auf, einer, der gern über dumme Themen tiefsinnig philosophiert.

»Wissen Sie«, brummt er vielsagend mit seiner tiefen Stimme. »Mir ist der Gedanke gekommen, daß der Dichter die Person, die ich spiele, nicht umsonst Skalosub genannt hat. Wahrscheinlich, wissen Sie, hat der die Gewohnheit ...«

»Die Zähne zu fletschen«,*) entgegne ich.

Ich kann Begriffsstutzigkeit in der Kunst nicht leiden. Es ärgert mich, wenn diese für den Schauspieler gefährliche Eigenschaft irgendwie mit dem Talent zusammenlebt. Und mein Kollege hat Talent und ist nicht dumm.

Das gibt es ja, daß jemand im Leben klug und in der Kunst dumm ist. Eine gereizte, fast schon scharfe Antwort liegt mir bereits auf der Zunge, aber ich denke wieder an unsere Etüde, an Tschazki, und mir scheint wieder, der hätte diesen komischen Kauz hier anders behandelt. Also halte ich mich zurück.

»Das ist mir noch nicht in den Kopf gekommen«, fange ich doch an, ihn zu hänseln. »Gribojedow muß wohl nicht nur Skalosub durch Namen charakterisiert haben, sondern überhaupt alle Mitwirkenden. Die Chljostowa zum Beispiel, weil sie allen spitze**) Antworten gibt, Tugouchowski, weil er schwerhörig***) ist. Und Sagoretzkij?! Wahrscheinlich entflammt****) der rasch. Und Repetilow? Vielleicht, weil diese Rolle viel Proben*****) erfordert? Sagen Sie das dem Darsteller. Der ist faul. Übrigens, vergessen Sie mich nicht. Überlegen Sie mal, warum Gribojedow meine Rolle Tschazki genannt hat.«

Als ich weitergehe, scheint er in tiefsinniges Nachdenken über meine Frage zu versinken. Tschazki hätte sicherlich noch geistreicher als ich gespottet, aber die Beziehungen zwischen ihm und dem komischen Kauz kamen mir analog zu denen vor, die ich soeben zu meinem Kollegen hergestellt habe.

Aber — überlege ich — ohne es zu merken, hab ich doch fast in Tschazkis Namen gesprochen. Einfach und ohne Schablone. Vor einer halben Stunde dagegen hab ich die Originalworte der Rolle noch nicht gebraucht. Wie kommt denn das?

Das Geheimnis besteht darin, daß zwischen meinen und den fremden Worten eine »riesige Distanz« liegt. Die eigenen Worte erscheinen einem als unmittelbarer Ausdruck eigener Gefühle, wogegen fremde Worte, solange man sie sich noch nicht zu eigen gemacht hat, kaum mehr sind als Zeichen zukünftiger, im Schauspieler noch nicht lebender Gefühle. Die eigenen Worte braucht man im Anfangsstadium des Verkörperns, da sie helfen, das aufgekeimte, jedoch noch nicht verkörperte Gefühl von innen nach außen zu bringen.

Zunächst sind Erleben und inneres Handeln noch so intim, daß man nicht nur das Wort, sondern auch körperliche Bewegung und Handlung fast noch nicht braucht. Man müßte ge-

---

*) skalitj suby = die Zähne fletschen. Skalosub ist also der »Zähnefletscher«
**) chljostiki = spitz
***) tugo na ucho = schwerhörig
****) sagoratj = entflammen
*****) repetizija = Probe

gen sich Zwang und Gewalt anwenden, um auf jeden Fall diese äußeren Handlungen hervorzurufen.

Werden die fremden Worte des Dichters noch nicht gebraucht, so bedeutet das keineswegs, daß man das Wort nicht bei der weiteren Arbeit benutzen kann. Im Gegenteil — die eigenen Worte wird man bald sehr brauchen können. Sie unterstützen Mimik und Bewegung beim Suchen nach der Form im Prozeß des Verkörperns. Auch die eigenen Worte bringen konkrete innere Vorgänge, Gedanken und Gefühle, die schon bestimmter geworden sind, zum Ausdruck.

Das Verkörpern der für die Rolle erlebten Gefühle erfolgt am leichtesten mit den Augen, dem Gesicht und der Mimik. Was die Augen nicht sagen, sagt und erklärt man mit der Stimme, den Worten, der Intonation und der Redeweise. Zu ihrer Verstärkung und Erläuterung werden Fühlen und Denken bildlich durch Geste und Bewegung illustriert. Das physische Handeln bewirkt, daß das Streben des schöpferischen Wollens endgültig vollendet und faktisch zur Ausführung gebracht wird.

Das geistige Leben des Menschen spiegelt sich vornehmlich in Augen und Gesicht. Die »Sprache der Augen und des Gesichts« ist so feinsinnig, daß sie inneres Erleben, Gedanken und Gefühle durch kaum zu bemerkende, fast nicht wahrzunehmende Muskelbewegungen wiedergibt. Diese müssen vollständig und unmittelbar dem Gefühl untergeordnet werden. Jede unwillkürliche, mechanische Anspannung der Augen- und Gesichtsmuskel — durch Verlegenheit, Erregung, nervöse Zuckungen oder anderen äußeren Zwang — kann dabei alles verderben. Grobe Muskelkrämpfe entstellen die feinsinnige und kaum wahrnehmbare »Sprache der Augen und des Gesichtes« völlig. Deshalb muß der Schauspieler in erster Linie dafür sorgen, daß er seinen so feinfühligen Seh- und Gesichtsapparat gegen gewollte oder ungewollte Gewalt und Anarchie der Muskeln schützt.

Wie erreicht er das? Mit der Gegengewohnheit, die er sich allmählich und in natürlicher Weise durch systematische Übung antrainiert. Ihr Geheimnis besteht darin, daß dumme Angewohnheiten nicht überwunden werden können, wenn man an ihre Stelle nichts anderes, Richtigeres und Natürlicheres setzt. Am besten ist es daher, schlechte Gewohnheiten durch gute zu verdrängen. So beseitigt man beispielsweise die Gewohnheit des Muskelkrampfes oder -drucks, indem man sich daran gewöhnt, die Muskeln zu lösen.[111]

Nach den Augen nimmt das Gesicht mit seiner Mimik die Tätigkeit auf und zeigt Gefühle als unmittelbarer Nachbar der Bewegungszentren. Das Gesicht und seine Mimik ist nicht so feinsinnig und ausdrucksstark für die Sprache des Überbewußtseins wie die Augen, dafür aber ist die »Sprache der Mimik« etwas konkreter. Außerdem ist sie deutlich genug, um Unterbewußtes und Überbewußtes wiederzugeben. Die Mimik des Gesichts ist konkreter als die Ausstrahlung der Augen. Bei der Mimik hat man es mehr mit den Muskeln zu tun, und daher wird deren Anarchie dort noch gefährlicher. Aus den gleichen Gründen wird dort auch das Klischee gefährlicher. Genauso wie die Muskelanspannung muß es ernstlich bekämpft werden. Durch Muskelanspannungen und Klischees wird das Gefühl bei der Wiedergabe bis zur Unkenntlichkeit verunstaltet. Auch bei der Mimik muß es der Schauspieler verstehen, gegen Muskelanspannungen und Klischees anzukämpfen, damit die Mimik in unmittelbarer Verbindung mit dem inneren Gefühl bleibt und es exakt und direkt zum Ausdruck bringt.

Mit der Klärung einzelner Aufgaben und Abschnitte sowie der gesamten Partitur ergibt sich nach den Augen und dem Gesicht ganz von selber das unwillkürliche natürliche Bedürfnis, Wünsche und Bestrebungen des eigenen schöpferischen Wollens auszuführen. Ohne es zu bemerken, beginnt der Schauspieler zu handeln, und sein Handeln löst natürlich Bewegungen des Körpers, Gehen usw. aus. Vom Körper wird dasselbe verlangt wie von Augen und vom Gesicht, das heißt, auch er muß auf die feinsten und kaum wahrzunehmenden Empfindungen des Geistes reagieren und ausdrucksstark von ihnen reden. Auch seinen Körper muß der Schauspieler schützen gegen unwillkürliche Zwänge und Muskelanspannungen, denn diese töten Feinheit und Ausdruckskraft der Sprache, der körperlichen Ausdrucksfähigkeit und der Bewegung.

Der Körper enthält noch mehr Materielles, noch mehr Muskeln, und damit natürlich auch mehr Möglichkeiten zu Krampf und Klischee. Deshalb muß sich der Schauspieler weit mehr darum kümmern, gegen Krampfigkeit und Klischee bei seinem Körper anzukämpfen, um diesen sklavisch dem inneren Leben zu unterwerfen. Das ist einer der Gründe, warum die körperliche Darstellung der Rolle bis zum Ende der Arbeit aufgehoben werden muß, wenn sich die innere Seite der Rolle gefestigt und sich nicht nur den gesamten Darstellungsapparat — Augen, Mimik und Stimme —, sondern auch den Körper selber unterworfen hat. Dann, unter der unmittelbaren Anleitung des inneren Gefühls, werden auch die seelentötenden Klischees weniger verderblich und gefährlich.

Der Körper soll handeln, wenn er nicht mehr zurückgehalten werden kann, wenn er nach den Augen und der Mimik das tiefe innere Wesen des zu erlebenden Gefühls und der von ihm ausgelösten inneren Aufgabe gespürt hat und wenn in ihm von selber und unwillkürlich das instinktive und natürliche Bedürfnis aufkommt, Wunsch und Streben seines schöpferischen Wollens in einer physischen Handlung und Aufgabe zu erfüllen. Der Körper beginnt sich zu bewegen und zu handeln. Schlimm wird es, wenn es nicht gelingt, den Körper unter den einheitlichen Willen des Gefühls zu stellen. Schlimm, wenn sich im Körper Anarchie entwickelt, wenn er unklar oder grob und nur ganz allgemein die Impulse des Gefühls versteht. Alle verderblichen Klischees treten dann nach außen, entstellen die feinen, zarten und nicht wahrzunehmenden Gefühlsanstöße bis zur Unkenntlichkeit oder töten sie vollends, und das Gefühl flüchtet wieder in seine geheimen Winkel, will nicht mehr schöpferisch sein und überläßt der groben Gewalt der Körpermuskeln die Macht.

Im Kampf des Körpers gegen Klischee und Krampf darf der Schauspieler nicht vergessen, daß er mit Verboten nichts erreicht. Er muß das Schlechte durch das Gute verdrängen, das heißt nicht verbieten, sondern den Körper durch die Arbeit an schöner äußerer und künstlerischer Darstellung des Gefühls begeistern. Beschränkt er sich auf Verbote, werden aus einem Krampf und Klischee zehn neue. Es ist Gesetz, daß sich auf eine leere Stelle gleich ein Klischee setzt. Wie Unkraut.

Gesten an und für sich, Gesten um der Gesten willen bedeuten, dem inneren Gefühl und seiner natürlichen Darstellung Gewalt anzutun.

Sind die wichtigsten und feinsten Mittel zur Wiedergabe des geistigen Lebens durch Augen und Mimik erschöpft, kann der Schauspieler Stimme, Laut, Wort, Intonation und Sprechweise zu Hilfe rufen. Auch hier darf er nichts erzwingen wollen. Er kann in der ersten Zeit die Aufgaben der Rollenpartitur mit eigenen Worten wiedergeben. Dazu sind entsprechende Etüden erforderlich, um die Aufgaben der Rollenpartitur mit Augen, Mimik und Stimme auszuführen.

Letzten Endes braucht der Schauspieler doch den Dramatiker und dessen Text, wenn er mit Talent geschrieben ist. Er wird begreifen, daß er keine bessere verbale Form zustande bringt als die vom Dichter gelieferte, um die Partitur seines Willens und sein inneres Erleben zum Ausdruck zu bringen. Ist die Rolle in der vom Dichter gewiesenen Richtung erlebt, wird es für den Schauspieler einfacher und bequemer, sein Erleben und die Rollenpartitur mit Worten und Stimme darzustellen.

Er muß es lernen, den Rollentext richtig zu sprechen, das heißt mit Stimme und Intonation die gemeinsam mit dem Dichter geschaffene Rollenpartitur auszuführen.

Das können bei weitem nicht alle. Die einen spielen nur mit Worten, berauschen sich an ihrer Stimme oder am Wohlklang des Textes. Das ist aber noch nicht die Ausführung der Aufgaben aus der Rollenpartitur. Andere dagegen erleben ausgezeichnet die Rolle außerhalb des Textes, und die Worte brauchen sie nur so wie diese oder jene andere Laute, um mit ihrer Hilfe verallgemeinerte Gefühle zum Ausdruck zu bringen. Ihr Gefühl fließt und entwikkelt sich neben dem Rollentext. Der Text stört nur, sie brauchen ihn nicht, weil sie nur mechanisch Worte daherschwatzen und sie wie Perlen umherwerfen. Ihnen ist es wichtig, eine Reihe allgemeiner, festgelegter Erlebnisse zu haben. Das können sie auch ohne Worte.

Dabei muß aber jedes Wort auf der Bühne bedeutend, wichtig und notwendig sein. Es muß mit Gold aufgewogen werden können. Ein überflüssiges Wort ist Schall und Rauch und muß heraus aus dem Text wie Kehricht oder überflüssiger Ballast, da es nur die Rolle belastet und ihr Erleben hemmt. Die ausgewählten Worte, die am typischsten sind, um Gedanken oder Gefühle wiederzugeben, müssen bedeutungsvoll, wichtig und deutlich eingefärbt sein von den Gefühlen des Schauspielers. Solche Worte dürfen nicht durch einfachen äußeren Nachdruck (mit dem Kinn hacken) hervorgehoben werden, sondern müssen angereichert sein mit schöpferischem Gefühl, müssen im Saft unseres Gefühls, mit besonderem Bemühen und mit Liebe serviert werden. Einem Satz solche Worte zu entziehen ist dasselbe, als raube man einem lebenden Geschöpf die Seele.

Schließlich hat ja auch jedes Wort seine Seele, und die äußert sich in dem Vokal, der die Stimme dazu bringt, klar und nötigenfalls bebend zu klingen. Schlimm ist es jedoch, wenn alle Vokale und Sätze einer Rolle mit gleicher Wichtigkeit, Prägnanz, Klarheit und Bedeutung ausgesprochen werden. Das gibt dann ein Geprassel wie bei einem Trommelwirbel.

Wenn es der Dramatiker verstehen muß, den Schauspieler zu seinem nächsten Mitarbeiter zu machen, so muß es auch der Schauspieler verstehen, den Dramatiker zu seinem nächsten Helfer zu machen. Diese Annäherung geht aus von der Seele der Worte und des Textes. Man muß sie erfühlen und in Ton und Wort wiedergeben und darstellen können.

Mimik, Augen und Gesten drücken Gefühle nur abstrakt und allgemein aus, das Wort dagegen gibt sie bestimmter wieder. Daher wächst mit der weiteren Kristallisierung der Partitur zu konkreteren Aufgaben, Abschnitten und Bestrebungen das Bedürfnis nach dem Wort.[112]

Zwar kann der Schauspieler in psychologischen Pausen mit Augen und Mimik unter und zwischen den Worten viel sagen. Dafür aber braucht er das Wort, um all das wiederzugeben, was bewußt, bestimmt, konkret, speziell, fühlbar und materiell ist. Noch mehr aber braucht er es zur Wiedergabe von Gedanken und Ideen, bei denen Einzelheiten und konkrete Sinngehalte auszudrücken sind. Aber auch in Stimme und Sprechweise liegt die Gefahr des Krampfes und des Klischees. Stimmliche Anspannungen verderben den Klang, die Aussprache, die Intonation, machen sie unbeweglich und grob. Stimmliche Klischees sind aber genauso wie Intonationsschablonen ungewöhnlich hartnäckig und grob. Der Schauspieler muß verstärkt gegen stimmliche Anspannungen und Klischees ankämpfen können, damit Stimme, Aussprache und Intonation auch auf der Bühne voll abhängig bleiben vom inneren Gefühl und es unmittelbar, exakt und sklavisch zum Ausdruck bringen.[113]

Der Körper, der gesamte physische Apparat des Schauspielers muß unbedingt auch ständig in untrennbarer Verbindung zu seiner Seele und seinem schöpferischen Wollen stehen, muß Seele und Willen sklavisch untertan sein. Schlimm ist es, wenn die Initiative auf den Körper des Schauspielers übergeht und eine Anarchie der Muskeln, der Schauspielergewohnheiten und -konventionen eintritt, die den Prozeß des natürlichen Verkörperns abtöten.

Die mechanischen Gewohnheiten des geübten Schauspielkörpers sind außerordentlich stark, hartnäckig und stumpfsinnig. Sie ähneln einem diensteifrigen Dummkopf, der ja gefährlicher ist als ein Feind. Die äußeren Verkörperungsmittel und ihre mechanischen Klischees nimmt sich der Schauspieler ungewöhnlich rasch an und behält sie lange, denn das Muskelgedächtnis ist besonders bei ihm extrem stark entwickelt. Das affektive Gedächtnis dagegen, das heißt das Gedächtnis der Gefühle, Empfindungen und Erlebnisse, ist außerordentlich unbeständig.

Das Gefühl ähnelt einem Spinngewebefaden, die Muskeln dagegen Stricken. Ein Spinngewebefaden wird nicht mit einem Strick fertig. Um das zu schaffen, müssen viele Spinnwebenfäden miteinander verwoben werden. Beim Schaffen des Schauspielers ist das ebenso. Um seinen physischen Apparat und dessen grobe Muskeln dem zarten Gefühl unterzuordnen, muß er vor allem einen vielfältigen und starken Faden flechten aus seelischen Empfindungen, Gefühlen und inneren Vorgängen, die an die Rolle angepaßt und ihr analog sind.

»Verrenkungen« zwischen Seele und Körper, zwischen Gefühl und Wort, zwischen inneren und äußeren Handlungen und Bewegungen sind etwas Schlimmes.

Schlimm ist es auch, wenn das körperliche Instrument des Schauspielers das wiederzugebende Gefühl verfälscht, nicht in der richtigen Tonart bringt und es entstellt. Dann geschieht dasselbe, als wenn eine Melodie auf einem verstimmten Instrument gespielt wird. Je echter das Gefühl und je direkter seine Wiedergabe, um so ärgerlicher sind dann Disharmonien und Mißtöne.

Die Partitur eines Gefühls, einer Leidenschaft muß der Schauspieler nicht nur exakt, sondern auch schön, plastisch, klangvoll, bildhaft und harmonisch verkörpern. Das schöpferische Verkörpern muß künstlerisch, erhebend, begeisternd, schön und edelmütig sein. Erhabenes darf nicht durch Banales, Edelmütiges nicht durch Vulgäres und Schönes nicht durch Häßliches dargestellt werden. Je verfeinerter daher ein Erleben ist, um so vollkommener muß das Instrument sein, mit dem es wiedergegeben wird.

Ein schlechter Geiger von der Straße braucht keine »Stradivari«.[114] Seine Gefühle kann er auf einer einfachen Geige wiedergeben. Paganini[115] dagegen brauchte eine »Stradivari«, um die komplizierten Feinheiten seiner genialen Seele ausdrücken zu können. Je inhaltsreicher das innere Schaffen eines Schauspielers ist, desto schöner muß seine Stimme, desto vollkommener seine Diktion, desto ausdrucksvoller seine Mimik sein, desto plastischer müssen seine Bewegungen, desto beweglicher und feinfühliger der gesamte physische Apparat sein.[116] Die szenische Verkörperung — wie überhaupt jede künstlerische Form — ist nur dann gut, wenn sie nicht nur echt ist, sondern auch künstlerisch die innere Substanz eines Werkes offenbart. Wie die Substanz, so die Form. Bei Mißerfolgen trägt nicht die Form die Schuld, sondern das schöpferische Gefühl, das sie hervorgebracht hat.

Vor allem darf der Schauspieler seinen Verkörperungsapparat — Mimik, Stimme, Gestik und Körper — nicht »verrenken«. Deshalb darf er den unmittelbaren Zusammenhang zwischen Verkörperungsapparat und innerem Leben, das heißt den Wünschen, den willensmäßigen Anstößen und dem gesamten geistigen Leben der Rolle nicht zerreißen.

Was führt denn zu »Verrenkungen«? Alles Künstliche im Spiel, äußeres Vorführen, Affektiertheit, Schablonen und alles, was nicht von innen kommt, sondern von außen genommen ist, ohne daß die Seele Anteil daran hat.

Daher bin ich gegen den Hexameter.[117] Natürlich entwickelt er Stimme und Diktion. Aber die Worte werden dabei nicht um des inneren Sinnes willen gesprochen, sondern nur um äußerlich die Stimme zu heben und zu senken. Es gibt andere Mittel, um die Stimme in Ordnung zu bringen. Der Hexameter ist dafür zu teuer. Ein »Bechstein«[118] ist auch ein guter Kasten, aber daraus folgt nicht, daß man Hafer in ihn hineinschütten kann.

Körper, Bewegung, Mimik, Stimme und alle Mittel zur Wiedergabe feinster seelischer Vorgänge müssen außerordentlich geübt und entwickelt sein. Sie müssen geschmeidig, ausdrucksstark und außerordentlich feinfühig sein, um kaum wahrzunehmende und wiederzugebende Schattierungen des inneren Gefühls in Intonation, Sprechweise, Stimmklang, Bewegungen, Körper, Mimik, Blick usw. zum Ausdruck zu bringen. Die äußere Verkörperungstechnik muß sich unter anderem darum kümmern, den Körper in vollständiger Botmäßigkeit des Gefühls halten zu können.

Jedoch selbst der vollkommenste physische Apparat eines Schauspielers vermag nicht, die vielen nicht wiederzugebenden, überbewußten und unsichtbaren Gefühle und seelischen Vorgänge zum Ausdruck zu bringen. Dazu gibt es andere Wege. Gefühle werden ja nicht nur mit sichtbaren, sondern auch mit kaum wahrnehmbaren Mitteln und Wegen und unmittelbar von Seele zu Seele wiedergegeben. Die Menschen verkehren ja miteinander durch unsichtbare seelische Ströme, Ausstrahlungen des Gefühls, Schwingungen und Befehle des Willens. Dieser Weg von Seele zu Seele ist der direkteste, er wirkt am unmittelbarsten, ist der effektivste, stärkste und bühnengerechteste, um nicht Wiederzugebendes, Überbewußtes, das sich weder mit Worten, noch mit Gesten darstellen läßt, auszudrücken. Indem man selber erlebt, regt man die anderen an, mit denen man verkehrt oder bei denen man weilt.

Ein großer und alter Irrtum der Schauspieler besteht darin, daß sie annehmen, bühnengerecht sei nur das, was eine Zuschauermenge in einem riesigen Theatergebäude und in der zerstreuenden Atmosphäre öffentlichen Schaffens hören und sehen kann. Besteht denn aber das Theater nur dazu, um Auge und Ohr genießen zu lassen? Ist denn unser Seelenleben ausschließlich mit Worten, Klängen, Gesten und Bewegungen wiederzugeben? Sind denn Sicht- und Hörbares der einzige Weg für den Verkehr der Menschen untereinander?

Unwiderstehlichkeit und mitreißende Gewalt des unmittelbaren Verkehrs durch die unsichtbaren Ausstrahlungen des menschlichen Willens und Gefühls sind sehr stark. Mit ihr hypnotisiert man Menschen, bändigt man Tiere oder entfesselte Menschenmengen, töten Fakire Menschen und erwecken sie wieder zum Leben. Schauspieler können mit den unsichtbaren Strahlen und Strömen ihres Gefühls ganze Zuschauerräume erfüllen und Menschenmassen unter ihre Gewalt bringen.

Manche meinen, die Bedingungen des öffentlichen Schaffens behindern dies. Im Gegenteil — sie begünstigen einen solchen Kontakt, da ja die Atmosphäre einer Theatervorstellung, die bis zum äußersten geladen ist mit der Nervosität einer Zuschauermenge, welche bereitwillig ihre Herzen öffnet, um die von der Bühne kommenden seelischen Ströme und Strahlen aufzunehmen, das unsichtbare seelische Schaffen des Schauspielers am allerbesten vermittelt. Der Herdentrieb der Masse elektrisiert und verdichtet die Atmosphäre des Theatersaales noch mehr, das heißt, verstärkt die Leitfähigkeit der seelischen Ströme. Mögen die Schauspieler daher möglichst breit die Ströme ihrer Gefühle im Theater über die seelischen Strahlen und Gewebe, beim Schweigen und in der Unbeweglichkeit, im Dunkeln und bei Licht, bewußt oder unbewußt fließen lassen. Mögen die Schauspieler glauben, daß diese Wege die realsten, feinsten, stärksten, ansteckendsten, unwiderstehlichsten und eindringlichsten sind, um die wichtigste, überbewußte, unsichtbare, in Worten nicht faßbare, geistige Substanz eines poetischen Werkes wiederzugeben.

Diesen Weg über die Ausstrahlung des Gefühls hat sich unsere Richtung auserwählt und hält ihn unter den vielen anderen Wegen des Schaffens und Kontaktes mit dem Publikum für den unwiderstehlichsten und eindringlichsten und folglich auch bühnengerechtesten bei der Darstellung des unsichtbaren geistigen Lebens des Menschen.[119]

Bislang war die Rede von der Wiedergabe und Verkörperung der inneren Partitur einer Gestalt, die die geistige Substanz der Rolle enthält. Aber der Rollenorganismus hat ja auch eine äußere Gestalt, einen Körper, der geschminkt, in einer rollentypischen Stimme, einer bestimmten Sprech- und Intonationsmanier, das heißt in Rede, in typischem Gang, in Manieren, Bewegungen, Gesten und Handlungen verkörpert werden muß.

Das Beste ist, wenn die innere Gestalt von selber die äußere ergibt und diese — geleitet vom Gefühl — auf natürliche Weise verkörpert wird. Die äußere Gestalt der Rolle wird bewußt und unbewußt sowie auch intuitiv ertastet und wiedergegeben.

Die bewußten Mittel zur Verkörperung der Rollengestalt bestehen vor allem in der gedanklichen Schaffung der äußeren Gestalt mit Hilfe der Vorstellungskraft, des geistigen Auges, des Gehörs usw. Der Schauspieler soll bemüht sein, mit seinem geistigen Auge das Äußere, das Kostüm, den Gang, die Bewegung usw. der von ihm darzustellenden Person zu sehen. In seinem visuellen und anderen Gedächtnis soll er in Gedanken nach Mustern suchen. Dabei erinnert er sich an das Äußere von Bekannten. Bei den einen entlehnt er einen Teil ihrer Körperlichkeit, bei den anderen etwas anderes. Er kombiniert das alles miteinander, fügt es zusammen und stellt daraus das Äußere her, das ihm vorschwebt.

Jedoch bei weitem nicht immer findet der Schauspieler in sich selber und in seinem Gedächtnis das benötigte Material. Dann bleibt ihm nichts weiter übrig, als es außerhalb von sich zu finden. Wie ein Maler muß er dann als Vorbild für sein Schaffen nach echter, lebendiger Natur suchen. Er tut dies forschend bei Menschen, mit denen er auf der Straße, im Theater oder zu Hause zusammenkommt oder geht sie suchen, wo sich Militärs, Beamte, Kaufleute, Aristokraten, Bauern usw. nach Klassen oder Kasten gruppieren. Nicht oft gelingt es ihm, zufällig das gesuchte Material zu finden. Was tut er dann? Jeder Schauspieler muß Material suchen, das sein Vorstellungsvermögen bereichert, wenn er das Äußere der von ihm darzustellenden Person, das heißt die Maske, die Figur, die Verhaltensweise usw. schafft. Dazu muß er alle möglichen Fotografien, Stiche, Bilder, Maskenentwürfe, typische Gesichter, Darstellungen äußerer Gestalten oder ihre Beschreibungen in der Literatur sammeln (kollektionieren). In Augenblicken, da die Vorstellungskraft nachläßt, liefert ihm solches Material schöpferische Anstöße und Andeutungen, erregt es sein affektives Gedächtnis und erinnert es an alles, was einstmals vertraut war, jetzt aber in Vergessenheit geraten ist.

Wenn auch dieses Material nicht hilft, muß er nach einem neuen Mittel suchen, um den Anstoß auszulösen, den er für die eingeschlafene Phantasie braucht. Er sollte versuchen, eine schematische Zeichnung von dem Gesicht oder der Figur anzufertigen, die er sucht, das heißt, er sollte die Gesichtszüge, den Mund, die Augenbrauen, die Runzeln, die Körperlinien, den Schnitt der Kleidung usw. zeichnen. Eine solche Zeichnung, mit ein paar Strichen angefertigt, schafft eine Linienkombination, und die liefert — wie bei einer Karikatur — das Typischste für das Äußere der Gestalt.

Hat der Schauspieler ein solches Schema gefunden, muß er dessen typische Linien auf sein Gesicht und seinen Körper übertragen.

Nicht selten sucht der Schauspieler das Material für eine Gestalt in sich selber. Er versucht alle möglichen Frisuren mit seinen Haaren, versucht die Brauen unterschiedlich zu halten, verkürzt die einen oder die anderen Gesichts- und Körpermuskeln, versucht, auf unterschiedliche Weise zu schauen, zu gehen, zu gestikulieren, sich zu verbeugen, andere Leute zu begrüßen und zu agieren. All diese Versuche geben zufällig oder bewußt eine Andeutung auf die zukünftige äußere Gestalt der Rolle.

Noch klarer wird die Andeutung bei der Probemaske. Indem man eine ganze Reihe von Perücken aufsetzt, sich Bärte und Schnurrbärte in allen möglichen Farben und Formen anklebt, nach dem Teint des Gesichts, den Linien für die Gesichtsfalten, nach Schattenpartien und Aufhellungen forscht, stößt man auf das Gesuchte, zuweilen aber auch auf völlig überraschende Dinge. Die innere Gestalt beginnt zu leben, erkennt ihren Körper, das Äußere, den Gang und das Verhalten. Die gleiche Arbeit ist beim Suchen nach dem Kostüm zu leisten. Erst forscht man in seinem affektiven optischen Gedächtnis, dann in Zeichnungen, Fotografien und auf Bildern, dann im Leben selber, fertigt sich Schemata an, versucht, sich allerlei Sachen unterschiedlichsten Zuschnitts anzuziehen, steckt sie zusammen, ändert die Fasson, bis man bewußt oder zufällig auf das Gesuchte stößt oder aber auf etwas, was man überhaupt nicht erwartet hat.

Den Gang, die Bewegungen und die äußerlichen Angewohnheiten sieht man sich auch vom Leben ab, sucht man in seiner Phantasie oder aber in sich selber. Und das geschieht bewußt nach den Erinnerungen des visuellen und anderen Gedächtnisses oder aber zufällig, intuitiv und unbewußt ...[120]

3. GESCHICHTE EINER INSZENIERUNG

(Pädagogischer Roman)

Im Konversationszimmer unseres Theaters hängt eine Mitteilung, daß »Verstand schafft Leiden« von A. S. Gribojedow als nächste Inszenierung vorgesehen ist; inszenieren wird es Chefregisseur Tworzow zusammen mit dem Gastregisseur Remeslow.[121]
Der Name des letzteren war aus seiner Tätigkeit in der Provinz ziemlich bekannt, und deshalb begrüßten viele Schauspieler das neue Truppenmitglied. Andere verhielten sich mißtrauisch zu ihm und wunderten sich, daß man dem neuen Mann, der die Methoden unserer Arbeit gar nicht kannte, ohne weiteres eine solche wichtige Inszenierung wie »Verstand schafft Leiden« anvertraute. Über diese Fehlentscheidung sprachen sie mit dem Chefregisseur, aber weder die Überredungsversuche noch die Warnungen verfingen bei Tworzow; er geriet immer wieder in Begeisterung und glaubte, das Schicksal habe ihm in Gestalt von Remeslow den energischen Assistenten geschickt, den er schon so lange suchte.
Bei einer der nächsten Vorstellungen, als das Konversationszimmer von kostümierten Schauspielern wimmelte, erschien der lebhafte, lustige Tworzow zusammen mit irgendeinem Herrn. Alle begriffen sofort, daß es Remeslow war. Dieser kam wie aus dem Ei gepellt. Alle Attribute einer guten Schauspielergarderobe waren bei ihm vorhanden: eine großartige Anstecknadel mit Perlen, offenbar nach einer Benefizvorstellung überreicht, im Knopfloch eine goldene Rosette, von der in die Tasche des Cutaway eine Uhrkette mit einem Bündel aller möglichen Anhängsel hinabhing (auch das waren Präsente des Publikums), eine Uhr im Lederarmband, Monokel nebst goldenem Kneifer an feinem Kettchen, viele Ringe — wahrscheinlich auch von Zuschauern —, eine bunt gestreifte Plüschweste, moderner Ausgehanzug, Lackschuhe, die man zum Frack trägt, und fuchsrote dicke Handschuhe nebst steifem Hut artig in der linken Hand. Er war korpulent und schlaff, eher klein als mittelgroß, hatte ein feistes Gesicht und entsprechende Wangen; seine Lippen waren dick und die Beine rund und weich; seine Haare hellblond und modisch pomadisiert, der rötliche Schnurrbart kurzgestutzt und an den Rändern rasiert. Der Neuankömmling benahm sich liebenswürdiger als nötig zu denen, die über ihm standen, und offizieller und reservierter als angebracht zu denen, die unter ihm standen. Seine ganze Gestalt trug eine üble Prägung provinziellen Reichtums zur Schau. Das feierliche Aussehen Remeslows veranlaßte uns, von ihm eine Antrittsrede zu er-

warten, das wäre aber bei der Simplizität der Sitten hinter den Kulissen nicht angebracht gewesen. Ich glaube, daß Remeslow das empfand und seine vorbereitete Rede in einzelne kleine Sätze zerstückelte, die er nicht insgesamt in Umlauf setzte, sondern nach und nach, und zwar zur Begrüßung einzelner angesehener Personen. Ich hörte, wie er unter Liebenswürdigkeiten und Komplimenten dem angesehensten Schauspieler sagte:

»Ich fühle mich wie ein Reisender, der den stillen Hafen des gelobten Landes erreicht.«

Zu einem anderen Schauspieler meinte er, nun sei er dem Leuchtturm wahrer Kunst nahe.

Beim Gespräch mit einem dritten nannte er uns, die Schauspieler des Theaters, »freie Kinder einer freien Kunst«. Tworzow hielt er für »die geliebte Morgensonne des russischen Theaters«.

Dieser ganze literarische Schwulst schmeckte nach einer auswendig gelernten Rede.

Überhaupt hinterließen die üblen Manieren einen schlechten Eindruck. Es befremdete uns, daß selbst Tworzow, ein feiner und zartfühlender Mensch, diese Geschmacklosigkeit nicht wahrnahm.

Bald lernten wir Remeslow nicht nur von seiner fragwürdigen, sondern auch von seiner guten Seite kennen. Er erwies sich als energischer Mitarbeiter und vorzüglicher Administrator. Ihm war es zu verdanken, daß schon in den ersten drei Tagen nach seinem Dienstantritt über die Inszenierung »Verstand schafft Leiden« endgültig entschieden wurde, und so bestellte man uns zur ersten Zusammenkunft ins Theater.

Es wäre zwecklos gewesen, eine Lesung des Stückes, das wir schon seit unserer Schulzeit fast auswendig kannten, zu veranstalten. Deshalb wurde gleich ein Gespräch über das Drama mit geladenen Gästen, Freunden des Theaters und mit prominenten Leuten, anberaumt. Ein solches »hohes Tier« war Professor A., ein bekannter Gribojedowspezialist. Es versammelte sich das ganze Theater in corpore, nicht nur die Schauspieler waren da, sondern auch die Angestellten, die Abteilungsleiter, einige Bühnenarbeiter, Schneider, Techniker u. a. Es herrschte reges Leben, man sah fröhliche Gesichter.

Die erfahrene Hand des neuen Regisseurs und Organisators war in allem zu spüren, in der Einrichtung des Foyers, wo das Gespräch stattfinden sollte, in der Aufstellung der Möbel, der Ausschmückung des großen Tisches für die Sitzung und in der ganzen Anlage und Abfolge des Gespräches. Die Schauspieler spürten sofort eine erfahrene Hand und fügten sich Remeslow. Schnell kamen sie auf das Klingelzeichen herbei und setzten sich ordentlich auf ihre Plätze. Chefregisseur Tworzow übernahm den Vorsitz, die Direktionsmitglieder ihm zur Seite, und es trat feierliche Stille ein. Schließlich erhob sich Tworzow und sprach ein paar einleitende Worte.

»Heute haben wir einen großen Festtag«, begann er. »Ein uns Schauspielern sehr nahestehender Gast ist da — unser Alexander Sergejewitsch Gribojedow.«

Beifallssturm galt dem Lieblingsautor.

»Mit ihm kam sein intimer Freund — Alexander Andrejewitsch Tschazki (Beifall), die Schelmin Lisa (Beifall) und Pawel Afanasjewitsch Famussow höchsteigen mit seiner Tochter, seinem Sekretär, mit seiner ganzen Verwandtschaft, mit Amfissa Nilowna Chljostowa, mit den Tugouchowskis und verschiedenen armen Verwandten sowie mit allen Bekannten: mit Repetilow, Sagorezki und sogar dem Türken oder Griechen ›mit den Kranichbeinen‹ ...«

In dem Begrüßungsbeifall, der jeder handelnden Person aus »Verstand schafft Leiden« zuteil wurde, ging die weitere Aufzählung von Namen angereister Gäste unter. Es schien, als kämen sie alle aus ihren Kutschen herbeigeströmt und begrüßten in der allgemeinen Wiedersehensfreude die Schauspieler.

»Nehmen Sie doch die lieben Gäste in Empfang«, fuhr der Redner fort, als das Stimmengewirr verstummte, »bringen Sie ihnen möglichst viele Geschenke: Blüten Ihres schauspielerischen Schaffens. Möge jeder einen von ihnen betreuen und für ihn sorgen. Unwichtig ist, ob diese Person in unserem künstlerischen Gefolge den ersten oder letzten Platz einnimmt. Wenn man in der Osternacht eine Prozession mitmacht, ist es dann nicht gleichgültig, ob man die größte Kirchenfahne trägt oder eine kleine Wachskerze? Hauptsache ist, daß man an der allgemeinen Feier teilnimmt. Bei uns darf es weder große noch kleine Rollen geben, weder erste Schauspieler noch Statisten. In uns allen sollen nur die menschlichen Herzen der Bewohner des alten Moskau von Gribojedow leben. Wenn der Autor jemanden spärlich mit Worten ausgestattet hat, dann verfassen Sie selber welche und gehen darin auf, in den Massenszenen, auf der Hinterbühne oder in den Kulissen. Sind keine Worte nötig, dann leben Sie stumm, nur mit dem Gefühl, suchen Sie Blickkontakt und strahlen Sie Ihren schöpferischen Willen aus. Hauptsache ist, daß Sie künstlerische Gestalten schaffen und sich mit uns den ›Millionen Qualen‹ von Gribojedow hingeben und dem Glück, das uns ›Verstand schafft Leiden‹ bringt.«

Dröhnender Beifall übertönte die letzten Sätze der Rede. Das Wort wurde dem eingeladenen Professor übergeben, den Tworzow begrüßte. Man empfing ihn nicht mit lärmendem, sondern mit ehrerbietigem Beifall; alle anwesenden Schauspieler erhoben sich.

»Ich danke dem Theater und seinen Schauspielern«, begann der Professor, »für die Ehre und Freude, die Sie mir bereiten, indem Sie mich zum Mitwirkenden an Ihrer neuen Arbeit und an der heutigen Feier erwählen. Ich, der ich viele Lebensjahre dem Studium des großen Dichters gewidmet habe, freue mich besonders, Ihre Begeisterung zu sehen, Ihren Schaffenselan zu spüren und den Vorgeschmack der herrlichen Bühnenschöpfungen zu genießen, die Sie für uns vorbereiten.«

Der Professor sprach etwa zwei Stunden lang außerordentlich interessant und schön. Er begann mit der Biographie Gribojedows und ging dann zur Entstehungsgeschichte von »Verstand schafft Leiden« und zu einer ausführlichen Untersuchung der erhalten gebliebenen Manuskripte über. Danach befaßte er sich mit dem Studium der letzten Fassung des Stückes, zitierte viele Verse auswendig, die nicht in die gedruckte Ausgabe aufgenommen worden sind und würdigte sie … Ferner rief er die wichtigsten Kommentatoren und Kritiker des Stückes ins Gedächtnis und untersuchte die Widersprüche, die sich bei ihnen ergeben.

Zum Schluß las er ein ganzes Verzeichnis zu Titeln kritischer Aufsätze über die frühere Darstellung des Stückes mit Hinweisen vor und übergab es dem Chefregisseur. Aus den Hinweisen ersah man, wo, in welchen Veröffentlichungen, Museen und Bibliotheken man jeden der empfohlenen Aufsätze finden und lesen konnte. Er beendete seinen Vortrag mit einem liebenswürdigen und eleganten Satz, in dem er sich dem Theater auch für die Zukunft zur Verfügung stellte.

Lange und lebhaft spendete man dem Redner Beifall. Die Schauspieler umringten ihn, drückten ihm die Hand, dankten ihm und sagten, einander unterbrechend:

»Haben Sie Dank! Recht schönen Dank! Sie haben uns viel gegeben. Wir danken Ihnen!«

»Sie haben soviel Wichtiges gesagt!« riefen andere.

»Sie haben uns sehr, sehr geholfen«, unterbrachen die dritten.

»Um das ganze Material zu sammeln, müßte man jahrelang in den Museen sitzen, Bücher heraussuchen und sie durchlesen, um auf Tausenden von Seiten zwei, drei für uns wichtige Zeilen herauszufinden«, erklärten die vierten voll Dankbarkeit.

»Ja, und man würde das ganze Material überhaupt nicht finden und zusammentragen können«, riefen die fünften.

»In etwa zwei Stunden haben Sie uns die ganze Literatur über Gribojedow erläutert, sämtliche Bibliotheken und Bücher ausgeschöpft ...«

Am meisten von allen hatte bei dem Professor ein Schauspieler namens Rassudow mitgeschrieben. Er trug den Spitznamen »Chronist«, weil er ständig irgendein geheimnisvolles Tagebuch über alle Proben, Aufführungen und Gespräche führte. Schon hatte er das Verzeichnis ergattert und sich angeschickt, die Titel der empfohlenen Aufsätze in seine Chronik einzutragen.

Als es ruhig geworden war und die Schauspieler wieder ihre Plätze eingenommen hatten, erhob sich der Chefregisseur erneut und wandte sich mit einer kurzen Rede an den Professor. Er dankte ihm für die wertvolle wissenschaftliche Hilfe, die er uns bei unserem neuen Unternehmen erwiesen hatte und auch für das ästhetische Vergnügen, das allen seine inhaltlich wichtige und literarisch formvollendete Vorlesung verschafft hatte. Dann wandte sich Tworzow abschließend noch an alle Schauspieler: »Der Grundstein ist gelegt, der Anstoß gegeben. Wir alle sind nicht nur so obenhin, sondern künstlerisch bewegt. In diesem erhöhten schöpferischen Zustand entlasse ich Sie nach Hause. Der Zweck der heutigen Sitzung ist erreicht. Ihr erregtes Gefühl wird Ihnen mehr sagen, als wir jetzt nach dem glänzenden Vortrag des Professors tun könnten. Ich gratuliere Ihnen zum Arbeitsbeginn und sage auf Wiedersehen bis zum nächsten Gespräch.«

Als wir aufstanden und die jungen Leute sich anschickten, ihrem Temperament freien Lauf zu lassen, hielt uns Remeslow, gewandt den richtigen Moment abpassend, gerade rechtzeitig mit der folgenden energischen, ruhigen und sehr autoritären Erklärung zurück:

»Das nächste Gespräch«, sagte er, laut und prononciert sprechend, »findet um zwölf Uhr hier im Konversationszimmer statt. Eingeladen ist die ganze Truppe, die Anwesenheit aller ist Pflicht. Schriftliche Benachrichtigungen wird es nicht geben. Ich bitte, den Raum nicht zu verlassen, ohne sich im Buche eingetragen zu haben.«

»Ein erfahrener Regisseur«, dachte ich, »der versteht es, mit den Schauspielern zu reden.«

Stühle wurden geschoben, Stimmen ertönten und Füße scharrten. Die einen begleiteten den Professor, andere, bestrebt, sich schnell ins Probenbuch einzutragen, drängten sich um einen Assistenten, und die dritten tauschten fröhlich Eindrücke über das erste gelungene Gespräch aus.

Im allgemeinen Gewimmel hob sich die nachdenkliche, beinahe finstere Figur Tschuwstwows ab, eines der talentiertesten Schauspieler der Truppe. Über seinen Anblick verwundert, ging ich auf ihn zu.

»Was ist los mit dir«, fragte ich.

»Ich habe einen Schreck bekommen«, antwortete er.

»Wovor denn?«

»Vor dem Professor«, antwortete er in demselben ernsten Ton.

»Wie hat er das fertiggebracht?« forschte ich weiter.

»Er hat soviel zusammengeredet, daß man sich nicht mehr auf die Rolle freut.«

Ich prustete los.

»Nein, lache nicht! Ich meine es ganz ernst. Welche Talente sind nötig, um auch nur einen Teil dessen auszuführen, was er im Laufe von zwei Stunden alles gesagt hat?! Es ist ohnehin schon schwer, mir ist ohnehin schon angst und bange, die Arbeit in Angriff zu nehmen, und nun auch das noch! Da hat man zentnerweise allerhand Informationen über uns ausgeschüttet und sagt nun: ›Mit Gott! Guten Start!‹ Glaube nicht, daß ich scherze, ich bin allen Ernstes erschrocken.«

»Und doch«, erwiderte ihm Rassudow, »müssen wir alles das kennen und uns bei der Arbeit danach richten.«

»Ich weiß nicht. Wahrscheinlich ist es so. Ich habe zu wenig Bildung. Doch soll man uns damit nicht jetzt kommen, bei den ersten Schritten. Man sollte überhaupt nicht soviel auf einmal sagen, sondern es später hinzutun, allmählich, wenn wir erst irgendeinen Boden unter den Füßen fühlen. In der ersten Zeit soll man uns etwas anderes sagen, irgendein Wort, einen Satz, die Quintessenz dieser ganzen literarischen Weisheit. Soll er uns das geheime Wort sagen: so und so und ›tra-ta-ta, tra-ta-ta-ta‹ — und wieder gehen. Und ich werde brüllen vor Begeisterung, ihn umarmen vor Dankbarkeit. Dann aber, wenn wir ein oder zwei Wochen gearbeitet haben, soll er wieder kommen und noch einmal zehn weise Sätze sagen — und wieder gehen. Nach einer weiteren Woche erneut kommen und zwanzig weise Sätze sagen und nach wieder einer Woche noch einmal vierzig. Und schließlich, wenn wir die Rolle vollkommen beherrschen, kann er täglich eine Vorlesung halten. Dann gereicht uns alles zum Nutzen. Jetzt aber bin ich über den Verstand, die Gelehrsamkeit und die Kenntnisse des Professors erstaunt und durch sie verblüfft und erdrückt; der Kopf ist übervoll, aber das Herz bleibt leer.«

»Sieh mal an, was er will! Irgendein geheimes Wort! Ja, stellt sich das denn sofort ein? Man muß sich quälen, ehe man dahinterkommt«, erwiderte einer der Kollegen.

»Mag sein«, gab Tschuwstwow zu, »aber auch das Quälen des Schauspielers muß Können verraten.«

»Wäre es überhaupt denkbar«, fuhr derselbe Schauspieler fort, »daß ein Regisseur die magischen Worte für alle existierenden Stücke kennt? Schließlich sind auch Regisseure nur Menschen. Sie entdecken mit uns zusammen durch Suchen und in Qualen das wichtige Wort.«

»Sollen sie doch suchen und sich quälen, sollen sie ruhig zu einem Ergebnis gelangen, aber nicht mit uns, sondern mit den Wissenschaftlern, bei denen im Arbeitszimmer. Uns sollte man nicht belasten.«

»Mit anderen Worten, an unserer Stelle sollen die Regisseure schaffen, sie sollen die Schaffensqualen erleben, wir Schauspieler aber bekommen gleich das Fertige?! Nicht wahr, so meinst du es?« fragte man Tschuwstwow.

»Schaffensqualen!!! Davon fällt genug für uns ab. Die reichen uns«, sagte Tschuwstwow. »Besteht das Schaffen darin, daß man uns verwirrt, daß man uns vorzeitig die Köpfe vollstopft? Willst du uns helfen, dann bitte sinnvoll, darin besteht deine Aufgabe als Regisseur, aber nicht darin, eine Universität aufzumachen und uns die Köpfe mit Wissenschaft vollzustopfen.«[122]

Da ich sah, daß sich der Streit hinzog, erinnerte ich Tschuwstwow an die Abendvorstellung, bei der er mitwirken mußte. Eine Minute später verließen wir schon als Triumvirat das Theater und begaben uns nach Hause. Tschuwstwow, Rassudow und mich führte der Weg in dieselbe Richtung, und so gingen wir immer zusammen. Tschuwstwow war erregt. Wahrscheinlich begannen die von dem Professor hingeworfenen Gedanken in seinem talentierten Kopf zu gären und ließen seinem wißbegierigen Schauspielergefühl keine Ruhe.

»Weiß der Teufel«, sagte er, indem er laut versuchte, aus seinen Empfindungen klug zu werden. »Ich habe irgendein Oxyd in der Seele! Innerlich ist bei mir alles in Unordnung gebracht. Vor dem Gespräch schien es, als ob der Weg zum Stück eröffnet, als ob er frei und klar wäre, aber jetzt hat man ihn gleichsam umgegraben und mit Bergen von allerhand Weisheit vollgeschüttet. Ehe man sich's versieht, verrenkt man sich das ganze Gehirn. Man ist zu mir in die Seele wie in eine Apotheke gekommen, hat ein Rezept verschrieben, eine neue Bestellung nach alten Traditionen und Rezensionen gemacht und ist gegangen. Ich wünsche aber nicht — der Teufel soll's holen — ein Apotheker zu sein. Ich bin Schauspieler, ein selbständiger, für die einen ein schlechter, für die anderen vielleicht ein guter. Ich will nicht nach Bestellung arbeiten, ich will mich nicht in Schrecken versetzen. Hilfe! Gott behüte! Es wird schlechter als bei Schumski, Samarin oder bei Lenski;[123] oder nicht so, wie Belinski oder Piksanow wünschen[124]. Noch fehlt der Künstler, der mir die Maske verschreiben könnte: solch ein Mund, solch eine Nase und solche Augen wie auf einem gewissen Bild. Noch hat man uns nichts in die Schauspielerseele gesät, und schon will man ernten. Du sollst aber nicht mit der Sichel in der Hand über meiner Seele stehen und vorzeitig mähen! Nicht wagen sollst du, von den Ergebnissen zu sprechen! Nicht wagen, meiner Natur zu befehlen!«

»Was brauchst du denn?«, fragte Rassudow, der mitten auf dem Bürgersteig stehen geblieben war und das auseinanderrutschende Bündel Bücher, das er zusammen mit einer abgeschabten Aktentasche und seiner Chronik immer bei sich trug, wieder zusammenband.

»Ich brauche eine einfache Anekdote, eine interessante Erzählung, eine charakteristische Erfindung aus dem Leben der Epoche und ihrer Menschen; ich muß die gesellschaftliche und philosophische Atmosphäre des Stückes begreifen, ich muß mich zusammen mit jemand an den Versen, dem Stil und dem Rhythmus Gribojedows, an seinen Menschen, seinem Stück, seinem Talent, den einzelnen Stellen und dem ganzen Werk ergötzen. Mich interessieren sowohl die Einrichtung des Hauses, als auch die Kostüme, die Porträts, die Manieren und Gebräuche, kurz, die ganze Lebensweise der zwanziger Jahre; umgib mich vollständig mit der Luft dieses Lebens, begeistere mich, aber doziere nicht. Du sollst mich und meine Seele nicht anrühren, hilf nur meiner Phantasie, die Szenerie und die Atmosphäre so zu schaffen, wie ich will und kann. Dann werde ich in natürlicher Weise darin aufgehen, ja, ich werde gar nicht anders können. Mag es auch schlecht ausfallen, so wird es doch meine Arbeit sein.[125] Dränge mir nicht schon bei den ersten Schritten fremde Schaffensergebnisse, fremde Meinungen und Gefühle und deine Bestellung, deinen Auftrag auf. Das ist nämlich dasselbe, als wollte man bei einer noch nicht schwangeren Frau bestellen: Gebäre mir unbedingt einen Knaben, und einen hübschen, einen brünetten mit blauen Augen und von hohem Wuchs, und dazu noch einen solchen, der dem Besteller ähnlich sieht. Nun meinetwegen, bestelle nur, am Ende aber wird kein Knabe geboren, sondern ein Mädchen und dazu kein brünettes, sondern ein rothaariges, das keine blauen, sondern graue Augen hat, und das nicht groß, sondern klein ist.

Kann man etwa der Natur einen Befehl erteilen? Wird sie den Befehl befolgen? Versuche es doch, befiehl meinem Gefühl: Lebe so und so oder schweige, wie der Regisseur es will oder der Professor oder gar Gribojedow, und es wird nichts dabei herauskommen. Wenn man mir mit fremden Gefühlen zu Leibe rückt, die ich nicht selbst in mir großgezogen habe, gut, dann betrüge ich dich und verstelle mich; ich werde nicht fühlen, sondern heucheln und so tun, als ob ich fühlte, als ob ich unglücklich wäre oder glücklich oder leidend ... Nun? Was hat das aber für einen Sinn? Nehmen wir an, ich werde dich, werde dein Auge täuschen, die Seele des Zuschauers jedoch werde ich nicht betrügen. Die Seele! ... Ha, ha, ha! Sie, Freund, wirst du nicht betrügen. Sie ... sie ist feinsinnig, weit klüger als du und ich und wir alle. Da ist eine bejammernswerte Situation, aber keine Träne kommt, eine komische, aber niemand lacht.

Doch ist es noch gut, wenn mein Heucheln und Nachäffen Ähnlichkeit besitzt. Oft ist das überhaupt nicht der Fall, keine Spur Ähnlichkeit, sondern so, wie man es auf Theaterschulen lehrt: Wenn du leidest, ziehe die Augenbraue hoch, recke den Hals, wende ihn bald nach rechts, bald nach links, verdrehe die Augen, drücke die linke Hand so fest wie möglich gegen das Herz, als ob es zerreißen wollte, mit der rechten raufe die Haare und presse sie gegen den Kopf, als ob der Kummer das Gehirn auseinandertreibe; verkrampfe dich, spanne alle Kraft an und rege dich auf, rege dich grundlos, rege dich ›ganz allgemein‹ auf und genug damit; quäle dich, sei unruhig, und mehr nicht. Ist das etwa richtig? Wenn du also nicht willst, daß ich dir etwas Falsches vormache, dann belästige mich nicht, störe mich nicht, ich werde es schon selber lösen. Einzige Voraussetzung: Gehe möglichst zartfühlend mit meiner Seele um, tu ihr keine Gewalt an, sondern reize nur leicht die Phantasie und wirf mir Gedanken zu. Wenn ich sie nicht annehme, dann laß mich in Ruhe. Das bedeutet nämlich, daß in mir etwas Eigenes wächst, etwas, das mich mehr verlockt und von mir ganz allein erworben wurde. Mietweise überlassene Gefühle und Leidenschaften kann man nicht annehmen. Man muß beides unbedingt aus sich selbst hervorbringen. Das kann kein anderer für mich tun. Ich werde sie dir vorweisen, dann kannst du über mich urteilen.«

Nach dieser heftigen Erwiderung verstummte Tschuwstwow augenblicklich. Auf dem weiteren Weg ließ er kein Wort mehr fallen. Auch wir gingen schweigend, jeder in Gedanken an seine Arbeit vertieft. Am Gogoldenkmal verabschiedeten wir uns und strebten nach Haus.

Für den nächsten Tag war das zweite Gespräch anberaumt. Schon vorher hörte man, der junge Bühnenbildner wolle gern seine Dekorations- und Kostümskizzen zeigen.

»Warum denn nicht, wenn er nicht länger als fünfzehn Minuten braucht?« erklärte Remeslow wohlwollend, der in Abwesenheit des Chefregisseurs die Entscheidung auf sich nahm.

Als wir das Foyer des Theaters betraten, ordnete der junge Bühnenbildner seine Entwürfe, große und kleine Kartons, Zeichnungen, Alben und einfache Schmierzettel. Augenscheinlich war der junge Bühnenbildner schon über die erste Jugend hinaus, hager, blaß und von hoher Gestalt. Er trug ein Sommerhemd mit großem Kragen, den Hals entblößt, einen grünen Gürtel, der die Weste ersetzte, und eine Art Frauenjacke.

Er hätte wahrscheinlich ganz wie ein Künstler der sogenannten extremen Richtung gewirkt, wäre nicht sein kahl rasierter, nackter Kopf gewesen, wie ein Knie. Der verlieh ihm das sehr merkwürdige, unübliche Aussehen: Ein Geistlicher im Ornat und mit rasiertem Kopf oder eine Frau im dekolletierten Ballkleid mit sorgfältig rasierter Glatze hätten nicht merkwürdiger und ungewohnter wirken können. Auch paßten die fehlenden Haare nicht zur Gesamterschei-

122

nung des Bühnenbildners. Seine ganze Art des Verhaltens, der Gang, die Sprechweise, ja sein ganzer Stil verlangten gleichsam nach banalen Locken statt nach einem Kahlkopf. Das hinderte ihn aber nicht, sich so zu benehmen, als hätte er Locken.

»Sie kennen mich nicht. Ich habe mich selbst erst kürzlich kennen, begreifen und schätzen gelernt... Ich erneuere Gribojedow... Ich erschaffe ihn! ... Ich habe ein eigenes Farbdrama! ... Meine Schauspieler sind farbwirkend! ... Weiß-freudig! Schwarz-stinkend! ... Meine Tragödie beruht auf dunkel-hell! Meine Menschen als Phantome: der lichte Tschazki, die geile Sophie, Famussow als Faun, der grinsende Skalosub als felsige Eiche... Los geht's!!! Flöten-Pfiff, paariger Glockenschlag aller Uhren!!! Ich kenne mich aus und setze meinen Willen durch... Also!!!«

Hoch hob er einen großen Karton empor, der mit schwarzer Farbe bestrichen und mit kaum bemerkbaren Pünktchen schmutziger Farbtöne übersät war, die undeutliche Konturen ergaben. Die Schauspieler verstummten und beugten sich näher zur Skizze, auf der unten eine Aufschrift stand: »Sündentanz. Mein Prolog zum Pamphlet ›Verstand schafft Leiden‹ von Gribojedow.«

»Was ist denn das?« fragte einer der Schauspieler den Bühnenbildner, indem er auf eine Fläche unverständlicher Konturen wies.

»Geilheit!« antwortete ohne zu zaudern der Bühnenbildner.

»Unähnlich«, flüsterte kaum hörbar jemandes Stimme hinter mir.

»Und das?« fragte ein anderer Schauspieler, indem er auf eine weitere Farbfläche zeigte.

»Hochnäsigkeit«, antwortete der Bühnenbildner, ohne zu zaudern.

»Und das?«

»Stumpfsinn.«

»Exakt wie ein Foto!« flüsterte die Stimme wieder.

»Und das?«

»Verfressenheit und Speichelleckerei.«

»Hab' ich sofort erkannt!« flüsterte die Stimme.

Dann räumte man die Skizzen weg, und alle setzten sich wieder.

»Dumm, aber talentiert«, murmelte Tschuwstwow, als er an mir vorbeikam.

»Das Herauskriechen der geilen Sophie«, ließ sich jetzt der Bühnenbildner vernehmen, indem er einen zweiten Karton emporhob.

Ebenfalls durchweg dunkel gehalten, in der Mitte ein langer, schmaler Spalt, eine halbgeöffnete Tür und dahinter verschwommen, an einen Sumpf gemahnend, in grünlich schleimigem Farbton das Zimmer der »geilen Sophie«...

Aus dem Spalt guckten zwei Köpfe heraus, der einer Frau und der eines Mannes: zerzauste, blasse, verzückte Köpfe mit trunkenen, tollen Augen und langen mageren Händen.

»Lichterfüllt, zugleich voll Schwermut. Allzu rasch vergehn die Nächte!« sang der Bühnenbildner mit entsetzlichem Amateurpathos.

Remeslow wurde nun unruhig und wollte sich schon den anderen Skizzen zuwenden, offensichtlich, um sie einer Zensur zu unterwerfen.

»Bleibt Geheimnis!« erklärte der Bühnenbildner seelenruhig und legte seine Hand auf die Zeichnungen.

»Die geile Leidenschaft des Faun Famussow!« verkündete er dann feierlich, indem er einen neuen Karton hervorholte.

»Verlaßt uns mit Gott ...« sagte Tschuwstwow in einem komischen Ton zu jungen Studentinnen, »wir alten Sünder aber harren aus.«

»Wir verstehen nicht, warum sollen wir gehen?«

»Weil es nichts Interessantes gibt!«

»Lästerung das!« murmelten die fortgehenden Blondinen.

»Nun, Muttchen, gehen Sie nicht auch?« fragte Tschuwstwow eine bejahrte, ehrbare Schauspielerin.

»Was mir nicht alles geschieht! So etwas habe ich noch nicht erlebt!« erklärte die bejahrte Schauspielerin, indem sie den Rauch einer Zigarette aus dem Mund entweichen ließ.

»Wir fahren fort ...«

Der Bühnenbildner holte eine neue Skizze hervor und zeigte sie uns: die Szene der Lisa und des Famussow auf dem Diwan und eine Reihe anderer Entwürfe, die zwar mit Talent angefertigt, aber dumm-tendenziös, einseitig und anstößig erschienen.

Im Gegensatz zu den vielen dunklen Skizzen war die Ankunft Tschazkis in den hellsten Farbtönen gehalten. Die von einem feinen Empfinden für Farben zeugende seltsame Skizze rief allgemeine Aufmerksamkeit und großen Ernst bei den Schauspielern hervor. Sehr stark, aber grob tendenziös war die Skizze des Balls und Tschazkis Wahnsinn gemalt. Inmitten der tanzenden Halbtiere stand der von oben durch einen hellen Strahl erleuchtete »lichte Tschazki« im weißen Kostüm mit einer zerbrochenen Leier und einem zerknüllten Kranz. In der rechten, zur Faust geballten Hand hielt er eine Peitsche, mit der er zum Schlage gegen die ihn umgebende Menge ausholte, als wollte er alle »Finster-Geilen« hinausjagen, so wie Christus die Händler aus dem Tempel gejagt hat.

Eine der letzten Skizzen, die Szene der Lisa mit Moltschalin im vierten Akt, rief allgemeines Murren und Protest hervor. Sogar das ehrbare Muttchen hielt es nicht aus und ging fort. Die anderen Schauspieler brachen ebenfalls auf, auch ich.

Was danach geschah, weiß ich nicht. Ich hörte nur, daß der Bühnenbildner beim Verlassen des Hauses »Schenk' ihnen Ruhe immerdar« und »Ewig im Gedenken« gesungen hat. Offenbar bezog sich dieser Grabgesang auf das ganze Theater und auf uns veraltete Schauspieler, denen für diese neue Kunst halt der Sinn fehlte.[126]

Wieder ertönte in allen Winkeln des Theaters das Klingelzeichen. Alle versammelten sich im Foyer und begannen das Gespräch. Mit großer Würde nahm Remeslow den Platz des Vorsitzenden ein, da Tworzow telefonisch mitgeteilt hatte, er sei auf dem Schauspielerkongreß zum Präsidenten gewählt worden, und das mache es ihm ein paar Tage lang unmöglich, auf den Proben anwesend zu sein.

Bei den ersten Gesprächen wird einem Brauche des Theaters gemäß allen das Wort erteilt, die es wünschen. Gewöhnlich sprechen an diesem Tage diejenigen, die bei der Aufführung schweigen müssen, das heißt die textlosen Kleindarsteller. Als erster trat ein höchst selbstgefälliger und sehr dummer Mensch auf, ein Liebhaber lauter Worte wie auf politischen Versammlungen. Mit Sätzen Tschazkis geißelte er heftig die veralteten Grundsätze unserer Gesellschaft, die sich seit dem vorigen Jahrhundert wenig geändert hätten. Er flehte die Schauspieler an, mit Hilfe der genialen Satire Gribojedows die Vertreter der mondänen Gesellschaft und des Bürokratismus, die schlimmsten Feinde einer Erneuerung der Menschlichkeit, boshafter zu verspotten. Nur in dieser edlen Aufgabe sah er die Rechtfertigung und gesellschaftliche Bedeutung der Inszenierung von »Verstand schafft Leiden« in einem fortschrittlichen Theater ... Nach seiner Ansicht war Tschazki so etwas wie ein Versammlungsredner mit kräftiger Kehle, schallender Stimme und wütendem Gesicht. Tschazkis Äußerungen zitierend, ließ der Kleindarsteller seinen Baß ertönen und fuchtelte heftig mit den Fäusten in der Luft herum.

Der folgende Redner sprach fast ausschließlich über Tschaadajew[127]. Seine Rede hatte weder eine Beziehung zum Stück, noch zu Tschazki, zu Gribojedow oder der Inszenierung. Ihr einziger Sinn bestand darin, daß sie dem Sprecher die Möglichkeit bot, mit seiner Gelehrsamkeit zu prunken.

Als dritter sprach, sehr langsam und schwülstig, einer der sogenannten Freunde des Theaters, ein junger Privatdozent, der durch seine Referate bekannt war, die er in verschiedenen Klubs und Zirkeln hielt.

Von seinem Recht als Vorsitzender Gebrauch machend, ergriff Remeslow das Wort außer der Reihe.

»Ich bin zum ersten Male bei solchen Gesprächen Ihres Theaters zugegen und muß gestehen, daß es mich in Erstaunen versetzt, wie Sie die für die Bühne so wertvolle Zeit verschwenden. Geschähe das in der Provinz ..., was würde der Theaterunternehmer dann mit uns machen! ... Nach der gestrigen glänzenden und alles erschöpfenden Vorlesung einer solchen Autorität wie des Professors A. könnte es scheinen, daß über nichts mehr zu reden ist, daß schon alles gesagt, über alle Fragen gesprochen wurde. Und doch setzen wir heute unser Gespräch fort. Worüber aber? Darüber, daß Famussow ein Bürokrat ist, Tschazki ein Entlarver, Lisa eine französische Soubrette und daß das ganze Stück unter dem Einfluß alter französischer Traditionen geschrieben wurde ... Aber das weiß doch jeder! Das ist ein Axiom, das nicht wiederholt zu werden braucht. Wir verlieren umsonst Zeit. Deshalb schlage ich vor, die Diskussion einzustellen und zur wirklichen Arbeit überzugehen.«

»An die Arbeit, an die Arbeit!« schrie Tschuwstwow.

»Ich schließe mich der Meinung des Herrn Remeslow an«, erklärte sehr fest und sicher unser erster Schauspieler Igralow.

»Ich unterstütze meinen Mann!« erklärte seine Frau, eine Schauspielerin der Truppe.

»Auch ich ...«, sagte eine kleine liebliche Blondine, die von niemand bemerkt in einer Ecke saß.

»Wer ist das?« fragten einander die Schauspieler und besonders die Schauspielerinnen. Es stellte sich heraus, daß es die Frau Remeslows war, die gerade erst als Kandidatin unter die Kleindarsteller aufgenommen worden war.

»Oho«, rief irgend jemand. Wir wechselten untereinander Blicke.

»Dürfen wir wissen, worin die wirkliche Arbeit besteht, von der Sie zu sprechen belieben?«, fragte Rassudow mit übertriebener Höflichkeit Remeslow.

»Gestatten Sie«, entgegnete dieser mit einer Nuance Herablassung. »Vor allem vergleichen wir die Rollentexte mit dem Original. Dann werde ich Ihnen Skizzen der Dekorationen, Kostüme und Masken zeigen, die ein Bühnenbildner nach meinen Anweisungen bei meiner letzten Inszenierung in Kiew angefertigt hat. Alsdann werde ich eine Reihe von Lesungen des Stückes in den entsprechenden Rollen durchführen, meine Weisungen zur Inszenierung des Stückes geben und meine Interpretation der Rollen erläutern. Anschließend werde ich Ihnen mein szenisches Arrangement zeigen; Sie haben sich dieses einzuprägen. Darauf werden Sie mehrere Proben mit den Textbüchern durchführen, wonach Ihnen einige Tage zum Lernen der Rollen bewilligt sind. Schließlich beginnen die durchgehenden Proben aller Akte, zuerst noch ohne Bühnenbild, das heißt in markierten Dekorationen; das wird die Arbeit nicht aufhalten, dafür garantiere ich Ihnen. Ohne Sie werde ich die einzelnen technischen Elemente der Aufführung zusammenfügen, und dann wird die Generalprobe anberaumt (vielleicht werden auch mehrere Hauptproben angesetzt). Ich nutze neue Inszenierungen nicht gerne ab. Endlich wird die Premiere stattfinden, und wir werden uns dem Urteil des Publikums stellen.«

Remeslows Programm wurde schweigend aufgenommen...

»Hat unser Chefregisseur etwa darauf verzichtet, ›Verstand schafft Leiden‹ zu inszenieren?« fragte Rassudow nach einer langen Pause.

»Nein«, antwortete Remeslow erstaunt.

»In dem Falle«, setzte Rassudow das Verhör fort, »hat er wohl seinen Prinzipien in der Kunst abgeschworen, von denen er sich bisher leiten ließ?«

»Auch das nicht«, antwortete der noch tiefer erstaunte Remeslow. »Woraus schließen Sie das?«

»Aus dem von Ihnen vorgeschlagenen Arbeitsplan«, erläuterte Rassudow. »Er ist das Gegenteil dessen, was Tworzow gewöhnlich sagte und tat.«

»Ich führe nur kleine Änderungen zur Arbeitsbeschleunigung ein«, rechtfertigte sich Remeslow.

»Leider«, erwiderte Rassudow, »führen diese Änderungen zur vollständigen Vernichtung der Hauptgrundlagen unseres Schaffens.«

»Sie erschrecken mich«, sagte Remeslow, indem er versuchte, die Sache mit einem Scherz abzutun.

»Tut mir leid, aber wir sind alle über Ihren Vorschlag erschrocken.«

»In dem Falle wollen Sie bitte erklären, wodurch ich Sie so erschreckt habe.«

»Sehr gern«, antwortete Rassudow liebenswürdig. »Nur fürchte ich, diese Erklärung wird uns von dem Stück ›Verstand schafft Leiden‹ wegführen, dem unser heutiges Gespräch ja gilt.«

Man beschloß, das Mißverständnis sofort zu klären, ehe man die Arbeit fortsetzte. Das Wort wurde Rassudow erteilt, der am besten über die Hauptschaffensmethode unseres Chefregisseurs und Leiters Tworzow sprechen konnte. Nicht umsonst trug Rassudow immer Hefte seiner Chronik bei sich und trug in sie ständig die Gedanken, Ratschläge und Aphorismen ein, mit denen Tworzow während der Proben, Unterrichtsstunden und Gespräche freigebig um sich warf.

Rassudow begann mit einer Geste der Verlegenheit; er zog eine Schulter hoch, rieb hilflos die Hände, machte eine sauere Miene und sagte mit dumpfer Stimme:

»Wie kann ich in einer Viertelstunde das erläutern, was man uns hier jahrelang lehrte und was man uns trotz alledem bis jetzt nicht restlos beigebracht hat. Ich kann wohl einiges von dem sagen, was zu dieser Frage gesagt werden muß, ein Tausendstel... Doch wird uns das kaum helfen, einander zu verstehen... Womit fange ich aber an?« fragte er sich selbst, indem er sich mit der Faust die Stirne rieb... »Womit, womit? Das Thema ist so umfangreich, so unerschöpflich!«... flüsterte er und stellte in Gedanken den Plan für seine Rede auf.

»Sehen Sie«, sagte er resolut zu Remeslow, »man kann die Rolle jedesmal und bei jedem

Wiederholen des Schaffens erleben. Das ist die Kunst des Erlebens. Man kann die Rolle einmal oder mehrmals bei sich zu Hause erleben, um die körperliche Form der Gefühlsäußerung zu beobachten und sich zu merken, und dann diese Form aus dem Gedächtnis, mechanisch und ohne Teilnahme des Gefühls reproduzieren. Das ist die Kunst des Vorführens.«

»Ist mir bekannt. Darüber schrieb schon Salvini in seinem Brief und Coquelin in seinen Broschüren«,[128] beeilte sich Remeslow zu sagen, indem er mit seiner Gelehrsamkeit prahlte. »All das ist nicht neu.«

»Aber soll man denn in der Kunst nur über Neues sprechen?« fragte Rassudow. »Ich meine, in unserer Kunst, die das herrliche *Geistige des Menschen* formt, wird sich immer Neues finden; so unendlich ist das Gebiet, das uns interessiert. Daneben wird es immer auch Altes geben, da unsere Erfahrungen und unsere Technik im künstlerischen Bereich ebenfalls groß sind. Doch wollen wir nicht vom Thema des Gesprächs abschweifen. Man kann eine Rolle nicht nur erleben und vorführen, sondern mit Hilfe ein für allemal festgelegter Spieltechniken auch simpel vortragen. Das aber ist *Handwerkelei*, die leider im Theater am meisten vorkommt. Von den drei Richtungen unserer Kunst: der des Erlebens, des Vorführens und des Handwerkelns erkennen wir nur eine an — die Kunst des *Erlebens*.«

»Und auch ich erkenne nur sie an, sonst wäre ich nicht hier«, rief Remeslow mit Pathos. »Ein echter Schauspieler muß unbedingt erleben.«

»Nach dem, was Sie zuvor sagten, klingen solche Worte bei Ihnen seltsam«, meinte Rassudow erstaunt.

»Was ist da Seltsames?«, fragte Remeslow gekränkt.

»Gewiß ist das seltsam«, erläuterte Rassudow. »Sie haben gerade vorgeschlagen, uns die fremden Worte der Rolle einzupauken, ehe wir sie für uns beleben und sie uns zu eigen machen sollen. Weiter haben Sie vorgeschlagen, Ihr szenisches Arrangement zu ochsen, das ebenfalls unserem Gefühl fremd ist. Anschließend wollen Sie uns nach Ihrer Vorschrift über die Bretter gehen lassen. Sie verlangen, daß wir die Rollen, ihren Charakter, ihre Psychologie und Behandlung nicht so auffassen, wie wir sie fühlen, sondern so, wie Sie es wünschen. Masken und Kostüme sind schon lange vor unserer angenehmen Bekanntschaft, vor vielen Jahren in Kiew, für uns vorbereitet worden, und nun werden sie uns, nebenbei bemerkt, lange vor der Verteilung der Rollen in Moskau einfach verordnet. Kurz gesagt, Sie schlagen einen Weg vor, der der Natur des Schauspielers Gewalt antut, der das Gefühl in Schrecken versetzt und das Erleben tötet. Und zum Schluß von alledem erklären Sie sich zum Apostel unserer Kunst und zum Jünger Tworzows, der sich gerade gegen die Anwendung von Gewalt an der schöpferischen Natur des Schauspielers auflehnt.«

»Ich schlage Ihnen nur vor, was alle Regisseure aller Theater in der Welt praktizieren.« Mit diesen Worten suchte sich Remeslow zu rechtfertigen.

»Mit Ausnahme unseres Theaters«, sagte Rassudow fest und prononciert.

»Darf man in diesem Fall erfahren, worin die Funktion besteht, die der Regisseur in Ihrem Theater spielt?« fragte Remeslow nicht ohne Ironie.

»Es ist die Funktion eines *Geburtshelfers*, einer *Hebamme*, der beziehungsweise die bei dem natürlichen, normalen Akt der Geburt eines neuen lebendigen Wesens, das heißt der Rolle, anwesend ist«, erklärte Rassudow fest.

»Gestatten Sie, daß ich für eine solche Tätigkeit danke«, sagte Remeslow, indem er sich in komischer Weise verbeugte. »Ich ziehe es vor, lieber selbst schöpferisch zu sein.«

»Sehr zu unrecht lehnen Sie es geringschätzig ab, Geburtshelfer zu sein. Das ist eine sehr schwere und ehrenwerte Tätigkeit.« Mit diesen Worten versuchte Rassudow, seinen Gesprächspartner zu überzeugen. Er fuhr fort: »Es ist nicht leicht, Mitarbeiter der schöpferischen Natur selbst zu sein und ihr bei ihrer wundertätigen Arbeit zu helfen. Oh! Was kostet es, die Gesetze des natürlichen, normalen, organischen Schaffens unserer Natur zu begreifen, das heißt zu *empfinden*. In unserem Fach heißt begreifen vor allem *empfinden*. Was kostet es den Regisseur, zu lernen, die organische Natur des Schauspielers vernünftig zu benutzen, ohne ihre Gesetze zu verletzen; was kostet es ihn, zu lernen, das Schaffen in anderen Menschen, das heißt in den Schauspielern anzuregen und die schöpferische Arbeit ihrer Natur in die entworfenen richtigen Bahnen zu lenken.

Es ist endlich an der Zeit, zu verstehen, daß in unserer Kunst die *Natur des Schauspielers*, seine *Intuition*, sein *Überbewußtsein* schafft und ganz und gar nicht der Mensch[129] selbst, das heißt, weder ich schaffe, noch Sie schaffen, noch der Regisseur, noch der Schauspieler; auch nicht unsere schwache, geringfügige, ohnmächtige Bühnentechnik, noch unsere marionettenhafte Handwerkelei. Wie können wir uns aber mit der Natur messen?! ›Kunst ist ein schöpferischer Prozeß, keine *Spielerei*, nichts *Gekünsteltes* und keine *technische Virtuosität*, sondern ein unverfälschter *schöpferischer Prozeß der geistigen und physischen Natur*.‹« Diese von ihm notierten Worte Tworzows las Rassudow aus seiner Chronik vor. »Vergleichen Sie unser Schaffen mit jedem beliebigen anderen Schaffen der Natur, und Sie werden über die Ähnlichkeit all dieser schöpferischen Prozesse untereinander erstaunt sein. Zum Beispiel, im Schaffen des Schauspielers beobachtet man wie in jedem schöpferischen Prozeß Momente, analog der Besamung, der Befruchtung, der Empfängnis, der Bildung innerer und äußerer Gestalten und Formen, dem Erschaffen eines Willens, eines Bewußtseins, der geistigen Elemente, von Eigenschaften und Gewohnheiten und schließlich der Geburt (eines lebenden Wesens). Nicht umsonst sagt man, der Schauspieler *habe seine Rolle geboren*.«

»Gestatten Sie zu fragen, wer spielt denn bei all diesen Akten der Befruchtung, Empfängnis und Geburt die Rolle des Papas und wer diejenige der Mama«, witzelte Remeslow zynisch.

Natürlich hatte der triviale Scherz Erfolg und rief eine ganze Reihe entsprechender Bemerkungen hervor, ja eine ganze Debatte, bei der die elterlichen Pflichten unter Dichter, Schauspieler und Regisseur verteilt wurden. Letzten Endes stellte man fest, daß der Poet der Papa sei, da er den Samen in den Schauspieler senke, der Schauspieler sei die Mutter, da er von dem Samen des Dichters befruchtet werde und da in ihm das neue lebendige Geschöpf heranwachse, sich entwickele und durch ihn zur Welt komme. Der arme Regisseur erhielt wieder — sehr zur Unzufriedenheit Remeslows — die Rolle der Hebamme, der Brautwerberin und der Kupplerin zugewiesen, weil er Dichter und Schauspieler zusammenbringt. Gott weiß, bis zu welchen pikanten Details die Debatte noch gegangen wäre, wenn Rassudow sich nicht beeilt hätte, dem unnötigen Geschwätz durch das Anführen einer weiteren Analogie zwischen dem Schaffen der Rolle und der schöpferischen Arbeit der Natur ein Ende zu bereiten.

»Es gibt auch eigene Schaffensqualen wie bei einer Geburt«, fuhr er fort, um seinen Standpunkt zu beweisen, »und verschiedene Perioden der Herausbildung der Rolle. Es gibt sowohl das Moment der Geburt einer Rolle als auch eigene Stadien ihrer Entwicklung nach dem ersten Erscheinen im Rampenlicht, es gibt ein eigenes Säuglings- und Knaben- bzw. Backfischalter und die Reife der Rolle. Schließlich gibt es eigene Arten der Ernährung und des Großziehens einer Rolle und unvermeidliche Krankheiten beim Wachsen. Kurz gesagt«, Rassudow las wieder aus dem Manuskript, »jede Bühnenschöpfung hat ihr eigenes Leben, ihre eigene Geschichte, ihre eigene Natur mit den lebendigen sozusagen *organischen Elementen der Seele und des Körpers*. Eine Gestalt auf der Bühne ist eine *lebendige organische Schöpfung*, geformt nach dem Vor- und Ebendbild des Menschen und nicht einer toten, abgewetzten Theaterschablone; eine Gestalt auf der Bühne muß überzeugend sein; sie muß Glauben an ihr *Dasein* einflößen; sie muß wie ein Naturwesen *existent sein*, in uns und mit uns *leben* und nicht bloß an etwas *Existierendes gemahnen* oder es *vortäuschen* oder nur *äußerlich andeuten*.«

»Auf diese Weise«, witzelte der in Eifer geratene Remeslow, allen einen vielversprechenden Blick zuwerfend und in der Vorfreude auf den Erfolg, »wird der Schauspieler eines schönen Tages allein zur Probe kommen, doch abends mit einem kleinen neugeborenen Hamlet oder Othello nach Hause zurückkehren, den er am Händchen hinter sich herzieht. Wenn er seine Karriere aber mal beendet hat, ist er umgeben von lauter solchen alten Männchen, wie er dann selbst eins ist. Das alles sind seine Gestalten, die mit ihm alt geworden sind.« Remeslow brach in gutmütiges Lachen aus, aber diesmal unterstützte ihn niemand dabei.

»Ja, so ist es!« bestätigte Rassudow beinahe streng. »Ein Schauspieler geht und lebt immer mit all seinen Rollen. Wo sie existieren, ist der Schauspieler nicht mehr er selbst; er verliert sich an sie und wird zu einem besonderen Wesen. Tworzow äußert darüber folgendes: ›Das Ergebnis schöpferischer Arbeit des Schauspielers‹ «, Rassudow las wieder aus seinem Manuskript vor, » ›ist eine lebendige Gestalt. Sie ist kein Abklatsch der Rolle bis ins I-Tüpfelchen, wie sie der Autor schuf, sie ähnelt auch nicht aufs Haar genau dem Schauspieler, wie wir ihn in Wirklichkeit kennen. Es ist eine neue Gestalt — ein lebendiges Wesen, das sowohl Züge vom Schauspieler geerbt hat, der es empfing und zur Welt brachte, wie von der Rolle, die ihn, den Schauspieler befruchtete. Das neue Geschöpf ist Geist vom Geist und Fleisch vom Fleisch des Dichters und des Schauspielers. Es ist ein lebendiges, organisches Wesen, das allein nach den unergründlichen Gesetzen der Natur selbst durch die Vereinigung der geistigen und körperlichen organischen Elemente des Menschen in der Rolle und des Menschen im Schauspieler entstehen kann. Eine solche lebendige Gestalt, die unter uns zu leben begonnen hat, mag gefallen oder nicht, jedenfalls ist sie da und *existiert*, und anders kann es nicht sein.‹ «

»Wie aber, wenn diese Gestalt den Anforderungen des Regisseurs und des Dichters nicht entspricht?« fragte Remeslow befremdet.

»Dann darf man die natürlich entstandene Schöpfung des Schauspielers nicht in ihren Einzelteilen korrigieren; man darf sie nicht nach dem eigenen Geschmack einfach umarbeiten«, erklärte Rassudow. »Man darf nicht, [wie es] Agafja Tichonowna in Gogols ›Heirat‹ [möchte], [die Lippen des Nikanor Iwanowitsch Anutschkin nehmen und die Nase des Iwan Kusmitsch Podkoljessin] darüber setzen; vielmehr muß man ein neues Geschöpf erschaffen, muß neue organische Elemente in der Seele des Schauspielers und der Rolle suchen und daraus eine neue Seelenverfassung kombinieren, neue organische Verbindungen, die eben ein neues Geschöpf ergeben, das dem Dichter und dem Regisseur näherstehet.«

»Das wäre ein Entbindungsheim, aber kein Theater«, rief Remeslow aus. »Kein Wunder, wenn Sie neun Monate brauchen, um ein Stück herauszubringen oder die Proben so gänzlich anders als die Amerikaner durchführen, wie zum Beispiel die gestrige und die heutige.«

»Was soll man tun?« antwortete Rassudow. »Um eine lebendige, organische Gestalt zu empfangen, auszutragen, zur Welt zu bringen und zu erschaffen, bedarf es einer *bestimmten, von der schöpferischen Natur selbst festgelegten Zeit.* Ganz genau so, wie um Früchte zu säen und zu ziehen oder um ein Kind zu empfangen und zu gebären. Man kann eine Rolle und ihr Innenleben weder in vier, noch in zehn oder vierzig Probentagen schaffen, genau so wenig, wie man ein Kind in einem Monat empfangen und gebären oder Früchte in einigen Stunden säen, ziehen und ernten kann. Nur bei ausreichender Zeit, deren Menge von der Natur selbst festgesetzt ist, kann man eine Rolle echt erleben. Ohne Erleben aber gibt es weder schöpferisches Wirken noch Kunst.[130]

[»Sie schlagen also vor«, erwiderte Remeslow, »ohne jedes vorher festgelegte Programm zu arbeiten?«]

»Schauen Sie«, erklärte Rassudow, »Ihr Arbeitsprogramm ist den einfachsten Erfordernissen einer Theaterinszenierung angepaßt. Daraus wollen Sie Kunst entwickeln? Nun schön! Bezeichnen wir dies ruhig als Regiekunst, aber durch sie kann keine reine Schauspielkunst aufblühen.«

»Warum nicht?« fragte Remeslow verdutzt.

»Entweder Sie schaffen oder wir«, erklärte Rassudow. »Entweder sind Sie Schaffensinitiator und wir einfaches Material in Ihren Händen, schlechtweg Handwerker, oder umgekehrt, wir schaffen und Sie helfen uns nur. Was wird andernfalls herauskommen? Sie werden nach der einen Seite ziehen, das heißt der äußerlich sinnlich wirksamen Seite des Theaterspiels, wir aber nach der Seite der psychischen und geistigen Vertiefung. Dabei vernichten wir uns nur gegenseitig. Sie werden unsere Schauspielkunst in Handwerkelei verwandeln, selbst aber Kunst machen. Eine solche Kombination ist möglich. Verstehen Sie, Regiekunst in dieser Form, wie Sie sie sehen, hat mit der Schauspielkunst überhaupt nichts Gemeinsames, besonders nicht mit unserer Richtung, die ununterbrochenes Erleben verlangt. Ihre *Regie*kunst und unsere *Schauspiel*kunst vernichten sich fatalerweise gegenseitig. Wenn Sie Ihre Kunst machen, sinken wir auf die Ebene der Handwerkelei und müssen die eigene Initiative vergessen. Doch wehe Ihnen, wenn wir Schauspieler Lust bekommen, selber schöpferisch tätig zu sein. Dann wird von Ihrer Inszenierung, Ihrem szenischen Arrangement, Ihren Dekorationen und Kostümen nichts übrig bleiben. Wir werden von Ihnen etwas anderes verlangen, nämlich was unser Gefühl anstrebt, und Sie werden dem nachgeben müssen, abgesehen von dem Fall, daß es Ihnen gelingt, uns zu entflammen und mit sich zu reißen.«

»Warum denn? Weshalb können wir nicht zusammenarbeiten?« fragte Remeslow befremdet.

»Weil Ihr Programm weder für die schauspielerische Ekstase noch für den organischen Schaffensprozeß Raum läßt.«

»Was fehlt denn in meinem Programm?«

»Wir vermissen bei Ihnen das Streben, als Regisseur zuerst herausfinden zu wollen, was auf natürliche Weise in unserer Psyche entsteht, den Wunsch, zusammen mit uns dies organische Schaffen der Natur zu verstehen und zu lieben, und nachdem Sie es verstanden haben, unsere schöpferische Schauspielerarbeit mit Ihren Regiemitteln in künstlerischer Form klar und schön dem Publikum zu offenbaren. Oder umgekehrt, Sie zeigen uns Ihre Arbeit, geben uns Zeit, in sie einzudringen und uns an ihr zu begeistern, sie lieben zu lernen, uns an sie gewöhnen und in ihr aufzugehen. Dann wird sie von selbst, auf natürliche Weise beim Zuschauer ankommen.«

»Warum sollten wir uns nicht bemühen, zusammen zu gehen und einander zu helfen?« fragte Remeslow unschlüssig.

»Nein, mit Ihnen nicht«, erklärte Rassudow kategorisch. »Wir haben nicht denselben Weg. Sie und wir verfolgen getrennte Bahnen. Sie sind uns nicht Freund und Gehilfe. Sie sind vielmehr unser Feind, weil Sie die Natur der Schauspieler vergewaltigen, unterdrücken und verkrüppeln. Sie benutzen uns für Ihren persönlichen Erfolg. Sie sind unser Ausbeuter, unser Sklavenhalter, und nie werden wir Ihnen unsere schöpferische Innenwelt ausliefern.«

»Erlauben Sie mal, erlauben Sie, wofür beschimpfen Sie mich denn? Schließlich könnte ich mich beleidigt fühlen!« verteidigte sich Remeslow.

»Das gilt doch nicht Ihnen, nicht Ihnen persönlich«, sagte Rassudow entschuldigend, »sondern Ihrer Regiemethodik. Das Höchste, was Sie aus uns herauspressen können, ist Gehorsam. Verlangen Sie unsere Erfahrungen, unsere handwerkliche Technik und unsere Bühnenkenntnis, aber niemals Schöpfertum noch Erleben. Statt dessen werden Sie nur schauspielerhaft handwerkelnde Erregtheit bekommen. Die rufen wir mechanisch hervor. Jeder von uns kann sich zu jeder Zeit grundlos mit Hilfe seines animalischen Temperaments erregen. Wir können auf Bestellung erröten, erblassen und in Lachen und Tränen ausbrechen. Freilich ist dies Lachen nicht sehr überzeugend, und die Tränen sind nicht sehr salzig. Wir sind eben nicht zum Weinen aufgelegt, wir glauben ja unseren Tränen selbst nicht, wie können wir da vom Publikum Mitgefühl fordern? Übrigens finden sich immer dumme Menschen, die weinen. Wir lachen auf Bestellung, nicht aus irgendeinem Anlaß, sondern ›ganz allgemein‹. Lachen um des Lachens willen ... Handwerkelnde Schauspieler dringen auf der Bühne nie zum Wesen vor, sondern handeln eben nur ›ganz allgemein‹. Befehlen Sie nur unseresgleichen, an einem bestimmten Ort zu stehen, bei bestimmten Worten die Arme zu heben, an einer bestimmten Stelle sich aufzuregen und an einer anderen zu erröten, zu weinen oder zu sterben. Seien Sie beruhigt, wir werden alles genau ausführen, Sie brauchen uns nur das Gehalt zu zahlen. So agieren wir natürlich nicht auf eigene Gefahr, sondern auf die Ihrige; nicht unser Gewissen ist im Spiel, sondern Ihres. Wir haben genug Techniken zur Verstellung, für mimenhafte Emotion, für handwerkelnde Klischees und Gewohnheiten, um das Publikum nicht zur Besinnung kommen zu lassen und nicht zu langweilen. Wir werden Ihnen in allem gehorchen. Handwerkelnde Schauspieler schwärmen davon, Schachfiguren in den Händen des Regisseurs zu sein; sie lassen sich gerne vormachen, wie eine solche Rolle ›gespielt‹ wird. Aber verlangen Sie nur nicht von ihnen Erleben. Sie lieben es nicht, auch kommt es unter Ihren Arbeitsbedingungen nicht zustande.«

»Warum?« fragte Remeslow verdutzt.

»Weil es in Ihrem Arbeitsprogramm keinen Platz für das Erleben gibt, kein Material und keine Zeit dafür.«

»Die Behauptung ist grundlos. Das müssen Sie beweisen«, protestierte Remeslow.

»Gut! Das geistige Material, aus dem die Innenwelt der Rolle gebildet wird, besorgen Sie, nicht der Schauspieler. Es stammt aus Ihrer Seele, nicht aus seiner. Ganz verständlich, daß dies von Ihnen gesammelte Material für Sie lebendig und erregend ist. Für mich aber bleibt es fremd und tot. Dabei geben Sie mir nicht einmal Zeit (sehr viel brauche ich), um es zu meinem eigenen zu machen. Sie erlauben mir auch nicht, neues, von mir selbst erworbenes Ma-

131

terial zu sammeln. Natürlich fällt es Ihnen leicht, in Ihrem eigenen Gefühl aufzugehen, das der Rolle analog ist. Kann ich denn aber auf Bestellung, und dazu sofort, ohne Vorbereitung, Ihre Gefühle leben? Dasselbe gilt von der Interpretation der Rolle, vom szenischen Arrangement, von der Maske und vom Kostüm. All das ist fremd, gehört nicht mir, ich bleibe eine Schachfigur, ein Bügel für Ihr schönes Kleid.

Sie leben in ganz anderen Bedingungen. Sie drängt niemand, Sie als Regisseur haben genügend Zeit gehabt, um sich zu konzentrieren, in die Rolle und in sich selbst einzudringen und in Ihrer Seele das zu finden, was für die Rolle gebraucht wird, um die fremde Idee des Dichters zur eigenen zu machen. Wer hindert Sie daran, sich in der Stille Ihres Arbeitszimmers mit Hilfe des Bühnenbildners und des Dramaturgen, sowie von Professoren, Schauspielern und Büchern, Skizzen und so weiter jahrelang auf die Inszenierung vorzubereiten, um uns schließlich Ihre vollendete und wahrscheinlich vortreffliche Arbeit zu bringen. Sie ist Ihr Werk; Sie haben das Recht, sich ihr Schöpfer zu nennen. Wenn Sie selbst Ihre vortreffliche Arbeit demonstrieren, wenn Sie uns zeigen werden, wie man das, was Sie in Jahren geschaffen haben, erleben und verkörpern muß, werden Sie uns zweifellos Ihre echte Kunst zeigen, Ihr wirkliches Erleben und dessen Verkörperung. Und wir Schauspieler spenden Ihnen von ganzem Herzen Beifall. Die Zuschauer aber werden diesen vortrefflichen Moment Ihres Schaffens nicht sehen. Diese läßt man ja nicht zu Ihnen auf die Probe. Die Zuschauer werden etwas anderes sehen, nämlich wie wir, die wir keine Zeit hatten, uns Ihr Werk zu eigen zu machen, Sie bei der Aufführung äußerlich kopieren und sehr gewissenhaft, aber kalt Ihr szenisches Arrangement und Ihre Regieidee demonstrieren, die uns fremdgeblieben sind. Deutlich und klar werden wir dem Publikum den Text des Stückes und der Rollen vortragen und Ihre, nicht unsere Interpretation geben. Einverstanden, Ihre schöpferische Arbeit ist interessant, Ihre Diktatorenrolle groß und allseitig. Sie allein schaffen die ganze Aufführung, und wir?! Was bleibt uns dann?! Sie haben die ganze echte schöpferische Arbeit an sich gerissen, uns aber schlagen Sie ein Hilfshandwerk vor. Sie übertragen uns nur die Rolle eines Mittlers zwischen Ihnen und den Zuschauern, die Rolle eines Kommissionärs. Für diese Rolle danken wir ergebenst! Danach steht uns nicht der Sinn.«

»Tworzow ist doch auch Regisseur und ebenfalls sehr selbständig und dazu noch von ausgeprägter Individualität, und doch finden Sie es möglich, mit ihm zusammenzuarbeiten?« fragte Remeslow erstaunt.

»Mit Tworzow ist das ganz etwas anderes. Mit Tworzow gehen wir Hand in Hand und gleichen Schrittes. Er ist als Regisseur ein Pädagoge und Psychologe, ein Philosoph, aber auch Physiologe. Wie kein anderer kennt er die körperliche und geistige Natur des Schauspielers; er begreift die ehrenhafte und schwierige Rolle des Geburtshelfers und der Hebamme, die der schaffenden Natur hilfreich zur Seite stehen, und er hat sich dieser Aufgabe untergeordnet. Wenn nötig, kann er zurückstecken und überhaupt nicht in den Vordergrund treten. Doch gleichzeitig hilft er uns Schauspielern mit all seinen Erfahrungen und seinem ganzen Talent und Wissen. Er bringt sich gleichsam der Kunst zum Opfer. Tworzow ist selbst ein vortrefflicher Schauspieler; er begreift, daß die Schauspieler im Theater die Hauptpersonen sind und bleiben werden. *Er weiß, daß man nur durch ihren Erfolg Tausende von Zuschauern innerlich bewegen kann und ihnen so die Saat, den süßen Kern eines dichterischen Wer-*

kes schenkt, für den die Schauspieler gemeinsam mit Regisseur und Dichter entbrannt sind.

Tworzow versteht, daß Visuelles, also eine prachtvolle Inszenierung, ein reiches szenisches Arrangement, Malerei, Tänze und Massenszenen Auge und Ohr erfreuen. Sie bewegen auch die Seele, dringen aber nicht so tief in sie ein wie schauspielerisches Erleben. Darin aber besteht das Wesen unserer Kunst. Das Erleben füllt Theater und Bühne mit unsichtbaren Ausstrahlungen von Gefühl, Willen und Gedanken, die auf geheimen Bahnen die Seelen der Zuschauer mit sich reißen. Dadurch verschmelzen die Herzenstiefen von Schauspielern und Zuschauern, aber nicht durch die Inszenierung des Regisseurs. Die wundertätige Arbeit des Überbewußtseins ist einzig der Zauberin Natur zugänglich und nicht unserer marionettenhaften Schauspieltechnik und auch nicht Ihrer Regiekunst. ›Freie Bahn der Natur, sie wird es schaffen!‹ ruft Tworzow ständig aus. Nicht umsonst wiederholt er gern auch folgenden Aphorismus: ›Wie man mit der Axt nicht feinste Schnitzarbeit am Elfenbein leisten kann, so vermag man auch nicht mit groben schauspielerischen Mitteln die wundertätige Arbeit der schöpferischen Natur zu ersetzen und auszuführen.‹ Das Wichtigste im Theater ist halt ein schöpferisches Naturwunder. Aus dem Grunde liebt Tworzow auch die bloßen Einstudierer unter den Regisseuren nicht, und deshalb ist er so stolz auf den Ehrentitel eines Geburtshelfers oder einer Hebamme. Tworzow ist einer von uns, ein schauspielerischer Mensch, und keiner von ihnen, kein Einstudierer und montierender Techniker. Ihn lieben wir, ihm geben wir unsere ganze Schauspielerseele hin. Lernen Sie bei Tworzow, arbeiten Sie mit ihm, dann werden wir auch Sie lieben und Ihnen folgen!«

»Entsetzlich!« flüsterte Remeslow kaum hörbar und wandte sich ab, wahrscheinlich um sein Gesicht nicht zu zeigen.

»Wenn das entsetzlich scheint, dann wählen Sie kühn die Handwerkelei«, fuhr Rassudow bedeutend milder fort, offenbar von dem aufrichtigen Wort Remeslows gerührt. »Sammeln Sie alle handwerkelnden Schauspieler um sich und seien Sie als Regisseur der einzige Schöpfer unter ihnen. Führen Sie kühn Ihr Programm durch, und Sie werden recht haben. Lassen Sie sie nicht viel reden. Wenn der Handwerker oder der Unbegabte auf der Bühne anfängt, klug zu reden, kann man nichts Vernünftiges erwarten. Soll sich ein despotischer, aber talentierter schöpferischer Regisseur solche Schauspieler ruhig unterwerfen, damit die Unbegabtheit und Handwerkelei nicht selbständig hervortritt, sondern nur das schöpferische Wirken eines Talentes widerspiegelt. Das ist weit besser als deren talentlose schablonenhafte Stümperei. Stellen Sie alle diese verkannten Genies an ihren Platz, und Sie werden ein nützliches Werk tun.«[131]

Es war klar, daß der Streit nicht zu irgendwelchen bestimmten Ergebnissen führen würde und daß Remeslow nichts Neues sagen, sondern immer nur dieselben abgedroschenen Phrasen wiederholen konnte, die in ähnlichen Fällen gesprochen werden. Auch Rassudow wiederholte, was wir oft von Tworzow gehört hatten. Der Streit zog sich hin, aber abends mußte ich bei einer Aufführung mitwirken. Deshalb ging ich nach Hause. Mir fiel in diesem Moment Tworzows Lieblingssatz ein, mit dem er gewöhnlich seine Reden abschließt: »Sie haben mir gelauscht, mir aber nicht zugehört! Es ist nicht einfach, etwas Schönes zu hören und auch zu verstehen, es anzuschauen, aber auch aufzunehmen.«

Ich lief nach Hause, um zu essen, und kehrte beizeiten ins Theater zurück, zur Vorstellung.

In meiner Garderobe fiel ich vor Müdigkeit nach dem eiligen Marsch auf die Ottomane. Doch konnte ich nicht einschlafen, da man sich nebenan im Konversationszimmer laut unterhielt. Jemand erzählte Anekdoten, und das störte mich. Hinter der anderen Wand aber stritt sich Rassudow in seiner Garderobe mit Remeslow.

»Haben die sich etwa nach der Aussprache gar nicht getrennt?« dachte ich.

Doch stellte sich heraus, daß Rassudow nach Hause gegangen war, Remeslow ihn aber begleitet hatte und bei ihm zum Essen geblieben war, bevor sie zusammen wieder ins Theater zurückkehrten.

»Offenbar«, schloß ich, »haben die gelehrten Zitate Remeslows den ›Chronisten‹ bestochen und beide miteinander befreundet. Von ein Uhr nachmittags bis sechs Uhr abends streiten sie über ein und dasselbe Thema. Das ist schon ein Rekord!«

Ovation und Beifall rechts im Konversationszimmer zogen meine Aufmerksamkeit wieder an. Dort ehrte man den »genialen« Nyrow, einen Schauspielerkollegen, der sich auf die Veranstaltung von kitschigen Aufführungen verlegt hatte. Er versuchte, den materiellen Vorteil seiner Theaterarbeit zu beweisen. Leider konnte ich sein neues Projekt, das er offenbar darlegte, nicht deutlich vernehmen.

»Ja, das kann ich Ihnen nicht erklären«, brüllte Rassudow.

»Erstens heißt das nicht Ihnen, sondern Dir«, korrigierte ihn Remeslow.

»Schon per Du!« dachte ich verwundert.

»Ich kann Dir doch nicht in knapp zehn Minuten alles erklären, was uns Tworzow gelehrt hat.«

»Schöne zehn Minuten!« dachte ich. »Von eins bis sechs!!«

»Hör' mich an!« Mit diesen Worten bereitete sich Rassudow auf eine lange Tirade vor.

»Wunderbar!« dachte ich. »Die Vorlesung Rassudows ist ein gutes Mittel gegen Schlaflosigkeit.«

»Was ist nötig, um eine Frucht oder Pflanze zu züchten?« begann Rassudow. »Man muß den Boden auflockern, Samen besorgen, ihn in die Erde stecken und begießen. Bei unserer Arbeit ist es ebenso. Man muß Gedanken und Herz des Schauspielers aufackern. Dann muß man den Samen des Stückes und der Rolle finden, ihn in die Seele des Schauspielers hineinsenken und dann begießen, um ihn nicht vertrocknen zu lassen.«

»Ich verstehe«, sagte Remeslow, dem langsam ein Licht aufging.

»Der Same, aus dem die Rolle reift, und der Same, der das Werk des Dichters hervorbringt, besteht aus dem ursprünglichen Gedanken, Gefühl und Lieblingstraum, die den Schriftsteller veranlaßten, zur Feder zu greifen, und den Schauspieler, das Stück liebzugewinnen und sich für seine Rolle zu begeistern. Diesen gewissermaßen süßen Kern eines Stückes, den Tworzow, nebenbei bemerkt, *Überaufgabe* nennt, muß man in die Seele des Schauspielers werfen, damit er davon — sozusagen — schwanger wird. Wladimir Iwanowitsch Nemirowitsch-Dantschenko definiert diesen schöpferischen Prozeß mit einem Ausspruch des Evangeliums.«

Man hörte Rassudow wieder in den Seiten seiner »Chronik« rascheln und vorlesen: »Aus Johannes, Kapitel XII, 24: ›Wahrlich, wahrlich, ich sage euch: Wenn das Weizenkorn nicht in die Erde fällt und erstirbt, bleibt es allein; wenn es aber erstirbt, trägt es viel Frucht.‹ Deshalb sagt Nemirowitsch-Dantschenko: ›Man muß das Samenkorn eines dramatischen Werkes in die Seele des Schauspielers streuen«, Rassudow las die von ihm notierten Gedanken Nemirowitsch-Dantschenkos vor, »unbedingt muß dieses Korn in der Seele des Schauspielers ebenso verfaulen wie der Samen der Pflanze in der Erde. Nachdem das Korn verfault ist, schlägt es Wurzeln, aus denen in der Natur eine neue Pflanze und in der Kunst ein neues Werk entsteht.‹«

Weiter vernahm ich nicht mehr, was Rassudow sagte.

Rassudows Vortrag wirkte einschläfernd wie eine Narkose. Ich entfernte mich, auf der Ottomane liegend, gleichsam von allen Gegenständen meiner Umgebung. Oder im Gegenteil, sie zogen sich vor mir zurück. Ich sah da nicht durch! Weder Rassudow noch Nyrow existierten jetzt für mich. Nur ab und zu drangen mir irgendwelche Sätze und einzelne Worte ins Bewußtsein, die aus Rassudows Garderobe kamen.

»Das Unbewußte durch das Bewußte! — das ist die Devise unserer Kunst, das Symbol unserer Überzeugung und unser Fahnenwort.«

Vergeblich versuchte ich zu begreifen, was mit dem »Unbewußten« gemeint war, vergaß es aber bald, da von rechts, aus dem Konversationszimmer, ein anderer Satz herüberdrang.

»Das Publikum gleicht Ratten. Je stärker das Geraufe um den Müll, um so mehr kommen Ratten durch den Lärm herbeigelaufen. Ebenso ist es mit den Theaterbesuchern. Je zahlreicher die Menge, um so mehr wollen die Aufführung sehen. Das Theater soll nicht alle fassen, die es zu sehen wünschen. Das Theater darf keinesfalls den Bedarf des Publikums decken. So ist's, Ehrenwort! So wahr Gott lebt! Wenn ich nur viertausend Rubel hätte, würde ich ...«

Das Unbewußte bahnte sich in Form grauen Staubes mit winzigen Lichtpünktchen irgendwohin einen Weg... Lange, magere Menschen in Pelzmützen strebten in endloser Reihe auch dorthin... in eine enge Spalte wahrscheinlich des Nyrowtheaters... Es gab ein Geraufe, und ich erwachte unter Beifallskundgebungen und dem dummen Lachen Nyrows. Jemand behauptete, neun Zehntel unseres schöpferischen Wirkens geschähen unbewußt und nur ein Zehntel bewußt. Eine andere Stimme, anscheinend die Remeslows, zitierte den Satz irgendeines Gelehrten: »Neun Zehntel unseres geistigen Lebens verlaufen im Unbewußten.«

Mir gefiel das sehr, und ich bemühte mich, den Aphorismus meinem Gedächtnis einzuprägen. Ich beschloß sogar, aufzustehen und ihn zu notieren, blieb aber liegen und drehte mich auf die andere Seite. Und wieder: »das Unbewußte durch das Bewußte« ... und der Ausdruck: »Fahnenwort« ... »Symbol unserer Überzeugung« ... *Das Unbewußte durch das Bewußte* — fühlte ich plötzlich klar, als ich für eine Minute erwachte. Wie einfach das ist und wie schön! »Worauf bauen Sie Ihre schauspielerische Arbeit auf?« fragt man uns. »Auf dem Unbewußten, auf der schauspielerischen Eingebung«, antworten wir ohne zu zaudern. »Wie, Eingebung?! Sie wollen sie auf Befehl hervorrufen?! Aber sie wird uns doch von Apollo verliehen, sie senkt sich doch von obenher auf die Köpfe der Genies« ... »Wir erzeugen ja nicht die Eingebung selbst, sondern bereiten ihr nur den günstigen Boden, nämlich einen seelischen Zustand, bei dem sie am leichtesten auf uns herabkommt. Diese Arbeit aber, das heißt die Bereitung des günstigen Bodens für die Eingebung, ist unserem Bewußtsein vollkommen zugänglich und steht in unserer Macht. Deshalb aber sagen wir: ›das Unbewußte durch das Bewußte.‹ Schaffen Sie *bewußt* ein günstiges Befinden des Schauspielers, dann wird das *Unbewußte oder Unterbewußte, die Eingebung* ihn öfter von oben her erleuchten. Das predigt Tworzow. Wie einfach! Verständlich! Aber versuchen Sie es mal, fragen Sie einen x-beliebigen Quasikenner des Theaters: ›Was meinen Sie, gehören Tworzow und wir, seine sündigen

Jünger, zur Kategorie der Intuitionsschauspieler oder zu den handwerkelnden Technikern?‹ ›Natürlich zu den Technikern‹, schreien die sogenannten Kenner. ›Tworzow arbeitet ja die Rolle bis in die letzten Feinheiten aus, also ist er ein Techniker.‹

›Wer sind dann aber die Intuitionsschauspieler? Diejenigen, die eine Rolle in zwei bis fünf Proben schaffen? Die Pfuscher? Werden sie plötzlich von oben her durch Apollo erleuchtet?! Fällt es ihnen wie Schuppen von den Augen und bringen sie auf einen Schlag gleich die ganze Aufführung zustande? Das ist nichts als scheußliche Handwerkelei, verstehen Sie!‹

›Jetzt langt's aber!‹, erwidern diese Kenner wichtigtuerisch. ›Sie erröten und erblassen, weinen und lachen doch echt.‹

›Das sind schauspielerische Tränen, salzlose!‹

›Halt! Was sagen Sie da! Ihre Begeisterung ist doch echt, Sie sind wirklich hingerissen‹, erwidern die Kenner mit anmaßender Autorität.

›Auch Wasser pumpen und Holzhacken kann man mit Begeisterung.‹

Und was Sie auch diesen Dummköpfen erklären, sie werden immer wiederholen, was ihnen ein für allemal unbegabte Kritiker kleiner Zeitungen in die Ohren geschwatzt haben: ›Tworzow ist ein technischer Schauspieler, der Handwerkler und Stümper, aber mit unbeherrschtem Temperament ist ein Intuitionsschauspieler, einer, der mit Seele spielt.‹ Pfui! Was für ein Stumpfsinn!«

»Wie!!!« schrie Rassudow in der Garderobe nebenan, gleichsam für mich eintretend. »Shakespeare, Gribojedow, der Künstler Iwanow und Tommaso Salvini brauchten Jahre und Jahrzehnte zur Vollendung des echten Schaffensprozesses für jedes ihrer Werke. Ihrem Provinzgenie Makarow-Semljanski aber genügen zur Vollendung eines ebensolchen Prozesses zehn Proben!! Hier gilt nur eins: entweder Makarow-Semljanski ist genialer als Salvini, oder der Schaffensprozeß, den Makarow-Semljanski vollzieht, hat nichts gemein mit dem Schaffensprozeß von Salvini.«

»Ich vergleiche Makarow-Semljanski doch nicht mit Salvini, sondern sage nur, daß auch bei uns in der Provinz geniale Schauspieler schnell und nicht schlechter als bei Ihnen in der Hauptstadt schaffen.«

» ›Oh, diese kleinen Mißgeschöpfe frühreifen Schaffens‹, ruft unser Chefregisseur Tworzow oft aus, wenn er solche Handwerkelei sieht. ›Wer braucht diese Fehl- und Frühgeburten!‹ «

Eine starke Lachsalve von der anderen Seite, das heißt hinter der Wand jenseits, übertönte den Streit. Nyrow erzählte von seinen Abenteuern als Theaterunternehmer, wie er mit ein und derselben Truppe an ein und demselben Abend in zwei Städten spielte. Ein Teil der Truppe begann die Aufführung in der einen Stadt und fuhr dann mit demselben Stück in die andere Stadt. Gleichzeitig damit kam aus der anderen Stadt die andere Hälfte der Truppe mit ihrem Stück, nachdem sie es in der ersten Stadt fertiggespielt hatte. Auf dem Theaterzettel stand: »Aufführung von Shakespeares ›Hamlet‹ und ›Romeo‹ an einem Abend. Doppelgastspiel zweier Moskauer Berühmtheiten: Igralow als Hamlet und Junzow als Romeo«. Natürlich waren beide Stücke übermäßig gekürzt.

»Junzow!!!«, dachte ich verdutzt, »der im zweiten Studienjahr unserer Theaterschule studiert und noch nie bei uns in verantwortlichen Rollen aufgetreten ist, nicht einmal in Prüfungen! Und schon Gastspiele als Romeo! Schämt sich denn unser erster Schauspieler Igralow nicht!«

»Die Sache war die«, brüstete sich Nyrow, »daß wir, wie sehr wir es auch einzurichten versuchten, in beiden Städten eine sehr lange Pause machen mußten. Und nun kommt das Schlimme! Da war der Fahrplan dran schuld ... Wir konnten nicht anders zurückfahren. Man mußte die Zeit ausfüllen. Ich in der einen Stadt, das heißt in K., und Saschka, der den Geist von Hamlets Vater spielte, in der anderen Stadt, das heißt in S., er fuhr nicht mit nach K., sondern trat dort in der Pause auf ... sang Lieder und zeigte seine Nummern ...«

»Warte mal«, sagte jemand befremdet, »du sagst, der Geist von Hamlets Vater sei in S. geblieben und der ganze ›Hamlet‹ nach K. gefahren, stimmt das?«

»Jawohl«, bestätigte Nyrow.

»Wer hat denn bloß den Geist von Hamlets Vater in K. gespielt, wenn Saschka in S. geblieben ist?«, forschte die Stimme mit Befremden weiter.

Man hörte das lange dumme Lachen Nyrows.

»Wer?« Vor Lachen verschlug es ihm den Atem. »Ein Diakon aus dem Nachbarort. Das war eine Nudel, Brüderchen!! Wie aus der Erde gekrochen, direkt aus dem Jenseits!!«

»Wo hast du den denn erwischt?« fragte man Nyrow.

»Auf der Bahn. Für einen Fünfundzwanzig-Rubelschein hat er's gemacht.«

Wieder brach Nyrow in langes dummes Gelächter aus.

»Einen Ton hatte der drauf, meine lieben Brüder, als ob er sänge. ›Langes Leben ...‹[132]. ›Ade! Ade! gedenke mein ...‹ Gerade dieses ›gedenke m-a-i-i-n‹ röhrte er in der Art eines Oberdiakonus. ›Gedenke m-a-i-i-n ...‹, wiederholte er, indem er mit heiserer Stimme den hohen Ton schrie, in dem die Diakone das ›Lange Leben‹ singen. Dabei passierte aber folgendes Pech. Er brüllte immer noch, aber der Geist war längst von der Bühne verschwunden. Der Ton hing im Raum, aber kein Schauspieler mehr da.«

»Was für ein Schauspieler?« fragten alle verständnislos.

»Der Diakon stand nämlich hinter einer Kulisse versteckt«, erklärte Nyrow, »man konnte ihn nicht auf die Bühne lassen, er lahmte und war zu dick.«

»Und wer trat für ihn auf?« fragte man Nyrow.

»Sage ich nicht«, antwortete Nyrow, indem er sich vor Lachen schüttelte. »Der Feuerwehrmann! Er marschierte wie auf der Parade! Er legte die Hand an die Mütze und grüßte Hamlet militärisch. Ehrenwort, so wahr Gott lebt! So sehr wir ihn auch anflehten, es nicht zu tun, er machte es doch.«

Vor Stimmengewirr und Gelächter konnte man nichts weiter hören. Bald ebbte das laute Lachen ab und in der eingetretenen Stille konnte man wieder den Disput von Rassudow und Remeslow vernehmen.

Sie stritten über Puschkin. Zum Beweise dafür, daß Puschkin nicht für Wahrheit, sondern für Stilisierung in der Kunst gewesen sei, zitierte Remeslow Verse, auf die man sich gewöhnlich bei solchem Streit bezieht:
»›Erhabne Täuschung ist uns lieber
Als platter Wahrheit Übermaß!‹
Und weiter:
›Erdichtetes entlockt mir Tränen ...‹«
Rassudow bewies das Gegenteil, nämlich, daß Puschkin die Wahrheit fordert, allerdings nicht eine geringfügige Wahrheit, die er als »platter Wahrheit Übermaß« bezeichnet, sondern eine

andere und größere, nämlich die große Wahrheit des Gefühls, die in uns Schauspielern enthalten und von der Kunst geläutert ist. Um seine Behauptung zu bestätigen, zitierte er andere Worte Puschkins, die aus irgendeinem Grunde gewöhnlich vergessen werden.

»›Die Wahrheit der Leidenschaften und die Wahrscheinlichkeit der Gefühle in den vorgeschlagenen Situationen — das fordert unser Verstand vom dramatischen Schriftsteller.‹«[133]

»Dies ist die Grundlage unserer ganzen Kunst«, setzte Rassudow seinen Beweis fort, »hier finden wir einen fertig aufgezeichneten Plan für die Arbeit des Schauspielers: Schaffe zuerst bewußt ›die vorgeschlagenen Situationen‹, dann wird sich von selbst und überbewußt die ›Wahrheit der Leidenschaften‹ einstellen.«

»Das ist fein, das ist gut! Es lebe Puschkin!« sagte jemand, der sich vor Begeisterung beim Sprechen überstürzte. Es war Tschuwstwow, der irgendwie in Rassudows Garderobe geraten war.

»Und was nennen Sie die ›Wahrscheinlichkeit des Gefühls und die Wahrheit der Leidenschaften‹?« fragte Remeslow.

»Daß Sie das nicht verstehen!« ereiferte sich Tschuwstwow.

»Wenn die ›Wahrheit der Leidenschaften‹ das volle, aufrichtige und unmittelbare Gefühl und Erleben der Rolle definiert, dann ist die ›Wahrscheinlichkeit des Gefühls‹ nicht das echte Gefühl und Erleben selbst, sondern ein diesem nahekommendes, ähnliches Gefühl oder richtiger, die lebendige Erinnerung daran.«

»Tworzow ist sogar bereit, das gute Spiel eines Darstellers, also reines Vorführen unter Einfluß des Gefühls, als Wahrheitsähnlichkeit anzuerkennen«, erklärte Rassudow.

»Nein nein, damit bin ich nicht einverstanden!« ereiferte sich Tschuwstwow. Nachdem er aber etwas nachgedacht hatte, fügte er hinzu: »Wenn auch ... übrigens ... wenn du die Rolle nicht echt erleben, das heißt ›die Wahrheit der Leidenschaften‹ nicht geben kannst, dann stelle meinetwegen — der Teufel steh' dir bei — die ›Wahrscheinlichkeit des Gefühls‹ dar, aber nur nicht auf dumme Art und Weise, so wie es Gott eingibt, sondern verständig, richtig und wahrscheinlich, unter der Leitung deines lebendigen Gefühls und auf dessen Weisung, wobei du ständig die lebendige Wahrheit im Auge haben mußt. Dann wird etwas entstehen, was dieser Wahrheit ähnelt, sozusagen die Wahrheitsähnlichkeit, eben die Wahrscheinlichkeit.«

»Das ist schon zum Verrücktwerden«, fuhr Tschuwstwow in seiner Begeisterung fort. »Wir suchen und zerbrechen uns die Köpfe, Alexander Sergejewitsch aber hat schon vor hundert Jahren entschieden, was wir jetzt zu tun haben und womit wir unsere Arbeit beginnen müssen.«

»Womit denn?« fragte Remeslow.

»Was heißt ›womit‹?! Mit den vorgeschlagenen Situationen. Das begreife ich, auch gefühlsmäßig. Die Wahrheit der Leidenschaften stellt sich nicht ein, solange man die vorgeschlagenen Situationen nicht erfaßt«, erklärte Tschuwstwow. »Man lerne also in erster Linie alles kennen, was sich auf Lebenssituationen von Rolle und Stück bezieht. Bitte sehr, das wäre willkommen, ich akzeptiere. Doch reden Sie!«

»Was sind denn aber vorgeschlagene Situationen?« fragte Remeslow, schon lästig werdend.

»Aber daß Sie das nicht verstehen!« sagte Tschuwstwow ärgerlich.

Remeslow bestand auf der Beantwortung seiner Frage.

»Die vorgeschlagenen Situationen, das sind die gesamten Geschehnisse des Stückes, die ganze lange Kette von Lebensbedingungen einer Rolle«, erklärte Rassudow, »dazu gehören das Zimmer, das Haus, die Lebensweise, die soziale Stellung, die Epoche, die Bräuche, sämtliche äußeren Lebensbedingungen.«

»Des Stückes und der Rolle?« fragte Remeslow forschend. »Stimmt's?«

»All das sind Nichtigkeiten. Es gibt die viel wichtigeren, inneren Umstände. Oh, die sind subtil«, fuhr Tschuwstwow fort, indem er wieder wie ein Gastronom Puschkins Aphorismus kostete. »Dazu gehört mein eigenes Innenleben, auch das Empfinden für fremdes Wesen und fremdes Leben, zum Beispiel der Ehefrau, der Kinder, des Bruders, der Schwester, der Diener, der Gäste, der Vorgesetzten, der Untergebenen, der ganzen Gesellschaft und der ganzen Welt! Sämtliche eigenen und fremden seelischen Ströme, Lebensfäden, Ideale und Bestrebungen verflechten sich, kollidieren, kommen zusammen, laufen auseinander, verwirren sich, geraten in Streit, versöhnen sich, und aus all diesen unsichtbaren Fäden entsteht ein Spinngewebe wie aus feinsten seelischen Spitzenhäkeleien, eben der Situationen des geistigen Lebens, die den Schauspieler einhüllen.«

»Folglich sind das unsichtbare, unbewußte Fäden. Wie kann man dies seelische Spinngewebe aber bewußt flechten?« fragte Remeslow. Offenbar war er von Tschuwstwows Schauspielerekstase schon leicht angesteckt.

»Wie?« schrie Tschuwstwow auf. »Das Unbewußte durch das Bewußte! Wohl vergessen? Beginnen Sie mit dem Bewußten! Soll man mir so schön und so begeisternd wie möglich von den äußeren Umständen erzählen, die Gribojedow vorgeschlagen hat. Ich werde aufmerksam zuhören, in das, was man mir sagt, eindringen und mich daran begeistern. Ich werde die Lebenssituationen des Stückes und der Rolle mit meinen eigenen, mir aus dem Leben bekannten oder mit fremden Situationen vergleichen, die ich selbst zu sehen und zu beobachten Gelegenheit hatte. So werden mir die fremden Situationen immer bekannter und vertrauter, sie verschmelzen schließlich und werden zu meinen eigenen. Wenn ich mich in die Situationen, die der Dichter vorgeschlagen hat, eingelebt und wenn ich sie gleichsam verdaut habe, soll mir der Regisseur die von der Regie entwickelten Situationen aufdecken, die die des Dichters ergänzen. Sie sind bei ihm während der Arbeit am Inszenierungsplan entstanden. Ich, der Schauspieler, werde sie durch eigene, für mich noch interessantere und schönere Situationen ergänzen, die ich meinem wirklichen oder eingebildeten Leben entnehme ... Hinzu kommen noch der Bühnenbildner mit seinen Skizzen, Dekorationen und Kostümen, ferner die Beleuchtung, die Bühnentechnik und die Requisiten. Auf all das werde ich mich einstellen und es mir zu eigen machen, mich darin einleben und daran gewöhnen, es gleichsam verdauen. Wenn alle diese Umstände sich annähern und zusammenfließen, dann ergeben sie die ›vorgeschlagenen Situationen‹, von denen Puschkin spricht. Aus ihnen muß man sich die Lebensbedingungen der Rolle erschaffen, und nachdem das geschehen ist und man von ihnen überzeugt ist, muß man sich mitten in sie hineinversetzen. Dann wird man sich im Gewühl all dieser äußeren und inneren Situationen wie in einem Bad fühlen und dann beginnt auch das überbewußte Schaffen, also die Wahrheit der Leidenschaften.«

»Und wie?« fragte Remeslow interessiert.

»Sobald der Schauspieler von den geschaffenen vorgeschlagenen Situationen wirklich überzeugt ist, springt von irgendwoher die ›Wahrheit der Leidenschaften‹ von ganz allein hervor. Ehe du blinzeln kannst, ist sie schon da. ›Grüß dich‹, sagt sie, ›in dieser Gestalt komme ich‹! — ›Grüß dich‹, wirst du antworten, ›und willkommen, du liebe, erwünschte, unermeßliche Freude!‹«

»Was soll ich als Regisseur aber tun, wenn es nicht diejenige ›Wahrheit der Leidenschaften‹ ist, die ich brauche?« fragte Remeslow eigensinnig.

»Dann schreien Sie: ›Die falsche, die falsche! Sie ist lebendig und echt, aber die falsche! Nicht die, die ich brauche.‹ Sie haben ein Recht, das zu sagen, denn als Regisseur sehen Sie mehr. O je! Was für ein Kummer! Der Schauspieler hat nämlich einen Bock geschossen. In irgendeiner Situation ist ein Fehler, irgend etwas hat er nicht entschlüsselt, also übersehen, er hat sich verrechnet. Noch einmal von vorn. Alles ändern! Auf neue Weise kombinieren! Neue Bedingungen schaffen, die von selbst, auf natürliche Weise eine neue ›Wahrheit der Leidenschaften‹ oder ›Wahrscheinlichkeit des Gefühls‹ hervorrufen! Das ist eine schwere Arbeit, mögen mir alle dabei helfen, jeder, womit er kann! Soll der Regisseur mit mir zusammen den Fehler suchen, und wenn er ihn findet, mag er mich in die andere, bessere Richtung lenken und mitreißen.«

»Aber wie denn?« fragte Remeslow interessiert.

»Ja, wie? Jedenfalls nicht mit einer Vorlesung«, erklärte Tschuwstwow. »Soll man mich Dummkopf in ein Museum oder in eine alte Villa schicken, damit ich deren Luft einatme und mit eigener Nase rieche, was der Regisseur braucht. Oder soll er mir ein Bild mitbringen, eine Photographie oder ein Buch; soll er mir ruhig etwas vorflunkern oder eine Anekdote, einen Fakt oder eine ganze Geschichte ausdenken, Dinge, die es niemals gegeben hat, die es aber hätte geben können und die treffend das veranschaulichen, wovon er spricht.«

»Wissen Sie, was ich Ihnen sagen will«, erklärte Remeslow prononciert, »wenn Ihnen irgendein Provinztragöde aus Bobruisk zuhören würde, dann könnten wir armen Regisseure einpacken.«

»Jawohl, einpacken!« sagte Tschuwstwow gleichsam erfreut. »Das stimmt genau. Schlimm, wenn Ihr Tragöde diese Worte hört. Er wird dann nämlich sein Gebrüll, sein Affektieren, seinen Krampf und jegliche Verrenkung für ›Wahrheit der Leidenschaft‹ und für ›Wahrscheinlichkeit des Gefühls‹ halten.«

»Und er wird recht haben!« fügte Remeslow hinzu. »Für den Tragöden aus Bobruisk ist doch die mimenhafte Affektiertheit keine Anomalie, sondern sein natürlicher Zustand. Deshalb hat er auf seine Art recht, wenn er seine Mache ›Wahrheit der Leidenschaft‹ nennt.«

»Er ist aufrichtig affektiert. Erinnerst du dich an Tworzows Lieblingsbeispiel?« sagte Rassudow zu Tschuwstwow gewandt.

»Welches Beispiel?« fragte jener interessiert.

»Von dem sterbenden Schauspieler«, erklärte Rassudow. »Ein Tworzow bekannter Schauspieler starb ganz arm in irgendeinem Winkel. Tworzow ging ihn besuchen und traf ihn in der Agonie an. Es war widerwärtig zu sehen, wie der Sterbende vor dem Tode eine Tragödie affektierte: Er drückte die Hand gegen das Herz, und zwar mit schön gespreizten Fingern, wie es sich auf der Bühne in Kostümrollen gehört ... Theatralisch verdrehte er die Augen ... Die fieberglühende Stirn rieb er mit dem Handrücken ab, wie das einst die Komissarshewskaja gemacht hatte. Er stöhnte und ächzte, wie es sich für einen Tragöden im letzten Akt vor dem Tode gehört, um die Herausrufe nach Beendigung der Aufführung zu verstärken. Der Sterbende war ein vortrefflicher, gläubiger Mensch. Er konnte also nicht in der Agonie heucheln. Seine Muskeln waren aber so an die ständige Mache gewöhnt und dermaßen entartet, daß die unnatürliche schauspielerhafte Affektiertheit für ihn ein natürlicher Zustand geworden war und ihn sogar im Moment der Agonie nicht verließ.«

Es ertönte das erste Klingelzeichen vor Beginn der Aufführung. In einer Viertelstunde mußte ich die Bühne betreten, und ich hatte kaum begonnen, mich zu schminken, weder den Vollbart und Schnurrbart angeklebt, noch die Perücke aufgesetzt, das Kostüm angezogen und mich innerlich auf die Aufführung eingestellt! Es begann eine tolle Hast, bei der, wie das immer in solchen Fällen ist, mir alles aus den Händen fiel, die Schminke blieb nicht haften, das Fläschchen mit Lack lief aus, die Sachen lagen durcheinander; sie waren ordentlich hingelegt worden, aber als ich sie brauchte, waren weder Krawatte, noch Handschuhe, nicht einmal die Schuhe da. Im Fieberwahn bei erhöhter Temperatur erscheint mir dieser hilflose Zustand des Schauspielers, der vor Beginn der Aufführung zu spät kommt, als ein Alptraum. In Wirklichkeit erlebte ich ihn zum ersten Male, da ich für meine Akkuratesse bekannt war. Diesmal aber hielt ich die Aufführung um volle zehn Minuten auf.

Als der Vorhang aufging, dreht sich mir infolge der Aufregung und Hast noch alles im Kopf; ich konnte mich nicht zur Konzentration zwingen, vermochte das Herzklopfen nicht zu beschwichtigen und verwechselte die Worte. Schließlich überwand ich die Aufregung, und Gewohnheit tat das ihre. Ein der Rolle entsprechendes Befinden stellte sich ein, die Zunge begann die längst vergessenen Worte, die schon den Sinn verloren hatten, mechanisch zu plappern; Hände, Füße und der ganze Körper handelten gewohnheitsgemäß unabhängig von Bewußtsein und Willen. Ich beruhigte mich und begann schon an etwas anderes zu denken. In einer abgeklapperten Rolle ist es viel leichter, an etwas anderes zu denken als an das geistige Wesen, das hinter den Worten des Textes steckt. Des geistigen Wesens ist man überdrüssig geworden, es langweilt einen, es verlor an Schärfe und ist während der langen Reihe von Aufführungen verschlissen. Man muß es jedesmal und bei jeder Wiederholung des Schaffens aufzufrischen imstande sein. Zu diesem Zweck braucht man volle geistige Aufmerksamkeit, und das ist schwer. In den längst vergangenen seligen Tagen meiner schauspielerischen Jugend glaubte ich, die Technik bestehe darin, das Spiel auf der Bühne bis zur mechanischen Gewohnheit zu treiben; ich nahm an, die Zweiteilung im Augenblick des Spielens sei ein Zeichen schauspielerischer Erfahrung, die den Berufsschauspieler vom Amateur unterscheide, der sich hilflos an Worte, Gefühle und Handlungen der Rolle und an die Bühnenanweisungen des Autors klammert.

Die Szene, die ich gerade spielte, lenkte einen förmlich auf andere Gedanken. Sie besaß viele Momente, in denen ich nur Stichworte gab und die übrige Zeit schwieg. Das Schwergewicht lag auf stummem Spiel. Das nutzte ich aber nicht, sondern begann daran zu denken, was ich zwischen den Akten und in den Pausen zwischen meinen Szenen tun könnte. Mir fiel ein, daß noch während der Aufführung eine geschäftliche Zusammenkunft mit irgendeinem Rezensenten einer überaus schlechten Zeitung vorgesehen war, ferner erwartete ich meine Verehrerin, eine aufdringliche alte Dame, die sich einbildete, eine Aristokratin zu sein. Beide Zusammenkünfte waren langweilig, und ich zerbrach mir den Kopf darüber, wie ich mich ihrer möglichst rasch entledigen könnte.

Die wichtigste Angelegenheit, von der die aufdringliche Alte schrieb, ist irgendeine Bagatelle, dachte ich und stellte mir schon vor, wie sie kommt, sich hinsetzt und ein halbes Dutzend warmer Tücher abnimmt, wie sie die ersten Sätze in die Länge zieht und schließlich die

Binsenwahrheit verkündet, daß es heilige Pflicht eines Schauspielers sei, die reine Kunst zu lieben.

»Auch ich liebe sie«, wird sie hinzufügen. »Wäre nicht mein Mann in so hoher Stellung, wahrscheinlich würde ich Schauspielerin sein ... und eine sehr gute«, wird sie lobend von sich behaupten und mich zu guter Letzt um eine Freikarte für die nächste Generalprobe bitten.

Dies unnötige Geschwätz voraussehend, bestimmte ich für das Treffen die kürzeste Pause zwischen meinen Szenen.

Sie wird ohnehin nicht lange sitzen bleiben, ermutigte ich mich. Den Rezensenten werde ich viel schwieriger loswerden. Vermutlich will er ein Interview haben.

»Wie stehen Sie zur Gemeinschaftskunst?«[134] wird er fragen.

Was für eine Abgeschmacktheit!

Plötzlich hielt ich inne, da die Worte der Rolle gleichsam versiegten, das mechanische Band des Gedächtnisses zerriß, und ich vergaß mit einem Male alles, sowohl das, was ich zu tun hatte, als auch das, was ich unbewußt gewohnheitsmäßig sagte, und sogar das Stück selbst, den Akt und die Rolle, die ich spielte. Ein riesiger leerer weißer Fleck bildete sich in meinem Gedächtnis, und alles verschwand, löste sich in ihm auf. Eine Sekunde panischen Schreckens ergriff mich. Um mitzubekommen, wo ich mich befand und was ich tun sollte, mußte ich eine große Pause einlegen, möglichst schnell das mich umgebende Milieu erkennen und mich daran erinnern, welches Stück und welche Szene ich darin spielte. Dann lauschte ich der rettenden Stimme des Souffleurs, der schon aus Leibeskräften zischte, bemüht, mich wieder zum Bewußtsein zu bringen. Ein aufgefangenes Wort, eine gewohnte Geste, und alles kam sofort in Fluß, und wieder rollte wie automatisch das mechanisch eingedrillte Spiel in der Rolle ab, als liefe es auf Schienen.

Bei der ersten neuen Möglichkeit zu stummem Spiel dachte ich über das Geschehene nach und erkannte, daß die vergangene Pause keineswegs ein einfacher Zufall gewesen, sondern daß derlei Vergeßlichkeit bei mir mit der Zeit zu etwas Normalem geworden war. Nicht genug damit, ich spürte, daß sowohl das Aussetzen in meinem Spiel als auch die Gewohnheit, dabei an bevorstehende private und häusliche Angelegenheiten zu denken und selbst die Sekunde der Panik schon längst sozusagen in die Rolle »hineingeprobt« waren. Diese unerwartete Entdeckung verwirrte mich, und nachdem ich von der Bühne abgetreten war, begann ich darüber nachzudenken.

Wo ist denn bei mir die »Wahrheit der Leidenschaften« und wo die »Wahrscheinlichkeit der Gefühle«? Wo sind die »vorgeschlagenen Situationen«, von denen Puschkin spricht? In diesem Augenblick spürte ich die ganze Tiefe und Wichtigkeit dieser einfachen Worte auch für unsere Kunst. Ich begriff, daß Puschkin mich mit seinem Ausspruch anklagte. Mir schwante nichts Gutes.

Sollen der Rezensent und die Alte ruhig bis zur nächsten Pause zwischen meinen Szenen warten, dachte ich. Vielleicht wird es ihnen langweilig, und sie gehen von selbst. Ich begab mich in den kleinen Glasverschlag des Inspizienten, der sich direkt auf der Bühne befindet. Vorher informierte ich natürlich den Abendregisseur, wohin ich mich zurückziehen wollte.

Ich werde versuchen, mich auf frischer Tat zu prüfen. *Welche Situationen* hatten mich jetzt, in der gerade gespielten Szene bewegt? Da ist zum Beispiel gleich der Anfang des Stückes. Ich verstellte mich und schnitt Grimassen. Meine ganze Sorge lief darauf hinaus, der

Stimme eine traurige, zitternde Note zu verleihen, die die Spannung des Zuschauers erregt und ihn veranlaßt, aufmerksam den Gedanken des Monologs zu folgen.

Und nun folgt ein anderes Moment, wo ich mich der verstorbenen Frau der handelnden Person erinnere, die ich spiele. Auch in diesem Moment verstellte ich mich und schnitt Grimassen. Hier lief meine ganze Sorge darauf hinaus, möglichst unverwandt auf einen Punkt zu blicken und dabei traurig ein und dieselben Takte des angeblichen Lieblingsliedes der Verstorbenen vor mich hinzusingen. Als ich den Gesang abbrach, sah ich mich sorgsam um und tat, als könne ich mir keine Rechenschaft darüber geben, wo ich mich befand. Bei der Gelegenheit fiel mir sehr deutlich eine Bemerkung ein, die man mir einmal wegen der Neigung zu übermäßiger Ausdehnung dieser Spielpause gemacht hatte. Ich beschleunigte mein Sprechtempo und zwang mich zu grundloser Aufregung, zu einer widerwärtigen, äußerlichen, mechanischen Schauspieleraufregung, die von einem simplen animalischen Temperament und nur von den Muskeln ausging. Und dabei hatte ich diese Szene einst lebhaft gefühlt und alle die vom Dichter vorgeschlagenen lebendigen Situationen aufrichtig durchlebt. Mit der Zeit aber waren Schauspieler-Handwerkelei und -erfahrung zu ganz anderen »Situationen«, die nichts mit Kunst zu tun hatten, gekommen. Somit existieren verschiedene Situationen, nicht nur lebendige und menschliche, sondern auch routinehaft schauspielerische.

Es wird notwendig sein, darüber zu sprechen, dachte ich. Das Schlimmste aber ist, daß ich während des Spiels an den Rezensenten und die Alte denken kann, überlegte ich weiter. Nein, die Selbstbeherrschung, die Sicherheit und Ruhe eines Berufsschauspielers bestehen nicht darin, daß er sich ganz von seiner Rolle entfernt. Wie kam es bloß, daß ich beim stummen Spiel an etwas anderes dachte?! Unterbrechen denn die Spielpausen den inneren Ablauf und die Entwicklung der Rolle? Ja, weit schlimmer! Ich dachte nicht nur bei den Spielpausen an persönliche Angelegenheiten, sondern auch während ich Text sprach. Früher, als meine Rolle entstand, erlebte ich eine endlose Reihe lebendiger Momente, doch jetzt ...? Wo sind denn die ehemaligen, lebendigen, schönen und bewegenden Situationen hingekommen, die mich einmal begeisterten und mir halfen, die »Wahrheit der Leidenschaften« in meiner besten Rolle, die mich berühmt gemacht hat, zu finden? In diesem Moment erkannte ich außerordentlich klar, daß jene früheren »lebendigen Situationen«, die ich beim Schaffen der Rolle probte, dann die »Wahrheit der Leidenschaften« und das echte Gefühl erzeugt hatten. Die jetzigen gemimten Situationen rufen nur sinnlose mechanische schauspielerische Gewohnheiten hervor. Ich errötete unter der Schminke, da ich begriff, daß die »Situation«, in der ich mich bei meiner besten Rolle befand, von ganz *besonderer* Art war, die nichts mit dem Dichter zu tun hatte, dessen Stück ich spielte, und nichts mit dem lebendigen Dasein des Menschen, den ich darstellte, und schließlich auch nichts mit der Kunst, die ich entweihte.

Ich zweifelte an mir selbst.

Solch ein Schauspieler bin ich also! Sehe ich von dort, aus dem Zuschauerraum, so aus?! Und dabei hielt ich mich für einen ganz anderen, glaubte originell, kühn und aufrichtig zu sein. Das heißt also, in Hunderten von Aufführungen dieses Stückes und anderer erschien ich im Laufe von vielen Jahren, tagein, tagaus, so auf der Bühne, wie ich heute war!! Und die ganze Zeit über habe ich mit Sicherheit im Auftreten und im Bewußtsein meiner Überlegenheit andere wegen solcher Spielweise verurteilt?! Wie herablassend nahm ich von meinen dummen Verehrerinnen Lob wie einen zustehenden Tribut entgegen! Was für Widmungen schrieb ich ihnen auf meine Fotos und in ihre Alben?! Ich erinnerte mich an eine Szene, die sich einige Tage vor der hier beschriebenen Aufführung in meiner Garderobe zugetragen hatte. Zu mir kam ein junges Mädchen gehastet. Sie war vulgär und nicht schön. Zitternd vor Aufregung versuchte sie etwas zu sagen, konnte aber nicht ... Plötzlich ergriff sie — für mich unerwartet — meine Hand, küßte sie und stürzte wie eine Wahnsinnige aus dem Zimmer. Als ich zu mir kam, war sie schon spurlos verschwunden, und ich konnte mich eines Lächelns der Befriedigung nicht enthalten, da ich mir damals meiner »Größe« bewußt war!! Wie schämte ich mich nun meines damaligen Lächelns. Jetzt entsann ich mich mit Hochachtung meiner Kritiker und Feinde, die mich immer wegen meiner Selbstsicherheit und des schlechten Spiels gescholten hatten, das mir erst bei dieser für mich denkwürdigen Aufführung[135] zum Bewußtsein kam.

Vorsichtig kratzte der Inspizient am Glas des Verschlages, in dem ich saß. Ich ging auf die Bühne und spielte nicht schlechter und nicht besser als sonst.

Und ich vermochte auch nicht schlechter und nicht besser zu spielen, als ich es bei dieser Rolle üblicherweise immer tat. Ich hätte nichts an meiner Darstellung ändern können, so sehr war mir die mechanische Gewohnheit in Fleisch und Blut übergegangen, so stark war sie mir eingebimst. Unter dem Einfluß der Gedanken jedoch, die mir damals in der kurzen Pause zwischen meinen Auftritten kamen, begann ich mein Spiel zu beobachten und meine Diktion, meine Intonation, meine Bewegungen und meine Handlung zu kritisieren. Währenddessen schwatzte aber meine Zunge in gewohnter Weise die Worte der Rolle, und Körper und Muskeln wiederholten die eingepaukten Gesten.

»Irina und die Gruben[136] trödelten lange!« Was heißt das? Was für »Gruben trödelten«? In Gedanken klaubte ich daran herum, ganz für mich. — Ich spreche Unsinn. Es muß heißen: »Irina und ich, wir trödelten lange«, aber ich spreche, als ob da kein Komma stände. Ich kann die Worte nicht richtig gruppieren, beachte nicht die logische Pause und betone falsch. Ich spreche russisch nicht wie ein Russe, sondern wie ein Ausländer. [...]

Nein, das ist kein Zufall, dachte ich. Nicht erst heute, sondern immer schon habe ich diesen Satz mit genau dieser Intonation und ebenso fehlerhaft ausgesprochen. Auch das ist mit meiner Rolle fest verwachsen.

Und die Geste! Was soll sie bedeuten? Ich weiß es. Das ist eine entsetzliche schauspielerische Koketterie. Ich kokettiere mit dem Zuschauer. Und das erlaube ich mir in einem Augenblick, wo in der Seele der darzustellenden Person ein tiefes Drama vor sich geht.

Und immer wieder solche sinnlosen Gesten! Es sind ihrer so viele, daß man sie nicht aufzählen kann.

Und das Spiel mit dem Papierchen, das ich falte und vor eingebildeter Aufregung und Hilflosigkeit in den Fingern zerknülle. Einmal war das von selbst gekommen, zufällig, und es war gut. Aber jetzt? Wohin ist es entartet? Was für ein triviales und geschmackloses Schauspielermätzchen! Und mit welcher Liebe ich es ausfeile, in den Vordergrund rücke und zeige!!

Und das Gefühl? Wohin ist es geraten, das Gefühl, das einmal das Spiel mit dem Papierchen hervorgerufen hat? Keine Spur jenes ehemaligen echten schöpferischen Gefühls habe ich mehr in mir entdeckt.

Und immer wieder neue Schauspielermätzchen! Von einem verfalle ich aufs nächste. Das ist die Linie, an der sich die Rolle entlangbewegt! Das sind sie, meine Art von durchgehender Handlung und von Überaufgabe, wie Tworzow sie nennt.

Doch genug damit! Weg mit all diesen Mätzchen! Ich werde im Wesen der Rolle aufgehen!

Ich beschloß, mein gewohntes Spiel mit dem Taschentuch wegzulassen, um mich statt dessen mehr auf das Gefühl zu konzentrieren. Doch fand ich es nicht in mir und verlor beinahe den Faden des Textes.

Um die Rolle aufzufrischen, versuchte ich, das szenische Arrangement durch eine Improvisation zu ändern, doch kaum hatte ich damit angefangen, als ich fühlte, daß Worte des Textes ins Wanken kamen. Erwiesenermaßen war ich damals schon nicht mehr imstande, ungestraft von der Fülle meiner Schauspielergewohnheiten und von der Linie der szenischen Mätzchen, die zur Rollenhauptlinie geworden waren, abzuweichen. Noch weniger aber konnte ich zur früheren, richtigen Linie zurückfinden. Sie war verloren gegangen, spurlos verschwunden. Es bedurfte einer neuen schöpferischen Arbeit des Gefühls, um das Verlorengegangene wieder zu beleben. Vorläufig aber mußte ich mich an die einzelnen Mätzchen klammern, Schritt für Schritt mit ihnen die Linie der Rolle bauen. Das Unglück verdoppelte sich noch, weil ich jeden Geschmack an ihnen verloren hatte und sie nicht mehr mit der nötigen Selbstsicherheit ausführen konnte. Der Boden wich mir unter den Füßen, und ich hing ohne jeden festen Halt in der Luft.

Als ich meine Stützen auf der Bühne verloren hatte, spürte ich, wie es mich zum Zuschauerraum hinzog. Es war, als hätte man mir einen neuen Angelpunkt gegeben, der sich dort, jenseits der Rampe im Zuschauerraum befand. Tatsächlich, früher konnte ich mich zwischen Gefühlen, Gedanken, Gewohnheiten, meinetwegen auch Schauspielermätzchen bewegen, die eine Beziehung zur Rolle hatten. Der Kreis, der meine Aufmerksamkeit in Anspruch nahm, hatte sich damals auf der Bühne befunden und den Zuschauerraum nur am Rande berührt. Jetzt hatte sich der Mittelpunkt des Kreises in den Zuschauerraum verlagert. Ich beobachtete entweder die Zuschauer oder schaute gleichsam zusammen mit ihnen aus dem Saal her auf mich selbst. Stück und Rolle aber blieben irgendwo dort jenseits der Grenzen des Kreises, und ich wußte nichts mehr von ihrem Leben. Vorläufig beobachtete ich nun, die Rolle mechanisch spielend, mich selber und kritisierte jeden meiner Schritte. Auf natürliche Weise tötete ich die Unmittelbarkeit, analysierte die mechanische Unbewußtheit des Spiels, und machte es dadurch bewußt. Mit anderen Worten, ich sägte den Ast ab, auf dem ich saß, und erschütterte die Grundlagen, auf denen die Rolle ruhte. Es verschwand der schauspielerische Aplomb, also die Sicherheit. Die Farben verblaßten, die Gags verloren an Deutlichkeit. Ich selbst wurde ganz grau und fade und merkte, daß ich die Bühne so bescheiden und unauffällig wie nach einem Fiasko verließ.

Die alte Dame und der Rezensent, die ich erwartet hatte, kamen nicht, und ich beschloß, die Zeit bis zu meinem nächsten Auftreten nicht einsam in meiner Garderobe totzuschlagen, sondern unter Menschen zu verbringen, um nicht zuviel über das Geschehene zu grübeln, solange die Aufführung noch lief. Ich begab mich zu Rassudow in die Garderobe, aus der Stimmen herausdrangen.

Das kleine Zimmer war überfüllt von Schauspielern, die auf den Fensterbrettern, auf den Heizungsröhren und nebeneinander auf dem Boden saßen oder an den Türen standen, andere lehnten sich mit dem Rücken gegen die Spiegelschränke. Rassudow thronte wie immer auf seinem Sessel. Tschuwstwow hockte auf der Armlehne des Sessels. Vor ihm saß allein wie ein Angeklagter Remeslow und rückte aus Nervosität alle paar Sekunden den Kneifer, der an einem goldenen Kettchen hing, zurecht.[137]

»Und ich sage, daß auf der Bühne das geistige Leben des Menschen gebraucht wird«, [erklärte] Remeslow [zu seiner Rechtfertigung].

»In dem Falle widersprechen Sie sich wiederum selbst«, [entgegnete Rassudow.]

»Wieso?« fragte Remeslow.

»Weil das geistige Leben«, erklärte Rassudow, »durch lebendiges menschliches Empfinden geschaffen wird, das heißt durch echtes Gefühl und Erleben.

Sie glauben ja nicht an die Möglichkeit der Entstehung lebendigen menschlichen Gefühls vor den Augen einer tausendköpfigen Menge unter den erregenden, zerstreuenden Bedingungen öffentlichen Schaffens. Sie haben selbst gesagt, daß Sie das für unmöglich halten, und deshalb haben Sie sich ein für allemal von einem solchen Erleben losgesagt. Ihr Lossagen ist aber der Verzicht auf das echte lebendige Gefühl und die Anerkennung der äußerlichen körperlichen Schauspielerhandlung auf der Bühne als ein Vorführen.«

»Jawohl, als Vorführen, damit führe ich aber die Gefühle der Rolle vor«, erklärte Rassudow. »Auch Alexej Markowitsch sagt, er führe die Gestalten und Leidenschaften der Rolle vor.«

»Igralow bestreitet wenigstens nicht, daß er bei sich zu Hause, im Arbeitszimmer, erlebt«, [erwiderte] Rassudow. »Sie aber bestreiten sogar dies. Sie kümmern sich nicht um inneres Gefühl, sondern nur um sein äußeres Ergebnis, nicht um das seelische Erleben, sondern nur um seine physische Darstellung, nicht um das innere Wesen, sondern nur um seine Außenseite. Sie äffen nur die äußerlichen Resultate eines eingebildeten, nicht existierenden Erlebens nach.«

»Gerade so machen es alle Schauspieler«, [behauptete] Remeslow, »sie wollen das aber nicht zugeben. Nur Genies erleben zuweilen.«

»Nehmen wir an, es wäre so, obwohl ich mit Ihnen nicht einverstanden bin«, [fuhr] Rassudow [fort]. »Um aber das Gefühl nachzuäffen, anstatt es in natürlicher Weise zu verkörpern, muß man vor allem erst bei der Natur, das heißt bei sich selbst oder bei einem anderen, die Form der natürlichen Verkörperung beobachten.

Woher aber ein solches Modell für die Kopie, ein solches Original, eine solche Natur nehmen? Man kann doch nicht jedesmal, bei jedem Schaffen damit rechnen, im Leben selbst alle Muster, das ganze Material für den Aufbau einer Rolle zu finden.

Es bleibt nur ein Mittel: Man muß die Gefühle der Rolle selbst erleben und in natürlicher Weise verkörpern.

Sie aber haben ein für allemal auf das Erleben verzichtet.

Wie kann man denn aber die äußere körperliche Form des eingebildeten Gefühls erraten, ohne es erlebt zu haben? Wie kann man das Resultat eines nicht existierenden Erlebens erkennen? Dafür ist ein außerordentlich einfacher Ausweg erfunden.«

»Und welcher?« [fragte] Remeslow [interessiert].

»Die Schauspieler, von denen Sie sprechen«, [antwortete] Rassudow, »haben bestimmte, ein für allemal fixierte Verfahren zur Darstellung ausnahmslos aller Gefühle und Leidenschaften, aller Fälle und aller Rollen ausgearbeitet, die in der Bühnenpraxis vorkommen können.

Diese konventionellen theatralischen Gestaltungstechniken verkünden äußere Resultate eines nicht existierenden Erlebens.«

»Von welchen Techniken sprechen Sie? Wo kommen sie her? Ich muß gestehen, daß ich nichts begreife«, sagte Remeslow sich ereifernd.

»Manche Techniken«, erwiderte Rassudow ruhig beweisend, »sind solchen Schauspielern im Zuge der Tradition von den Vorläufern zugefallen, die anderen sind talentierten Zeitgenossen bereits in fertiger Form abgeguckt worden und die dritten haben sich die Schauspieler selber geschaffen.

Infolge jahrhundertealter Gewöhnung des Theaters an Techniken solcher Art machen die Schauspieler sie sich sehr schnell zu eigen, und es entsteht bei ihnen eine mechanische Spielgewohnheit. Die Zunge lernt, die Worte der Rolle zu plappern, und Arme, Beine und der ganze Körper lernen, sich nach festgesetzten szenischen Arrangements und den Weisungen des Regisseurs zu bewegen; die aufgefaßte Bühnensituation führt zu der entsprechenden gewohnheitsmäßigen Handlung und so weiter. Alle diese mechanischen Spieltechniken werden durch die geübten Schauspielermuskeln fixiert und zur zweiten Natur des Darstellers, die seine angeborene menschliche Natur verdrängt, und zwar nicht nur auf der Bühne, sondern auch im Leben.

Schlimm ist, daß alle diese ein für allemal fixierten Gefühlsmasken auf der Bühne bald verschleißen, verwittern und die Andeutung des inneren Lebens aufgeben, durch das sie vielleicht irgendwann entstanden sind. Sie verwandeln sich in simple mechanische Gymnastik, in simple schauspielerische *Schablone*, die mit dem menschlichen Gefühl, mit unserem lebendigen geistigen Dasein nichts zu tun hat. Eine ganze Abfolge solcher Schablonen bildet *ein schauspielerisches Gestaltungsritual, eine Art zeremonierter schauspielerischer Handlung,* die die konventionelle Deklamation der Rolle begleitet. Die Schablonen und das schauspielerische Handlungsritual vereinfachen die Aufgabe des Darstellers bedeutend.

Im Leben selbst haben sich Techniken und Formen herausgebildet, die unbegabten Leuten das Dasein vereinfachen. So liegen zum Beispiel für diejenigen, die unfähig sind zu glauben, Riten fest; für die, die unfähig sind zu imponieren, ist Etikette erdacht; für die, die sich nicht zu kleiden verstehen, hat man Mode geschaffen; für die, die aber unfähig sind zu schöpferischem Wirken, existieren Konventionen und Klischees. Deshalb lieben Staatsmänner das Zeremoniell, Geistliche die Riten, Kleinbürger die Sitten und Bräuche, Stutzer die Mode und Schauspieler die szenischen Übertreibungen, Klischees und das ganze Ritual der darstellerischen Aktion. Die Opern sind voll davon, auch die Ballette und besonders die pseudoklassische Tragödie, in der man das komplizierte und erhabene Erleben des Helden vergeblich durch ein für allemal angeeignete Spielschablonen wiedergeben will.«

Ein alarmierendes Klingelzeichen riß mich aus dem Zustand tiefer Nachdenklichkeit. Mit diesem Zeichen rief man eigens Darsteller auf die Bühne, die sich verspätet hatten. Ich mußte gehen, um die zuwider gewordene Handwerkelei fortzusetzen.

»Lache, Bajazzo!« Ach, welche Schande, innerlich leer auf die Bühne zu gehen! Wie kränkend, etwas zu tun, an das man nicht mehr glaubt!

Als ich die Bühne erreichte, erwartete mich der Inspizient. »Bald ist Ihr Auftritt«, sagte er streng, gleich aber fügte er weich, beinahe zärtlich hinzu: »Entschuldigen Sie, daß ich geklingelt habe, aber es war niemand hier, den ich hätte schicken können, selbst aber konnte ich nicht weg.«

Man bedauert mich, dachte ich, folglich muß es einen Grund dafür geben. Man behandelt mich wie einen Unmündigen! Habe ich ihn seit langem nicht ebenso behandelt?! Die Bühnenarbeiter und Requisiteure bedauern mich offensichtlich auch! Warum starren sie so unverwandt her?

Ein bitteres Gefühl breitete sich in mir aus. Das war nicht beleidigte Eigenliebe, vielmehr erschütterter Glaube an mich selbst.

Es ist ein Irrtum anzunehmen, wir Schauspieler hätten eine krankhafte Eigenliebe. Natürlich gibt es auch solche. Die meisten von uns aber sind scheu und wenig selbstsicher. Nicht Kränkung, sondern einfach Angst läßt uns auf der Hut sein. Wir fürchten, daß wir das nicht erfüllen können, was man von uns verlangt. Wir haben Angst, den Glauben an uns zu verlieren. Ohne Glauben aber ist es furchtbar, vor einer tausendköpfigen Menge aufzutreten. Ähnlich dem, der sofort ins kalte Wasser springt, sollte ich in diesem Augenblick unverzüglich, ohne nachzudenken, auf die Bühne hinaus. Schnell riß ich die Tür in der errichteten Kulisse auf, kam auf die Bühne und stieß auf das schwarze Loch, das wie der Rachen eines gigantischen Monsters im Bühnenrahmen klaffte. Es schien mir, als ob ich zum ersten Male die Größe und Tiefe dieses furchtbaren Loches empfand, das ganz mit menschlichen Leibern angefüllt war. Es zog mich zu sich in seinen bodenlosen Abgrund, ich mußte da hineinstarren, mein Sehvermögen wurde schärfer und ganz weitsichtig. Erstaunlich, wie weit ich sehen konnte! Es brauchte sich nur jemand, selbst in den entfernten Reihen, zu räkeln oder vorzubeugen, ein Taschentuch herauszunehmen, in das Programm zu schauen oder den Kopf von der Bühne wegzudrehen, schon nahm ich ihn aufs Korn, bemüht, den Grund seiner Bewegung zu erraten. Natürlich lenkte mich das von dem ab, was auf der Bühne geschah, mir war nicht wohl, ich fühlte mich hier nicht heimisch, sondern zur Schau gestellt und verpflichtet, um jeden Preis Erfolg zu haben.

Ich versuchte, auf meine Art und Weise zu spielen, das heißt vorgeschlagene Situationen zu schaffen, an die Echtheit des Gefühls zu glauben und die Unwahrheit in Wahrheit zu verwandeln, doch — o weh! — was in der Theorie leicht schien, war in der Praxis schwer. Ich konnte in mir nichts finden. Dann wollte ich zum Alten zurückkehren, ohne lange zu überlegen und zu tüfteln, sondern ganz mechanisch, motorisch, nach sich aufdrängender Gewohnheit und im Sinne der schauspielerischen Mätzchen. Aber auch das konnte ich nicht, denn das Mechanische geht verloren, wenn man anfängt, sich selbst zu beobachten und das bewußt zu machen, was unbewußt geschah.

Ich erkannte damals, wie schrecklich und wie schwer es ist, auf der Bühne aufzutreten und eine tausendköpfige Menge in Zucht zu halten. Vielleicht fühlte ich da zum ersten Male, wie angenehm es ist, die Bühne zu verlassen, während ich sie früher viel lieber betrat.

Auch diesmal wagte ich nicht, allein zu bleiben, da ich den Ausbruch einer Panik voraussfühlte. Die Notwendigkeit, unter Menschen zu sein, trieb mich wieder in Rassudows Garderobe ...[138]

Der Akt ging zu Ende. Rassudow zog sich nach seiner einzigen Szene schon um. Mit seinem vor Schminke rissigen und gepuderten Gesicht starrte er kurzsichtig auf Remeslow, wobei er die Puderquaste und den Puder in den Händen hielt und seinem Gesprächspartner aufmerksam zuhörte.

»Sie sagen«, erwiderte Remeslow, »*das Ziel unserer Kunst sei, das geistige Leben des*

Menschen auf der Bühne zu schaffen und es in künstlerischer Form widerzuspiegeln. Warum aber nur das geistige Leben und nicht auch das körperliche?«

»Weil der Körper das geistige Leben ausdrückt«, erklärte Rassudow, mit der Puderquaste herumfuchtelnd und ohne zu merken, daß er alles um sich herum vernebelte. »Nicht im Körper liegt das Wesen schöpferischen Wirkens, er spielt nur eine dienende Rolle.«

»Der Körper hat ein Eigenleben, und ein sehr interessantes«, stritt Remeslow.

»Sicher. Soll er ausschließlich seinem Mammon dienen. In der Kunst aber, mit wenigen Ausnahmen, brauchen wir den Körper, um das Leben unseres menschlichen Geistes schön widerzuspiegeln.«

»Dem kann man widersprechen«, stritt Remeslow.

»Wenn das so ist«, erklärte Rassudow, »wüßte ich nicht, worüber wir noch reden sollen. Mögen andere sich und ihre Kunst einer äußeren Schönheit widmen, die nicht durch inneres geistiges Leben gerechtfertigt ist. Mögen sie auf der Bühne unseren Körper äußerlich schön und effektvoll zur Schau stellen, wir werden gerne kommen und uns daran erfreuen. Aber weder [Tworzow][139] noch ich, sein Anhänger, wollen einem solchen äußerlichen Zeitvertreib auch nur eine Minute unseres Lebens opfern. Deshalb muß man bei einer Unterhaltung mit uns damit rechnen, daß die Hauptthese von dem Vorrang des geistigen Lebens auf der Bühne die conditio sine qua non*) der [Schaffens]theorie bildet.«

»Ah! Wenn dem so ist, habe ich zu schweigen«, lenkte Remeslow ein. »Jedoch der bekannter Kiewer Kritiker Iwanow sagt ...«

»Ich weiß!« unterbrach ihn Rassudow. Sie können mich mit effektvollen Zitaten überschütten. Sie sind zahllos wie Sand am Meer bei Wilde[140] und besonders bei den modernsten Theaterleuten.

Die Kunst ist wie jedes abstrahierte Gebiet außerordentlich geeignet für erlesene Aphorismen, für kühne Theorien und geistreiche Vergleiche, für frechen Spott sogar auf die Natur, für überraschende Schlüsse und tiefsinnige Sprüche. Die Kunst braucht das zwar nicht, wohl aber der, der so etwas sagt. Effektvolle Zitate kitzeln den Ehrgeiz, stärken den Eigendünkel, schmeicheln [dem Gesprächspartner] und wirken preisend auf den Sprecher selbst zurück, indem sie von seinem ungewöhnlichen Verstand und seinem raffinierten Wesen künden. Effektvolle theoretische Zitate über die Kunst machen bekanntlich tiefen Eindruck auf Dilettanten, und wer solche Phrasen sagt, riskiert ja nichts. Wer wird ihn in der Praxis überprüfen? Wie schade! Wenn man versuchen würde, all das auf die Bühne zu übertragen, was über die Kunst geschwätzt und geschrieben wird, dann wäre die Enttäuschung vollkommen. In solchen Denksprüchen gibt es mehr schöne Worte als praktischen Sinn. Sie verkeilen den Kopf, hemmen die Entwicklung der Kunst und machen die Schauspieler irre.

›Die Kunst steckt nicht in der Natur, sondern im Menschen‹, sagen die feinsinnigen Ästheten, die sich über die Natur erheben.

›Und was ist der Mensch?‹ werde ich sie fragen. ›Der Mensch ist auch Natur.‹

Der Mensch, sein geistiger und körperlicher Schaffensapparat, sein Genie, seine schöpferische Intuition und so weiter und sofort sind die höchste, unbegreifliche Äußerung schöpferischer Naturkraft. Der Mensch ist ihren unerschütterlichen Gesetzen unterworfen.

Diese Unterwerfung ist besonders stark auf dem Gebiet, das unserem Bewußtsein nicht zu-

---

*) unerläßliche Bedingung

gänglich ist, zum Beispiel bei der schöpferischen Intuition, das heißt bei der überbewußten Schauspielerarbeit. Was kann ein überfeinerter Ästhet hier ausrichten?! Nicht viel. Er braucht nicht schöpferisch zu wirken, sondern nur das, was die Natur hervorbringt, zu werten und zu verwenden. Er braucht nur mit den ihm auch von der Natur verliehenen Gaben das auszuwählen, was die Natur auch bei ihm schon hervorbringt. So müssen wir Sünder ebenso wie der anmaßende Ästhet ›vor allem lernen, das Schöne in der Natur, in uns selbst, in anderen sowie in der Rolle zu erblicken und wahrzunehmen‹, sagt [Tworzow] oder nach dem Vermächtnis [Schtschepkins] ›lernen, die Vorbilder aus dem Leben zu nehmen‹[141]. Und was kann der Ästhet noch tun?

Seiner schöpferischen Natur interessante Themen und das Material für künstlerisches Wirken geben, die er aus dem realen Leben und eben aus der Natur auswählt, seiner eigenen und der, die ihn umgibt ...

Alles, was wir tun können, ist zu lernen, die Natur zu unterstützen, sie nicht zu stören, ja ihr bis zu einem gewissen Grade zu helfen, wenn sie das geistige Leben des Menschen schafft.

Wir können lernen, die Natur zu verstehn, in ihr das Schöne zu erblicken und zu erfassen, ihre Gesetze zu studieren und in ihre Bestandteile zu zerlegen; das Schöne ihr zu entnehmen und in lebendiger, nicht in konservierter Form auf die Bühne zu übertragen. Das ist außerordentlich schwer, und gebe Gott, daß für diese Arbeit unsere schauspielerische Technik ausreicht.

Wo könnten wir eine eigene, besondere Schönheit erzielen, die die Natur noch übertrumpft! Wo könnten wir uns mit ihr messen! Es wäre auch sinnlos, sich voller Abscheu dem Natürlichen zu entziehen.

[Tworzow] ist deswegen so groß, weil er die Allmacht der Natur und seine eigene Nichtigkeit zu begreifen gelernt hat. Er hat jeglichen Gedanken an einen Wettstreit mit der Natur fahren lassen und versucht nun, für den Schauspieler eine solche innere (psychische) und äußere (physische) Technik zu entwickeln, die ohne eigenschöpferische Absicht die Natur lediglich bei ihrer unerforschlichen Tätigkeit unterstützen soll.

Das wenige, was unser Bewußtsein dabei erfassen kann, arbeitet [Tworzow] mit enormem Forscherdrang aus. Den größeren Rest aber, der unserm Bewußtsein unzugänglich bleibt, überläßt er ganz der Natur. ›Darin ist sie kompetent‹, betont er.

[Tworzow] findet diejenigen lächerlich, die solche einfache Wahrheit nicht verstehen.«

»Da ich in seinen Augen nicht lächerlich erscheinen möchte, widerspreche ich nicht, obwohl ich sehr vieles sagen könnte«, meinte Remeslow.

»Im Spiel der Darsteller auf der Bühne ist nur ein Zehntel des schöpferischen Lebens bewußt, neun Zehntel verlaufen unbewußt oder überbewußt.«

»Wie«, fragte Remeslow verständnislos, »und die äußere Gestalt entsteht von selbst, unbewußt?«

»Ja. Häufig wird sie von innen her gleichsam zugeflüstert, und dann stellen sich Gang, Bewegungen, Manieren, Gewohnheiten, Kostüm, Maske und das gesamte Äußere von selbst ein ...

Die Gestalt auf der Bühne ist eine lebendige *organische Schöpfung, erschaffen nach dem Ebenbild des Menschen und nicht nach einer toten abgenutzten Theaterschablone.*«

Igralow, der bis dahin nervös auf seinem Sessel hin und her gerückt war und das Gesicht verzogen hatte, hielt es nicht mehr aus und mischte sich in die Diskussion ein:

»Glauben Sie wirklich im Ernst«, sagte er sich ereifernd und mit leichter theatralischer Übertreibung, »an dies berüchtigte *organische* Schaffen auf der Bühne? Das ist doch Selbstbetrug, ein Märchen, ein Spiel der Einbildungskraft!

Ich weiß Bescheid, habe Ihr organisches Erleben gesehen: Da steht der Schauspieler mitten auf der Bühne, Augen nach innen gerichtet, und beguckt seine Eingeweide. Er ist erstarrt und hat sich so zusammengepreßt, daß er weder sprechen noch sich bewegen kann. Er bringt pro Minute, zwischen den Zähnen gemurmelt, höchstens ein Wort heraus, doch schon in einer Entfernung von zwei Schritten kann man es nicht mehr verstehen, aber er versichert allen, daß er ungewöhnlich tief erlebe.«

»Laß den Narren zu Gott beten, er wird sich die Stirn zerschlagen«, warf Tschuwstwow ein.

»Ich pflichte Alexej Markowitsch bei, unterschreibe alles! ... Vollkommen einverstanden!« rief Remeslow demonstrativ aus. »Was soll das organische Erleben! Am besten gar nicht erleben, bemühen Sie sich nur, gut zu spielen!«

»Nein, gestatten Sie«, sagte Igralow und beeilte sich, seinen ungebetenen Gehilfen zu stoppen. »Das Erleben, und sogar das echte, und sogar — ich gebe es zu — das organische ist notwendig, aber da, wo es möglich ist, in der Stille des Arbeitszimmers, aber nicht vor den Augen einer tausendköpfigen Menge, wenn es gilt, die Ergebnisse der häuslichen Arbeit zu wiederholen, sie zu zeigen und darzustellen.

Schaffen soll man zu Hause, auf der Bühne jedoch muß man das Ergebnis seiner schöpferischen Arbeit zeigen.

Doch nehmen wir einmal eine Minute lang an«, fuhr Igralow fort, »echtes Erleben und natürliche Verkörperung seien auf der Bühne bei der Aufführung möglich. Doch auch in diesem Falle darf man sie nicht benutzen, weil sie schädlich sind für die Kunst.«

»Schädlich?« fragten viele.

»Jawohl, schädlich«, beharrte Igralow. »Das echte Erleben und dessen natürliche Wiedergabe sind *nicht bühnengemäß.*«

»Nicht bühnengemäß?«

»Sie sind zu fein, man bemerkt sie kaum in dem großen Theaterbau.

Um die innerlich erlebten unsichtbaren Bilder und die Leidenschaften der Rolle bühnengemäß zu machen, muß die Form ihrer Wiedergabe augenfällig, klar und auf die weite Entfernung hin, die den Schauspieler vom Zuschauer trennt, auch bemerkbar sein. Die bühnengemäßen Techniken für deren Erschließung müssen sie der größeren Anschaulichkeit wegen künstlich hervorheben, übertreiben, verdeutlichen, ausstellen und überhöhen. Kurz, es bedarf eines gewissen Maßes an Theatralität und schärferer Umrisse, die die Kunst des Schauspielers auch bietet. Denken Sie daran, daß wir nicht nur eine einfache äußere Fabel, sondern das innere, also geistige Leben des Menschen auf der Bühne darzustellen haben. Wenn aber der Darsteller schon für die Gestaltung einer einfachen und verständlichen Stückfabel um größerer Klarheit willen akzentuierter spielen muß, um wieviel mehr ist das nötig, wo es sich um psychische Bilder und Leidenschaften der Rolle handelt, die man zumeist weder zu erblicken noch zu vernehmen vermag. Nur durch anschauliche szenische Form kann man auf der

Bühne, wenn auch nicht das echte Gefühl selbst, so doch seine körperliche Äußerung wiedergeben, die man sich im Moment des Erlebens bei der Vorbereitungsarbeit eingeprägt hat. Auf der Bühne ist nicht das Erleben an sich wichtig und nötig, von Belang sind dessen anschauliche Resultate.

Im Moment des öffentlichen Schaffens ist es nebensächlich, ob der Schauspieler selber erlebt und fühlt, wichtig ist vielmehr, was das zuschauende Publikum empfindet ...«[142]

»Eine Gestalt auf der Bühne muß überzeugend sein«, [erwiderte Rassudow], »man muß an ihr *Dasein* glauben können. Sie muß als Natur *existieren*, wirklich *vorhanden sein*, in uns und mit uns *leben* und nicht nur an eine Existenz *erinnern* oder zu existieren *scheinen*.«

»Dasein?! Seltsamer Ausdruck«, nörgelte Remeslow. »Als Natur existieren? Zu existieren scheinen? Das ist unverständlich, auch unglücklich formuliert.«

»Finde ich nicht«, verteidigte sich Rassudow. Vor Verwirrung und Aufregung erschienen auf seinem Gesicht rötliche Flecken.

»Gogol äußert sich darüber treffend in einem Briefe, halb zu Schumski, halb zu Schtschepkin«, flüsterte, fast als wollte er sich entschuldigen, Newolin. Er war im Moment der Verwirrung sehr komisch und wußte nicht, wohin mit sich. Er steckte alle fünf Finger tief hinter den Kragen und fuhr mit ihnen dort hin und her, als wollte er den Kragen zurechtrücken. Diese Arbeit leistete er mit großer Anstrengung und angespannter Aufmerksamkeit.

Rassudow blickte streng auf Newolin und fragte ihn ungeduldig: »Was sagt denn Gogol?«

»Eine Gestalt nachäffen kann jeder, zur Gestalt werden können aber nur Talente.«[143] Nachdem Newolin das Zitat gesprochen hatte, wurde er gleich noch verwirrter und begann alles wieder zurückzunehmen. »Übrigens habe ich vielleicht nicht das Richtige ... vielleicht war es unpassend ... Aber mir schien, als ob das ... passe. Im übrigen entschuldigen Sie ...«

Er wurde verlegen und schwieg, Rassudow aber beugte sich wieder über sein Manuskript und begann mit gesenkter Stimme, in der ein Ton von Unzufriedenheit mitklang, zu lesen.

Jemand tippte mich leicht an die Schulter, es war Newolin. Auch er spielte an diesem Abend und trat mit mir zusammen auf. Newolin wies mit dem Kopf nach der Türe hin, als wollte er sagen, es sei Zeit zu gehen. Mein Herz erbebte, aber ich nahm mich zusammen.

»Fühlst du dich nicht wohl?« fragte er sanft, während wir auf die Bühne gingen.

»Ich bin nicht recht bei Trost«, log ich widerwillig. Er hat etwas gemerkt, dachte ich.

Nachdem ich die Schwelle der Bühne überschritten hatte, fühlte ich mich wieder erstarrt und in dem riesigen Raum des Theatersaals und der Bühne aufgelöst.

Außer dem allgemeinen Zustand bedrückte mich die Atmosphäre hinter den Kulissen und die Stimmung der Dekoration im letzten Akt. Wir Schauspieler sehen ja nicht nur die Vorder-, sondern auch die Rückseite jeder Dekoration. Sie hat ihre Konturen, ihren Grundriß und ihren Aufbau, die häufig malerisch und außerordentlich überraschend wirken. Die Beleuchtung hinter den Kulissen wirft bizarre Lichtflecken nach allen Seiten und hebt Schatten noch stärker hervor. Alles zusammen ergibt für jeden Akt eine eigenartige Atmosphäre. Diese Stimmung hinter den Kulissen wirkt auf den auftretenden Schauspieler. Zum Unglück erinnerte mich die Rückseite der Dekoration des letzten Aktes, den wir damals spielten, an schwere Minuten meines Schauspielerlebens. Seinerzeit war mir bei der Inszenierung des Stückes der letzte Akt nicht gelungen; ich hatte mich mit ihm gequält. Am meisten litten seinerzeit meine Nerven, ich hatte sogar Tränen vergossen in dem großartig ausgestatteten Korridor, von dem aus ich jetzt auftrat. Allein schon sein Anblick weckte traurige Erinnerungen und rief in mir schauspielerische Unruhe hervor. Die Wände und Dinge sprachen zu lebhaft von der Vergangenheit.

Es fehlt noch, daß ich die Worte des Textes vergesse, dachte ich und erschrak bei dem Gedanken. Schrecklich ist es, sich in elementarsten Anforderungen des Schauspieler[berufes] als unfähig zu erweisen. In diesem Moment erinnerte ich mich an den Zustand der Hilfslosigkeit eines Kollegen, der Worte seines Rollentextes verloren hatte, und erlebte ihn. In den letzten Jahren hatte ich mich dieses Zustandes entwöhnt. Ich prüfte mich eilig und begann, in Gedanken die Worte der bevorstehenden Szene zu sprechen. Zum Glück stellten sich die Worte wieder von selbst ein, und das beruhigte mich.

Plötzlich entfiel mir ein Wort, und der endlose Faden der folgenden Sätze riß ab. Ich suchte das verlorene Wort im Gedächtnis, doch war von ihm nur die Empfindung des Rhythmus seiner Aussprache geblieben. Ich bemühte mich, es durch ein anderes — gleichartig klingendes — zu ersetzen, aber um dies zu finden, mußte ich mich des Gesamtgedankens erinnern, und diesen hatte ich vergessen. Ich wollte zum Text weiter oben zurückkehren, um den Gedanken an der Wurzel zu ergreifen, doch hatte ich ja auch den Gedanken selbst verloren. Ich begann, mir den Inhalt der gesamten Szene ins Gedächtnis zu rufen, um auf diese Weise zu dem Gedanken vorzudringen. Aber ich konnte mich nicht konzentrieren, fühlte mich im Raume aufgelöst und außerstande, mich zu sammeln. Ich stürzte mich auf den Inspizienten und bat ihn, mir sein Exemplar zu leihen, mit dem er die Aufführung leitete und die Schauspieler auftreten ließ. Er gab es mir, doch kaum hatte ich die Seite aufgeschlagen, als er mir das Buch schon aus der Hand riß und mich beinahe mit Gewalt auf die Bühne hinausstieß, wo infolge meines verspäteten Auftritts eine Stockung eingetreten war. Das Bewußtsein des Lochs, das sich im Text der Rolle gebildet hatte, erschreckte mich und alarmierte meine Aufmerksamkeit. Ich achtete verstärkt auf meine Sprache und Diktion und behinderte sie dadurch natürlich.

Gewöhnlich spie ich infolge langgeübter Gewöhnung gleichsam den ganzen Satz auf einmal aus, sprach ihn in einem Zuge, wobei ich nicht selten ein Stück des benachbarten Satzes mitriß. Diesmal aber kaute ich aus Angst vor dem Text gleichsam jedes Wort einzeln und zensierte es, ehe ich es aussprach. Alles verhaspelte sich. Die mechanische Gewohnheit war gestört und die frühere richtige Linie des schöpferischen Gefühls vergessen. Es blieben mir keine Grundlagen, auf die ich mich hätte stützen können. Es schien, als ob sich ein fremder Beobachter in meinem Inneren verborgen habe und schikanös auf jeden Schnitzer achtgäbe.

Man kann nicht essen, wenn andere einem auf den Mund starren. Man kann nicht Billard spielen, wenn einen jemand dabei ständig durch Gerede stört. Man kann die auswendig gelernten Worte der Rolle nicht aussprechen, wenn ein eindringlicher Gedanke nörgelt und eine innere Stimme nicht aufhört zu flüstern: »Gib acht, sieh dich vor! Gleich wirst du dich versprechen! Da, jetzt hast du's vergessen!« Und tatsächlich, im Kopf erschien schon der verhängnisvolle weiße Fleck, und Schweißtropfen benetzten mir schon Hals und Stirn. Zum Glück aber übersprang die Sprache nach dem Trägheitsprinzip das Hindernis und jagte davon, weit vor dem Bewußtsein und dem Gefühl, die von fern die Tapfere bange verfolgten, der die Gefahr noch nicht zum Bewußtsein gekommen war.

»Gib acht! Sei vorsichtiger! Paß auf, daß du nicht stolperst!« riefen ihr der erschrockene Gedanke und das ängstliche Gefühl nach.

Und schon kam die Stockung. Alles verknäulte sich! Der weiße Fleck! Leere! Panik! Ich stand verwirrt da und wiederholte mehrmals ein und denselben Satz. Ich sah, wie sich der Souffleur überanstrengte, hörte ihn aber nicht, auch was mir die Schauspieler vorsagten, verstand ich nicht; ich hörte ihr Flüstern, begriff aber kein Wort. Nicht wissend, wie ich mich retten sollte, begann ich aus irgendeinem Grund den Lampenschirm von der Lampe herunterzunehmen. Ich tat das aus Hilflosigkeit, da mir nichts anderes einfiel, um die riesige leere Pause auszufüllen. Dank sei dem Inspizienten, der das Auftreten neuer handelnder Personen beschleunigte. Damit kam das Stück wieder in Fluß. Ich ging in den Hintergrund der Bühne und versuchte, mich wieder zu beherrschen. Die Muskeln des ganzen Körpers waren gespannt wie Taue, und mir schien, als sei ich aus Holz. Die Aufmerksamkeit zerfloß nach allen Richtungen. Wieder erschien mir das Bühnenportal als Abgrund, als entsetzlich schwarzes Loch. Wieder sah ich dahinter die tausendköpfige Masse der Zuschauer. Mich dünkte, daß sie über mich lachten, mit dem Finger auf mich zeigten, sich zueinander beugten, geheimnisvoll flüsterten und absichtlich husteten. Einer der Zuschauer verließ sogar den Zuschauerraum und schlug demonstrativ die Tür zu. Ich fühlte eine große Müdigkeit, als ich in Schweiß gebadet die Bühne verließ und mich in meine Garderobe begab. Nachdem ich die Tür abgeschlossen hatte, suchte ich in der Dunkelheit tastend die Couch, ließ mich schwer darauf fallen und blieb wie erstarrt liegen.

Lange lag ich so, ohne zu wissen, was ich unternehmen sollte. Es war, als ob ich nach einem Schiffbruch auf eine unbewohnte Insel geworfen sei. Mir schien, als hätte ich auf einmal alles verloren; ich fühlte mich elend, nackt und gezwungen, das ganze Leben neu aufzubauen, dazu mit einer schimpflichen Vergangenheit, an die zu erinnern ich mich schämte.

Nebenan in Rassudows Garderobe setzten die Kollegen ihr Streitgespräch fort, aber ich konnte das Wesen ihrer Gedanken nicht erfassen. Doch begriff ich, daß man dort Remeslow zu beweisen versuchte, seine Kunst entspreche seinem Familiennamen. Er verkünde nicht die echte Kunst, sondern nur die Handwerkelei des Schauspielers.

»Nicht nur er, auch ich und ihr und wir alle sind Handwerker«, dachte ich. »Sollen auf der Bühne nur noch Genies und Talente bleiben, alle andern aber und mich als ersten weg aus dem Theater! Ins Kontor, ins Geschäft, aufs Dorf, zu einer nützlichen Arbeit!«[144]

Ich legte mich auf die Couch, da ich von all den erlebten Aufregungen müde war.

Ich hatte alles satt, und ich beschloß an etwas zu denken, das keine Beziehung zum Theater besaß.

»Man sagt, auf dem Mond gäbe es keine Schatten und das spezifische Gewicht des Körpers sei leichter? Man könne in die Höhe springen und eine ganze Minute in der Luft hängen ... Ist das angenehm oder nicht?«

Eine geraume Zeit stellte ich mir vor, ich ginge über eine Ebene ohne meinen ewigen Gefährten, den Schatten. In Gedanken sprang ich über einen Abgrund. Aber diese Beschäftigung langweilte mich bald. Nichtsdestoweniger hatte die Exkursion nach dem Mond mich abgelenkt und beruhigt. Ich lag, ohne an etwas zu denken.

Dann begann ich auf die Diskussion in der Nachbargarderobe zu achten.

»Was auf der einen Ebene gut ist, ist auf der anderen ganz unzuverlässig«, [hörte man Rassudow sagen]. »Zum Beispiel reichen in unserem Theater für solche Aufgaben und für solches Inszenierungsvorhaben, für all das Material, das [Tworzow] zu erarbeiten imstande ist, nicht hundert und nicht zweihundert Proben aus. Je mehr es sind, um so breiter entfaltet sich die eigentliche Absicht. Und so geht es weiter bis in die Unendlichkeit. Oft ist das Schwerste, rechtzeitig Halt zu machen und den Punkt zu setzen. Aber was wäre, wenn man einer Provinztruppe, die außerstande ist, ein großes und umfassendes Konzept auszuarbeiten, Millionen Vorschläge unterbreiten würde, damit sie zweihundert Proben durchführt?«

»Die Aufführung könnte nicht stattfinden«, erklärte Remeslow stolz.

»Sie haben recht. Ich möchte die Schauspieler nach der fünften oder zehnten Probe sehen. Das Stück ist mit verteilten Rollen gelesen, die Rollen sind gelernt, man beherrscht sie sogar fast ohne Souffleur, die Gänge, Stellungen sowie alles Folgende ist geprobt, die graue Perücke mit Backenbart in Auftrag gegeben. Was das Kostüm betrifft, weiß man, wie es sein muß. Es fehlen nur das Publikum und der Schwung, alles übrige wird schon die Eingebung tun!!! Und da stehen uns noch zweihundertunddreißig oder zweihundertvierzig Proben bevor! Was soll man denn auf diesen Proben bloß machen?!! Aufhängen kann man sich vor Verzweiflung.«

»Sie werden weglaufen, auch kein Geld wird sie davon abhalten«, erklärte Remeslow wieder fast mit Stolz.

»Wir aber ... seufzen nach der zweihundertsten Probe: Wenn wir jetzt noch hundert Proben hätten, dann könnte man das erreichen, was sich die Regisseure alles ausgedacht haben«, [sagte] Tschuwstwow.

»Aber das ist doch unnormal, meine Herren! Wie teuer soll das Stück da zu stehen kommen? Wie kann man ein solches Unternehmen führen?«, rief Remeslow empört.

»Macht nichts, wir existieren und werfen eine solche Dividende ab, daß die Aktien bald an der Börse notiert werden!« hetzte Nyrow. »Die Entrepreneure werden neidisch.«

»Nein, das ist nicht normal«, sagte Remeslow aufgeregt, »man darf Stück und Rolle nicht derart breittreten! Der Schauspieler ist so veranlagt, daß er in einem bestimmten Augenblick den vollen Saal, seinen Schwung, die Erregung, die Begeisterung, das Orchester und Präsente braucht.« »Ein Fläschchen Wodka braucht er«, witzelte jemand. »Ja ja, und Wein, und Frauen!«

»Und das bei einer Aufführung, du Schamloser!« witzelte ein anderer.

»Erlauben Sie, und Kean?« fragte Remeslow beharrlich.

»So macht ihr das immer, ihr Provinztalente!« bemerkte Tschuwstwow. »Sobald ihr nicht direkt antworten könnt, werft ihr mit Allgemeinplätzen um euch und mit Klischees, die nichts besagen. Wein! Frauen! Ausbrüche! Eingebung! Wenn man über Kunst und über Schauspieler redet, gehört es sich, derlei Worte zu erwähnen. Als ob das jemanden von uns überzeugt!!! Antworten Sie sachlich: Warum können wir zweihundert und dreihundert Proben durchführen und Sie nicht?«

»Warum wir das nicht können, das weiß ich«, sagte Remeslow beißend, wobei er immer nervöser seinen Kneifer an dem goldenen Kettchen zurechtrückte. »Aber wie Sie diese Menge von Proben aushalten, begreife ich nicht.«

»Das werde ich Ihnen erklären«, mischte sich Rassudow ein. »Das Geheimnis besteht darin, daß die Regisseure und Schauspieler möglichst tiefschürfend das innere Wesen eines Stückes und einer Rolle aufdecken und mit jeder Probe die Inszenierungsabsicht so erweitern, daß auch zweihundert Proben nicht ausreichen, um all das auf die Bühne zu übertragen, was ihnen vorschwebt. Der Provinzschauspieler aber, der üblicherweise nicht das Stück, nur seine Rolle spielt, sucht in ihr, was ihm gut gelingt, was zu seinen Anlagen und seiner Spieltechnik paßt. Das ist immer dasselbe, immer das, was er bei sich ausgezeichnet kennt, das, was bei jeder Rolle von selber an ihm kleben bleibt. Er selber färbt jede Rolle. Bedarf es vieler Zeit, um derlei Material ausfindig zu machen und so wenig Arbeit an dem Stück zu leisten? — Ein- oder zweimaliges aufmerksames Lesen genügt. Was die Gestaltungsabsicht betrifft, so ist sie in allen Rollen immer dieselbe. In den ersten Akten Widerhall suchen, durch Diktion, mit Manieren und Stimme brillieren. Irgendwo, an ein, zwei Stellen an die Nerven gehen. Im zweiten Akt eine Szene wirklich spielen, und das übrige rein technisch machen. Im dritten Akt bei der Hauptszene, am Höhepunkt des Stückes, allem Temperament, allen kleinen Kniffen, allen Klischees, allem Charme, kurz, allem, was den Zuschauer packen kann, die Zügel schießen lassen. Im letzten Akt schließlich Sentimentalität und ein paar Tränen untermischen. Ferner, wenn man die erste Szene links auf der Vorbühne gespielt hat, wo in Salonstücken gewöhnlich das berühmte ›Sofa‹ steht und dahinter der ›luxuriöse Wandschirm‹, dann gehört es sich, die folgende Szene rechts zu spielen, wo ›Tisch und Stuhl‹ stehen, und bei der nächsten Szene kann man sich dann direkt vor dem Souffleurkasten aufpflanzen. Die vierte Szene ist schon wieder auf dem Sofa möglich usw.

Wozu benötigt man Proben, wenn schon allen alles immerdar bekannt ist?

Sie brüsten sich mit den vier Proben in der Provinz, und ich behaupte, daß Sie mehr als eine gar nicht brauchen, so daß schließlich nicht wir, sondern Sie Zeit verlieren, und zwar für drei überflüssige Proben. Somit walzen Sie das Stück umsonst auseinander.

Man sagt, in der Provinz seien zweihundert neue Stücke und Inszenierungen nötig, sonst komme das Publikum nicht ins Theater. Ich wundere mich aber aufrichtig, daß das Provinzpublikum während solcher Aufführungen sitzen bleibt, die in zwei Proben zusammengeschustert sind. Ich hielte da keinen einzigen Akt aus. Man sagt, der Theaterbesucher in der Provinz werde sich nicht mehrmals ein und dasselbe Stück ansehen, selbst wenn es ideal inszeniert ist. Ich aber kenne meine Tulaer, die ja zehnmal eigens nach Moskau gefahren kommen, um sich im Theater ein und dasselbe Stück anzusehen, das großen Erfolg gehabt hat. Und ich weiß auch, daß man ein gut probendes Ensemble in ein und dieselbe kleine Provinzstadt mit ein und demselben Stück mehr als fünfmal eingeladen hat.

Ich habe auch einen weiteren Umstand nie verstanden, nämlich warum man die Opern ›Troubadour‹ oder ›La Traviata‹ hunderte Male hören kann, während es genügt, Ibsens philosophische Tragödie ›Brand‹ nur einmal anzusehen. Man wird sagen: ›Aber ich bitte Sie, das ist doch Musik! Die kann man nicht auf einmal mit dem Gehör aufnehmen.‹ Ich aber werde darauf entgegnen: ›Aber ich bitte Sie, den höchst komplizierten Gedanken und die ungewöhnlichen Gefühle kann man nicht auf einmal erfassen! ...‹

Doch verstehe ich Iwan Wawilowitsch« [, fuhr Rassudow fort]. »Bei der hastigen Arbeit in der Provinz ist die Handwerkelei bequemer als die Kunst. Aber nicht nur das! Sie allein ist nur möglich. Man kann sich nicht mit Kunst befassen, wo man bis zu zweihundert Stücke in einer Spielzeit herausbringen muß.«

»Mehr als fünfzig Stücke inszeniere ich nicht pro Spielzeit«, protestierte Remeslow.

»Haben Sie gehört?« sagte Rassudow ruhig, indem er sich an die Versammlung wandte, um die Erklärung seines Opponenten zu unterstreichen. »Ist das etwa ein Scherz?! Nur fünfzig Inszenierungen! Ja, in der Handwerkelei gilt einzig Quantität, während wir ausschließlich Qualität schätzen. Um ein Genie zu werden und ewigen Ruhm zu verdienen, muß man nicht Hunderte guter Werke hervorbringen, man braucht nur ein einziges geniales Werk zu schaffen, sei es ein Bild, ein Buch, eine Komposition, eine Skulptur oder eine Rolle. Gribojedow hat nur ein geniales Stück geschrieben, der Künstler Iwanow nur ein Bild gemalt, Aldridge, Tamagno, ja und schließlich Salvini haben wir nur in einer Rolle kennengelernt, die sie aber berühmt gemacht hat, nämlich Othello. Sie benötigten Jahre oder Jahrzehnte für ihre schöpferische Arbeit. Aber was halten wir davon! Für uns ist die Qualität des Getanen wichtig.

Somit sprechen wir immer von der Qualität einer Inszenierung, Iwan Wawilowitsch aber ist immer um Quantität besorgt. Wir stehen auf verschiedenen Ebenen, der der Handwerkelei und der der Kunst.«

Plötzlich erinnerte ich mich, daß die Aufführung noch nicht zu Ende war, und ich noch einmal vor dem Publikum auftreten mußte. Entsetzen packte mich.

Wie schön wäre es, dachte ich, wenn sich jetzt ein Tumult ereignete, alles in Verwirrung geriete, und man die Aufführung unterbrechen müßte! Oder ein Brand! Oder die Decke würde einstürzen! Das wäre ein natürlicher Ausweg aus meiner verzweifelten Lage. Die Aufführungen würden für einige Tage unterbrochen, und ich hätte Zeit, meine Gedanken zu sammeln und könnte tastend neue Grundlagen für meine Kunst finden.

Oder ich würde krank, so daß ich lange nicht imstande wäre zu arbeiten. Sollen jetzt andere eine Zeitlang für mich arbeiten, wenn ich so schlecht bin, dachte ich verärgert, ohne zu wissen, auf wen.

Oder am besten weglaufen und sich verbergen wie Lew Nikolajewitsch Tolstoi! Ja, eben sich verstecken, allen zum Trotz. Nicht nur ich soll leiden, nein alle, die an meinem Niedergang schuldig sind, alle sollen sich einmal ohne mich quälen! Mögen sie umherrennen, schimpfen und, nicht wissend, was sie tun sollen, den Kopf verlieren, wie ich selbst ihn jetzt verliere. Soll ihnen ein Licht aufgehen, wen sie nicht rechtzeitig zu würdigen wußten.

Was für ein Unsinn!, dachte ich, mich beim Wort nehmend. Wozu einen Schuldigen suchen, wenn er zur Stelle ist? Der Schuldige bin ich allein. Man hat mich im Theater nicht unterschätzt, man hat mich überschätzt. Ich aber bin beim ersten Mißerfolg gekränkt wie eine alte Jungfer und suche einen Schuldigen, um mich zu beruhigen. Ich bin so weit gegangen, daß ich eine Katastrophe wollte, weil ich bankrott war und außerstande, meine Angst zu bewältigen. Ich verstelle mich ja nicht.

Ich werde nicht auf die Bühne gehen, beschloß ich. Mag man mir eine Geldstrafe auferlegen oder mich hinauswerfen! Ist das nicht gleich, da ich für immer von der Bühne Abschied nehme ... Man wird dem Publikum das Geld zurückgeben müssen! dachte ich.

Meinetwegen! Ich übernehme den Verlust ...

Aber ich habe doch nichts, und da ich das Theater verlasse, beraube ich mich sogar der Möglichkeit, das notwendige Geld zu verdienen. Außerdem, was wird Tworzow sagen? Was die Kollegen? Was das ganze Theater, die ganze Stadt?

Genug! Als ob ich das Theater verlassen könnte! Ich bin ja nicht imstande, ohne Theater zu leben ...

Dummes Zeug! Ich werde ausgezeichnet leben. Ich möchte möglichst schnell die heutige verfluchte und letzte Aufführung beenden und ein neues Leben beginnen.

Mich beherrschte eine krankhafte Ungeduld, die Tortur möglichst schnell zu beenden. So erwarten die von Schmerz Gequälten die Operation, so erwarten die von Gewissensbissen Gequälten die Beichte oder irgendeine Lösung. Mich peinigte schon die Ungeduld, und ich konnte nicht länger in der Dunkelheit das Ende der Qual abwarten. So verließ ich meine Garderobe und eilte auf die Bühne. Als ich die Schwelle überschritt, fühlte ich mich noch schlimmer erstarrt als früher, und ich verlor mich noch stärker im Raum. Das hilflose Gefühl eines Menschen, der zur Schau gestellt ist und pflichtgemäß zu gefallen hat und Erfolg haben muß, bedrückte mich noch gewaltsamer. Ich bereitete mich schon zum Auftritt auf die Bühne vor, doch plötzlich entsann ich mich des Gefühls der Hilflosigkeit, als mir die Worte abhandengekommen waren, des Gefühls, das ich vorhin erst bei meinem letzten Auftritt auf der Bühne erlebt hatte. Diesmal fürchtete ich mich sogar, versuchsweise den Text zu prüfen. Ich erinnerte mich nur, daß ich ihn seit der letzten Aufführung nicht wiederholt hatte, folglich konnte ich ihn auch vergessen haben.

Was tun?! Ich verließ den verhängnisvollen Korridor hinter den Kulissen wieder, wo ich den Auftritt abwartete, lief zu einem Requisiteur hin, der zufällig in der Nähe stand, und flüsterte ihm mit geistesgestörtem Gesicht zu:

»Mein Lieber! Seien Sie mein Freund! Retten Sie mich! Laufen Sie schnellstens zum Souffleur und bitten Sie ihn, mir jedes Wort vorzusagen! Behaupten Sie, ich sei erkrankt! Ich flehe Sie an, retten Sie mich!«

Bald kam ich auf die Bühne. Wieder stieß ich auf das schwarze Loch des Portals, empfand in noch stärkerem Maße meine Hilflosigkeit und verließ mich nur auf den Souffleur, in dessen Richtung ich auch einen flehenden Blick schickte ...

O Schreck! Er war nicht im Souffleurkasten!!! Der dumme Requisiteur hatte ihn zu mir auf die Bühne gerufen, und der Souffleur, noch dümmer, lief los. Als er mich nicht fand, rannte er zurück in seinen Kasten. Jetzt aber war es schon zu spät. Zum zweiten Male in meinem Leben überkam mich etwas Furchtbares. Ein Alpdruck im Wachen, an den ich auch jetzt nicht ohne Schauer denken kann.

Die ganze beschriebene Aufführung und insbesondere der dadurch hervorgerufene Alpdruck hatte in meiner Schauspielerlaufbahn eine große Bedeutung, und deshalb muß ich länger dabei verweilen. Ich erinnere mich an einen ebenso furchtbaren Zustand, der mir bei den ersten Schritten in meiner Schauspielerlaufbahn einen Schrecken für das ganze Leben eingejagt hat.

Es ist schon lange her. Noch als Junge nahm ich an einer großen Gedenkfeier für Puschkin teil, die von Moskauer Schriftstellern veranstaltet wurde.[145] Es versteht sich von selbst, daß ich als erster ins Theater kam, lange vor Beginn der Veranstaltung. Wie üblich verzögerte sich der Anfang um mehr als eine Stunde. Ich hatte erst im dritten Teil mitzuwirken. Den ganzen Abend mußte ich mich hinter den Kulissen herumtreiben, wo ich vor Ungeduld verging. Demselben Schicksal war auch der alte und angesehene Schauspieler O. unterworfen, der mit ein oder zwei Nummern vor mir auftrat. Einen großen Teil des Abends verbrachte ich mit ihm und tröstete ihn in seinem Leid. Er hatte nämlich gerade erst seine Frau verloren, eine junge Schauspielerin für heitere Stücke. Sie war kurz vor dem Tage der Veranstaltung eines tragischen Todes gestorben. Man hatte sie tot auf dem Boden liegend gefunden mit einer Schnur von der Fensterdrapierung am Hals. Erstaunlicherweise war die Schnur gar nicht zugezogen. Jedoch die Schauspielerin war tot. Vielleicht hatte sie, als die Schnur zum ersten

Male ihren Hals berührte, aus Angst einen Herzschlag erlitten?! Der alte Schauspieler erinnerte sich aller Einzelheiten des Todes und weinte. In diesem Augenblick wurde er auf die Bühne gerufen, und ich folgte ihm, um zu hören, wie er sprechen würde, aber auch, um mich selbst für den Auftritt vorzubereiten.

»Sie sind ermüdet und niedergeschlagen«, sagte ich zu ihm, »nehmen Sie lieber das Buch.«

»Wo denken Sie hin«, antwortete er. »Ich habe dies Gedicht tausendmal gelesen und kann es im Schlafe sprechen«, beruhigte er mich.

Der alte Schauspieler betrat die Bühne. Man empfing ihn freundlich, wie es sich für eine ehemalige Berühmtheit gebührt. Er begann mit großem schauspielerischen Schwung zu sprechen, so wie man früher in der Provinz deklamierte. Nachdem er die ersten Zeilen glatt gesprochen hatte, stockte er. Ruhig machte er eine Pause und versuchte, sich mit der Kaltblütigkeit eines erfahrenen Schauspielers des vergessenen Wortes zu erinnern, konnte es sich aber nicht ins Gedächtnis zurückrufen. Im Zuschauerraum hielt man den Atem an. Ohne verlegen zu werden, begann der alte Schauspieler das Gedicht von vorne.

Bei dem verhängnisvollen Worte stockte er wieder und wurde ... verwirrt. Nachdem er etwas gewartet hatte, kehrte er zu dem vorhergehenden Satz in der Hoffnung zurück, daß sich das vergessene Wort diesmal mechanisch von selbst einstellen werde. Wieder stockte er bei demselben Wort. Das Gedicht Puschkins, das er vortrug, war allen von der Schulbank her bekannt, und deshalb fanden sich im Zuschauerraum und hinter den Kulissen viele freiwillige Souffleure, die zunächst flüsternd und dann auch laut das aus dem Gedicht herausgesprungene Wort vorsagten. Der Alte hörte aber nichts mehr. Ich steckte ihm durch die Türe der einen geschlossenen Raum bildenden Dekoration das Buch zu, das ich da aufgeschlagen hatte, wo das Gedicht abgedruckt war. Er riß es mir beinahe grob aus den Händen und schlug die Seite in der Aufregung um. Vor der erstarrten Menge auf der Bühne stehend, blätterte der alte Schauspieler nervös die Seite um. Das Geräusch des Papiers war in allen Ecken des Theaters zu hören.

Als er die Hoffnung verloren hatte, zu finden, was er suchte, schleuderte er das Buch auf den nächsten Stuhl, nahm eine feierliche Pose an und begann das Gedicht von vorne zu deklamieren.

Bei dem verhängnisvollen Wort stockte er wieder, und durch den ganzen Saal ging ein Geräusch. Der arme Alte schwieg, wischte sich den Schweiß von der Stirn, und kraftlosen Schrittes ging er zu der Tür in der gegenüberliegenden Wand der Dekoration. Doch es stellte sich heraus, daß die Tür zugenagelt war. Er stieß heftig dagegen. Die Dekoration begann zu schwanken, aber die Tür ging nicht auf. Im Publikum spürte man unterdrücktes Lachen. Der alte Schauspieler richtete seine Schritte zur schmalen Vorhanggasse und wollte dort hinter die Kulissen schlüpfen. Doch erwies sich der Spalt als zu eng, und er blieb darin stecken. Unter dem lauten Gelächter des Publikums zwängte sich der Alte durch den dunklen Spalt und verschwand hinter den Kulissen.

»Was für ein Unfug!« hörte ich jemandes empörte Stimme neben mir sagen. »Ein angesehener alter Schauspieler und kommt in solchem Zustand zu einer Gedenkfeier.« Ich wollte für den Ärmsten eintreten, aber in diesem Augenblick kamen einige Literaten zu mir, die Veranstalter der Aufführung, und gratulierten mir zu irgend etwas. Es stellte sich heraus, daß sie gerade die Erlaubnis erhalten hatten, das ganze Gedicht von Lermontow auf Puschkins

Tod vorzulesen, das heißt auch mit den letzten Zeilen, die bis dahin von der Zensur für den öffentlichen Vortrag verboten waren:

Ihr aber, deren Väter stiegen
Auf aus dem Nichts durch Knechtsinn, Lug und Raub ...

»Sie werden diese Zeilen zum ersten Male aus dem Gefängnis der Zensur entlassen und die genialen Gefangenen in die Freiheit führen«, sagten die Literaten und Veranstalter und freuten sich für mich.

Doch ich teilte ihre Gefühle und Stimmungen durchaus nicht. Im Gegenteil, ich erstarrte vor Entsetzen, weil ich diese Zeilen nicht auswendig gelernt hatte und nur vom Hörensagen kannte.

»Ich kann sie nicht vortragen, ich habe mich nicht darauf vorbereitet«, stammelte ich wie ein Gymnasiast und wollte ablehnen.

Aber die Literaten setzten mir so zu, daß meinerseits kein Widerspruch mehr erfolgte. Ich beschloß, die letzten Zeilen aus dem Buch vorzulesen.

Ich erinnerte mich nicht, was weiter geschah. Man sagt, ich hätte die Verse wie durch ein Wunder anständig gelesen. Aber das, was ich damals durchmachte, wurde für mich ein Alpdruck für das ganze Leben.

Bei der unglückseligen Aufführung, die mich zwangsweise an die beschriebene Begebenheit erinnerte, wiederholte sich der furchtbare Alpdruck. Deshalb entsinne ich mich nicht mehr, wie ich spielte, wie die Aufführung endete, und wie der Vorhang fiel ...

Offenbar war irgend etwas geschehen, denn ich fand mich ganz in Schweiß gebadet, und alle sahen mich scheel an. Als wir Darsteller des Stücks uns an der Ausgangstür der Bühne angesammelt hatten, fühlte ich, wie meine Kollegen fürchteten, ich könnte ein Gespräch mit ihnen anfangen. Sie hatten es eilig auseinanderzulaufen, sobald wir uns durch die Tür gedrängt hatten und uns in dem breiten Korridor mit der nach oben führenden Treppe befanden.

Es verabschiedete sich auch keiner von mir. Ich blieb allein.

Sollten die mich für einen Wahnsinnigen halten?! ging es mir durch den Kopf.

In der Garderobe angekommen, ließ ich mich auf den Sessel vor dem Schminktisch fallen und fühlte mich ganz zerschlagen.

Dabei ist das, dachte ich, die leichteste aller meiner Rollen, eine, die ich früher spielend bewältigte.

Aber wie dem auch sei, tröstete ich mich, die Plage ist vorbei. Und »Wir werden ausruhen ... Wir werden ausruhen!« zitierte ich aus »Onkel Wanja« von Tschechow. Das Ende stand bevor, nicht für diese Aufführung, sondern für meine ganze schauspielerische Laufbahn. Sie war deutlich zu Ende. Nach dem gerade erlebten Fall reichte meine Willenskraft nicht mehr, um mich zusammenzunehmen und das Erlittene durchzustehen. Nein, lieber sterben. Ich riß mir die Perücke, Vollbart und Schnurrbart ab und schleuderte sie entrüstet auf den Tisch.

Und das tat ich, der sonst die allergeringsten Attribute des Kostüms, der Maske und dessen, was zur Rolle gehört, so schonend behandelte.

Ich saß erschöpft vor dem Spiegel und schaute mein Gesicht an. Es war noch mit dem Mastix beschmiert. Die darunterliegende Grundierung des Gesichts ergibt in jeder Rolle eine besondere Schminkmaske. Zuweilen drückt sie nichts aus, manchmal aber verleiht die Grundmaske dem Antlitz einen überraschenden Ausdruck. Mein Gesicht gefiel mir.

Die Bühne mit solchen Eigenschaften aufgeben! dachte ich.

Ich begann mir selbst leid zu tun. Sentimentale Empfindungen regten sich. Spielen wir Schauspieler doch gerne interessante Rollen, auf der Bühne und im Leben. Die Rolle eines Schauspielers aber, der in der Blüte seiner Jahre von der Bühne Abschied nimmt, schien mir interessant.

Ich sitze zum letzten Male vor diesem Schminktisch, dachte ich in gewollt rührseliger Stimmung. Das Leben des Theaters wird jetzt ohne mich ablaufen, man wird mich vergessen. Oder nicht. Man wird sich im Gegenteil meiner immer erinnern, aber ich werde hierher nicht zurückkehren. Sie werden meine Rolle, auch die andere umbesetzen, und dann schon merken, was ich dem Theater war.

Vor meinem geistigen Auge entstand das sentimentale Bild eines zerbrochenen Lebens, und die Tränen waren mir nahe. Einen unendlichen Raum an freier Zeit sah ich vor mir, die bisher voll und ganz dem Theater gewidmet war.

Natürlich erscheine ich morgen noch zu dem Gespräch. Ich kann die Arbeit nicht aufgeben, ohne Tworzow gesehen zu haben. Ich werde anschließend mit ihm sprechen oder ihm schreiben. Welches Glück, daß ich wegen Wolins Krankheit ganze fünf Tage frei habe. Da kann ich alles regeln. Wird man aber rechtzeitig Ersatz für mich finden?! Oder werde ich noch einige Male auftreten und das durchmachen müssen, was ich heute erlebt habe?! Nein, das ginge über meine Kräfte.

Ich durchstöberte die Namen der Truppenmitglieder und begann zu überlegen, wer mich bald ersetzen könnte. Eigentlich niemand. Also bin ich unersetzlich?!

Diese Entdeckung war mir angenehm und munterte mich auf.

Ich hätte lange so in Gedanken dasitzen können. Aber der ungeduldige Elektrotechniker riß mich aus meinem Nachdenken. Das Licht begann nämlich zu flackern und mahnte mich, daß ich den Regeln des Theaters zuwider viel zu lange gesessen und das Licht umsonst gebrannt hatte. Ich beeilte mich, um nicht im Dunkeln zurückzubleiben.

Der Pförtner, der seinen Dienst schon angetreten hatte, öffnete einen Spalt breit die Tür zu meiner Garderobe, brummte irgend etwas, schloß sie wieder behutsam und machte sich lange in der Nähe zu schaffen, indem er die Wachuhr mit dem Schlüssel aufzog, die an der Wand neben meiner Garderobe hing.

Beim Nachhausegehen und als ich mich entkleidete und zu Bett legte, bemühte ich mich zu begreifen, wo die frühere Freude geblieben war, die stets mein Auftreten auf der Bühne begleitet hatte?

Es kam vor, daß ich nur das Gas zu riechen brauchte, mit dem man früher die Bühne beleuchtete, und schon war ich freudig erregt. Der spezifische Geruch von Schminke und von Lack wirkten magisch auf mich.

Als ich im Dunkeln zu Bett lag, erinnerte ich mich an meine Bühnenauftritte.

Als fünfjähriges Kind nahm ich an lebenden Bildern »Die vier Jahreszeiten« teil. Ich stellte den Winter mit einem Greisenbart aus Watte dar. Man gab mir die Pose an, ich nahm sie ein, und alle ringsum staunten. Während man die andern anwies, vergaß ich meine Pose wieder. Man gab sie mir erneut an, ich nahm sie wieder ein, und wiederum staunten alle. In der letzten Minute schließlich zündete man vor mir eine Kerze an, die ein Lagerfeuer vortäuschen sollte, und strengstens verbot man, sie zu berühren. Gerade deshalb aber berührte ich sie in dem Moment, als der Vorhang aufging.

Die Watte flammte auf, es erhob sich ein Geschrei, man schleppte mich irgendwohin und schimpfte mich dann lange aus. Ich aber weinte bitterlich.[146] Schon damals prophezeite mir das Schicksal ein bitteres Schauspielerlos, dachte ich. Heute gehen die Prophezeihungen in Erfüllung.

Mein zweiter Auftritt geschah auch in einem lebenden Bild, nämlich »In den Blumen«. Ich stellte einen Schmetterling dar, der eine Rose küßte. In dem Augenblick, als der Vorhang hochging, kehrte ich mein Gesicht dem Publikum zu und begrüßte die dort sitzenden Brüder, Tanten und Großmütter mit durchtriebenen Augen. Auch das hatte großen Erfolg und war mir angenehm.

Dann erinnerte ich mich lebhaft daran, wie ich als Gymnasiast an einem regnerischen Herbsttag von Moskau auf das Land fuhr und unter dem Arm einen großen Karton mit Perücken, Schminke und anderem Zubehör trug. Die bevorstehende Aufführung erregte mich sehr ...

Ich erinnerte mich an ein mit Kostümen und Schuhwerk überladenes Zimmer, in dem sich das ganze männliche Personal unseres damaligen improvisierten jugendlichen Familientheaters schminkte.

»Bist du das wirklich? Unmöglich, dich zu erkennen«, sagten wir verwundert zueinander.[147]

... Müdigkeit erlaubte mir nicht, den Überblick über mein Schauspielerleben zu Ende zu führen.

Als ich am folgenden Morgen erwachte und mich entsann, was am Abend vorher geschehen war, bemerkte ich, daß sich meine Einstellung zu den Ereignissen geändert hatte. Sie war weniger kritisch und hoffnungslos geworden. Mein Entschluß, die Bühne aufzugeben, hatte sich allerdings nicht geändert, doch irgendwo tief im Inneren fühlte ich, daß dieser Entschluß nur vorübergehend galt, und daß es sich nicht lohnte, ihm sehr zu vertrauen. Schon erschien es mir nicht unmöglich, noch einmal auf der Bühne aufzutreten. In mir keimte bereits eine gewisse Selbstsicherheit. Trotzdem vermied ich, an das zu denken, was mich ängstigte oder eine Panik in mir hervorrufen konnte.

Die Arme hinter dem Kopf verschränkt, lag ich lange im Bett und dachte über meine künftige Laufbahn nach.

Wie wäre es, wenn ich im Theater bliebe, aber nicht als Schauspieler? Schauspieler kann ich nicht sein, das ist klar, ich verpatze jeden Auftritt. Aber wenn ich eine Stelle annähme, bei der ich nicht unmittelbar mit dem Publikum in Berührung komme?

Was müßte ich werden? Regisseur, entschied ich. Allerdings kann man das nicht sofort werden, erst muß man Regieassistent sein und sich mit den Bühnenarbeitern, den Requisiteuren, dem Künstlerischen Betriebsbüro, den Kleindarstellern und Statisten abmühen. Sie schwänzen. Ich muß dringend Ersatz schaffen, die Aufführung retten, uns aus der Patsche helfen.

Nein, dieser Beruf liegt mir nicht, entschied ich, dafür fehlen mir Geduld und Ausdauer.

Ich werde in der Verwaltung arbeiten, beschloß ich. Aber eine Minute später spürte ich, wie schwer es mir fallen würde, hinter Zahlenaufstellungen zu sitzen, wenn man nebenan auf der Bühne ein neues und interessantes Stück wie »Verstand schafft Leiden« probt.

Da ist es schon besser, dieser Verlockung gar nicht ausgesetzt zu sein, also in irgendeinem anderen Büro zu sitzen, nicht einem Theaterbüro, und abends mit den Rechten eines Freundes, Beraters und Mäzens ins Theater zu gehen.

Dumm ist nur, überlegte ich, daß ich mit den Zahlen auf dem Kriegsfuß stehe. Es gibt Menschen, wenn die anfangen, Berechnungen zu machen, klappt alles bei ihnen, geht alles gut aus. Meine Kalkulationen aber geraten immer daneben. Wenn ich mich irre, wenn ich einen Fehler mache, dann nie zu meinem Vorteil, immer schade ich mir selbst.

Am besten wäre es auf dem Dorf, entscheide ich nun, in der Natur leben, sich am Frühling erfreuen, dem Herbst nachblicken und den Sommer genießen.

Jawohl aufs Land, in die Natur!! beschloß ich. Das Landleben erschien mir wie ein Paradies. Am Tage körperliche Arbeit und abends Zeit für sich, für ein geruhsames Dasein mit einer guten Frau und einer Familie, fern von allem Trubel und ohne viel Ahnung.

Es fiel mir leicht, [eine Form] des Lebens gegen die andere auszutauschen, da ich tief innen ja wußte, ich würde mein liebes vertrautes Theater nie verlassen. Wahrscheinlich unter dem Einfluß dieser fast unbewußten Entscheidung beeilte ich mich aufzustehen, um — Gott behüte! — ja nicht zu spät zu kommen zu dem Gespräch über »Verstand schafft Leiden«.

Als ich von zu Haus aufbrach und zum Theater ging, schien es mir, als würden mich die Passanten genauer als sonst betrachten. Ich war überzeugt, sie wußten längst alles, und sie bedauerten mich, vielleicht lachten sie auch insgeheim. Ich ging eilig und mit gesenktem Kopf an ihnen vorbei. Dabei fiel mir folgende Äußerung einer bejahrten Schönheit ein: »Früher, als ich jung war, ging es so zu: Ich setzte einen neuen Hut auf, ging auf die Straße, alle schauten sich nach mir um, ich fühlte mich jung und voller Spannkraft, trug den Kopf hoch und eilte dahin, als triebe man mich an. Kürzlich setzte ich wieder einen neuen Hut auf, gehe auf die Straße, und alle blicken sich nach mir um. Ich aber denke, da ist doch nicht etwa bei mir auf dem Rücken ein Knopf aufgegangen, oder hat mir gar ein Strolch einen Zettel hinten angeheftet! Ich begann zu laufen, was ich konnte, als ob mich jemand peitschte. Aber diesmal nicht mit erhobenem Haupt, sondern mit gesenktem Kopf.«

So eilte auch ich ins Theater und vermied die Blicke der Passanten.

Als ich ankam und die Kollegen begrüßte, schien es mir wieder, als ob sie mich scheel ansahen, mich bedauerten und mieden. Ich trat an den einen und anderen heran, um die Berechtigung meines Verdachts zu prüfen.

Leider bestätigte er sich. Ein Kollege fragte mich sogar: »Wie steht es heute mit deiner Gesundheit?«

Ich wurde durch die Frage so verwirrt, daß ich antwortete: »Danke, besser.«

Damit aber bestätigte ich seine Annahme.

Da begrüßte mich aber einer der Schauspieler freundlich. Ich stürzte zu ihm hin, ergriff seine Hand und schüttelte sie lange zum Zeichen meiner Dankbarkeit für die schmeichelhafte Aufmerksamkeit, die er mir, dem von allen Verschmähten, entgegenbrachte.

Ich begrüßte Tschuwstwow. Ich wollte wissen, wie er sich nach dem gestrigen Vorfall zu mir verhielt. Er schenkte mir aber keine Aufmerksamkeit, da er in ein Gespräch mit dem Studenten Junzow vertieft war, der kürzlich in die Schule an unserem Theater aufgenommen worden war.

»Warum gibt man nicht die Besetzung bekannt?« fragte Junzow besorgt.

»Weil sonst keiner mehr zu den Gesprächen kommt«, erklärte Tschuwstwow seelenruhig und lutschte einen Bonbon.

»Wieso nicht?« fragte der Neuling interessiert.

»Unsereiner, der Schauspieler, ist halt so beschaffen.«

»Ja wie denn?«

»Na, wie die Schauspieler so sind. Hat man sie besetzt, schon ist die ganze Inszenierung interessant und notwendig; sind sie nicht besetzt, dann gehen sie lieber auf dem Kusnezki Most spazieren. Achten Sie mal darauf: Jetzt ist eine Masse Menschen da, sobald aber die Besetzung bekannt ist, erscheinen nur die Darsteller und ein paar weniger Begabte, die an der Aufführung allerdings nicht mitwirken.«

»Und warum nur weniger Begabte?«

»Weil sie der Kunst noch Opfer bringen.«

»Und die Talente?«

»Die wollen, daß man ihnen Opfer bringt.«

»Und wann gibt man die Besetzung bekannt«, fragte der Neuling besorgt.

»Wenn alle mit vereinter Kraft über das Stück gesprochen, wenn alle vernommen haben, was man sonst jedem einzeln hätte erklären müssen, und wenn man schließlich in allgemeinen Zügen auch den geplanten Ablauf der Arbeit umrissen hat.«

»Dann wird die Besetzung festgelegt?« forschte der Neuling.

»Nein, die Besetzung ist längst festgelegt, man spricht nur nicht darüber.«

»Gilt das auch für die kleinen Rollen?« forschte der ungeduldige Junzow weiter.

»Freilich.«

»Und für die Statisten?«

»Auch für die.«

»Ach!« seufzte der Student beinahe kindlich.

»Was haben Sie?«

»Das dauert aber lange.«

»Was dauert lange?«

»Bis alle Gespräche vorbei sind«, gestand Junzow.

»Gehen Sie doch hin, hören Sie zu und versuchen Sie, die gemeinschaftliche Arbeit zu unterstützen, also irgend etwas Gescheites zu sagen«, riet ihm einer von den Alten. »Die Regie hört da sehr genau hin.«

»Die Rollen sind ja doch schon alle besetzt.«

»Das will nichts besagen. Manchmal wechselt man noch im letzten Augenblick sogar die Hauptdarsteller aus.«

»Wirklich?!« Junzow spitzte gleichsam die Ohren.

»Es ist bei den Gesprächen vorgekommen, daß eine Rolle überraschenderweise durch einen Schauspieler am interessantesten ausgelegt wurde, an den man gar nicht gedacht hatte. Daraufhin wurden die Pläne des Regisseurs geändert, und man übertrug diesem Schauspieler die Hauptrolle.«

»Das gibt es also?!« staunte Junzow. »Dann gehe ich. Leben Sie wohl, danke.«

Er lief in das Foyer, wohin man die Schauspieler schon durch Klingelzeichen zusammenrief.

Von Tschuwstwow hatte ich erfahren, daß man [Tworzow] nicht auf der Probe erwartete, da er immer noch auf dem Kongreß den Vorsitz führte, und daß er frühestens um vier Uhr ins Theater käme, das heißt nach Abschluß des Gesprächs. Ich ging ins Betriebsbüro und schrieb einen Zettel, auf dem ich [Tworzow] bat, mir unbedingt noch an diesem Tage eine halbe Stunde Zeit in einer dringenden und für mich außerordentlich wichtigen Angelegenheit zu widmen.

Ich übergab den Zettel dem Hausinspektor und bat, man möchte ihn [Tworzow] sofort nach dessen Ankunft aushändigen, da die Angelegenheit sehr, sehr wichtig sei. Dann ging ich zu dem Gespräch und setzte mich bescheiden in den Hintergrund, möglichst weit weg von allen. Ich empfand mich ja schon fast wie einen Fremden im Theater.

Es waren viele Menschen da, wenn auch bedeutend weniger als das letzte Mal. Mir fiel auf, daß die ersten Schauspieler nicht am großen Tisch, sondern in den hinteren Reihen saßen, während sich vorn am Tisch des Gesprächsleiters, das heißt Remeslows, Kleindarsteller, Studenten und Schauspieler der zweiten Garnitur niedergelassen hatten.

»Schlechtes Zeichen für Remeslow!« dachte ich.

Nach der gestrigen Diskussion und den Debatten am Vorabend in Rassudows Garderobe hielt sich Remeslow unvergleichlich bescheidener.

In seinen Einführungsworten zu Beginn gestand er mit Bitterkeit, daß sein Programm einer energischen Arbeit nicht auf Sympathie gestoßen sei und daß er folglich dem Wunsch der Mehrheit nachgebe, aber die Verantwortung für eine Produktivität des bevorstehenden Gespräches ablehne.

Wieder begann unnötiges Gerede, Geschwätz und Belehren. Unerträglich langweilig! Die Schauspieler gingen vorsichtig einzeln aus dem Zimmer. Remeslow triumphierte und ermahnte die Redner absichtlich nicht, wenn sie vom Thema abwichen.

Da kam eilig Tschuwstwow herein, und bald hinter ihm auf den Zehenspitzen mit schauspielerisch übertriebener Vorsicht der alte Regisseur Bywalow, der sich in einiger Entfernung hinsetzte, nachdem er zuvor seinen »Kollegen«, das heißt Remeslow, um die Erlaubnis gebeten hatte, bei dem Gespräch anwesend sein zu dürfen. Sie wurde ihm nicht ohne theatralische Affektiertheit erteilt. Wir liebten die dicke, kleine Figur Bywalows mit dem feisten Gesicht, der großen Glatze und dem ständigen Lächeln unter dem kurz geschorenen Schnurrbart.

Nachdem Bywalow zwei, drei langweilige Redner hatte sprechen hören, bat er um das Wort.

Voller Aufmerksamkeit spitzten die Schauspieler sogleich die Ohren.

»Mein Gott, mein Gott!« begann der Alte in süßlichem, ein wenig theatralisch überzogenem Tone.

»Wieviel Erinnerungen sind mit ›Verstand schafft Leiden‹ verknüpft! Im Gedächtnis tauchen auf: Schulbänke im Gymnasium, der Lehrer in schmutzigem Frack mit Goldknöpfen, unser schwarzer Griffelkasten und die abgenutzten Bücher mit den an Hieroglyphen gemahnenden albernen kindlichen Zeichnungen an den Rändern.

Man entsinnt sich der Vormittagsaufführungen an Feiertagen in unserm lieben weißgrauen Kleinen Theater.

Ich liebe, liebe dich, naive schöne alte Zeit! Ich liebe dich, meine Lisa, kleine Schelmin mit den blauen Äuglein und in Damenschuhen auf hohen Absätzen! Liebe Französin, Soubrette, zwitscherndes, patentes! Auch dich liebe ich, rastloser Wanderer Tschazki, schöner Opernheld mit kraus ondulierten Haaren, lieber Theatergeck und Childe-Harold in Frack und Ball-

165

schuhen direkt aus der Reisekutsche! Geliebte Naivität! Ich liebe deinen Kniefall des Raoul de Nangis aus den ›Hugenotten‹ vor Valentine, Gräfin de Nevers, mit dem hohen cis!«[148]
Die Schauspieler machten lange Gesichter und gerieten allmählich immer mehr in Erstaunen.

»Was ist das, ein Scherz?! Ironie?! Ein rhetorischer Trick?! Beweis durchs Gegenteil?!« fragten sie einander.

Der alte Regisseur aber gab sich inzwischen ganz der Apologie überlebter Traditionen hin und schien es ernst und aufrichtig zu meinen.

»Meine lieben, lieben Kinder, Sascha Tschazki und Sonja Famussowa«, tönte er voll Erinnerung, »bleibt für immer so, wie ich euch in meiner Kindheit kennengelernt habe. Ich liebe dich ...«

»Warte doch mal, halt ein, verschnauf erst mal ...«, unterbrach ihn einer der Kollegen.

»Mit vielem stimme ich nicht überein, vieles aber begrüße ich!« schrie plötzlich Tschuwstwow aus vollem Halse.

Ich gestehe, diese Erklärung eines der talentiertesten Schauspieler verwirrte auch mich, obwohl ich irgendeine Intrige mußmaßte.

Da erhob sich der unfaßbare Schrei: »Nieder mit dem Alten! Her das Neue! Nieder mit Bywalow, nieder mit Remeslow!« Die Schauspieler sprangen alle von ihren Plätzen auf, diskutierten, wollten überzeugen und protestieren und bildeten einen engen Ring um Bywalow und Remeslow.

Mit Mühe bahnte ich mir einen Weg zu ihnen.

»Erkläre mir, was das soll, ich verstehe nichts«, schrie ich Tschuwstwow ins Ohr.

»Rüttle mit, rüttle mit an den Grundlagen!« schrie er mir seinerseits ins Ohr. »Stör die Autoritäten auf«, fügte er hinzu.

»Begreif' ich nicht«, gab ich zur Antwort.

»Sag irgendeine Ketzerei, was du willst!« erklärte er hastig, indem er sich durch die Menge zwängte und mich mit sich zur Seite zog.

»Wozu das?« fragte ich erstaunt.

»Stör die ersten Schauspieler auf. Solange sie nicht zu reden anfangen, kommt die Sache nicht in Gang.«

»Bravo«, schrie er beim Weggehen. »Schrei doch: ich protestiere!« flüsterte er, für eine Sekunde zu mir herüberhastend.

»Ich protestie-ie-ie-re! Nieder mit Bywalow!« brüllte ich.

Der alte Regisseur stand in Schauspielerpose inmitten der randalierenden Menge, fühlte sich wie bei der Probe einer Massenszene in wohlbekannter Sphäre als Führer einer großen Schar von Leuten, die er schließlich in seine Gewalt bekam. Effektvoll und mit Pathos schrie Bywalow in einem speziell für Massenszenen ausgearbeiteten Tonfall:

»Kinder! Ich bitte ums Wort! Laßt mich reden!«

Mit Mühe konnte er die tobenden Schauspieler zur Ruhe bringen.

»Was soll das bedeuten? sagen Sie zu sich selbst. Wie? Er, der alte Bywalow, der wie ein oller napoleonischer Korporal in Kämpfen ergraut ist, Bywalow, der zeitlebens mit der Laterne des Diogenes immer wieder Neues gesucht hat! Und plötzlich ruft er uns zurück, zu der lieben, grauen, alten Zeit?! Ja, meine lieben Kinder, das tue ich. Was denn sonst! Ich bin nun mal so! Das heißt, ich bin alt geworden, untauglich! Die Kinder sind mir über den Kopf gewachsen. Sitzt über mich zu Gericht, ungestüme Sektierer, junger Most ... Erbauer eines neuen Lebens!«

Alle nahmen ihre Plätze ein.

»Ich sitze doch längst auf der Anklagebank«, beschwerte sich Bywalow scherzhaft. »Ich will mal sagen, ja, ich liebe die alten Traditionen ... So einer bin ich eben!« fuhr er mit beinahe weiblichem Gefühlsüberschwang fort, indem er seine Äußerungen süßlich pathetisch deklamierte.

Jeder von uns hatte das Spiel und die Absicht des alten Regisseurs längst durchschaut, tat aber so, als ob er ihm auf den Leim ginge, weil wir begriffen, daß es Bywalow um den allgemeinen Nutzen und den Erfolg der Sache ging.

»Ich habe soeben eine Stimme der Weisheit, der Erfahrung und der Vernunft gehört, und die hat mich belebt«, sagte Remeslow, sobald sich die Ovationen legten. »Von ganzem Herzen danke ich meinem Kollegen für seine von Autorität getragene Unterstützung. Meine Herren! Wie kann man den Errungenschaften der Wissenschaft und Kunst so schonungslos, so ... verzeihen Sie ... so anmaßend und leichtsinnig entgegentreten? Wie? Eine ganze Reihe großer Gelehrter und Kritiker hat sich mit den genialen Werken beschäftigt. Von Kindheit an, von der Schulbank an hat man uns ihren Wert und ihre Schönheiten erhellt; die besten Talente aus Hauptstadt und Provinz wie Schtschepkin, die Gebrüder Sadowski, Miloslawski und Kramolow-Krawzow[149] haben sie für immer in unvergeßliche Gestalten geprägt. Alle miteinander haben mit vereinter Kraft große Traditionen geschaffen, und plötzlich kommen da junge und — ich bestreite das nicht — sehr befähigte Leute, die sich aber noch durch gar nichts in unserer Kunst hervorgetan haben, und fegen mit einem Schwung all das weg, was in Jahrhunderten angehäuft wurde.

Ich spreche natürlich nicht von denen, die ihre kühnen Meinungen bei diesem Gespräch geäußert und die gerade geschrien haben: ›Nieder mit dem Alten, her mit dem Neuen!‹ Ist denn das schlechte Neue besser als das gute Alte? Leider haben wir noch keine einzige Äußerung der älteren und begabteren Darsteller gehört, die dies Theater schufen.

Ich nahm jetzt nur deshalb das Wort, weil ich die Meinung meines ehrwürdigen Kollegen bekräftigen wollte, der aus Erfahrung den Wert jahrhundertealter Traditionen in der Kunst kennt. Vertrauen Sie sich unseren Erfahrungen an, meine Herren. Wir haben ja nicht zum allerersten, sondern vielleicht schon zum hundertsten Male mit dem Werke unseres Genies zu tun.«

»Das gerade ist das Übel«, sprach jemand dazwischen.

»Wir wissen doch besser als Sie, wie wir an das größte russische Bühnenwerk heranzugehen haben.«

Niemand außer dem Ehepaar Igralow unterstützte Remeslows feurigen Aufruf, und auch die Igralows klatschten nur schwach in die Hände. Remeslow selbst ging mit schnellem Schritt auf Bywalow zu und schüttelte ihm pathetisch die Hand. Mit einem sentimentalen, aber doch leicht höhnischen Lächeln und zur Seite geneigtem Kopf ließ sich der alte Regisseur die Hand schütteln; seine Augen aber sagten weiterhin listig lächelnd: »Ich liebe, liebe euch, Traditionen.«

Um das Wort bat Rassudow. Alle bereiteten sich vor, ihm aufmerksam zuzuhören.

»Ich bin mit keinem einzigen Wort Bywalows einverstanden. ›Verstand schafft Leiden‹ ist mein Lieblingsstück. Ich habe es in vielen Inszenierungen und mit allen möglichen Darstellern gesehen. Ich habe alte Schauspieler und Zeitgenossen Schtschepkins über die früheren Inszenierungen befragt und behaupte, daß das Stück erstaunlicherweise auf der russischen Bühne kein Glück gehabt hat. Ich behaupte, daß es noch kein einziges Mal eine Inszenierung gab, die die Bedürfnisse des gebildeten Theaterbesuchers einigermaßen befriedigt hätte. Während die Stücke von Ostrowski und Tschechow auf der russischen Bühne florierten, gelang es unsern besten Klassikern — Gogol und Gribojedow — nicht, sich in voller Schönheit, Tiefe und Fülle zu zeigen. Man hat ihnen ein für allemal Uniformen übergestülpt, dazu Uniformen, die ihnen nicht stehen und nicht passen, Uniformen eines ganz andern Schnittes, als ihre Schöpfer wollten. Diese Uniformen platzen schon längst in allen Nähten, da sie zu eng sind, um den ganzen großen Inhalt, den das Genie hineingelegt hat, zu fassen. Dennoch wagt niemand, Gribojedow und Gogol diese Uniformen auszuziehen, weil Zeit und Gewohnheiten ihnen ein für allemal gesetzliche Kraft verliehen und sie zur Tradition erklärt haben. Erinnern wir uns, welche Inszenierung des ›Revisors‹ zur Tradition geworden ist. Gerade diejenige, die Gogol in seinem Brief nach dem ›Revisor‹ wie folgt brandmarkte: ›Der Revisor ist gespielt, doch im Herzen bleibt es dunkel.‹[150] In diesem Briefe spricht Gogol sehr ausführlich darüber, was die Darsteller nicht machen sollen; und gerade das, was sie nicht tun sollen, wird für alle und für immer obligatorisch. Das Komischste aber ist, daß diese uralten Traditionen, die Gogol brandmarkte, bis heute gerade mit Hinweisen auf seinen Brief gerechtfertigt werden, der sie ein für allemal anprangern sollte.

Versuchen Sie aber einmal, diese falsche Tradition zu ändern, und alle werden schreien: ›Lästerung!‹ Wir kennen solche Versuche gut und erinnern uns, wie sie aufgenommen wurden.

Gogol selbst vertrat hinsichtlich der Wiederaufführung alter Stücke eine ganz andere Meinung. In seinem Brief an [A. P. Tolstoi] finden Sie ungefähr folgende Gedanken: ›Sie sagen‹, schreibt Gogol, ›es gäbe keine neuen Stücke, es gäbe nichts zu inszenieren?! Nehmen Sie irgendein beliebiges gutes altes Stück und inszenieren Sie es auf neue Weise, so wie es der zeitgenössische Theaterbesucher verlangt ... und schon haben Sie ein neues Stück.‹[151]

Gogol stößt uns darauf, daß Traditionen nicht ein für allemal festgelegt sind, jedoch unser ehrwürdiger Regisseur unterschiebt uns die alten Fehler.

Vergessen Sie nicht, daß Gogol und der ›Revisor‹ im Vergleich zu Gribojedow und ›Verstand schafft Leiden‹ noch Glück hatten, ›Der Revisor‹ fand einzelne geniale Darsteller und ein entsprechendes Ensemble. Für diese hat sich der Autor selbst eingesetzt.

Gribojedow aber starb, bevor sein Stück inszeniert worden ist. Nach seinem Tode war niemand da, der sich für sein verwaistes Kind einsetzte.

Freilich hat auch ›Verstand schafft Leiden‹ einzelne geniale Darsteller gefunden, doch niemals gab es bislang ein dem Stück würdiges Ensemble und eine entsprechende Inszenierung.

Wissen Sie, wie man das Stück zu Zeiten unserer Großmütter und Großväter inszenierte? Zum Beispiel in der Ballszene im dritten Akt versammelten sich die Musiker, während das Stück lief, im Orchester, begrüßten sich, strichen Schwefelhölzer an und entzündeten Öllampen an den Pulten. Dann kam der Dirigent, verbeugte sich vor den Musikern, gab ihnen die Noten, schwang dann nach Tschazkis Worten:

Denn wer ein Feind der Schranzen und der Schranken
Und gar zu seinem Pech in seinem Haupt

Noch birgt fünf, sechs gesündere Gedanken
und gar, sie auszusprechen wagt beinah —
Schau da ...
den Taktstock, und auf eben dem Ball, auf dem man nach Sophies Worten ›zum Klavier‹ tanzen sollte, ertönte ein ganzes Theaterorchester. Als erstes Paar bei der Mazurka schritten Sophie und Herr N., der damals bekannte Schauspieler Nikiforow[152]. Er trug die Uniform der Intendantur und eine blaue Brille. Danach kamen einige Paare mit Darstellern aus dem Stück und schließlich folgte das Ballett mit allen für Tänzer charakteristischen Techniken und Pas. Sie tanzten in ›Verstand schafft Leiden‹ genau so, wie sie am Vorabend in der Oper ›Ein Leben für den Zaren‹ [Iwan Sussanin] Krakowiak getanzt hatten. So drang überraschenderweise ein improvisiertes Ballett-Divertissement in das Stück ein. Dabei vergaß freilich jedermann den Tschazki und die ›Millionen Qualen‹ Gribojedows.

Die Zugaben wollten nicht enden. Nikiforow mußte seine Nummer zehnmal wiederholen, bis zur Erschöpfung. Außerordentlich gefiel, daß er an einer Stelle des Tanzes mit den Absätzen klapperte und den Fuß seitwärts warf.

Wollen die Anhänger der alten, überlebten Traditionen etwa, daß auch wir solch ein improvisiertes Divertissement hinzufügen?

Sollten wir nicht lieber, statt rückwärtsgewandt mit überlebten Traditionen daherzukommen, Gribojedow selbst die Hand reichen, ihm, dem Genie, mit eigenen Augen ohne falsche Brille aufmerksam in sein Inneres schauen und allen Traditionen zuwider kühn das Ewige hervorkehren, das in dem Stück liegt, uns aber noch nie enthüllt worden ist, sondern unter der fadenscheinigen abgewetzten Uniform falscher Traditionen verborgen blieb? Das wird etwas sehr überraschend Neues sein, das man auch von uns erwartet. Weg mit der alten Uniform! Befreit den genialen Gefangenen, näht ihm neue und freier sitzende schöne Gewänder nach seinem Geschmack und Auftrag!«

Stürmischer Beifall, Zurufe und Händeschütteln belohnten den Redner.

Auch Bywalow erhob sich und drückte Rassudow mit listigem Lächeln die Hand. Sein Gesicht, die auf dem Bauch gefalteten weichen Hände, sein zur Seite geneigter Kopf und das sentimental-schuldbewußte Lächeln schienen immerfort zu sagen: »Nun denn, verurteilt mich, liebe Kinder, ihr ungestümen Sektierer ... Ich bin nun einmal nicht anders. Ich liebe dich ...« und so weiter.

Das Wort wurde dann einem Freund des Theaters erteilt, einem bekannten Mäzen, der auf den Proben als Berater fungierte. Das war ein außergewöhnlich feiner und gebildeter Ästhet, der die Literatur gut kannte; er schrieb selbst Gedichte, Prosa und Aufsätze zur Philosophie der Kunst. Früher hatte er viel bei mondänen Liebhaberaufführungen mitgewirkt. Er war seinerzeit ein bekannter Jurist und Strafverteidiger gewesen.

»Ich gestehe«, begann er, »daß ich ein unverbesserlicher alter Theaterfreund bin und Traditionen liebe. Ich liebe sie auch bei ›Verstand schafft Leiden‹.

Früher kamen die Liebhaber italienischer Opern nur zum letzten Akt, um das ›ut bemol‹ Tamberlicks, Stanios, Naudins oder Masinis zu hören und danach sofort in den Englischen Klub zurückzufahren und ihre Partie Piquet zu Ende zu spielen.[153]

Auch ich bin fähig, jetzt nur ins Theater zu kommen, um ein oder zwei meisterhaft deklamierte Monologe Famussows und Tschazkis anzuhören und danach wieder zu gehen, so zärtlich liebe ich Gribojedows Verse und ihn selbst, obwohl ich noch nicht einer engen Freundschaft zu ihm würdig wäre.«

»Auch ich trete für viele alte Traditionen ein, für schöne Konventionen, für Techniken, die sich herausgebildet haben, für Intonationen und Betonungen, die zu Traditionen geworden sind«, sagte [der erste Schauspieler der Truppe] mit seinem weichen Tenor. »Verse kann man nicht wie Prosa sprechen, und ›Verstand schafft Leiden‹ ist kein Realdrama, sondern ein Theaterstück mit allen formalen Bedingtheiten des Theaters, es wäre vergebens, wollte man sie verbergen.«

»In einem Archiv!« tönten wieder [Stimmen] dazwischen.

Die Äußerung des ersten Schauspielers verschärfte die Leidenschaften noch. Alle begannen auf einmal zu sprechen und stürzten sich in den Kampf. Der Regisseur konnte kaum die Ordnung aufrechterhalten.

»Lassen Sie mich reden, und unterbrechen Sie mich nicht«, rief er und griff zur Schelle, als hielte er sich auf gefährlichem Posten bei heranziehendem Sturm am Steuerruder fest.

»Ich will von der Bühne die Melodie von Gribojedows Versen hören. Ich will mich an ihrem Wohlklang wie an der Arie einer italienischen Oper ergötzen.«

»Gribojedow und die italienische Oper!« ereiferte sich ein anderer aus dem Kreis der Ehrwürdigen. »Und die ›Millionen Qualen‹ von Tschazki, die sind wohl nebensächlich?«

»Ich sage nicht, daß mir die Ideen Gribojedows unwichtig wären«, entgegnete der erste Schauspieler, »ich spreche von Versen und Musik, die ich im Theater liebe.«

(Der erste Schauspieler sagte nie, was er dachte, er äußerte sich vielmehr so, daß man ihm widersprach und das sagte, was für ihn interessant war.)

»Dann würde also nach deiner Meinung Gribojedow seine wohlklingenden Reime über alles stellen? Um ihretwillen hat er sich wohl hingesetzt und das Stück geschrieben?« fragte einer der Schauspieler wie bei einem Verhör.

»Ich weiß nicht, was Gribojedow eigentlich zum Schreiben veranlaßt hat, aber mir ist klar, daß er auch seine Reime liebte«, erklärte der erste Schauspieler ungewöhnlich ruhig.

»›Auch‹ bedeutet ja nicht ›vor allem‹ oder ›ausschließlich‹, nicht wahr«, bohrte der Schauspieler weiter. »Aber von den Reimen und der Musik in den Versen abgesehen, was liebst du noch an ›Verstand schafft Leiden‹?«

»Gribojedows freien Geist!«

»Ausgezeichnet. Jetzt antworte wahrheitsgemäß: Hast du bei irgendeiner Inszenierung gesehen, daß dieser freie Geist Gribojedows auf der Bühne in gebührender Form wiedergegeben wurde?«

»Gewiß doch, da gab es herrliche Darsteller«, antwortete der erste Schauspieler.

»Wen? Sag ihre Namen!«

»Samarin, Schtschepkin, Lenski, Schumski.«

»Hast du sie noch gesehen?«

»Nein.«

»Ich habe sie auch nicht gesehen. Also zählen sie nicht.«

»Aber ich kenne den lieben Sascha Lenski noch«, schwelgte wieder der alte Regisseur in seinen Erinnerungen. »Einzigartig hat er gespielt! Vorzüglich!«

»Und hat er wirklich alle für Gribojedow wichtigen Gedanken, Ideen, Nuancen und hauptsächlich auch Gefühle richtig wiedergegeben?« fragte ihn der Schauspieler weiter aus.

»wer will denn wissen, welche Gedanken, Ideen und Gefühle ihm wichtig waren?« Mit diesen Worten lenkte der alte Regisseur die Diskussion auf das Hauptthema.

»Was heißt, wer will wissen? Kannst du nicht zwischen den Zeilen lesen?«

»Nee.«

»So will ich dir mal helfen.«

»Bitte, tu es!«

»Also, ich versuche es mal — da ist die Liebe zu Rußland.«

»Alle Tschazkis lieben Rußland und zerschmettern seine Feinde, und wie!« hänselte der alte Regisseur.

»Besteht denn die Liebe nur darin, daß man andere zerschmettert?«

»Ich glaube schon. Und was denkst du?« fragte der alte Regisseur unschuldig, indem er sich dumm stellte.

»Im Kummer und Leiden um die Wildheit und Wirrnis im Vaterland«, soufflierte jemand.

»Ich verstehe«, stimmte der alte Regisseur zu. »Und weiter?«

»Im Wunsche, alle, die den Fortschritt behindern, zur Vernunft zu bringen, sie von ihren Fehlern zu überzeugen und sie zu bessern«, ergänzte eine der jungen Kleindarstellerinnen.

»Auch das verstehe ich, schönes blondes Kind«, sagte der alte Regisseur aufmunternd.

»Darin liegt aber ein Haken«, sagte mein Freund. »Alle Tschazkis brüllen, überschütten das Land mit Vorwürfen, reißen zwar die Leidenschaft in Fetzen, aber lieben Rußland nicht. Brülle weniger und liebe mehr, dann werde ich dir eher glauben, daß du Alexander Gribojedow oder Alexander Tschazki bist.«

»Was verlangt ihr denn noch von meinem Sascha Tschazki?« forschte der Regisseur.

Alle begriffen seine Taktik als Regisseur, taten aber so, als ob sie das nicht bemerkten und verhalfen so dem Gespräch auf die richtige Bahn.

Ich mußte leider vor Ende des Gespräches gehen ...

[Ich war zur Direktion gerufen worden.]¹⁵⁴

»Für wie lange wollen Sie also um Urlaub bitten«, fragte mich mit leblosem Gesicht und schläfriger Intonation Verwaltungsdirektor Rubljow.

»Erst einmal bis Spielzeitende«, antwortete ich.

»Spielzeitende ... aha«, wiederholte er, »verstehe.«

»Aber, Namensvetter! Guter Freund! Das hätte ich nicht erwartet. Wir schätzen Sie so, aber Sie ...« [rief ein alter Schauspieler, der gerade im Zimmer war].

»Waleri Ossipowitsch!« unterbrach ihn der Direktor.

»Verzeihung.«

»Was veranlaßt Sie denn, um Urlaub zu bitten mitten in der Spielzeit?« forschte der Direktor.

»Was mich veranlaßt?! ... Ein Unglück, eine Katastrophe!« antwortete ich mit zitternder Stimme. »Ich habe mir das Bein gebrochen, bin in eine Luke gestürzt und habe eine Gehirnerschütterung. Mich hat der Typhus erwischt mit allen möglichen Komplikationen!!! ...«

»Soso, verstehe! Aber Sie können doch gehen, sind, Gott sei Dank, munter und voller Kraft.« Er sah mich an und lächelte schläfrig.

»Die Füße bewegen sich, aber mein Herz ist tot. Begreifen Sie doch! ... Meine Seele hat eine furchtbare Erschütterung erlitten. Ich habe Typhus in der Seele mit vierzig Grad Fieber. Besteht denn der ganze Ernst einer Krankheit und Katastrophe nur darin, daß man äußerlich Frakturen und körperliche Leiden erkennt? Seelisches Leiden, eine Krankheit und Katastrophe in der Seele sind hundertmal gefährlicher und schlimmer, besonders für uns Schauspieler, die wir auf der Bühne nicht mit den Füßen, sondern mit unserer Seele gestalten. Hätte ich nur ein Bein gebrochen, dann würde man mich auf einer Tragbahre auf die Bühne bringen, aber ich könnte sprachlich gestalten. Doch mit einer kranken und erschütterten Seele kann ich auf der Bühne nicht auftreten und spielen.«

»Namensvetter! Namensvetter! Lieber, Guter!« jammerte Waleri Ossipowitsch. »Und Lisaweta Nikolajewna?« ... rief er, sich nach dem in der Nähe sitzenden Regisseur Bywalow umsehend, dessen Manieren er kopierte.

»Zur Ordnung ...« pochte der Direktor und sah ihn gelassen an.

»Verzeihung, Verzeihung«, sagte Waleri Ossipowitsch mit galant angedeuteter Verbeugung und lehnte sich wichtigtuerisch auf den Stuhl zurück, wobei er die Augen verdrehte.

»Vielleicht verstehen Sie«, wandte ich mich erneut an den Direktor, »es geht nicht darum, daß ich nicht spielen will. Im Gegenteil, ich möchte sehr gern. Mir fällt sehr schwer, was ich jetzt erlebe, auch das, worum ich bitte. Ich will durchaus spielen, aber ich *kann* es *nicht*, moralisch und seelisch nicht. Wenn ich dazu körperlich außerstande wäre, gäbe es nichts zu besprechen. Ich würde Ihnen einen Zettel schicken: ›Habe mir das Bein gebrochen und kann sechs Monate nicht spielen.‹ Zum Unglück aber bin ich innerlich, seelisch dazu außerstande. Das ist etwas Unsichtbares, und deshalb überzeugt es keinen. Niemand glaubt mir. Schrecklich!«

»Hinsichtlich unsichtbarer Motive bin ich als Mann der Praxis kein großer Kenner. In dieser Angelegenheit müssen Sie sich schon an einen Spezialisten wenden.

Und Ihre Meinung? Was sagen Sie zu einem Urlaub des Schauspielers Fantassow?« fragte der Verwaltungsdirektor den finster dasitzenden Schauspieldirektor M.

»Waleri Nikolajewitsch ist in unserer Truppe eine viel zu bedeutende Person«, begann er, »als daß seine Krankheit nicht ernste Folgen für die Arbeit hätte.« Er schmeichelte mir. Und diese Schmeichelei, ich gestehe es, war mir nicht unangenehm. Das hinderte mich aber nicht, die Gelegenheit zu benutzen, um einige alte Schauspielerrechnungen vorzulegen.

»Deshalb spiele ich wahrscheinlich für Igralow in Zweitbesetzung, wenn dem uninteressante Rollen nicht in den Kram passen«, warf ich ihm vor.

»Die zweite Besetzung wird nicht von mir, sondern vom Regisseur festgelegt«, sagte M. widerborstig.

»Zur Ordnung ...«, brummte der Verwaltungsdirektor leise und kaum verständlich, ohne aus dem Papier aufzublicken, das er gerade las. »Also, was schlagen Sie vor?« wiederholte er seine Frage.

»Uns bleibt nichts anderes übrig, als Waleri Nikolajewitsch schnellstens in allen Rollen umzubesetzen. Das ist eine Riesenarbeit, denn er ist gegenwärtig im ganzen Repertoire beschäftigt. Und in der nächsten Woche, wenn schon die Proben laufen, wird man schnellstens auch alle Stücke mit Igralow wiederaufnehmen müssen.«

»Sie werden keine Kasse machen, weil sie viel zu abgedroschen sind«, bemerkte jemand.

»Wir tun es nicht wegen der Einnahmen«, erklärte der Verwaltungsdirektor, »sondern um das Theater nicht zu schließen. Stünde Wolin zur Verfügung, könnte man dessen Stücke erneuern. Er ist aber noch nicht aus dem Urlaub zurück, eine ziemlich ausweglose Lage.«[155]

»Wie Sie also gesehen haben, hängt mein Schicksal nicht von einem Spezialisten, sondern von Ihnen ab, dem Mann der Praxis«, wandte ich mich bereits etwas ungeduldig an den Verwaltungsdirektor.

»Verstehe schon«, murmelte er vor sich hin. »Soll die Praxis entscheiden. Wie ist die Finanzlage?« fragte er den Hauptbuchhalter.

»Per 28. belaufen sich die Ausgaben auf 501 270 und die Einnahmen auf 308 274, das ergibt ein Minus von 192 996.«

»Trifft mich die Schuld?« fragte der Verwaltungsdirektor.

»Die ganze Vorschußsumme ist aufgebraucht, ja überzogen worden.«

»Aufgebraucht ...«, wiederholte der Verwaltungsdirektor, »so, verstehe ... Und andere Ressourcen des Theaters?«

»Was für Ressourcen? Ein Verwaltungsdirektor — das ist unsere einzige wirkliche Ressource.«

»Über mich reden wir später.«

»Namensvetter, Namensvetter! Zum Schluß sage ich dir ...«, begann Waleri Ossipowitsch erregt.

»Zur Ordnung ...«

»Verzeihung!«

»Die Rolle des Heinrich könnte Igralow übernehmen«, erklärte M., »auch den Rostanew.«[156]

»Was? ... Igralow den Rostanew?! ... Hat er denn den Nerv für die Rolle? Das Temperament, den Rhythmus, die Gutmütigkeit, das Kindliche, die ganze Gestalt?! Da wäre es besser, das Stück aus dem Spielplan zu nehmen, als es zu verstümmeln.«

»Natürlich wäre das besser«, gab M. aufrichtig zu. »Aber es geht einfach nicht.«

»Wie?! Igralow, dieser superschöne, in sich selbst verliebte kalte Räsoneur, der seine Rollen nur technisch vorführt! Und plötzlich das naive Kind, der wahrheitsliebende Rostanew!! An den Stellen, wo er, sich selbst vergessend, wie toll hinter der Wahrheit herjagt, wird Igralow kokettieren, posieren und nicht die Rolle, sondern *sich selbst* in der Rolle zeigen. Am meisten kränkt mich aber, daß ich kaltblütig zusehen soll, wie man über meine eigenen Schöpfungen verfügt, in denen mein Blut fließt, mein Puls schlägt und mein Geist lebt. Einer Mutter nimmt man das eigene Kind weg und übergibt es vor ihren Augen einer Rivalin, die es nicht lieben wird und nicht lieben kann.«

Die Zwangslage hatte mich rasend gemacht.

»Wohl schon eifersüchtig?« fragte mich D., der mich seit längerem beobachtete.

»Nein. Ich bin nicht eifersüchtig, aber tief beleidigt über die Einstellung des Theaters zu mir.«

»Was für eine Einstellung«, erkundigte er sich ruhig.

»Na, was für eine! Man nimmt mir meine Rollen ab und teilt sie vor meinen Augen untereinander auf.«

»Jawohl, mit erstaunlicher Bereitschaft kommt man Ihrem Wunsch entgegen.«

»Meinem?« sagte ich erstaunt.

»Wessen denn? Wollten Sie nicht für die ganze Spielzeit beurlaubt werden? Um das zu tun, muß man Sie zuvor in allen Rollen umbesetzen.«

Mir blieb die Sprache weg.

»Glauben Sie etwa, es mache Spaß, dem Ensemble die besten Stücke kaputt zu machen und die äußerst langweilige Arbeit einer hastigen Umbesetzung des Hauptdarstellers zu übernehmen? Es ist ein Quatsch, sechs alte, schal gewordene Stücke neu aufzumöbeln.«

»Wie dumm!« Meine Entrüstung galt mir selbst. »Ich allein bin einzig schuld an allem, auch an meinen eigenen Aufregungen jetzt, und beschuldige andere, die gar nichts dafür können.«

»Schlimm ist es schon, wenn man eine Zweitbesetzung festlegt«, sagte D. suggestiv. »Noch schlimmer aber, wenn es sich um eine Drittbesetzung handelt! Ich habe mit halbem Ohr vernommen, daß die Regisseure den Heinrich gleich zwei Darstellern übertragen wollen.«

»Gleich zwei?!« fragte ich schwermütig.

»Ja«, bestätigte D., »sonst müßte Igralow täglich spielen«.

»Täglich?« fragte ich zurück und fühlte mich für das Theater tief gekränkt.

»Jawohl, täglich«, antwortete D. und gab mir den Rest. »Wenn Sie dann ins Theater zurückkehren, werden Sie Ihre Rollen nicht mehr jedes Mal spielen müssen, nicht jede Woche, auch nicht aller vierzehn Tage, sondern erst beim dritten Mal, das heißt je einmal in drei Wochen. Das ist unangenehm, denn nach so langer Unterbrechung spielt man die Rolle nicht frei und begeistert, sondern vorsichtig, gleichsam stark gebremst, und das verhindert, sich dem Schaffen ganz hinzugeben.«

»Ja, das stimmt«, sagte ich.

Währenddessen rief der alte Regisseur Bywalow sehr laut, wahrscheinlich, damit ich es hören sollte: »Aus Fantassows Gehrock ließen sich durchaus zwei Kostüme machen, gleich für beide Besetzungen, dann bleibt sogar noch etwas übrig für eine Weste der Drittbesetzung.« Dabei lachte er übertrieben, trippelte von einem Fuß auf den andern und krümmte sich schließlich, als zerreiße das Gelächter seinen dicken Leib.

Zugegebenermaßen hatte ich nicht vorausgesehen, daß meine Kostüme umgenäht würden. Und was war mit den Qualen, die ich erlebte, als ich stundenlang vor dem Spiegel stand und Linien und Falten suchte, die der Rolle die beabsichtigte äußere Gestalt geben sollten? Bald zieht man das Kostüm an den Schultern straff, bald im Rücken, bald nimmt man den Rockschoß höher, bald zieht man eine Seite der Hosen tiefer, bald hebt man die andere Seite etwas hoch. Für Sekunden ist die Linie da, die einem so lange vorschwebte, und schon wieder weg ... Und man spürt weiter ... steckt ab ... der dumme Schneider aber, der immer alles besser weiß, hat meine Forderungen in sein Schema gepreßt, und so ist es noch schlechter geworden, als es war ... Und wieder steht man vor dem Spiegel oder greift selbst zur Nadel. Und wenn man endlich findet, was man so lange gesucht hat!!! Mein Gott, welche Freude! Wie hütet man das Gefundene! Und nun fetzt man plötzlich zum Dank für alle meine Mühe vor meinen Augen seelenruhig meine Gewänder in Stücke und läßt das Los entscheiden, wer sie bekommen soll. Das Kostüm ist für den Schauspieler, was das Bild beim Kunstmaler ist. Auch wir suchen Linien und Farben! Da nimmt man plötzlich das Bild und zerschneidet es! Und warum? Weil es zu groß ist für den Rahmen! Welche Barbarei! Was für eine Lästerung! Nein, das darf nicht geschehen, Bywalow hänselt mich!!!

Doch stand eine noch größere Versuchung bevor. In meiner Nähe hielt sich U. auf. An seinem gleichmütig betrübten Gesicht sah ich, daß er schon im voraus bereit war, größte Beschimpfungen geduldig über sich ergehen zu lassen. Ich kannte diesen Gesichtsausdruck bei ihm und ahnte nichts Gutes.

»Sie gestatten doch Igralow, auch Ihre Antiquitäten zu benutzen?« fragte er ohne Hoffnung und leiernd wie ein Grammophon.

»Was für Antiquitäten?« fragte ich fast scharf zurück.

»Ein paar Requisiten«, antwortete U. mit erloschener Stimme.

»Zum Beispiel?« hakte ich ein.

»Den alten deutschen Gürtel, den Sie in der Rolle des Heinrich tragen und das Schwert aus dem ›Cäsar‹.«

»Wie? Igralow soll auch den Antonius übernehmen? Das geschieht mir wohl zum Trotz, was?«

Ich konnte die Röte nicht unterdrücken, die sich über mein ganzes Gesicht, über Hals und Nacken verbreitete.

Habe ich etwa jahrelang in den schmutzigen Läden der Antiquare und in Gerümpel gewühlt, um Herrn Igralow gefällig zu sein?! dachte ich bei mir und zögerte die Antwort noch hinaus. In den Händen meines Rivalen werden die wundervollen alten Gegenstände den Zuschauern überdrüssig und zur gewohnten Banalität.

»Die Antiquitäten trete ich niemandem ab. Ich benutze sie selbst ja kaum.« Damit schnitt ich das Gespräch wie mit einem Messer ab.

»Na schön, dann eben nicht. Werde ich so bestellen«, sagte der arme U., zuckte mit den Achseln und verließ mich still und gelassen.

»Nun aber Schluß mit dem Gram«, flüsterte mir D. freundlich zu, als hätte er sich gleichsam an meiner Schauspielereifersucht ergötzt, und faßte mich von hinten bei den Schultern. »Spielen Sie selber alle alten Rollen weiter und verzichten Sie meinetwegen auf den Tschazki.«

»Auf welchen Tschazki«, fragte ich und klammerte mich an D. an.

»Auf Gribojedows!« bestätigte er ruhig.

»Bin ich etwa dafür vorgesehen?« fragte ich mit einem Zittern in der Stimme.

»Allerdings.«

Diese Nachricht war für mich so unerwartet, so schmeichelhaft und erfreulich, daß ich dem Theater und den Regisseuren alle Kränkungen verzieh.

Lange schon habe ich keinen jungen Menschen gespielt. Es wurde Zeit. Nach den vorhergehenden Erfolgen ist das gut. [Sofort fiel mir Tschazkis erster Satz ein:]

So früh schon auf — und ich zu Ihren Füßen!

»Das wird schon gelingen!« überlegte ich und probierte in Gedanken die neue Rolle an.

»Nun, dann leben Sie wohl!« sagte D. und gab mir die Hand. »Verfahren Sie so ... Tschazki soll man Igralow geben ... Bei den Damen wird er groß herauskommen.«

Bis zu dieser arglistigen Äußerung von D. hielten bei mir die Schalen der Waage genau das Gleichgewicht. Mir fiel die Entscheidung ebenso schwer, die alten Rollen weiter zu spielen, wie darauf zu verzichten. Jetzt aber, wo mir Tschazki gleichsam vom Himmel herab zufiel, gewann eine der Schalen plötzlich das Übergewicht.

Soll Tworzow entscheiden. Was er sagt, werde ich tun ...

Doch Tworzow war nicht hier, auch nicht im Theater. Nach der Vorstellung traf ich Igralow, Rassudow und Remeslow am Bühneneingang. Sie zogen ihre Pelze an und wollten gemeinsam zu Abend essen. Sie luden auch mich ein. Ich ging mit.

»Im Grunde genommen müßte man mich in die Ecke stellen, Sie aber verprügeln«, sagte mir Tworzow beinahe streng und ganz unerwartet, als ich am folgenden Tag seine Garderobe betrat, die ihm zugleich als Arbeitszimmer diente.
»Weswegen?« fragte ich erstaunt.
»Für das, was gestern geschehen ist«, ereiferte sich Tworzow. »Was sind Sie für ein Schauspieler, wenn Sie nicht mit sich selbst fertig werden. Unsere ganze Technik besteht doch darin, daß man pünktlich um acht Uhr die Bühne betritt und sich für das Stück begeistert, das auf dem Theaterplakat angekündigt ist. Sie aber wollen am Meere hocken und auf günstiges Wetter warten. Haben Sie Glück, dann erwischen Sie ein Stückchen Inspiration, und für zwei und eine halbe Sekunde entsteht ein Motschalow oder Salvini. Sie sind ein Tragöde des 29. Februar.«
»Was soll ich denn machen, so geht es mir halt. Kommt die Inspiration, dann bin ich lebendig; kommt sie nicht, bin ich leer.«
»So dürfen die Kunstmaler, Schriftsteller und Komponisten denken. Sie arbeiten bei sich zu Hause und nur, wenn es ihnen auch Spaß macht. Bei uns aber heißt es: eins, zwei, fix! Da machen wir etwas mit uns, denken an etwas, erinnern uns an etwas und weinen echte Tränen oder lachen echt, ganz aufrichtig und ehrlich, ohne Imitation und keineswegs, um überhaupt ohne Grund und mechanisch zu weinen und zu lachen, sondern weil die Lebenssituationen der Rolle uns neben unserem Willen zwingen, zu weinen oder zu lachen.«
»Auf Bestellung kann ich das nicht!« sagte ich eigensinnig.
»Ich weiß, daß Sie das nicht können ... Also lernen Sie es!«
»Das kann man nicht lernen.«
»Was?!« sagte Tworzow sofort kratzbürstig. »Wiederholen Sie, was Sie eben gesagt haben, und ich werde Sie nicht mehr grüßen. Sie sind ein Dilettant, aber kein Schauspieler. Schämen Sie sich nicht, Ihre Kunst so zu erniedrigen!«
»Wieso erniedrigen?«
»Sie bilden sich wohl ein, es wäre eine Ehre für die Kunst, wenn man sie ohne jede Technik, ohne jegliches Können, ohne jedwede Arbeit betreibt? Es existiert keine Kunst ohne Virtuosität, ohne Übung und Technik. Je größer das Talent ist, um so mehr werden sie gebraucht. Die Ablehnung der Technik erfolgt bei euch Dilettanten nicht aus bewußter Überzeugung, sondern aus Faulheit, aus Mangel an Disziplin. Kunst aber heischt vor allem Ordnung, Harmonie und Disziplin in Geist und Körper. Wie kommt es, daß Sie als Schauspieler das nicht wissen, wo schon das Kind, der Schüler und der einfache Soldat die Bedeutung der Disziplin kennen.
»Schulkind und Soldat sind eine Sache, der Schauspieler aber ...«
»Soll der Schauspieler Ihrer Meinung nach den ganzen Tag in Zylinder und Glacéhandschuhen in den Passagen umherwandeln? Oder mit einem Fräulein im Café sitzen, jedoch abends in den erhabenen Gefühlen des genialen Hamlet aufgehen? Den hat aber der noch genialere Shakespeare im Laufe vieler Jahre, Tag und Nacht arbeitend, geschaffen. Fantassow aber ist, wie sich herausstellt, noch genialer als beide. Er braucht nicht jahrelang, er braucht überhaupt nicht zu arbeiten, nicht zu denken und sich nicht einmal auf die Rolle vorzuberei-

ten. Es genügt, mit einem Fräulein in der Konditorei zu sitzen und Törtchen zu schlecken ... Und die Eingebung soll kommen! Unbegreiflich! Sitzt viele Jahre in der Schule, ist ebensolange am Theater und hat die Bedeutung systematischer Arbeit und schöpferischer Disziplin des Schauspielers nicht begriffen! Unter die Soldaten sollte man Sie stecken! Da wird Ihnen schon Disziplin beigebracht!«

»Ein Soldat ist dazu da, daß man ihn drillt.«

»Das ist nicht wahr, er soll kämpfen und die Feinde gefangen nehmen. Dafür braucht er die Disziplin! Und was für eine!! ... Sie muß stärker sein als die Todesangst. Denn wenn er nicht eine solche starke Disziplin und Haltung erwirbt, wird er nicht die Angst in sich überwinden, kann er nicht dem Tod entgegen gehen. Die Disziplin aber treibt ihn gegen seinen Willen mechanisch vorwärts in Richtung des Feindes. Ebenso ist es in der Kunst. Wenn Sie Schauspielerdisziplin und -haltung hätten ... Und was für eine! Sie müßte unvergleichlich stärker sein als die Angst vor dem Publikum, und nicht nur eine bewußte sein, sondern bis ins Unterbewußtsein reichen, bis zur mechanischen Gewohnheit entwickelt sein, dann wäre Ihnen niemals passiert, was vorgestern geschah und außerdem wäre es Ihnen nicht eingefallen, wie gestern Ihre Pflichten zu verweigern, Ihre moralische Pflicht gegenüber dem Theater und gegenüber Ihrem Ehrenwort als Schauspieler, das stärker bindet als jeder Vertrag. All das ist Mangel an Disziplin. Ohne sie läßt sich kein Publikum gewinnen, ist keine tausendköpfige Menge zu fesseln, ebenso wenig wie es ohne Disziplin möglich wäre, Soldat zu sein und den Feind gefangen zu nehmen.«

»Ich habe doch Disziplin, Technik und was ein Schauspieler braucht, wenn ich Inspiration fühle. Hauptsache in der Kunst ist das Fühlen, alles andere kommt von selbst.«

»Wa-a-as?« schrie Tworzow, vom Stuhle aufspringend und sich zu voller Größe aufrichtend.

»Ich sage, alles kommt darauf an, die Rolle zu erleben und zu empfinden, dann wird schon ...«

»Hilfe!!« brüllte Tworzow mit voller Stimme, so daß es durchs ganze Haus schallte.

Sogar der Nachtpförtner kam herbei, blieb lange vor der Tür stehen und lauschte dem, was bei uns geschah. Doch plötzlich war es ganz still. Tworzow ging in die andere Ecke des Zimmers, ließ sich dort schwer in einen Sessel fallen und versuchte stumm, sich zu beruhigen! Ich war von seinem unerwarteten Ausbruch so betroffen und perplex, daß ich ebenfalls schwieg und mich nicht rührte. Nachdem Tworzow ruhiger geworden war, trat er zum Tisch, an dem ich saß, reichte mir mit abgewandtem Blick die Hand und sagte trocken:

»Leben Sie wohl! Weiter haben wir uns nichts zu sagen.«

»Was habe ich denn getan?« fragte ich verdutzt.

»Es lohnt sich nicht, das zu erklären. Sie werden es ohnehin nicht verstehen«, sagte Tworzow eigensinnig.

»Aber trotzdem ...« Ich versuchte, beharrlich zu bleiben.

»Wenn ein Spezialist seines Faches zu einem andern sagt, das ganze Geheimnis der Kunst bestehe darin, die Rolle zu fühlen und zu erleben, und daß dann die Technik und das übrige schon komme, dann verstumme ich, dann kann ich nur mit Befremden und Kummer die Hände über dem Kopf zusammenschlagen. Sie hätten auch sagen können: ›Um gut zu spielen, muß man gut spielen‹ oder: ›Um zu gehen, muß man nur gehen‹, ›Um Dummheiten zu sagen, muß man nur Dummheiten sagen‹ oder ›Um sich zu begeistern, muß man sich nur begeistern‹!! Wozu braucht man die innere Technik denn sonst, als um das Gefühl zu wecken und das Erleben hervorzurufen und dann vielleicht im Anschluß auch die Eingebung. Andere, solche wie Sie, sagen mir: ›Um zu fühlen, muß man die Rolle nur erleben‹. Es gibt auch welche, die sagen: ›Alles kommt darauf an, daß man das eigentliche Wesen erfaßt‹ oder: ›Man fange nur an zu leben, und alles kommt von selbst‹! Nach Ihrer Ansicht bedarf es erst des Erlebens und dann der Technik. Ich aber sage mir: Wenn man einmal angefangen hat, richtig zu leben, braucht man keine Technik mehr. Dann kommt wirklich alles von selbst.«

»Das sage ich ja eben«, meinte ich hastig, um mich zu rechtfertigen.

»Nein, Sie sagen ganz etwas anderes. Sie warten auf ein zufälliges Erleben, auf eine zufällige Eingebung. Sie kommt vor, aber nur am 29. Februar, an den übrigen Tagen müssen Sie imstande sein, das Erleben auf natürliche Weise selbst hervorzurufen, und zwar jedesmal und bei jeder Wiederholung des Schaffens. Dazu aber bedarf es einer inneren Technik. Erst Technik und dann Erleben, und nicht umgekehrt wie bei Ihnen. Die Technik ist für das Erleben da, aber nicht das Erleben für die Technik. Wenn die Rolle erlebt ist, dann sind neunundneunzig Prozent des Schaffens schon getan. Es genügt ein Hundertstel, um das Erlebte zu offenbaren.

Am Anfang aber, wenn es noch nichts Erlebtes gibt, bedarf es neunundneunzig Hundertstel Technik und nur ein Hundertstel Erleben.«

»In dem Fall tauge ich weder zum Soldaten noch zum Schauspieler. Um so dringender muß ich vom Theater abgehen.«

Ehrenwort, ich war mit den besten Absichten gekommen, wollte bleiben, mit allem einverstanden sein, nicht nur die alten Rollen weiterspielen, sondern auch den Tschazki neu erarbeiten. Aber weil ich Tworzow in solchem Zustand nicht leiden kann oder weil ich es nicht ertrage, daß man mich ausschimpft, versteinerte etwas in mir. Wahrscheinlich ist das Eigensinn, der wie ein Pfahl die Seele versteift oder wie ein verhärtetes Gefäß beim Sklerotiker wirkt. Vielleicht rührt das auch von der schauspielerischen Eigenliebe her oder von Spuren starken schauspielerischen Dünkels ...

Aber auch Tworzow ist eigensinnig in seinem Haß auf Schauspielerdilettanten im schlechten Sinne des Wortes. Steht er einmal im Kampf mit ihnen, dann ist er unerbittlich, starrsinnig und hart.

Stahl gegen Stein gibt Funken! Und unsere Begegnung versprach nichts Gutes. Ich spürte das, aber innerlich förderte und verschärfte etwas unsere beiderseitige Unversöhnlichkeit. In solch einem Zustand kann man einander viele Dinge sagen, die man Monate lang bereut. Man sollte einfach auseinandergehen.

Auseinandergehen aber wollten wir nicht. Wir reizten unsere feindseligen Gefühle und spuckten weiter Gift und Galle — das erleichterte.[157]

[Tworzow] öffnete die Tür der Garderobe nur einen Spalt, rief den Pförtner und befahl, jetzt niemand zu ihm zu lassen. Dann schloß er die Tür ab, trat von hinten an mich heran, faßte mich bei den Schultern und sagte:

»Halten Sie die Tränen nicht zurück, weinen Sie ruhig.«

Ich brach tatsächlich in Tränen aus, wobei ich ihm die Wange benetzte. Er trocknete sie ab.

Ich bin überzeugt, daß er, falls man ihn nach den Gründen seines Verhaltens befragt, geantwortet hätte:

»Das waren eben besondere Tränen, reine, heilige Tränen eines Schauspielers.«

Tworzow ließ mich in seinem Sessel Platz nehmen, setzte sich daneben auf einen Stuhl und wartete, bis ich wieder zu mir kam und zu sprechen begann. Ich erzählte ihm, wie ich immer Erfolg gehabt, wie ich mich über jede Auftrittsmöglichkeit gefreut hatte, es allmählich aber zu dem Alpdruck der gestrigen Aufführung kam, die ich als die letzte in meiner Schauspielerlaufbahn betrachtete, da ich keine innere Kraft mehr fand, mich neuen Qualen auszusetzen und beschlossen hätte, der Bühne für immer zu entsagen.

[Tworzow] hörte mir zu, wie nur er zuzuhören verstand.

»Gott sei Dank, nun ist die Krise eingetreten. Jetzt wird alles gut gehen.« Mit diesen Worten nahm er meine Beichte auf.

Eine solche Reaktion hatte ich nicht erwartet und sah [Tworzow] erstaunt an.

»Sie wundern sich?« meinte er mit zartfühlendem Blick. »Ich werde Ihnen sagen, worüber ich mich freue. Früher, als Sie Erfolg hatten bei den Mamachen und Tantchen, bei Gymnasiasten und Frauen und schließlich bei sich selbst, waren Sie ein simpler Amateur, der sich an künstlerischer Betätigung vergnügte. Dann, als Sie zum Theater kamen und den beruflichen Schwierigkeiten unseres Faches begegneten, haben Sie sich denen geschickt angepaßt und zur Erleichterung Ihrer künstlerischen Arbeit Spieltechniken entwickelt, die ein Maximum an Erfolg bei einem Minimum an aufgewendeter schöpferischer Kraft ermöglichten. Und damit haben Sie den Psychopathinnen und sich selbst weiter gefallen. Gestern aber hat Ihnen die Kunst schließlich eine bittere Lehre erteilt. Sie ist rachsüchtig und verzeiht nicht. Nun haben Sie begriffen, daß man sich mit der Kunst nicht nur vergnügen und daß man sie auch nicht ausbeuten darf. Man muß sie sehr hoch achten und ihr sogar Opfer bringen. Diese Kunst werden Sie jetzt zu studieren beginnen. Es bricht eine neue Periode Ihres Schauspielerlebens an. Sie verwandeln sich in einen echten Künstler mit ernsten und nicht mit laienhaften Ansprüchen an sich selbst. Sie werden *nicht mehr sich in der Kunst*, sondern umgekehrt *bei sich die Kunst lieben*. Es wird Ihnen schwer fallen, sich selbst zufrieden zu stellen, dafür aber werden Sie dem seriösen Teil des Publikums besser gefallen als früher. Solch eine Verwandlung kann sich nicht schmerzlos vollziehen. Es stehen Ihnen Qualen bevor. Doch werden Sie es lernen, diese Schaffensqualen sogar zu lieben, da sie Ihnen süße Früchte bringen.«

»Was muß ich denn jetzt tun?« fragte ich [Tworzow].

»Folgendes, lieber Freund«, antwortete er. »Vor allem werde ich mich dafür einsetzen, daß Sie einen Urlaub bekommen, aber nicht zur Erholung, sondern zu verstärkter Arbeit. Arbeiten werden Sie einerseits auf den Proben zu ›Verstand schafft Leiden‹, wo Sie den Tschazki verkörpern sollen (mein Herz bebte), und andererseits unter meiner unmittelbaren Leitung in der Schule. Dort habe ich gerade den ganzen Kurs von vorne begonnen und erst zweimal Unterricht gehalten. Damit Sie den Anschluß bekommen, werde ich ihn für Sie unter vier Augen wiederholen. Wenn Sie wollen, können wir schon heute abend anfangen.«

Ich war natürlich einverstanden.

»Auf diese Weise werden Sie in der Schule *an sich selbst* arbeiten. Da wollen wir das richtige Befinden für die Bühne, bei dem allein schöpferische Arbeit möglich ist, aufbauen. Im Theater auf den Proben werden Sie *an der Rolle* arbeiten. Hier werde ich Ihnen zeigen, wie man da herangeht und wie man im Stück und in sich selbst das geistige Material zum Schaffen der inneren Gestalt einer Rolle sucht. Ich werde Ihnen ganz praktisch die Gesetze und das Wesen des Schaffensprozesses erläutern. Sie werden staunen, wie schnell Ihre Sicherheit zurückkehren wird, aber diesmal dauerhaft, unerschütterlich und fest begründet. Nach einem beziehungsweise anderthalbem Monat verstärkter Arbeit werden Sie schon um Erlaubnis bitten, auf die Bühne zu dürfen.«

»Und meinen Sie, man wird mir Urlaub geben?« horchte ich ihn aus.

»Das ist die größte meiner Sorgen«, gestand [Tworzow].

»Dumm ist es, daß Ihr Urlaub ziemlich ins Geld geht. Man wird für einen Monat etliche Stücke, bei denen Sie mitwirken, absetzen müssen. Wie soll man aber eine solche Maßnahme begründen? Mit Ihrem augenblicklichen Zustand? Man wird das nicht verstehen und sagen, ich sei zu weich und verwöhne wie üblich den Schauspieler. Nur ein echter Künstler wird verstehen, was bei Ihnen vorgeht, aber wo sind bei uns echte Künstler? Tschuwstwow, Sie ja, bitte sehr, teilweise wohl auch Rassudow, doch der denkt mehr als er fühlt.«

»Also muß ich alles von Anfang an umlernen«, schloß ich mit einer Spur Bitterkeit.

»Nein, Sie sollen nur fortfahren zu lernen.«

»Warum haben Sie mir bloß nicht schon früher gesagt, daß ich auf dem falschen Weg war?«

»Weil Sie nicht danach gefragt haben«, sagte [Tworzow] ruhig. »Es gibt Fragen, über die kann man mit dem Schauspieler nur sprechen, wenn er selbst davon anfängt. Es gab mal eine Zeit, wo ich an allen Straßenkreuzungen Unterricht hielt. Was war die Folge? Alle rissen vor mir aus wie vor der Pest. Jetzt bin ich klüger geworden und habe beschlossen zu schweigen, bis der Schauspieler soweit gereift ist, daß er von selbst fragt.«

»Und? Hat außer mir noch keiner gefragt?« ließ ich nicht locker.

»Rassudow fragt immerzu, doch mehr für seine ›Chronik‹ als für die Kunst.«

»Und Tschuwstwow?« sagte ich neugierig.

»Er befindet sich noch im Reifeprozeß, fängt aber schon an, meine Nähe zu suchen und zuzuhören. Er ist erst Kandidat.«

»Und wer noch?« bohrte ich weiter.

»Sonst niemand«, sagte [Tworzow] gleichmütig.

»Und die Studenten?«

»Ja, sie fragen und lassen sich alles sagen, aber sie nehmen es nicht auf. Sie horchen zwar hin, aber hören nicht zu. Das ist eine sehr schwere Kunst: gucken und auch hinsehen, horchen und wirklich zuhören können.«

»Haben Sie auch außerhalb des Theaters Anhänger, die von Ihnen lernen wollen«, fragte ich weiter.

»In dem Sinne nicht, doch gibt es Leute, die sich für meine Forschungen interessieren. Ich halte sie über meine Arbeiten auf dem laufenden«, erklärte [Tworzow], »und sie helfen mir, stellen Erfahrungen und Auszüge aus wissenschaftlichen Büchern zur Verfügung.«

»Und wer sind diese Leute? Schauspieler?«

»O nein, es sind Liebhaber.«

»Warum haben Sie die abwehrende Bewegung mit den Händen gemacht, als hätte ich etwas Ketzerisches gesagt?«

»Sie wissen doch besser als ich, wie unaufmerksam Schauspieler sind und wie wenig sie ihre Kunst lieben (im Vergleich zu anderen). Sie sprechen nicht von ihr, philosophieren nicht über sie und studieren sie nicht. Darüber hinaus brüsten sie sich sogar, daß sie keinerlei Kunst brauchen, sondern nur Inspiration. Das macht sie zu besonderen Menschen.«

»Warum ist das nur so?« fragte ich verwirrt.

»Weil die Schauspieler bloß Rollen lernen und sich ausschließlich nur dafür interessieren. Zeigt man ihnen, wie eine solche Rolle zu spielen ist, dann nehmen sie aus dem Gezeigten nur ein Tausendstel, verwässern dies fremde Material mit ihren eigenen Schauspielermätzchen und Kniffen. So kommt eine Rolle heraus, mit der man Erfolg haben kann. Aus mehreren solchen Rollen entsteht dann ein Repertoire, das man unter die Leute bringt. Schauspieler suchen in der Kunst den leichten Erfolg, ein angenehmes Leben, Handwerkelei, das finden sie rasch und ... setzen sich ein für allemal zur Ruhe.«

Um diese Zeit brachte man [Tworzow] von zu Hause das Mittagessen, da er wegen einer Direktionssitzung, bei der er meine Sache durchzusetzen hoffte, im Theater bleiben mußte.

Ich wollte an diesem Tage noch das Ergebnis seiner Bemühungen erfahren. So beschloß ich, auch da zu bleiben und nahm in der Kantine des Theaters statt des Mittagessens einen kleinen Imbiß zu mir ...[158]

4. AUS NOTIZHEFTEN ENDE DER ZWANZIGER, ANFANG DER DREISSIGER JAHRE

Über Bewußtes und Unbewußtes im Schaffen

I

Das Unbewußte in unserer schauspielerischen Arbeit kann während des Schaffens dadurch unterstützt werden, daß wir ihm eine allgemeine richtungsweisende Anleitung geben.

Obwohl vieles in der Arbeit des Schauspielers vom Bewußtsein unerfaßt bleiben soll, gibt es doch einen Bereich, in dem die Arbeit des Bewußtseins wichtig und notwendig ist. So müssen beispielsweise die Hauptabschnitte eines Stückes und die wichtigsten Handlungsaufgaben ins Bewußtsein gebracht, festgelegt werden und ein für allemal unantastbar bleiben ... Beim Suchen nach diesen Aufgaben, aus denen die Rollenpartitur bewußt entsteht, spielt Unbewußtes eine wichtige und große Rolle. Am besten wäre, wenn es die einzelnen Aufgaben intuitiv findet und uns unmittelbar eingibt. Sind sie jedoch bewußt gemacht sowie mit der Absicht des Dichters und der anderen Mitschaffenden an der Aufführung verglichen worden, werden sie ein für allemal fixiert und bleiben stets unverändert. Wie Meilensteine am Wege. Die weisen dem Schaffen die Richtung, in die es gehen muß. »Wie« jedoch die festgelegten Aufgaben erfüllt werden, was zwischen den Hauptabschnitten vor sich geht, das heißt wie die vorgeschlagenen Situationen, die affektiven Erinnerungen, der Charakter der Wünsche und Bestrebungen, die Form der Partnerbeziehungen, der Anpassung usw. gerechtfertigt werden, kann jedesmal variiert und vom Unbewußten bestimmt werden ... Nimmt das »Wie« ein für allemal eine konstante und unveränderliche Form an, entsteht die Gefahr, daß durch häufige Wiederholungen Schablonen und Klischees in der schauspielerischen Arbeit entstehen, die von der inneren Linie der Rolle abweichen und in mechanisches, roboterhaftes Spielen, das heißt in Handwerkelei ausarten ... Improvisation und Unbewußtes in der Ausführung des »Wie« schützen die Rolle bei wiederholten Vorstellungen vorm Erstarren, frischen unser Schaffen auf, verleihen ihm Leben und Unmittelbarkeit. Daher ist unbewußtes »Wie« bei jeder Wiederholung wünschenswert.

Es gibt nicht wenige Schauspieler, die bewußt festgelegte Rollenabschnitte leicht vergessen und andere Partiturlinien beschreiten. Sie interessiert mehr, *wie* diese oder jene Stelle ihrer Rolle ausgeführt oder gespielt wird. Dieses »Wie« bringen sie bis zur Virtuosität, bis zu bewußten und ein für allemal festgelegten Pointen. Nicht umsonst nennen wir solche Schauspieler in unserem Jargon Pointenhascher. Pointen sind ihre Linie im Schaffen. Das Unbewußte äußert sich bei ihnen nur in der Nuancierung und im Detail ihrer immer aufs neue wiederholten Pointen.

Denjenigen, die diesem Los entgehen möchten, ist zu empfehlen, jedesmal das Gegenteil zu machen. Sie sollten während des Schaffens nur an die Hauptaufgabe, an die den schöpferischen Weg weisenden Meilensteine (das »*Was*«) denken. Der Rest (das »*Wie*«) kommt dann von selber, unbewußt, und gerade durch dieses Unbewußte wird die Ausführung der Rollenpartitur immer markant, kraftvoll und direkt.

Das »*Was*« ist das Bewußte, das »*Wie*« das Unbewußte. So bewahren wir uns am besten das Unbewußte im Schaffen und helfen ihm. Indem wir nicht an das »*Wie*« denken, sondern all unsere Aufmerksamkeit auf das »*Was*« richten, lenken wir unser Bewußtsein von dem Rollenbereich ab, der die Beteiligung des Unbewußten am Schaffen erforderlich macht.

II

Die Zeit ist gekommen, ein Geständnis abzulegen. Bisher habe ich doch fast nur vom Gefühl und vom Erleben gesprochen. Alles lief darauf hinaus. Alle Lockmittel und die Technik waren darauf gerichtet, sie zu erregen.

Bedeutet das denn aber, daß ich die gewaltige und wichtige Rolle der anderen Elemente und menschlichen Fähigkeiten, wie den *Intellekt* (den Verstand) oder den *Willen* in unserem Schaffen nicht anerkenne, daß ich ihren Anteil und ihre Bedeutung im Schaffensprozeß leugne?

Nein. Im Gegenteil, ich betrachte sie als gleichwertig, als genauso wichtig wie das Gefühl. Ich vermag nicht einmal diese Funktionen aufzuteilen. Sie sind vom Gefühl nicht zu trennen.

Was hat mich jedoch bislang veranlaßt, für das Letztere einzutreten, ihm mehr Aufmerksamkeit zu schenken als seinen anderen Mitstreitern und fast die gesamte Unterrichtszeit dem Gefühl zu widmen? Dafür gibt es viele Gründe. Hier sind sie:

1. Ich glaube nicht, daß es Menschen gibt, die ehrlich (nicht aus Eigennutz oder zu anderen persönlichen Zwecken) meinen, unsere armselige (und vor allem darstellerisch konventionelle) Schauspielkunst oder ein ausgedachtes Prinzip bzw. eine ausgedachte Methode des Bühnenschaffens könnte es in irgendeinem Maße mit dem organischen, unmittelbaren, intuitiven und unterbewußten Schaffen der größten Künstlerin — der Natur — aufnehmen.

Ein solches Schaffen wirkt unmittelbar und unwiderstehlich auf die Zuschauer aller Nationalitäten und Altersstufen.

Man kann dagegen einwenden und zu bedenken geben, daß ein solch unterbewußtes und vom Bewußtsein unkontrolliertes Schaffen vom rechten Wege abweichen könnte, und daß daher vom Intellekt oder von woanders Hinweise kommen müßten, um es zu lenken.

Niemand — auch ich nicht — wird dagegen etwas sagen.

Es kann auch befürchtet werden, daß ein solch unterbewußtes Schaffen bei wenig talentierten Schauspielern mit schwachen inneren und äußeren Anlagen blaß, wenn auch richtig und überzeugend ausfällt. Natürlich, das wäre zu bedauern. Einige werden jedoch behaupten, ein solches Schaffen müßte durch herkömmliche Spielweisen verstärkt werden. Damit bin ich nicht einverstanden. Schwaches, aber echtes, organisches Schaffen ist mir lieber als ausgeklügeltes, raffiniertes, aber dennoch künstliches und konventionelles Schauspielern.

Warum?

Aus dem gleichen Grunde, aus dem mir eigene Nase, Augen und Ohren, die mir die Natur mitgegeben hat, lieber sind als genauso schöne aber künstliche Nase, Augen und Ohren, weil ich meine eigenen, wenn auch schlechten Arme und Beine mehr mag als die besten mechanischen Prothesen.

Aber was tun, wird man mir sagen, wenn dem Schauspieler Erlebnisfähigkeit abgeht? Darauf sage ich: »So ein Schauspieler hat im Theater nichts zu suchen.«

»Die Kunst des Vorführens erkennen Sie also nicht an?« wird man mich dann fragen.

»Nein, ich erkenne jede Kunst an, darunter auch die des Vorführens, und zwar deshalb, weil selbst sie ohne Erlebnisprozeß nicht bestehen kann.«

»Aber das Handwerkeln erkennen Sie nicht an?« wird man mich wiederum fragen.

»Nein. Mir ist der mittelmäßige Schauspieler, der auf der Grundlage der Natur arbeitet, lieber als ein guter Handwerkler. Mit einem Handwerkler hab ich nichts zu schaffen. Wir sind geschiedene Leute.«

2. Bekanntlich ist ja das Gefühl am launenhaftesten und daher am schwersten zu fassen. Unmittelbar auf das Gefühl einzuwirken ist schwer. Da braucht man Umwege, und die wichtigsten davon gehen über den Intellekt (den Verstand), über das Wollen (den Willen).

Mit dem Gefühl hat man's schwer. Daher sind die Mittel, um auf das Gefühl einzuwirken, weniger oder — richtiger gesagt — überhaupt noch nicht erforscht. Daher ist es meiner Ansicht nach in erster Linie erforderlich, sich mit dem Gefühl zu befassen und ihm die Bedingungen zu schaffen, die es braucht.

Bisher wurde diese Bresche in der Technik unserer Kunst durch verschiedene allgemeine, nichtssagende, tönende Worte ausgefüllt wie: »aus dem Inneren spielen«, »Erleuchtung von oben«, »echte Talente besitzen schöpferisches Feingefühl, Intuition, tragisches Pathos ...«

In der Praxis bedeuten all diese Worte nur einfaches äußerliches Spielen, Herumschreien, falsches Pathos (mit Ausnahme einzelner genialer Schauspieler und Schauspielerinnen wie M. N. Jermolowa).

An diese Worte hat man das Publikum im Verlaufe von Jahrhunderten gewöhnt. Unter der Maske echter Gefühle hat man sie den Schülern in den Schulen beigebracht, hat man geglaubt, sie seien im Theater notwendig und obligatorisch. Man hat den Leuten einzureden versucht, Bühne und Kunst brauchen gekünstelte Darstellungsweisen, sogar im Bereich des Erlebens. Jedoch im realen Leben akzeptiert niemand Theatralisches! Da kann man es nicht leiden, da lacht man drüber, hält es für unaufrichtig, für falsch, für »theatralisch« im schlechten Sinne. So entstehen zwei Gefühle, zwei Wahrheiten, zwei Lügen — die im Leben und die auf der Bühne.

Warum aber soll man der Lüge im Theater glauben, wenn man sie aus dem Leben verjagt? Weil das leichter geht? Weil sich das Publikum bereits an Verlogenes und Gekünsteltes gewöhnt hat?

Es gibt viele verzwickte Theorien, die die Lüge auf der Bühne zu rechtfertigen suchen. Sie sind bekannt genug, man braucht nicht an sie zu erinnern.

Jedoch hindert das die Zuschauer nicht daran, sich an echtem, richtigem wahrem, aus der Wirklichkeit kommendem Erleben auf der Bühne zu begeistern, unvergeßliche künstlerische Eindrücke mitzunehmen und sich sogar von ihnen erschüttern zu lassen. Das schätzen sie am meisten, das mögen sie mehr als all das andere Nachgemachte.

Wir sehen in der Praxis, daß Truppen junger Schauspieler, die nach den Prinzipien der Wahrheit von Gefühl und Erleben arbeiten, berühmte Theater, die noch auf schauspielerischer Lüge fußen, mit Erfolg bekämpft und sogar besiegt haben.

Es ist nicht verwunderlich, daß sich keinerlei Künsteleien, Philosophien und neu erfundene Thesen mit dem Schaffen der organischen Natur messen können. Wer auf der Bühne nach den Prinzipien der organischen Natur schaffen kann, ist stärker als die anderen, die das nicht können und sich daher in Künsteleien flüchten.

Tut doch der Natur keine Gewalt an!

Geht die von ihr gewiesenen Wege. Sie sind es, die ich erforsche.

Sie bestehen darin, daß Verstand, Willen und Gefühl ein unzertrennliches Triumvirat bilden, in dem jedes Mitglied beim Schaffensprozeß in gleicher Weise wichtig ist. Mal überwiegt das eine, mal das andere.

Aber gegen dieses Gesetz hat man (abgesehen von einzelnen Fällen) im Theater erbarmungslos verstoßen.

Verstandesmäßiges Schaffen, das meist nicht von innen durch das Gefühl erwärmt und vom Willen unterstützt wurde, überwog auf der Bühne sozusagen in trockener, kalter Form und hielt sich nur durch die Erfahrungen und überhöhenden technischen Mittel der Schauspieler.

Das ist die langweiligste und schlechteste Form der Bühnenkunst, und daher habe ich meine ganze Aufmerksamkeit der Emotion (dem Gefühl), dem Wollen und den Aufgaben (dem Willen) geschenkt.

Über die Groteske

Das Theater vereinigt unter seinem Dach viele schöpferische Künstler aus Literatur, Malerei, Musik, Bewegungskunst, Schauspiel-, Gesangs- und anderen Bühnenkünsten, unter denen unsere Schauspielkunst die rückständigste ist. Ihr fehlen dauerhafte, ausgearbeitete Grundlagen. Deshalb sind wir so oft benachteiligt, geraten ins Hintertreffen und sind nur Diener derer, die mit uns gemeinsam Aufführungen gestalten.

Im großen kollektiven Chor jener, die an der Schaffung einer Aufführung arbeiten, singt der Stärkste und Begabteste die Hauptstimme. Ist er ein Literat, überwiegt seine Melodie, ist er ein Regisseur oder ein Bühnenbildner, geben sie den Ton in der Aufführung an usw.

Nicht selten behandeln Literaten, Bühnenbildner, Komponisten, Musiker und Dirigenten das Theater und die Schauspieler geringschätzig. Sie steigen zu uns herab, interessieren sich nicht für unsere Kunst, kennen sie nicht und kommen nicht des kollektiven Schaffens wegen, sondern um sich selbst zur Schau zu stellen.

Viele Dramatiker nutzen die Schauspieler nicht als Mitschaffende, sondern nur als Referenten für die Texte ihrer Werke.

Einige Bühnenbildner benötigen das Bühnenportal nur als Rahmen für ihre Gemälde in Gestalt von Dekorationen. Sie nutzen die Möglichkeit aus, daß im Theater täglich und innerhalb eines Jahres riesige Zuschauermengen zusammenkommen, die sie bei gewöhnlichen Wander-, Saison- und improvisierten Ausstellungen nie haben würden.

Den armen Schauspieler brauchen solche Bühnenbildner nur, um ihn in herrliche Kostüme zu stecken, für die sie großartige Entwürfe anfertigen.

Viele Komponisten und Dirigenten benötigen den Darsteller auf der Bühne als Sänger mit guter Stimme so wie ein Instrument im Orchester.

Selbst viele Regisseure benutzen Bühne und Schauspieler nicht zum kollektiven Schaffen und zur Ensemblebildung, sondern um sich selber herauszustreichen, um angeblich von ihnen entdeckte »neue Prinzipien«, »neue Schaffensgesetze« und sogar ganze »neue Kunstrichtungen« anschaulich zu demonstrieren.

Solche »Regisseure« benutzen den Schauspieler nicht als schöpferische Kraft, sondern als Schachfigur und schieben ihn von einem Feld aufs andere, ohne dabei innere Rechtfertigung für das zu fordern, was sie den Schauspieler auf der Bühne tun lassen.

Ich zweifle nicht daran, daß ein wirklich begabter Bühnenbildner, der früher nach den Prinzipien des Impressionismus, Kubismus, Futurismus, Abstraktionismus oder des Neorealismus gemalt hat oder es heute noch tut, seinen Grund dafür hat, und zwar keineswegs, um exzentrisch zu wirken oder aufzufallen. Er ist ja durch langes Suchen, schöpferische Qualen, Ablehnung und Anerkennung, Mißgriffe und Erfolge, Begeisterung und Enttäuschung zur betonten Schärfe seiner Malweise gekommen und ändert ständig Altes, wenn neue Forderungen der ewig suchenden und vorwärts drängenden Phantasie ihn überflügeln.

Aber unsere Schauspielkunst ist noch nicht so weit, daß wir Schritt halten könnten mit den anderen Künsten, insbesondere mit der Kunst echter, linksstehender Bühnenbildner. Wir haben auf der Bühne noch nicht einmal einen echten Realismus, der sich vergleichen ließe mit der längst überlebten und vergessenen Kunst der »Wanderaussteller«.[159]

Aber das kümmert die anderen Schöpfer einer Aufführung nicht. Die Bühnenbildner kommen genauso wie Literaten und Musiker mit ihrem Gepäck zu uns ins Theater und wollen nicht zurücktreten, nur weil unsere Kunst noch so rückständig ist. Viele von ihnen schaffen ihre Werke, ohne den Erfordernissen und Bedingungen gerecht zu werden, die unsere rein schauspielerische Arbeit braucht. Sie verlangen von uns, genau das auszuführen, was nicht für unsere Kunst, wohl aber für ihre Künste, die Bühnenbildnerei, Musik und Literatur ausschlaggebend ist, die ja auf einer weit höheren Stufe stehen.

Wie soll sich der Schauspieler da verhalten?

Wenn sich nun einmal der Bühnenbildner nicht zu uns herablassen will, müssen die Schauspieler wohl oder übel, entgegen ihren Kräften und Möglichkeiten, zum Bühnenbildner hinaufkraxeln.

Bei den *echten Künsten des Erlebens und Vorführens* gelingt es uns überhaupt nicht, die Forderungen der Bühnenbildner zu erfüllen, weil nämlich ihr Verlangen *die Kunst* tötet, weil sie mit Gewalt *das Erleben* vernichten, ohne das *echtes schöpferisches Wirken* unmöglich ist.

Da bleibt nichts anderes übrig als herabzusteigen auf die Ebene des *Handwerkelns* und dort ohne Gewissensbisse die vom Bühnenbildner gelieferte äußere Form äußerlich zu kopieren, nachzuäffen und aufgesetzt darzustellen, ohne sich um innere Begründungen zu kümmern. Der Schauspieler müßte also das Rechtfertigen seines Handelns auf der Bühne unterlassen, das zu den Hauptprozessen seines Schaffens gehört. Zu dieser gewaltsamen Unterlassung kommt es, weil wir es nicht verstehen und vermögen, die vorgeschlagenen Situationen und das magische »Wenn nun aber« zu schaffen, um den gekünstelten, verschrobenen, unnatürlichen bühnenbildnerischen, literarischen und anderen Entwürfen linksgerichteter Künstler Glauben zu schenken und sie zu fühlen. Die übermäßigen Anforderungen der fortschrittlichen Malkunst und unsere eigene Rückständigkeit zwingen den Schauspieler, Handwerker zu sein.

Da kommt uns, dem Bühnenbildner und den anderen Mitschaffenden an einer Aufführung der gefällige, anpassungsfähige und geschickte Regisseur von der pseudolinken Richtung im kritischen Augenblick zu Hilfe.

Sein Linksradikalismus ergibt sich nicht daraus, daß er uns auf dem Gebiet echter Schauspiel- und Bühnenkunst schon überrundet hätte. Nein. Er hat sich von den alten, ewigen Grundlagen echten Schaffens, das heißt vom Erleben, von der Natürlichkeit und der Wahrheit nur deshalb losgesagt, weil sie ihm nicht liegen. Dafür denkt er sich dann das aus, was seinen Kräften gemäß ist, und dieses Ausgedachte macht er zur Grundlage einer angeblich *extrem linken neuen Kunst*.

Er weicht zurück, behauptet aber, er schreite voran.

Um sein Manöver zu tarnen, hält so ein pseudolinker Regisseur mit schwülstigen Worten eine Reihe nebulöser Vorträge über die verzwicktesten Themen, in denen er sich selber nicht immer auskennt. Dabei helfen ihm Tageslosungen, die ihn wie Panzer und Wehr gegen die Schläge seiner Gegner schützen. Mit seinen Ausführungen erwirbt er sich zahlreiche Adepten aus den Reihen der unreifen Jugend und solcher Pechvögel, die die Grundlagen *echter ewiger Kunst* noch nicht oder für immer vergessen haben.

Nicht selten nehmen Bühnenbildner und andere unserer Mitschaffenden die schönen Phrasen und effektvollen Losungen der falschen Neuerer für bare Münze, da sie selber nichts von Schauspielkunst und Regiearbeit verstehen. Gute Bühnenbildner, Literaten und falsche Neuerer machen sich nun gemeinsam ans Werk, um die Schauspieler zu bearbeiten, und diese sind dann diejenigen, die am meisten zu leiden haben und mißhandelt werden.

Früher, vor noch gar nicht allzulanger Zeit, malten die Bühnenbildner auf ihren Skizzen lange Arme, Beine und Hälse, herabfallende Schultern, blasse, magere, schmale und plattgedrückte Gesichter sowie stilvolle Posen, die in Wirklichkeit fast überhaupt nicht auszuführen waren. Die Regisseure mit ihrem falschen Neuerertum haben mit Watte, Pappe und Gestellen versucht, die lebenden Körper der Schauspieler nach den Skizzen umzugestalten und tote, seelenlose Puppen aus ihnen zu machen. Darüber hinaus hat man uns gezwungen, die unwahrscheinlichsten Posen einzunehmen. Dann hat man uns zum Zwecke »abstrakter« Kunst beibringen wollen, während eines ganzen Stückes reglos in erstarrter Pose dazustehen und unseren Körper ganz zu vergessen, um Werk und Worte eines Dichters besser zum Ausdruck zu bringen. Aber dieser Zwang hat das Erleben nicht gefördert, sondern nur behindert.

Dann sollten unsere Körper kubistische Formen annehmen, und wir dachten nur noch daran, quadratisch zu erscheinen. Aber auch solche Geometrie half der Kunst des Schauspielers nicht.

Man läßt uns über Bühnenboden und Treppen kriechen, über Brücken laufen und aus großer Höhe herunterspringen. Man hat uns nach Manier der neuen Malweise mehrere Paar Brauen auf die Gesichter sowie verschiedenfarbige Dreiecke und runde Flecken auf die Wangen gemalt.[160]

Warum haben die Schauspieler damals nicht protestiert? Warum haben sie nicht gesagt: »Laßt uns doch erst einmal lernen, unsere Rollen mit zwei Brauen gut zu spielen. Reichen die nicht aus, um die innerlich entstandene geistige Substanz zum Ausdruck zu bringen, können wir immer noch über die dritte Braue reden. Dann werden wir euch schon selber sagen: Wir sind bereit und innerlich so angereichert, daß uns zwei Brauen nicht reichen, um das Erlebte wiederzugeben! Gebt uns ein Dutzend!!

In dem Augenblick tut die Figurine eines linksgerichteten Bühnenbildners unserer Natur keinen Zwang an, sondern leistet uns sogar noch einen guten Dienst.

Aber vier Brauen auf einem fremden Gesicht, die sich nicht aus innerer Notwendigkeit ergeben, sondern nur Bühnenbildnern und Pseudoregisseuren zum Erfolg verhelfen sollen? Nein, entschuldigen Sie, da muß ich protestieren!«

Die den Schauspielern angetane Gewalt hat schließlich die richtige, normale, natürliche und allmähliche Entwicklung der *reinen Schauspielkunst* vollends zum Stehen gebracht. Dessen nicht genug — der vorzeitige und gewaltsame Linksradikalismus hat uns um viele Jahre zurückgeworfen. Er hat nicht wenige junge Schauspieler verdorben. Viele von ihnen kommen verzweifelt und ratsuchend zu mir. Aber entartete Körper und verrenkte Seelen kann man nicht wieder geradebiegen.

Das ist ganz natürlich und verständlich, da jeder Zwang in der Schablone endet. Je stärker der Zwang, um so schlimmer, abgedroschener und verschlissener die Schablone, um so verdorbener der Schauspieler. In supermodernen Kostümen mußten wir mit den überlebtesten Tricks aus den Zeiten unserer Großmütter spielen. Je stärker die auf die Bühne übertragenen Mal- und anderen Künste nach links ausglitten, um so mehr gingen die Schauspieler beim Ausführen des Unausführbaren *nach rechts.*

Bislang sprach ich von begabten Bühnenbildnern, die zuweilen in einer ganzen Aufführung den Ton angeben.

Weitaus häufiger kommen Neuerer in Anführungsstrichen zu uns ins Theater, die große Leinwände von Dekorationen bemalen, weil kleine Bilder ihnen überhaupt nicht gelingen. Sie machen Dekorationsmodelle, weil sie keine Entwürfe zeichnen können.

Einen solchen »Maler« ersuchte ich einmal, mir von einem Bild das Gesicht eines ganz gewöhnlichen Menschen mit zwei Brauen und einer Nase abzumalen. Er konnte es nicht. Ich machte es besser.

Wenn solche Leute zu bestimmen haben, wird all das von mir Beschriebene um ein Vielfaches schärfer, und die Ergebnisse für den Schauspieler und seine Kunst werden noch schlimmer und gefährlicher.

Zum Glück sind die »neuen Strömungen«, für die wir noch nicht reif genug sind, genauso schnell gegangen wie gekommen. Verständlich. Sie waren ja keine natürliche Evolution in der Schauspielerei, sondern nur eine künstlich hineingetragene Mode. Die lebt nicht lange.

In letzter Zeit hat sich in vielen Theatern, die sich für fortschrittlich halten, die sogenannte »Groteske« breitgemacht. Man beachte, daß ich diese Bezeichnung in Gänsefüßchen setze, da diese Modeerscheinung für mich eine *Pseudogroteske* ist, im Unterschied zur echten Groteske, von der ich noch reden werde.

Leute mit abgestumpftem Geschmack haben sich gierig auf diese Pseudogroteske gestürzt und sie zur Grundlage ihrer Kunst gemacht. Sie wollen nicht glauben, was auf der Bühne vor sich geht und sich lieber im Theater unterhalten lassen, ohne tief in die Seelen der Rollen und ihrer Darsteller zu schauen. Außerdem kommt ihnen echtes Erleben fade und — schwierig vor. Wie übersättigte Feinschmecker, die jede Speise mit Pfeffer, Gewürzen und Soßen versetzen, halten es die Liebhaber der Pseudogroteske für unzulässig, daß ordentliche Menschen und »neue Schauspieler« auf natürlichem Wege an die Rollen herangehen. Sie brauchen Verschiebungen und Windungen, die sie in Vorträgen mit schwülstigen Worten, mit ausgefallenen und verworrenen wissenschaftlichen Theorien zu rechtfertigen suchen. Durch die Pseudogroteske sind zahlreiche Theater entstanden, die ausnahmslos alle Stücke übertrieben spielen und dadurch das Wahrheitsgefühl bei Schauspielern und Zuschauern verrenken.

Um die Gefährlichkeit der Pseudogroteske verständlich zu machen, möchte ich anstelle einer Erklärung erzählen, was *echte Groteske* ist. Vergleicht man sie mit der Pseudogroteske, begreift man, um welche Gefahr es sich handelt.

Echte Groteske ist der *vollständige, auffallende, treffende, typische, alles erschöpfende und einfachste äußere Ausdruck für einen großen, in die Tiefe gehenden und gut erlebten inneren Gehalt einer Rolle und des künstlerischen Wirkens eines Schauspielers.* In einem solchen Erleben und Verkörpern ist nichts überflüssig, sondern alles notwendig.

Für die Groteske müssen die menschlichen Leidenschaften nicht nur in allen ihren Bestandteilen gefühlt und erlebt, sondern auch noch verdichtet und in ihrer Darstellung möglichst anschaulich, in ihrer Ausdrucksstärke unwiderstehlich, gewagt und kühn gemacht werden, so daß sie an die Übertreibung und zuweilen sogar an die Karikatur grenzen. Die Groteske darf nicht unverständlich und fragwürdig sein. In geradezu dreister Weise muß sie bestimmt und klar sein. Es wäre schlimm, wenn der Zuschauer bei einer Groteske fragen würde: »Sagen Sie bitte, was bedeuten denn die vier Brauen und das rote Dreieck auf den Wangen der Schauspieler?«

Schlimm, wenn man dann zu erläutern hätte:

»Sehen Sie, der Maskenbildner wollte einen stechenden Blick darstellen. Aber da Symmetrie beruhigt, hat er hier einen Krakel gemacht« usw.

Das wäre das Grab jeglicher Groteske. Sie würde sterben, und an ihre Stelle träte ein einfaches Bilderrätsel, genauso dumm und naiv wie die, die illustrierte Zeitschriften ihren Lesern zum Raten geben.

Was kümmert mich, wieviel Brauen und Nasen ein Schauspieler hat?! Mag er vier Brauen, zwei Nasen und ein Dutzend Augen haben, wenn sie gerechtfertigt sind, wenn der innere Gehalt eines Schauspielers so groß ist, daß ihm zwei Brauen, eine Nase und zwei Augen nicht ausreichen, um ihn darzustellen. Aber wenn sich die vier Brauen nicht notwendigerweise ergeben, wenn sie ungerechtfertigt bleiben, dann wird das bißchen Substanz, um das da so viel Lärm entsteht, durch die Groteske überhaupt nicht aufgebläht, sondern nur noch vermindert. Etwas, was nicht da ist, etwas Leeres aufzublasen, erinnert mich an Seifenblasen. Ist die Form größer und stärker als der Inhalt, muß letzterer unvermeidlich im riesigen, aufgeblähten Raum einer für ihn zu großen Form unbemerkt bleiben. Das wäre ein Säugling im Soldatenmantel.

Ist jedoch der Inhalt größer als die Form, dann haben wir die *Groteske*... Aber lohnt es sich denn, sich über etwas Sorgen zu machen und aufzuregen, was es leider in Wirklichkeit fast gar nicht gibt, was in unserer Kunst eine überaus seltene Ausnahme ist?! Wer hat denn schon so oft Bühnenprodukte mit einem so umfassenden und erschöpfenden Inhalt gesehen, die zu ihrer Darstellung unbedingt die übertriebene und aufgeblähte Form der Groteske benötigt hätten, sei es im Drama, in der Komödie oder in der Farce? Wo ist denn der Schauspieler, der es vermag und wagt, bis zur echten Groteske – nicht zur Pseudogroteske – zu gehen? (Von ihm zu träumen, ist ja nicht verboten.)

Wer hat denn in seinem Leben schon eine *echte tragische Groteske* gesehen? Ich schon — die beste, die ein Mensch bieten kann. Salvinis Othello.

Ich habe auch eine komische Groteske gesehen bzw. einen Menschen, den die Natur dafür geschaffen hatte — den inzwischen verstorbenen K. A. Warlamow.

Ich habe auch von einem anderen grotesken Naturtalent — W. I. Shiwokini — so manches erzählen hören. Er kam auf die Bühne und sagte nur: »Guten Abend, Herrschaften!« In diesem schauspielerischen Extempore lag eine alles erschöpfende, grenzenlose Komik. In seiner Karikatur äußerte sich die Gutmütigkeit des russischen Menschen von damals, vielleicht aber auch eine allgemeinmenschliche Gutmütigkeit.

Aber wie oft sieht man statt echter Groteske die große, seifenblasenartig aufgeblähte Form einer äußerlichen, ausgeklügelten Pseudogroteske, der genauso wie einer Seifenblase der innere Gehalt fehlt. Das ist ein Pfannkuchen ohne Füllung, eine Flasche ohne Wein, ein Körper ohne Seele.

So beschaffen ist auch die jetzt bei uns aufgekommene Pseudogroteske. Ohne geistigen Gehalt, der sie von innen heraus entstehen ließe. Eine solche Groteske ist Fratzenschneiderei.

Ergänzend zu dem, was ich bereits zur echten und zur falschen Groteske erklärt habe, möchte ich abschließend etwas beschreiben, was ich vor kurzem erlebt habe. Man hatte mich zu einer Vorstellung von Studenten der Schule N.s eingeladen. N. hält sich bekanntlich für einen Vertreter der extrem linken Richtung in unserer Kunst.

Der Abend war keinem Geringeren als A. S. Puschkin gewidmet.

Zur Aufführung gelangten kurze, aber gehaltvolle Szenenfolgen: »Der geizige Ritter«, »Mozart und Salieri« und »Das Gelage während der Pest«.

Der Aufführung ging eine lange, wortreiche und gehaltlose Rede N.s voran.

Ich will hier nicht beschreiben, was ich an diesem Abend gehört und gesehen habe. Ich möchte lieber erzählen, was ich dem Direktor der Schule und den Lehrkräften sagte, als wir nach der Aufführung miteinander allein waren.

»Sie finden«, sagte ich, »Puschkin müßte im 20. Jahrhundert ganz anders gespielt werden, so erschöpfend, wie er geschrieben worden ist, sonst würden die von ihm geschaffenen Gestalten zu einfachen Privatpersonen oder zu historischen Alltagsgestalten zerbröckeln? Außerdem sagen Sie, Puschkin könne nur als tragische, Molière dagegen als tragikomische Groteske dargestellt werden. Diesen höchsten Grad unserer Kunst, den ich, glauben Sie mir das, mein ganzes Leben lang genauso wie wohl Sie und andere Neuerer angestrebt habe, diese vollkommenen künstlerischen Schöpfungen wollen Sie Groteske nennen. Einverstanden! Aber eines verwundert mich sehr. Sie glauben wahrscheinlich ehrlich, diese echte Groteske könnten Ihre Studenten darstellen, die noch nicht einmal gezeigt haben, was sie zu leisten vermögen, in denen nichts Außergewöhnliches steckt, die keinerlei Technik beherrschen, die überhaupt der Kunst noch nicht richtig zugewandt sind, die nicht einmal so sprechen, daß man das innere Wesen eines Satzes oder eines Wortes verspüren würde, das aus jenen Tiefen kommt, die allgemeinmenschliche Gedanken und Gefühle auszudrücken vermögen, Studenten, die noch nicht einmal innerlich die Bewegung ihres Körpers verspüren und durch Tanz- und Bewegungsunterricht nur äußerlich gelöst sind. Und diese bezaubernden ›Grünschnäbel‹, deren Augen noch zusammenkleben, lallen da etwas von Groteske?! Nein, das ist ein lächerlicher Irrtum! Man kann doch nicht mit Anfängern solche gefährlichen Versuche machen! Das sind doch keine Ratten und Versuchskaninchen! Zwang führt zur Pseudogroteske, zum Handwerkeln und zur Schablone!

Verlangen Sie lieber von Ihren Studenten *echte Groteske*. Dort liegen die fortschrittlichen Vorposten einer progressiven Richtung. Führen Sie die Jugend nicht in die angebliche, sondern in die *wirklich fortschrittliche* Richtung. Dieser Weg ist gerade, bestimmt und klar, wenn auch sehr schwierig. Er führt weder in rechte, noch in linke Abweichungen und Sackgassen. Tut er das aber für einen Augenblick, dann zu Erkundungszwecken, um die gewählte Richtung neu zu überprüfen. Ist es nicht an der Zeit, das Jonglieren mit den Begriffen ›linke‹ und ›rechte‹ Kunst aufzugeben? Das eine wie das andere wird nicht von der Qualität der Kunst und der Richtigkeit ihres Weges, sondern von irrigen Abweichungen bestimmt. Die Wahrheit liegt in der Mitte. Die Wahrheit liegt im geraden Weg nach vorn und nur nach vorn ...

5. DIE ARBEIT AN DER ROLLE (»OTHELLO«)
[1930—1933]

..... 19..

Torzows Einleitung[161]
»Das zweite Studienjahr beginnen wir mit einem recht ordentlichen Wissen, das wir in dem hinter uns liegenden Studienabschnitt erworben haben.[162] Wenn Sie zwar die Technik selber noch nicht beherrschen, so verfügen Sie doch über beträchtliche Kenntnisse, die Ihnen zeigen, wie Sie die inneren und äußeren Mittel des künstlerischen Schaffens handhaben sollen, und das ist schon sehr viel.

Sie wissen, was allgemeines (für die Arbeit bestimmtes) Befinden auf der Bühne ist und können damit an die nächste Etappe unserer Ausbildung, die Arbeit an der Rolle, gehen. Wir brauchen also eine Rolle, an der wir arbeiten können. Noch besser wäre es, wir fänden zu diesem Zweck ein ganzes Stück, in dem jeder von Ihnen einen geeigneten Part bekäme. Beginnen wir also mit der Auswahl des Stückes und legen wir fest, was wir spielen bzw. wie wir das anwenden wollen, was wir im ersten Studienjahr gelernt haben.«

In dieser Unterrichtsstunde suchten wir die Rollen, die Szenen und das Stück aus, an denen wir arbeiten wollten.

Ich will hier nicht die langwierigen Diskussionen, Auseinandersetzungen und Meinungsäußerungen beschreiben, die bei derlei Entscheidungen unausbleiblich sind. Wir kennen solche Szenen aus Liebhaberzirkeln und -aufführungen. Ich nenne lieber die Motive, von denen sich Torzow leiten ließ, als er für unsere weiteren Übungen ein Stück nahm, dem wir am wenigsten gewachsen waren und von dem er meinte, es sei für Anfänger viel zu schwierig und gefährlich.

Zu meiner großen Freude wählte er nichts Geringeres als den »Othello«.

Aus folgenden Gründen:

»Wir brauchen ein Stück, das Sie alle begeistert, und das für alle bzw. fast alle Schauspielschüler geeignete Rollen enthält. ›Othello‹ begeistert alle, und die Rollenverteilung klappt auch großartig: Puschtschin bekommt Brabantio, Naswanow — Othello, Goworkow — Jago, die Maloletkowa — Desdemona, Wjunzow — Rodrigo, Schustow — Cassio, [...] — die Emilia und Umnowych — den Dogen. Für die Dymkowa haben wir keine Rolle mehr, aber sie kann nach eigener Wahl eine Frauenrolle — Desdemona oder Emilia — in Zweitbesetzung übernehmen. ›Othello‹ eignet sich auch deshalb gut, weil das Stück viele kleine Rollen sowie Massenszenen enthält. Die verteile ich auf die Kleindarsteller unseres Theaters, mit denen ich in diesem Jahr, wie auch im vorigen, weiter nach dem ›System‹ arbeiten muß.

Wie ich bereits mehrmals sagte, ist Shakespeares Tragödie für Anfänger zu schwer und für Bühneninszenierungen zu kompliziert. Das aber bewahrt Sie davor, in dem Stück und den Rollen, die Ihre noch ungefestigten Kräfte überfordern könnten, schludern zu wollen. Ich hab ja auch nicht die Absicht, Sie diese Tragödie *spielen* zu lassen. Wir brauchen sie nur als Studienmaterial, und dazu wäre kaum Besseres zu finden. Denn daß es eines der besten Stücke ist und künstlerische Werte aufweist, bezweifelt wohl niemand. Außerdem ist es in seiner Struktur, seinem Aufbau, seinen einzelnen Abschnitten, in der Folgerichtigkeit und Logik der sich steigernden Tragödie, des Gefühls sowie in seiner durchgehenden Handlung und seiner Überaufgabe leicht überschaubar.

Und noch eine praktische Erwägung: Als Anfänger drängt es Sie vor allem zur Tragödie, und zwar meist deshalb, weil Sie noch nicht begreifen, was derartige Bühnenwerke darstellen, welche Aufgaben und Anforderungen sie stellen. Machen Sie sich recht bald und eingehend mit ihnen vertraut, damit Sie sich in Zukunft nicht unnötig und unüberlegt gefährlichen Versuchungen aussetzen.« [163]

»Jeder Regisseur hat seine Art, die Arbeit an der Rolle und das Programm zur Durchführung dieser Arbeit anzupacken. Dafür gibt es keine ein für allemal festgelegte Regeln.

Jedoch die Grundetappen und die psychophysiologischen Methoden dieser Arbeit, die wir unserer eigenen Natur entnehmen, müssen genau eingehalten werden. Die müssen Sie kennen. Ich werde sie Ihnen vorführen, und Sie werden sie dann an sich erproben und überprüfen. Das ist dann sozusagen das klassische Muster für die gesamte ›Arbeit an der Rolle‹.

Außerdem müssen Sie alle möglichen Varianten dieser Arbeit kennen, verstehen und beherrschen lernen, weil der Regisseur sie je nach Erfordernis und Verlauf der Arbeit, je nach ihren Bedingungen und den individuellen Besonderheiten der Darsteller variiert. Diese Varianten muß ich Ihnen auch vorführen. Deshalb nehme ich jedes Bild aus dem ›Othello‹ anders durch. Das erste behandeln wir nach dem klassischen Grundplan, während ich in jedes folgende ständig neue Arbeitsweisen, Ablaufpläne und Kompositionsvarianten einführe. Ich werde Sie auf jede einzelne Neueinführung aufmerksam machen.«

I. Erstes Kennenlernen von Stück und Rolle[164]

.. .. 19..

»Lesen wir also den ›Othello‹!« schlug Arkadi Nikolajewitsch zu Beginn der Stunde vor.

»Den kennen wir bereits! Haben wir schon gelesen!« klang es zurück.

»Um so besser! Dann sammeln Sie alle Exemplare ein und geben Sie sie erst wieder zurück, wenn ich es sage. Sie aber versprechen mir, sich keine anderen zu suchen und nicht ins Buch zu schauen. Da Sie das Stück kennen, erzählen Sie mir seinen Inhalt.«[165] Allgemeines Schweigen.

»Den Inhalt eines so diffizilen psychologischen Stückes wiederzugeben ist schwierig, und daher wollen wir uns für den Anfang damit begnügen, seine Fabel und die einzelnen Ereignisse zu besprechen.«

Auch auf diesen Vorschlag reagierte niemand.

»Beginnen Sie doch!« ermunterte Arkadi Nikolajewitsch Goworkow.

»Wissen Sie, dazu müßte ich das Stück gut kennen!« suchte dieser auszuweichen.

»Sie kennen es doch.«

»Entschuldigen Sie bitte, ich kenne nur die Othello-Rolle auswendig, denn sie gehört in mein Fach. Die übrigen Rollen habe ich mir nur durchgesehen«, gestand unser Tragöde ein.

»So also haben Sie das erste Mal den ›Othello‹ gelesen!« rief Torzow aus. »Sehr traurig! Vielleicht erzählen Sie uns den Inhalt des Stückes?« wandte er sich an Wjunzow, der neben Goworkow saß.

»Kann ich nicht. Um nichts in der Welt. Ich hab es gelesen, aber nicht ganz, da in meinem Exemplar viele Seiten fehlten.«

»Und Sie?« wandte sich Torzow an Schustow.

»An das ganze Stück kann ich mich nicht mehr erinnern, denn ich habe es bei ausländischen Gastschauspielern gesehen, und die kürzen ja bekanntlich alles Überflüssige, ich meine das, was nicht zu ihren Rollen gehört«, suchte sich Pascha herauszureden.

Arkadi Nikolajewitsch schüttelte nur den Kopf.

Umnowych hatte das Stück in Armawir gesehen, jedoch in einer so schrecklichen Aufführung, daß es besser gewesen wäre, er hätte sie nie gesehen.

Wesselowski hatte das Stück im Eisenbahnwagen gelesen. Daher war in seinem Gedächtnis alles durcheinandergeschüttelt, und er konnte sich nur noch an die wichtigsten Szenen erinnern.

Puschtschin kannte die gesamte Fachliteratur zum »Othello«, angefangen bei Gervinus,[166] jedoch die einzelnen Fakten des Stückes in ihrer Reihenfolge konnte er nicht aufzählen.

»Schlimm, daß ein so wichtiger Prozeß wie das erste Kennenlernen eines dichterischen Werkes irgendwo und irgendwie erfolgt — im Eisenbahnwagen, in der Droschke oder in der Straßenbahn. Noch schlimmer aber ist, daß dies meist nicht geschieht, um das Stück kennenzulernen, sondern um sich eine gewinnbringende Rolle auszusuchen.

So also lernen Schauspieler die besten klassischen Werke kennen, die sie einmal verkörpern sollen! So also gehen sie mit Rollen um, in denen sie früher oder später aufgehen, in denen sie ihr zweites ›Ich‹ finden sollen!

Dieser Augenblick des Kennenlernens einer Rolle ist mit der ersten Begegnung künftiger Liebender oder Gatten zu vergleichen. Der ist doch unvergeßlich.

Die ersten Eindrücke sind meiner Ansicht nach fast die entscheidenden. In meiner persönlichen Praxis zumindest war es immer so, daß alles, was ich zum ersten Male spürte — Gutes oder Schlechtes — sich letzten Endes stets in meinem Schaffen auswirkte. Auch wenn ich noch so von meinen ersten Eindrücken abgebracht wurde, sie behielten doch die Oberhand. Zu vernichten sind sie nicht. Sie können nur vervollkommnet oder geglättet werden. Deshalb graben sich erste Eindrücke — gute oder schlechte — tief in das Gedächtnis des Schauspielers ein und sind die Keime seines künftigen inneren Erlebens. Mehr noch — das erste Kennenlernen von Stück und Rolle drückt nicht selten der gesamten weiteren Arbeit seinen Stempel auf. Sind die Eindrücke beim ersten Lesen richtig aufgenommen, garantiert das weitere Erfolge. Geht dieses wichtige Moment verloren, kommt es nicht wieder, denn das zweite und weitere Lesen kennt nicht mehr die Momente des Unerwarteten, die beim intuitiven Schaffen so bedeutend sind. Falsche Eindrücke geradezubiegen ist schwieriger, als gleich richtige zu schaffen. *Das erste Kennenlernen der Rolle als erste Etappe* des Schaffens erfordert außerordentliche Aufmerksamkeit.

Es ist gefährlich, dieses Moment durch falsches Herangehen an ein dichterisches Werk zu verderben, denn dadurch entsteht eine irrige Vorstellung vom Stück und von der Rolle oder etwas noch Schlimmeres — *Befangenheit.* Gegen sie anzukämpfen, ist schwierig und langwierig.«

Da es die Schüler genau wissen wollten, mußte Arkadi Nikolajewitsch ausführlich erklären, was er unter Befangenheit versteht.

»Davon gibt es viele Arten. Zunächst einmal sei gesagt, daß es positive und negative Befangenheit gibt. Nehmen wir beispielsweise Goworkow und Wjunzow. Die kennen den ›Othello‹ nur teilweise. Der eine nur die Rolle des Haupthelden, und der andere weiß durch das alte und unvollständige Stückexemplar selber nicht, welche Lücken er hat.

[Goworkow zum Beispiel kennt das Stück nicht, sondern nur eine Rolle. Die findet er großartig. Er ist begeistert von ihr und beurteilt in gutem Glauben danach das ganze Stück. Ein Glück noch, wenn es ein so geniales Werk ist wie der ›Othello‹. Aber es gibt ja auch viele schlechte Stücke mit herrlichen Rollen (›Kean‹, ›Louis XI‹, ›Der Sohn der Wildnis‹ und ›Don César de Bazan‹).[167] Wjunzow kann sich anstelle der herausgerissenen Seiten seines Buches alles Mögliche vorstellen. Glaubt er daran, kann das ein Vorurteil werden, das nicht Shakespeares Absichten entspricht. Puschtschin hat viele Kritiken und Kommentare gelesen. Sind die etwa unfehlbar? Viele von ihnen reden Unsinn, und wenn man den glaubt, wird er zu einem Vorurteil, das einen daran hindert, an das Stück unbefangen heranzugehen. Wesselowski hat das Stück im Abteil gelesen und vermengt in seinen Erinnerungen Eisenbahneindrücke mit Othello-Eindrücken. Die können einander ja nie entsprechen. Ein neuer Boden für Befangenheit. Umnowych fürchtet nicht ohne Ursache, an den ›Othello‹ in Armawir zu denken. Ich würde mich nicht wundern, wenn er auf Grund seiner Eindrücke eine vorgefaßte und negative Meinung von dem Stück hätte.]

Stellen Sie sich vor, man schneidet mit einer Schere aus einem Bild eine Gestalt heraus, die wunderbar gemalt ist, oder aber man zeigt Ihnen einzelne Ausschnitte aus einem großen Gemälde. Könnten Sie danach das Bild beurteilen und es erkennen? Welche Irrtümer dadurch entstehen können! Ein Glück, daß der ›Othello‹ in all seinen Bestandteilen vollkommen ist. Wäre dem Verfasser jedoch nur ein Held gelungen, während die anderen keine Beachtung verdienten, würde sich der Schauspieler, der das Ganze nach einer Rolle beurteilt, in positiver Hinsicht eine falsche Vorstellung von dem Stück machen. Das wäre also eine Befangenheit zum Guten. Wäre jedoch dem Verfasser alles geglückt, nur der Hauptheld nicht, dann würden falsche Eindrücke und Befangenheit zum Schlechten für das Stück ausschlagen und ein böses Vorurteil für das Stück werden.

Dazu will ich Ihnen etwas erzählen.

Eine bekannte Schauspielerin hatte in ihrer Jugend weder ›Verstand schafft Leiden‹ noch den ›Revisor‹ auf der Bühne gesehen und kannte diese Stücke nur aus dem Literaturunterricht. Ihr waren nicht die Werke im Gedächtnis geblieben, sondern deren Behandlung und kritische Analyse durch unbegabte Lehrer. Die Literaturstunden im Gymnasium hatten bei

195

ihr den Eindruck entstehen lassen, daß die beiden klassischen Werke zwar großartig sind, aber ... langweilig.

Diese falsche Meinung ist auch eine Art Befangenheit. Zum Glück hatte die Schauspielerin in beiden Stücken mitzuwirken, und erst nach vielen Jahren, nachdem sie ganz in ihren Rollen aufgegangen war, gelang es ihr, sich den Splitter des Vorurteils aus der Seele zu reißen und diese genialen Werke mit eigenen Augen zu betrachten. Jetzt gibt es keine begeistertere Verehrerin dieser beiden klassischen Komödien, und sie schimpft tüchtig auf ihre unbegabten Lehrer![168]

Achten Sie darauf, daß Ihnen nicht Gleiches widerfährt, wenn Sie es mit dem ›Othello‹ falsch anfangen!«

»Man hat uns das Stück nicht im Gymnasium vorgelesen und uns auch nicht die übliche Interpretation beibringen wollen«, suchten wir uns herauszureden.

»Befangenheit entsteht nicht nur im Gymnasium, sondern auch woanders.

Stellen Sie sich beispielsweise vor, Sie hören vor dem ersten Lesen alle möglichen richtigen oder falschen, guten oder schlechten Meinungen über das Stück und kritisieren es, bevor Sie es gelesen haben. Wir Russen neigen ja nicht nur zum Kritisieren, sondern auch zu kleinlichen Kritteleien, und das ist schlimmer. Viele von uns glauben allen Ernstes, Verständnis und Wertschätzung für ein dichterisches Werk und für die Kunst überhaupt beständen darin, Mängel in ihnen finden zu können. In Wirklichkeit ist es aber unvergleichlich wichtiger und schwieriger, das Schöne zu sehen, das heißt, die positiven Seiten eines Werkes zu finden.

Wenn Sie nicht abgesichert sind durch eine eigene, begeisterte Meinung über dasselbe, können Sie den üblichen, durch die Tradition geheiligten Ansichten nichts entgegensetzen. Die versklaven Sie, und Sie müssen dann den ›Othello‹ so verstehen, wie ihn die ›öffentliche Meinung‹ auslegt.[169] Mit dem Lesen eines neuen Stückes wird nicht selten der erste Beste beauftragt, nur weil er laut redet und deutlich spricht. Den Text bekommt er erst wenige Augenblicke vor dem Lesen in die Hand. Da braucht man sich dann nicht zu wundern, wenn dieser improvisierte Vorleser das Stück so referiert, wie's der liebe Gott ihm eingibt. Ohne Verständnis.

Ich kenne einen Fall, wo ein solcher Vorleser die Hauptrolle eines Stückes mit einer Greisenstimme gesprochen hat, ohne zu ahnen, daß hinter dem Helden, der dort ›Alter‹ genannt wurde, noch ein junger Mann steckte, der bereits so enttäuscht war vom Leben, daß er diesen Spitznamen bekommen hatte. Solche Irrtümer verderben das Stück, schaffen falsche Vorstellungen und Befangenheit.

Schlimm ist jedoch, daß auch mustergültiges, allzu gutes und gekonntes Vorlesen, das die individuelle Interpretation des Vorlesers deutlich und bildhaft wiedergibt, eine Art Befangenheit auslösen kann. Stellen Sie sich beispielsweise vor, Autor und Vorleser gehen in ihren Auffassungen auseinander. Letzterer begeht aber seinen Fehler so versiert und verführerisch, daß sich der Schauspieler dafür begeistert und das Anliegen des Schriftstellers verkennt. Auch hier bleibt Befangenheit, wenn auch zum Guten, nicht aus, und ihre Bekämpfung wird qualvoll. Es ist schwierig, die Begeisterung loszuwerden, die der Vorleser ausgelöst hat. Die Lage des Schauspielers ist hier ausweglos. Einerseits vermag er sich nicht von dem zu lösen, was ihm an der Vortragsweise gefällt, andererseits stimmt diese nicht mit dem Stück überein und wird ihm nicht gerecht.

Oder ein anderer Fall: Viele Stückeschreiber lesen ihre Werke ausgezeichnet vor und verschaffen ihnen dadurch gewaltige Erfolge. Nach dem Applaus wird das Manuskript feierlich an das Theater überreicht, und die Truppe, die förmlich elektrisiert ist, träumt begeistert von interessanter Arbeit. Wie enttäuscht aber sind die Schauspieler, wenn sie beim zweiten Lesen den Betrug merken! Sie stellen fest, daß das große Talent, von dem sie so begeistert wurden, dem Vorleser gehörte und mit ihm enteilt ist, während das Schlechte von dem Schriftsteller stammt und nun im Manuskript vor ihnen liegt.

Wie sollen sie sich von all dem lösen, was sie da begeistert hat und was so wertvoll ist, wie sollen sie sich mit Schlechtem und Wertlosem abfinden, das sie deprimiert und enttäuscht? Auch hier liegt eine besondere Art von positiver Befangenheit vor, die durch das herrliche Vorlesen entstanden ist, und gegen die sie ankämpfen müssen.

In den von mir beschriebenen Fällen wirkt die Befangenheit deshalb so stark und unwiderstehlich, weil ja der Verfasser gut gewappnet vor einem unvorbereiteten Publikum auftritt und dadurch unvergleichlich stärker ist als seine Zuhörer. Er hat sein Schaffen bereits abgeschlossen, sie aber haben es noch gar nicht begonnen. Da braucht man sich nicht zu wundern, daß er sie besiegt, daß sie sich unkontrolliert der Einwirkung des Stärkeren selbst dann hingeben, wenn er im Unrecht ist.

Auch hier ist Vorsicht am Platze, um nicht Opfer einer Befangenheit zu werden, selbst wenn sie noch so schön ist.

Aber auch wenn man allein im Zimmer sitzt, muß man an ein neues Werk richtig herangehen können und sich vor einer neuen Art von Befangenheit hüten. Wie aber entsteht sie, wenn man allein ist, und woher kommt sie da? Allein schon durch schlechte Eindrücke und persönlichen Ärger, der gar nichts mit dem Stück zu tun hat, durch Trägheit, Apathie und Gleichgültigkeit sowie durch andere persönliche und private Gründe.

Es gibt nicht wenige Stücke, in die man sich lange einlesen und einleben muß, da sie schwer zu erfassen, verwickelt und verworren in ihrem Inhalt sind. Das ist der Fall bei Ibsen, Maeterlinck und vielen anderen Autoren, die vom Realismus abgehen in Richtung von Überhöhungen, Stilisierungen, Synthesen, Grotesken und allen möglichen Stilarten, von denen es ja heute in der Kunst nur so wimmelt. Solche Werke muß man erst entschlüsseln. Beim ersten Lesen kommen sie einem langweilig vor. An sie geht man wie an ein Bilderrätsel heran, mit angespanntem Nachdenken. Um so wichtiger ist es daher, sie beim ersten Kennenlernen nicht mit unnötigen Sophistereien zu belasten, durch die leicht die gefährliche Befangenheit entstehen kann, sie seien langweilig.

Hüten Sie sich davor, an solche Werke mit ›geistigen Kopfständen‹ und halsbrecherischen Spekulationen heranzugehen. Das sind die schlimmsten Vorurteile.

Je verworrener die Spekulationen sind, um so mehr lenken sie ab von schöpferischem Erleben und führen zu intellektuellen Spielereien oder zu Mache. Stücke mit Symbolen und Stilisierungen erfordern beim ersten Kennenlernen besondere Aufmerksamkeit. Sie sind verzwickt, denn in ihnen spielen Intuition und Unterbewußtsein eine große Rolle, und damit muß man besonders vorsichtig sein, vor allem zu Anfang. Symbole, Stilisierungen oder Grotesken kann man nicht einfach spielen. Sie sollten sich ergeben aus bestimmten inneren Einstellungen, Gefühlsregungen und Verständnis für das Wesen des Werkes und ihrer künstlerischen Gestaltung. Bei dieser Arbeit kommt es nicht auf den Verstand an, sondern auf die künstlerische Intuition, und die ist ja bekanntlich außerordentlich schreckhaft.

Erschrecken Sie sie nicht durch Vorurteile.

»Jedoch«, fragte ich interessiert, »gibt es auch Fälle, über die häufig in der Fachliteratur geschrieben wird, in denen ein Schauspieler seine Rolle sofort in all ihren Einzelheiten erfaßt, in denen ihn die Rolle gleich beim ersten Kennenlernen packt. Dieses Aufflackern von Inspiration begeistert mich beim Bühnenschaffen am meisten, denn hierin äußert sich Genialität so auffallend und verführerisch!«

»Und ob! Das schreibt man gern in Romanen«, entgegnete Torzow ironisch.

»Also stimmt es nicht?«

»Nein, im Gegenteil, es ist die reine Wahrheit, aber bei weitem nicht die Regel«, erläuterte Arkadi Nikolajewitsch. »In der Kunst kann Begeisterung momentan aufflammen. Wie in der Liebe. Aber nicht nur das. Sie kann nicht nur momentan Schöpfertum hervorbringen, sondern es auch gänzlich ausfüllen.

In ›Mein Leben in der Kunst‹ wird u. a. beschrieben, wie zwei Schauspieler, die in einem neuen Stück die Hauptrollen spielen sollten, mit dem Gang der Personen, die sie gestalten sollten, das Vorlesezimmer verließen. Sie hatten diese Personen nicht nur sofort innerlich erfaßt, sondern auch schon physisch dargestellt.[170] Wahrscheinlich hatte ihnen das Leben in Dutzenden zufälligen Gelegenheiten das Material geliefert, das sie für ihre Rollen brauchten. Es war, als habe die Natur diese Leute dazu geschaffen, die für sie bestimmten Rollen zu spielen.

Es ist ein großes Glück, wenn ein Schauspieler sofort, auf unerforschliche Weise, in seiner Rolle aufgeht. Das ist so bei unmittelbarem und intuitivem Herangehen an eine Rolle, bei dem kein Platz ist für Voreingenommenheit.

In diesen Fällen vergißt man am besten zeitweilig die Technik und vertraut sich gänzlich seiner schöpferischen Natur an.

Leider kommen solche Bühnenschöpfungen außerordentlich selten vor — einmal im Leben. Aus ihnen sollte man keine Regeln ableiten.

Der *Zufall* spielt in unserem Schaffen eine sehr große Rolle. Wer erklärt beispielsweise, warum ein Stück oder eine Rolle Widerwillen erregt und dem Schauspieler, der auf Grund seiner Voraussetzungen geradezu für sie geschaffen zu sein scheint, absolut nicht gelingt? Oder wer weiß andererseits, warum eine andere Rolle, die allen Anzeichen nach für einen Darsteller nicht geeignet ist, diesen dazu bringt, daß er sich in sie verliebt und er sie ausgezeichnet spielt? Wahrscheinlich wirkt in all diesen Fällen ein wohltuendes oder schädliches, zufälliges, unbewußtes Vorurteil, das in der Seele des Schauspielers das Unverständliche und Herrliche genauso hervorbringt wie das Mißlungene.[171]

Und hier nun ein Beispiel dafür, wie Voreingenommenheit gegenüber einem Stück nicht daran hindert, im Unterbewußtsein sein inneres Wesen zu spüren und es szenisch zum Ausdruck zu bringen.«

Torzow berief sich dabei auf »Mein Leben in der Kunst«, in dem ein Fall beschrieben wird, bei dem ein Regisseur herrliche Arrangements für ein Stück einer neuen Richtung entworfen hatte, das er nicht nur nicht verstand, sondern das ihm auch gar nicht gefiel. Darin äußerte sich unbewußt das Künstlerische in dem Regisseur. Angeregt durch innere kreative Anstöße hatte es zu sprechen begonnen. Unbewußt hatte die neue Strömung bereits in dem Regisseur gelebt und in der Atmosphäre des Theaters geschwebt. Das Unterbewußtsein, schon angesteckt von der neuen Kunstrichtung, hatte dem Regisseur das eingegeben, was Bewußtsein und eingefahrene Vorurteile noch leugneten.[172]

»All meine Beispiele zeigen, daß der Prozeß des ersten Kennenlernens einer Rolle unvergleichlich mehr Aufmerksamkeit verdient als man ihm gewöhnlich zugesteht. Leider sind sich bei weitem noch nicht alle Schauspieler — auch Sie nicht — dieser einfachen Wahrheit bewußt. Auch Sie haben den ›Othello‹ unter sehr ungünstigen Bedingungen gelesen. Es ist durchaus sehr wahrscheinlich, daß auch Sie von der Tragödie eine falsche Vorstellung bekommen haben, die ebenfalls Vorurteile in Ihnen erzeugt hat.«

»Aus Ihren Worten, verstehen Sie, könnte man den Schluß ziehen«, warf Goworkow ein, »daß der Schauspieler keine klassischen und andere Stücke lesen sollte, um sich nicht das erste Kennenlernen zu verderben, weil er ja, sehen Sie, früher oder später einmal eine Rolle in diesen Stücken bekommen könnte. Der Schauspieler, wissen Sie, sollte auch keine Kritiken und Kommentare lesen, unter denen es ja auch sehr gute gibt, weil er sonst von falschen und vorgefaßten Meinungen angesteckt werden könnte. Aber, entschuldigen Sie bitte, man kann sich doch nicht schützen gegen fremde Ansichten, man kann sich doch nicht die Ohren zustopfen, wenn von alten und neuen Stücken geredet wird, man kann doch nicht schon im voraus wissen, wer früher oder später welches Stück spielen soll!«

»Da bin ich völlig mit Ihnen einverstanden«, entgegnete Torzow gelassen. »Eben, weil es so schwierig ist, sich vor Vorurteilen zu schützen, sollte man so rasch wie möglich lernen, ihnen einerseits nach Möglichkeit aus dem Wege zu gehen und sich andererseits gegen sie zu schützen, wenn man sich Druck ausgesetzt sieht.«

»Und wie erreicht man das?« wollte auch ich wissen.

[»Was sollen wir denn da machen, und wie sollen wir denn Stücke und Rollen das erste Mal lesen?« drängten die Schüler.

»Also«, begann Torzow zu erklären, »vor allem muß man alles lesen und sich anhören — so viel wie möglich Stücke, Kritiken, Kommentare und fremde Meinungen. Sie liefern Material für das Schaffen und ergänzen es. Jedoch muß man dabei lernen, seine Selbständigkeit zu bewahren und sich gegen Vorurteile zu schützen. Man muß sich seine eigene Meinung bilden können und darf nicht Opfer anderer werden. Man muß frei sein können. Eine schwere Kunst, die Sie durch Wissen und Erfahrung erlernen. Erfahrungen erwirbt man nicht durch die Kenntnis von Gesetzen, sondern durch einen ganzen Komplex theoretischer Kenntnisse und praktischer Arbeiten in der Technik der Kunst und vor allem durch eigenes Einfühlungsvermögen, durch das Eindringen in das Wesen eines Gegenstandes, durch jahrelange Praxis.

Nutzen Sie die Studienzeit, um Ihre wissenschaftlichen Kenntnisse zu mehren, um zu lernen und um erlernte Theorie in der praktischen Arbeit mit Stücken und Rollen anzuwenden.

Dabei werden Sie allmählich erfahren, wie man sich zurechtfindet in den Eindrücken, die neue Stücke auslösen, wie man sich löst von Unrichtigem, Unnötigem und Unwichtigem, wie man auf das Wesentliche kommt, auf andere und sich selber hören lernt, Vorurteilen aus dem Wege geht und seinen eigenen Standort findet in fremden Meinungen. Das Studium der Weltliteratur wird Ihnen dabei eine große Hilfe sein. Damit Sie sich von meinen Worten überzeugen können, beobachten Sie einmal, mit welcher Leichtigkeit sich Literaturkenner in neuen Werken zurechtfinden. Sie erfassen sofort die Struktur eines Stückes, finden die Grundidee und erkennen leicht deren Entwicklung.[173]

Wie jeder lebendige Organismus hat auch jedes Stück sein Skelett und seine Glieder — Arme, Beine, Kopf, Herz und Gehirn. Wie ein Anatom, der den Aufbau und die Form jedes

Knochens und Wirbels studiert hat, erahnt der Literat das unsichtbare Skelett und erkennt seine Bestandteile. Er orientiert sich sofort und erkennt die Bewegungs- und Nervenzentren. Er zergliedert ein Werk rasch, bewertet dessen gesellschaftliche bzw. literarische Bedeutung, findet Fehler, Stockungen oder Abweichungen von der richtigen Entwicklung des Grundthemas. Literarisch gebildete Menschen finden sehr schnell neue originelle Betrachtungsweisen für Stücke, innere und äußere Charakteristiken, die sich überschneidenden Linien, die Beziehungen zwischen den handelnden Personen bzw. Fakten, Ereignissen und der Fabel. Sie erkennen rasch Vor- und Nachteile der Form, des Stils, Neues oder Veraltetes. All diese Kenntnisse, Fertigkeiten und Erfahrungen sind außerordentlich wichtig für die Bewertung dichterischer Werke. Denken Sie daran, und nutzen Sie so eifrig, intensiv und vollständig wie möglich den Unterricht in Sprache, künstlerischem Wort und Literatur, den Sie hier an der Schule bekommen.

Bei dieser Arbeit wird Ihnen vieles helfen, was Sie im letzten Studienjahr gelernt haben, besonders das, was die Überaufgabe und die durchgehende Handlung eines Werkes betrifft.

Jedoch Kenner der Literatur finden sich durchaus nicht immer zurecht in Fragen, die speziell unsere Anforderungen als Schauspieler, Regisseure und Bühnenschaffende betreffen. Nicht jedes literarische Werk, mag es auch noch so gut sein, eignet sich für die Bühne. Zwar sind die Erfordernisse unserer Bühnenarbeit bereits in der Praxis untersucht worden, jedoch in wissenschaftlicher Form sind sie noch nicht festgehalten. Wir haben keine szenische Grammatik. Sie müssen neue Werke ohne Hilfe wissenschaftlicher Mitarbeiter bewerten, nur auf Grund der praktischen Methoden, die an der Schule gelehrt werden. Auf diesem Gebiet haben Sie im zurückliegenden Studienjahr eine Vorbildung bekommen. Was soll ich heute noch zu dem hinzufügen, was Sie bereits wissen oder in nächster Zukunft erfahren werden? Ich kann Ihnen nur sagen, wie meiner Ansicht nach neue Stücke gelesen werden müssen, damit beim ersten Kennenlernen keine falschen Meinungen und Vorurteile entstehen.«]

.. .. 19..

»So ungünstig auch Ihr erstes Kennenlernen des ›Othello‹ ausgefallen sein mag, wir müssen es einkalkulieren, müssen es nutzen, denn es könnte Ihre weitere Arbeit in diesem oder jenem Maße beeinflussen.

Schaffen Sie sich Klarheit darüber, was vom ersten Lesen in Ihrer Erinnerung haften geblieben ist. Beim Aufbau Ihrer Rolle müssen Sie das mitverwenden, was sich beim ersten Mal in Ihrer Seele festgesetzt hat. Vielleicht sind Empfindungen darunter, die Elemente für die künftige Seele der Rolle, Kerne echten Lebens enthalten. Erzählen Sie mir, was Sie noch von dem Stück und den Rollen wissen, ⟨was sich Ihrem Gedächtnis am tiefsten eingeprägt und den stärksten Eindruck auf Sie gemacht hat, was Sie am klarsten vor Ihrem geistigen Auge sehen und mit Ihrem inneren Gehör vernehmen.«

»Den Anfang der Tragödie«, suchte ich mich in meinen Erinnerungen zurechtzufinden, »habe ich vergessen ... Aber jetzt kommt es mir vor, als gäbe es dort interessante Stimmungen — Entführungen, Vorbereitungen, Verfolgungsjagden. Doch nein! Ich erfasse das mehr mit dem Verstand als mit dem Gefühl. Ich ahne das alles und sehe es nicht vor meinem geistigen Auge. Selbst Othello ist mir in diesem Teil des Stückes noch unklar. Sei Erscheinen vor dem Senat, die Senatssitzung selber — all das liegt für mich im Nebel. Das erste klare Moment ist Othellos Rede, und danach wird wieder alles verschwommen.⟩[174] Die Ankunft auf

Zypern, das Gelage und den Streit mit Cassio hab ich ganz vergessen. An das Weitere — Cassios Bitten, die Ankunft des Generals und die Liebesszene mit Desdemona — kann ich mich nicht mehr erinnern. Dann kommt wieder ein heller Fleck oder sogar eine ganze Reihe von Flecken. Sie wachsen und weiten sich aus. Dann wieder ein Loch, bis hin zum Finale. Ich höre nur das Trauerlied über die Weide und spüre die Augenblicke, in denen Desdemona und Othello sterben. Das ist, glaube ich, alles was ich behalten habe.«

»Selbst dafür ein Dankeschön«, sagte Torzow. »Wenn Sie einzelne Momente gespürt haben, müssen Sie sie auch benutzen und festigen.«

»Was heißt festigen?« fragte ich verständnislos.

»Hören Sie zu«, begann Torzow wieder seine Erklärungen. »Der Winkel Ihrer Seele, der die Lichtblicke Ihrer Gefühlsregungen, die das Kennenlernen des Stückes in Ihnen ausgelöst hat, aufbewahrt, kommt mir vor wie eine dunkle Kammer mit geschlossenen Fenstern. Wären nicht die Spalten, Löcher und Risse in den Fensterläden, herrschte in diesem Winkel Ihrer Seele völlige Finsternis.

Jedoch einzelne breite und schmale, helle und trübe Strahlen durchdringen sie und bilden da und dort Lichtflecken mit den unterschiedlichsten Konturen. Diese Lichtflecken und ihr Widerschein mildern die Schwärze. Obwohl wir keine Gegenstände sehen, so erahnen wir sie doch auf Grund einiger Andeutungen der Konturen.

Da scheint irgendwo ein großer Schrank zu stehen, nicht weit davon hängt eine Art Kronleuchter und dort sehe ich irgendeinen Schattenriß. Würde man die Löcher in den Fensterläden ausbohren, vergrößerten sich die Lichtflecken und damit auch die Lichtreflexe, und ihr Widerschein würde sich verstärken. Schließlich würde das Licht den ganzen Raum ausfüllen und die Finsternis verdrängen. Nur in den Ecken und Winkeln würden sich noch Schatten versteckt halten.

So stelle ich mir den inneren Zustand eines Schauspielers nach dem ersten Lesen eines Stückes und beim weiteren Kennenlernen vor.[175]

Das geht auch in Ihnen vor nach dem ersten Lesen des ›Othello‹. Nur einzelne Momente an verschiedenen Stellen des Stückes sind in Ihre Seele und Ihr Gedächtnis gedrungen. Der Rest ist in Dunkel gehüllt und bleibt Ihrer Seele noch fremd. Nur da und dort blitzen Andeutungen auf, die zu erkennen man sich vergebens bemüht. Solche Bruchstücke von Eindrücken und Gefühlsfetzen sind über das ganze Stück verstreut. Wie Lichtflecke in der Dunkelheit, wie Oasen in der Wüste.

Beim weiteren Kennenlernen und Vertrautwerden mit Stück und Rolle wachsen dann die ins Gefühl eingegangenen Momente, weiten sie sich aus, verketten sich miteinander und erfüllen schließlich Stück und Rolle.

So einen Anfangsprozeß wie das Entstehen einer Rolle aus einzelnen Flecken und ins Gefühl eingegangenen Momenten kennen wir auch aus anderen Künsten. Zum Beispiel aus der Literatur.

In ›Mein Leben in der Kunst‹ wird erzählt, wie Tschechow erst jemanden beim Angeln gesehen hat, dann jemanden, der badete und danach einen armlosen Baron, der gern Billard spielte. Dann stellte sich Tschechow ein offenes Fenster vor, durch das ein Kirschbaum seine blühenden Zweige streckte, und das weitete sich aus zu einem ganzen ›Kirschengarten‹, der dann bald zu einem ›Kirschgarten‹ wurde, da das Wort ›Kirschgarten‹ [im Russischen ›Wischnjowy ssad‹] mit seinem betonten ›jo‹ Tschechow eine deutlichere Vorstellung gab von schönem, aber unnützem Luxus, der zu der Zeit aus dem russichen Leben entschwand. Wo liegt hier die Logik, der Zusammenhang und die Parallele zu dem einarmigen Billardspieler, dem blühenden Kirschzweig und der bevorstehenden Revolution in Rußland? Denken Sie daran, die Wege des künstlerischen Schaffens sind unerforschlich.«

[Nach mir sprach noch Wjunzow von dem Stück und seinen Momenten und wies anschaulich nach, wie gefährlich es ist, ein Buch mit herausgerissenen Seiten zu lesen. Ich glaube, in seinem Gedächtnis hatte sich die nicht bestehende Duellszene zwischen Othello und Cassio festgesetzt.

Pascha, der das Stück von Gastspielaufführungen her kannte, erinnerte sich an markante Höhepunkte, die sich ihm als sichtbare Schauspielerhandlung eingeprägt hatten. Wie zum Beispiel Othello erst Jago und dann Desdemona erwürgt und beides ganz unterschiedlich tut, wie er ihr Tuch zerreißt, und wie er fast voll Ekel vor seiner Geliebten zurückschreckt. Er erinnert sich an jede einzelne Pose und Geste, wie sich bei Othello in der Hauptszene die Eifersucht entwickelt, wie sich Othello schließlich in einem Anfall von Fallsucht auf dem Boden wälzt und sich am Schluß des Stückes erdolcht und stirbt. Ich bekam den Eindruck, daß sich all diese Momente visuell in ihm festgesetzt hatten und sich dort widerspiegelten, jedoch völlig zusammenhangslos, ohne daß eine ununterbrochene Entwicklungslinie bei den Ereignissen und seelischen Vorgängen der Rolle zu erkennen gewesen wäre. Schließlich zeigte sich, daß Schustow zwar die Othello-Rolle des Gastschauspielers gut kannte, nicht aber das ganze Stück. Glücklicherweise konnte er sich nicht an die Cassio-Rolle erinnern, denn die sollte er spielen, und die wird ja bei Gastspielen immer von abscheulich drittrangigen Schauspielern dargestellt. Das hinterläßt natürlich keinerlei Spuren außer dem falschen Vorurteil, daß die Cassio-Rolle schlecht und blaß ist.[176]]

Auch die anderen Schüler wurden gefragt, welche Momente sie aus dem Stück behalten hatten, und dabei stellte sich heraus, daß zum Beispiel Othellos Rede im Senat, die Szene mit Jago und Othellos Tod bei fast allen am stärksten im Gedächtnis haften geblieben war. Als man das entdeckte, hagelte es Fragen. Warum die einen Stellen im Stück lebendig werden, andere dagegen, die logisch und folgerichtig mit ihnen verbunden sind, verwischt werden. Warum die einen Stellen sich einprägen und sofort unser Gefühl, das heißt unser emotionales Gedächtnis beleben, die anderen jedoch nur kalt im Bewußtsein und im intellektuellen Gedächtnis bleiben. Torzow erklärte das aus der natürlichen Verwandtschaft von Fühlen und Denken. Einzelne seelische Vorgänge sind uns organisch vertraut, andere jedoch fremd. Er machte dabei aber gleich den Vorbehalt, daß Schöpferisches auch aus zufälligen, unverständlichen und unbekannten Ursachen entsteht, die [auf den ersten Blick[177]] anscheinend nichts mit dem geistigen Wesen des Werkes zu tun haben.

[Ein echter Dichter verstreut die Perlen seines Talents über das ganze Stück. Sie sind die beste Nahrung für die Begeisterung, sind Treib- und Sprengstoff zum Zünden schauspielerischer Inspiration.

Die Schönheiten des Werkes eines wahren Genies sind überall verborgen. In der äußeren Form und in den Tiefen eines Stücks. Man kann sich an vielem entzünden — an der Schönheit der Form, am Sprach- und Versstil, an der inneren oder äußeren Rollengestaltung, der Großartigkeit der Gedanken, der gesellschaftlichen Bedeutung eines Stückes, der Tiefe seiner Gefühle usw. Die expansive und feinfühlige Schauspielernatur reagiert auf alles künstlerisch Schöne, Erhabene, Erregende, Interessante, Heitere, Komische, Schreckliche, Tragische, kurz gesagt auf alles Lebensechte und Natürliche, was sich in der Rolle verbirgt und was Vorstellungsvermögen und Talent begeistern kann. Hat der Dichter die Erreger schöpferischer Begeisterung nur über das Äußere seines Stückes verstreut, werden auch Werk, schauspielerische Begeisterung und Gefühlsregungen oberflächlich. Liegen jedoch die seelischen Lagerstätten tief oder sind sie im Unterbewußtsein verborgen, werden auch Stück, schöpferische Begeisterung und inneres Erleben stark. Je stärker sie sind, um so mehr kommen sie der organischen Eigenart der darzustellenden Person und des Schauspielers selber nahe.

Begeisterung beim Lesen des Stückes ist das erste Moment zur inneren Annäherung des Schauspielers an die einzelnen Stellen seiner Rolle, und ihr besonderer Wert besteht darin, daß sie unmittelbar, intuitiv und organisch entsteht. Wer sagt uns denn, warum sich einzelne Momente eines Stückes so deutlich und fürs ganze Leben in das emotionelle oder intellektuelle Gedächtnis des Schauspielers eingraben?! Vielleicht bewirkt das der Zufall oder eine andere Übereinstimmung, vielleicht aber bestehen auch zwischen der Natur des Schauspielers und einzelnen Stellen des Stückes natürliche Verwandtschaften und organische Zusammenhänge.[178]]

..... 19..
»Das erste Aufnehmen des ›Othello‹ hinterließ in Ihrem emotionellen und intellektuellen Gedächtnis zahlreiche Eindrücke und Flecken. Sie müssen jetzt Maßnahmen treffen, um sie zu erweitern und zu vergrößern ...

Vor allem müssen wir das Stück aufmerksam lesen. Dabei wollen wir all die Fehler vermeiden, die wir bei seinem ersten Kennenlernen gemacht haben.

Wir wollen uns daher bemühen, beim zweiten Mal nach den Regeln zu lesen, die beim Kennenlernen eines dichterischen Werkes zu beachten sind.

Betrachten wir also das zweite Lesen als das erste. Freilich, Unmittelbarkeit und Jungfräulichkeit des Eindrucks sind schon verlorengegangen und kommen nicht wieder. Aber vielleicht regen sich doch Gefühle in Ihrer Seele.[179]

Dieses Mal also muß das Lesen nach allen Regeln erfolgen.

»Worin bestehen die denn?« fragte ich Torzow.

»Vor allem muß festgelegt werden, wo und wann wir lesen wollen«, erläuterte Arkadi Nikolajewitsch. »Jeder weiß ja aus eigener Erfahrung, wo und wie er am besten Eindrücke aufnimmt. Die einen möchten das Stück lieber in der Stille ihres Zimmers lesen, die anderen hören lieber zu, wenn jemand in Gegenwart aller Schauspieler vorliest.

Wo immer Sie das Stück zum zweiten Male lesen, stets müssen Sie bedacht sein auf eine entsprechende Atmosphäre, die Ihre Aufnahmefähigkeit erhöht und die Seele aufpflügt, damit sie künstlerische Eindrücke freudig aufnimmt. Sie müssen alles tun, damit beim Lesen Feierlichkeit herrscht, denn diese hilft Ihnen, sich vom Alltag zu lösen und all Ihre Aufmerksamkeit auf das Gelesene zu konzentrieren. Sie müssen seelisch und körperlich frisch sein, nichts darf Ihre Intuition und Ihr Gefühl stören, denn Intuition und Gefühl sind ja bekanntlich außerordentlich empfänglich und schreckhaft.[180]

Am besten, das Stück wird beim ersten Lesen einfach und verständlich referiert. Ohne eindrucksstarke Bildhaftigkeit. Jedoch mit Verständnis für die Grundsubstanz, die Hauptlinie ihrer inneren Entwicklung und die literarischen Vorzüge. Der Vorleser muß den Schauspielern sagen, wo der Ausgangspunkt für das Schaffen des Autors lag, welche Gedanken, Gefühle oder Erlebnisse ihn bewogen haben, zur Feder zu greifen. Beim ersten Vorlesen muß der Vorleser die Schauspieler die Hauptlinie des schöpferischen Bestrebens des Verfassers, die Hauptlinie der Entwicklung des geistigen Lebens des Rollenorganismus und des gesamten Stückes entlangführen. Er muß den Schauspielern helfen, in der Seele der Rolle gleich ein Stück von sich selber, von der eigenen Seele zu finden. Indem er ihnen das beibringt, lehrt er sie, unsere Kunst zu verstehen und mitzuempfinden. An allen Stellen unternimmt das vorliegende Buch diesen Versuch.

Was ist zu tun, wenn der Schauspieler nur teilweise in dem Stück aufgeht oder aber zwischen ihm und seiner Rolle alle seelischen Kontakte fehlen? Immer, wenn der Schauspieler nach dem ersten Kennenlernen eines Stückes nicht gleich gepackt wird und in dem Stück aufgeht, muß sehr viel getan werden, um schauspielerische Begeisterung vorzubereiten und zu schaffen, denn ohne sie ist Schöpfertum unmöglich.

Schauspielerische Begeisterung ist der Motor des Schöpfertums. Das Entzücken, das mit ihr einhergeht, ist ein feinfühliger Kritiker, ein verständiger Forscher und der beste Begleiter in die Tiefen der Seele, die dem Bewußtsein unerreichbar bleiben.

Nach dem ersten Kennenlernen von Stück und Rolle sollten die Schauspieler ihrer Begeisterung viel Raum geben und sich gegenseitig von ihr anstecken lassen, sollten sie das Stück begeistert als Ganzes und in seinen einzelnen Teilen lesen, immer wieder von den Lieblingsstellen sprechen, einander ständig auf neue Perlen und Schönheiten des Stückes hinweisen, streiten, schreien und sich erregen, von ihren eigenen und den fremden Rollen, von der gesamten Inszenierung träumen. Entzücken und Begeisterung sind das beste Mittel, um mit Stück und Rolle vertraut zu werden, um sie kennenzulernen und zu verstehen. Das schöpferische Gefühl, erregt durch Entzücken und Begeisterung, tastet in der Rolle die Wege zu den Tiefen der Seele ab, die das Auge nicht sieht, das Ohr nicht hört, der Verstand nicht begreift, sondern nur das expansive Gefühl des Schauspielers unbewußt ahnt.

Die Fähigkeit, Fühlen, Wollen und Denken zu begeistern, gehört zu den Anlagen eines Künstlers und ist eine der Hauptaufgaben der inneren Technik.«

Als wir das alles von Torzow gehört hatten, ergab sich die Frage, ob sich denn die bekannte Tragödie »Othello« dazu eigne, den Prozeß des ersten Kennenlernens einer Rolle zu studieren. Für ein *erstes* Kennenlernen brauchte es kein *bekanntes* Stück zu sein, denn wenn es schon bekannt ist, wäre ja das Kennenlernen und das Lesen kein erstes, sondern ein zweites, zehntes oder zwanzigstes. Davon ausgehend kamen die Schüler, allen voran Goworkow, zu dem Schluß, daß sich »Othello« zu meinem großen Leidwesen nicht für unsere Arbeit eigne.

Aber Arkadi Nikolajewitsch dachte anders. Er fand, die Arbeit zur Erneuerung bereits verdorbener Eindrücke und damit die Rolle der Technik seien diffiziler und feinmaschiger. Deshalb vertrat er die Ansicht, um der Sache willen sei es praktischer und nützlicher, die Technik des Kennenlernens an etwas Komplizierterem zu studieren, das heißt also nicht anhand eines unbekannten neuen Stückes, sondern anhand des allgemein bekannten »Othellos«.

Auf Grund der genannten Argumente bestätigte Torzow nochmals die Wahl dieses Stückes für unsere »Arbeit an der Rolle«.

Er las das Stück planmäßig und überlegt.

[Wie soll ich sein Lesen bezeichnen und bestimmen! Künstlerische Aufgaben hatte er sich nicht gestellt. Im Gegenteil, er vermied sie, soweit er konnte, um seinen Zuhörern nichts von seiner Individualität aufzuzwingen und dadurch nicht gute (aber fremde) oder schlechte Befangenheit auszulösen. Ich würde sein Vorlesen nicht als Vortrag bezeichnen, da man unter diesem Wort gewöhnlich etwas Trockenes versteht. Vielleicht erläuterte er einfach nur das Stück. Ja, stellenweise hob er nicht nur einzelne Schönheiten und Handlungslinien hervor, die er als wichtig ansah für das Werk, sondern er unterbrach sogar sein Vorlesen, um sie zu erläutern. Mir schien, er war vor allem bemüht, uns die Fabel und die Struktur des Stückes nahezubringen. Tatsächlich bekamen jetzt viele Szenen und Stellen, die wir vorher übersehen hatten, Leben, Stellung und Bedeutung. Torzow ging beim Vorlesen nicht innerlich mit, sondern deutete die Stellen, bei denen Gefühl beteiligt sein muß, nur an und machte uns auf sie aufmerksam.

Die literarischen Schönheiten führte er uns eindringlich vor Augen. An manchen Stellen hielt er dazu inne und las manche Sätze, Ausdrücke, Vergleiche oder einzelne Wörter zweimal.[181]

Aber er erreichte sein Ziel nicht. So gelang es ihm beispielsweise nicht, uns den Ausgangspunkt des Verfassers zu entdecken, und mir wurde nicht klar, was Shakespeare bewogen hatte, zur Feder zu greifen. Torzow half mir auch nicht, mich in der Othello-Rolle wiederzufinden. Dennoch glaubte ich, eine gewisse Richtung oder Linie in dem Stück, der ich folgen muß, verspürt zu haben. Außerdem verwies er ziemlich eindringlich auf die wichtigsten Etappen des Stücks.

Zum Beispiel hatte ich vorher kein Gefühl gehabt für die Anfangsszene, jetzt aber, durch sein Vorlesen und seine Kommentare, ging mir auf, wie geschickt das Stück aufgebaut war, denn anstelle einer langweiligen Einleitung, die unerfahrene Dramatiker meist als Gespräch zweier handelnder Personen, wie z.B. eines Dieners und eines Zimmermädchens oder zweier Bauern, die sich absichtlich ungelegen treffen, abhandeln, hatte Shakespeare eine ganze Szene mit einem interessanten und wichtigen wirksamen Ereignis beschrieben. Jago ist doch auf einen Skandal aus, aber Rodrigo will nicht mitmachen. Also muß er ihm zureden, und damit führt uns Shakespeare in das Stück ein. So hat Shakespeare zwei Fliegen mit einer Klappe geschlagen — es tritt keine Langeweile auf, und die Bühnenhandlung setzt bereits ein, wenn sich der Vorhang öffnet.

Mit der Entwicklung der Fabel wird die Exposition des Stückes ergänzt. Zum Beispiel in den Szenen, in denen sich die Mitwirkenden in den Senat begeben und dort ankommen. Auch das Finale der Szene im Senat und damit das Entstehen von Jagos teuflischem Plan wurde mir klar. Als Fortsetzung davon begriff ich jetzt auch die Szene, in der Jago seinen Plan mit Cassio auf Zypern während des Gelages erörtert. Der bis zum Extrem getriebene Skandal verstärkte Cassios Schuld in dem gefährlichen Augenblick, da die unterworfenen Völker aufs äußerste erregt waren. Torzow las das so vor, daß man spürte, es ging nicht nur um eine Prügelei zwischen zwei Betrunkenen, sondern um mehr. Nämlich um Anspielungen auf einen Aufstand der Einheimischen. Das erhöhte die Bedeutung der Vorgänge auf der Bühne, weitete ihre Maßstäbe und erregte mich an Stellen, die ich bislang übersehen hatte.

Das wichtigste Ergebnis des Vorlesens war für mich, daß mir die beiden miteinander im Widerstreit liegenden Hauptlinien Othello und Jago klar wurden. Früher hatte ich immer nur eine erste Linie gespürt — die der Liebe und Eifersucht. Ohne das offensichtliche Entgegenwirken der Jago-Linie hätte meine bisherige Linie für das Stück nicht die Bedeutung gehabt wie jetzt, da die Gegenlinie so stark geworden war. Ich spürte den fest geknüpften tragischen Knoten, der Schreckliches ahnen ließ.

Und noch ein wichtiges Ergebnis des heutigen Vorlesens: Ich empfand in dem Stück die Weite des Raums, die genügend Platz läßt für starke und ungestüme Bewegung. Letztere spüre ich noch nicht, wahrscheinlich, weil mir das endgültige Ziel des Autors, das unter seinen Worten verborgen liegt, noch nicht aufgegangen ist. Dennoch weiß ich, daß die innere Handlung und Bewegung des Stückes einem zunächst noch unbezeichneten großen, wichtigen allgemeinmenschlichen Ziel entgegenstrebt. Das wäre wohl alles, was ich nach dem Lesen begriffen habe.

Arkadi Nikolajewitsch war zufrieden mit den Ergebnissen seines Vorlesens.

»Es braucht ja nicht unbedingt mein gesamtes verkündetes Programm erfüllt worden sein, aber einiges haben wir doch erreicht als Ergänzung zu dem Wenigen, was Sie nach dem ersten Lesen des Stückes behalten haben. Etwas größer sind die Lichtflecken schon geworden.

Jetzt, nach dem zweiten Vorlesen, erwarte ich noch nicht viel von Ihnen. Erzählen Sie mir der Reihe nach die Fakten der Tragödie bzw. die Fabel des Stückes, wie man sie nennt, und Sie — wandte er sich an mich — notieren als unser ständiger Chronist alles, was gesagt wird.[182]

[Vor allem müssen wir alles richtig einordnen, müssen Sie die richtige Linie des Stückes erkennen, die ja für alle verbindlich ist und ohne die es das Stück nicht gäbe. Das Stück hat sein Skelett, und es wird häßlich, wenn man das verbiegt. Dieses Skelett muß Sie halten, so wie das Skelett den Körper hält. Wie man das Skelett des Stücks findet? Dazu schlage ich Ihnen vor, Sie beantworten die Frage: Ohne welche Bedingungen, Erscheinungen, inneren Vorgängen usw. gäbe es das Stück nicht?«

»Ohne die Liebe zwischen Othello und Desdemona.«

»Was noch?«

»Ohne den Zwist zwischen den beiden Nationalitäten.«

»Natürlich, aber das ist nicht das Wichtigste.«

»Ohne Jagos bösartige Intrige«.

»Was noch?«

»Ohne seine teuflische Gerissenheit, Rachsucht, Ehrsucht und Kränkung.«

»Was noch?«

»Ohne die Vertrauensseligkeit des Mohren.«

»Jetzt wollen wir uns einmal jede Ihrer Antworten im einzelnen ansehen. Zum Beispiel — ohne was gäbe es die Liebe zwischen Othello und Desdemona nicht?«

Diese Frage konnte ich nicht beantworten, und Arkadi Nikolajewitsch tat es für mich.

»Ohne die romantische Ekstase der jungen Schönen, ohne die begeisternden, märchenhaften Erzählungen des Mohren über seine Heldentaten, ohne die zahlreichen Hindernisse bei der ungleichen Ehe, die das Gefühl der exaltierten jungen Revolutionärin erregten. Ohne den plötzlichen Krieg, der zur Rettung der Heimat sogar die Ehe des Mohren mit der Aristokratin möglich machte.

Und ohne was gäbe es den Hader zwischen den zwei Nationalitäten nicht? Ohne den Snobismus der Venezianer, ohne den Dünkel der Aristokratie, ohne die Verachtung gegenüber den von ihnen unterworfenen Völkern — Othello stammt ja aus einem von ihnen —, ohne den aufrichtigen Glauben, die Mischung von weißem und schwarzem Fleisch sei etwas Kränkendes ...«

»Jetzt sagen Sie mir, ohne was es Jagos bösartige Intrige nicht gäbe. Sind Sie der Ansicht, daß alles, ohne das es das Stück und seinen Grundstock nicht geben könne, für jeden Darsteller gilt?«

»Ja«, mußten wir zugeben.

»Wenn dem so ist, so haben Sie bereits eine Reihe fester Voraussetzungen, an die Sie sich halten müssen und die Sie leiten werden wie Meilensteine am Wege. Die vom Dichter vorgeschlagenen Situationen sind für alle verbindlich und gehören in erster Linie zur Partitur Ihrer Rolle. Behalten Sie sie daher gut im Gedächtnis.«]

II. Schaffung des körperlichen Lebens der Rolle[183]

[»Auf der weiteren Suche nach einem möglichst unbefangenen, natürlichen und intuitiven inneren Herangehen an Stück und Rolle stoßen wir auf eine neue, überraschende und ungewöhnliche Methode, die ich zu beachten bitte. Sie beruht auf der Verbindung von Innerem und Äußerem. Wir fühlen hierbei die Rolle, indem wir das physische *Leben unseres Körpers schaffen.*[184] Ich erkläre das an einem praktischen Beispiel, das ich Ihnen nicht auf einmal vorführen kann, sondern erst im Verlaufe mehrerer Unterrichtsstunden. Dazu kommen Goworkow und Wjunzow auf die Bühne und spielen das erste Bild aus dem ›Othello‹, also die Szene zwischen Rodrigo und Jago vor Brabantios Palast.«]

»Kann man denn einfach so drauflosspielen?« fragten die beiden erstaunt.

»Alles natürlich nicht. Aber einiges. Zum Beispiel beginnt doch die Szene damit, daß Rodrigo und Jago herauskommen. Also kommen Sie heraus. Dann schlagen sie Alarm. Tun Sie das auch.«

[»Aber so spielt man doch kein Stück.«

»Das stimmt nicht. Sie handeln nämlich im Sinne des Stückes. Zunächst zwar nur an seiner Oberfläche. Das ist schwierig. Es ist fast immer am schwierigsten, einfachste physische Aufgaben vernünftig auszuführen.«]

Goworkow und Wjunzow gingen unsicher hinter die Kulissen, kamen bald darauf heraus, gingen zur Vorbühne, blieben vor dem Souffleurkasten stehen und wußten nicht, was sie weiter tun sollten.

»Geht man denn so auf der Straße?« kritisierte Torzow. »So ›schreiten‹ Schauspieler über die Bühne. Aber Jago und Rodrigo sind keine Schauspieler. Sie sind nicht gekommen, um etwas ›vorzuführen‹ und die Zuschauer zu ›belustigen‹. Außerdem ist ja auch niemand da, den sie belustigen könnten. Kein Mensch ist auf der Straße. Sie ist leer, und in den Häusern schlafen alle.«

Goworkow und Wjunzow wiederholten ihren Auftritt und blieben wiederum auf der Vorbühne stehen.

»Sehen Sie, wie recht ich damit hatte, als ich sagte, in jeder Rolle müsse man alles von Anfang an lernen — das Gehen, das Stehen und das Sitzen. Also lernen wir! Finden Sie sich zurecht auf der Bühne?« fragte Torzow. »Wo ist denn Brabantios Palast? Legen Sie ungefähr die Spielfläche fest, wie Sie sie sich vorstellen.«

»Der Palast ist da, die Straße hier!« sagte Wjunzow und stellte aus Stühlen eine Dekoration zusammen.

»Jetzt gehen Sie heraus und kommen wieder herein!« kommandierte Torzow.

Die beiden führten die Anweisung aus, aber durch ihren übermäßigen Eifer wirkte ihr Schreiten noch unnatürlicher als beim ersten Mal.

»Ich verstehe nicht, wozu Sie wieder zur Vorbühne geschritten kommen und sich mit dem Rücken zum Palast und mit dem Gesicht zu uns hinstellen«, sagte Torzow.

»Na, sonst würden wir doch mit dem Rücken zum Publikum stehen«, erklärte Goworkow.

»Und das darf man doch nicht!« pflichtete ihm Wjunzow bei.

»Wer hat Ihnen denn gesagt, Sie sollen den Palast im Hintergrund aufbauen?« fragte Arkadi Nikolajewitsch.

»Wo denn sonst?«

»Rechts oder links, möglichst in der Nähe der Vorbühne. Dann würden Sie mit dem Gesicht zum Gebäude und mit dem Profil zu uns stehen, und wenn Sie etwas nach innen gehen, stehen Sie in einer Dreivierteldrehung zu uns«, erläuterte Torzow. »Sie müssen auf die Bedingungen der Bühne eingehen und sie überwinden. Diese Bedingungen verlangen, daß der Schauspieler im wichtigsten Augenblick seiner Rolle nach Möglichkeit so steht, daß man sein Gesicht sehen kann. Das müssen Sie sich ein für allemal zu eigen machen. Da nun also der Schauspieler nach Möglichkeit den Zuschauern zugewandt sein soll und deren Stellung ja nicht verändert werden kann, bleibt ihm nichts weiter über, als die Stellung der Dekorationen und den Grundriß der Bühne entsprechend zu ändern.« [185]

»So ist es richtig!« stimmte Arkadi Nikolajewitsch ermunternd zu, als Goworkow und Wjunzow die Stühle rechts von den Zuschauern aufstellten. »Denken Sie daran, ich habe Ihnen bereits mehrmals gesagt, daß jeder Schauspieler sein eigener Regisseur sein muß. Das hier ist ein Fall, der meine Worte bestätigt.

Warum stehen Sie denn da und starren die Stühle an? Die stellen doch Brabantios Palast dar. Das ist doch das Objekt, um dessentwillen Sie gekommen sind. Sind denn Objekte nur dazu da, daß sie angeglotzt werden? Sie müssen lernen, sich für sie zu interessieren, durch Aufgaben mit ihnen in Verbindung zu treten und Handlungen anzuregen. Bekanntlich müssen Sie sich dazu fragen: ›Was würde ich tun, *wenn* diese Stühle die Mauern eines Palastes wären und wenn wir hierher gekommen wären, um Alarm zu schlagen?‹«

»Da müßte man sehen, in welchem Fenster noch Licht brennt. Dort würden also noch nicht alle schlafen. Zu diesem Fenster müßte man dann hinaufschreien.«

»Logisch!« stimmte Arkadi Nikolajewitsch Wjunzow zu. »Und wenn nun dieses Fenster auf einmal dunkel wird? Was machen Sie dann?«

»Dann suche ich mir ein anderes. Werfe Steine dagegen und schlage Lärm, um die Leute zu wecken. Lausche und klopfe an die Tür.«

»Sehen Sie, so viel haben Sie zu tun. Ganz einfache physische Aufgaben! Die erledigen Sie mal!« spornte Arkadi Nikolajewitsch die beiden an.

»Also«, legte Torzow fest, »Sie haben folgende logische und aufeinanderfolgende physische Aufgaben in der Partitur Ihrer Rollen:

Erstens: Erst kommen Sie herein, sehen sich um und überzeugen sich davon, daß niemand Sie belauscht und beobachtet.

Zweitens: Danach sehen Sie sich alle Fenster des Palastes an, ob nicht irgendwo Licht oder einer der Hausbewohner zu sehen ist. Wenn Sie meinen, es steht einer hinter den Fenstern, dann tun Sie alles, um auf sich aufmerksam zu machen. Dazu müssen Sie nicht nur schreien, sondern sich auch bewegen und mit den Armen herumfuchteln. Wiederholen Sie das Fensterüberprüfen an verschiedenen Stellen und mit unterschiedlichen Fenstern. Bringen Sie diese Handlungen bis zu der Lebenswahrheit und der Einfachheit, nach der Sie dann ihre Wahrheit physisch empfinden und ihr physisch glauben. Haben Sie sich nach mehreren Versuchen davon überzeugt, daß Sie niemand hört, überlegen Sie sich stärkere und durchschlagendere Maßnahmen.

Drittens: Sammeln Sie kleine Steine auf und werfen Sie sie gegen die Fenster. Natürlich treffen nicht alle, wenn aber, passen Sie genau auf, ob sich ein Bewohner des Hauses am Fenster zeigt. Haben Sie einen geweckt, bringt der schon die anderen in Trab. Dieses Manöver gelingt Ihnen nicht sofort, und daher müssen Sie es vor den anderen Fenstern wiederholen. Bleiben Ihre Bemühungen auch dieses Mal ergebnislos, müssen Sie nach noch stärkeren Mitteln und Wegen suchen.

Viertens: Versuchen Sie, zur Unterstützung Ihres Schreiens und Rufens das Lärmen und Klopfen zu verstärken. Klatschen Sie dazu in die Hände und trampeln Sie mit den Füßen auf die Steinplatten am Eingang. Oder gehen Sie zur Eingangstür. Dort hängt ein Hammer (heute haben wir ja Klingeln). Klopfen Sie damit an das Eisenbrett oder bewegen Sie die Türklinke.[186] Oder aber Sie suchen sich einen Stock und schlagen damit wild umher. Das verstärkt den Lärm auch.

Fünftens: Benutzen Sie Ihre Augen. Schauen Sie durch den Spion oder das Schlüsselloch. Auch Ihr Ohr müssen Sie benutzen. Legen Sie es an die Tür- oder Fensteröffnung und lauschen Sie.

Sechstens: Vergessen Sie nicht einen weiteren Umstand, der Ihnen noch mehr Aktivität abverlangt. In dieser ganzen nächtlichen Aufregung muß ja Rodrigo die Hauptperson werden. Aber er ist wütend auf Jago, er spielt den Launischen und tut nichts. Deshalb muß Goworkow ihn dazu bringen, sich recht aktiv an der geplanten Provokation zu beteiligen. Das ist dann keine bloße physische Aufgabe mehr, sondern eine *elementarpsychologische.*

Suchen Sie in all diesen kleinen und großen Aufgaben und Handlungen nach kleiner oder großer *physischer Wahrheit.* Soweit Sie sie empfinden, entsteht der kleine oder große *Glaube* an die Echtheit Ihrer physischen Handlungen von selber, und Glaube ist ja in unserem Metier einer der besten Motoren, Erreger und Köder für das Gefühl und sein intuitives Erleben. Wenn Sie glauben, spüren Sie sofort, daß Ihre Aufgaben und Handlungen echt, lebensnah, zweckgerichtet und produktiv werden. Aus solchen Aufgaben und Handlungen bildet sich eine kontinuierliche Linie. Das Wichtigste ist jedoch, daß Sie einigen, wenn auch kleinen Aufgaben und Handlungen restlos Glauben schenken.

Bleiben Sie jedoch neben den Stühlen stehen und starren Sie sie an, bringt Sie das unweigerlich zu widerlichster schauspielerischer Mache.

Gehen Sie hinter die Kulissen und kommen Sie wieder herein und führen Sie die festgelegten Aufgaben und Handlungen so gut wie möglich aus. Wiederholen und korrigieren Sie sie solange, bis Sie spüren, daß in diesem kleinen Abschnitt Ihrer Rolle Wahrheit und Glauben entsteht.«

Goworkow und Wjunzow gingen hinter die Kulissen, kamen nach einer Minute zurück, gingen geschäftig vor den Stühlen hin und her, legten die Hand an die Augen und stellten sich auf die Zehenspitzen, als wollten sie in den oberen Stock schauen. All das taten sie außerordentlich hektisch und gespielt. Arkadi Nikolajewitsch unterbrach sie.

»In all Ihren Handlungen haben Sie nicht eine einzige, ja nicht einmal die kleinste Wahrheit geschaffen. Da alles erlogen war, sind Sie zur üblichen Theatermache und Schablone gekommen, und Ihren Handlungen fehlt Logik und Folgerichtigkeit.

Die erste Unwahrheit äußerte sich in Ihrer übermäßigen Geschäftigkeit, die dadurch entsteht, daß Sie sich zu sehr darum bemühten, uns zu unterhalten, anstatt festgelegte Aufgaben auszuführen. Im Leben geht alles unvergleichlich beherrschter und vollkommener vor sich. Dort werden die Aufgaben nicht überspielt und verstümmelt wie beim Vorführen auf der Bühne. Rasches Tempo äußert sich in der Wirklichkeit ganz anders. Dort wird die Handlung nicht so beschleunigt, wie das die Schauspieler auf der Bühne zu tun pflegen. Für die Handlung steht genausoviel Zeit zur Verfügung wie für ihre Ausführung nötig ist. Dafür aber verliert man nicht eine Sekunde für unnötiges Getue nach Abschluß einer kleinen Aufgabe beim Übergang zur nächsten. Sie aber hasteten sowohl während der Handlung als auch nach ihrem Abschluß. So entstand gespielte Eile, nicht aber energisches Handeln.

Im Leben läßt einen die Energie exakt arbeiten. Je aktiver dagegen der Schauspieler auf der Bühne ›agiert‹ und ›schauspielert‹, um so mehr überspielt er seine Aufgaben und verkürzt die Handlungen. Warum ist das so? Weil der Schauspieler, der nur vorführt, im Grunde genommen überhaupt gar keine Aufgaben braucht. Er sieht nur eine Aufgabe — den Zuschauern zu gefallen. Autor und Regisseur haben ihm jedoch befohlen, für seine Rolle bestimmte Handlungen zu vollführen. Also erledigt er sie nur, um etwas zu ›machen‹. Was dabei herauskommt, ist ihm völlig egal. Aber Rodrigo und Jago ist die Ausführung ihres Planes durchaus nicht gleichgültig. Im Gegenteil. Er ist ihnen lebenswichtig. Suchen Sie deshalb Licht in den Fenstern, und schreien Sie nicht hinauf, um sich an den Stühlen zu bewegen, sondern um echten Kontakt zu den Bewohnern des Hauses herzustellen. Klopfen und schreien Sie nicht, um uns, die Zuschauer, das Theater oder sich selber zu erregen, sondern um Brabantio (Puschtschin) zu wecken. Es geht Ihnen um die, die hinter den dicken Mauern des Palastes schlafen. Diese Mauern müssen Sie mit den Ausstrahlungen Ihres Willens durchdringen.«

Als es Goworkow und Wjunzow gelang, nach Torzows Anweisungen zu handeln, glaubten wir als Zuschauer an die Echtheit ihrer Handlungen. Aber das währte nicht lange, da der Zuschauersaal bald wieder wie ein Magnet ihre Aufmerksamkeit anzog. Arkadi Nikolajewitsch tat alles, um ihnen zu helfen, sich auf das Objekt auf der Bühne zu konzentrieren.

»Die zweite Unwahrheit besteht darin, daß Sie sich zu sehr anstrengen. Ich habe Ihnen doch schon mehrmals gesagt, daß man auf der Bühne leicht das Gefühl für das Maß verliert, und daher glaubt der Schauspieler ständig, er gebe zu wenig, er müsse für die Zuschauermenge mehr geben. So strengt er sich übermäßig an. In Wirklichkeit muß er umgekehrt verfahren. Wenn er um diese Eigenart der Bühne weiß, muß er ständig daran denken, daß man alles, was man auf der Bühne tut, nicht verstärken soll, sondern sogar noch um Dreiviertel und mehr vermindern. Hat man eine Geste oder Handlung vollbracht, zieht man 75 bis 90 Prozent von der nächsten ab. Im vorigen Studienjahr habe ich Ihnen doch zu Ihrem allgemeinen Erstaunen bei der Durchnahme des Prozesses der Muskelentspannung gezeigt, wieviel überschüssige Kraft da immer angewandt wird.

Die dritte Unwahrheit liegt darin, daß Ihren Handlungen Logik und Folgerichtigkeit fehlen. Daher sind sie auch unvollkommen und unbeherrscht ...«[187]

Goworkow und Wjunzow spielten die Szene noch einmal, und Arkadi Nikolajewitsch achtete darauf, daß sie die physischen Handlungen zu der Wahrheit brachten, bei der man aufrichtig an sich glaubt. Er korrigierte und unterbrach sie bei den geringsten Abweichungen.

»Wjunzow«, sagte er, »Ihr Objekt ist nicht auf der Bühne, sondern im Zuschauerraum! Goworkow! Sie sind ja Ihr eigenes Objekt. Das geht nicht. Bewundern Sie sich nicht selber! Sie hasten zu sehr. Das ist Lüge! So rasch erfaßt man nicht mit dem Auge und Ohr, was da drinnen vor sich geht. Dazu braucht man viel Zeit und Konzentration. Ihr Gang ist übertrieben und falsch! Das ist Mache. Einfacher und ungezwungener! Gehen Sie so, wie es Ihr Vorhaben verlangt! Für Brabantio und nicht für sich und mich! Entspannen Sie die Muskeln! Keine Anstrengungen! Kein Schönseinwollen, keine Pose! Vermischen Sie nicht Schablone mit echtem Handeln. Schablone ist nie produktiv und zielgerichtet. Alles für die Aufgabe!«

Arkadi Nikolajewitsch wollte uns Gewohnheiten einhämmern, wollte richtige Klischees für die Bühnenpartitur antrainieren und entwickeln, wie er sich ausdrückte. Als wir Verwunderung zeigten, daß er uns Klischees anerziehen will, erklärte er: »Es gibt ja nicht nur schlechte, sondern auch gute Klischees. Eine gute, antrainierte Gewohnheit, die die richtige Linie der Rolle festigt und ein gutes Klischee geworden ist, nützt Ihnen sehr. Wenn sich bei Ihnen die klischeehafte Gewohnheit herausbildet, nach dem Eintreffen im Theater vor der Vorstellung alle Etüden durchzuüben, die der Schauspieler braucht, alle Aufgaben der Rollenpartitur, die durchgehende Handlung und die Überaufgabe noch einmal durchzusehen und aufzufrischen, so sehe ich darin nichts Schlechtes.

Wenn die Gewöhnung an die mathematisch richtige Ausführung der Rollenpartitur zum Klischee wird, habe ich nichts dagegen einzuwenden. Auch nichts gegen Klischees richtigen und echten inneren Mitgehens.«[188]

Nach umfangreicher und langwieriger Arbeit klappte die Anfangsszene mit dem Alarmschlagen. Aber Torzow war noch unzufrieden. Ihm ging es um noch mehr Wahrheit und echte organische Einfachheit und Natürlichkeit in jeder Handlung und Bewegung zur Ausführung der Rollenaufgabe. Am meisten schlug er sich mit Goworkows Gang herum. Der war übertrieben und unnatürlich. Arkadi Nikolajewitsch sagte zu ihm: »Gehen und besonders das Auf-die-Bühne-Kommen ist schwierig. Dennoch dürfen Sie sich nicht abfinden mit theatralischer Mache, da sie Lüge ist, da auch in allem Übrigen keine Wahrheit liegt, solange sie besteht. Es gibt dann auch keinen echten Glauben an die eigenen Handlungen. Unsere physische Natur glaubt dem Zwang nicht, nicht einmal dem unbedeutendsten. Die Muskeln tun zwar, was man ihnen befiehlt, aber das nötige Befinden entsteht dadurch nicht. Die winzigste Unwahrheit zerstört und vergiftet alle übrige Wahrheit. Und wenn in der gesamten richtigen Handlung auch nur ›ein Fleck ... zufällig hereinkommt, dann wird es schlimm!‹[189] Die gesamte Aufgabe und Handlung wird unmerklich zu geschauspielerter Unwahrheit und Mache.

›Mein Leben in der Kunst‹ enthält folgendes Beispiel: Sie nehmen eine Retorte mit einer organischen Substanz und gießen dort eine andere organische Substanz hinein. Die beiden verbinden sich. Aber sie brauchen nur ein winziges Tröpfchen einer künstlichen chemischen Substanz dazuzugeben, gleich ist es um die gesamte Flüssigkeit geschehen. Sie wird trübe, bildet einen Bodensatz, flockt aus und zeigt andere Zersetzungserscheinungen. Theatralisches und gemachtes Gehen ist wie dieses Tröpfchen, das alle übrigen Handlungen des Schauspielers verdirbt und zersetzt. Er glaubt dann nicht mehr an die Wahrheit, und dieser Verlust an Glauben verändert auch die anderen Elemente des allgemeinen Befindens. Es wird gekünstelt und unecht.« Arkadi Nikolajewitsch gelang es nicht, daß Goworkow die Verkrampfung in den Beinen bei seinem geschauspielerten Gang los wurde. Dieser eine Krampf bewirkte viele andere schlechte Gewohnheiten und hinderte Goworkow daran, aufrichtig an seine eigenen Handlungen zu glauben.

»Da bleibt nichts weiter übrig, als das Gehen bei Ihnen zeitweilig völlig aus dem Spiele zu lassen«, entschied Torzow.

»Wie denn das?! ... Entschuldigen Sie bitte ... Ich kann doch nicht wie ein Ölgötze auf einer Stelle stehenbleiben«, protestierte unser »Vorführer«.

»Gibt es etwa in Venedig nur Ölgötzen? Dort wird doch viel mehr Gondel gefahren als zu Fuß gegangen. Besonders solche reichen Leute wie Rodrigo tun das. Also werden auch Sie, anstatt über die Bühne zu schreiten, in einer Gondel auf dem Kanal fahren.[190] Da haben Sie keine Zeit, wie ein Ölgötze dazustehen.«

Wjunzow griff diesen Gedanken begeistert auf.

»Ich gehe auch nicht mehr zu Fuß«, sagte er und baute aus den Stühlen eine Gondel, wie es die Kinder in ihren Spielen tun.

In der Gondel, bei der die Stühle eine Umrandung bildeten, fühlten sich die Schauspieler wohler. Wie im kleinen Kreise. Außerdem gab es da drin viele kleine physische Aufgaben, die sie vom Zuschauerraum ab- und zur Bühne hinlenkten. Goworkow machte den Gondoliere. Eine lange Stange diente ihm als Ruder. Wjunzow setzte sich ans Steuer. Sie fuhren auf dem Kanal dahin, legten an, vertäuten das Boot und stießen wieder ab. Zuerst führten sie all diese Handlungen nur um ihrer selbst willen aus, da sie Gefallen an ihnen und den physischen Aufgaben fanden. Bald jedoch vermochten sie mit Arkadi Nikolajewitschs Hilfe ihre Aufmerksamkeit vom Spiel in dem Boot auf das zu verschieben, was für das Stück wesentlicher war — auf das nächtliche Alarmschlagen.

Torzow ließ die einzelnen aufeinanderfolgenden physischen Aufgaben mehrmals wiederholen, um sie gut »einzubimsen«. Dann ging er in seinen Aufgaben für die zu probende Szene weiter. Kaum hatte sich nämlich Puschtschin in dem gedachten Fenster gezeigt, verstummten Goworkow und Wjunzow sofort, da sie nicht wußten, wie es weitergehen sollte.

»Was ist denn los?« fragte Torzow.

»Wir wissen doch nicht, was wir sagen sollen. Haben keinen Text«, erläuterte Goworkow.

»Aber Sie haben doch Gedanken und Gefühle, die Sie mit eigenen Worten zum Ausdruck bringen können. Darum geht es. Nicht um Worte. Die Linie Ihrer Rolle geht über einen Untertext, der zwischen den Zeilen steht. Aber den zu ergründen, dazu sind die Schauspieler ja zu faul. Sie gleiten lieber dahin über das äußere, formale Wort, das man einfach mechanisch aussprechen kann, ohne Energie darauf zu verwenden, an sein inneres Wesen heranzukommen.«

»Aber entschuldigen Sie bitte, ich kann doch nicht wissen, in welcher Reihenfolge Gedanken in einer Rolle geäußert werden, die mir noch fremd und unbekannt ist.«

»Wieso nicht?! Ich habe Ihnen doch erst vor kurzem das Stück vorgelesen«, rief Torzow aus. »Haben Sie das wirklich schon wieder alles vergessen?«

»Verstehen Sie, ich kann mich nur noch in allgemeinen Zügen daran erinnern, daß Jago bekanntgibt, der Mohr habe Desdemona geraubt, und nun eine Verfolgungsjagd auf die Geflohenen veranstalten will«, erläuterte Goworkow.

»Dann geben Sie doch bekannt, dann veranstalten Sie doch! Mehr verlange ich gar nicht von Ihnen!« entgegnete Torzow.

Beim Wiederholen dieser Szene zeigte sich, daß Goworkow und Wjunzow deren Gedanken recht gut behalten hatten. Selbst einige Worte entlehnten sie aus dem Gedächtnis dem Stücktext. Den allgemeinen Sinn gaben sie richtig wieder, wenn auch vielleicht nicht in der Reihenfolge, die der Autor festgelegt hatte.[191]

Dazu gab Arkadi Nikolajewitsch folgende interessante Erklärungen: »Sie sind selber auf mein Geheimnis gestoßen und haben es durch Ihr Spielen erläutert. Hätte ich Ihnen nämlich nicht Ihre Bücher abgenommen, hätten Sie sich in Ihrem unnützen Übereifer schon längst sinnlos und formal den Text eingepaukt, anstatt erst in das einzudringen, was zwischen den Zeilen steht, und der inneren Linie des Textes zu folgen. Da wäre dann das geschehen, was bei diesem unnatürlichen Prozeß immer herauskommt. Die Worte Ihrer Rolle hätten ihren aktiven und wirksamen Sinn verloren und wären eine mechanische Gymnastik geworden, ein Drauflosschwatzen auswendig gelernter Laute. Ich habe das vorausgesehen und Ihnen bei der Festlegung der wirksamen Rollenlinie zunächst den Text weggenommen, der Ihnen noch fremd, noch nicht aus Ihnen hervorgegangen ist, den Sie jedoch zur Ausführung Ihrer Aufgabe brauchen. Das hat Sie davon bewahrt, die mechanische Gewohnheit zu entwickeln, einen leeren, nicht erlebten Text zu sprechen. Ich habe Ihnen die herrlichen Worte des Autors für einen besseren Gebrauch aufgehoben. Nicht zum Drauflosplappern, sondern um der Handlung willen und zur Ausführung der Grundaufgabe. Diese besteht darin, Brabantio dazu zu bringen, die Verfolgung der Geflohenen aufzunehmen. Auch in Zukunft werde ich noch lange Zeit Ihnen nicht erlauben, die fremden Worte Ihrer Rolle auswendig zu lernen, solange sie noch nicht die Ihren sind. Erst soll sich in der Grundlinie der Rolle das bei Ihnen einprägen, was zwischen den Zeilen steht, ebenso wie das Bedürfnis, produktiv und zweckmäßig handeln zu wollen. Mit der Zeit brauchen Sie dringend Worte und Text für Ihre Arbeit, und dann geben Sie ihnen die Möglichkeit, ihre wahre Mission zu erfüllen – handeln und nicht einfach nur zu ›tönen‹.

Denken Sie immer an mein Gebot und erlauben Sie sich nicht, Ihr Buch aufzuschlagen, bevor ich Ihnen die Genehmigung dazu erteile. Lange Gewohnheit erst soll das festigen, was zwischen den Zeilen steht, also den Untertext, der sich aus der Linie Ihrer Rolle ergibt. Die Worte sollen Ihnen dann Werkzeug zum Handeln werden, äußeres Mittel zur Verkörperung der inneren Rollensubstanz. Warten Sie, bis Sie Ihren Text brauchen, um Ihre Aufgabe – Brabantio zur Verfolgung zu veranlassen – optimal erfüllen zu können. Wenn Sie dann die Worte des Autors benötigen, freuen Sie sich über sie so, wie sich ein Geiger freut, dem man eine Amati[192] reicht, auf der er alles, was in den geheimsten Winkeln seines Gefühls lebt und ihn erregt, am besten zum Ausdruck bringen kann. Sind Sie erst einmal aufgegangen in der Linie der wirklichen Aufgaben Ihrer Rolle, werden Sie bald einsehen, daß es zu ihrer Ausführung keine besseren Mittel gibt als Shakespeares geniale Worte. Dann werden Sie begeistert nach ihnen greifen, und sie werden noch frisch sein in Ihren Händen und nicht abgenutzt, werden nach der vorangegangen Roharbeit an der Rolle noch nicht ihr Aroma verloren haben.

Schonen Sie den Text aus zwei Gründen: Einerseits, um ihn nicht zu verschleißen und andererseits, um nicht in die Grundlinie des Untertextes einfaches, mechanisches Plappern eingepaukter seelenloser Worte einzuzwängen. Gelangt so ein Plappern in die Linie der Rolle, vergiftet und tötet es alle echten schöpferischen Anregungen, aus denen sich ja der Untertext zusammensetzt.«[193]

Um die neue, gerade erst entstandene Linie des Untertextes gut »einzuwalzen« und sie mit der vorhergehenden zu verbinden, mußten Goworkow und Wjunzow mehrmals die Szene in ihren physischen und elementar-psychologischen Aufgaben und Handlungen durchspielen.

Einiges klappte noch immer nicht bei der neu geschaffenen Rollenlinie, und Arkadi Nikolajewitsch erklärte uns auch, warum.

»Sie verstehen noch nicht, was es mit dem Überzeugenwollen bei Brabantio auf sich hat. Die Eigenart der Gefühle müssen Sie einkalkulieren, wenn Sie sie darstellen wollen. Bei schlechten Nachrichten fährt doch der Mensch instinktiv all seine ›Puffer‹ aus, um sich gegen nahendes Ungemach zu schützen. Auch Brabantio will nicht glauben, was man ihm da mitteilt. In seinem Selbsterhaltungstrieb möchte er den nächtlichen Alarm lieber der Trunkenheit von Zechbrüdern zuschreiben. Daher beschimpft er sie und jagt sie fort. Das erschwert deren Aufgabe. Wie sollen sie sein Vertrauen erwecken und seine Abneigung gegen sie überwinden? Wie sollen sie die Tatsache der Entführung in den Augen des unglücklichen Vaters zu einem realen Fakt machen? Er möchte doch gar nicht an die Wirklichkeit glauben. Schlimme Botschaften, die das Leben verändern, gehen nicht gleich ins Bewußtsein, werden nicht so aufgenommen, wie das die Schauspieler im Theater machen, das heißt, solange einer nichts weiß, ist er heiter und gelassen, und kaum hat er's erfahren, ist er gleich völlig durcheinander und reißt sich den Kragen auf, weil es ihn würgt. Dieser Umschwung durchläuft doch im Leben eine ganze Reihe aufeinanderfolgender und logischer Momente, eine ganze Reihe psychologischer Stufen, über die das schreckliche Geschehnis ins Bewußtsein dringt. Dieses Bewußtwerden teilte Arkadi Nikolajewitsch in Aufgaben auf, die sich auseinander ergaben.

Erstens: Erst ist Brabantio einfach nur wütend und schimpft auf die Betrunkenen, weil sie seinen süßen Schlummer stören.

Zweitens: Dann ist er darüber empört, daß die Betrunkenen den guten Namen seiner Familie in den Schmutz ziehen.

Drittens: Je näher die schreckliche Nachricht, die er empfängt, der Wahrheit kommt, um so mehr wehrt er sich gegen sie.

Viertens: Einige Worte und Sätze sind ihm jedoch ins Herz gedrungen und tun ihm weh. Dabei wehrt er sich noch mehr gegen das nahende Unglück.

Fünftens: Ein neuer überzeugender Beweis kommt. Er kann nicht ›mehr‹ dagegen an, er ist zu unbestreitbar, und nun kommt er sich vor wie jemand, den man an den Rand eines Abgrundes geführt hat, in den er sich stürzen soll. Ein letztes Aufbegehren, bevor er der Nachricht Glauben schenkt.

Sechstens: Dann glaubt er's. Er hat sich in den Abgrund gestürzt. Er sucht nach einem festen Halt in der neuen Situation. Wie soll er weiterleben?! Woran soll er sich halten?! Er muß doch etwas tun! Nichts zu tun, ist in solchen Situationen immer das Schlimmste.

Siebentens: Endlich fängt er sich. Loslaufen, einholen, rächen, die Stadt auf die Beine bringen! Den Schatz retten!«

Puschtschin hat literarisches Feingefühl, er folgt der richtigen Linie des Untertextes, jedoch nicht im Sinne des Gefühls, sondern des überlegenden Denkens. Daher braucht Torzow nicht über Text mit ihm zu streiten. Er fiel ihm zu, um die Gedanken mit eigenen Worten auszudrücken, und er folgte auch stets der Hauptlinie der Gedanken, da er den inneren Sinn der Szene begriffen hatte. Torzow fand, die Folgerichtigkeit und Logik seiner Gedanken ständen nicht im Widerspruch zum Stücktext, wenn man einmal absieht von den nicht immer treffend und geglückt gewählten Worten. Goworkow und Wjunzow hatten es dadurch leichter, ihm auf der klar abgesteckten literarischen Linie zu folgen.

Die Szene klappte sofort, und zwar recht anständig. Nur Goworkow verdarb alles. Er kroch aus der Gondel und begann wieder zu schreiten. Aber Arkadi Nikolajewitsch rief ihn zur Ordnung und erinnerte ihn daran, daß es keinen Sinn für Jago habe, sich zur Schau zu stellen. Im Gegenteil, er muß sich verstecken und aus dem Hinterhalt schreien, um nicht erkannt zu werden. Aber wo soll er sich verstecken? Dazu erörterten wir des langen und breiten Aufbau und Einrichtung der Anlegestelle, der Auffahrt und des Haupteinganges zum Palast. Wir wollten ihn mit Winkeln oder Säulen haben, hinter denen man sich verstecken konnte. Außerdem probten wir lange an Jagos unbemerktem Abgang, da Goworkow wieder auf Schauspielerart zu »schreiten« begann.

.. ... 19..

Heute probten wir die Massenszene. Die recht zahlreiche Kleindarstellergruppe unseres Theaters,[194] die während der vorigen Unterrichtsstunden artig auf den hinteren Bänken gesessen hatte, rückte nach vorn. Sie waren wieder erstaunlich diszipliniert, heute jedoch verblüfften sie uns nicht nur, sondern rührten uns einfach durch ihre Einstellung zur Sache, ihren Arbeitseifer und ihr Wissen. An diesen einfachen Mitarbeitern konnten wir Schauspieler uns eine Scheibe abschneiden. Wir sahen, wie sich Arkadi Nikolajewitsch über das leichte Arbeiten mit ihnen freute. Sie wußten alles schon von selbst. Da brauchte ihr Regisseur und Lehrer nur noch auf abzustellende Fehler und Klischees aufmerksam zu machen, brauchte nur die guten Stellen hervorzuheben, die sie behalten sollten. Die Kleindarsteller arbeiten zu Hause, und das Getane bringen sie mit, um es überprüfen und bestätigen zu lassen. Wir aber bekommen alles in der Unterrichtsstunde vorgesetzt, verlieren es jedoch wieder und behalten es nicht einmal bis zur nächsten Stunde. Arkadi Nikolajewitschs Übungen bestanden darin, daß er Fragen stellte, die einer der Kleindarsteller, den sie dazu ausgewählt hatten, beantwortete.

»Kennen Sie das Stück?« lautete Torzows erste Frage.

»Natürlich!« ging ihre militärisch anmutende Entgegnung durch den Zuschauerraum.

»Was haben Sie in der ersten Szene darzustellen und innerlich zu erleben?«

»Alarm und Verfolgungsjagd.«

»Kennen Sie die Eigenart dieser Handlungen und Zustände?«

»Ja!«

»Wir werden ja sehen. Aus welchen physischen und elementar-psychologischen Aufgaben und Handlungen setzen sich die Szenen des nächtlichen Alarms und der Verfolgungsjagd zusammen?«

»Noch schlaftrunken müssen wir erkennen, was geschehen ist. Müssen herausfinden, was niemand so recht weiß. Einander befragen, widersprechen, streiten, wenn uns die Antworten nicht befriedigen, eigene Ansichten von uns geben, Zustimmung äußern, Unbegründetes überprüfen oder zu beweisen suchen.

Wenn wir die Schreie von draußen gehört haben, tasten wir nach den Fenstern, um hinauszuschauen und zu sehen, was Sache ist. Da findet man nicht gleich den richtigen Platz. Also muß man suchen. Muß sehen und hören, was die nächtlichen Skandalmacher da herumschreien. Wer sind sie? Wir streiten, da einige sie für jemand anders halten. Dann erkennen wir Rodrigo. Jetzt hören wir zu und suchen zu ergründen, was er da schreit. Wir glauben nicht sofort, daß Desdemona so etwas Unsinniges getan haben könnte und suchen einander zu beweisen, daß es entweder eine Intrige oder Betrunkenengefasel sein muß. Schimpfen die Radaubrüder aus, weil sie uns nicht schlafen lassen. Drohen ihnen und wollen sie fortjagen. Allmählich erkennen wir jedoch, daß sie die Wahrheit sagen. Tauschen mit unseren Nachbarn Meinungen aus. Kritisieren oder beklagen das Vorgefallene. Haß, Verwünschungen und Drohungen gegen den Mohren. Klären, was wir tun und wie wir weiter verfahren wollen. Überlegen alle möglichen Auswege aus der Situation. Setzen uns für unsere Vorschläge ein, kritisieren oder billigen fremde. Suchen die Meinung der Anführer in Erfahrung zu bringen. Unterstützen Brabantio in seinem Gespräch mit den Radaubrüdern. Hetzen zur Rache auf. Hören den Befehl zur Verfolgungsjagd. Stürzen los, um ihn prompt zu erfüllen. Die weiteren Aufgaben und Handlungen richten sich nach den Rollen der Darsteller und den Funktionen der Leute im Palast.

Die einen tragen Waffen zusammen, andere zünden Laternen an, leuchten die Zimmer aus, legen Kettenhemden und Panzer an, suchen sich Helme und Waffen aus. Helfen einander. Die Frauen weinen, als zögen die Männer in den Krieg. Die Gondolieri machen die Gondeln fertig, legen Ruder und alles Nötige zurecht. Die Anführer teilen Gruppen ein, erklären den Plan und senden Leute nach verschiedenen Seiten aus, um die Geflohenen zu suchen. Sie erklären ihnen, wohin sie gehen und wo sie sich wieder treffen sollen. Die Anführer der einzelnen Abteilungen bereden sich mit ihren Untergebenen und feuern sie an zum Kampf gegen die Feinde. Sie schwärmen auseinander. Sollte die Szene verlängert werden, müssen wir uns Vorwände für die Rückkehr der Leute und neue Handlungen ausdenken, zu deren Durchführung sie zurückgekommen sind.

Da wir für so eine Tumultszene zu wenig Leute haben, müssen wir ›einen Kreis gehen‹ und ›gegeneinander flimmern‹«, erklärt der Sprecher.

Arkadi Nikolajewitsch beeilte sich, uns die Bedeutung dieser Fachausdrücke auseinanderzusetzen. Der erste bedeutet, daß verschiedene Gruppen der Kleindarsteller immer nach einer Seite gehen. Die eine Gruppe mußte auf Torzows Anweisung das Haus verlassen, miteinander verhandeln, eine Abteilung bilden und nach rechts abgehen. Beide Gruppen kamen dann wieder hinter den Kulissen hervor und wiederholten dieselben Handlungen, jedoch nicht so, als seien sie die Vorherigen und inzwischen Abgegangenen, sondern als neue, die neue Abteilungen zusammenstellten. Um den Wechsel besser tarnen zu können, mußten hinter den Kulissen Schneider und Requisiteure stehen, die vor dem Wiedererscheinen der Abteilungen ihnen den auffallendsten und typischsten Teil des Kostüms und der Bewaffnung (Helm, Mantel, Hut, Hellebarde, Schwert) abnahmen und statt dessen andere Kostümteile oder Waffen anlegten bzw. gaben, die den abgenommenen nicht ähnelten.

Den Ausdruck »gegeneinander flimmern« erklärte uns Arkadi Nikolajewitsch wie folgt: Schickt man alle Massen in eine Richtung, entsteht der Eindruck, als werde ein bestimmtes Ziel angestrebt. So eine Massenbewegung erzeugt den Eindruck von Organisiertheit und Ordnung. Schickt man jedoch zwei Gruppen nach verschiedenen Richtungen, so daß sie aufeinandertreffen, zusammenstoßen, Worte wechseln, auseinanderlaufen und immer wieder fortstreben, so entsteht der Eindruck von Hektik, Chaos, Hast und Unordnung. Brabantios Heer ist unorganisiert. Es entsteht ganz zufällig aus Bediensteten. Daher kann es nicht militärisch gedrillt sein, und alles vollzieht sich ungeplant, sinnlos und in Hast. Das »Gegeneinanderflimmern« ist dazu angetan, so eine Stimmung zu schaffen.

»Wer hat Sie denn auf die heutige Probe vorbereitet?« erkundigte sich Arkadi Nikolajewitsch nach dem Abfragen.

»Der Kleindarsteller Petrunin. Überprüft hat es Iwan Platonowitsch.«

Torzow bedankte sich bei beiden, lobte den Sprecher der Gruppe, akzeptierte alles ohne Einspruch und bat die Kleindarsteller, gemeinsam mit uns Schauspielern alle Aufgaben und Handlungen nach dem festgelegten Plan auszuführen.

Wie ein Mann standen die Kleindarsteller gleich auf und gingen in vollständiger Ordnung ohne Verzug auf die Bühne.

»Nicht so wie wir!« flüsterte ich Schustow zu, der neben mir saß.

»Merk's dir! Die sollen uns was vormachen!« erwiderte Pascha.

»Prima! Die haben Zucht! Das geht ja wie geschmiert!« lobte Wjunzow.

Nachdem die Kleindarsteller die Bühne betreten hatten, richteten sie sich erst lange und sehr konzentriert darauf ein, wie sie ihre Aufgabe am besten ausführen können. Die einen gingen konzentriert und ohne Hast von einer Stelle zur anderen, und zwar nicht nur vor den Stühlen, die den Palast darstellen sollten, sondern auch dahinter, das heißt im Gebäude selber. Fanden sie die gewünschte Handlung nicht, hielten sie inne, überlegten, änderten und wiederholten das, was nicht geklappt hatte. Arkadi Nikolajewitsch spielte die Rolle des Spiegels, wie er sich ausdrückte, der alles reflektierte, was er sah, und gab seine Urteile ab.

»Bespalow, das glaube ich nicht! Dondysch, gut! Wern überzieht!« ließ sich Torzow hören.

Mich beeindruckte, daß die Kleindarsteller ohne Gegenstände spielten, und dennoch wußte ich, was sie machen und welche Sachen sie angeblich anlegen oder in die Hand nehmen. Keinen der scheinbaren Gegenstände benutzten sie ohne gebührende Aufmerksamkeit. Jeden »bespielten« sie ganz und gar.

Auf der Bühne und im Saal breitete sich Feierlichkeit aus. Wie in der Kirche. Die Darsteller sprachen halblaut, und wir Zuschauer saßen regungslos da und hielten den Atem an.

Während einer kleinen Pause bat Arkadi Nikolajewitsch um Erklärung, wer welche Rolle darstellt. Jeder einzelne Kleindarsteller — sie hatten im Hintergrund Aufstellung genommen — kam ordnungsgemäß zur Vorderbühne und erklärte, wen er spielt.

»Brabantios Bruder!« erläuterte ein hübscher, stattlicher Mann, der aber nicht mehr zu den Jüngsten zählte. »Er organisiert die Verfolgungsjagd und ist sozusagen der Oberkommandierende der Expedition. Ein energischer rauher Mann.«

»Vier Gondolieri«, berichteten zwei junge, schmucke und zwei unscheinbare Leute.

»Desdemonas Amme«, erklärte eine dicke alte Frau.

»Zwei Dienerinnen, die an der Entführung beteiligt waren und mit Cassio, der die Flucht vorbereitet hatte, unter einer Decke steckten ...«[195]

»Jetzt spielen Sie mir bitte das gesamte erste Bild in seinen physischen Handlungen durch. Da wollen wir mal sehen, was dabei herauskommt.«

Wir spielten. Abgesehen von einigen Fehlern, lief die Szene anscheinend gut, besonders bei den Kleindarstellern.

Arkadi Nikolajewitsch sagte: »Wenn Sie diese Rollenlinie immer entlang gehen und aufrichtig jeder physischen Handlung glauben, die Sie verrichten, so können Sie in Bälde das schaffen, was wir *das körperliche Leben der Rolle* nennen. Darüber hab ich schon im vergangenen Studienjahr gesprochen. Jetzt sehen Sie selber, wie dieses Leben geschaffen wird und entsteht. Rafft, konzentriert und synthetisiert man das Wesentliche jeder seiner wichtigsten Aufgaben und Handlungen, erhält man das *Schema* des ›körperlichen Lebens‹ im ersten Bild von ›Othello‹.

Ich nenne Ihnen jetzt die Hauptetappen, aus denen sich dieses Schema zusammensetzt.

Die erste Hauptaufgabe und -handlung des Schemas besteht darin, *Rodrigo dazu zu bringen, Jago zu helfen.*

Die zweite heißt, Brabantios Haus auf die Beine zu bringen (Alarm).

Die dritte heißt, zur Verfolgung aufzurufen.

Die vierte heißt, Abteilungen aufzustellen und die Verfolgung aufzunehmen.

Wenn Sie jetzt wieder auf die Bühne gehen, um das erste Bild zu spielen, denken Sie bitte zunächst an nichts anderes als an die optimale Ausführung der *Grundaufgaben und -handlungen des Schemas*. Jede einzelne ist sowohl von seiten ihrer physischen, elementar-psychologischen Eigenart überprüft, analysiert und studiert worden als auch von seiten ihrer Logik und Folgerichtigkeit. Nenne ich Ihnen also jetzt eine Etappe des Schemas, sagen wir ›Brabantios Haus auf die Beine bringen (Alarm)‹, so wissen Sie, wie das im Leben vor sich geht und wie diese Handlung auf die Bühne übertragen wird. Kümmern Sie sich nur darum, daß sie für die wichtigsten handelnden Personen des Stückes und für ihr Hauptziel so zweckmäßig und produktiv wie möglich ist. Mehr wollen wir zunächst nicht. Brechen Sie nur nicht die begonnene Arbeit ab, und kommen Sie Tag für Tag zusammen, auch wenn Sie nicht die gesamte Szene wiederholen, sondern nur ihr Grundschema. Das soll deren Grundaufgaben und -handlungen festigen und sie fixieren wie Meilensteine am Wege. Über die Details, die kleinen Teilaufgaben und Anpassungen zu ihrer Ausführung brauchen Sie sich keine Gedanken zu machen. Die können Sie jedesmal improvisieren.[196]

Haben Sie davor keine Angst, da das Material zu ihrer Ausführung bei Ihnen bereits vorbereitet ist und immer weiter, mehr, tiefer und vollständiger entwickelt wird, um die Aufgaben und Handlungen des Schemas immer *begeisternder* zu machen. Gut sind doch nur Aufgaben und Handlungen, die den Schauspieler erregen und ihn zum Schaffen reizen. In dem Augenblick, wo wir an die weitere Vertiefung und Entwicklung der Hauptaufgaben und -handlungen gehen, um sie attraktiv zu machen, kommen wir bereits zu einem neuen Abschnitt im Erschaffen der Rolle.[197]

»Jetzt komme ich auf das zurück, womit wir begonnen und wozu wir den letzten Versuch zur Schaffung des körperlichen Lebens Ihrer Rollen durchgeführt haben. Ich meine das Suchen nach neuen Wegen und Methoden für ein möglichst natürliches, unbefangenes und intuitives inneres Herangehen an Stück und Rolle.

Sie müssen die theoretische Seite dessen begreifen, was Sie soeben in der Praxis erlernt haben. Ihr Grundprinzip verstehen Sie. Es ist Ihnen nicht neu. Wenn eine Rolle nicht von selber zu leben beginnt, das heißt von innen heraus, dann gehen Sie von außen an sie heran. Der Körper ist nachgiebig, das Gefühl hat Launen ...«

. . . . 19 . .

»Die Schaffung des ›körperlichen Lebens‹ der darzustellenden Person ist schon die halbe Arbeit, denn wie ein Mensch, so hat auch die Rolle zwei Naturen, eine körperliche und eine geistige.[198] Man wird sagen, das Hauptziel unserer Kunst liege nicht im Äußeren, sondern es gehe ihr vielmehr um die Schaffung des ›geistigen Lebens‹ des auf der Bühne darzustellenden Werkes. Einverstanden. Deshalb beginne ich ja auch unsere Arbeit mit dem ›körperlichen Leben‹.

Ich möchte Ihnen den Sinn dieser überraschenden Schlußfolgerung erklären. Sie wissen, wenn eine Rolle nicht von selber im Schauspieler zu leben beginnt, bleibt ihm nichts anderes übrig, als auf umgekehrtem Wege an sie heranzugehen, vom Äußeren zum Inneren also. Das tue ich auch. Sie haben Ihre Rollen nicht intuitiv verspürt, und daher habe ich beim körperlichen Leben begonnen. Das ist materiell und fühlbar, unterwirft sich Befehlen, Gewohnheiten, Übungen und der Disziplin, mit ihm hat man's leichter als mit dem nicht erfaßbaren, unbeständigen, launenhaften Gefühl, das zerflattert. Aber nicht nur das. Es gibt noch wichtigere Bedingungen für meine Methode. Die bestehen darin, daß das Leben des Körpers unbedingt reagieren muß auf das Leben des Geistes, vorausgesetzt natürlich, der Schauspieler handelt auf der Bühne echt, zweckmäßig und produktiv. Das ist besonders auf der Bühne wichtig, weil bei der Rolle, mehr noch sogar als im Leben, beide Linien — die äußere und die innere — übereinstimmen und gemeinsam einem schöpferischen Ziel zustreben müssen. Dazu bestehen in unserem Metier günstige Voraussetzungen, denn Körper und Geist schöpfen ihr Leben aus einer Quelle: dem Stück. Dadurch kommen sich beide Lebensformen näher und werden miteinander verwandt.

Aber eigenartigerweise beobachten wir auf der Bühne oft das Gegenteil. Da und dort bricht die innere Linie der Rolle ab, und an ihre Stelle tritt die Linie des Schauspielers, der sich durch Alltagssorgen von seinem Schaffen ablenken läßt, während die Linie des Körpers automatisch und nach alter Gewohnheit weiterwirkt. Das entsteht durch formale und handwerkelnde Einstellung zur Rolle und zum Schaffen.

Die neue Grundlage, die über das körperliche Leben an die Rolle herangeht, kann es zu einer Art Akkumulator für das schöpferische Gefühl werden lassen. Innere Emotionen und Erleben sind wie Elektrizität. Wirft man die in den Raum, zerflattern sie und verschwinden. Sättigt man jedoch das Leben des Körpers mit Gefühl, so wie man einen Akkumulator mit Elektrizität auflädt, so festigen sich Emotionen und Erleben, die durch die Rolle hervorgerufen werden, in einer körperlichen und spürbaren physischen Handlung, die das Gefühl, das mit jedem einzelnen Moment des körperlichen Lebens verbunden ist, aufnimmt, aufsaugt und sammelt und damit das unbeständige, leicht zerflatternde Erleben und die schöpferischen Emotionen des Schauspielers fixiert. Bei einem solchen Vorgehen werden die kalten, fertigen Formen des körperlichen Lebens der Rolle mit innerem Gehalt gefüllt, verbinden sich die körperliche und die geistige Natur der Rolle. Äußere Handlung und körperliches Leben bekommen inneren Sinn und Wärme durch das innere Erleben, und letzteres findet im körperlichen Leben Ausdruck und Verkörperung.

Diesen natürlichen Zusammenhang zwischen den beiden Naturen der Rolle und dem Schauspieler müssen wir gekonnt nutzen, um unsere nicht greifbaren und unbeständigen schöpferischen Erlebnisse zu *fixieren*.

Und noch ein nicht weniger wichtiger Grund, warum ich die Arbeit an der Rolle mit der Schaffung ihres körperlichen Lebens begonnen habe. Er besteht darin, daß eines der unwiderstehlichsten *Lockmittel* für unser Gefühl *in der Wahrheit und im Glauben* an sie besteht. Der Schauspieler braucht auf der Bühne auch nur *die geringste organische physische Wahrheit* einer Handlung oder eines allgemeinen Zustandes zu *spüren,* und gleich beginnt sein Gefühl zu leben durch den in ihm entstandenen *Glauben* an die Echtheit seiner körperlichen Handlung. Im vorliegenden Falle ist es unvergleichlich leichter, auf der Bühne organische Wahrheit und den Glauben an sie nicht im Bereich der geistigen, sondern der körperlichen Natur hervorzurufen. Glaubt der Schauspieler an sich, öffnet sich seine Seele, um die inneren Aufgaben und Gefühlsregungen der Rolle aufzunehmen. Er tue alles, um zu glauben. Dann kommt auch das Gefühl von selber. Verfährt er anders, strengt er sich nur an, um zu fühlen, wird er nie glauben, und ohne Glauben gibt's kein inneres Erleben. Das muß er nutzen, um die äußeren Handlungen mit der inneren Substanz des körperlichen Lebens, das heißt mit dem geistigen Leben der Rolle anzufüllen. Aber dazu braucht er entsprechendes Material: Das findet er in Stück und Rolle. Deshalb möchten wir Sie aufmerksam machen auf das Studium der inneren Seite des Stückes.

Wir kommen jetzt zu einer neuen wichtigen Etappe unserer Arbeit an der Rolle, und über die sprechen wir in der nächsten Unterrichtsstunde.«

III. Das Begreifen von Stück und Rolle (Analyse)[199]

.... 19..

Die heutige Unterrichtsstunde war unüblich. Es gab da ein Spruchband mit der Aufschrift:
Das Begreifen von Stück und Rolle
(Analyse)

Torzow sagte: »Ich wiederhole noch einmal: Am besten ist es, die Rolle geht dem Schauspieler von selber ein. Dann kann er ›System‹ und Technik vergessen und braucht sich nur der Zauberin Natur auszuliefern. Leider ist das niemandem von Ihnen gelungen. Deshalb haben wir versucht, mit allen zur Verfügung stehenden Mitteln die Phantasie anzukurbeln und das Gefühl zu begeistern, um natürlich, unbefangen und intuitiv in der Rolle zu leben. Wenn auch nicht in der ganzen, so zumindest in einem Teil davon. Einiges ist uns dabei gelungen. An verschiedenen Stellen des Stücks haben einzelne Momente punktartig Leben bekommen, und jetzt sind wohl alle Wege für ein direktes, unbefangenes und intuitives Herangehen an Shakespeares Werk schon erkundet. Was ist also noch zu tun, um an den unbelebten Stellen des Stückes neue ›Lichtpunkte in der Dunkelheit‹ hervorzuzaubern, um Sie noch näher an die innere Welt der von Ihnen auf der Bühne darzustellenden Menschen heranzuführen? Dazu brauchen wir einen neuen Prozeß, den wir *Prozeß des Begreifens von Stück und Rolle* (Analyse) nennen wollen.

Worin besteht die Analyse, und was ist ihr Ziel? Es geht darum, *Erreger für die schauspielerische Begeisterung* zu finden, ohne die ja eine Annäherung an Rolle und Schaffen nicht möglich ist. Zweck der Analyse ist die *verständnisvolle Vertiefung in die Seele der Rolle,* deren innere und äußere Natur sowie ihr gesamtes geistiges Leben zu studieren. Ein weiterer Zweck der Analyse ist es, die äußeren Bedingungen und Ereignisse im Leben des Stückes zu untersuchen, da sie ja das innere Leben der Rolle beeinflussen. Und schließlich hat sie den Zweck, daß der Schauspieler in seiner eigenen Seele nach Gefühlen, Empfindungen, Erlebnissen und Annäherungselementen sucht, die mit der Rolle übereinstimmen und ihr verwandt sind. Es geht um die Auswahl des für das Schaffen benötigten geistigen und anderen Materials usw.

Die Analyse anatomisiert, deckt auf, erörtert, studiert, bewertet, anerkennt, leugnet und behauptet. Sie findet die Grundlinie und den Grundgedanken (Überaufgabe und durchgehende Handlung von Stück und Rolle). Dieses Material bietet Nahrung für Phantasie, Gefühl, Gedanken und Willen.

Wie Sie sehen, hat die Analyse viele Missionen, jedoch in erster Linie ist sie zu Beginn der Arbeit darum bemüht, die besten Perlen und schöpferischen Erreger, die in dem mit Talent oder Genie geschriebenen dichterischen Werk stecken und die Sie beim ersten unbefangenen, natürlichen und zufälligen Herangehen an das Werk übersehen haben, zu finden, zu begreifen und gebührend zu würdigen. Das Talent des Schauspielers ist feinfühlig und reagiert auf alles Schöne. Daher wird es zweifellos auch begeistert auf Erreger ansprechen, die die schöpferische *Begeisterung* auf natürlichem Wege in ihm auslösen. Diese Erreger wiederum schaffen neue Lichtpunkte in der Dunkelheit sowie echte, wenn auch nicht anhaltende Gefühlsregungen. Die teilweisen Anregungen führen den Schauspieler immer mehr an seine Rolle heran. Also besteht die nächste Aufgabe darin, im dichterischen Werk die entsprechenden Erreger für die schauspielerische Begeisterung zu finden, die beim ersten Kennenlernen des Stückes übersehen wurden. Es geht darum, Material für die schöpferische Begeisterung zu finden.

Wie Sie wissen, müssen wir uns in erster Linie an den Intellekt, den Verstand wenden, denn der läßt eher mit sich reden als das launenhafte Gefühl. Aber wir tun das durchaus nicht, weil die Analyse nach Ansicht vieler ein ausschließlich verstandesmäßiger Prozeß sei. Nein, eine solche Betrachtungsweise wäre engherzig und unrichtig. Zwar wird in den Fällen, in denen, wie jetzt zum Beispiel, die Rolle nicht ganz erfaßt wird, vor allem der Verstand in Gang gesetzt, damit er, einem Kundschafter oder einer Vorhut gleich, die Perlen und Erreger des Schaffens untersucht. Der Verstand sucht alle Ebenen, Richtungen und Bestandteile von Stück und Rolle ab. Wie eine Vorhut bereitet er neue Wege vor, damit das Gefühl weitersuchen kann. Das schöpferische Gefühl wird auf den von den Kundschaftern gebahnten Wegen vorangeschickt, und wenn es fertiggesucht hat, setzt der Verstand wieder ein, diesmal jedoch in einer neuen Rolle. Wie eine Nachhut schließt er jetzt den Siegeszug des Gefühls ab und festigt dessen Eroberungen.

Der Analyseprozeß ist also nicht nur Sache des Verstandes, sondern an ihm beteiligen sich viele andere Elemente, Fähigkeiten und Eigenschaften der Künstlernatur. Ihnen und besonders dem Gefühl muß größtmöglicher Raum und Möglichkeit zur Entfaltung gewährt werden. Die Analyse ist ein Mittel zur Erkenntnis, und in unserer Kunst bedeutet ›erkennen‹ fühlen. Nur durch echtes Erleben dringt man in die unbewußten Schlupfwinkel der menschlichen Natur der Rolle und erkennt bzw. fühlt dort das, was unsichtbar verborgen ist in den Seelen der Menschen, was Gehör, Sehkraft und sogar Bewußtsein nie erreichen. Schlimm, wenn der Verstand trocken ist. Zwar bewirkt er nicht selten ein direktes Aufflackern der unbewußten Inspiration, aber ebenso oft tötet er sie auch ab. Durch seine Bewußtheit verhüllt und unterdrückt er nicht selten das für das Schaffen so überaus wertvolle Leben des Gefühls. Daher ist der Verstand beim Analyseprozeß vorsichtig und sachkundig zu benutzen. Bei der Analyse ist seine Rolle viel begrenzter, als manche denken.

War Ihr Herangehen an dichterische Werke bisher fast zufällig und unmittelbar, so wird es jetzt bewußter.²⁰⁰

[Wenn wir in der Jugendzeit die Städte an der Wolga büffeln mußten, nur um sie zu behalten, hab ich mich schrecklich gelangweilt und konnte sie mir absolut nicht einprägen. Als wir jedoch dann in reiferen Jahren mit Schulkameraden eine Bootsfahrt auf der Wolga unternahmen, studierten wir nicht nur die wichtigsten Städte, sondern auch alle kleinen Dörfer, Anlegestellen und Haltestellen und werden unser Leben lang nicht vergessen, wer dort wohnt, was man dort kaufen kann und was dort hergestellt wird. Wir erfuhren sogar gegen unseren Willen die intimsten Seiten des dortigen Lebens, einschließlich pikanter Einzelheiten und lokaler Klatschgeschichten. Alles Erfahrene ordnete sich von selber und ohne Anstrengungen in die Fächer unseres Gedächtnisses ein.

Es ist nämlich ein großer Unterschied, ob man ein Fach nur durchnimmt, um etwas zu wissen, oder ob man die Kenntnisse zu etwas gebrauchen will. Im ersten Falle hat man keinen Platz für sie, im zweiten jedoch ist der Platz bereits vorbereitet, und alles, was man in Erfahrung bringt, kommt gleich an seinen Platz. Wie Wasser in vorgesehene Flußbetten und Becken.

Das gilt auch für die Analyse von Stück und Rolle. Nimmt man sie nur ›an und für sich‹ vor, das heißt um ihrer selbst willen, bringt man sie schwerlich im Gedächtnis unter. Kommt aber alles durch sie Erarbeitete zu den vorbereiteten Aufgaben und Handlungen des Grundschemas, findet es sofort seinen Platz und füllt ihn aus. *Das körperliche Leben ist ein guter fruchtbarer Boden für die Samen unseres inneren Lebens.*

Würden wir nur analysieren und sammeln, um zu erleben um des Erlebens willen, fände das durch die Analyse Erarbeitete nur schwer Platz und Anwendung. Benutzen wir jedoch das Analysematerial zur Auffüllung, Rechtfertigung und Belebung des wenig vertieften körperlichen Lebens, findet das, was wir durch die Analyse aus Stück und Rolle herausarbeiten, sofort seine entsprechende Anwendung und einen fruchtbaren Boden zum Wachsen.]²⁰¹

... *Das Schema für das körperliche Leben* ist nur der Beginn unserer Arbeit an der Rolle. Das Wichtigste steht uns noch bevor. Wir müssen dieses Leben vertiefen bis hin zu den tiefsten Tiefen, wo *das geistige Leben des Menschen* beginnt, dessen Schaffung eine der Hauptaufgaben unserer Kunst ist. Jetzt ist diese Aufgabe besser vorbereitet, ist ihre Erfüllung stark erleichtert. Spricht und geht man das Gefühl ohne Stütze und Vorbereitung direkt an, fällt es nicht nur schwer, es zu fassen, sondern auch seine spröde Linie zu fixieren. Jetzt jedoch, da Sie für die materiell-physisch spürbare Linie des körperlichen Lebens eine Stütze haben, noch dazu eine recht solide, hängen Sie nicht mehr in der Luft, sondern beschreiten einen festgetretenen Pfad, bei dem Sie nicht nach der falschen Seite hin abweichen können.

Die Kenntnis des Körpers ist ein ausgezeichneter fruchtbarer Boden. Alles, was auf ihn fällt, findet in der Welt unserer Materie seine spürbare Begründung. Sie und besonders ihre begründeten Handlungen fixieren die Rolle am besten, da man auf diesem Gebiet leichter als auf anderen die kleine oder große Wahrheit findet, die den Glauben an das weckt, was man auf der Bühne macht. Ich brauche wohl nicht erst noch zu wiederholen, wie wichtig Wahrheit und Glaube im Schaffensprozeß sind. Sie kennen sie als starkes *Lockmittel* für das Gefühl.

Ich möchte Sie lieber daran erinnern, daß das körperliche Leben der Rolle für uns noch deshalb von Wichtigkeit ist, weil es in gewohnter Beziehung (durch Analogie oder Reflex) zur Linie des Gefühls steht.²⁰² Sind Sie physisch richtig warm geworden, kann das Gefühl nicht anders, als in diesem oder jenem Maße zu reagieren. Ähnlich wie Wasser Vertiefungen und Gruben ausfüllt, ergießt sich das Gefühl in die physische Handlung, wenn es in ihr echte organische Wahrheit spürt, die es *glauben* kann. Überlegen Sie einmal selber: Bleibt etwa Ihr Gefühl unberührt, wenn Sie Ihren Körper und seine physische Handlung echt leben lassen? Dringen Sie tiefer in diesen Prozeß ein und verfolgen Sie, was in der Zeit in Ihrer Seele vor sich geht, so werden Sie sehen, wenn Sie an Ihr physisches Leben auf der Bühne glauben, haben Sie Gefühlsregungen, die mit dem äußeren Leben verwandt und logische Verbindungen zu ihm haben. Davon ausgehend bewirkt das Leben des menschlichen Körpers, das Sie der Rolle entnehmen, analoges Leben des menschlichen Geistes in dieser Rolle. Also begünstigt das körperliche Leben der Rolle, auch ihr geistiges zu erschaffen. Bekanntlich spiegelt sich ja das Leben des Geistes im Leben des Körpers genauso wider wie das Leben des Körpers in dem des Geistes. Sie müssen das beachten, denn das ist außerordentlich wichtig in unserem Metier, in dem direktes Einwirken auf den launenhaften inneren Schaffensapparat des Schauspielers unvergleichlich schwieriger, nicht so faßbar und weniger spürbar ist als unmittelbares Einwirken auf den materiellen, gut spürbaren physischen Apparat, der sich leicht Befehlen unterwirft.

Über den Körper verfügt sich leichter als über das Gefühl, denn das reagiert weder auf Gewalt noch auf Befehle. Entsteht also das geistige Leben der Rolle nicht von selber, müssen Sie erst ihr körperliches Leben schaffen.«[203]

»Wie bereits gesagt, wenn die schöpferische Begeisterung für die Rolle nicht von selber kommt, müssen Sie einen Kundschafter — den Verstand — zu Hilfe rufen.

Worauf sollen Sie die Strahlen Ihres Bewußtseins richten?

Hat man etwas verloren, durchsucht man alles und findet es nicht selten dort, wo man es am wenigsten erwartet.

Unsere Technik verfügt über viele Methoden, um Stück und Rolle über die Analyse zu erkennen.

Man kann den Inhalt eines Stückes erzählen, die Fakten und Ereignisse und die vom Autor gebotenen Situationen exzerpieren, das Stück in Abschnitte aufgliedern, es also anatomisieren und nach Schichten aufteilen, Fragen stellen und beantworten, den Text mit entsprechenden Hervorhebungen einzelner Worte und Pausen lesen, Vergangenheit und Zukunft des Stückes behandeln, allgemeine Aussprachen, Streitgespräche und Debatten veranstalten, ständig die entstehenden und miteinander verschmelzenden Lichtpunkte überprüfen, Fakten bewerten und rechtfertigen, Namen für die Abschnitte und Aufgaben suchen usw. usf. All das sind nur unterschiedliche praktische Methoden für ein und denselben *Prozeß*, um Stück und Rolle zu *analysieren* (zu begreifen).

Ich werde Ihnen die genannten Methoden in der Praxis zeigen. Aber das geht nicht gleich in dem Bild, das wir jetzt proben. Das würde Sie nur verwirren, Ihnen den Kopf verkeilen und den Eindruck großer Kompliziertheit hinterlassen. Deshalb werde ich Sie nach und nach mit den technischen Methoden der Analyse bekanntmachen, indem ich sie in jedem einzelnen Bild zur Anwendung bringe.«[204]

Exzerpte

Nach dem Unterricht gab uns Arkadi Nikolajewitsch eine Arbeit auf. Er schickte uns in Iwan Platonowitschs Klasse und ließ uns dort die abgenommenen »Othello«-Exemplare zurückgeben. Danach mußte jeder — noch in der Klasse — die Regieanweisungen des Autors herausschreiben. Außerdem mußten wir aus den Dialogen und Monologen der handelnden Personen alles über deren Charakterisierung und Beziehungen, die Erklärung und Rechtfertigung der Fakten, des Handlungsortes, der Kostüme, die Erläuterungen innerer seelischer Vorgänge und weiteres, was aus dem Text zu schöpfen ist, zusammentragen und aufschreiben. Aus diesen Exzerpten sollen wir unter Iwan Platonowitschs Federführung eine Liste anfertigen und dem Protokoll der Unterrichtsstunde beifügen. Die Kopien erhalten die Schauspielschüler, und die Exemplare werden wieder eingesammelt.

»Ich treffe mich noch mit dem Bühnenbildner«, gab Torzow bekannt, »der die Skizzen für die Dekorationen und Kostüme anfertigt, mache mir als Regisseur Gedanken über die allgemeine Inszenierung des ersten Bildes und teile als Ergänzung zu den vom Autor gegebenen Aufgaben in der nächsten Unterrichtsstunde unsere Vermutungen mit. Dann haben Sie alles, was Sie brauchen.«

Zur Anfertigung der Liste sollten sich die Schüler am nächsten Tag um 10 Uhr treffen.

. . . . 19 . .

Iwan Platonowitsch las das Stück, und wir unterbrachen ihn, wenn wir etwas zur Charakterisierung der handelnden Personen, ihrer Beziehungen zueinander und ihrer Mentalität sowie Hinweise des Autors zu Situationen, zu Arrangements, zu den Dekorationen usw. fanden. So entstand eine mehrseitige Liste, auf der wir nach Rubriken sortierten (Dekorationen, Kostüme, Regieanweisungen des Autors, Charakterisierung der handelnden Personen, ihre Mentalität, Gedanken usw.).

Die Liste müssen wir morgen Torzow geben.[205]

Fragen stellen und beantworten

»Um restlos alles auszuschöpfen«, sagte Torzow, »was der Autor in seinem Text bietet, um ihn zu ergänzen und um alles herauszufinden, was unausgesprochen bleibt und dem Schauspieler zur Vollständigkeit seiner Informationen über das Stück fehlt, schlage ich ein weiteres technisches Mittel vor, das wir beim phantasievollen Träumen angewandt haben.[206] Ich meine das Stellen und Beantworten von Fragen. Zum Beispiel:

Wann spielt die Handlung? Zur Blütezeit der Republik Venedig im Jahre ...

Zu welcher Jahres-, Tages- oder Nachtzeit? Das erste Bild vor Brabantios Palast spielt im Herbst oder Winter, wenn auf dem Meer starke Stürme toben. Am Himmel ziehen sich Wolken zusammen, und ein furchtbarer Sturm zieht herauf. Die Handlung spielt am späten Abend, wenn ganz Venedig schlafen gegangen ist. Sollte den Zuschauern die Zeit genannt werden müssen, könnte eine Turmuhr in einer günstig gewählten Pause elfmal schlagen. Da aber dieser Effekt zum Schaffen von Stimmung im Theater schon stark abgenutzt ist, muß man ihn vorsichtig und taktvoll anwenden, das heißt nur, wenn es sich als unbedingt erforderlich erweist.

Wo spielt die Handlung? Im aristokratischen Teil *Venedigs*, in der Nähe des Canale Grande, wo sich die Paläste der Prominenz befinden. Den größten Teil der Bühne nimmt der

Kanal ein, den Rest — ein schmaler Gehsteig, wie er für Städte mit Kanälen typisch ist, sowie eine Anlegestelle vor dem Palasteingang. Die Fenster oben und unten müßten gut zu sehen sein, um durch das Aufblinken von Nachtlichtern und Laternen sowie durch Hin- und Hergelaufe den Eindruck eines aufwachenden Hauses zu erwecken, in dem äußerste Aufregung herrscht.

Die Schauspielschüler zweifelten, daß es möglich sei, auf der Bühne den Eindruck von Wasser und vorbeifahrenden Gondeln zu erwecken. Aber Arkadi Nikolajewitsch sagte, dazu verfüge das Theater über alle Möglichkeiten. Durch besondere Scheinwerfer mit einem Chromotrop, das sich mechanisch in verschiedene Richtungen bewegt und wie eine Wunderlampe flimmernde Lichtflecken wirft, entsteht der Eindruck von fließendem Wasser. Es gibt auch noch mechanische Mittel zur Darstellung von Wellen. In Bayreuth zum Beispiel erscheinen im ersten Bild des ›Fliegenden Holländers‹ zwei große Schiffe, die manövrieren, wenden und sich wieder trennen. Eines davon legt an. Bei diesen Manövern und Wendungen scheinen echte Wellen in verschiedenen Richtungen an den Schiffen hinaufzulecken.«[207]

Aufspüren des Untertextes

»Jetzt müssen wir unser Teleskop auf die leicht zu übersehenden und völlig unklaren Momente des Stückes richten, um auch sie zu beleben. Wie erreichen wir das?

Ihre Seelen müssen nochmals aufgepflügt werden, mit anderen Worten, es muß nochmals gelesen werden, diesmal jedoch sehr einfühlsam. Sicherlich werden Sie mir wieder zuschreien: ›Das haben wir gelesen, das kennen wir!‹ Aber ich werde Ihnen an vielen Beispielen beweisen, daß Sie das Stück zwar gelesen haben, es jedoch noch nicht kennen.

Aber nicht nur das. Stellenweise haben Sie den Text nicht einmal grammatisch entschlüsseln können. Aber dessen nicht genug, selbst an den Stellen, die wir als große Lichtflecken bezeichnen, haben Sie nur eine ungefähre Vorstellung von dem, was dort gesagt wird.

Als Beispiel nehme ich den ersten dieser großen und klaren Punkte — Othellos Monolog vor dem Senat:

›Ehrwürd'ger, mächt'ger und erlauchter Rat,
Sehr edle, wohlerprobte, gute Herren —
Daß ich dem alten Mann die Tochter nahm,
Ist völlig wahr, wahr, sie ist mir vermählt.
Der Tatbestand und Umfang meiner Schuld
Reicht so weit, weiter nicht.‹

Verstehen (spüren) Sie den *gesamten* Gehalt dieser Zeilen?«

»Ja, uns scheint, wir verstehen, wovon hier geredet wird. Von Desdemonas Entführung«, bekannten die Schüler.

»Nein, durchaus nicht«, unterbrach uns Torzow. »Es geht um die Entführung der Tochter eines hohen Würdenträgers durch den Fremden, der im Dienste des Senats steht. Erzählen Sie mir, was für Dienste Othello leistet. Er nennt die Senatoren ›Herren‹. Wie sind seine Beziehungen zu ihnen?«

»Er ist General, Militär, und sie sind Regierungsmitglieder«, entgegneten wir.

»Ist er nun nach unseren alten Begriffen der Kriegsminister und sie der Ministerrat, oder ist er einfach nur ein Söldling, während sie vollberechtigte Herrscher sind, von denen alles im Lande abhängt?«

»Darüber haben wir uns noch keine Gedanken gemacht und verstehen auch nicht, warum Schauspieler solche Feinheiten alle wissen müssen«, gestand Goworkow.

»Warum?« fragte Torzow erstaunt. »Es geht doch hier nicht nur um den Konflikt zwischen zwei verschiedenen Klassen, sondern auch zwischen zwei Nationalitäten. Nicht nur das. Es geht um die Abhängigkeit des Senats von einem Schwarzen, den sie verachten. So schlimm ist der Konflikt für die Venezianer. Eine ganze Tragödie! Und davon wollen Sie nichts wissen? Interessiert Sie denn die gesellschaftliche Stellung der handelnden Personen überhaupt nicht?! Wie wollen Sie da deren wechselseitige Beziehungen und die Schärfe der Konfrontation spüren, die eine so bedeutende Rolle in der Tragödie überhaupt und besonders in der Liebesgeschichte der Helden dieses Stückes spielt?«

»Natürlich haben Sie recht!« stimmten wir zu.

»Ich gehe weiter«, fuhr Arkadi Nikolajewitsch fort.

»›Daß ich dem alten Mann die Tochter nahm,
Ist völlig wahr ...‹

Erzählen Sie mir, wie es zu dieser Entführung kam. Um beurteilen zu können, wie frevlerisch sie war, müßten Sie die Einzelheiten kennen, und dies nicht nur vom Standpunkt der Leidtragenden und Gekränkten — Brabantios, des Herzogs und der Senatoren —, sondern auch von seiten der Initiatoren dieser verruchten Tat — Othellos und der Heldin unseres Liebesromanes — Desdemonas.«

Auch auf diese Frage, über die nachzudenken uns nie in den Sinn gekommen wäre, fanden wir keine Antwort.

»Ich gehe weiter«, gab Torzow bekannt.

»›... wahr, sie ist mir vermählt.‹

Erzählen Sie mir, wer sie getraut hat. Wo und in welcher Kirche. In einer katholischen? Oder ist Othello Mohammedaner, Andersgläubiger, so daß sich kein christlicher Geistlicher dazu herbeiließ, sie zu trauen? Wenn ja, welches Ritual bezeichnet Othello dann als Vermählung? Oder ist es eine Ehe, die nur vor dem Standesamt geschlossen wurde? Konnte sich Desdemona wirklich dazu entschließen, sich ihm ohne Ritual hinzugeben? Für die damalige Zeit war das sehr kühn und gewagt!«

Nachdem wir auch diese Frage nicht beantworten konnten, fällte Arkadi Nikolajewitsch sein Urteil.

»Also«, beschloß er, »abgesehen von einigen Ausnahmen, sind Sie in der Lage, das zu lesen und fast formal zu verstehen, was in Worte gefaßt ist, was uns die gedruckten Buchstaben des ›Othello‹-Exemplars sagen. Aber das ist doch bei weitem nicht alles, was Shakespeare sagen wollte, als er sein Werk schrieb. Um seine Absichten zu verstehen, müssen Sie aus den toten Buchstaben nicht nur seine Gedanken restaurieren, sondern auch seine Visionen, seine Gefühle und alles, was in ihm vorging, kurz gesagt, den gesamten *Untertext*, der unter dem geschriebenen und formalen Worttext verborgen ist. Erst dann können Sie sagen, Sie haben das Stück nicht nur gelesen, sondern kennen es auch.«[208]

Gegenwart, Vergangenheit und Zukunft des Stückes

»Ihr Grundfehler beim Nacherzählen des Inhaltes besteht darin, daß Sie das wiedergeben, was der Dichter geschrieben hat und was alle schon lange kennen, das heißt die *Gegenwart* des Stückes.

Und was ist mit der Vergangenheit und den Zukunftaussichten?! Wer erzählt uns darüber?

Lassen Sie uns doch wissen, welche Vorstellungen die Worte und das Ungesagte des Autorentextes bei Ihnen auslösen, wie Sie das ›geistige Leben‹ des Stücks sehen, hören und empfinden.

Seien Sie Schöpfer und nicht nur Nacherzähler.

Goworkow, vielleicht versuchen Sie einmal, diese schwierige Aufgabe zu erfüllen, weil ja nacherzählen gar nicht so einfach ist, wie Sie sehen.«

»Entschuldigen Sie bitte«, entgegnete Goworkow, »ich erzähle, was der Dichter geschrieben hat. Wenn Ihnen das nicht gefällt und langweilig vorkommt, dann, wissen Sie, soll der Autor dafür einstehen.«

»O nein!« unterbrach ihn Torzow. »Der Dichter hat nur das geschrieben, was sich vor dem offenen Vorhang abspielt. Das ist sozusagen die *Gegenwart* von Stück und Rolle. Aber gibt es denn *Gegenwart* ohne *Vergangenheit*? Versuchen Sie doch einmal, von Ihrer *Gegenwart* alles Vorangegangene zu streichen. Stellen Sie sich für einen Augenblick vor, Sie säßen da jetzt und studierten die Schauspielkunst, aber in der Vergangenheit wäre diesem Studium bei Ihnen nichts vorangegangen. Sie hätten nie die Absicht und den Wunsch gehabt, Schauspieler zu werden, hätten nie gespielt und wären nicht einmal im Theater gewesen. Spüren Sie nicht selber, daß so eine *Gegenwart* völlig wertlos ist, daß sie einer Pflanze ohne Wurzeln gleicht, die eintrocknen und eingehen muß?

Aber nicht nur das: *Gegenwart* kann nicht nur ohne *Vergangenheit*, sondern auch ohne Zukunft nicht bestehen. Sie werden einwenden, die können wir nicht kennen und voraussagen. Jedoch sie wünschen und mit ihr Absichten verbinden, das können wir nicht nur, das müssen wir sogar.

Wozu brauchten Sie eine Gegenwart, das heißt zumindest das Studium der Schauspielkunst, das wir augenblicklich betreiben, wenn Sie gar nicht die Absicht und den Wunsch hätten, auf die Bühne zu gehen und Schauspieler zu werden?

Natürlich sind unsere augenblicklichen Übungen für uns vor allem insofern interessant, als sie ihre Früchte in der Zukunft zeitigen werden.

Wenn im Leben keine *Gegenwart* ohne *Vergangenheit* und *Zukunft* möglich ist, kann es auf der Bühne, die ja das Leben widerspiegelt, nicht anders sein.

Der Daramatiker liefert Ihnen die *Gegenwart* sowie Andeutungen auf *Vergangenheit* und *Zukunft*.

Der Belletrist liefert uns mehr, das heißt das eine wie das andere und auch noch ein Drittes. Er schreibt sogar Vorworte und Nachworte. Kein Wunder — ihn engen weder der Umfang seines Buches noch die Zeit ein.

Der Dramatiker ist da in einer anderen Situation. Es hängt vom sehr engen Rahmen seines Stückes ab. Das Ausmaß eines dramatischen Werkes wird durch die Zeit begrenzt, und die ist nicht sehr lang. Höchstens vier bis viereinhalb Stunden, wozu noch drei oder vier Pausen von je einer Viertelstunde kommen. Aber auch die Akte selber sind ja zeitlich begrenzt. Sie dürfen nicht länger als vierzig oder fünfundvierzig Minuten dauern. Nur dazu reicht beim heutigen Publikum die Aufmerksamkeit. Was kann man in diesem kurzen Zeitabschnitt sagen? Aber gesagt werden muß viel. Dort nun erwartet der Dichter die Hilfe der Schauspieler.

227

Das, was der Schriftsteller nicht über Vergangenheit und Zukunft sagen kann, sollen die Schauspieler sagen.

Darauf werden Sie einwenden, mehr als die Worte, die der Dichter geschrieben hat, könne man doch sowieso nicht sagen. Das stimmt nicht.

Es gibt Sachen, die werden nicht nur mit Worten wiedergegeben. Als die Duse im letzten Akt der ›Kameliendame‹ vor ihrem Tode noch einmal den Brief las, den ihr Armand nach der ersten Begegnung geschrieben hatte, zeigten bei ihr Augen, Stimme, Intonation, ja ihr ganzes Wesen deutlich, daß sie die kleinsten Einzelheiten der Vergangenheit wieder sah, noch kannte und neu erlebte.[209] Hätte die Duse das erreicht, wenn sie nicht bis in die kleinsten Einzelheiten gewußt und erfühlt hätte, was jetzt die von ihr dargestellte sterbende Heldin des Dramas durchmacht?«

.... 19..

»Nach der bisher geleisteten Arbeit können wir wohl behaupten, daß wir jetzt alles wissen, was uns die Buchstaben des Autorentextes und die unter ihnen verborgenen Gedanken, Gefühle, Visionen und das Geraune seines ungeschriebenen Untertextes zu sagen haben.

Das ist viel. Einverstanden. Aber ist es schon alles? Wir wissen doch aus Erfahrung, daß Stückeschreiber sehr vieles von dem, was der Schauspieler braucht, ungesagt lassen. Dazu ein Beispiel. Jago und Rodrigo erscheinen auf der Bühne. Wo kommen sie her? Was war fünf, zehn oder vierzig Minuten, ein Tag, ein Monat, ein Jahr vor ihrem Auftritt? Muß das der Schauspieler etwa nicht auch wissen? Braucht der Rodrigo-Darsteller etwa nicht zu wissen, wo, wann und wie Rodrigo Desdemona getroffen, kennengelernt und verehrt hat? Kann ein Schauspieler etwa ohne diese Kenntnisse und entsprechende Visionen die Worte sprechen, die Shakespeare ihm gibt? Kurz gesagt, kann es eine Gegenwart der Rolle geben, die wir bis zu einem gewissen Grade erkannt haben, ohne daß sie eine Vergangenheit hätte? Das gilt auch für die Zukunft der Rolle, die es ohne Vergangenheit und Zukunft nicht gibt. Wenn nicht, müssen wir sie schaffen. Wer tut das? Der Text enthält Andeutungen, die wir natürlich beachten. Aber das Übrige? ... Wer erzählt uns das? Den Autor können wir nicht wieder zum Leben erwecken, andere Autoren finden wir nicht! So bleibt der Regisseur die einzige Hoffnung. Aber nicht alle sind bereit, unsere Wege zu gehen. Sehr viele sehen in uns nur Phantasten und machen sich lustig über unser Suchen. Außerdem kann das, wovon der Regisseur träumt, dem Schauspieler fremd sein. Da bleibt einem nichts anderes übrig, als sich auf sich selber zu verlassen. Daher — an die Arbeit ...

Lassen Sie uns das träumen und erfinden, was der Autor nicht bis zu Ende geschrieben hat. Bereiten Sie sich entsprechend vor, denn das ist eine lange und schwierige Arbeit. Sie müssen Mitarbeiter des Dichters werden und für ihn nachgestalten, was er selber nicht gestaltet hat. Wer weiß, vielleicht müssen wir ein ganzes Stück schreiben! Sollte dies notwendig sein, schreiben wir, denn ohne Vergangenheit und Zukunft kann und braucht es auch keine Gegenwart geben. Sie erinnern sich, im vergangenen Jahr habe ich davon gesprochen ...[210]

[... Schade nur, daß Sie so wenig über das Stück reden und miteinander streiten. Wie soll ich Sie entflammen?

Es wäre gut, wenn sich bei Ihnen verschiedene Ansichten und mehrere Parteien herausbilden würden. Streitgespräche entzünden das Interesse am besten, gehen den Dingen auf den Grund und klären Mißverständnisse.«

Wir entgegneten, daß wir selber nicht wüßten, warum solche Gespräche über das Stück nicht außerhalb der Unterrichsstunden unter uns aufkämen.

»Da werde ich Ihnen helfen müssen«, sagte Torzow und verließ die Klasse.]

Gespräch über das Stück

. . . . 19 . .

Heute war eine Aussprache zwischen Schülern und Dozenten über die Tragödie »Othello« angesetzt.

Alle dazu Aufgeforderten versammelten sich in einem Konversationszimmer des Theaters an einem großen grünen Tisch, auf dem Papier, Bleistift, Federn, ein Tintenfaß und andere Attribute einer echten Sitzung lagen. Torzow setzte sich auf den Platz des Vorsitzenden und eröffnete die Aussprache.

»Wer möchte über das Stück ›Othello‹ so sprechen, wie er es versteht?«

Alle schwiegen verlegen und regungslos, als hätten sie Wasser im Mund.

Da Arkadi Nikolajewitsch dachte, der Sinn der Zusammenkunft sei uns unklar, erläuterte er ihn wie folgt:

»Irgendwann und irgendwie haben Sie in aller Eile und im Vorübergehen den ›Othello‹ gelesen. Bruchstücke und Erinnerungsfetzen sind davon geblieben. Das zweite Vorlesen hat diesen ersten Eindrücken einiges hinzugefügt. Aber dieses innere Material der Rolle reicht noch lange nicht aus. Um es zu ergänzen, habe ich die heutige Aussprache einberufen. Deshalb bitte ich die Anwesenden, offen auszusprechen, was jeder über das Stück denkt.«

Anscheinend dachte niemand etwas, weil sich keiner äußern wollte. Nach einer langen und quälenden Pause bat Iwan Platonowitsch um das Wort.

»Bislang habe ich geschwiegen. Auch, als ›Othello‹ auf Naswanows Initiative bei uns aufkam. Na ja! Auch, als Arkadi vor kurzem dieses Stück zur Arbeit an der Rolle bestätigte. Ich schweige, obwohl ich weder damals noch jetzt mit dieser Wahl einverstanden war. Na ja! Warum ich nicht einverstanden bin? Erstens, weil dieses Stück nichts für Schauspielschüler ist und zweitens — das halte ich für das Wichtigste —, weil diese Tragödie bei weitem nicht zu Shakespeares besten Werken gehört. Nicht zu den besten, sage ich! Im Grunde genommen ist es nicht einmal eine Tragödie, sondern ein Melodrama. Daher sind ja auch Fabel und Vorgänge in ihm so wenig wahrscheinlich. Man glaubt ihnen nicht. Urteilen Sie selber: ein schwarzer General! Nicht nur in jenen Zeiten, sondern sogar heute, da die Kultur bemüht ist, Nationen und Stämme einander näherzubringen, kennen wir nirgends schwarze Generäle. In Amerika zum Beispiel, wo es so viele Neger gibt. Haben die einen schwarzen General? Und das jetzt, in unserem aufgeklärten Zeitalter! Was soll man da erst sagen vom fernen Mittelalter, von irgendeinem Venedig! Und dieser nichtbestehende schwarze General stiehlt die herrliche, unschuldige, naive und märchenhafte Senatorentochter Desdemona. Das ist doch unwahrscheinlich! Da soll man ein Wilder dem englischen oder einem anderen König die Tochter entführen! Das soll der nur versuchen. Da bekommt er aber Pfeffer, dieser Romeo aus dem Melodrama.« Die Anwesenden hatten schon lange versucht, ihn zu unterbrechen, wagten es jedoch nicht. Als jedoch auch Arkadi Nikolajewitsch Zweifel äußerte, sich wohl etwas schämte für seinen Freund und ihn unterbrach, stürzten sich alle auf den Redner, um das Stück zu verteidigen. Torzow breitete nur die Arme aus und sagte immer wieder: »Nun ist aber gut, Wanja. Hör mal!«

Jeder weitere Einwurf goß aber nur Öl ins Feuer und heizte den Streit noch mehr an. Es war schwer, ihn in eine bestimmte Richtung zu lenken, und der Vorsitzende läutete unaufhörlich mit seiner Glocke. Eigenartigerweise fand Iwan Platonowitsch Fürsprecher in Wjunzow und in der Maloletkowa. Das hätte niemand gedacht. Auch mich verblüffte es, und so griff ich in den Streit ein. Bald zeigte sich, daß auch unter den anderen Opponenten keine Einmütigkeit bestand. Im Gegenteil, es wurde viel kritisiert. Mir schien es (vielleicht lade ich mir damit eine Sünde auf die Seele!), daß die meisten, die da protestierten, wie Goworkow, die Weljaminowa und Wesselowski zum Beispiel, nicht deshalb gegen »Othello« auftraten, weil sie das Stück für schlecht oder gut hielten, sondern weil es nicht allen Rollen nach ihrem Geschmack bot. Im Saal wurde gestöhnt und geschrien, um so mehr, als der Vorsitzende unbemerkt seinen Platz verlassen hatte und sich die Sache von der Seite besah.

Sollte diese Szene vielleicht eine Provokation unserer beiden Lehrkräfte gewesen sein? kam mir in den Sinn. Wenn ja, so hatten sie ihr Ziel glänzend erreicht, denn die Streitgespräche über den »Othello« waren entbrannt, zogen sich hin und endeten nicht einmal am Abend. Durch sie gab es ernste »Einlagen« im Tonteil der Abendvorstellung, da die auf ihren Posten stehenden Schüler nicht bei der Sache waren, sondern bei »Othello«. Einige von uns wurden in das Vorstellungsbuch eingetragen. Durch die Streitgespräche, an denen sich auch die Schauspieler beteiligten, die wie Wilde über Iwan Platonowitsch herfielen, kam es sogar zu einer Verlängerung der Pause, da die Schauspieler so in den Streit vertieft waren, daß sie das dritte Klingeln überhörten.

Von der Aufführung nach Hause gekommen, ziehe ich in der nächtlichen Stille Bilanz über das Streitgespräch und will schriftlich festhalten, was mir im Gedächtnis haftengeblieben ist. Das ist sehr schwer, da alles in meinem Kopf durcheinandergeht und ich hundemüde bin. Daher sind meine Notizen auch so unordentlich.[211]

. . . . 19 . .

»Jetzt, da der Boden erneut aufgepflügt und die Saat eingebracht zu sein scheint, sehen wir nur noch, wie sie aufgeht und ernten dann die Früchte«, erklärte Arkadi Nikolajewitsch, als er in die Klasse kam. »Gibt es vielleicht etwas Neues in Ihren Seelen nach der Aussprache und den langen Streitgesprächen?«

»Das gibt es!« schrien wir wie ein Mann. »So ein Chaos, daß sich niemand durchfindet!«

»Da wollen wir doch einmal versuchen, alles richtig einzuordnen«, schlug Torzow vor.

Eigenartigerweise stellte sich nach einer neuen eingehenden Befragung heraus, daß sich keine neuen Punkte von Bedeutung ergeben haben, jedoch dafür eine unendliche Menge verschiedenster Empfindungen, Anspielungen, Ahnungen und Fragen. So entdeckte das Teleskop hinter strahlenden großen Planeten Unmengen kaum leuchtender kleiner Sterne. Man möchte nicht glauben, daß das Sterne sein könnten, und es kommt einem vor, als sei der Himmel mit einem milchigen Schleier bedeckt.

»Ein Astronom würde das als Entdeckung ansehen!« rief Arkadi Nikolajewitsch erfreut aus. »Bestätigen wir also die leuchtenden Punkte. Vielleicht entzünden sich durch ihren stärker gewordenen Widerschein die trüben Sterne dahinter. Beginnen wir bei dem ersten hellen Punkt — Othellos Rede vor dem Senat. Wie wollen wir diesen Lichtpunkt in unseren Erinnerungen bestätigen und erweitern?

Danach werden wir entscheiden, was für Erinnerungen das sind — akustische, visuelle oder emotionale.«

»Nein, die Stimme Othellos und der anderen höre ich nicht. Aber etwas fühle und sehe ich ziemlich deutlich, wenn auch unbestimmt.«

»Das ist gut. Was sehen und fühlen Sie denn?« wollte Arkadi Nikolajewitsch wissen.

»Nicht sehr viel, weniger sogar, als ich dachte!« gestand ich ein, nachdem ich mich ziemlich lange selber geprüft hatte. »Ich sehe eine banale, opernhafte schöne Figur und spüre in ihr Edelmut, aber theatralischen, nur so ›allgemein‹.«

»Das ist wiederum nicht gut, denn bei einer solchen Vision spürt man echtes Leben nicht«, bemerkte Arkadi Nikolajewitsch. »Dabei stoßen doch an dieser Stelle des Stückes so viele markante, zum Alltagsleben gehörende, menschliche, gesellschaftliche, nationale, psychologische und ethische Impulse und Leidenschaften zusammen, denen man sich schwerlich entziehen kann. Schon die äußere Fabel ist so schön, so überraschend und geistreich, daß sie einen interessieren muß. Welche eine Verflechtung angebotener Situationen! Ein Krieg ist ausgebrochen, und man benötigt dringend den einzigen Retter des Vaterlandes — Othello. Die herrschenden Kreise fühlen sich beleidigt, denn eine Blutsvermischung zwischen einer Aristokratin und einem farbigen ›Wilden‹ und ›Halbtier‹, das ja Othello nach den damaligen feudalen Begriffen war, galt der herrschenden Klasse als schmachvolle Kränkung. Versuchen Sie einmal, das zu glauben und Ihre Wahl zu treffen zwischen der Rassenehre eingebildeter Venezianer und der Errettung des Vaterlandes durch wahre Patrioten. In dieser Szene verflechten sich doch so viele unterschiedliche Fäden zu einem Knoten. Wie geschickt das szenisch gemacht ist, welch eine geistreiche Exposition zu einer interessanten und voranstrebenden Handlung.

Wenn Sie diese Szene noch weiter festigen wollen, schlagen Sie von ihr eine Brücke zu den beiden vorangegangenen. Stellen Sie sich dabei vor, die vorangegangenen Szenen seien so gespielt worden, daß man in ihnen bereits den großartigen Skandal verspürt, der sich mitten in der Nacht wie ein Donner entlud und die Stadt auf die Beine gebracht hat. Denken Sie, während alle selig schliefen, schrie auf einmal eine herumlaufende Volksmenge, klatschte Wasser gegen Gondeln, in denen Bewaffnete saßen, waren die Fenster des Dogenpalastes hell erleuchtet, verbreiteten sich schreckliche Gerüchte über einen Angriff der Türkei, hatte ein Schwarzer den Liebling der Stadt — Desdemona — entführt, war ein Orkan ausgebrochen … Vermischen Sie das alles miteinander und nehmen Sie's im Schlaf auf. Ich bin überzeugt, Sie werden glauben, Ihre Stadt Venedig sei bereits in den Händen der Wilden, die jeden Augenblick in Ihr Haus eindringen. Sehen Sie, wie ein markanter Punkt einem weiteren, genauso markanten, zustrebt, sich mit ihm vermischt und einen großen hellen Raum bildet, der weiteres Licht auf die benachbarten Bereiche wirft und sie dadurch zum Leben erweckt? So verbindet sich die Episode des Krieges mit der Desdemona-Entführung. Haben Sie denn vergessen, daß die Entführung eng verbunden ist mit Jagos Rache an Othello wegen Cassios Bevorzugung? Denken Sie weiter daran, in diesem ganzen Geflecht spielt Rodrigo, zweiter Anwärter auf Desdemonas Hand nach Othello, eine große Rolle. Zugleich ist Rodrigo eng verstrickt mit Jago usw.

Spüren Sie, wie eine Person, eine Episode in die anderen Leben bringt, und wie daher das Beispiel mit dem Widerschein der Sterne jenen Prozeß verdeutlicht, den wir jetzt beim Aufbau des Stückes untersuchen? Kaum haben wir begonnen, die Szene mit Othello im Senat zu befestigen, zieht sie schon andere, eng mit ihr verbundene Episoden nach sich, und diese beleuchten ihrerseits wiederum andere Szenen, die mit den ersteren verbunden sind.[212]

Bei flüchtiger Durchsicht der nach mehrmaligem Vorlesen in der Erinnerung haftengebliebenen Punkte sehen wir, daß einige von ihnen bereits verschmolzen sind mit anderen, ihnen verwandten, weitere Punkte zwar noch nicht miteinander verschmolzen sind, jedoch bereits Tendenzen in dieser Richtung zeigen, weitere wiederum den Widerschein anderer lebendig gewordener Punkte reflektieren und dadurch deutlicher sind, während die gesamte übrige Masse der Erinnerungsmomente sich zunächst nur in kaum merklichen Andeutungen zeigt, die der Milchstraße ähneln.

Im Grunde sollte ja alles, was wir bis jetzt zur Schaffung neuer Lichtpunkte, die in die Rolle einfließen, getan haben, Begeisterung für einzelne Stellen des Stückes auslösen, das Sie nicht sofort intuitiv erfaßten.

Durch neu entdeckte geniale Momente des Stückes angeregt, kann die schauspielerische *Begeisterung* ihrerseits Werkzeug für die *Analyse* werden und die von ihr begonnene Arbeit fortsetzen. Begeisterung ist ja nicht nur Erregerin des Schaffens, sondern auch eine weise Führerin zu den Schlupfwinkeln der Seele, eine verständige und aufmerksame Forscherin sowie eine feinfühlige Kritikerin und Bewerterin.«

Nacherzählen des Inhalts[213]

»Begabte Dichter wie Shakespeare liefern uns geniale Stücke, gespickt mit einer Unmasse interessanten Materials zum Träumen, mit interessanten magischen ›Wenn aber nun‹ und mit angebotenen Situationen. Bei der Erforschung eines fremden Themas für unser Schaffen müssen wir hauptsächlich die *innere* Linie verfolgen, da ja die äußere — Fakten und Ereignisse — bereits vom Dichter vorgezeichnet ist. Um zu verstehen und zu bewerten, was in einem Werk steckt, brauchen wir Vorstellungskraft.

Wollen wir doch einmal einen Versuch machen.

Wjunzow, erzählen Sie uns den Inhalt des ›Othello‹.«

»Ein schwarzer Mann entführt ein weißes Mädchen. Der Vater geht vors Gericht, und da bricht ein Krieg aus. Sie müssen den Schwarzen schicken, aber den Vater interessiert das nicht. Er sagt, erst sollen sie in seiner Sache entscheiden. Sie tun's und schicken den Schwarzen noch in der gleichen Nacht in den Krieg. Da sagt die Tochter, ich fahre mit und nichts weiter. Na ja … Sie fahren also los, siegen und leben nun im Palast …«

»Was meinen Sie dazu?« wandte sich Arkadi Nikolajewitsch an uns, »hat er dieses neue und begeisternde Thema für unser Schaffen, das Shakespeare uns liefert, gut verstanden und bewertet?«

Statt einer Antwort lachten alle.

»Vielleicht helfen Sie uns, Schustow?«

»Othello raubt die Tochter des Senatoren Brabantio gerade in der Nacht, in der die Türken eine Kolonie Venedigs überfallen«, erzählte Schustow. »Othello ist der einzige, der eine militärische Expedition mit Erfolg über die Runden bringen könnte. Jedoch bevor man ihn mit der Verteidigung der Besitzungen beauftragt, ist noch sein Streit mit dem alten Brabantio zu schlichten, der Schutz verlangt gegen die Schmähung, die der Angehörige eines schwarzen Stammes, den der hochmütige Venezianer verachtet, seinem Geschlecht zugefügt hat. Der schwarze Entführer wird also in den Senat bestellt, und dort tagt gerade eine Sondersitzung.«

»Das langweilt mich bereits«, erklärte Arkadi Nikolajewitsch. »So schreibt man Librettos in Theaterprogrammen. Goworkow, versuchen Sie, den Inhalt des ›Othello‹ zu erzählen.«

»Zypern, Kandia und Mauretanien sind versklavte Provinzen und stehen unter Venedigs schwerem Stiefel, wissen Sie«, erzählte unser notorischer »Vorführer«. »Die eingebildeten Dogen, Senatoren und Aristokraten sehen die unterjochten Völker nicht als Menschen an und erlauben keinerlei Blutsmischungen und Verwandtschaft mit ihnen. Aber, entschuldigen Sie bitte, das Leben will nichts davon wissen und zwingt zu schweren Kompromissen. Plötzlich bricht ein Krieg mit der Türkei aus ...«

»Verzeihen Sie, das langweilt mich bereits. So schreibt man Lehrbücher für Geschichte. Die enthalten wenig Begeisterndes. Kunst und Schöpfertum jedoch bauen auf dem auf, was Phantasie und Leidenschaft erregt. In dem, was Sie da erzählen, spüre ich keine Begeisterung für den Stoff, den uns Shakespeare liefert. Das Wichtigste aus einem Werk zu erzählen, ist gar nicht so leicht.«

Ich schwieg, da ich selber nicht weiter wußte.

Torzow machte eine Pause und begann dann selber zu erzählen bzw. über Shakespeares Thema zu phantasieren.

»Ich sehe eine schöne Venezianerin, elegant und verwöhnt, eigenwillig, verträumt und voll Phantasien, wie das junge Mädchen zu sein pflegen, die ohne Mutter, anhand von Märchen und Novellen, aufgewachsen sind. Diese kaum aufgegangene Blume — Desdemona — langweilt sich, ist eingesperrt in Sorgen um die Wirtschaft und in Gefälligkeiten, um es ihrem stolzen und wichtigtuerischen Vater recht zu machen. Man läßt niemanden zu ihr, das junge Herz aber sehnt sich nach Liebe. Sie hat Verehrer unter den jungen hochmütigen Zechbrüdern und Lebemännern in Venedig. Aber die können die junge Schwärmerin nicht begeistern. Sie braucht Ungewöhnliches, etwas, wovon die herrlichen Novellen erzählen. Sie wartet auf den Märchenprinzen, auf einen vermögenden Fürsten oder König. Der wird aus einem fernen herrlichen Lande zu ihr kommen. Ein Held muß er sein, schön, kühn und unbesiegbar. Dem wird sie sich hingeben und mit ihm auf einem herrlichen Schiff in ein Märchenreich fahren.«

»Erzählen Sie weiter«, wandte sich Torzow an mich. Ich aber war so berauscht von seinen Worten, daß ich nichts zu sagen wußte und daher schwieg.

»Ich kann nicht, hab keine Ladung«, sagte ich nach einer Wartepause.

»Dann kurbeln Sie sich an«, erwiderte Torzow anstachelnd.

»Hab keinen Schlüssel«, bekannte ich.

»Den gebe ich Ihnen gleich«, sagte Arkadi Nikolajewitsch. »Sehen Sie vor Ihrem geistigen Auge den Handlungsort, das heißt den Ort, *wo* das vor sich geht, wovon Sie erzählen?«

»Ja«, entgegnete ich, lebhafter werdend. »Aus irgendeinem Grunde spielte die Handlung in Venedig, das auf ein Haar unserem heutigen Sewastopol ähnelt. Irgendwie sehe ich das Gouverneurshaus aus Nishni Nowgorod, in dem angeblich Brabantio am Ufer der südlichen Bucht wohnt, auf der wie heute kleine Dampfer verkehren. Das hindert die alten Gondeln jedoch nicht daran, in verschiedenen Richtungen hin- und herzupendeln und ihre Ruder plätschern zu lassen.«

»Mag es so sein«, sagte Torzow. »Wer erklärt schon die Launen der schauspielerischen Phantasie! Die will weder etwas von Geschichte noch von Geografie wissen und fürchtet sich nicht vor Anachronismen.«

»Noch kurioser ist«, fuhr ich mit meinen Phantastereien fort, »daß es in meinem Venedig, das unserem Sewastopol so ähnelt, an der Bucht eine Steilwand gibt. Wie in Nishni Nowgorod. Mit malerischen Ufern und stillen verträumten Winkeln, in denen ich einst liebte und litt.«

Nachdem ich erzählt hatte, was mein geistiges Auge sah, bekam ich sofort Lust, das unsinnige Werk meiner Einbildungskraft in Grund und Boden zu kritisieren. Jedoch Arkadi Nikolajewitsch stürzte sich auf mich, fuchtelte mit den Armen und sagte: »Davor bewahre uns Gott! Es liegt nicht in unserer Macht, uns nach Wunsch Erinnerungen zu bestellen. Die sollen selber in unserer Seele wach werden, denn sie sind ein mächtiger Erreger unseres Schaffens. Hauptsache, das Ausgedachte widerspricht nicht dem inneren Sinn und dem Text der vom Dichter geschaffenen Grundfabel.«

Um mich weiter träumen zu lassen, gab mir Arkadi Nikolajewitsch einen neuen Schlüssel.

»*Wann* geschah das, was Sie vor Ihrem geistigen Auge sehen?« fragte er.

Als meine Feder wieder abgelaufen war, gab mir Arkadi Nikolajewitsch einen neuen Schlüssel zur weiteren Arbeit.

»*Wie* ist das geschehen, was Sie sehen?« fragte er und erläuterte mir auch gleich seine Frage. »Ich möchte wissen, wie die innere Handlung nacheinander abläuft und sich entwickelt.

Zunächst wissen wir doch nur, daß die verwöhnte Desdemona in einem Palast in Nishni Nowgorod am Ufer der Wolga wohnt und absolut nicht die Zechbrüder in Venedig heiraten will. Erzählen Sie mir, wovon sie träumt, wie sie lebt und was weiter kommt.«

Die neue Ladung blieb erfolglos und brachte mich nicht wieder zum Träumen. Deshalb phantasierte Arkadi Nikolajewitsch für mich weiter und dachte sich interessante, spannende Gerüchte aus, die der Ankunft des Mohren vorausgingen und seinem guten Ruf sowie seiner Beliebtheit entsprangen.

Die Heldentaten und all die gefährlichen Situationen, von denen der Mohr Desdemona erzählen würde, sollten märchenhaft, romantisch schön und effektvoll sein, um erregend auf das junge, begeisterungsfähige Mädchen zu wirken, das seinem Helden entgegenträumte.

Nach einer erneuten Unterbrechung versuchte mich Arkadi Nikolajewitsch wieder anzukurbeln. Ich sollte der Reihe nach erzählen, wie sich die künftigen Gatten kennengelernt, verliebt und geheiratet haben.

Ich schwieg, da es für mich interessanter und aufschlußreicher war, Arkadi Nikolajewitschs Träumereien zu hören. Er fuhr fort:

»Mit einem großen Schiff kam Othello in das venezianische Sewastopol. Die Legenden über seine Heldentaten hatten eine riesige Menschenmenge auf der Anlegestelle zusammengebracht.

Othellos Aussehen erregte die Neugier. Wenn er durch die Straßen fuhr oder ging, liefen ihm die kleinen Jungen haufenweise nach, die Passanten tuschelten miteinander und wiesen mit Fingern auf ihn.

Das erste Mal trafen sich die künftigen Verliebten auf der Straße, und diese Begegnung machte einen großen Eindruck auf das junge Mädchen. Othello beeindruckte sie nicht nur durch schneidiges Aussehen, sondern vor allem durch kindliche Naivität, wie sie ihm als Wilden eigen war, und auch durch Bescheidenheit und Güte, die aus seinen Augen leuchtete.

Diese Bescheidenheit und Verlegenheit neben seiner soldatischen Tapferkeit und Unerschrockenheit waren eine ungewöhnliche und schöne Verbindung.

Beim zweiten Mal sah Desdemona Othello an der Spitze des Heeres von einer Übung zurückkehren. Aufrecht und wie angewachsen saß er auf seinem Pferd. Das beeindruckte das Mädchen noch mehr. Bei der Gelegenheit erblickte sie zum ersten Male auch Cassio in Othellos Gefolge.

Die Schwärmereien ließen das Mädchen nachts nicht schlafen. Da sagte ihr Brabantio einmal als Hausherrin, er habe den berühmten Mohren zum Essen eingeladen. Bei dieser Nachricht wäre das junge Mädchen fast in Ohnmacht gefallen.

Sie können sich wohl vorstellen, wie sorgfältig Desdemona ihre Kleider wählte und das Essen zubereitete, wie sie auf die Begegnung mit ihrem Helden wartete.

Ihre Blicke trafen Othello ins Herz, verwirrten ihn und steigerten seine Schüchternheit, die so gut zu einem Helden paßt, dessen Name eng verbunden ist mit Unbesiegbarkeit.

Der Mohr, nicht gerade verwöhnt durch weibliche Zärtlichkeit, konnte sich das außerordentliche Entgegenkommen der Hausherrin erst gar nicht erklären. Er war es gewöhnt, in den Häusern der hochgestellten Venezianer als offizielle Persönlichkeit empfangen und geduldet zu werden. Aber trotz aller Ehrenbezeugungen hatte er sich immer als Sklave gefühlt. Nie hatte ein Paar wundervoller schöner Mädchenaugen sein schwarzes Gesicht liebkost, das er selber für häßlich hielt. Und nun auf einmal heute ...!

Er konnte selber viele Nächte nicht schlafen und wartete ungeduldig auf eine neue Einladung von Brabantio, die auch nicht auf sich warten ließ. Wahrscheinlich hatte das verliebte Mädchen darauf bestanden, und so lud man ihn erneut ein, um sich seine Berichte über seine Heldentaten und sein schweres, unstetes Leben anzuhören. Othello kam nicht nur einmal, da er ja sein curriculum vitae nicht an einem Abend erzählen konnte. Nach Speis und Trank erzählte er auf der Terrasse mit Blick auf die Bucht von Sewastopol an der Schlucht von Nishni Nowgorod bescheiden, aber wahrheitsgetreu von seinen Heldentaten, wie Shakespeare das im Monolog im Senat berichtet und wie Arkadi Nikolajewitsch mit seinen Phantasterien die Heldentaten dieses Märchenhelden ausschmückte.

Ich glaubte aufrichtig, daß ein solches Erzählen einem romantisch veranlagten Mädchen den Kopf verdrehen mußte.

»Desdemona gehörte nicht zu denen, die ihr Leben so wie alle auf Spießerart einrichten wollte«, fuhr Arkadi Nikolajewitsch fort. »Sie sehnte sich nach Ungewöhnlichem, Märchenhaftem. Für ihre begeisterungsfähige Natur konnte es keinen besseren Helden geben als Othello.

Der Mohr fühlte sich bei Brabantio immer wohler. Zum ersten Male sah er ein Hauswesen aus der Nähe. Die Anwesenheit des jungen, schönen Mädchens, von dem er kaum die Augen wenden konnte, verstärkte diesen Reiz usw. usf.«, unterbrach Arkadi Nikolajewitsch seine Darlegungen.

»Finden Sie nicht auch«, fragte er uns, »daß ein solches Nacherzählen des Stückes interessanter ist als eine trockene Darlegung der Fakten? Wenn ich jetzt noch einmal den Inhalt der Tragödie erzähle und mich nicht an ihre äußere Form halte, sondern an die innere Substanz, werde ich Ihnen noch einiges zurechtphantasieren. Je mehr Sie mich erzählen lassen, um so mehr Material für Erfindungen, die den Autor ergänzen, für das *magische* ›Wenn‹ und für

235

die *gebotenen Situationen*, mit denen Sie das vom Dichter gelieferte Material rechtfertigen, kommt zusammen.

Folgen Sie also meinem Beispiel, erzählen Sie oft den Inhalt von Stücken und Etüden, die Sie darstellen sollen, und gehen Sie jedesmal von einem anderen Ende an sie heran. Mal von sich selber, das heißt von Ihrem Standpunkt aus, mal im Namen dieser oder jener handelnden Person, das heißt indem Sie sich in deren Lage versetzen.«[214]

»Das stimmt ja alles, aber ... nur, wenn man von Natur aus eine blühende oder bereits entwickelte Phantasie hat«, entgegnete ich traurig. »Wir aber müssen wissen, welche Federn und Methoden zur Entwicklung der noch im Keimzustand befindlichen Phantasie führen.«

»Dazu müssen Sie lernen, die noch nicht in Gang gebrachte Phantasie anzukurbeln«, sagte Torzow.

»Richtig, richtig, das aber fehlt uns! Gerade daran mangelt es uns«, hakte ich ein.

Bewerten und Rechtfertigen der Tatsachen[215]

»Wir beginnen die Analyse schichtenweise, gehen von oben in die Tiefe, also von den Schichten des Stückes, die unserem Bewußtsein am zugänglichsten sind, zu den weniger zugänglichen.

Die oberste Schicht bilden *die Fabel, die Tatsachen und die Ereignisse des Stückes*. Die haben wir in unseren vorangegangenen Arbeiten bereits berührt, sie aber nur aufgezählt, um sie auf der Bühne wiederzugeben. Jetzt untersuchen wir Tatsachen und Fabel weiter. ›Untersuchen‹ bedeutet in unserer Sprache, daß wir das Vorhandensein eines Ereignisses nicht nur konstatieren, erörtern und begreifen, sondern auch seinen Wert und seine Bedeutung *einschätzen*.

Die neue Art des Analysierens bzw. Begreifens unseres Stückes besteht im sogenannten *Prozeß zur Bewertung der Tatsachen*.

Es gibt Stücke (schlechte Komödien, Melodramen, Singspiele, Revuen und Farcen), in denen bereits die äußere Fabel das wichtigste Aktivum des Stückes ist.

In solchen Werken sind allein schon Ermordungen, Todesfälle, Hochzeiten, das Ausschütten von Mehl, das Begießen des Kopfes einer handelnden Person mit Wasser, das Verlieren von Hosen, das irrtümliche Betreten einer fremden Wohnung, wo man den friedlichen Ankömmling für einen Banditen hält u. ä. die entscheidenden Momente. Solche Fakten brauchen nicht bewertet zu werden. Die versteht und akzeptiert jeder.

Jedoch in anderen Werken sind selbst die Fabel und ihre Tatsachen nicht selten bedeutungslos. Sie bilden nicht den roten Faden des Stückes, den der Zuschauer mit angehaltenem Atem verfolgt. In solchen Stücken werden nicht die Tatsachen, sondern das Verhältnis der handelnden Personen zu ihnen das Hauptzentrum, das Ausschlaggebende, das der Zuschauer mit klopfendem Herzen verfolgt. In solchen Stücken braucht man Tatsachen, denn sie bieten Anlaß und Platz zur Auffüllung mit innerem Gehalt. Tschechows Stücke beispielsweise sind so.

Am besten ist es, Form und Inhalt stimmen überein. In solchen Werken läßt sich das geistige Leben der Rolle nicht von den Tatsachen und der Fabel trennen.

In Shakespeares meisten Stücken, darunter auch im ›Othello‹, besteht völlige Übereinstimmung und Wechselwirkung zwischen der äußeren Linie der Tatsachen und der inneren Linie.

In solchen Werken ist die Tatsachenbewertung von großer Bedeutung. Bei der Untersuchung der äußeren Ereignisse stößt man auf die im Stück angebotenen Situationen, die die Tatsachen hervorbringen. Studiert man sie, versteht man die inneren Ursachen, die in Beziehung zu ihnen stehen. So dringt man immer tiefer in das geistige Leben der Rolle ein, kommt zum Untertext, gerät in die unterirdische Strömung des Stückes, die uns mit sich trägt und uns hilft, die inneren Gründe zu verstehen, die die Wellen der Handlungen an die Oberfläche rufen, aus denen die Tatsachen entstehen ...

Die Technik der Tatsachenbewertung ist zunächst einfach. Man annulliert die zu bewertende Tatsache in Gedanken und prüft dann, wie sich das auf das geistige Leben der Rolle auswirkt.

»Wir möchten diesen Prozeß an Ihren Rollen überprüfen«, sagte Torzow zu Wjunzow und Goworkow. »Die erste Tatsache, auf die Sie im Stück stoßen, ist *die Ankunft vor Brabantios Palast*. Ohne die gäbe es ja das ganze erste Bild nicht, und Sie könnten zu Beginn der Tragödie ruhig in Ihrer Garderobe sitzenbleiben, anstatt auf der Bühne zu agieren und sich aufzuregen. Also muß es die Tatsache Ihres Erscheinens vor Brabantios Haus geben, Sie müssen sie glauben und demzufolge auch erleben.

Die zweite der von Ihnen festgestellten Tatsache im ersten Bild ist *Ihr Streit mit Rodrigo, das Nachweisen Ihrer Unschuld und der Notwendigkeit, Alarm zu schlagen und den Mohren zu verfolgen*. Nehmen Sie dem Stück diese Tatsache. Was käme dabei heraus? Die handelnden Personen würden mit einer Gondel auf die Bühne gefahren kommen und sofort Alarm schlagen. Bei einem solchen Gang der Ereignisse würden wir Zuschauer nichts von der Exposition des Stückes erfahren, das heißt von den Beziehungen zwischen Rodrigo und Desdemona, Othello und Jago, nichts über Jagos Wut auf Othello und die Intrigen im Regiment, die ja die Ursache der Tragödie sind. Das würde sich auch auf das Spiel der Darsteller in der Alarmszene auswirken. Anzukommen, herumzuschreien und Lärm zu schlagen, um Schlafende zu wecken, ist etwas anderes, als alles das zu tun, um sein dahinschwindendes Glück zu retten, wie bei Rodrigo, dem ja die Braut entflohen ist. Aus Spaß schreien und lärmen ist etwas anderes, als wenn sich einer wie Jago an dem verhaßten Othello rächen will. Handlungen, die nicht aus äußeren Gründen geschehen, sondern aus innerem Antrieb, sind stets viel stärker und tiefer begründet und erregen daher auch den Darsteller mehr.[216]

Der Prozeß der Tatsachenbewertung ist in seiner weiteren Entwicklung nicht zu trennen von dem noch wichtigeren Prozeß der Analyse bzw. des Begreifens, nämlich der *Tatsachenrechtfertigung*. Wir brauchen ihn, denn ungerechtfertigte Tatsachen hängen gewissermaßen in der Luft und haben keinen Boden im geistigen Leben von Stück und Rolle. Die Rolle braucht keine unerlebten Tatsachen, die sich nicht einfügen in ihr inneres Leben, die keinen Widerhall in ihr finden. Sie stören sie nur in der richtigen inneren Entwicklung. Ungerechtfertigte Tatsachen sind Brüche in der Entwicklung der Rolle, sind wildes Fleisch am lebendigen Organismus, sind Schlaglöcher auf einer glatten Straße, stören die ungehinderte Bewegung und das Beharrungsvermögen des inneren Gefühls. Das Schlagloch muß entweder zugeschüttet oder überbrückt werden. Dazu brauchen wir den *Prozeß der Tatsachenrechtfertigung*. Ist eine Tatsache gerechtfertigt, fügt sie sich ein in die innere Linie, in den Untertext der Rolle und stört die ungehinderte Entwicklung ihres inneren Lebens nicht, sondern hilft sogar noch dabei. Gerechtfertigte Tatsachen fördern die Logik und Folgerichtigkeit des Erlebens, und Sie wissen ja selber, von welcher Bedeutung diese Faktoren in unserer Arbeit sind ...[217]

Sie kennen jetzt also die Tatsachen aus dem ersten Bild des Stückes. Sie haben sie sogar schon ziemlich richtig auf der Bühne dargestellt. Aber ihre völlige Wahrheit haben Sie noch nicht erreicht. Das werden sie auch nicht, solange Sie sie nicht anhand neuer, eigener angebotener Situationen *rechtfertigen*, durch die Sie die Vorgänge im Stück echt und ungekünstelt betrachten, das heißt als Initiatoren und Urheber von Handlung, nicht aber als deren Nachahmer und Kopierer. Sehen wir uns also einmal an, ob Sie alle Vorgänge im ersten Bild von sich aus und unvoreingenommen bewertet haben, wenn Sie in Rodrigos und Jagos Lage wären. Zunächst geht es nur um die äußeren Handlungen, und da glaube ich Ihnen. Rodrigo und Jago sind also wie Sie an der Anlegestelle vorgefahren und haben dort Halt gemacht. Genauso wie Sie legen sie nicht einfach nur an, um anzulegen, sondern tun das zu einem bestimmten Zweck — sie wollen Alarm schlagen. Sie tun dies zu einem neuen und bestimmten Zweck — der Mohr soll eingeholt und festgenommen und Desdemona gerettet werden.

Aber eines wissen bzw. fühlen Sie noch nicht — warum Sie beide diese Handlung brauchen.«

»Ich weiß es! Ich weiß es ganz genau!« schrie Wjunzow förmlich auf.

»Warum denn? Sagen Sie's doch«, ersuchte ihn Torzow.

»Weil ich in Desdemona verliebt bin.«

»Sie sind also mit ihr bekannt! Ausgezeichnet. Erzählen Sie doch mal von ihr.«

»Von der Maloletkowa? Da ist sie!« versprach sich Wjunzow.

Mit beiden Händen winkte unsere arme Desdemona ab und schoß wie ein Pfeil aus dem Parterre hinaus. Die übrigen, darunter auch Arkadi Nikolajewitsch, konnten nicht an sich halten und prusteten los vor Lachen.

»Ja, wirklich, da haben Sie eine Tatsache so bewertet und gerechtfertigt, wie das im Leben geschieht und nicht im Theater!« gab Torzow zu. »Aber wenn dem so ist, warum wollen Sie dann nicht Alarm schlagen, um Ihre Liebe zu retten? Warum fällt es so schwer, Sie davon zu überzeugen, daß das notwendig ist?«

»Der spielt doch nur herum!« entgegnete Wjunzow verwirrt.

»Ja, aber auch dazu braucht man seine Gründe. Ohne die kann ich weder Ihnen noch den Zuschauenden glauben. Im Theater darf nichts einfach nur so, für nichts und wieder nichts geschehen«, bemerkte Arkadi Nikolajewitsch.

»Er hat sich mit Jago verkracht!« lautete die Antwort, die Wjunzow aus sich herauspreßte.

»Wer ist ›er‹?«

»Rodrigo, nein, ich.«

»Wenn Sie das sind, wissen Sie doch am besten, warum es zu dem Streit gekommen ist.[218] Erzählen Sie.«

»Weil er ihn betrogen hat. Er hat ihm versprochen, ihm das Mädchen zu beschaffen und hat es nicht getan.«

»Wie und womit her er Sie betrogen?«

Wjunzow schwieg und konnte nichts dazu sagen.

»Verstehen Sie denn wirklich nicht, daß Jago Sie getäuscht, Ihnen eine Masse Geld entlockt und zugleich die Flucht mit dem Mohren in die Wege geleitet hat?«

»Er? So ein Lump!« rief Wjunzow mit ungekünstelter Entrüstung aus. »Dem werde ich aber die Visage massieren! Warum aber will er, ich meine, warum will ich denn keinen Alarm schlagen?!« fragte Wjunzow, breitete die Arme aus und schwieg erneut, da er keine Rechtfertigung fand.

»Sehen Sie, so eine wichtige Tatsache für Ihre Rolle ist überhaupt nicht bewertet! Eine große Lücke. Mit banalen Ausflüchten ist da nichts zu machen. Hier brauchen wir eine magische Kraft, die Sie wirklich aufbringt und zu interessanten Handlungen veranlaßt. Inhaltlose und formale Ausflüchte schaden der Rolle nur.«

Wjunzow schwieg.

»Wissen Sie denn gar nicht mehr, daß Ihnen Desdemona über Jago Herz und Hand gegeben und er Sie veranlaßt hat, Ihr teure Hochzeitsgeschenke zu kaufen und einen Raum vorzubereiten? Dabei hat er selber Sachen zur Ausstattung gekauft, und dieser Raum ist nun mit einem irren Komfort für die Jungvermählte hergerichtet. Wieviel Ihr Freund und Vermittler daran verdient hat! Der Tag der Entführung war bereits festgesetzt, Kirche und Priester bestellt für die intime, aber luxuriöse Trauung. Das Geld gaben Sie in Ihrer Großzügigkeit. Vor Aufregung, Erwartung und Ungeduld essen Sie nichts mehr, können nicht mehr schlafen, und da auf einmal ... flieht Desdemona mit einem Schwarzen. Das ist doch das Werk des Schuftes Jago! Sie denken, die lassen sich in der Kirche trauen, die für Sie vorgesehen war, und Othello bekommt einen großen Teil der von Ihnen besorgten Mitgift. Der reinste Hohn! Das ist Raub! Sagen Sie mir bitte, wenn sich das alles so abgespielt hätte, wie hätten Sie dann gehandelt!«

»Ich hätte das Scheusal verprügelt!« entgegnete Wjunzow resolut und errötete leicht vor Empörung.

»Wenn nur Jago mit Ihnen nicht noch Schlimmeres angestellt hätte. Immerhin ist er Soldat und sehr stark.«

»Was kann man gegen so einen Teufel schon machen! Da schweigt man und gibt nach!« erwiderte Wjunzow unwillig.

»Ja, aber warum sind Sie dann seiner Bitte nachgekommen und mit Ihrer eigenen Gondel zu Brabantios Palast gefahren? Bewerten Sie diese Handlung«, sagte Arkadi Nikolajewitsch und legte Wjunzow damit neue Tatsachen des Stückes zur Bewertung vor.

Auch dieses Rätsel löste unser junger Brausekopf nicht.

»Noch eine unbewertete Tatsache, die Sie restlos untersuchen müssen. Sonst begreifen Sie nicht die Beziehungen zwischen zwei wichtigen Figuren des Stückes.

Und Sie, Goworkow, was denken Sie über die Fahrt zu Brabantios Palast? Wie haben Sie das erreicht?« fragte Torzow.

»Verstehen Sie, ich habe ihn am Schlafittchen gepackt, in die Gondel geworfen und ihn dahin gebracht, wohin ich wollte«, entgegnete Goworkow resolut.

»Sie meinen also, solch grobe Gewalt könnte Ihre schöpferische Begeisterung entzünden? Meinetwegen. Aber ich zweifele an ihrem Erfolg. Dabei brauchen wir doch aber *Analyse, Bewertung und Rechtfertigung der Tatsachen* zur Schaffung von *Glauben* und *künstlerischer Begeisterung.* Würde ich Ihre Rolle spielen, könnte ich das nicht mit den groben und primitiven Mitteln erreichen, die Sie mir anbieten. Ich würde mich langweilen und schämen, wie ein Feldwebel vorzugehen. Ich möchte das mit ausgefalleneren Mitteln erreichen, wie sie Jagos satanischem Verstand würdig wären.«

»Was hätten Sie denn gemacht?« bedrängten die Schüler Torzow, um ihn zu weiteren Träumereien zu veranlassen.

»Ich hätte gleich das unschuldigste und bescheidenste Lämmchen gespielt, das in übelster Nachrede verleumdet wird, hätte mich hingesetzt, den Kopf gesenkt und dort solange regungslos gesessen, bis Rodrigo, das heißt Sie, Wjunzow, seine ganze Wut losgeworden wäre. Je mehr Gemeinheiten und Ungerechtigkeiten Sie geäußert hätten, um so vorteilhafter für mich. Daher dürfen Sie nicht unterbrochen werden. Nachdem Sie Ihre Wut und Ihren Ärger losgeworden sind, Ihre Seele erleichtert und all Ihre Energie verausgabt haben, hätten Sie handeln können. Meine Handlungen wären schweigend geschehen. Ich hätte weder gestritten noch Anlaß zu Erwiderungen, neuen Beschuldigungen und Erregungen gegeben. Meine Aufgabe wäre es gewesen, Ihnen den Boden zu entziehen und Sie zwischen zwei Stühle zu setzen. Haben Sie erst den Halt verloren, sind Sie mir verfallen, und dann mache ich mit Ihnen, was ich will. Dabei wäre ich folgendermaßen verfahren: Ich hätte regungslos und schweigend eine lange, entsetzlich bedrückende und unangenehme Pause gemacht. Danach wäre ich zum Fenster gegangen, hätte mich mit dem Rücken zu Ihnen gestellt und eine zweite, noch bedrückendere Pause gemacht. So eine peinliche Situation, so ein Mißverständnis wollten Sie doch gar nicht, haben Sie doch mit Ihren Auslassungen nicht erreichen wollen. Wahrscheinlich erwarten Sie, daß Jago wie Sie alles unternimmt und sich vor Verzweiflung noch mehr wie Sie vor die Brust schlägt. Und da auf einmal ... sehen Sie statt Eifer Schweigen, Regungslosigkeit, ein rätselhaftes, kummervoll-geheimnisvolles Gesicht und einen dementsprechenden Blick. Peinlichkeit, Mißverständnis. Sie bekommen den Eindruck, einen Reinfall erlitten, einen Lapsus begangen zu haben. Das schafft Enttäuschung, Verwirrung und Verlegenheit. Das dämpft und rückt alles wieder zurecht. Danach würde ich an den Tisch treten, in dessen Nähe Sie sitzen, und würde mich daran machen, alles Geld und alle Wertsachen auszupacken, die ich in diesem Augenblick bei mir hätte. Die haben Sie ihm ja alle in den besten Augenblicken der Freundschaft geschenkt. Jetzt aber ist die Freundschaft vorbei, und Sie geben sie wieder zurück. Das ist das erste Moment für den Umbruch in Ihrem seelischen Zustand. Dann würde ich, vor Ihnen stehend (da ich mich ja jetzt weder als Gast noch als Freund Ihres Hauses betrachte), mich herzlich und aufrichtig für alles bedanken und so ganz nebenbei an die besten Augenblicke Ihrer zu Ende gegangenen Freundschaft erinnern. Dann hätte ich mich in rührender Weise verabschiedet, ohne Ihre Hand anzurühren (ich bin ja ihrer jetzt unwürdig), und beim Abgang hätte ich so ganz nebenbei, aber klar und deutlich die Worte fallen lassen: ›Die Zukunft wird ja zeigen, wer ich für Sie war. Leben Sie wohl für immer!‹

Und jetzt sagen Sie mir bitte, ob Sie mich hätten gehen lassen, wenn Sie an Rodrigos Stelle wären, und auf einmal Desdemona, Ihren besten Freund und alle Hoffnung auf die Zukunft verloren hätten? Wären Sie sich da nicht vereinsamt, allein gelassen und hilflos vorgekommen? Hätten Ihre Zukunftsaussichten Sie da nicht erschreckt? ...«

»Die *Tatsachenbewertung* ist eine umfassende und schwierige Arbeit, die nicht nur mit dem Verstand ausgeführt wird, sondern vor allem mit dem Gefühl und dem schöpferischen Wollen. Sie vollzieht sich in unserer Phantasie.

Bei der Tatsachenbewertung mit Hilfe der Sinne geht es um Folgendes:

Um Tatsachen mit dem eigenen Gefühl, auf Grund persönlicher und echter Haltungen zu bewerten, stellt sich der Schauspieler folgende Frage: ›Welche Umstände meines inneren geistigen Lebens, welche persönlichen, echten, menschlichen Absichten, Wünsche, Bestrebungen, Eigenschaften, natürlichen Vor- und Nachteile könnten mich als Menschen und Schauspieler veranlassen, die Menschen und Ereignisse des Stückes so zu behandeln, wie es die von mir darzustellende Person tut‹ ...²¹⁹

[Zum Beispiel liefert Ihnen Shakespeare im ›Othello‹ eine ganze Reihe von Tatsachen und Ereignissen. Die müssen Sie bewerten. Alle kennen die Hochnäsigkeit, den Dünkel und die Machtgier der Venezianer. Die von ihnen eroberten Kolonien ⟨Mauretanien, Zypern und Kandia sind versklavt. Die Stämme, die diese Länder bevölkern, halten sie nicht einmal für Menschen. Und da wagt einer von ihnen, Venedigs schönsten Schmuck, die schöne Desdemona, die Tochter von einem der vornehmsten und einflußreichsten Vertreter der venezianischen Aristokratie, zu entführen!⟩ Bewerten Sie den Skandal, das Verbrechen, die Schmach, die Beleidigung der Familie und des Geschlechtes dieses hochmütigen Herrn!

Und noch eine Tatsache.

Völlig unerwartet, wie ein Blitz aus heiterem Himmel, kommt die Nachricht, die Türken seien mit einer großen Flotte auf dem Wege nach Zypern, das ihnen einst gehörte und das sie sich zurückholen wollen.

Um diese Tatsache besser bewerten zu können, möchten wir einen Vergleich anstellen. Denken Sie einmal an den schrecklichen Tag, als wir erwachten und erfuhren, daß der Krieg mit Japan begonnen hat, ja daß sogar ein großer Teil unserer Flotte bereits versenkt ist.²²⁰

Das gleiche und vielleicht ein noch größeres Unbehagen erfaßte in dieser schicksalsschweren Nacht Venedig und seine Bewohner.

Der Krieg hat begonnen. In aller Eile wird in der Nacht, bei schrecklichem Sturm und Unwetter, eine Expedition ausgerüstet. Wen schickt man am besten, wen ernennt man zum Oberkommandierenden? Wen, wenn nicht den berühmten, unbesiegbaren Mohren? Er also wird in den Senat bestellt.

Überlegen und bewerten Sie diese Tatsache, und Sie werden fühlen, mit welcher Ungeduld man im Senat die Ankunft des Helden und Erlösers erwartet.

Jedoch in dieser verhängnisvollen Nacht kommt es zu weiteren Ereignissen.

Es kommt zu einer neuen Tatsache, die die kritische Situation weiter verschärft. Der beleidigte Brabantio fordert Gericht, Schutz und Reinwaschung von der Schmach, die nicht nur sein Geschlecht betroffen hat, sondern auch das Prestige der gesamten herrschenden Klasse.

Denken Sie sich hinein in die Situation der Regierung und versuchen Sie selber, den Knoten aller Ereignisse zu lösen. Bewerten Sie Brabantios Leiden als Vater, der zur gleichen Zeit die Tochter und den guten Namen seines makellosen Geschlechtes verloren hat.

Bewerten Sie auch die Situation der Senatoren, die sich angesichts der Ereignisse gezwungen sehen, ihren Hochmut fallen zu lassen und einen Kompromiß einzugehen.

Bewerten Sie alle Geschehnisse auch vom Standpunkt der Haupthelden Othello, Desdemona, Jago und Cassio. Indem Sie von Tatsache zu Tatsache, von Ereignis zu Ereignis, von einer Handlung zur anderen gehen, nehmen Sie das gesamte Stück durch, und erst dann können Sie sagen, Sie kennen seine Fabel und können es nacherzählen.]²²¹

Nachdem wir die Analyse zum Kennenlernen des Stückes, das heißt des dichterischen Werkes, vorgenommen haben, müssen wir diese Arbeit an den ›Umständen‹ oder ›Situationen‹ wiederholen, die der Regisseur, der Bühnenbildner und andere Mitwirkende an der Aufführung anbieten.[222] Auch deren Einstellung und Behandlung des auf der Bühne dargestellten Lebens müssen uns interessieren.

Jedoch die wichtigsten ›Umstände‹ sind für uns die, mit denen wir selber unsere Rolle ergänzen, um unser eigenes Befinden auf der Bühne in der Rolle zu beleben.[223] Dabei müssen wir Rücksicht nehmen auf die ›Umstände‹ unserer Partner, von denen wir ja weitgehend abhängig sind.

Am leichtesten ist es, die Arbeit wiederum bei den äußeren Tatsachen bzw. ›Situationen‹ zu beginnen, von denen wir uns aus allgemein bekannten Gründen, mit denen wir geistiges Material gewinnen wollen, auch bei dieser Arbeit nicht trennen.«[224]

Die Ebene der Lebensweise

»Wir kommen jetzt von der Theorie zur Praxis und gehen die einzelnen Schichten des Stükkes durch. Von den oberen zu den unteren. Beginnen wir bei den Rollen des ersten Bildes. Seine oberste Schicht — *Tatsachen und Fabel* — haben wir ausreichend untersucht. Gehen wir also weiter, und wir gelangen zur Ebene der *Lebensweise*. Was meinen Sie dazu?«

Die Schüler schwiegen, denn darüber hatte sich noch niemand Gedanken gemacht. Erst mußte Arkadi Nikolajewitsch eingreifen. Durch Nachhelfen, Vorsagen und Anspielungen preßte er einiges aus uns heraus, aber das Wichtigste kam natürlich von ihm.

»Wer sind denn Rodrigo und Jago? Welche soziale Stellung nehmen sie ein?« fragte er.

»Jago ist Offizier, und Rodrigo ist Aristokrat«, entgegneten die Schüler.

»Ich glaube, damit schmeicheln Sie ihnen«, widersprach Arkadi Nikolajewitsch. »Jago ist viel zu grob für einen Offizier und Rodrigo zu vulgär für einen Aristokraten. Wollen wir sie nicht lieber ein bißchen tiefer ansiedeln und den ersten zum Feldwebel befördern, der sich vom einfachen Soldat zum Offizier hochdienen will, und den zweiten — Rodrigo — einfach zu den reichen Kaufleuten zählen?«

Goworkow, der »aus Prinzip« auf der Bühne nur »Edelleute« spielt, protestierte heftig. Er fand die Denkweise seines Helden als zu »verfeinert-intellektuell« (?!) für einen einfachen Mann aus dem Volke und weigerte sich daher, in ihm nur einen Soldaten zu sehen. Wir stritten, brachten Beispiele aus eigenen Beobachtungen, verwiesen auf Figuren, auf Molières Scapin, auf Sganarell und die durchtriebenen, gerissenen und abgefeimten Diener in den italienischen Komödien, mit denen es kein »Intellektueller« aufnimmt. Jago ist einfach von Natur aus ein Satan, und ein Satan ist auf seinem Gebiet sehr raffiniert. Das hat nichts zu tun mit sozialer Herkunft und Erziehung.

Wir konnten uns mit Goworkow nur dahingehend einigen, daß Jago ein grober, aber »edelmütiger« Offizier ist. Dabei stellte ich mir das Klischee für den »Edelmut« vor, den unser »Vorführer« meinte.

Um den sturen Goworkow von seinem falschen Weg abzubringen, entwarf Torzow ein Bild vom Leben im Regiment, wo jeder Soldat mit allen Mitteln Offizier, jeder Offizier Adjutant und jeder Adjutant ein noch höheres Tier sein will. Bis hin zum General. Das von ihm gezeichnete Bild roch nach Leben. Er wollte Goworkow mit Hilfe der Wahrheit von seinem hohen Pferd herunterbringen und ihn an das wirkliche Leben heranführen. Daher sagte er:[225]

»Seiner Herkunft nach ist Jago ein einfacher Soldat. Er macht einen etwas groben, aber gutmütigen, ergebenen und ehrlichen Eindruck und ist wirklich ein tapferer Haudegen. In allen Schlachten stand er an Othellos Seite, hat ihm mehrfach das Leben gerettet, war klug und gerissen und verstand Othellos Kampftaktik, die dieser aus militärischem Talent und Intuition geschaffen hatte. Othello beriet sich auch ständig mit ihm vor und in der Schlacht, und Jago gab ihm so manchen klugen und nützlichen Rat. In ihm waren zwei Menschen — einer, der er schien, und einer, der er in Wirklichkeit war. Ein freundlicher, etwas einfältiger und gutmütiger und ein boshafter und abscheulicher. Mit seiner Larve täuscht er derart, daß alle (im gewissen Grade sogar seine Frau) überzeugt waren, Jago sei der ergebenste und harmloseste Mensch, und würde Desdemona ein schwarzes Söhnchen zur Welt bringen, würde nicht die Amme es pflegen, sondern dieser große, ungeschlachte, aber ungewöhnlich gutmütige Jago. Und wenn der Junge dann heranwächst, wird man ihm wahrscheinlich diesen Bösewicht mit der Larve des Gutmütigen zum Erzieher geben.

Obwohl Othello Jago im Kampf beobachtet hat und seine Kühnheit und Grausamkeit kennt, ist er über ihn der gleichen Meinung wie alle anderen. Er weiß, im Kriege werden die Menschen zu Tieren. Ihm geht's ja selber so. Aber ihn hindert das nicht daran, im Leben weichherzig, zärtlich, ja fast schüchtern zu sein. Außerdem schätzt Othello Jagos Klugheit und Verschlagenheit, durch die er im Krieg so manchen guten Rat erhielt. Im Soldatenleben war ihm Jago nicht nur Ratgeber, sondern auch Freund. Othello teilte ihm alle seine Bitternisse, Zweifel und Hoffnungen mit. Jago schlief immer in Othellos Zelt. Wenn der große Feldherr nachts nicht schlafen konnte, führte er vertrauliche Gespräche mit ihm. Jago war sein Lakai, sein Zimmermädchen und — wenn's nötig wurde — auch sein Arzt. Er konnte am besten Wunden verbinden und — wenn's nötig war — ein aufmunterndes Wort sagen, Späße machen, unanständige, aber lustige Lieder singen oder entsprechende Witze erzählen. Dank seiner Gutmütigkeit verzieh man ihm das.

Wie oft hatten Jagos Lieder und zynische Erzählungen wichtige Dienste geleistet! Zum Beispiel wenn das Heer müde war und die Soldaten murrten, brauchte nur Jago zu kommen und ein Lied zu singen, das mit seinem Zynismus sogar die Soldaten packte und beeindruckte, und gleich änderte sich die allgemeine Stimmung. Zu anderen Gelegenheiten, wenn die verbitterten Soldaten eine kleine Aufmunterung brauchten, scheute Jago nicht davor zurück, an gefangenen Wilden solche bestialischen und zynischen Folterungen vorzunehmen oder sie sogar umzubringen, daß die erregten Soldaten für kurze Zeit beruhigt und zufriedengestellt wurden. Natürlich durfte Othello davon nichts wissen, denn der edelmütige Mohr duldete keine Bestialitäten. Wenn es nötig war, konnte er mit einem Schlag einen Kopf abschlagen, so daß sich das Opfer nicht zu quälen brauchte.

Jago ist ehrlich. An staatlichen Geldern und Wertsachen vergreift er sich nicht. Er ist viel zu schlau, um ein Risiko einzugehen. Aber wenn er mal einen Dummkopf hintergehen kann (und davon gibt es außer Rodrigo so viele auf der Welt), läßt sich Jago die Gelegenheit nicht entgehen. Von denen nimmt er alles — Geld, Geschenke, Frauen, Pferde, junge Hunde und so weiter. Diese Nebeneinnahmen verschaffen ihm die Mittel zu Zechereien und lustigem Leben. Emilia weiß davon nichts, obwohl sie's vielleicht ahnt. Daß Jago dem Othello so nahesteht, daß er vom einfachen Soldat zum Fähnrich befördert worden ist, daß er mit in Othellos Zelt schläft, seine rechte Hand ist usw., erregt natürlich unter den Offizieren Neid und unter den Soldaten Zuneigung. Aber alle fürchten und respektieren Jago, da er ein echter, idealer Soldat ist, ein Mann des Kampfes, der das Regiment schon so manches Mal aus Schwierigkeiten und Katastrophen herausgebracht hat. Das Soldatenleben ist gerade das Rechte für ihn.

Jedoch in der Pracht, der Geziertheit und Hochmütigkeit auf den offiziellen Empfängen, inmitten der hochgestellten Persönlichkeiten von Venedig, mit denen Othello verkehrt, ist Jago nicht am Platze. Außerdem ist der General in der Wissenschaft selber ein bißchen schwach. Er braucht neben sich einen Mann, der ihm seine Bildungslücken ausfüllt, einen Adjutanten, den er ohne weiteres mit Aufträgen zum Herzog und zu den Senatoren schicken kann. Er braucht jemanden, der Briefe schreiben oder ihm Dinge in der Kriegswissenschaft erklären kann, die er selber nicht weiß. Kann er etwa für eine solche Funktion den Draufgänger Jago einsetzen? Dazu eignet sich doch der gelehrte Cassio viel besser. Der ist Florentiner, und die waren damals — wie heute die Pariser — Muster für Vornehmheit. Eignete sich etwa Jago für den Umgang mit Brabantio oder bei der Organisierung heimlicher Begegnungen mit Desdemona? Da gab's doch keinen besseren als Cassio. Also war es nichts Verwunderliches, daß Othello ihn zum Leutnant oder sozusagen zu seinem Leibadjutanten ernannte. Jagos Kandidatur war dem Mohren nie in den Sinn gekommen. Was sollte auch Jago mit so einer Rolle? Er stand ihm doch ohnehin nah, gehörte zu seinen engsten Vertrauten, war sein Freund. Sollte er diese Rolle behalten. Wozu ihn in die Situation eines ungebildeten, ungehobelten und groben Adjutanten bringen, über den alle nur lachen würden? Das waren wahrscheinlich Othellos Gedanken gewesen.

Aber Jago war da ganz anderer Meinung. Seiner Ansicht nach konnte für seine Verdienste, seine Tapferkeit und dafür, daß er seinem General mehrmals das Leben gerettet hatte, für seine Freundschaft und Ergebenheit niemand anders als er Adjutant des Generals werden. Es wäre noch angegangen, hätte man statt seiner jemanden genommen, der bereits etwas geleistet hätte oder einen Offizier aus dem Kreise seiner Kriegskameraden. Aber einen dahergelaufenen schmucken Offizier zu nehmen, der nicht einmal wußte, was Kampf und Krieg war! Sich ein Jüngelchen zum Vertrauten zu machen, nur weil er Bücher liest, mit jungen Fräuleins schöntut und vor den Mächtigen dieser Welt katzbuckeln kann — diese Logik des Generals begriff Jago nicht. Daher empfand er Cassios Ernennung als Schlag, Beleidigung, Erniedrigung, Ohrfeige und Undankbarkeit. Das konnte er nie verzeihen. Am ärgerlichsten war, daß von seiner Ernennung noch nicht einmal gesprochen worden, daß das niemandem in den Sinn gekommen war. Was aber Jago endgültig traf, war, daß die intimsten, die Herzensdinge, das heißt die Liebe zu Desdemona und ihre Entführung vor ihm geheimgehalten und dem Grünschnabel Cassio anvertraut worden waren.

Kein Wunder also, daß Jago in letzter Zeit, nach Cassios Ernennung zum Adjutanten, vor Kummer zu trinken und zu zechen begonnen hat. Vielleicht hat er auf einem dieser Saufgelage Rodrigo kennengelernt und sich mit ihm angefreundet. Das Lieblingsthema der vertraulichen Gespräche mit dem neuen Freund waren einerseits Rodrigos Wunschträume von Desdemonas Entführung, die ihm Jago organisieren wollte, und andererseits die Klagen des letzteren über die ungerechte Behandlung, die er durch den General erleiden mußte. Um seine Wut loszuwerden und ihr neue Nahrung zu geben, wurde alles hervorgekramt — Jagos frühere Verdienste, Othellos frühere Undankbarkeit, der er früher keine Bedeutung beigemessen hatte, die ihm aber jetzt verbrecherisch erschien. Auch von den Redereien im Regiment über Emilia sprachen sie.

Solange Jago Othello nahestand, hatte er ja zahlreiche Neider. Um sich die Seele zu erleichtern, erfanden die alle möglichen Gründe, die ihnen erklären sollten, warum Jago so vertraut war mit dem General. Es wurde auch das Gerücht ausgestreut, zwischen Othello und Emilia sei etwas gewesen oder würde jetzt etwas sein. Natürlich verbreitete man das Gerücht so, daß es auch Jago zu Ohren kommen mußte. Aber er beachtete es damals nicht. Erstens, weil er sich nicht allzu viel um Emilia sorgte und sie selber betrog, und zweitens, weil er nichts weiter für Emilia empfand. Ihm gefiel ihre Fülle, sie war eine gute Hausfrau, konnte singen und Laute spielen, war lustig, hatte vielleicht ein bißchen Geld, stammte aus einer guten Kaufmannsfamilie und war für die damalige Zeit gut erzogen. Selbst wenn sie zu der Zeit etwas mit dem General gehabt hätte (und er wußte damals, daß dem nicht so war), hätte er sich darüber auch nicht viel Gedanken gemacht.

Jetzt aber, nachdem er so schwer gekränkt worden war, kamen ihm die Gerüchte über Emilia wieder in den Sinn. Er wollte, ja er brauchte es geradezu, daß der General etwas hatte mit seiner Frau. Da hätte er noch mehr hassen, sich noch heftiger rächen können. Jetzt wollte er die Gerüchte glauben, obwohl er wußte, daß sie nicht stimmten. Emilia hatte ein gutes Verhältnis zu Othello. Er war nett, gutmütig, einsam, unbeholfen in der Wirtschaftsführung, in seiner Wohnung fehlte eine Frau, und daher hielt sie, die sich in der Wirtschaft auskannte, Ordnung im Hause des unverheirateten Generals. Jago wußte das. Er hatte sie mehrfach bei Othello getroffen und dem keine Bedeutung beigemessen. Jetzt aber hängt er Othello sogar das an. Kurz gesagt, Jago hatte sich in seine Wut hineingesteigert, daß er von sich aus Dinge glaubte, die gar nicht stimmten. So konnte dieser Bösewicht noch wütender werden und alles tun, um den unschuldigen Othello zu entlarven und zu beschuldigen und Gift gegen ihn zu speien.

Unter diesen Umständen also erfuhr Jago von der unwahrscheinlichen, überraschenden, ihm unverständlichen und inzwischen vollendeten Tatsache der Entführung Desdemonas. Er glaubte seinen Augen nicht, als er in die Wohnung des Generals kam und dort eine bildhübsche Frau erblickte, die recht vertraut tat mit der schwarzen Mißgeburt, dem Teufel, als der ihm der Mohr jetzt erschien. Der Schlag war so schwer, daß sein Bewußtsein eine Zeitlang abstarb. Als ihm auch noch erklärt wurde, wie die Liebenden unter Cassios Regie selbst ihn als den Vertrauten betrogen und getäuscht hatten, und als er die fröhlichen Stimmen hörte, die über ihn lachten, lief er davon, um nicht die Wut zu zeigen, die in ihm kochte.

Desdemonas Entführung hatte ihn nicht nur beleidigt, sondern ihn auch gegenüber Rodrigo in eine äußerst dumme Lage gebracht. Jago hatte Rodrigo doch ausgenommen und ihm ständig geschworen, er freie ihm die Schöne und entführe sie, wenn ihr Vater nicht seine Zustimmung gibt. Und nun auf einmal so ein Affront! Da begriff sogar der einfältige Rodrigo, daß Jago ihn getäuscht hatte. Er bekam sogar Zweifel, ob dieser Fähnrich dem General wirklich so nahesteht. Er glaubte nicht mehr an dessen Freundschaft. Kurz gesagt, Jago hatte es mit ihm verdorben. Rodrigo war wütend. Stumpf und stur wie ein dummes Kind. Für einen Augenblick vergaß er sogar, daß Jago ihn einmal vor Betrunkenen gerettet hatte, die ihn verprügeln wollten.

Die Entführung und die Hochzeit Othellos waren schön und gelungen. Alles war ganz einfach und geschickt gegangen. Lange vor dem festgesetzten Tag hatte Cassio ein Techtelmechtel mit einem Zimmermädchen in Brabantios Haus angefangen, sie mehrmals zu einem Stelldichein herausgelockt, mit einer Gondel vom Hintereingang abgeholt und wieder zurückgebracht. Für diese Liebesfahrten zahlte Cassio Brabantios Dienern gutes Geld. Heute abend nun war wieder ein Rendezvous angesetzt, aber anstelle des Zimmermädchens kam Desdemona und verschwand für immer. Dieses Manöver hatten sie auch schon früher veranstaltet, wenn Desdemona zu Begegnungen mit Othello gebracht wurde. Man darf ja nicht vergessen, daß Desdemona überhaupt nicht so war, wie sie gewöhnlich auf der Bühne gespielt wird. Dort macht man aus ihr eine schüchterne und verängstigte Ophelia. Aber Desdemona ist keine Ophelia. Sie ist resolut und kühn. Sie will keine gewöhnliche Ehe mit strengen Sitten. Sie braucht einen Märchenprinzen.

Über sie sprechen wir noch zu gegebener Zeit. Zunächst mag das Gesagte genügen, um klarzumachen, daß sie eine kühne und riskante Entführung mitmachte.

Als Jago davon erfuhr, wollte er nicht klein beigeben. Er glaubte, noch sei nicht alles verloren, und wenn er einen Skandal macht, den die ganze Stadt hört, würde es Othello schlecht ergehen, und vielleicht würde seine Ehe auf Anweisung von oben für ungültig erklärt. Er hätte recht behalten können. Das wäre wahrscheinlich auch geschehen, wenn nicht die Eheschließung mit dem Kriegsausbruch zusammengefallen wäre. Der Staat brauchte Othello viel zu sehr, als daß er in diesem Augenblick eine Hysterie zur Auflösung dieser Ehe hätte entfachen können. Es durfte keine Zeit verloren werden. In den Augenblicken, da gehandelt werden mußte, zeigte sich in Jago eine satanische Energie. Er kam mit allem zurecht.

Jago beruhigte sich wieder, kehrte zu den Jungvermählten zurück, überbrachte ihnen seine Glückwünsche, lachte mit ihnen und schalt sich einen Dummkopf. Er brachte sogar Desdemona soweit, daß sie ihm glaubte, er habe sich nur aus Eifersucht gegenüber dem von ihm vergötterten General im ersten Augenblick, als er von der Entführung und der Trauung erfuhr, so dumm benommen. Danach stürzte Jago zu Rodrigo ...«

Wjunzow (als Rodrigo) war einsichtiger als Goworkow und degradierte seinen Helden sofort und nicht ohne Vergnügen zum einfachen Kaufmann, weil er ja Torzow nichts nachweisen konnte, was eine hohe Herkunft bezeugt hätte. Auch wenn er als Aristokrat noch so dumm war, so wirkten doch in ihm Spuren jener verwöhnten und erlesenen Gesellschaft, in der er verkehrte. Bei Rodrigo war ja außer Saufgelagen, Prügeleien und Straßenskandalen nichts aus dem Stück herauszuholen. Wjunzow hielt sich nicht nur an Torzows Linie, sondern half ihm auch noch in dessen Phantasien über die Lebensweise des Einfaltspinsels Rodrigo. Diese Lebensweise ergab in seinen Vorstellungen ungefähr folgendes Bild:

»Wer ist Rodrigo?« fragte Torzow. »Meiner Ansicht nach ist er Sohn sehr reicher Eltern. Sie sind Gutsbesitzer und bringen ihre Erzeugnisse nach Venedig. Dort tauschen sie sie gegen Samt und andere Luxusgegenstände ein. Schiffe bringen die Waren ins Ausland, darunter auch nach Rußland, wo viel Geld für sie bezahlt wird.

Aber Rodrigos Eltern sind jetzt tot. Wo soll er hin mit dem riesigen Anwesen? Er kann ja nichts weiter, als Vaters Geld durchzubringen. Wegen des Reichtums hat man ihn und seinen Vater in die Aristokratenkreise aufgenommen. Der einfältige Rodrigo, der ewig zecht, versorgt die jungen Venezianer, die genauso ein leichtes Leben führen, dann und wann mit Geld (das er natürlich nie zurückbekommt). Wo nimmt er das nur her? Da die Wirtschaft der Eltern gut eingespielt war, Dienerschaft und Verwalter weiterhin treu zu ihm hielten, ging die Sache seinen Gang weiter. Natürlich konnte das nicht mehr lange dauern.

Als Rodrigo eines Morgens nach einer durchzechten Nacht den Kanal entlanggondelte, glaubte er zu träumen oder eine Vision zu haben, als er die junge und schöne Desdemona am Hause ihres Vaters in eine Gondel steigen sah, um mit ihrer Amme oder einer anderen älteren Frau, die Brabantios Wirtschaft führte, in die Kirche zu fahren. Er erstarrte, ließ die Gondel halten und schaute der Schönen mit seinen vom Gelage müden Augen noch lange nach. Die Amme bemerkte das und warf Desdemona sofort den Schleier übers Gesicht. Rodrigo fuhr der Gondel der Schönen nach und folgte ihr in die Kirche. Die Erregung vertrieb seinen Rausch. Was blieb, war eine ziemliche Unsicherheit im Gang. Rodrigo betete nicht, sondern schaute nur immer Desdemona an. Die Amme suchte sie abzuschirmen. Aber dem Mädchen gefiel das alles. Nicht etwa, weil Rodrigo nach ihrem Geschmack gewesen wäre, sondern einfach deshalb, weil es sie langweilte, zu Hause und in der Kirche zu sitzen, weil sie auch ein bißchen Spaß haben wollte. Während des Gottesdienstes kam Brabantio, fand seine Angehörigen und setzte sich zu ihnen. Die Amme flüsterte ihm etwas ins Ohr und wies auf Rodrigo. Brabantio schaute streng zu ihm hin. Aber das machte diesem Frechling Rodrigo überhaupt nichts aus. Als sich Desdemona wieder in ihre Gondel setzte, fand sie dort überall Blumen ausgestreut. Dafür wurde der Gondoliere ausgeschimpft, weil er mit einem anderen Gondoliere geschwatzt hatte, anstatt auf das Boot aufzupassen. Brabantio ließ alle Blumen ins Wasser werfen, setzte seine Tochter neben sich und schickte sie dann mit der Amme nach Hause. Aber schon hinter der ersten Ecke paßte Rodrigo sie ab. Er fuhr voraus und warf den ganzen Weg Blumen ins Wasser, um sozusagen das schöne Mädchen über Blumen fahren zu lassen. Er hatte sie den Blumenhändlerinnen abgekauft, die sich während der Messe um die Kirche versammelt hatten. Ein solcher Erfolg und eine solche Verschwendung gefielen der jungen Schönheit. Warum? Weil das lustig ist, weil das der Eigenliebe schmeichelt und die Amme ärgert.

Nach dieser ersten Begegnung verlor Rodrigo den Kopf. Er dachte nur noch an Desdemona, spielte Serenaden vor ihrem Fenster und versaß dort ganze Nächte in der Gondel, weil er hoffte, sie würde sich sehen lassen. Ein- oder zweimal tat sie es auch und lächelte ihm zu. Aus Langerweile, Scherz oder Koketterie. Er aber in seiner Naivität hielt das für einen Sieg und wußte sich nicht zu lassen vor Dankbarkeit. Er verfaßte Gedichte und bestach die Dienerschaft, damit sie der Schönen seine gereimten Liebeserklärungen überbrachten. Man nahm ihm viel Geld ab, aber niemand konnte ihm sagen, ob seine Zeilen ihren Empfänger erreichten. Schließlich schickte Brabantio seinen Bruder zu dem aufdringlichen Verehrer, und der warnte ihn, wenn die Verfolgungen Desdemonas nicht aufhören, würde er Maßnahmen ergreifen. Die Verfolgungen hörten aber nicht auf, und es mußten andere Maßnahmen ergriffen werden. Man schickte Diener los, um den ungebetenen Verehrer zu verjagen. Die Diener machten nicht viel Umstände. Sie bewarfen ihn mit Apfelsinenschalen, Küchenabfällen und anderem Unrat. Rodrigo ließ das alles ruhig über sich ergehen. Einmal paßte er Desdemona im dunklen Kanal ab, holte ihre Gondel ein, fuhr an sie heran und warf ihr einen großen Blumenstrauß mit einem selbstgedichteten Madrigal ins Boot. Aber o weh! Desdemona würdigte ihn keines Blickes, warf Blumenstrauß und Madrigal eigenhändig ins Wasser, wandte sich verärgert ab und bedeckte ihr Gesicht mit einem Schleier. Das brachte Rodrigo vollends aus der Fassung. Er wußte nicht mehr, was er machen sollte.

Um sich an der grausamen Schönen zu rächen, fiel ihm nichts Besseres ein, als eine ganze Woche lang ununterbrochen zu zechen. Dann schmückte er seine Gondel mit teuren Stoffen, Blumen und Laternen, setzte leichte Mädchen hinein und fuhr mit fröhlichen Liedern und unter Gelächter an Brabantios Haus vorbei oder dort entlang, wo Desdemona jeden Tag auf dem Canale Grande spazierenfuhr. Als Rodrigo wieder zu sich gekommen war, verfiel er in Schwermut und saß stundenlang in der Gondel vor dem Haus seiner Schönen, bis die Diener kamen, um ihn zu verjagen.

So ging das, bis Othello auftrat. Rodrigo stand in der Menge, als Desdemona ihn das erste Mal auf der Straße traf. Mit Othellos siegreicher Rückkehr nach Venedig kamen jetzt Leute

247

vom Militär in Mode. Nachdem sie die Türken besiegt hatten, besiegten sie nun die Herzen der Frauen. Rodrigo wollte ja selber gern zum Militär. Bei den nächtlichen Saufgelagen waren Soldaten eine beliebte Gesellschaft der Kurtisanen. Rodrigo hielt alle frei. Dadurch kam er mit allen Offizieren in Kontakt und lernte auch Jago kennen. Auf einem Gelage hätten die betrunkenen Offiziere Rodrigo fast verprügelt, jedoch da kam ihm Jago zur Hilfe. Rodrigo war ihm sehr dankbar, wollte ihn reich belohnen, jedoch Jago versicherte ihm, er habe nur aus Freundschaft und Sympathie gehandelt. Damit begann ihre Freundschaft.

Zu dieser Zeit nahm die Liebesgeschichte zwischen Othello und Desdemona immer deutlichere Formen an. Cassio als Vermittler zwischen Othello und Desdemona wußte von Rodrigos Liebe. Er lernte ihn auch auf einer nächtlichen Zecherei kennen. Cassio begriff sofort Rodrigos Einfältigkeit. Da er von den Beziehungen zwischen Othello und Desdemona wußte, kamen ihm Rodrigos Hoffnungen auf eine Erwiderung seiner Liebe lächerlich vor. Deshalb foppte und hänselte er den einfältigen Rodrigo und erlaubte sich mit ihm allerlei Scherze. Er erzählte ihm, Desdemona würde dort und dort spazierengehen oder erwarte ihn an der und der Stelle, und dann saß Rodrigo stundenlang vergeblich da und wartete auf seine Schöne. Rodrigo fühlte sich erniedrigt und beleidigt, lief zu Jago, der ihn unter seinen Schutz nahm und schwor, er würde ihn rächen und doch noch mit Desdemona zusammenbringen, weil er nicht an Liebesgeschichtem mit dem schwarzen Teufel glaube. So klammerte sich Rodrigo noch mehr an ihn und überschüttete ihn mit Geld.

… Als Rodrigo von Othellos Eheschließung mit Desdemona erfuhr, weinte der arme Einfaltstropf erst wie ein Kind, dann aber beschimpfte er seinen Freund in der unanständigsten Art und Weise und wollte die Beziehungen zu ihm abbrechen. Es kostete den armen Jago unglaubliche Mühen, Rodrigo davon zu überzeugen, daß er ihm helfen wolle, einen Skandal zu machen, den die ganze Stadt hören müßte, um eine Scheidung bzw. Nichtanerkennung der Ehe zu erreichen. Wir treffen die beiden Freunde gerade in dem Augenblick an, da Jago Rodrigo gewaltsam in eine Gondel gesetzt hat (eine luxuriöse, mit teuren Stoffen, wie es einem reichen Manne zukommt) und ihn zu Brabantios Haus fährt …«

IV. Prüfung des Durchgenommenen und Auswertung[226]

»Wo spielt die Handlung?« fragte Arkadi Nikolajewitsch.
»In Venedig.«
»Wann?«
»Im 16. Jahrhundert. Das Jahr haben wir noch nicht geklärt, da wir noch nicht mit dem Bühnenbildner gesprochen haben«, antwortete dazu ein Kleindarsteller.
»Zu welcher Jahreszeit?«
»Im Spätherbst.«
»Warum haben Sie diese Zeit gewählt?«
»Damit es unangenehmer wird, in einer kalten Nacht aufzustehen und losfahren zu müssen.«
»Zu welcher Tageszeit?«
»Nachts.«
»Zu welcher Stunde?«

»Elf Uhr abends.«
»Was haben Sie da gerade gemacht?«
»Geschlafen.«
»Wer hat Sie geweckt?«
»Petruschin«, entgegnete er und wies auf einen Kleindarsteller.
»Warum gerade er?«
»Weil Iwan Platonowitsch Petruschin zum Pförtner ernannt hat.«
»Was dachten Sie, als Sie nach dem Wecken zu sich kamen?«
»Daß ein Unglück geschehen sei und ich irgendwo hinfahren muß, weil ich doch Gondoliere bin.«
»Was geschah danach?«
»Ich habe mich schnell angezogen.«
»Was?«
»Trikot, Hosen, Reitjacke, Gürtel, Mütze und Schuhe. Hab die Laterne angezündet, den Mantel genommen und die Ruder geholt.«
»Wo liegen die?«
»Hinter der Vorhalle, im Korridor auf den Konsolen an den Wänden.«
»Und wo wohnen Sie?«
»In einer Kellerwohnung, unterhalb des Kanals.«
»Ist es dort feucht?«
»Ja. Feucht und kalt.«
»Wahrscheinlich hält euch Brabantio kurz?«
»Was soll ich schon verlangen? Bin ja nur Gondoliere.«
»Worin bestehen Ihre Aufgaben?«
»Ich muß Gondel und alles Zubehör in Ordnung halten. Das ist viel. Eine Unmenge Kissen zum Sitzen und Liegen. Alle Sorten. Für Paradezwecke, für andere Zwecke und für alle Tage. Wir haben auch schöne goldbestickte Baldachine sowie prächtige Ruder und Hakenstöcke mit Einlegearbeiten, Laternen für normale Fahrten und viele kleine Laternen für die ›grande serenata‹.«
»Was geschah weiter?«
»Ich wunderte mich über das Durcheinander im Hause. Einer sagte, es brennt, andere meinten, der Feind greift an. Im Vestibül lauschte eine Gruppe junger Leute auf das, was draußen vor sich ging. Jemand schrie dort verzweifelt. Da wir die Fenster im unteren Stock nicht öffnen wollten, stürzten wir nach oben ins Empfangszimmer, wo man bereits die Fenster geöffnet hatte und die Köpfe hinaussteckte. Hier erfuhr ich auch von der Entführung.«
»Was meinten Sie dazu?«
»Ich war schrecklich empört. Bin ja verliebt in das junge Fräulein. Fahre sie doch immer spazieren und in die Kirche und bin sehr stolz darauf, da uns alle anschauen und Gefallen haben an ihrer Schönheit. Durch sie bin ich in ganz Venedig bekannt! Wie rein zufällig vergesse ich stets eine kleine Blume und bin glücklich, wenn sie sie findet und behält. Wenn sie sie berührt hat und im Boot läßt, nehme ich sie, küsse sie und hebe sie mir als Andenken auf.«
»Sind denn grobe Gondolieri wirklich so empfindsam und gefühlvoll?«
»Nur mit Desdemona, denn die ist unser Stolz und unsere Liebe. Das ist mir sehr wichtig. Es entfacht meine Energie, um sie zu verfolgen und ihre Ehre zu retten.«

»Was haben Sie dann weiter gemacht?«

»Bin nach unten gelaufen. Die Türen waren bereits geöffnet, Waffen wurden hindurchgetragen, in der Vorhalle und in den Korridoren zogen die Leute in aller Eile hastig ihre Kettenhemden und Panzer über. Ich zog mir auch etwas Entsprechendes an für den Fall, daß es zu einem Kampf kommt. Dann nahm ich alles, was ich brauchte und wartete in der Gondel weitere Verfügungen ab.«

»Mit wem haben Sie Ihre Rolle einstudiert?«

»Mit Proskurow. Geprüft hat Iwan Platonowitsch.«

»Gut. Prachtkerle. Akzeptiere alles ohne Einwand.«

Und das ist nur ein einfacher Kleindarsteller, dachte ich so bei mir. Und wir?! Wieviel müssen wir da noch arbeiten!

Arkadi Nikolajewitsch hörte sich an, was die Kleindarsteller vorbereitet hatten und sagte:

»Das ist alles logisch und folgerichtig. Ich akzeptiere Ihre Vorbereitungen und kann mir denken, was Sie jetzt möchten.« Er nahm uns mit auf die Bühne zu den Kleindarstellern, um uns allen das von ihm bestätigte Arrangement für das erste Bild zu zeigen.

Während wir und die Kleindarsteller die ersten Etüden spielten, notierte sich Torzow alles, was bei uns am besten Alarm, Verfolgung und die Stimmung zum Ausdruck brachte, die wir für die Bühne brauchten, sowie auch die Gestalten, die von selber hervortraten. Jetzt zeigte er uns sein Arrangement und benutzte für das Stück alles, was er während der Etüden beobachtet hatte. Er sagte dabei, das von ihm vorgeschlagene Arrangement, die Gänge und Stellungen seien durch uns selber und durch die Kleindarsteller entstanden, und sie seien unserer Natur nahe und verwandt.

Ich notierte sein Arrangement. Hier ist es[227]:

»Jago und Rodrigo kommen in einer Gondel. Der Gondoliere steht am Heck des Bootes ... Das Bild beginnt damit, daß man einen heftigen Streit zwischen zwei gedämpften Stimmen links (vom Publikum) und das Plätschern von Rudern hört (das nicht den Worten der Rolle folgt). Der Gondoliere erscheint von links.

Die ersten acht Verszeilen kommen mit sehr heftiger Verve, während die Gondel zur Anlegestelle vor Brabantios Haus fährt.

Nach Jagos Worten ›Hab ich mir je davon was träumen lassen‹ folgt eine Pause. Dann zischt Jago, und es folgt wiederum eine Pause. Sie fahren vor. Der Gondoliere steigt aus. Die Ketten klirren. Jago ermahnt zur Stille. Pause bis zu Ende durchspielen. Sie sehen sich um — niemand schaut aus den Fenstern. Gleich kommen sie wieder zurück auf ihre heftige, nervöse Auseinandersetzung wie vor der Pause. Mit gedämpfter Stimme. Jago achtet darauf, daß ihr Gespräch nicht zu laut wird. Nach Möglichkeit hält sich Jago zurück, um nicht von den Fenstern aus erkannt zu werden.

Jago spricht seine Worte ›Verachte mich, wenn's nicht so ist ...‹ nicht, um Boshaftigkeit und Temperament zu mimen, wie das immer gemacht wird, sondern er ist heftig und wütend und sucht seinen Haß auf Othello deshalb so deutlich zu zeigen, um seine nächste einfache Aufgabe zu erreichen, Rodrigo dazu zu bringen, daß er schreit und Lärm schlägt ...

Rodrigo tritt etwas zur Seite ... und wendet sich Jago halb mit dem Gesicht zu. Letzterer erhebt sich resolut und greift nach Rodrigos Hand, um ihm beim Aufstehen zu helfen. Dann gibt er ihm ein Ruder in die Hand, damit er damit gegen die Gondel schlägt. Jago dagegen versteckt sich rasch zwischen den Häuserbogen.

Mit Rodrigos Worten ›Hallo, Brabantio! Signor Brabantio, ho!‹ beginnt die Alarmszene. Sie muß ausgespielt werden, damit sie nicht zu hastig wirkt, damit gerechtfertigt und geglaubt wird, daß das gesamte schlafende Haus auf die Beine gebracht worden ist. Das geht gar nicht so leicht. Der Schauspieler darf sich nicht fürchten, seinen Text mehrmals zu wiederholen. Die Worte des Textes sind (um die Szene zu verlängern) mit Pausen zu durchsetzen, in denen Rodrigo mit dem Ruder an die Gondel schlägt und die Kette am Bug der Gondel klirren läßt. Auf Jagos Befehl macht auch der Gondoliere mit der Kette Lärm. Jago selber steht unter einer Kolonnade und klopft mit Hämmerchen, die früher anstelle von Klingeln benutzt wurden, an eine Tür...

Wecken des Hauses: a) Stimmen weit hinter der Bühne; Öffnen eines Fensters im ersten Stock; b) ein Gesicht — eines Dieners — zeigt sich am Fenster (im Fensterrahmen) und sucht zu erkennen, was los ist; c) in einem anderen Fenster zeigt sich ein Frauengesicht (Desdemonas Amme), auch verschlafen und im Nachtgewand; d) das dritte Fenster wird von Brabantio geöffnet. Zwischen diesen Erscheinungen verstärkt sich hinter der Bühne der Lärm des erwachenden Hauses...

Im Verlauf dieser Szene treten allmählich Leute an alle Fenster. Sie sind verschlafen und ungenügend bekleidet. *Die nächtliche Alarmszene.*

Physische Aufgabe für das Volk: Mit allen Vorsichtsmaßregeln Ausschau halten, um herauszubekommen, warum der Lärm gemacht wird.

Physische Aufgabe für Rodrigo, Jago und den Gondoliere: So viel wie möglich lärmen, aufschrecken, um die Aufmerksamkeit auf sich zu lenken...

Also, die erste Massenszene und Pause haben wir vor Brabantios Erscheinen.

Zur zweiten kommt es nach den Worten:

Brabantio: ›Ich nicht! Wer bist du?‹

Rodrigo: ›Rodrigo heiß' ich.‹

Pause. Massenszene. Allgemeine Empörung.

Nachdem, was wir über Desdemonas Verfolgungen durch Rodrigo wissen, nachdem Rodrigo sogar mit Apfelsinenschalen und anderen Abfällen verjagt worden ist, wird die allgemeine Empörung verständlich. Was für eine Frechheit, mitten in der Nacht ein ganzes Haus aus dem Schlaf zu wecken, nur weil ein Taugenichts zu tief in die Flasche gesehen hat. Da scheint jeder zu sagen: ›So ein frecher Kerl, so ein Taugenichts! Was machen wir mit dem?‹

Brabantio beschimpft ihn, und die anderen meinen noch immer, es gehe hier bei dem Lärm um Nichtigkeiten. Viele sind schon wieder von den Fenstern zurückgetreten, man sieht immer weniger Leute, und manche Fenster sind wieder geschlossen. Man ist wieder schlafen gegangen. Dadurch werden Rodrigo und Jago noch erregter...

Die Diener, die noch an den Fenstern stehen, beschimpfen Rodrigo. Sie reden alle gleichzeitig. Bald werden auch sie wieder gehen.

Rodrigo zerreißt sich förmlich, da Brabantio bereits sein Fenster wieder halb geschlossen hat, um zu gehen. Jedoch bevor Brabantio sein Fenster ganz schließt, spricht er noch seinen Text, der mit den Worten beginnt: ›Doch wissen sollst du dies ...‹ Da kann man sich die Nervosität, den Rhythmus und das Tempo des Spiels von Rodrigo und Jago vorstellen, die mit allen Mitteln bemüht sind, Brabantio zurückzuhalten.

Jagos Worte ›Werter, Herr ...‹ und so weiter. Jago muß hier eine extravagante Anpassung finden, um dem Mißverständnis ein Ende zu bereiten. Jago zieht sich den Hut tief ins Gesicht, um nicht erkannt zu werden. Alle an den Fenstern sowie zwei oder drei Kleindarsteller, die wieder an die Fenster zurückgekehrt sind, lehnen sich hinaus, so weit sie können, um den Unbekannten unter der Kolonnade zu erkennen ...

Nach den Worten ›Ihr seid ein — Senator‹ folgt eine kleine Spielpause für eine Massenszene. Man ist empört über die Frechheit dieses Witzes und tritt für Brabantio ein, letzterer aber überspielt die Worte sofort mit seiner Erwiderung.

Bei den Worten ›Ich will für alles einstehn‹ exponiert Rodrigo mit ungewöhnlicher Nervosität und Deutlichkeit das, was in dieser Nacht vor sich gegangen ist. Er tut dies nicht, damit der Zuschauer die Fabel des Stückes besser versteht, sondern um so aufschreckend wie möglich und in skandalösester Form für Brabantio das Bild der Entführung zu zeichnen und diesen so zu energischem Handeln zu veranlassen. Er tut alles, um die Trauung als Diebesraub hinzustellen, verdichtet die Farben, wo er nur kann, ironisiert, wo ihm das möglich erscheint, kurz gesagt, er will seine Aufgabe so eindringlich wie möglich erfüllen: *Die ganze Stadt auf die Beine bringen und dem Mohren Desdemona entreißen, ehe es zu spät ist ...*

Nach den Worten ›Laßt auf mich los der Republik Gesetze‹ folgt eine Pause des Befremdens. Wir brauchen sie aus psychologischen Gründen. In all diesen Leuten geht ja eine gewaltige Arbeit vor sich. Für Brabantio, die Amme und alle Leute im Hause ist Desdemona nicht mehr als ein Kind. Bekanntlich verpassen ja die Hausangehörigen immer den Augenblick, wo ein kleines Mädchen erwachsen wird. Um alles innerlich zu verdauen, um sich Desdemona als Frau vorzustellen, als Gattin eines schmutzigen, schwarzen Mohren und nicht eines venezianischen Granden, um also das Entsetzliche dieses Verlustes und der Verödung des Hauses zu begreifen und zu bewerten, um sich an den Gedanken zu gewöhnen, daß das Wertvollste für den Vater und die Amme dahin ist, um all die neuen Schrecken, die sich da über die Seelen der Menschen ergießen, auszubalancieren und für das Weitere einen modus vivendi zu finden, brauchen wir Zeit. Es ist schlimm, wenn die Darsteller des Brabantio, der Amme und der wichtigsten Bediensteten diese überspringen wollen, weil sie einer dramatischen Szene zueilen.

Die Pause ist der Übergang, ist die Treppe, die die Darsteller zu der dramatischen Szene bringt, wenn sie logisch und folgerichtig innerlich mitgehen, das heißt wenn sie sich Desdemona in den Armen des Teufels, das verödete Zimmer des Mädchens, den Eindruck des Skandals in der ganzen Stadt und die Schande vorstellen, die da über ihr Geschlecht gekommen ist; wenn Brabantio sich kompromittiert sieht gegenüber dem Herzog, gegenüber den Senatoren und ihm alle möglichen Bilder kommen, die ihn als Menschen und als Vater erregen könnten ... Der Amme steht vielleicht in Aussicht, zur Strafe verjagt zu werden, möglicherweise sogar vor ein Gericht zu kommen.

Aufgabe der Schauspieler ist es, zu überlegen, zu begreifen und zu bestimmen, was sie in einem solchen Augenblick tun müßten, um ihr Gleichgewicht wiederzufinden und weiterleben zu können, wenn das im Stück Beschriebene ihnen zugestoßen wäre, ihnen als lebendigen Menschen und nicht einfach nur in der Rolle geschähe, die zunächst nur ein totes Schema, die abstrakte Idee eines Menschen ist. Mit anderen Worten, *der Schauspieler sollte nicht vergessen, besonders in einer dramatischen Szene nicht, daß er immer aus seiner eigenen Substanz heraus leben muß und nicht von der Rolle aus, daß er ihr nur die angebotenen Situationen entnehmen sollte.* Seine Aufgabe läuft somit auf folgendes hinaus: *Der Schauspieler soll mir ehrlichen Herzens sagen, was er physisch tun will, das heißt wie er handeln wird (durchaus nicht innerlich erleben). Gott bewahre uns davor, hier an das Gefühl zu denken) unter den Umständen, die der Dichter, der Regisseur, der Bühnenbildner und der Schauspieler selber in seiner Phantasie, der Beleuchter usw. usw. schaffen.* Sind diese physischen Aufgaben klar herausgearbeitet, braucht sie der Schauspieler nur noch physisch auszuführen. (Beachten Sie, ich sage — physisch auszuführen, nicht innerlich zu erleben, weil nämlich bei richtigem physischem Handeln das innere Erleben von selber kommt. Gehen wir jedoch den umgekehrten Weg und denken ans Gefühl und wollen es aus uns herauspressen, so kommt es durch diesen Zwang zu Verrenkungen, das innere Erleben wird zu Schauspielerei und das Handeln entartet zu Mache.)

... Ich will noch auf diese wichtige Spielpause eingehen und gebe einen kleinen Anstoß sowie eine Anspielung darauf, was der Mann [Brabantio] in diesen Augenblicken macht: 1) Er will begreifen, will dem, der ihm die schreckliche Nachricht überbringt, alles entlocken, was er nur kann; 2) in einem anderen Augenblick, da der Erzählende zum Schrecklichsten kommt, sucht er ihn zu unterbrechen, als fahre er jetzt alle Puffer aus, um das nahende Unglück abzuwenden; 3) er sucht Hilfe bei anderen, das heißt er sondert mit den Augen ihre Seele, um zu sehen, wie sie zu der Nachricht stehen, ob sie sie akzeptieren und glauben, oder aber er sieht sie flehentlich an, als bitte er sie, ihm zu sagen, wie unsinnig und unbegründet die Nachricht sei; 4) dann wendet er sich zu Desdemonas Zimmer und sucht sich vorzustellen, wie es verödet daliegt; blitzschnell läuft er durchs ganze Haus, macht sich Gedanken über sein weiteres Leben und sucht einen Sinn und ein neues Ziel zu finden. Dann läuft er in ein Zimmer, das ihm wie ein schmutziges Loch vorkommt und sieht, wie dort Unschuld entehrt wird durch diesen schwarzen, schmutzigen Teufel, den er sich in diesen Augenblicken nicht als Mensch vorstellt, sondern als Tier und Affen. Mit all dem kann er sich nicht abfinden, und daher sieht er den einzigen Ausweg darin, so schnell wie möglich, koste es, was es wolle und um jeden Preis Desdemona zu retten! Nach allem logisch Erlebten muß Brabantios Aufschrei ›Schlagt Feuer! Ho! Gebt mir 'ne Kerze! Weckt all meine Leute!‹ und so weiter wie von selber kommen.

Nach den Worten ›Licht, sag' ich, Licht!‹ beginnt die Spielpause des Alarms. Nicht vergessen, daß der Alarm im Hause ist, daß die Laute gedämpft sind. Deshalb kann Jago jetzt auf diesem Hintergrund reden.

Er spricht seinen Monolog ›Lebt wohl! Ich muß Euch lassen‹ in großer Eile, denn es wäre ja schlimm für ihn, hier angetroffen zu werden. Dann würden all seine Machenschaften herauskommen.

Was tut jemand, wenn er hastig letzte Anweisungen gibt? Er malt ein ungewöhnlich grelles, deutliches, farbenreiches Bild und ohne Eile. Er muß das alles tun, ohne etwas zu überspringen und auch verhältnismäßig langsam, obwohl sein ganzes Inneres bebt und möglichst schnell handeln will. Aber er hält seine Nervosität zurück und ist bemüht, möglichst ausgeglichen und verständlich zu wirken. Warum? Weil er weiß, daß ihm keine Zeit bleibt, Gesagtes zu wiederholen.

Und hier bitte ich den Schauspieler herzlichst, in seinem eigenen Namen zu handeln und dabei die elementarste menschliche Aufgabe auszuführen, die darin besteht, die weiteren Handlungen eindeutig zu erklären und zu vereinbaren.

Massenszene — Pause für Vorbereitungen. Bei Jagos letzten Worten, wo dem Publikum die Exposition ins Bewußtsein gedrungen ist, beginnt in den Fenstern und hinter den Fensterrahmen nervös Licht von Nachtlampen und Laternen hin- und herzuhuschen. Dieses nervöse Hin- und Herhuschen schafft einen starken Aufruhr, wenn es gut geprobt wird. Zugleich öffnet sich unten am Haupteingang krachend die eiserne Klinke, das Schloß ächzt, und beim Öffnen kreischen die Metallangeln. Der Pförtner mit der Laterne tritt aus der Tür, und ein paar Bedienstete erscheinen. Sie kommen unter der Kolonnade herausgesprungen, ziehen sich im Laufen ihre Hose, Unterhosen und Jacken an und knöpfen sie hastig zu. Die einen laufen nach rechts, die anderen nach links, dann kommen sie wieder zurück und erklären einander etwas und laufen wieder auseinander.

(In Wirklichkeit gehen die Kleindarsteller ins Haus zurück, setzen sich dort irgendwelche Helme auf, stülpen sich vielleicht auch Harnische über, ziehen sich Mäntel an und kommen wie verwandelt aus der gleichen Tür wieder heraus, ohne vom Publikum erkannt zu werden. Wir tun das zur Einsparung von Kleindarstellern.)

Inzwischen treten Leute, die sich noch anziehen, aus den Türen. Sie tragen Hellebarden, Degen und Waffen, steigen in Gondeln, die am Haus angebunden sind (nicht in Rodrigos Gondel), bringen dort ihr Mitgebrachtes unter, laufen wieder fort und kommen mit Sachen zurück, wobei sie sich nach Möglichkeit im Gehen weiter anziehen sollen.

Oben hat eine dritte Gruppe von Kleindarstellern die Fenster geöffnet, man sieht, wie sie sich Hosen und Jacken anziehen und gleichzeitig nach unten schreien, Fragen stellen oder Anweisungen erteilen, durch den allgemeinen Lärm einander nicht hören, zurückfragen, schreien, sich ärgern, sich aufregen und schimpfen. Die laut heulende und in panischem Schrecken aufgescheuchte Amme kommt unter die Kolonnade gesprungen. Mit ihr eine weitere Frau, im gleichen Zustand. Wahrscheinlich das Zimmermädchen. An einem Fenster oben jammert auch eine Frau, als sie sich die Vorgänge unten betrachtet. Vielleicht ist ihr Mann unter den Abziehenden. Wer weiß, ob er wiederkommt, denn es geht ja in die Schlacht ...

Nach den Worten ›Oh, töricht Kind! — Der Mohr, sagst du?‹ tritt Brabantio mit einem Degen heraus. Er befragt Rodrigo sachlich, dieser legt an, um Brabantio einsteigen zu lassen und verfügt das Weitere ...

Nach den Worten ›Ihr hier entlang, die and'ren dort‹[228] folgt eine Pause. Brabantino ordnet an ›Ihr hier entlang ...‹ und deutet auf den Kanal, wohin die Gondel fahren muß, und zwar links vom Publikum hinter die Kulissen. Bei den Worten ›... die and'ren dort‹ zeigt er auf die Straße, die hinter seinem Haus links abgeht.

Die Gondelketten werden unter Getöse gelöst.

Nach den Worten ›Ich hofft' ihn auszuspähn, wenn's Euch gefällt, mit tüchtiger Bedeckung mir zu folgen‹ tritt Brabantio an einen der Diener in der Gondel und sagt ihm etwas. Der Diener springt rasch auf und läuft die nach rechts abgehende Straße an Brabantios Haus vorbei herunter.

Bei den Worten ›Wohl, führt den Zug!‹ setzt sich Brabantio zu Rodrigo in die Gondel.

Bei den Worten ›Waffen her!‹ nehmen die Soldaten in der Gondel die Waffen, Lanzen und Hellebarden auf.

Bei den Worten ›Und holt ein paar Hauptleute von der Wache!‹ stürzt das Zimmermädchen mit der Amme auf die nach rechts abgehende Straße.
Ganz zum Schluß dann, bei den Worten ›Voran, Rodrigo! Eure Müh’ vergelt’ ich‹ fährt Rodrigos Gondel mit Brabantio ab, und in der mit Soldaten überfüllten Gondel beginnt man sich vom Ufer abzustoßen.«[229]

.... 19..
»Das erste Bild ist soweit vorbereitet, daß Sie es immer wieder spielen müssen, um sich hineinzuversetzen in das überprüfte geistige und körperliche Leben der Rolle. Bei diesen Wiederholungen legen Sie dann immer mehr Ihr eigenes Leben in die Rolle, das Sie Ihrem Wesen entnehmen.
Aber uns interessiert nicht das Spiel an sich. Wir haben ja den ›Othello‹ ausgewählt, weil wir die Methoden und die Technik der Arbeit an der Rolle studieren wollten. Deshalb müssen wir uns jetzt nach den Versuchen mit dem ersten Bild über die Methode und ihr Prinzip als Grundlage für die Szene ›Alarm und Verfolgung‹ klar werden. Mit anderen Worten, wir gehen jetzt zur Theorie über, um mit ihr all das zu begründen, was wir in der Praxis getan haben.
Wie Sie wissen, begann alles damit, daß ich Ihnen die Texte abgenommen habe und Sie mir versprechen mußten, kein Buch inzwischen aufzuschlagen.
Ich stellte jedoch mit Erstaunen fest, daß Sie ohne Ihre Bücher den Inhalt des ›Othello‹ nicht rekonstruieren und vernünftig nacherzählen konnten. Dennoch mußte von dem Stück trotz falschen ersten Kennenlernens etwas in Ihnen zurückgeblieben sein. Tatsächlich waren in Ihrem Gedächtnis Fetzen von Erinnerungen an verschiedene Stellen des ›Othello‹, die sich mehr oder weniger stark in Ihnen festgesetzt hatten, wie Oasen in der Wüste verstreut, und ich tat alles, um sie herauszuarbeiten und zu festigen.
Danach wurde Ihnen das Stück vorgelesen, um Ihre Eindrücke aufzufrischen. Neue Erinnerungsfetzen entstanden dadurch zwar nicht bei Ihnen, dafür aber wurde Ihnen die allgemeine Linie der Tragödie klarer. Sie erinnerten sich an die Tatsachen und dann auch an die Handlungen in ihrer Logik und Folgerichtigkeit, notierten sie, erzählten dann recht ordentlich den Inhalt des ›Othello‹ und spielten danach das erste Bild des Stückes in seinen Tatsachen und physischen Handlungen. Aber Ihr Spiel enthielt keine Wahrheit. Diese zu schaffen, erwies sich als das Schwerste von allem, was Sie taten.
Besondere Mühe und Aufmerksamkeit erforderten die einfachsten Handlungen, die Sie alle aus dem Leben kennen. Ich meine das Gehen, das Sehen, das Hören usw. Das haben Sie auf der Bühne besser als die Berufsschauspieler dargestellt. Aber richtig ausführen konnten Sie es nicht. Sie mußten etwas neu einstudieren, was wir alle aus dem realen Leben kennen. Wie schwierig das war! Aber letzten Endes haben Sie es doch beherrscht, haben es zu echter Wahrheit gebracht, erst da und dort, an verschiedenen Stellen der Bühne, und dann auf der ganzen Linie. Als die große Wahrheit nicht gleich gelang, kamen erst kleine heraus und aus denen setzten sich dann die größeren zusammen. Mit der Wahrheit kam auch ihr treuer Weggefährte — der Glaube an die Echtheit der ausgeführten physischen Handlungen und des körperlichen Lebens der Rolle. So entstand eine der beiden menschlichen Naturen bei den von Ihnen dargestellten Personen. Durch häufige Wiederholung des ›körperlichen Lebens‹ festigte sie sich, das Schwierige wurde gewohnt, und das Gewohnte leicht. Schließlich be-

herrschte Sie die äußere, die physische Seite der Rolle, und die fremden physischen Handlungen, die Sie auf Anweisung des Autors und des Regisseurs ausführten, wurden zu Ihren eigenen. Deshalb wiederholen und tummeln Sie sich so gern in ihnen ...

Kein Wunder, daß Sie sehr bald Text benötigten und eigenen einsetzten, da Ihnen der des Autors fehlte. Sie brauchten ihn nicht nur zur Unterstützung der physischen Handlungen bei der Ausführung äußerer Aufgaben, sondern auch zum Ausdrücken von Gedanken und zur Wiedergabe aufgekeimten inneren Erlebens. So mußten Sie wieder das Textexemplar in die Hand nehmen, um sich Gedanken und damit auch Gefühlsregungen Ihrer Rollen herauszuschreiben. Deren Logik und Folgerichtigkeit habe ich Ihnen, ohne daß Sie es bemerkten, dadurch beigebracht, daß ich Ihnen den roten Faden der Szene vorgesagt, mehrfach wiederholt und einstudiert habe, indem ich Schwieriges und Kompliziertes soweit gebracht habe, daß es für Sie leicht und gewohnt wurde und Sie es sich zu eigen machten und schließlich das erste Bild beherrschten. Die vom Autor vorgeschriebenen fremden Handlungen und deren geistiges Leben sind jetzt die Ihren, und Sie baden sich in ihnen mit Vergnügen.

Hätten wir das erreicht, wenn neben dem ›körperlichen Leben‹ nicht auch das ›geistige Leben‹ gewachsen wäre?

Hier drängt sich unwillkürlich die Frage auf, ob es ein körperliches ohne ein geistiges beziehungsweise ein geistiges ohne ein körperlichesLeben geben kann.

Nicht nur das. Da beide Leben der gleichen Quelle entstammen, das heißt dem Stück ›Othello‹, können sie einander in ihrer Natur nicht fremd sein. Im Gegenteil, sie müssen einander verwandt werden und übereinstimmen.

Auf dieses Gesetz habe ich immer ganz besonders verwiesen, denn es bildet die Grundlage für die Psychotechnik, die wir soeben kennengelernt haben.

Dieses Gesetz ist für uns von großer praktischer Bedeutung, denn wenn das Leben der Rolle nicht intuitiv von selbst entsteht, müssen wir es auf psychotechnischem Wege schaffen. Zum Glück enthält dieser Weg Methoden, die uns praktisch zugänglich und in unserer Arbeit anwendbar sind. Wir können nötigenfalls durch ein leichteres körperliches Leben reflektorisch (?) das geistige Leben der Rolle hervorrufen. Das ist ein wertvoller Beitrag zu unserer Psychotechnik des Schaffens.

Wir benutzen sie im Gegensatz zu den anderen Schauspielern, die um jeden Preis erst die Rolle erleben wollen, um danach alles übrige entstehen zu lassen. Aber das geschieht selten. Es ist schwer, etwas zu erleben, wenn die Rolle an sich nicht erlebt wird. Daher bleibt solchen Schauspielern nichts anderes übrig, als unmittelbar auf das Gefühl einzuwirken. Aber das vergewaltigt man leicht, und wozu das führt, wissen Sie. Das sind aber noch nicht alle Vorteile meiner Methode. Es gibt noch wichtigere. Sie betreffen die Gedanken, Worte und die Redeweise der Rolle.

Sie erinnern sich, daß ich Ihnen zu Beginn unserer Arbeit als erstes die Texte abgenommen habe, so daß Sie lange Zeit die Gedanken der Rolle in der logischen Folge sprechen mußten, wie sie im Stück besteht. Dabei habe ich Sie rechtzeitig an die entsprechenden Gedanken erinnert und sie Ihnen vorsouffliert. Sie haben meine Worte immer bereitwilliger aufgegriffen, da Sie sich immer mehr an die eingefahrene Folgerichtigkeit und Logik der Gedanken gewöhnten, die Shakespeare in seinem Stück festgelegt hat. Sie gewöhnten sich schließlich so an die Folgerichtigkeit der Gedanken, daß Sie sich nach eigenem Empfinden an sie hielten, ohne daß ich sie Ihnen vorsagen mußte, was ich dann auch nicht mehr tat.

Mit dem Text und der Rolle verfuhren wir ebenso. Zuerst wählten Sie, wie Sie das ja auch im Leben tun, die Worte aus, die Ihnen von selber in den Kopf und auf die Zunge kamen, und die Ihnen am besten dabei halfen, die festgelegten Aufgaben auszuführen. Dabei verlief Ihre Rede in der Rolle unter normalen Bedingungen, sie war aktiv und wirksam. So hielt ich Sie ziemlich lange, bis die Rolle und ihre Partitur einstudiert, bis die richtige Linie der Aufgaben, Handlungen und Gedanken eingefahren war.

Erst nach dieser Vorbereitung händigten wir Ihnen wieder feierlich den gedruckten Text des Stückes und Ihrer Rolle aus, deren Text Sie nicht zu büffeln brauchten, da ich schon lange vorher Ihnen Shakespeares Worte vorsoufliert hatte, als Sie sie brauchten, sie suchten und zur verbalen Ausführung Ihrer Aufgaben auswählten. Sie griffen gierig nach ihnen, da ja der Autorentext besser als der eigene Gedanken zum Ausdruck brachte oder Handlungen auszuführen half. Sie merkten sich die Shakespeareschen Worte, da Sie sie liebgewannen und sie Ihnen unumgänglich geworden waren.

Was war geschehen? Fremde Worte waren Ihre eigenen geworden, da sie auf natürlichem Wege und ohne Zwang in Sie eingegangen waren und daher nicht ihre wichtigste Eigenschaft — die Aktivität der Rede — verloren hatten. Jetzt plappern Sie Ihre Rolle nicht mehr daher, sondern handeln mit deren Worten, um die Hauptaufgaben des Stückes zu erfüllen. Eben dazu bekommen wir den Autorentext.

Jetzt überlegen Sie einmal gut und sagen Sie mir, ob Sie der Meinung sind, daß Sie das Gleiche erreicht hätten, was Sie mit meiner Methode geschafft haben, wenn Sie die Arbeit an der Rolle mit dem Auswendigpauken des Textes begonnen hätten, wie das meist in allen Theatern der Welt gemacht wird?

Schon im voraus sage ich Ihnen, daß Sie die benötigten und erwünschten Ergebnisse nie und nimmer erreicht hätten. Sie hätten die Töne der Worte sowie der Sätze des Textes mit Gewalt in das mechanische Gedächtnis der Sprache und in die Muskeln des Redeapparates hineingepreßt. Dabei hätten sich die Gedanken der Rolle dort aufgelöst und wären verschwunden, während der Text getrennt von Aufgaben und Handlungen dagestanden hätte.

Jetzt wollen wir einmal unsere Methode mit dem vergleichen, was in jedem gewöhnlichen Theater geschieht. Dort liest man das Stück, verteilt die Rollen und sagt, zur dritten oder zehnten Probe müssen alle sie auswendig können. Das Lesen mit verteilten Rollen beginnt, und dann gehen alle auf die Bühne und spielen, wobei sie aus Heften ablesen. Der Regisseur zeigt ihnen das Arrangement, und die Schauspieler müssen es sich einprägen. Bei der nächsten Probe werden die Hefte eingesammelt, und dann sprechen alle nach Souffleur, bis sie sich ihre Rollen eingepaukt haben. Ist alles abgestimmt, beeilen sie sich, ihre Rolle nicht ›totzuwalzen‹ und zu ›zerreden‹, um recht bald die erste Generalprobe anzusetzen und die Theaterplakate herauszubringen. Dann kommt die Vorstellung ... ›Erfolg‹ und Rezensionen. Danach erlischt das Interesse am Stück, und man wiederholt es nur noch auf handwerkelnde Art.«

ERGÄNZENDES MATERIAL ZUR
»ARBEIT AN DER ROLLE (›OTHELLO‹)«

I. Rechtfertigen des Textes

.... 19..

»Jetzt, wo Sie das Hauptgeheimnis unseres Schaffens kennen, gehen Sie auf die Bühne und spielen Sie die Szene aus ›Othello‹«, sagte Arkadi Nikolajewitsch.

Schustow und ich begaben uns auf die Bühne und begannen zu spielen.

War es lange her, daß Torzow selbst mir den Anfang dieser Szene in Ordnung gebracht hatte?! Ich glaubte, diese Arbeit wäre nicht spurlos an mir vorübergegangen. Und doch kam es anders: Kaum fand ich Zeit, den Text der Rolle zu sprechen, als alles in der alten Weise zu verlaufen begann.

Warum aber geschah das?

Es handelte sich darum, daß ich während des Spiels, ohne mir dessen bewußt zu sein, die früheren, sehr alten, *zufälligen* Aufgaben im Auge hatte, Aufgaben, die im Grunde genommen auf das einfache Spielen der Gestalt hinausliefen. Dieses Aufsetzen aber versuchte ich durch die vorgeschlagenen Situationen und die Handlung zu rechtfertigen.

Die Worte und Gedanken aber sprach ich mechanisch und unbewußt, so wie man ein Lied zur Erleichterung der körperlichen Arbeit singt, z. B. wenn man einen Schleppkahn zieht.

Konnte sich das mit den Absichten des Autors decken? Konnte es nicht zu einer Divergenz kommen? Der Text verlangt das eine, meine Aufgaben aber forderten etwas anderes. Die Worte störten die Handlung, und umgekehrt.

Schon nach einer Minute unterbrach mich Arkadi Nikolajewitsch. »Sie affektieren, aber Sie leben nicht«, sagte er.

»Das weiß ich! Was kann ich denn aber tun!« sagte ich hysterisch.

»Wie?! rief Torzow aus. »Sie fragen, was Sie tun sollen? Und das, nachdem man Ihnen das Hauptgeheimnis unseres Schaffens aufgedeckt hat?!«

Über mich selbst verärgert, schwieg ich beharrlich.

»Antworten Sie mir«, sagte Arkadi Nikolajewitsch, als ob er ein Verhör begänne. »Wo war jetzt Ihr Gefühl? Reagierte es sofort und intuitiv auf den heutigen Schaffensappell?«

»Nein«, gestand ich.

»Und wenn nein, was haben Sie dann zu tun?« examinierte mich Torzow weiter.
Wieder schwieg ich ungezogen.
»Wenn das Gefühl nicht auf das Schaffen von selbst und intuitiv reagiert, dann muß man es in Ruhe lassen, da es keinen Zwang duldet«, antwortete Arkadi Nikolajewitsch an meiner statt.
»In diesem Fall muß man sich an die anderen Mitglieder des Triumvirats wenden. Das bereitwilligste von ihnen ist unser Verstand. Beginnen Sie also mit ihm!«
Ich schwieg und bewegte mich nicht.
»Womit beginnt das Kennenlernen eines Stückes?« redete Torzow geduldig auf mich ein.
»Mit dem aufmerksamen Lesen seines Textes. Dieser ist schwarz auf weiß und ein für allemal geschrieben, und er enthält wie zum Beispiel in diesem Fall ein vollendetes geniales Kunstwerk. Die Tragödie ›Othello‹ ist ein herrliches Thema für das schauspielerische Schaffen. Wäre es vernünftig, sich ein solches Thema nicht zunutze zu machen, und ist es möglich, sich nicht dafür zu begeistern? Sie selbst werden ja nichts Besseres erfinden als das, was Shakespeare geschaffen hat. Er ist kein schlechter Schriftsteller. Nicht schlechter als Sie. Wie sollte man auf ihn verzichten?

Ist es nicht einfacher und natürlicher für Sie, an Ihre schöpferische Arbeit vom Text des genialen Werkes heranzugehen? Klar und schön zeichnet er den richtigen Schaffensweg und die notwendigen Aufgaben und Handlungen; er gibt die richtigen Andeutungen beim Schaffen der vorgeschlagenen Situationen. Die Hauptsache aber: Er enthält — tief in den Worten — das geistige Wesen des Stücks und der Rolle.

Beginnen Sie deshalb mit dem *Text* und dringen Sie gehörig und möglichst tief mit dem *Verstand* in ihn ein.

Das *Gefühl* wird nicht zögern, sich ihm anzuschließen, und es wird Sie noch tiefer führen, das heißt, in den *Untertext* des Werkes, wo das Unsichtbare verborgen ist, um dessentwillen der Autor zur Feder gegriffen hat.

Der Text erzeugt den Untertext, und dieser wiederum bringt erneut den Text hervor.«

Nach diesen Erläuterungen hörten Schustow und ich zu spielen auf und begannen den Text zu sprechen. Dabei gaben wir natürlich nur den Text selbst wieder, ohne daß wir dazu kamen, in das Innere, den Untertext einzudringen.

Arkadi Nikolajewitsch beeilte sich, uns zu unterbrechen. »Ich habe Ihnen empfohlen, die Hilfe des Verstands und des Gedankens in Anspruch zu nehmen, um durch sie zum Gefühl und zum Untertext zu gelangen«, sagte er uns. »Wo aber ist der Verstand und wo der Gedanke in dem, was Sie machen? Beide sind unnötig, um die Worte der Rolle nur wie Erbsen zu verstreuen. Dafür braucht man lediglich Stimme, Lippen und Zunge. Bei solchem dummen Handwerkeln haben Verstand und Gedanke nichts zu tun.«

Nach dieser Abfuhr zwangen wir uns, in die auszusprechenden Worte einzudringen. Der Verstand ist nicht so skrupulös wie das Gefühl und gestattet, einen gewissen Zwang gegen sich selbst anzuwenden.

»›Mein edler General‹«, begann Schustow bedächtig.
»›Was sagst du, Jago‹«, antwortete ich ihm tiefsinnig.
»›Hat Cassio, als ihr warbt um eure Gattin, Gewußt um eure Liebe?‹«, fragte mich Schustow, als ob er ein tiefsinniges Bilderrätsel löse.

»›Von Anfang bis zu Ende ...‹«, antwortete ich ihm bedächtig und mit Unterbrechungen wie bei einer Übersetzung aus einer fremden Sprache.

Hier unterbrach Torzow unsere schwere Arbeit wiederum.

»Ich glaube nicht. Weder Ihnen noch Ihnen. Sie haben weder um Desdemona geworben, noch wissen Sie etwas von Ihrer Vergangenheit«, sagte er zu mir. »Sie aber«, fuhr er zu Schustow gewandt fort, »interessieren sich wenig für das, wonach Sie fragen. Sie brauchen das offenbar nicht. Sie stellen eine Frage, hören aber nicht zu, wenn Othello antwortet.«

Es zeigte sich, daß wir durch Überlegung nicht zu der einfachsten Wahrheit gekommen waren, nämlich, daß auch das gesprochene Wort der Rechtfertigung durch die Phantasie, der vorgeschlagenen Situationen und des magischen *»Wenn«* bedarf.

Diese Arbeit hatten wir wiederholt mit Aufgaben und Handlungen verrichtet. Doch mit der Rechtfertigung fremder Worte und eines fremden Textes kamen wir zum ersten Male in Berührung. Das war auch kein Wunder: Bei jenen Stegreifübungen, die wir früher spielten, mußten wir zufällige Gedanken und Worte benutzen. Sie fielen uns von selbst ein; Aufgabe und Handlung legten uns während des Spiels Worte in den Mund, wenn sie nötig wurden.

Aber ... eine Sache sind die eigenen Worte und Gedanken, und eine andere — die fremden, ein für allemal fixierten, gleichsam aus Bronze in feste und deutliche Formen gegossenen. Diese Worte sind schwarz auf weiß gedruckt. Sie sind unveränderlich. Anfangs erscheinen sie fremd, fernliegend, weit weg und meist auch unverständlich. Doch muß man sie umbilden und zu solchen machen, die man braucht und benötigt wie seine eigenen, zu gewohnten, bequemen, liebgewordenen Worten, die man nicht tauschen möchte gegen die, die von einem selbst stammen.

Dieser Prozeß des Sichvertrautmachens fremder Worte ergab sich zum ersten Male für uns. Tatsächlich konnte man unser Laiengestammel leerer, toter Töne, die ich und Schustow im »Othello« gewechselt hatten, nicht für die Offenbarung des genialen Untertextes von Shakespeare halten.

Ich war mir der Bedeutung der neuen Etappe unserer Arbeit, das lebendige Wort zu erschaffen, bewußt. Dessen Wurzeln müssen in die Seele gesenkt und dort von dem belebenden Gefühl genährt werden, der Stengel aber reckt sich zum Bewußtsein empor und entfaltet sich dort zu der prachtvollen Blüte einer schönen Wortform, die aus der Tiefe der Seele die Empfindungen überträgt, in denen sie aufgeht.

Ich war von der Wichtigkeit des Moments erregt und verwirrt. In solchem Zustand ist es schwer, die Aufmerksamkeit und Gedanken zu konzentrieren und die Einbildungskraft anzuregen, um die lange Reihe der vorgeschlagenen Situationen zu schaffen, die jeden Gedanken, jeden Satz und den ganzen Text des Dichters rechtfertigen und beleben.

In dem Zustand der Verwirrung, in dem wir uns befanden, fühlte ich mich zu schwach, die uns gestellte Aufgabe zu bewältigen. Deshalb baten wir Arkadi Nikolajewitsch, die Arbeit auf die nächste Unterrichtsstunde zu vertagen, um uns Zeit und Möglichkeit zu geben, nachzudenken und uns zu Hause vorzubereiten, das heißt, durch Phantasieren die notwendige Fiktion und die vorgeschlagenen Situationen aufzuspüren, die die vorläufig für uns noch toten Worte rechtfertigen und beleben sollten.

Torzow erklärte sich einverstanden und verlegte die mit uns begonnene Arbeit auf die nächste Unterrichtsstunde.

.. .. 19..

Heute abend war Schustow bei mir. Wir bemühten uns, die vorgeschlagenen Situationen zu erfinden, die den Text unserer Rollen aus »Othello« rechtfertigen sollten.

Nach Arkadi Nikolajewitschs Rezept wurde zunächst das ganze Stück durchgelesen. Danach begannen wir mit dem aufmerksamen Studium der Gedanken und Worte unserer Szene.

So wurde, wie es sich gehört, vor allem das bereitwilligste Mitglied des Triumvirats — *der Verstand* — zur Arbeit herangezogen.

»›— Mein edler General!
— Was sagst du, Jago?
— Hat Cassio, als ihr warbt' um eure Gattin,
Gewußt um eure Liebe?‹«[230] lasen wir.

Wieviel mußte man phantasieren, damit der Mohr etwas aus der Vergangenheit zu erinnern hatte. Dies und das aus seinem früheren Leben, wie er Desdemona kennenlernte, wie er sich in sie verliebte und wie er sie raubte, wußten wir aus den ersten Akten und dem Bekenntnis Othellos im Senat. Aber wieviel vom Autor Unausgesprochenes lag noch in jener Zeit vor Beginn des Stücks und zwischen den Szenen und Akten oder geschah gleichzeitig mit der Handlung, doch nicht auf der Bühne, sondern hinter den Kulissen. Eben dies von Shakespeare nicht Ausgesprochene schickten wir uns an zu ergänzen.

Ich habe jetzt weder Zeit noch Geduld, um alle unsere Kombinationen und phantasievollen Erfindungen zu schildern, etwa wie mit Hilfe von Cassio und sogar Desdemona selbst geheime Zusammenkünfte der Verliebten zustande kamen. Vieles von unseren Phantasieprodukten ergriff uns und schien wirklich schön und poetisch zu sein.

Junge Leute, die sich wie wir nach Liebe sehnen, erregen solche Träumereien immer, so oft und in soviel Varianten sie auch immer wiederholt werden.

Noch lange sprachen wir davon, was Othello für die empfand, die sich nicht vor seiner Liebe und vor den Küssen und heimlichen Umarmungen eines schwarzen Sklaven ekelte. Dabei erinnerte ich mich an meinen Perser mit dem Affen aus Nishnij.[231] Was hätte der empfunden, wenn ihn ein schönes Fräulein liebgewonnen und geküßt hätte?!

Damit wurde für uns heute nacht unser Phantasieren unterbrochen, denn es ging schon auf halb eins. Der Kopf war müde, und die Augen fielen zu.

Befriedigt verabschiedete ich mich von Schustow in dem Bewußtsein, daß der Anfang gemacht und die Szene auf die feste Unterlage der vorgeschlagenen Situationen gestellt war.

.. .. 19..

Heute am Vorabend von Torzows Unterricht traf ich mich wieder mit Schustow, um die Arbeit an den vorgeschlagenen Situationen der »Othello«-Szene fortzusetzen.

Mein Partner verlangte, wir sollten uns mit seiner Rolle beschäftigen, da er sonst nichts habe, womit er morgen vor Torzow erscheinen könne. Für mich aber sei schon einiges zusammenphantasiert.

Jawohl einiges, doch bei weitem noch nicht alles; ich hoffte aber, meine ganze Szene auf einer Unterlage von vorgeschlagenen Situationen aufzubauen. Damit fühlt man sich auf der Bühne wohler. Es war aber nichts zu machen, wir mußten uns mit der Jagorolle beschäftigen.

Wieder zogen wir vor allem das bereitwilligste Mitglied des Triumvirats zur Arbeit heran, nämlich den *Verstand*, oder, wie Torzow ihn gerne nannte, den *Intellekt*. Mit anderen Worten, wir sahen den ganzen Text der Rolle durch, analysierten ihn und wollten einen Blick in die Vergangenheit des klassischen Bösewichts bei Shakespeare werfen.

Darüber wird im Stück wenig gesagt. Kein Unglück so groß, hat was Gutes im Schoß! Das heißt, man kann der eigenen Phantasie freien Lauf lassen.

Ich habe nicht vor, das aufzuschreiben, was sich nicht direkt auf meine Rolle bezieht. Wozu auch! Das aber, was in der einen oder anderen Weise auf die von mir darzustellende Person Einfluß hat, muß ich natürlich in mein Tagebuch eintragen.

Für mich ist sehr wichtig, daß ich in Jago einen äußerlich anziehenden Menschen sehe und nicht einen abstoßenden. Sonst kann ich das Vertrauen nicht rechtfertigen, das ich ihm meiner Rolle gemäß entgegenbringen muß. Othello und die anderen sehen ja einen gutmütigen Kerl in dem Schurken, das heißt gerade das Gegenteil von dem, was er tatsächlich darstellt.

Dazu bedarf es sichtbarer Gründe, die die Möglichkeit bieten, Jago zu vertrauen und den offenbaren Halunken für treuherzig zu halten. Wenn er aber vor mir mit dem Gesicht eines Opernbösewichtes erscheint, mit heimtückischen Augen und Grimassen, das heißt so, wie man ihn gewöhnlich im Theater spielt, dann muß ich mich vorsätzlich von ihm abwenden, um mich nicht in einer närrischen Lage zu fühlen.

Das Unglück ist, daß Schustow selbst entsprechend seiner Naturveranlagung geneigt ist, alles zu entschuldigen und zu vergeben. In unserem Falle bemüht er sich, den Bösewicht zu entschuldigen. Um das zu erreichen, läßt er Jago wegen seiner Frau Emilia auf Othello eifersüchtig werden, da dieser angeblich mit ihr ein Verhältnis gehabt hat.

Gewiß, solche Andeutungen gibt es in dem Stück. Von ihnen ausgehend, kann man bis zu einem gewissen Grad sowohl die Bosheit als auch den Haß, den Rachedurst und die anderen Laster rechtfertigen, von denen Jagos Seele übervoll ist.

Auf Othello einen Schatten zu werfen, das paßt mir aber gar nicht. Es entspricht nicht meinen künstlerischen Plänen.

Mein Märchenheld ist rein wie eine Taube. Er darf die Frau nicht kennen. Jagos Verdacht muß unbegründet sein.

Deshalb mag, wenn Schustow das für nötig hält, im Herzen des eifersüchtigen Jago der Haß glühen, ich verlange aber von dem Darsteller, daß er vor mir beharrlich und geschickt alle äußeren Anzeichen verbirgt, die von dem bösen Gefühl sprechen, das im Herzen des Halunken nistet.

Aber auch das genügt mir nicht. Ich darf nicht nur in Jago keinen Schurken sehen, sondern will darüber hinaus daran glauben, daß er der vortrefflichste, gutmütigste Mensch ist, ein Mensch, der das wundervolle offene Herz eines Kindes hat und mir der treueste und ergebenste Diener ist. Soweit müssen bei dem Darsteller des Jago die Schlauheit und die Kunst gehen, daß sie einen Schurken in einen gutmütigen Kerl verwandeln.

Außerdem ist es für meine Zwecke noch nötig, daß Jago trotz seines außergewöhnlichen Verstandes einfältig erscheint. Wie werde ich mich sonst über seinen vermeintlich naiven Verdacht lustig machen?

Ich möchte Jago als großen, linkischen, groben, naiven und ergebenen Soldaten sehen, dem man alles wegen seiner Anhänglichkeit verzeiht.

Wenn Desdemona eine kleine schöne Mulattin zur Welt bringt, wird die glückliche Mutter ihn anstelle eines Kindermädchens nehmen. Wird der Erstgeborene aber ein dunkelhäutiges Bübchen mit schwarzen Haaren sein, dann wird Jago sein Onkel werden.

Unter der Maske eines groben und gutmütig einfältigen Soldaten kann man leicht einen Bösewicht verbergen, mir aber wird es schwerfallen, ihn zu erkennen.

Meines Erachtens ist es mir gelungen, einiges in dieser Richtung bei Schustow zu erreichen.

Um meine Errungenschaften so schnell wie möglich zu festigen, beeilte ich mich, möglichst viel für die Jago-Rolle in der von mir angesteuerten Richtung zusammenzuphantasieren.

Als ich mich jetzt vor dem Schlafengehen auszog, stieg folgende Frage in mir auf.

Früher gingen wir bei allen Etüden ohne Text von den vorgeschlagenen Situationen aus und kamen zu der physischen Aufgabe, oder wir gingen den umgekehrten Weg von der Aufgabe zu den vorgeschlagenen Situationen. Heute haben wir einen ganz anderen Weg beschritten: Wir gingen vom Autorentext aus und kamen letzten Endes wiederum zu den vorgeschlagenen Situationen.

Heißt das, daß alle Wege nach Rom führen? Wenn das aber zutrifft, ist es dann nicht ganz egal, womit man anfängt: *mit der Aufgabe oder dem Text?! Mit dem Verstand oder dem Willen (Wollen)?!* ...

.. .. 19..

Zum heutigen Unterricht Torzows ging ich nicht in gehobener Stimmung, da ich mich ungenügend vorbereitet fühlte.

Arkadi Nikolajewitsch rief uns als erste auf und trieb uns nicht an, er ließ uns Zeit, uns gut vorzubereiten, uns das in der Phantasie geschaffene Band der vorgeschlagenen Situationen ins Gedächtnis zu rufen und es in Gedanken durchzugehen.

Dazu muß man, wie es sich gehört, in erster Linie das bereitwilligste Mitglied des Triumvirats, den *Verstand* (Intellekt), zur Arbeit heranziehen.

Er erinnerte uns an die Fakten und Gedanken, die in den Worten enthalten waren, und an die Lebensverhältnisse Othellos, die wir, Schustow und ich, während der beiden Sitzungen vorbereitet hatten.

Das alles half, uns unverzüglich auf die »Schienen« zu stellen und auf der gerechtfertigten Linie des Textes zu bewegen. Von ihnen führt ein direkter und natürlich Zugang zum Untertext.

Mir wurde es leicht und angenehm, und ich fühlte mich berechtigt, auf der Bühne zu stehen und das zu sprechen und zu tun, was sich von selbst aus dem sich entfaltenden Band der vorgeschlagenen Situationen und den Worten ergab. Früher hatte ich bei der Darstellung des Othello und beim Spielen vom Etüden dieses Recht nur von Zeit zu Zeit empfunden. Jetzt aber spürte ich es vollkommener und für eine längere Dauer.

Die Hauptsache aber ist, daß früher ein solches Empfinden, zu recht auf einer Bühne zu stehen, zufällig, von selbst, ja unbewußt entstanden war, während es jetzt bewußt zustande kam, und zwar mit Hilfe der inneren Technik und einer systematischen Arbeitsweise.

Ist das kein Erfolg?

Ich werde mir Mühe geben, den Reiz des Empfindens, den ich gehabt habe, zu verstehen und zu begreifen, auf welchem Wege ich dorthin gekommen bin.

Zunächst hatte Schustow bei der Darstellung des Jago ziemlich geschickt die Maske eines Einfaltspinsels angenommen. Wenigstens glaubte ich an seine Verwandlung.

Jago sagte:
»Hat Cassio, als ihr warbt' um eure Gattin,
Gewußt um eure Liebe?«

Über seine Frage nachdenkend, erinnerte ich mich unwillkürlich an mein Venezianisch-Sewastopoler-Nishninowgoroder Haus mit den Wolgaufern, an das Kennenlernen der schönen Desdemona, an bezaubernde Liebesschelmereien und die wundervollen heimlichen Stelldichein, die mit Cassios Hilfe zustande kamen, der um all unsere entzückenden Geheimnisse »von Anfang bis Ende« wußte.

Bei diesen Gedanken und bildhaften Vorstellungen bekam ich Lust, auf Jagos Frage zu antworten, da ich ihm etwas zu erzählen hatte. Ich freute mich, daß er immer wieder fragte. Es fiel mir schwer, ein Lächeln zu unterdrücken, das aus meinem Innern aufstieg. Mag ich auch nicht das erlebt haben, was der wirkliche Othello empfunden hätte, so habe ich doch den Charakter seiner Gedanken und Empfindungen begriffen (gespürt) und ihnen geglaubt.

Der Glaube an Gedanken und Gefühle, das ist eine große Sache auf der Bühne.

Es ist ein wahrer Genuß, nicht bloß leere Worte der Rolle herunterzuleiern, sondern ganze Sätze und Gedanken auszusprechen, die von innen her — einem Filmstreifen ähnelnd — aus einer ununterbrochenen Folge von bildhaften Vorstellungen entstehen.

Um sie einer anderen Person mitzuteilen, muß man alle Mittel der Partnerbeziehung benutzen, über die ein Mensch verfügt, und in erster Linie Worte. Als die am besten passenden und die ausdrucksvollsten werden sich diejenigen erweisen, die Shakespeare geschrieben hat. Erstens, weil sie die genialsten sind und zweitens, weil das, wovon zu erzählen ich jetzt Lust bekommen habe, gerade den Worten des Dichters entnommen ist. Sie können ihr eigenes inneres Wesen am besten enthüllen. Darum werden die fremden Worte der Rolle zu notwendigen, nahestehenden, vertrauten, zu meinen eigenen. Von selbst und auf die natürlichste Weise drängen sie nach außen.

Die bis dahin fremden Worte der Rolle füllten sich jetzt dank künstlerischer Erfindung mit einem Inhalt und einer bildhaften Vorstellung, an die ich glaubte. Kürzer gesagt, ich spürte das geistige Wesen des Werkes, dies brachte mich ihm näher und erforderte wiederum, es über seine Form zu enthüllen.

Was für ein bemerkenswerter Prozeß! Wie steht er der schöpferischen Arbeit der Natur selbst organisch nahe!

Tatsächlich hatte ich gleichsam einer reifen Frucht den Samen entnommen. Daraus war wieder eine neue Frucht gewachsen, eine Frucht, die aufs Haar der ähnelte, der sie entstammte.

So vollzog es sich auch in diesem Falle: Den Worten des Dichters hatte ich ihr Wesen entnommen, und dies gewann erneut Gestalt in denselben Worten des Dichters, die nun aber meine eigenen geworden waren. Sie schienen mir notwendig, diesmal aber nicht, um in ihr Wesen einzudringen, sondern im Gegenteil, um es in Worten auszuformen.

Der Text erzeugt den Untertext, und dieser erneuert wieder den Text. So geschah es mit dem Anfang der Szene, den wir, Schustow und ich, bei unserer ersten gemeinsamen Arbeit in meiner Wohnung vorbereitet und phantasievoll aufgeschlossen hatten.

Wie aber geht es weiter? Was wird mit dem Teil, bei dem es mir noch nicht gelungen ist, ihn genügend mit vorgeschlagenen Situationen zu sättigen und zu rechtfertigen?

Ich konzentrierte meine ganze Aufmerksamkeit, um Jagos Äußerungen besser zu ergründen. Gut kam die Arglist seiner mit Gift durchtränkten Fragen bei mir an. Ich erkannte (und empfand folglich auch) ihre teuflische Kraft und die Unwiderstehlichkeit ihrer Logik und Folgerichtigkeit, die unentwegt zur Katastrophe führten.

Ich fühlte, was Verleumdung und Intrige in den Händen eines virtuosen Könners bewirken.

Zum ersten Male gelang es mir zu verfolgen und zu begreifen (das heißt zu spüren), wie der Bösewicht mittels geschickt gestellter Fragen und einer ganzen Kette logisch geordneter Gedanken unauffällig den Boden unter den Füßen fortzieht, die gesunde Atmosphäre vergiftet, seine Opfer zunächst befremdet, dann verwirrt und zweifeln läßt; dann Verdacht erregt, Entsetzen, Gram, Eifersucht, Haß, einen Fluch und schließlich die Rache.

Diese ganze schreckliche Metamorphose Othellos ist auf zehn kleinen Druckseiten wiedergegeben.

Die Genialität der inneren Linie von Shakespeares Meisterwerk begeisterte mich zum ersten Male.

Ich weiß nicht, ob ich gut oder schlecht spielte, aber ich zweifele nicht daran, daß ich zum ersten Male dem Text gemäß vorging, daß ich ihn zum ersten Male aus der Nähe besah und einen Einblick in den Untertext gewann. Mag mein Gefühl auch dorthin noch nicht vorgedrungen sein, sondern nur meine Aufmerksamkeit; mag auch der von mir empfundene schöpferische Zustand noch kein Erleben sein, sondern nur dessen Vorahnung. Doch besteht kein Zweifel daran, daß mich diesmal der Text des Dichters gepackt und hinter sich her gebieterisch über die logischen und folgerichtigen Stufen direkt in die Tiefe des Werkes gezogen hat.

Schustow und ich errangen heute zweifellos einen großen Erfolg. Uns lobten nicht nur Torzow und Rassudow, sondern auch die Schüler.

Das Bezeichnendste aber war, daß Goworkow schwieg und nicht schimpfte, nicht nörgelte. Das ist wichtiger als alles Lob.

Ich bin glücklich.

Verdanken wir diesen Erfolg wirklich dem Text des Dichters?

»Ja«, sagte Rachmanow beiläufig zu mir.

»Heute haben Sie Shakespeare geglaubt. Früher hielten Sie mit seinen Worten hinter dem Berge, heute aber haben Sie sich nicht gescheut, sie zu genießen. Shakespeare selbst hat sich behauptet. Seien Sie überzeugt!«

Erregt durch den Erfolg, saßen Schustow und ich lange am Gogoldenkmal und gedachten ausführlich, Schritt für Schritt, dessen, was sich heute im Unterricht zugetragen hatte.

»So«, sagte er, »fangen wir ganz von vorne an, von da, wo sich Othello über Jago lustig macht, das heißt von der Textstelle:

›Was denkst du, Jago?‹ «

»Oder:

›Hm, denken, gnäd'ger Herr! Bei Gott, mein Echo!
Als läg' ein Ungeheu'r in seinem Sinn,
Zu gräßlich, es zu zeigen‹«,
präzisierte ich.
»Richtig«, bestätigte Schustow. »Mir schien, Du fühltest dich wohl in diesem Moment und warst froh.«
»Ja, allerdings«, sagte ich, die Vermutung aufgreifend. »Und weißt Du, warum? Deinetwegen. Plötzlich spürte ich den gutmütigen Soldaten, den ich in Jago sehen wollte. Ich glaubte Dir, und sofort empfand ich das Recht, auf der Bühne zu sein. Und bei den Worten:
›Und zogst und faltetest die Stirn zusammen,
Als hieltst du einen greulichen Gedanken
Verschlossen im Gehirn‹
wurde mir ganz froh zumute, und ich bekam Lust, Späße zu machen, etwas anzustellen, um Dich und mich zum Lachen zu bringen.«
»Sag mal«, meinte Schustow interessiert, »bei welchen Worten erreichte ich mein Ziel, das heißt lenkte ich Dich vom Spaßen ab und zwang Dich, ernst zu werden?«
»Ich begann, Deinen Worten aufmerksam zu lauschen, oder richtiger: in Shakespeares Gedanken einzudringen«, sagte ich mich erinnernd, »an der Stelle, wo Du sprichst:
›Man sollte sein das, was man scheint,
Und die es nicht sind, solltens auch nicht scheinen.‹
Und weiter, als Du rätselhaft sagtest:
›Nun wohl, so halt' ich Cassio denn für ehrlich.‹
Oder als Du, Dich edelmütig stellend, so tatest, als ob Du dir die Antworten vom Halse schaffen wolltest und sprachst:
›Mein General, verzeiht;
Obgleich zu jeder Dienstpflicht euch verbunden,
Nicht bin ich's da, wo Sklaven frei sich fühlen ...‹
In diesen Augenblicken spürte ich in Shakespeares Worten eine mit teuflischem Gift gewürzte Anspielung, und ich dachte: Was für ein Scheusal ist doch dieser Jago! Er tut beleidigt, damit man ihm mehr Glauben schenkt! Außerdem begriff ich, daß man einen solchen Satz nicht ohne Erklärung hinnimmt, sobald man aber mit Erklären anfängt, sinkt man nur noch tiefer in den Sumpf der Provokation ein. Da staunte ich wieder über die Genialität Shakespeares.«
»Mich dünkt, Du hast mehr philosophiert und das Werk beurteilt, als es erlebt«, sagte Schustow.
»Ich glaube, beides ist geschehen«, gab ich zu. »Was ist schon dabei, ich habe mich wohl gefühlt, als ich Dich ins Verhör nahm.«
»Und ich, als ich Deinen Fragen auswich und Dich in Verwirrung brachte«, sagte Schustow schon ruhiger. »Darin bestand ja meine Aufgabe.«
»Aufgabe?!« meinte ich nachdenklich, und plötzlich rief ich: »Heureka! Höre mir aufmerksam zu! Folgendes hat sich in unserer inneren Arbeit ereignet ...«
In qualvoller Anstrengung bemühte ich mich, in mir Empfindungen und Gedanken zu erraten, die noch nicht genügend klar und ausgereift waren.
»Früher begannen wir bei unseren Stegreifetüden, ähnlich wie man einen Kamin hochheizt

oder wie ein tollwütiger Hund, direkt mit einer *Aufgabe*, aus der sich von selbst durch Improvisation Gedanken und Worte ergaben, das heißt ein zufälliger *Text* entstand, den wir für die Erfüllung der gestellten Aufgabe brauchten.

Heute aber gingen wir vom *Text* des Dichters aus und kamen zur *Aufgabe*.

Warte mal! Laß uns begreifen, was das für ein Weg ist! Vorgestern, als wir bei mir zu Hause übten, gelangten wir vom *Text zu den vorgeschlagenen Umständen*. War es nicht so?« überlegte ich. »Heute dagegen kamen wir, ohne uns dessen bewußt zu sein, *über Text und vorgeschlagene Umstände zur künstlerischen Aufgabe*!!

Laß uns prüfen, wie das geschah.«

Wir begannen uns unserer Willensantriebe beim Spiel auf der Bühne zu erinnern. Schustow bemühte sich anfangs nur, *meine Aufmerksamkeit auf sich zu lenken*. Dann trachtete er danach, daß ich ihn als den gutmütigen Soldaten empfand, den ich in ihm zu sehen pflegte. Deshalb bemühte er sich, möglichst wahrheitsgemäß als solcher zu *erscheinen*. Als ihm das gelungen war, begann er, mit einen Gedanken nach dem anderen zu suggerieren, der Cassio und Desdemona kompromittierte. Dabei dachte er sehr stark an den Untertext.

Meine Aufgaben waren, wie es schien, folgende:

Anfangs riß ich einfach Possen, das heißt, ich brachte mich selbst und Jago *zum Lachen*. Dann aber, als er mich provozierte, das Steuer herumwarf und zu einem ernsten Gespräch überging, gelüstete es mich, so gut wie möglich in seine Worte, oder richtiger, in den Sinn des Shakespeareschen Textes *einzudringen* und den Krümmungen im arglistigen Denken des Bösewichts zu folgen. Weiter — erinnere ich mich — war ich bemüht, in meiner Phantasie das Bild vollkommener Einsamkeit in den traurigsten Farben auszumalen, wie es sich vor Othello aufgetan hatte. Schließlich, als mir das bis zu einem gewissen Grade gelungen war, begriff ich, daß der betrogene Mohr, erschrocken über die in ihm aufgetauchten Vorstellungsbilder, sich beeilte, den Bösewicht und Giftmischer Jago *loszuwerden und fortzuschicken*.

All das waren Aufgaben, die aus dem Text des Dichters entsprossen. Davon ausgehend und der Linie der Worte folgend, stießen wir auf weitere, tiefer liegende Linien, nämlich die der vorgeschlagenen Umstände und der Aufgaben, die sich von selbst, ganz natürlich und unvermeidlich aus dem Text und Untertext des Dichters ergeben. Bei solchem Herangehen kann es keinen ärgerlichen Auseinanderfall zwischen Text und Untertext geben, was gerade in der ersten Zeit meiner Arbeit an Othello geschah, das heißt während der auf äußerliches Vorführen abzielenden Aufführung.

Somit verläuft — das stellten wir nun fest — der richtige sozusagen klassische oder akademische Gang des Schaffens *vom Text zum Verstand* vom Verstand *zu den vorgeschlagenen Umständen*; von den vorgeschlagenen Umständen *zum Untertext*; vom Untertext *zum Gefühl (zur Emotion)*; von der Emotion *zur Aufgabe, zum Wollen (Willen)* und vom Wollen *zur Handlung*, die den Untertext von Stück und Rolle sowohl in Worten als auch mit anderen Mitteln zu verkörpern hat.[232]

.. .. 19..

Gestern stellten Schustow und ich fest, dies Moment sei in unserer Arbeit so wichtig, daß man es restlos untersuchen müsse. Darum werden wir die begonnene Szene aus dem »Othello« zu Ende probieren. Vielleicht können wir dabei die schöpferische Arbeit der Antriebe des psychischen Lebens verfolgen.

Deshalb kamen wir, Schustow und ich, heute abermals in meiner Wohnung zusammen, um die vorgeschlagenen Umstände weiter phantasievoll auszuarbeiten und die sich daraus ergebenden Aufgaben für unsere gesamte Szene festzustellen.
Uns glückte heute viel, doch nicht alles.
Es ist zu kompliziert und langwierig aufzuschreiben, was wir sprachen. Außerdem bin ich müde und muß schlafen.

.. .. 19..

Morgen ist Unterricht bei Torzow. Deshalb arbeite ich heute wieder in meiner Wohnung mit Schustow an den vorgeschlagenen Umständen und an den Aufgaben unserer Szene aus dem »Othello«.
Es gelang uns nicht nur, sie bis zum Schluß durchzuarbeiten, sondern auch alles zu wiederholen, was früher gefunden worden war. So schien die Linie der vorgeschlagenen Umstände und der Aufgaben nun genügend mit innerem Gehalt gesättigt.
Ein gutes Stück Arbeit!
Arkadi Nikolajewitsch muß es unbedingt sehen.
Wir würden unbedingt darauf bestehen, daß er uns morgen beim Unterricht prüft.
Wie ärgerlich, wenn unsere Arbeit umsonst gewesen wäre und es uns nicht gelänge, dahinter zu kommen, was wir uns offenbar anzueignen beginnen.

.. .. 19..

Torzow ließ sich nicht bitten. Er forderte uns selbst auf, die Szene aus dem »Othello« zu wiederholen, und wir spielten sie.
Doch zu unserem vollkommenen Befremden blieb diesmal der Erfolg aus, trotz vortrefflichen Befindens beim Vorspiel.
»Das soll Sie nicht aus der Fassung bringen«, sagte Arkadi Nikolajewitsch, als wir ihm unsere Enttäuschung gestanden. »Das geschah, weil Sie den Text überladen hatten. Seinerzeit schalt ich Sie nach der ›Othello‹-Aufführung, weil Sie die Worte der Rolle wie eine überflüssige Schale ausspuckten.[233]
Heute dagegen haben Sie den Text unnötig belastet, weil Sie einen zu komplizierten und detaillierten Untertext hineinpackten.
Wenn ein Wort mit Inhalt gesättigt ist, dann wird es gewichtig, und man spricht es langsam aus. Das geschieht in den Fällen, wo der Schauspieler dem Text große Bedeutung beimißt, um damit eine Riesenmenge innerer Empfindungen, Gefühle, Gedanken und bildhafter Vorstellungen, kurz, den ganzen innerlich geschaffenen Untertext auszudrücken.
Das hohle Wort prasselt herab wie Erbsen aus dem Sieb, das inhaltsreiche Wort dagegen dreht sich langsam wie eine mit Quecksilber gefüllte Kugel. Doch wiederhole ich noch einmal: Das soll Sie nicht aus der Fassung bringen, sondern im Gegenteil froh machen«, sagte er aufmunternd.
»Das Schwerste in unserem Fach ist, einen gehaltvollen Untertext zu schaffen. Das ist Ihnen über die Maßen gelungen — sogar bis zur Überfrachtung. Doch mit der Zeit und durch Gewöhnung wird sich das innere Wesen des Textes setzen, verdichten, kristallisieren und kompakter werden und kann dann, ohne an Gehalt zu verlieren, leicht sowie ohne überflüssigen Druck wiedergegeben werden.«

.... 19..
Eine unerwartete Begegnung!
Heute ging ich zufällig in das Café Filippow und traf dort Schustow und Alexander Pawlowitsch Sneshinski. Sie saßen an einem kleinen Tisch und sprachen mit Leidenschaft über irgendeine Sache. Das Serviermädchen und sogar der Oberkellner, der noch kürzlich den lieben und verrückten Kerl mit dem Käppchen hinauskomplimentiert hatte, liefen hin und her und umgaben ihn mit rührender Aufmerksamkeit.

Das geschah, weil Alexander Pawlowitsch nüchtern war, da mußte man ihn lieben; er war unendlich bezaubernd.

Ich setzte mich an seinen Tisch und hörte zu, was er sprach. »Sie sagten: *manchmal*. Warum aber manchmal?« fragte Alexander Pawlowitsch seinen Gesprächspartner.

»Weil wir bislang immer«, erwiderte Schustow, »Etüden ohne Worte zu spielen hatten, Heizen eines Kamins, Verbrennen von Geld und so weiter. Dabei nahmen wir die Sprache nur *manchmal* zu Hilfe, wenn wir unbedingt sprechen mußten. Wenn das Bedürfnis dazu von selbst erwuchs. In der übrigen Zeit begannen wir mit *Aufgaben*, das heißt mit dem Wollen und Willen, und sie entstanden ebenfalls inuitiv, fast oder ganz unbewußt oder wurden letztlich von Torzow einfach angeordnet.

Heute aber hatten wir es zum ersten Male mit fertigem Text zu tun. Die nur auf äußerliche Effekte abgestellte Aufführung ›Othello‹ zähle ich nicht mit. Das war Dilettantismus, von dem zu sprechen sich nicht lohnt.

Zu guter Letzt verlangte Arkadi Nikolajewitsch heute von uns, wir sollten nicht mit dem *Wollen und Willen* beginnen wie früher, sondern mit der Analyse des Textes durch den *Verstand*. Dieser muß zunächst die *protokollierten Gedanken* des Dichters entziffern und den *gefühlten Gedanken* oder Untertext des Werkes erraten.«

»Exakt so ist es!!!« sagte Sneshinski zustimmend mit einem bezaubernden Lächeln, das zu weiterer Offenherzigkeit ermunterte.

»Aber ...«, bekannte Schustow aufrichtig, »das Schlimme ist, daß wir an die fremden Worte nicht gewöhnt sind; wir schwatzen sie ins Blaue hinein. Arkadi Nikolajewitsch muß uns die Bedeutung der einfachsten Gedanken erläutern. Ich begreife selber nicht, warum ich mich auf der Bühne so dumm benehme! Ich kapiere nicht mehr, daß Tisch — Tisch bedeutet und Decke — Decke und daß zwei mal zwei vier ist. Ich schäme mich, wenn er anfängt, mir das zu erklären. Warum erfasse ich das nicht von selbst?«

»Tjaja, freilich ...«, sprach Sneshinski mit liebenswürdigem Lächeln vor sich hin. »Interessant, wie erklärt er Ihnen die Bedeutung der einfachsten Worte?« forschte er dann weiter.

»Natürlich nicht in einem buchstäblichen Sinn, daß der Tisch ein Tisch und die Decke eine Decke ist«, erläuterte Schustow. »Er bemüht sich, uns fühlen zu lassen, wozu das Wort gebraucht wird.«

»Und wie sucht er das zu erreichen?« fragt Alexander Pawlowitsch weiter.

»Wie üblich mittels der vorgeschlagenen Umstände und des magischen ›Wenn‹, die den toten Worten und den protokollierten Gedanken Leben einhauchen und sie in gefühlsgestützte Gedanken verwandeln.«

»Ach ja!« rief Sneshinski zustimmend. »Dafür wird natürlich ein *schöpferisches Befinden* gebraucht.« »Und für das schöpferische Befinden waren erforderlich: ein Aufmerksamkeitskreis, Wahrheitsgefühl, emotionales Gedächtnis, Spielobjekte, Partnerbeziehung und so weiter und so fort.«

»Und schließlich entstand der Untertext«, erklärte ich. »Aus dem Untertext erwuchs von selbst das *Wollen* und die *Aufgabe*, das heißt, nach dem Verstand trat der *Wille* seine Arbeit an. So bekam das *Gefühl* eine *Aufgabe*«, unterbrach mich Schustow.

»Richtig!« meinte Sheshinski zustimmend und fuhr fort: »Die im Gefühl entstandene Aufgabe rief ihrerseits auf natürlichem Wege die eigentliche Handlung hervor.«

»Kurzum, *Gefühl und Verstand* ziehen *Gefühl und Willen* zu schöpferischer Arbeit heran«, faßte Schustow zusammen.

»Das Triumvirat begann zu arbeiten und schuf das Erleben«, fügte ich hinzu.

»Wir fühlten uns auf der Bühne behaglich, wohl und bequem«, stellte Schustow fest.

»Erstaunlich, wie alle Einzelteile des ›Systems‹ und der inneren Technik ineinandergreifen. Eins kann ohne das andere nicht existieren«, meinte ich.

»So ist es!« bestätigte Sneshinski vergnügt, entzückt darüber, wie weise die Natur des Schauspielers funktionierte.

»Schöpferisches Befinden ist für das Triumvirat unabdingbar. Seinerseits verhilft das Triumvirat auch zu schöpferischem Befinden«, versuchte ich den uns interessierenden Prozeß noch abschließend darzulegen.

»Beide fordern ihrerseits die einzelnen Elemente zur Arbeit auf«, ergänzte Schustow, mir helfend. »Die Aufmerksamkeit zieht das Objekt nach sich, das Objekt — die Aufgabe sowie das Wollen, das Wollen — das emotionale Gedächtnis, die Ausstrahlung, die Handlung, das Wort, den Verstand usw. usf.«

»Aufs Haar genau wie die Klette den Opa, der Opa die Oma immer hinter sich her«, ulkte Alexander Pawlowitsch recht anschaulich über den uns interessierenden Prozeß.

II. Aufgaben. Durchgehende Handlung. Überaufgabe

. . .. 19..

Heute beschloß Arkadi Nikolajewitsch, zu der unterbrochenen Arbeit an den Etüden zurückzukehren ... Es wurde entschieden, daß wir ihm unser ganzes Repertoire vorspielen sollten.

Da einige Schüler wegen ihrer Pässe oder irgendwelcher Listen ins Büro bestellt waren, mußten wir mit »Othello« beginnen.

Erst weigerte ich mich, sofort und ohne Vorbereitung zu spielen, kurz danach aber erklärte ich mich bereit, weil ich Lust bekam.

Ich geriet in eine so wahnsinnige Erregung, daß ich mich selbst nicht kannte und, toll vorwärtsstürmend, außerstande war, mich zu bremsen.

Arkadi Nikolajewitsch sagte:

»Sie erinnern mich an einen Motorradfahrer, der auf der Chaussee des Petrowskiparks dahinraste und schrie: ›Haltet mich auf, oder ich breche mir die Knochen!‹«

»Wenn ich erregt bin, dann peitscht es mich vorwärts, und ich kann mich nicht beherrschen«, entgegnete ich zu meiner Rechtfertigung.

»Das geschieht, weil Sie keine Schaffensziele haben. Sie spielen ›ganz allgemein‹ eine Tragödie, aber jedes ›ganz allgemein‹ ist in der Kunst gefährlich«, versuchte Torzow mich zu überzeugen. »Sagen Sie: Wofür haben Sie heute gespielt?« fragte er mich weiter aus.

»Das Beste wäre, wenn man sich in der Rolle auf eine einzige Überaufgabe beschränken könnte, die in sich eine Auffassung für alle Abschnitte und Aufgaben enthielte, der größten wie auch der kleinsten.
Dazu aber sind wohl nur Genies fähig.
In einer einzigen Überaufgabe das gesamte komplizierte geistige Wesen eines ganzen Stücks zu empfinden, ist nicht einfach. Das übersteigt die Kräfte von uns einfachen Sterblichen. Doch wenn wir die Anzahl der Aufgaben in jedem Akt auf fünf und im ganzen auf zwanzig oder fünfundzwanzig zu beschränken wüßten, die insgesamt auch das Wesen des ganzen Stückes erfassen, dann wäre dies das beste Ergebnis, das wir erzielen können.«

»Ähnlich wie bei der Eisenbahn gibt es auf unserem Schaffensweg große, mittlere und kleine Stationen sowie Haltepunkte, das sind die Aufgaben. Auch wir haben unsere Charkows, Kiews und Odessas, das heißt Hauptzentren, unsere Kursks, Mzensks und Losowajas, das heißt weniger wichtige Etappen, und schließlich unsere Mytistschis, Puschkinos, Perlowkas, Kunzewos und andere kleine und kleinste Stationen sowie Haltepunkte, die größere oder geringere Aufmerksamkeit, längeren oder kürzeren Aufenthalt erfordern.
An all diesen Stationen kann man mit der Geschwindigkeit von Expreß-, Durchgangs-, Eil- oder Güterzügen vorbeisausen. Man kann aber auch überall oder nur auf den wichtigsten (ausgewählten) Stationen anhalten; man kann kurze oder lange Aufenthalte einschieben.
Heute jagten Sie im Expreß ohne jeglichen Aufenthalt an allen Zwischenaufgaben der Etüde vorbei. Diese huschten wie Telegrafenstangen vorüber. Sie kamen weder dazu, sie zu bemerken, noch sich ihrer bewußt zu werden, ja Sie interessierten sich nicht einmal dafür, da Sie selbst nicht wußten, wohin Sie strebten.«
»Ich wußte es nicht, weil Sie uns davon überhaupt nichts gesagt hatten«, versuchte ich mich zu rechtfertigen.
»Ich hatte nichts davon gesagt, weil die Zeit noch nicht reif war. Heute aber ist es soweit. Jetzt sollen Sie es erfahren.
Vor allen Dingen muß man dafür sorgen, daß das gesteckte Ziel oder die gestellte Aufgabe klar, richtig und eindeutig ist. Sie muß fest im Auge behalten werden. An sie muß man zunächst denken. Auf sie muß man sein ganzes Wollen und Streben richten. Anderenfalls geht man in die Irre, was Ihnen heute passiert ist.
Das genügt aber noch nicht: Ziel oder Aufgabe müssen nicht nur eindeutig sein, sondern auch mitreißend und aufregend.
Die Aufgabe ist der Köder, auf den unser Schaffenswille wie ein Hecht zujagt. Der Köder muß schmackhaft sein, die Aufgabe also gehaltvoll und verlockend. Sonst kann sie Ihre Aufmerksamkeit nicht auf sich lenken. Der Wille ist kraftlos, solange er nicht durch leidenschaftliches Wollen hingerissen wird. Dessen Anreger aber ist eine begeisternde Aufgabe. Sie ist ein mächtiger Motor des Schaffenswillens, ein starkes Lockmittel für ihn.
Darüber hinaus ist es außerordentlich wichtig, daß die Aufgabe richtig ist. Eine solche Aufgabe ruft ein richtiges Wollen hervor; ein richtiges Wollen aber hat ein richtiges Streben zur

Folge; und ein richtiges Streben endet mit einer richtigen Handlung. Umgekehrt ruft eine falsche Aufgabe falsches Wollen, Streben und Handeln hervor.

Schtschepkin hat gesagt: ›Du kannst gut oder schlecht spielen, das ist nicht wichtig. Wichtig aber ist, daß du richtig spielst.‹[234]

Um aber richtig zu spielen, muß man sich an konkreten Aufgaben orientieren wie an Meilensteinen, die den Weg in einer Steppe markieren.

Lassen Sie uns vor allem diesen Fehler korrigieren und die Szene nochmals spielen. Zu diesem Zweck aber sollten wir sie zuvor in entsprechend große, mittlere und kleine Abschnitte und Aufgaben einteilen.

Um uns aber nicht in Details zu verlieren, lassen Sie uns Ihre Szene in die größeren Abschnitte und Aufgaben einteilen. Worin bestehen sie bei Othello und worin bei Jago?«

»Jago bringt den Mohren zur Eifersucht«, sagte Schustow.

»Was tut er zu diesem Zweck?« fragte Torzow.

»Er verfährt listig, verleumdet und stört seine Ruhe«, antwortete Schustow.

»Natürlich so, daß Othello auch daran glaubt«, fügte Arkadi Nikolajewitsch hinzu. »Versuchen Sie, dies Ziel so gut wie möglich zu erreichen, nicht um Othello zu überzeugen, den es vorläufig nicht gibt, sondern den lebendigen, vor Ihnen sitzenden Naswanow. Wenn Ihnen das gelingt, so ist weiter nichts nötig«, meinte Arkadi Nikolajewitsch.

»Und was ist Ihre Aufgabe?« fragte er zu mir gewandt.

»Othello glaubt ihm nicht«, sagte ich.

»Erstens ist Othello noch nicht da. Er ist von Ihnen noch nicht geschaffen worden. Vorläufig ist nur Naswanow da«, erwiderte Torzow, mich korrigierend. »Und zweitens, wenn Sie den Verleumdungen Jagos nicht glauben, dann findet keine Tragödie statt, alles wird glücklich enden. Können Sie nicht etwas erfinden, was dem Stück näherkommt?«

»Ich bemühe mich, Jago nicht zu glauben.«

»Erstens ist das nicht Aufgabe, und zweitens brauchen Sie sich nicht zu bemühen. Der Mohr ist der Desdemona so sicher, daß sein Normalzustand darin besteht, seiner Frau zu glauben. Deshalb fällt es Jago so schwer, diesen Glauben zu erschüttern«, erklärte Arkadi Nikolajewitsch. »Ihnen fällt es sogar schwer zu verstehen, wovon der Bösewicht spricht. Und wenn Sie die schreckliche Neuigkeit von einem anderen erführen statt von Jago, den Sie für den ehrlichsten und ergebensten Menschen halten, dann würden Sie lachen oder den Intriganten davonjagen, und alles wäre zu Ende.«

»In dem Fall besteht die Aufgabe des Mohren vielleicht darin, daß er sich bemühen soll zu verstehen, was Jago sagt«, meinte ich, eine neue Aufgabe vorschlagend.

»Natürlich«, bestätigte Torzow. »Ehe Sie glauben, müssen Sie sich bemühen, das Unwahrscheinliche, das man dem leichtgläubigen Mohren über seine Frau sagt, zu verstehen. Erst nachdem er über die Verleumdung nachgedacht hat, wird sich bei ihm das Bedürfnis einstellen, die Unrichtigkeit der Beschuldigung, die Reinheit der Seele Desdemonas, das Falsche der Ansicht [Jagos] und so weiter zu beweisen. Deshalb bemühen Sie sich für den Anfang nur zu begreifen, *was* und *wozu* Jago das sagt.

Somit«, faßte Torzow das Gesagte zusammen, »soll Schustow sich bemühen, Sie in Verwirrung zu bringen, Sie aber sollen sich Mühe geben, zu begreifen, was man Ihnen sagt. Wenn Sie beide nur diese zwei Aufgaben erfüllen, werde ich zufrieden sein.«

»Nehmen Sie jede Neben- und Hilfsaufgabe, durchweben Sie die mit einer allgemeinen, der sogenannten *durchgehenden Handlung* und setzen Sie, einer Agraffe ähnlich, schließlich eine *Überaufgabe* fest, zu der alles hinstrebt.

Dann aber werden Sie in Ihrer Etüde Zielstrebigkeit, Schönheit, Sinn und Kraft erreichen.«

Nach dieser Erklärung ließ man uns die Etüde erneut spielen, und zwar, wie Arkadi Nikolajewitsch sich ausdrückte, eine Etüde *»gemäß den Aufgaben, der durchgehenden Handlung und um der Überaufgabe willen«.*

Nach dem Spiel folgten Kritik und Erläuterung. Dabei sagte Torzow:

»Ja, Sie haben die Etüde den Aufgaben gemäß gespielt und die ganze Zeit an die durchgehende Handlung und die Überaufgabe gedacht.

Aber ... denken bedeutet noch nicht, um des Hauptzieles willen handeln.

Nach der Überaufgabe kann man nicht bloß gedanklich, nur mit dem Verstande trachten. Die Überaufgabe verlangt vollständige Hingabe, leidenschaftliches Streben und erschöpfendes Handeln. Jeder Abschnitt und jede einzelne Aufgabe sind nötig, weil sie handelnd ausgeführt werden müssen, weil sie näher an das Hauptziel des Werkes führen, das heißt an die Überaufgabe. Deshalb muß man unentwegt, ohne sich ablenken zu lassen, geradewegs und strikt auf das Ziel losgehen.

Schaffen heißt leidenschaftlich, ungestüm, intensiv, produktiv, zweckmäßig und gerechtfertigt auf die Überaufgabe losgehen.

Wenn Sie anschaulich sehen wollen, wie das gemacht wird, dann gehen Sie ins Konzert des zur Zeit bei uns gastierenden genialen Dirigenten X.[235] Ich habe ihn dieser Tage gehört und dabei folgendes ersehen.

In der ersten Minute, als X aufs Podium kam«, erzählte Arkadi Nikolajewitsch, »war ich enttäuscht. Ein kleiner unansehnlicher Mensch ... Sobald er aber den Taktstock hob, vollzog sich vor meinen Augen eine Verwandlung. Da war einer, für den weder das schwarze Loch des Bühnenportals existierte, noch die Zuschauer im Parkett vorhanden waren. X saugte sich gleichsam am Orchester fest, und das Orchester an ihm. Und nicht nur das Orchester. Wir, die wir im Parkett saßen, taten das gleiche. Er bereitete sich vor, uns aber zwang er, dasselbe zu tun. Das nennt man: sich für das Schaffen sammeln. Dann begann X einzeln alle Zügel, die unsichtbar von jedem Musiker zu seinem Taktstock gezogen waren, in die Hand zu nehmen. Er drückte sie gleichsam fest zusammen. Der Taktstock wirbelte hoch, und X wurde größer oder strebte gleichsam in die Höhe. Da fühlte ich, daß er nicht nur die allgemeine Aufmerksamkeit auf sich sammelte, sondern auch die zahllosen vorgeschlagenen Umstände und jene Überaufgabe, an der er lange gearbeitet hatte und die ihm heute von innen her die Echtheit der Leidenschaften oder die Wahrscheinlichkeit der Gefühle eingeben sollte. All das füllte ihn aus und schuf ihn um.

Im voraus, schon vor dem ersten Ton, erkannte ich am Gesicht des Dirigenten, daß das Orchester irgendetwas Wichtiges, Bedeutendes und Geheimnisvolles anstimmen würde.

Ohne Hast, deutlich und klar dirigierte und zeichnete X mit dem Taktstock den ganzen inneren Sinn dessen, was die Töne sagten. Schon begriffen wir diese kleine, aber wichtige musikalische Phrase. Doch nein, es stellte sich heraus, daß sie noch nicht zu Ende war. X beeilte sich nicht, er ging nicht zum folgenden *Abschnitt* beziehungsweise zur folgenden *Aufgabe* über, ehe nicht das Fagott die begonnene Phrase ganz, bis zur letzten Note gespielt hatte.

Noch ... noch ... ein bißchen ... ein wenig ... jetzt hatte das Fagott zu Ende gesprochen und gleichsam den Punkt gesetzt. Erst dann senkte sich der Taktstock etwas. Eine Sekunde, noch eine, damit der Dirigent Zeit findet, sich nach der entgegengesetzten Seite zu wenden, zu den ersten Geigen, die logisch und folgerichtig den musikalischen Gedanken, den Oboe und Fagott so gut begonnen und beendet hatten, weiterentwickeln.

Jetzt hielt sich X noch stärker an die Geigen. Er ließ sie alles aussprechen, was sie geben konnten. Doch nicht genug damit. Der musikalische Gedanke entfaltete sich und drang weiter voran. Die Geigen allein genügten bald nicht mehr, es bedurfte der ganzen Gruppe der Violoncelli, aber auch aus ihnen war bald nichts mehr herauszuholen. Deshalb wandte sich X gebieterisch an die Holzinstrumente. Da der musikalische Gedanke aber immer mehr anwuchs, rief der Taktstock die Blechinstrumente zu Hilfe. Doch X ließ sie nicht brüllen. Er bändigte die gigantische Kraft, die aus den blechernen Rachen der Posaunen drängte. Mit Augen und Händen flehte er sie um Schonung an. Es röchelte nur noch in der metallenen Brust der Instrumente, doch konnten sie kaum noch an sich halten. Jetzt hoben sie ihre schrecklichen Schalltrichter, als ob sie um Freiheit flehten. Der Dirigent aber war unerbittlich.

Er hatte die Kraft, sie zu bändigen. Er befürchtete, die übermäßige Leidenschaft der Blechinstrumente würde den aufblühenden musikalischen Gedanken, in dem der Hauptsinn des Werkes steckte, nicht deutlich genug heraustreten lassen. Länger aber vermochte er sie nicht zurückzuhalten, er schüttelte gleichsam die Flügel und erhob sich in die Lüfte, hinter ihm Gebrüll und Wirbel, von dem er selbst erbebend sich heftig nach allen Seiten herumwarf und über das ganze Orchester zu reichen versuchte. Die Violinbogen glitten auf und nieder. Die Celli und Kontrabässe zersägten sich aus Leidenschaft gleichsam selbst. Frauenhände flatterten über die Saiten der Harfe. Flöten winselten wie um Hilfe. Lippen und Wangen der Posaunenbläser füllten sich mit Blut, die Augen quollen ihnen fast aus dem Kopf. Das ganze Orchester rauschte wie ein Meer und drohte überzufließen. Da erhoben sich alle Posaunenbläser und die der anderen Blechinstrumente und beendeten die musikalische Schlußphrase, ihre Aufgabe war erfüllt. Sie hatten alles gesagt, oder anscheinend doch nicht alles, da X den Taktstock nicht senkte, sondern ihn im Gegenteil drohend schwang, als ob er dazu ermahne alles auszusprechen bis zum allerletzten, sonst gäbe es Unheil. Noch, immer noch ein bißchen! Ich lasse nicht ab, ich erlaube es nicht!

Aber jetzt ist das Ende wirklich erreicht — und nun genug. X hat alle Abschnitte bewältigt, alle Aufgaben erfüllt.

Und das habe ich noch bemerkt: Bei weitem nicht alle Aufgaben und Abschnitte formt X aus und hebt sie hervor.

Die einen schiebt er sorgsam in den Schatten. Die anderen wählt er aus und kümmert sich um ihren deutlichen Ausdruck. Nur wenn sich die Musiker von ihnen mitreißen lassen und sie zu sehr betonen, dann gibt er ihnen sofort nervös mit Taktstock und Hand ein Zeichen, damit sie nicht übertreiben.

Seine Bewegungen sagen: nein, nein, so nicht, so nicht, lassen Sie das! Viele kleine Abschnitte läßt er absichtlich unauffällig vorübergehen, er spielt sie, scheint mir, sogar schneller. Dabei blättert er die Partitur durch, als wären bestimmte Seiten unwichtig, als dürfe man bei ihnen nicht verharren. An anderen Stellen aber wird X ein ganz anderer: Mit gespannter Aufmerksamkeit ist er bei der Sache und nicht nur auf jeden Abschnitt oder jede Stelle erpicht, sondern auch auf jede einzelne Note. An einige Abschnitte klammert er sich geradezu an und arbeitet sie bis zum äußersten aus. Oft zieht er beim Musiker mit der letzten Note gleichsam dessen ganze Seele aus dem Leib. Wie ein Fischer mit der Angel zieht er das gefangene Fischlein aus dem Wasser und fürchtet, es könne sich vom Haken losreißen. Und wie bemüht er sich, andere Abschnitte, die er im Gesamtaufbau der Programmsymphonie für wichtig hält, abzurunden, treffender, farbiger oder durchsichtiger zu machen! Er winkt sie mit dem ganzen Oberkörper hervor, ruft sie mit den Bewegungen der Hände zu sich, lädt durch Mimik ein und durch den ganzen zurückgebogenen Körper, als ob er eine Last zöge. Häufig fährt X gleichsam mit beiden Händen in den Orchesterraum, um die für ihn notwendigen Töne und Akkorde von dort hervorzuholen.

So enthüllte X die Überaufgabe.

Sehr wahrscheinlich kennt er weder diese Begriffe, noch weiß er überhaupt, daß es eine durchgehende Handlung gibt. Die musikalischen Abschnitte aber kennt er genau, und wie niemand sonst empfindet er unbewußt deren Logik, Folgerichtigkeit und gegenseitigen Zusammenhang. ... Das übrige kommt bei ihm von selbst, intuitiv.

Spüren Sie nicht in dem ganzen Verhalten des genialen Dirigenten sein leidenschaftliches und einzigartiges Streben, nicht irgendeine Einzelaufgabe um ihrer selbst willen, sondern die Überaufgabe und die durchgehende Handlung, der alle Aufgaben überhaupt gelten, so vollständig, klar und sinnfällig wie möglich zu enthüllen?

Dasselbe muß der Schauspieler in unserer Kunst tun. Er wird mit Temperament und ganzer Leidenschaft nach der Überaufgabe streben, die ihn echt aufregen und begeistern soll. Er wird sich beharrlich und unentwegt auf der Linie der durchgehenden Handlung bewegen und dabei seinen Schaffensweg so klar und sinnfällig wie möglich erkennen lassen.

Was die Hilfsaufgaben betrifft, so müssen sie natürlich genau und restlos ausgeführt werden, soweit das für die Überaufgabe und die durchgehende Handlung nötig und ersprießlich ist, aber keinesfalls, wie das heute bei Ihnen der Fall war, um jeder Aufgabe als solcher willen.

Prägen Sie sich so gut wie möglich die Linie ein und eignen Sie sich das an: von der Überaufgabe zum Wollen, zum Streben, zur durchgehenden Handlung und zur Überaufgabe.«

»Wie? Von der Überaufgabe ausgehend, kommt man schließlich wieder zu ihr zurück?« fragten wir verdutzt.

»Jaja, so ist es«, erklärte Arkadi Nikolajewitsch. »Die Überaufgabe, das heißt das grundlegende Wesen soll im Schauspieler schöpferisches Wollen, Streben und Handeln anregen, damit er sich letzten Endes jener Überaufgabe bemächtigt, die den Schaffensprozeß selbst hervorgerufen hat.«

III. AUS DEM REGIEPLAN »OTHELLO«

Brabantios Haus[236]

Die Darsteller sollen aus ihrer Erinnerung erfassen und bestimmen, was sie in einem solchen Moment[237] tun würden, um wieder ins Gleichgewicht zu kommen und das Leben so weiterzuführen, als seien die Geschehnisse im Stück ihnen selber, also lebenden Menschen und nicht bloß der Rolle, einem vorläufig noch toten Schema, dem noch abstrakten Bild eines Menschen, zugestoßen. Anders gesagt: *Auch in einer dramatischen Szene soll der Schauspieler nie unterlassen, vom eigenen Wesen heranzugehen, nicht von der Rolle; ihr entnimmt er lediglich die vorgeschlagenen Situationen.* Das läuft auf folgendes hinaus: *Der Schauspieler soll mir guten Gewissens sagen, was er körperlich tun, d. h. wie er handeln würde (bloß nicht erleben, verhüte Gott, daß er währenddessen ans Gefühl denkt), handeln unter den gegebenen Bedingungen, die vom Dichter, vom Regisseur, vom Bühnenbildner, vom Schauspieler selber in seiner Vorstellungskraft, vom Beleuchtungsmeister usw. usw. gestaltet worden sind.* Wenn diese physischen Handlungen klar festgelegt sind, braucht sie der Schauspieler nur physisch ausführen. (Wohlgemerkt, ich sage — physisch ausführen, aber nicht erleben; denn bei richtigem körperlichen Handeln entsteht das Erleben ganz von selber. Falls man aber entgegengesetzt herangeht und ans Gefühl denkt, es krampfhaft aus sich herausholt, dann gibt es innerlich sofort eine Verrenkung infolge des gewaltsamen [Vorgehens], das Erleben wird mimenhaft, und Handlung entartet in Mache.)

Zur Abfolge der Handlungen

Wenn man eine Rolle spielt, überdies eine tragische, soll man am allerwenigsten an die Tragödie, sondern vornehmlich an die ganz einfachen physischen Aufgaben denken. Darum setzt sich das Schema einer ganzen Rolle ungefähr so zusammen: fünf bis zehn physische Handlungen, und das Schema einer Szene ist fertig. In allen fünf Akten werden sich dreißig bis fünfzig große physische Handlungen ansammeln.

Beim Auftritt muß der Schauspieler an die nächste oder einige der nächsten physischen Handlungen denken, die die Aufgabe bilden oder den ganzen Abschnitt ausmachen. Logisch und in der Reihenfolge kommen die übrigen ganz von selbst. Mag er gewiß sein, daß auch der Untertext von selber kommt, wenn er sich beim physischen Handeln an alle magischen »Wenn« und die vorgeschlagenen Situationen erinnert. Sie sind ja während des langen Probenprozesses erarbeitet.

Hier will ich einen geheimen Kniff enthüllen, der in dem Verfahren steckt. Von den Situationen hängt freilich alles ab. Sie sind ein Hauptlockmittel. Doch die physischen Handlungen, die sich so gut fixieren lassen und deswegen für das Schema bestens geeignet sind, enthalten unabhängig vom Willen des Schauspielers bereits alle vorgeschlagenen Situationen und die magischen »Wenn«. Auch der Untertext der physischen Handlungen ist dabei. Und deshalb erfaßt der Schauspieler, wenn er den physischen Handlungen folgt, zugleich unwillkürlich die vorgeschlagenen Situationen.

Auch auf der Probe darf der Schauspieler nicht unterlassen, eben diesen Weg zu wählen. Gerade dort wird eine Abfolge, nämlich die Abfolge der physischen Handlungen erarbeitet, gefestigt und fixiert. Nur derart kann sich der Schauspieler eine Technik für die Rolle aneignen.

Er kann alle möglichen Abläufe verfolgen, den Ablauf der Fabel, die Verkettung von Psychologie und Gefühl, den Verlauf der nackten Bühnenaktion u. ä. Doch gibt es überdies noch eine Abfolge, die man oft mißachtet. Und gerade sie benötigt der Schauspieler für seine Technik. Sie weist ihm den richtigen Weg. Das ist die Abfolge der physischen Handlungen, der Wahrheit und Glaubhaftigkeit. Es ist eine der wichtigsten Entwicklungslinien, aus denen sich ein sogenannter »Tagesablauf« zusammenfügt.

Der Tagesablauf nun — das ist die äußerliche durchgehende physische Handlung. Die physische Handlung jedoch — das ist eine Abfolge von physischen Aufgaben und von Abschnitten.

Intuitive und durch Inspiration begeisterte Schauspieler, verwöhnt durch leichtes Auflodern ihres Temperaments (gerade sie spielen meist den Othello), bauen ganz auf die Intuition und das Gefühl. Dem spüren sie beim Auftritt vorrangig nach, den treuen Weggefährten und Leitsternen, übersehen jedoch, daß gerade diese treuen Gefährten — also Intuition und Gefühl — äußerst launisch und unzuverlässig sind. Sie lassen sich nicht auf Kommando herbeirufen, sondern kommen aus eigener Lust und Neigung oder, richtiger gesagt, aus Begeisterung. Ich versichere, das Gefühl wird am meisten durch glaubhafte innere und äußere Handlungen mitgerissen. Glaubhaftes entsteht, wenn Wahrheit da ist, und Bühnenwahrheit entsteht durch innere und äußere Handlungen, Handlungen aber ergeben sich aus Aufgaben, und Aufgaben — aus den Abschnitten. Wenn Sie heute gerade in der Stimmung sind und die Eingebung strömt, dann vergessen Sie alle Technik und geben Sie sich dem Gefühl hin. Doch nie darf der Schauspieler übersehen, daß Eingebung nur an Feiertagen kommt. So braucht er einen verläßlicheren, besser gebahnten Zugang, den er bewältigt, statt eines anderen, der ihn bewältigt, wie es mit dem Gefühl geschieht. Ein Zugang, der sich sehr leicht bahnen und auch fixieren läßt, ist eine Abfolge von physischen Handlungen.

Nehmen wir beispielsweise die Szene am Bassin[238]. Womit kann sie der Schauspieler zum Leben erwecken? Wo ist der Weg, den er da beschreiten müßte, wenn er auftritt? Welchen hat er zu wählen? Ist es das Verfolgen der Liebesgeschichte, sind es die Leidenschaften, also vielerlei Gefühle, ist es der Figurenaufbau, die literarische Gestaltung, die Aufführungsfabel und anderes mehr? Nein, es ist die Abfolge von Handlungen, wahrer Handlungen, die einen innigst überzeugen.

Hier ist die Folge der rein physischen Handlungen:
1. bemühen Sie sich, Desdemona so rasch wie möglich zu finden und in die Arme zu schließen;
2. sie spielt und kokettiert mit Othello; soll auch er ein Spiel mit ihr anfangen und sich eine liebe Schelmerei ausdenken;
3. unterwegs trifft er Jago, in fröhlicher Stimmung geht er mit ihm ebenfalls spielerisch um;
4. Desdemona kehrt zurück und zieht Othello auf die Polster der Bank, und er, die Neckerei fortsetzend, gibt ihr wiederum nach;
5. wenn er zum Liegen kommen sollte, liegenbleiben, sich liebkosen lassen und dies, wo immer möglich, erwidern.

So verlebendigt der Schauspieler fünf ganz einfache physische Aufgaben. Um sie auszuführen, — und das vergißt er meist, obwohl es überaus wichtig ist — braucht er vor allem das Wort, die Gedanken, d. h. den Text des Autors. Der Schauspieler muß mit Hilfe des Wortes vornehmlich handeln. Auf der Bühne ist einzig und allein das Handeln mit dem Wort von Wichtigkeit.

Anders gesagt, wenn der Schauspieler mit Hilfe von Wort und Handlung ganz einfache physische Aufgaben erfüllt, und zwar derart, daß er ihre Wahrhaftigkeit empfindet und von ihrer schlichten physischen Stimmigkeit innig überzeugt ist, dann kann er ganz beruhigt sein. So wird er auch dem richtigen Gefühl einen guten Boden bereiten. Und erleben kann er diese

Aufgabe nur, soweit es ihm heute überhaupt gegeben ist zu erleben. Mehr kann er nicht tun. Das übrige kommt von Gott.

Stschepkin meinte einmal: »Du kannst gut oder schlecht spielen — das ist unwichtig. Wichtig allein ist, ob du richtig spielst.«[239] Nun, auch die einfachen physischen Handlungen schaffen einen solchen richtigen Ablauf.

Üblicherweise verfahren Schauspieler anders. Die Handwerker unter ihnen kümmern sich zwar um Handlung, doch nicht um lebendige, menschliche Handlung, sondern um gemimte, theatralische Handlung, einfacher gesagt, um Spielastik. Andere Darsteller, der Intuition und dem Gefühl ergeben, kümmern sich weder um Handlung noch um Text, aber ganz bestimmt um den Untertext.

Die physische Handlung

Vergegenwärtigen Sie sich, wie ein Flugzeug aufsteigt. Lange rollt es auf der Erde dahin scheinbar voller Trägheit. Doch bildet sich eine Luftbewegung, die die Flügel erfaßt und die Maschine in die Höhe trägt.

Auch der Schauspieler nimmt sozusagen über die physischen Handlungen einen Anlauf noch voller Trägheit. Währenddessen aber spannt er mit Hilfe der vorgeschlagenen Situationen und der magischen »Wenn« die unsichtbaren Flügel des Überzeugtseins aus. Sie tragen ihn in Höhe, in den Bereich der Phantasie, der er innig vertraut.

Doch falls es keinen festen, ebenen Boden oder Flugplatz gibt, der für einen Anlauf taugt, kann ein Flugzeug dann überhaupt aufsteigen? Natürlich nicht. Deshalb müssen wir zu allererst dafür sorgen, daß es einen Flugplatz gibt, eine feste Ebene, geglättet gleichsam durch physische Handlungen, tragfähig und stark durch ihre Wahrhaftigkeit.

Das Schema der physischen Handlungen
»Bassin«

Um mit frischen Kräften an den Hauptteil der Tragödie heranzutreten, muß man die Rolle schon von Beginn der Aufführung an so aufbauen, daß man die festgelegten Handlungen in ihrem durch die vorgeschlagenen Situationen bedingten physischen Ablauf leicht und ruhig ausführen kann. Das ist des Schauspielers Auftrag, wenn er auf die Bühne tritt. Er muß ehrlich und wahrheitsgemäß Handlungen ausführen — nichts weiter. Hat er eine Handlung ausgeführt, Wahrhaftigkeit in ihr entdeckt, und ist er davon innerlich überzeugt worden, kann er die nächste Aufgabe ausführen und so weiter.

Sollte er heute, wie auch immer, von der Handlung insgesamt nicht überzeugt sein können, so mag er doch einem Teil von ihr vertrauen. Nehmen wir mal an, dem Schauspieler sei in der vorangegangenen Szene (»Bassin«) seine fröhliche Stimmung als Neuvermählter nicht sehr glaubwürdig erschienen. Anstatt nun in seinen Gefühlen zu fahnden und sie mit Gewalt hervorzubringen, braucht er nur dem Lauf der physischen Handlungen in den vorgeschlagenen Situationen zu folgen und in ihnen Glaubwürdigkeit und Wahrhaftigkeit zu suchen. Doch wenn Sie heute einer physischen Handlung nicht voll vertrauen können, nun, macht nichts, dann vertrauen sie wenigstens einem Teil. Können Sie die Darstellerin der Desdemona feurig küssen? Einfach physisch heiß küssen? Dabei erinnern Sie sich nur für Sekunden: Wie würde ich denn küssen, wenn ich neuvermählt wäre? Und mehr überhaupt nicht. Um Gottes willen nicht mehr! Und gehen Sie gleich zum nächsten Moment über.

Da steht Jago und schaut durch eine Ritze. Wie könnte man ihn heute am komischsten erschrecken? Vielleicht kitzeln oder einen Schabernack ausdenken? Das muß nicht geistreich geschehen, auch nicht hundertprozentig gelingen. Wichtig ist nur, ob man dieser kleinen physischen Handlung glaubt. Und währenddessen sich nur für Sekunden daran erinnern: Ich bin ja neuvermählt! Nur daran. Verhüte Gott, mehr nicht. Gehen Sie zur nächsten Handlung über.

Die Tür hat sich geöffnet, und Jago zeigt auf den davongehenden Cassio. Was würden Sie tun, wenn er sich schon im Requisitenraum befände, den man durch die Tür in der Dekoration erblickt, wenn er dort hindurchschritte und ans Tageslicht träte, auf den Hof hinaus? Was täten Sie, um zu erkennen und herauszubekommen, wer das wohl ist? Tun Sie es so schnell wie möglich. Er könnte fort sein. Da Sie nur seinen Rücken sahen, fragen Sie Jago, ob Sie sich geirrt haben oder nicht. Und weiter nichts. Bei Gott, weiter nichts. Gehen Sie zur nächsten Aufgabe über.

Desdemona zieht Sie auf die gepolsterte Bank und lagert Sie hin ... usw. usf. Führen Sie all diese Aufgaben aus und setzen nur hinzu: Ich bin ja frisch verheiratet!

Dieses physische Schema der Rolle kann man in exakt fünf Minuten spielen: hereinkommen, küssen (glaubhaft oder nur teilweise), mit Jago einen Ulk treiben (schon glaubhafter), Cassio noch erblicken (glaubhaft, außer vielleicht einer gemimten Bewegung), sich von Desdemona auf die Bank ziehen lassen und mit ihr zu tändeln anfangen (ganz überzeugend) usw.

Zwar fürchte ich, daß Sie mir nicht glauben. Ich behaupte, Sie brauchen nur dieses Schema zu proben, um Wahrhaftigkeit zu erreichen und von den auszuführenden Handlungen innerlich überzeugt zu sein. Wenn eine Rolle in der Partitur klar gegliedert ist und jeder Abschnitt hinreichend mit einer phantasievollen Erfindung gespickt ist, mit magischen »Wenn« und vorgeschlagenen Situationen, dann können Sie vollkommen beruhigt sein — das Gefühl wird sich reflektorisch äußern, genau in dem Maße, wie Sie dazu heute in der Lage sind. Alles, was Sie darüber hinaus tun möchten, wird Krampf und Mache. Höchstwahrscheinlich werden Sie heute schlechter spielen als letztes Mal, wenn Sie nicht recht in der Stimmung sind. Aber das ist nicht weiter schlimm, denn »du kannst gut oder schlecht spielen — das bleibt unwichtig; Hauptsache, du spielst richtig.«

Wenn Sie den physischen Handlungen gemäß den vorgeschlagenen Situationen folgen, das heißt, anders ausgedrückt, das Schema realisieren und davon überzeugt sind, dann können Sie gewiß sein, auch richtig zu spielen.

Dann ein Dutzend weiterer physischer Aufgaben und Handlungen — so müssen Sie die Rolle bis zu der Szene durchführen, die wir [dann] zergliedern werden. Dies ist mein Rat. So muß man eine Rolle vorbereiten, und besonders die Rolle des Othello, die große Anstrengung und Krafteinteilung erfordert.

Der Tagesablauf
Zwischenakt vor dem »Turm«[240]

Nach der Ankunft Desdemonas und der Szene, in der sie ihm die Stirn mit dem Tuch verbinden wollte, geht Othello zu einem Essen mit Zyprioten. Das ist ein offizielles Mahl. Der General verhält sich merkwürdig und zerstreut. Er schützt Unwohlsein vor, Kopfschmerz. Desdemona ist in Aufregung. Als gewandte Aristokratin versteht sie es so einzurichten, daß die geladenen Gäste nach dem Essen nicht mehr lange bleiben — der Mohr ist müde, erst gestern

aus einem Feldzug heimgekehrt. Die Frau pflegt ihren Mann so, wie man das an einem zweiten Ehetag täte — es ist die erste Krankheit.
Sie sagt allerlei liebe Worte. Doch Othello hört nicht richtig hin. Um ihn abzulenken, spricht sie von anderen Dingen, und, ohne Argwohn übrigens, kommt ihre Rede auch auf Cassio. Hier ist ihre weibliche Eigenliebe ein wenig berührt. Sollte sie am ersten Tage ihres ehelichen Zusammenlebens nicht imstande sein, eine nach ihren Begriffen ganz geringfügige Bitte erfüllen zu lassen? Doch muß sie lange bitten und lange bei dem Gesprächsthema verweilen. Man begreift, welchen Eindruck das auf den General hervorruft, dessen Aufmerksamkeit schon einer falschen Fährte folgt. Man begreift auch, daß Othello nach allem Vorgefallenen vollkommen berechtigt ist, Desdemonas Zudringlichkeit auf seine Weise zu deuten. Nach seiner Ansicht ist ihre Sorge um Cassio in einer unbewußten Verliebtheit begründet. Daraus schlußfolgert er, eine solche Sympathie einer jungen Frau zu einem jungen Mann sei verständlich, Desdemona träfe keine Schuld, es sei ihr ja nicht einmal bewußt. Daraus entsteht wieder eine Reihe trüber Schlußfolgerungen: Ich bin schon alt, war es nicht falsch, zu heiraten, richte ich ihr Leben nicht zugrunde? »Soll das Vögelchen doch flattern, wohin es mag!« Solche Gedanken stimmen nicht gerade heiter.
Dies unablässige Nachdenken wird ihm unmerklich zu einer Gewohnheit, und das Gewohnte bestärkt die Wahrscheinlichkeit.
Um fünf oder sechs Uhr nachmittags hat sich der Argwohn gegen Desdemona im Denken und Fühlen Othellos festgesetzt, sie sei in Cassio verliebt, zumal er sich beeilte, in der Erinnerung alle Einzelheiten ihrer Beziehung zu dem jungen, schönen und studierten Leutnant durchzugehen. Was früher keine Aufmerksamkeit auf sich lenkte und keinen Verdacht erregte, erscheint jetzt in der Rückschau in ganz anderem Licht. Viele verdächtige Einzelheiten kommen da zusammen. Erstens Cassios enormes Bemühen um das Zustandekommen von Begegnungen zwischen Desdemona und Othello, zweitens hat Cassio oftmals Desdemona in einer geschlossenen Gondel zum Rendezvous gebracht. Freilich war die Zofe dabei. Doch für Geld tut sie alles, was man ihr sagt. Drittens, selbst Cassios Mühen um die Hochzeit erscheinen nun verdächtig. Wozu diese Anstrengung? Um die Trauung zu ermöglichen oder um ihr nahe zu sein und mit ihr dann nach und nach oder auch sofort, gleich nach der Hochzeit, zu flirten und systematisch einen Plan zu verfolgen. Und viertens, die scherzhaften Gespräche, der freundschaftliche Ton, gegenseitiges Blickewechseln, zu große Liebenswürdigkeit und Zuvorkommenheit von seiner Seite? Cassio bemerkt selber gar nicht, wie sich sein Gesicht bei einer Begegnung mit Desdemona verändert. Erst jetzt aus der Rückschau wird Othello bewußt, was er früher zwar wahrgenommen, doch aus Vertrauensseligkeit nicht allzu hoch bewertet hatte.
All das ist ihm in den letzten Stunden durch den Kopf gegangen und hat seinen Verdacht bestärkt. Zwar ist Desdemonas Reinheit in seinen Augen keineswegs beeinträchtigt, sie ahnt gar nicht, was in ihr vorgeht. Im Gegenteil, je mehr sie durch seine Erinnerungen in eine Distanz rückt, desto teurer, herrlicher und unerreichbarer erscheint sie ihm. Nach einer weiteren Stunde des Nachsinnens ist ihm ihre jugendliche Neigung zu einem Menschen, jung wie sie, sonnenklar. Es war halt ein Fehler, als älterer Mann ein so junges Mädchen zu ehelichen, ganz gewiß.
Nur eines ließe sich ihr zum Vorwurf machen: Warum hat sie das nicht rundheraus gesagt? Übrigens fällt ihm sogleich ein: Desdemona ahnt ja gar nichts von dem, was mir so gewiß ist.

»Nun, was ist schon dabei? Dann habe ich eben keine Frau!« sagt er sich in einem fort. »Bald geht die Sonne unter, die Nacht kommt, und ich gehe abermals, wie gestern schon, zu ihr in das Schlafgemach.« Was ihm gestern noch wie ein Märchen erschien, wie ein Traum, läßt ihn heute schon erzittern beim kleinsten Gedanken daran. Heute hat er Angst vor dem Wiedersehen. Erst flieht er vor ihr in den Garten, dann in entlegene Zimmer, immer weiter weg. Er stößt auf irgendeine Tür, geht eine Treppe hinauf, immer höher und höher — und zu guter Letzt befindet er sich oben auf dem Turm. »Warum bin ich bloß hier? Unten sucht man mich. Man denkt vielleicht, ich bin davongelaufen oder tot!? Sollen sie doch suchen. Ich muß erst zur Ruhe kommen, und dann wird klar, was zu tun ist.«

Nun ist er allen davongelaufen, nur sich selbst nicht und Jago. Diese zwei Feinde verfolgen ihn wie Schatten. Jago hat ja, wie ein echter Detektiv und Provokateur, ihn unablässig aufs Korn genommen.

Schauen wir uns einmal das Wesen des Zustandes an, den Othello durchlebt. Er war unaussprechlich glücklich mit Desdemona. Seine Flittertage sind traumhaft, das äußerste an leidenschaftlicher Liebe. Ihr Ausmaß jedoch wird bei der Darstellung Othellos nicht ganz wiedergegeben. Auch der Dramatiker hat ihm zu wenig Beachtung und Raum geschenkt. Dabei ist es wichtig zu zeigen, was Othello verliert, wovon er da auf dem Turm Abschied nimmt. Kann man solche Glückseligkeit so jäh hinter sich lassen, die man gerade erst kennenlernte und an die man sich gerade erst zu gewöhnen begann? Ist es denn leicht, sich einen Verlust bewußt zu machen? Wenn man einem Menschen das Leben entreißt, ist er anfangs wie betäubt, kommt aus dem Gleichgewicht und versucht es unter Qualen wiederzuerlangen. Vor allem war da ein Glück, wie soll man ohne es weiterleben? Voller Qualen, in schlaflosen Nächten läßt der Mensch, der eine Krise durchlebt, sein ganzes Dasein vor dem geistigen Auge vorüberziehen. Er weint über das Verlorene, er mißt ihm noch höheren Wert bei und zugleich denkt er an die Zukunft, die ihn erwartet und die ihm die Einbildungskraft vorzeichnet.

Was muß ein Mensch tun, um eine solche riesige innere Arbeit zu bewältigen? Er muß in sich gehen, das Vergangene überprüfen und das Künftige sichten. Das ist ein Moment enormer Selbstversenkung. Kein Wunder, daß der Mensch da nicht bemerkt, was rings um ihn vorgeht, daß er zerstreut und sonderbar wirkt, und wenn er aus seinem Traum wieder in die Realität zurückkehrt, ist das Entsetzen umso größer und die Aufregung, und er sucht einen Vorwand, um die Bitterkeit und den Schmerz zu verströmen, die sich während der Selbstversenkung angestaut haben.

Das ist meines Erachtens so ungefähr der Zustand, in dem sich Othello während dieser Szene befindet. Und daraus ergab sich auch das Bühnenbild. Und deswegen rennt Othello auch auf den Turm hinauf und rast wieder hinab, in irgendeinen Keller, vollgestopft mit Waffen und Hausrat. Er will den Menschen entfliehen und seinen Zustand nicht zeigen. Deswegen stelle ich mir den Verlauf der Szene so vor. Er stieg auf den Turm hinauf der Worte wegen: »Aha, ich bin getäuscht! Ich!« (Ich bin mit dem Wort »Aha« überhaupt nicht einverstanden. Der russische Text: »Aha, mich betrügen! Mich!« klingt schon wie eine Drohung. Doch mit Othellos gegenwärtigem Zustand ist eine Drohung [noch] nicht vereinbar.[241])

Worin besteht der tiefere Sinn dieses Satzes und der Wiederholung des »mich«? In folgendem: Der Liebe wegen, die uns verband, und weil ich mich ihr vollkommen hingab, zu allen Opfern bereit war, hätte sie mir nur drei Worte sagen sollen: ich liebe Cassio; ich hätte doch alles getan, ihren Wunsch zu erfüllen, wäre fortgegangen oder bei ihr geblieben, um sie zu be-

schützen. Kann man denn überhaupt in solcher Anhänglichkeit und selbstlosen Hingabe untreu werden, insgeheim, und [den Partner] hintergehen?
Ich behaupte, Othello ist gar nicht eifersüchtig. Der kleinlich Eifersüchtige, als den man Othello gewöhnlich zeigt, ist hingegen Jago. Es offenbart sich — und ich habe das jetzt durchschaut —, daß Jago wegen Emilia in der Tat auf kleinlichste Weise eifersüchtig ist. Othello ist ein außergewöhnlich edler Mensch.

Das Schema der physischen und elementar-psychologischen Handlungen
Ihre [242] Rolle ist fertig, das geht in Ordnung. Es brächte nichts, die Psychologie und Linie der Rolle zu erläutern. Ich würde Sie damit nur verwirren. Meine Aufgabe ist, Ihnen beim Fixieren dessen zu helfen, was schon erarbeitet ist, und eine ganz einfache Partitur vorzugeben, die sich leicht begreifen läßt. Ihr müssen Sie folgen, damit Sie nicht auf Abwege geraten, die Sie aus einer schöpferischen Atmosphäre wegführen. Solche Partitur oder Linie, der Sie folgen sollen, muß einfach sein. Mehr noch, sie muß Sie durch ihre Einfachheit in Verwunderung setzen. Eine komplizierte psychologische Linie mit allen Feinheiten und Nuancen würde Sie nur verwirren. Ich habe solch eine höchst einfache Abfolge physischer und elementar-psychologischer Aufgaben und Handlungen. Um die Gefühle nicht einzuschüchtern, wollen wir diese Abfolge »das Schema der physischen Aufgaben und Handlungen« nennen und uns beim Spiel zu ihr als einem solchen verhalten. Zuvor jedoch vereinbaren wir ein für allemal, daß das Wesen selbstverständlich nicht in der physischen Aufgabe besteht, sondern in einer äußerst feinen Psychologie, die sich zu neun Zehnteln aus unterbewußten Empfindungen zusammensetzt. In der Hülle des Unterbewußten kann man zu den menschlichen Gefühlen nicht hinunterkriechen und darin wühlen, etwa wie in einem Portemonnaie. Mit dem Unterbewußten muß man anders verfahren, wie ein Jäger etwa mit dem Wild, das er aus dem Waldesdickicht ins Freie lockt. Wenn Sie ein Vögelchen fangen wollen, brauchen Sie dafür Lockspeisen oder »Lockmittel« wie ein richtiger Jäger. Es kommt dann von selbst herbeigeflogen. Sehen Sie, und solche Lockmittel in Gestalt der physischen und elementar-psychologischen Aufgaben und Handlungen möchte ich Ihnen jetzt übergeben.

Das Schema der physischen und elementar-psychologischen Aufgaben und Abschnitte:
ABSCHNITT A (1). (Textstelle nach Baudissins Übersetzung: OTHELLO: Haha! Mir treulos! Mir! — Russischer Text nach Weinbergs Übersetzung: OTHELLO: Aha, mich hintergehen! Mich!) AUFGABE dieses Abschnitts: *festzustellen, warum Desdemona mich hintergeht.*
Somit heißen Aufgabe und Abschnitt: *warum?* oder *wozu?*
Erläuterung. Hier ist von ganz elementaren Aufgaben die Rede. Stellen Sie sich vor, ich hätte Sie vor dem Aufgehen des Vorhangs bei diesem Bild gebeten, die folgende Aufgabe zu lösen: In irgendeinem Reich, irgendeinem Staat lebte ein wunderschönes Mädchen usw. usw., das sich in einen Unhold verliebte. Dann erzähle ich alles, was mit Desdemona und Othello geschah, wie sie alle Freier abwies und damit zugleich eine hohe Stellung, wie sie mit ihrem Zuhause brach und in stürmischer Zeit ihrem Mann in den Krieg folgte und wie sie mit ihm unvergeßliche, zauberhaft schöne Stunden verlebte. Und all das hätte sie getan, um ihn zu hintergehen?

Meine Bitte besteht darin, mir zu erklären, wozu, zu welchem Zweck konnte ein ordentliches Mädchen so verfahren? Wozu hatte sie das nötig?

Das ist die elementar-psychologische Aufgabe, mit der sich Othello zu Anfang des Bildes beschäftigt und die der Schauspieler bei jeder Aufführung lösen muß. Und weiter nichts. Die Schwierigkeit für den Schauspieler besteht darin, sich im Augenblick des Spiels an diese Aufgabe zu halten und nicht in eine künstlich gemimte Aufgabe abzugleiten. Sie werden sagen, das sei kalt. Zugegeben. Mag das kalt sein, Hauptsache, es ist richtig. Vom Richtigen können Sie zum Wahren gelangen. Ist es denn besser, heißblütig, aber verfehlt, ja falsch zu spielen? Vom Verlogenen führt kein Weg zum Wahren.

Kann man verlangen, daß ein Schauspieler, der schon jahrelang an einer Rolle und einem Stück probt, der ganze Poeme für jedes ihrer Momente zusammenphantasiert hat, der die Illusion des Bühnenbildes und der Beleuchtung vor Augen hat, der sich in Kostüm und Maske befindet und mit anderen Schauspielern in Partnerbeziehung steht, die dasselbe tun und eine allgemeine Atmosphäre auf der Bühne schaffen, welche dank der Anwesenheit von Publikum einen hohen Siedegrad erreicht usw. – kann man verlangen, daß ein solcher Schauspieler all das vergißt, wenn man ihm eine Aufgabe gibt, die seiner Situation im Stück analog ist, und könnte man verlangen, daß er dabei kalt und nüchtern bleibt?

Freilich, all das versteht sich von selbst. Eine solche Aufgabe ist nur ein Mittel, um hervorzulocken, was längst vorbereitet und angesammelt worden ist, doch für den Schauspieler noch unmerklich in seiner Seele lebt.

Darin besteht ja gerade das Geheimnis oder der Kniff des Verfahrens. Wenn Sie direkt zu gestalten versuchen, was in Ihnen für die Rolle schon vorbereitet ist, werden Sie mit neunzigprozentiger Wahrscheinlichkeit auf den Weg des Gefühlsspiels geraten. Wenn Sie aber ganz einfach nur zu handeln beginnen und bei jeder Aufführung jedesmal aufs neue für sich die gestellte Aufgabe lösen, dann sind Sie auf dem richtigen Weg, dann wird das Gefühl nicht verängstigt, sondern folgsam sein.

ABSCHNITT B (2). Beginnt mit den Worten Jagos: »Nun faßt Euch, General! Nichts mehr davon« und endet drei Verse weiter mit Othellos Worten: »... als nur ein wenig wissen.«

Bezeichnung des Abschnitts und der Aufgabe: *weg von Jago, um ihn nicht zu hören und zu sehen.*

Erläuterung. Stellen Sie sich vor, ein Chirurg habe an Ihnen soeben eine unerträglich schmerzhafte Operation vollzogen und fünf Minuten später kommt er mit einer Sonde, um sie in die schmerzende Wunde hineinzustecken.

Das weitere versteht sich von selbst. Lösen Sie bei jeder Aufführung das Problem: Wie entgehe ich heute den Torturen des Arztes?

ABSCHNITT C (3). Von den Worten Jagos: »Wie, General?« bis zu den Worten Othellos: »Othellos Tagwerk ist getan!«

Bezeichnung des Abschnitts: *begreife, fühle: Das hast du mit mir gemacht!*

Aufgabe: Auf jegliche Art, mit allen möglichen Anpassungen, die Ihnen aus dem Stegreif, bewußt oder un(ter)bewußt während der Aufführung in den Sinn kommen, müssen Sie Jago beweisen, nein, mehr noch, *müssen Sie den gefühllosen Jago zwingen, all das innerlich zu sehen und zu erfühlen, was er getan hat, alle Qualen, die Othello durchlebt.* Je deutlicher Sie ihm die machen, desto besser führen Sie die Aufgabe durch.

In diesen Abschnitt fällt auch der Abschied von den Truppen hinein, der Sie so sehr zum Pathos verleitet.

Um Pathos zu vermeiden, muß man handeln. Wenn für diese Handlung Pathos erforderlich ist, wird es sich einstellen. Doch wird es ganz und gar nicht jenes Pathos sein, mit dem ein sich zur Schau stellender Akteur geistige Leere füllt.

Worin besteht hier die Handlung?

Ich werde phantasieren und verschiedene Vermutungen äußern.

Erstens — sie kann vom Wunsch herrühren, Jago zu überzeugen.

Oder weiter, zweitens — Othello hat Jago zeitweilig vergessen, er will nur für sich die Zukunft ergründen und das, was ihn erwartet.

NB. *Diese Aufgabe ist schon schwieriger, weil sie zu Pathos verleitet. Ihr würde ich mich deshalb nur über die erste Aufgabe nähern. Die erste Aufgabe wäre eine Art Kammerton, durch den man den rechten Ton der zweiten leichter trifft.*

Drittens — Othello hat im Geiste all seine Truppen gesehen, als wären sie dort, da unten auf dem Platz, angetreten. Oder sein Blick ist noch weiter geflogen, aufs Schlachtfeld, das er im Geiste sieht, und fast hätte er ihnen da etwas zugeschrieen und wirklich von ihnen Abschied genommen.

NB. *Das ist noch näher am Pathos, und deshalb darf man an diese Aufgabe nur über die ersten zwei herangehen, nicht unmittelbar, richtiger gesagt, nur wenn man sich eingespielt hat, kann man weitergehen und bis zu dieser Aufgabe gelangen.*

Doch unterhalb all dieser Aufgaben[243] sagt sich Othello gleichsam: Versteh' doch, *was du mit mir gemacht hast, was du mir da entrissen hast.* Othello gelangt in eine große Schwermut und Trauer. Um sie zu steigern, hätte ich nichts gegen ein kurzes stummes Spiel nach dem Monolog, gegen eine sogenannte Virtuosenpause.

NB. *Wenn die ganze vorangehende Abfolge richtig erarbeitet wurde und der Darsteller dem Wesen eines Gefühls der Verzweiflung auf den Grund gegangen ist und gut begriffen hat, was ein Mensch physisch tut, wie er in Minuten solcher Verzweiflung handelt, und wenn er diese richtigen Handlungen gut ausführt — selbst wenn er dabei kaum fühlt — und keine Schablonen duldet, dann wird er auch mit dem kurzen stummen Spiel, mit der Virtuosenpause, den Zuschauer packen, den Eindruck verstärken und — was sehr wichtig ist — sich nicht verausgaben.*

Die Virtuosenpause ist ganz nützlich, weil sie die Überleitung zu folgendem bildet.

Falls es Ihnen schwer fällt, sich an Bildern aus dem Kriegsleben zu begeistern und in Erregung zu geraten, dann suchen Sie irgendeine Analogie. Mir würde folgende helfen: Wenn man mich beispielsweise nötigen würde, vom Theater für immer Abschied zu nehmen, wenn ich nicht mehr die Klingelzeichen vor Beginn, die Unruhe hinter den Kulissen, Aufregung und Erwartung in der Sologarderobe vernähme, wenn ich im Geiste von all dem Abschied nehmen müßte, wüßte ich, um was für ein Gefühl und Erleben es sich hier handelt. Kenne ich aber das Kolorit, fiele es mir [schon] leichter, mein Gefühl zu schildern.

Mit Leidenschaft werde ich Ihnen Beifall spenden, wenn Sie in einer dieser Pausen[244] erstarren, unbeweglich stehen, nicht bemerken, was rings um Sie geschieht, und im Geiste nur das Bild vor sich sehen, das einem echten Virtuosen der Kriegskunst so unendlich teuer ist.

Stehen Sie einfach da, wischen Sie die Tränen fort, die in dicken Tropfen über die Wangen rinnen, halten sie an sich, um nicht losschluchzen zu müssen, und sprechen Sie kaum hörbar, so wie man von etwas ganz Wichtigem und Geheimzuhaltendem spricht.

Dieser Monolog wird, möglicherweise, beträchtliche Pausen aufweisen, während derer Othello wie rasend und überspannt dasteht und schweigt, das Bild dessen immer vor Augen, was er verliert. Bei anderen Pausen beugt er sich vielleicht über einen Stein und schluchzt längere Zeit lautlos, am Leibe zitternd, irgendwie mehrmals den Kopf senkend, als nähme er Abschied. Das ist nicht mehr das Pathos kriegerischer Erregtheit, das ist Abschiedsschmerz vor dem Tode.

ABSCHNITT D (4). Beginnt mit den Worten Jagos: »Ist's möglich? — Gnäd'ger Herr —« und endet mit seinem Ausruf: »Nehmt mein Amt!«

Bezeichnung des Abschnitts und der Aufgabe: *Jago klarmachen: hüte dich, derart scherzen darf man nicht ungestraft.*

Der Darsteller muß auf jedwede Art, mit allen Mitteln, mit Anpassungen, mit Kniffen, mit Zureden, mit Flehen, Warnen und Einschüchtern, letztlich mit Körpergewalt und drohendem Blick Jago einschärfen, was ihn erwartet.

Nachdem er sich beim Entwerfen des Bildes von dem, was er verliert, im vorangegangenen Abschnitt die Seele verletzt hat, muß er jetzt zwingend jemanden seine Qualen fühlen lassen. Und nun beginnt er, seinen Schmerz an Jago auszulassen.

Am Ende des Abschnitts bei Jagos Worten: »O Gnad'! O Himmel! Schützt mich!« will Othello, einfach in Hitze geraten, seine Drohungen auf der Stelle in die Tat umsetzen. Doch Jago beginnt so laut zu schreien, daß Othello zur Besinnung kommt. Für Sekunden hält er inne und begreift, was er zu tun im Begriffe war. Er empfindet nun im Gegenteil Ekel und läuft weg. Wohin?

Und hier brauche ich nun die Spielfläche, einen speziellen Ort im Bühnenbild, über den ich beim Erläutern zu Anfang dieses Bildes sprach.

ABSCHNITT E (5). Er beginnt mit Jagos Satz: »Nehmt mein Amt!« und endet fünf Zeilen weiter mit: »... da Liebe so verletzt.«

Bezeichnung des Abschnitts: was habe ich nur *getan?*

Aufgabe: *sich verstecken, um weder sich noch andere sehen zu müssen.*

Erläuterung: Othello empfindet derartigen Widerwillen, Scham, Ekel vor sich selbst, daß er vor Menschen flieht, niemanden sehen mag. Deshalb eilt er wieder zurück und legt sich nieder.

Jago löst eine Gegenaufgabe. Als gewandter Schauspieler und Aufwiegler, echt entsetzt über den Tod, der ihn eben bedrohte, außer Atem noch durch den gerade beendeten Kampf, benutzt er seinen Zustand für eine erneute Provokation. Er muß Othello einen Denkzettel verpassen, einen Schreck einjagen, ihm drohen, ihn ganz und gar verlassen zu wollen, so stark drohen, daß jenem die Lehre nachdrücklich im Gedächtnis haften bleibt.

Um diese Szene in Feuereifer zu spielen, nutzt er die zufällig aufgeputschten Nerven aus. Vor Verzweiflung starr liegt Othello da (weinen ist hier ganz unnötig, es sollte nicht passieren; sein innerer Zustand ist so heftig und gesteigert, daß ihn Tränen nicht ausdrücken).

ABSCHNITT F (6). Er beginnt mit Othellos Worten: »Nein, bleib ...« und endet mit Jagos Satz: »Sie sehn gepaart?«

Bezeichnung des Abschnitts: *Hilf doch! Rette mich! Ich kann nicht mehr!*

Aufgabe: *Jagos Mitleid erregen, damit er hilft.*

Im Abschnitt C wollte Othello Jago nur klarmachen, was er ihm antat, im jetzigen Abschnitt fordert er Mitleid, will er äußerlich, physisch darstellen und illustrieren, welche Hölle er durchlebt. Das ist jene Form von Theater, die Menschen untereinander benutzen, um markant und bildhaft mitzuteilen, was in ihnen vorgeht. Alle möglichen Anpassungen, sämtliche Nuancen in Stimme und Bewegung, die mehr dem Auge als dem Ohr verdeutlichen, was im Schauspieler vorgeht, setzt Othello hier unverblümt ein.

Wenn Jago Othellos Zustand erfaßt hat und bemerkt, daß er ihn, also Jago, jetzt braucht, tritt er ein bißchen autoritärer auf als vordem.

ABSCHNITT G (7). Er beginnt mit Othellos Worten: »Ha, Tod und Teufel! Oh!« und endet mit dessen Ausruf: »Oh, daß der Sklav' zehntausend Leben hätte! Eins ist zu arm, zu schwach für meine Rache!«

Bezeichnung des Abschnitts: *Der Untersuchungsrichter.*

Aufgabe: *Ich will die ganze Angelegenheit durchdringen und begreifen.*

Othello tut alles, um Jago zum Reden zu zwingen.

In diesem Abschnitt der Rolle Othellos kann man schon auf Grund des Textes in Wut und Empörung geraten, doch wäre dies nicht günstig im Hinblick auf den allmählichen Einsatz und die richtige Auswahl der Gestaltungsmittel, des Kolorits. Darum muß man die Ausrufe: »Ha, Tod und Teufel!«, »O greulich! Greulich!«, »In Stücke reiß' ich sie!« so verstehen: er schreit das nicht aus Entsetzen über eine unabänderlich vollzogene Tatsache, sondern nur aus Furcht vor dem mutmaßlichen Geschehen. Seine Ausrufe aber spornen Jago zu weiteren Darlegungen an.

Das eigentliche Spiel Othellos besteht nicht in diesen Ausrufen, sondern wie er den Texten Jagos zuhört. Begierig lauscht er ihm, und dadurch veranlaßt er Jago natürlich zu weiteren Erfindungen.

Bei den Worten »O greulich! Greulich!« ist Othello für Sekunden von der Möglichkeit solchen Geschehens überzeugt, zum allerersten Male, und er ist bestürzt. In ähnlichem Ton spricht er auch den anschließenden Satz: »Doch er bewies vorhergegangne Tat.«

Noch ganz versteinert läßt er sich die Mitteilung wie auf der Zunge zergehen.

Der Satz »In Stücke reiß' ich sie!« entfährt ihm instinktiv, wie Tigergebrüll. Beim nächsten Satz »Dies Tuch, gewiß. Es war mein erst Geschenk« gesteht er Jago voller Schmerz, er habe recht.

All das sind nur Stufen, die Zugänge zur späteren endgültigen Form. Wohlgemerkt, erst Zugänge. Innerlich begründet sind sie durch die Hauptaufgabe des Abschnitts: ich will das begreifen.

Die beiden letzten Zeilen »Oh, daß der Sklav' zehntausend Leben hätte! Eins ist zu arm, zu schwach für meine Rache!« sind nicht in grimmiger Wut zu sprechen, sondern in schmerzvoller Angst, in Schwermut, auch nicht mit vollem Krafteinsatz, immer eingedenk dessen, daß man seine Gestaltungsmittel erst allmählich einsetzen und klug verteilen muß.

Der Abschnitt endet mit einer großen Virtuosenpause, einem stummen Spiel, bei dem der

Schauspieler alle während der Szene angestauten Gefühle nachschwingen läßt und einen neuen Entschluß faßt.

Wie muß man aber nun Jagos Linie in diesem Abschnitt bestimmen? In den vorangegangenen Abschnitten A bis D bemühte sich Jago lediglich, die Aufmerksamkeit auf sich zu lenken. Daß Othello ihn hinauswerfen wollte, hat ihm letztendlich nur geholfen. Es rief eine Reaktion bei Othello hervor, sein Flehen um Hilfe.

Von diesem Augenblick an führte Jago seine Absicht aus. Er tat und tut es wie üblich nicht geradezu, sondern unter einer Maske von Gutmütigkeit. Im gegebenen Fall handelt er so, als müsse er zur Rettung Othello unbedingt eine Wahrheit aufdecken.

Othello will um jeden Preis eine Antwort haben und Jago zwingen, etwas zu beweisen, was jener gar nicht beweisen kann. Wider Willen sucht Jago nach Fakten, um die Angelegenheit zu klären und Othello aus der unklaren, bedrückenden Situation herauszuhelfen. Kurz gesagt, er spielt ihm vor, daß man etwas tun müsse, aber das Tun erscheint schwierig: Er muß einen Kameraden preisgeben, was er nicht möchte. Der Darsteller muß persönliche Gutmütigkeit so überzeugend gestalten, daß er damit nicht nur Othello, sondern sogar das Publikum täuscht.

Nach der Pause erhebt sich Othello, und er beginnt mit dem
ABSCHNITT H (8): »Nun seh' ich, es ist wahr, o Jago«, endend mit den Worten: »... bis eine vollgenügend weite Rache ihn ganz verschlang.«

Wenn Othello im Abschnitt C veranschaulicht, was Jago mit ihm gemacht hat, wenn er im Abschnitt F die Qual schildert, die er durchlebt, dann zeigt er im Abschnitt H *jenen Umschwung, der nun in ihm vorgegangen ist, und zwar unwiderruflich.*

Darin besteht die Aufgabe des Abschnitts. Ich würde ihn bezeichnen: *So einer bin ich jetzt also geworden.*

Und in diesem Abschnitt wie in den vorangegangenen suche ich nach technischen Mitteln, um den Schauspieler vor einem Abgleiten in Hochspannung zu bewahren. Sonst fängt er an, Leidenschaft aus sich emporzupumpen und in Fetzen zu zerreißen. Wenn er in die Hochspannung verfällt, ist es mit ihm aus. Um ihn davon abzubringen, braucht man eine physische oder eine elementar-psychologische Aufgabe. An der soll er festhalten, besonders bei dieser Stelle. Nur zweckmäßig und zielgerichtet handeln.

ABSCHNITT I (9). Beginnt mit Othellos Worten: »Nun, beim kristallnen Äther...« und endet: »... augenblicklich führ' ich dich ans Werk.«

Bezeichnung des Abschnitts: *der Schwur.*

Aufgabe: *alle Wege zum Rückzug abschneiden* (so entschieden wie möglich den Entschluß festigen und sich selber jede Rückzugsgelegenheit versperren).

ABSCHNITT J (10). Beginnt mit Othellos Worten: »Laß in drei Tagen mich von dir vernehmen, daß Cassio nicht mehr lebt!« und endet mit Jagos Dank: »Ich bin auf ewig Euer.«

Bezeichnung des Abschnitts: *die Verurteilung.*

Aufgabe: *ein entsetzliches und strenges Geheimnis mitteilen, das man sogar sich selber nur schwer eingestehen kann.*

Erläuterung: Der Entschluß ist gefaßt. Aber er ist so fürchterlich, daß man gar nicht laut drüber reden mag und nur mit den Augen sprechen möchte. Dieses ganz strenge und entsetzliche Geheimnis vertraut der eine nun dem anderen unter dem Siegel der Verschwiegenheit zwischen Himmel und Erde an. Das tut er mehr mit den Augen.

Also, das ist jenes Schema, das der Schauspieler in diesem Bild durchlebt:
A (1) — Die gestellte Aufgabe lösen: warum [hintergeht mich Desdemona], wozu?
B (2) — Weggehen von Jago.
C (3) — Jago fühlen lassen, was er mit ihm, also mit Othello, gemacht hat.
D (4) — Jago klarmachen: hüte dich, derart scherzen darf man nicht ungestraft.
E (5) — Was habe ich getan? Pfui, welche Gemeinheit?
AUFGABE: Sich verstecken, um weder sich noch andere zu sehen.
F (6) — Hilf doch! Rette mich! Ich kann nicht mehr!
AUFGABE: Jagos Mitleid erregen, damit er hilft.
G (7) — Der Untersuchungsrichter.
AUFGABE: Ich will in alle Feinheiten eindringen, um zu begreifen.
H (8) — So einer bin ich also jetzt geworden.
AUFGABE: Die Veränderung anschaulich machen, die vorgegangen ist.
I (9) — Der Schwur.
AUFGABE: Alle Wege zum Rückzug abschneiden.
J (10) — Die Verurteilung.
AUFGABE: Ein entsetzliches und strenges Geheimnis mitteilen, das man sogar sich selber nur schwer eingestehen kann.

Dieses Schema kann man in fünf Minuten spielen. Es ist doch wichtig, daß man alle diese Stimmungen hervorbringen kann. Wenn sie erst da sind, lassen sie sich unschwer weiterführen. Das Schema erschafft und lenkt zu festgesetzten Stimmungen hin, zum Erleben und zu Gefühlen.

Wenn die Rolle phantasievoll einstudiert ist, kann man mittels des Schemas jeden der großen Abschnitte mit dem Gefühl erfassen. Ihn beim Erfüllen der Aufgabe durch alle möglichen Anpassungen noch auszubauen, ist nicht mehr so schwer, da das Gefühl in die bestimmte Ebene, in die Atmosphäre hineingelenkt wird.

Wenn Sie das ganze Schema in fünf Minuten durchspielen können, ist die Szene vermutlich fertig, und man kann garantieren, daß Sie nicht in die Irre laufen. Nur müssen Sie das Schema so einpauken, daß Sie es gleichsam im Schlafe ausführen können. Das ist der Rettungsring, an dem sich der Schauspieler festhalten soll. Deshalb muß man das Schema auf jede Art festigen und ausarbeiten. Es umfaßt also auch die Technik des Erlebens.

6. PLAN ZUR ARBEIT AN DER ROLLE

1. *Erzählung* der Stückfabel (allgemein, nicht zu ausführlich).
2. Mittels physischer Handlungen *die äußeren Ereignisse der Fabel spielen.* Beispielsweise: ein Zimmer betreten. Ohne zu wissen, woher, wohin und wozu, betritt man kein Zimmer. Deshalb erkundet der Student die (seine Handlungen) rechtfertigenden äußeren, groben Tatsachen der Fabel. Rechtfertigung der groben physischen Handlungen durch *vorgeschlagene Situationen* (ganz äußerliche, grobe). Die Handlungen werden dem Stück entnommen, fehlende im Sinne des Werkes hinzuerfunden: Was täte ich, »wenn« ich mich *sofort, heute und hier* in Situationen befände, die der Rolle entsprächen.[245]
3. *Etüden über das Vergangene und Bevorstehende* (das Gegenwärtige geschieht ja auf der Bühne), woher komme ich, wohin gehe ich und was geschah zwischen den Auftritten.[246]
4. (Ausführlichere) *Erzählung* der physischen Handlungen und der Fabel. Verfeinerte, detailgenauere und vertieftere vorgeschlagene Situationen und »Wenns«.[247]
5. *Vorläufig* wird als Entwurf eine ungefähre, grobe *Überaufgabe* bestimmt. (Nicht gleich Leningrad, sondern erst einmal Twer[248]) oder sogar noch Stationen davor.[249]
6. Auf Grund des gewonnenen Materials eine ungefähre, grobe, skizzenhafte *durchgehende Handlung* bauen. Sich ständig fragen: Was täte ich, »wenn« ...
7. Zu diesem Zweck das Stück *in sehr große physische Abschnitte einteilen.* (Stücke ohne solche großen Abschnitte physischer Handlungen gibt es nicht.)
8. Diese groben physischen Handlungen nun *ausführen (spielen)* und immer dabei fragen:
Was täte ich, »wenn«.
9. Läßt sich ein großer Abschnitt nicht erfassen, ihn vorläufig *in mittelgroße, notfalls in kleine und kleinste Stücke teilen.*
Studium des Wesens der physischen Handlungen. Logik und Folgerichtigkeit der großen Abschnitte und ihrer Bestandteile streng beachten und sie zu vollständigen, großen Handlungen mit vorgestellten Gegenständen zusammenfügen.
10. Eine logische und folgerichtige Linie der organischen physischen Handlungen schaffen. Diese Linie notieren und durch Praxis festigen (sehr oft darauf entlanggehen; sie durch Spiel dauerhaft fixieren; von allem Unnötigen befreien — 95 % muß weg! Bis zur Wahrheit und Überzeugung hinleiten).

Logik und Folgerichtigkeit der physischen Handlungen lassen *Wahrheit und Überzeugung* entstehen. Die wiederum durch Logik und Folgerichtigkeit bestärken, aber nicht durch Wahrheit um der Wahrheit willen.

11. Der Zustand *»hier, heute und sofort«* umschließt Logik, Folgerichtigkeit, Wahrheit und Überzeugung, die noch mehr begründet und gefestigt werden müssen.

12. Alles zusammen ergibt den Zustand »ich bin's«.

13. Wo das »ich bin's« erreicht ist, herrscht *organische Natur* und ihr Unterbewußtsein.

14. Bis zu diesem Zeitpunkt benutzten die Schüler beim Spielen eigene Worte. *Erstes Lesen des Textes.*

Die Studenten oder die Schauspieler greifen einzelne Wörter und Sätze des Autorentextes auf, die sie jetzt brauchen oder von denen sie beeindruckt sind. Sie können sie ruhig aufschreiben und zwischen ihre zufälligen, unwillkürlichen Worte in den Rollentext einfügen.

Nach einiger Zeit wird der Text ein zweites, drittes und weiteres Mal gelesen mit neuen Notierungen und neuen Einfügungen des Notierten in den eigenen zufälligen, unwillkürlichen Rollentext. So wird die Rolle nach und nach, anfangs durch vereinzelte Oasen, dann aber auch durch vollständige lange Abschnitte mit Autorentext angefüllt. Es bleiben Lichtungen zurück, aber auch sie füllen sich bald mit Stücktext und Stil-, Sprach- und Syntaxempfinden.

15. *Der Text wird gelernt,* festgelegt, aber nicht laut gesprochen, um ihn nicht mechanisch runterzuplappern, um keine Mätzchen mit Wörtern zu ermöglichen. Das Arrangement ist ebenfalls noch nicht festgelegt, um eine Verbindung zwischen eingelerntem Arrangement und mechanischen Wortplappereien zu verhindern.

Die Linie der logischen und folgerichtigen Handlungen, der Wahrheit, der Überzeugtheit, des »Ich bin's« sowie der organischen Natur und des Unterbewußten lange spielen und stark festigen. Beim Rechtfertigen all dieser Handlungen entstehen neue, verfeinerte vorgeschlagene Situationen von selbst und eine vertiefte, breitere und verallgemeinernde und durchgehende Handlung. Bei dieser Arbeit weiterhin den Inhalt des Stückes immer ausführlicher erzählen. Unmerklich die Kette der physischen Handlungen durch psychologisch noch feinere vorgeschlagene Situationen, durchgehende Handlung und die Überaufgabe rechtfertigen.

16. Entsprechend den erarbeiteten Abfolgen das Stück weiterhin spielen. Die Worte gedanklich hervorbringen und beim Spielen *durch Tatatieren* ersetzen.[250]

17. Die richtige innere Abfolge ergibt sich beim Rechtfertigen der physischen und der anderen Linien. Sie muß noch fester werden, damit die Worte des Textes ihr untergeordnet bleiben und sich nicht mechanisch geplappert verselbständigen. Das Stück weiterhin tatatierend spielen und gleichzeitig den Ablauf des Untertextes innerlich festigen. *In eigenen Worten 1) über die Kette der Gedanken, 2) über die Abfolge der bildhaften Vorstellungen berichten,* 3) beide Linien den Partnern im Stück erläutern, um eine gegenseitige Beziehung und *eine Linie innerer Handlung* zu schaffen. Das sind die Grundlinien des Rollenuntertextes, *die auf lange Dauer hin angelegt und ständig untermauert werden müssen.*

18. Ist die Linie durch Arbeit am Tisch fester geworden, wird *das Stück in den Worten des Autors gelesen, die Schauspieler setzen sich auf die Hände*[251] *und vermitteln alle erarbeiteten Abfolgen, Handlungen, Details sowie die Gesamtpartitur möglichst genau an ihre Partner.*

19. Dasselbe — *noch am Tisch, Hände und Körper schon frei, mit einigen Gängen und zufälligen Arrangements.*

20. Dasselbe *auf der Bühne mit zufälligen Arrangements.*
21. *Einen Dekorationsgrundriß (in vier Wänden) erarbeiten und aufbauen.*[252]
Jeden fragen, wo (in welcher Szenerie) er sich befinden und spielen möchte. Jeder könnte einen Grundriß entwerfen. Aus all den Plänen, die die Schauspieler dann vorlegen, entsteht der Dekorationsgrundriß.
22. *Das Arrangement ausarbeiten und voll entwerfen.*
Entsprechend dem festgelegten Grundriß die Bühne einrichten und die Schauspieler einsetzen. Fragen, wo sie sich hinstellen würden bei einer Liebeserklärung oder wenn sie den Partner überreden oder sich mit ihm aussprechen wollen usw., wo sie sich am besten bewegen könnten, um ihre Verlegenheit nicht zu zeigen. Sie könnten auch die Gänge und alle physischen Handlungen ausführen, die das Stück erfordert: ein Buch in der Bibliothek suchen, das Fenster öffnen, den Kamin heizen.
23. *Die Abfolge der Grundrisse und Arrangements überprüfen, indem man beliebig die eine oder andere Wand öffnet.*
24. Am Tisch eine Reihe von Gesprächen über die literarische, politische, bühnenbildnerische und andere Entwicklungslinien führen.
25. *Das Charakteristische.*[253] Alles, was bisher unternommen wurde, schuf etwas innerlich Charakteristisches. Das Äußerlich-Charakteristische muß dabei von selbst erscheinen. Was aber geschieht, wenn das Charakteristische (äußerlich) nicht in Erscheinung tritt? Sollen die Schauspieler ruhig alles machen, was sie bisher getan haben, nur hinken, kurzangebunden oder weitschweifig reden, gewisse Haltungen mit Füßen, Händen und Körper einnehmen, auch bestimmte, äußerlich übernommene Gewohnheiten und Manieren zeigen. Entsteht das Äußerlich-Charakteristische nicht von selber, dann pfropft es auf wie ein Zitronenreis auf den Stamm einer Grapefruit.

7. DIE ARBEIT AN DER ROLLE (»DER REVISOR«)

Das reale Empfinden des Lebens vom Stück und Rolle
[1936/1937]

.... 19..

Das Kennenlernen eines neuen Stücks und der Zugang zu ihm vollziehen sich in den meisten Theatern wie folgt: Die ganze Truppe versammelt sich zu einer Lesung des Stücks. Gut ist, wenn es der Autor selbst oder doch eine Person liest, die das Stück kennt. Diese Leute mögen schlechte Vorleser sein, aber sie verstehen die Gedankenlinien des Werks; sie bieten sie richtig dar und beleuchten sie in der rechten Weise. Leider kommt es oft vor, daß das Stück von einer Person gelesen wird, die es nicht kennt. In dem Falle erscheint das Stück den künftigen Darstellern in entstellter Form. Das ist schlecht, denn die ersten Eindrücke prägen sich der feinfühlig aufnehmenden Seele des Schauspielers fest ein. Später ist es dann schwer, das, was die künftigen Schöpfer der neuen Aufführung an Falschem aufgenommen haben, wieder zu entfernen.

Nach dem ersten Lesen bleibt den Zuhörern meist eine ziemlich undeutliche Vorstellung von dem neuen Stück. Um diese zu klären, wird ein sogenanntes »Gespräch« anberaumt, das heißt, die ganze Truppe versammelt sich, und jeder sagt seine Meinung über das gehörte Stück. Sehr selten decken sich die Meinungen über etwas Bestimmtes. Meist gehen sie in den verschiedensten, entgegengesetzten und unerwarteten Richtungen auseinander. In den Köpfen der künftigen Darsteller entsteht Chaos. Derjenige, der, wie es schien, seine Beziehung zu dem neuen Werk gefunden hat, verliert sie sogar wieder. Es ist schlecht, wenn man seiner eigenen Meinung verlustig geht. Nach solchen Gesprächen stehen die Schauspieler oft verlegen vor ihren neuen Rollen; es ist, als ob sie vor einem Rätsel stünden, das um jeden Preis so schnell wie möglich gelöst werden muß. Ihre Hilflosigkeit tut uns leid und kommt uns lächerlich vor. Die Ohnmacht unserer Psychotechnik ist ärgerlich und peinlich. Um in die ihnen unbegreifliche Seele der Rolle einzudringen, drängen die Schauspieler unsystematisch in alle Richtungen. Ihre einzige Hoffnung besteht darin, daß der Zufall ihnen eine Hintertür finden hilft. Das einzige, woran sie sich klammern, sind die ihnen unbegreiflichen Worte »Intuition« und »Unterbewußtsein«. Wenn sie Glück haben und der Zufall ihnen hilft, dann erscheint ihnen der als ein mystisches Wunder, als »Vorsehung« oder als Geschenk Apollos.

Wenn das nicht geschieht, dann sitzen die Schauspieler stundenlang vor dem aufgeschlagenen Buch und strengen sich an, um nicht nur geistig, sondern auch physisch in das Stück einzudringen, ja um sich mit Gewalt in dies hineinzuzwängen. Dabei sind sie rot vor Anstrengung und flüstern die ihnen fremden Worte der Rolle. Die Konvulsionen des Gesichts, die nicht von innen regiert werden, schaffen anstelle einer natürlichen Mimik scheußliche Grimassen. Wenn nichts hilft, ziehen die Schauspieler die Kostüme an und schminken sich, um von der äußeren Gestalt her an die Rolle heranzukommen.

Es ist schwer, in eine fremde Haut hineinzukriechen, die nicht das richtige Maß hat. Wo findet man ein Schlupfloch, um in sie einzudringen? Das Ergebnis sind schädliche Anstrengungen. Sogar die wenigen lebendigen Momente, die im Innern entstanden sind und das Herz nach der ersten Lektüre erregt haben, ersterben infolge der Gewaltanwendung, und der Schauspieler steht vor seiner Rolle wie vor einem seelenlosen Mannequin, in das er sich nicht hineindrängen kann, wie die Seele des ›Zuckers‹ in seine Hülle und die des »Wassers« in den Hahn im »Blauen Vogel«.

Was für eine Vergewaltigung, eine für das Schaffen schädliche Gewaltanwendung!

Um dem Übel zu steuern, versammelt der Regisseur alle Mitwirkenden und setzt sich mit ihnen für einige Monate an den Tisch, um die Rollen und das Stück selbst eingehend zu studieren. Wieder äußert man über das Stück und die eigene Rolle alles, was einem einfällt. Die Meinungen werden bestritten, Debatten finden statt, man lädt Fachleute für verschiedene Fragen ein, und Vorträge und Vorlesungen werden gehalten. Nebenbei werden Zeichnungen oder gar Modelle der künftigen Dekorationen sowie Skizzen der Kostüme der künftigen Inszenierung gezeigt. Dann wird bis in die kleinsten Einzelheiten hinein erklärt, was jeder Schauspieler zu tun hat, und was jeder von ihnen fühlen soll, wenn er künftig die Bühne betritt und in der Rolle zu leben beginnt.

Schließlich werden Köpfe und Herzen der Schauspieler bis zum äußersten mit den ausführlichsten nötigen und unnötigen Kenntnissen von der Rolle vollgestopft, so wie man die Mägen der Kapaune mit den Nüssen füllt, um die Tiere zu mästen. Unfähig, das zu verdauen, was gewaltsam in ihre Köpfe und Herzen hineingepreßt worden ist, gehen die Schauspieler sogar der wenigen Momente der Rolle verlustig, in denen sie ein Teilchen ihrer selbst gefunden hatten.

Alsdann sagt man den Schauspielern: »Gehen Sie auf die Bühne, spielen Sie Ihre Rollen und wenden Sie das an, was Sie in den verflossenen Monaten bei der Arbeit am Tisch erfahren haben.« Mit rauchendem Kopf und leerem Herzen begeben sich die Schauspieler auf die Bühne und können nichts spielen. Viele Monate brauchen sie, um alles Überflüssige abzuwerfen, um das Notwendige auszuwählen und sich anzueignen und um — wenn auch teilweise — in der neuen Rolle sich selbst zu finden.

Jetzt fragt es sich: Ist eine solche Vergewaltigung von den ersten Schritten des Herangehens an die neue Rolle denn richtig, wo es doch gilt, die Frische der Rolle zu wahren? Ist ein solches rücksichtsloses Hineinstopfen von die Rolle betreffenden Gedanken, Anschauungen, Beziehungen und Gefühlen in die noch nicht geöffnete Seele des Schauspielers denn gut?

Natürlich fällt auch bei einer solchen Arbeit einiges in seine Seele und kommt dem Schaffen zustatten. Mehr aber geraten hinein unnötige, überflüssige Kenntnisse, Gedanken und Gefühle und diese überladen anfangs Kopf und Herz, schrecken den Schauspieler und behindern sein freies Schaffen. Es ist schwerer, Fremdes und Fernstehendes zu verdauen, als Eigenes, dem Verstand und dem Herzen Naheliegendes zu schaffen.

Das Schlimmste aber ist, daß alle diese fremden Kommentare auf unvorbereiteten, nicht aufgepflügten, trockenen Boden fallen. Man kann nicht über ein Stück, über dessen Rollen und die in ihm steckenden Gefühle urteilen, ohne wenigstens ein Teilchen seiner selbst darin gefunden zu haben.

Wenn der Schauspieler mit allen seinen inneren Kräften und dem äußeren Apparat der Verkörperung zur Aufnahme der fremden Gedanken und Gefühle vorbereitet wäre, wenn er unter seinen Füßen wenigstens etwas festen Boden fühlte, dann wüßte er, was er von dem, was ihm die erbetenen und unerbetenen Berater für die Rolle geben, annehmen und was er ausschlagen muß.

Somit bin ich nicht gegen die Gespräche und die Arbeit am Tisch an sich, sondern gegen ihre Unzeitigkeit.[254]

Alles zu seiner Zeit.

Nach einer gewissen Pause fuhr Arkadi Nikolajewitsch fort.

»Mein Zugang zu einer neuen Rolle ist ganz anders und besteht in folgendem: Ohne jede Lektüre des neuen Stückes und ohne Gespräche darüber lädt man die Schauspieler sofort zur ersten Probe des neuen Stückes ein.«[255]

»Wie ist das möglich?« sagten die Schüler verständnislos.

»Nicht genug damit. Man kann auch ein nichtgeschriebenes Stück spielen.«

»...?!«

Wir fanden nicht einmal Worte, um dazu etwas zu sagen.

»Sie glauben mir nicht? Lassen Sie uns eine Probe machen. Ich habe mir ein Stück ausgedacht und werde Ihnen dessen Fabel in Episoden erzählen. Sie aber werden sie spielen. Ich werde beobachten, was Sie aus dem Stegreif sagen und tun werden, und das Gelungenste werde ich aufschreiben. Somit werden wir in gemeinsamen Bemühungen ein noch nicht geschriebenes Werk schreiben und gleichzeitig spielen.[256] Die Einnahmen aus den Autorenhonoraren werden wir unter uns gerecht verteilen.«

»...?!«

Die Studenten verstanden nichts und wunderten sich noch mehr.

[»Sie kennen auf Grund des eigenen Empfindens den Zustand des Schauspielers auf der Bühne, den wir ›inneres Befinden‹ nennen. Es vereint alle Elemente, verstärkt die Empfindsamkeit und richtet sie auf die schöpferische Arbeit.

Scheinbar könnte man in einem solchen seelischen Zustand schon an das eingehende Studium von Stück und Rolle herangehen.

Ich aber behaupte, daß das nicht genügt und daß zum Erforschen und Erkennen des Wesens eines dichterischen Werkes, und um sich darüber ein Urteil zu bilden, dem schaffenden Künstler noch etwas fehlt, das seinen inneren Kräften einen Impuls verleiht und sie zur Arbeit anregt. Sonst wird die Analyse des Stückes und der Rolle abstrakt.

Unser Verstand läßt mit sich reden. Er kann jederzeit die Arbeit antreten. Aber der Verstand allein genügt nicht. Es bedarf der unmittelbaren, leidenschaftlichen Teilnahme der Emotion, des Wollens und aller anderen Elemente des inneren Befindens auf der Bühne. Mit deren Hilfe muß man in seinem Inneren eine reale Empfindung des Lebens der Rolle schaffen. Danach wird die Analyse von Stück und Rolle nicht vom Verstand aufgestellt, sondern vom ganzen Organismus des Schaffenden hervorgebracht.«

»Entschuldigen Sie bitte, wie ist das zu verstehen? Um das Leben der Rolle zu empfinden, muß man das Werk des Dichters kennen, muß man es — gestatten Sie — sehen, studieren. Sie aber behaupten, daß man es nicht studieren kann, ohne vorher dieses Werk des Dichters gefühlt zu haben.«

»Ja«, sagte Torzow. Kennen muß man das Stück, aber mit Herzenskälte darf man ihm auf keinen Fall nähertreten. *In das für die Bühne vorbereitete innere Befinden muß zunächst ein reales Empfinden des Lebens der Rolle einfließen, nicht nur ein psychisches, sondern auch ein physisches.*

Ähnlich wie die Hefe eine Gärung bewirkt, ruft das Empfinden des Lebens der Rolle im Herzen des Schauspielers eine innere Erwärmung, ein Sieden hervor, das für den Prozeß des schöpferischen Erkennens notwendig ist. Nur in einem solchen schöpferischen Zustand des Schauspielers kann von einem Herangehen an Stück und Rolle gesprochen werden.«

»Woher soll man denn aber dies reale psychische und physische Empfinden des Lebens der Rolle nehmen?« fragten die erstaunten Studenten.

»Eben dieser Frage ist der heutige Unterricht gewidmet.«

»Naswanow! Erinnern Sie sich des ›Revisors‹ von Gogol?« Mit diesen Worten wandte sich Arkadi Nikolajewitsch unvermutet an mich.

»Ja, aber nur schwach, in allgemeinen Zügen.«

»Um so besser. Gehen Sie auf die Bühne und spielen Sie Chlestakow von seinem Auftreten im zweiten Akt an!«]257

»Wie kann ich denn spielen, wenn ich nicht weiß, was ich tun muß?« erwiderte ich mit Erstaunen.

»Sie wissen nicht alles, aber einiges wissen Sie. Dieses Wenige aber sollen Sie spielen. Mit anderen Worten, führen Sie von dem Leben der Rolle diejenigen — wenn auch kleinsten — physischen Handlungen aus, die Sie aufrichtig, wahrheitsgetreu und im eigenen Namen ausführen können.«

»Ich kann nichts machen, da ich nichts weiß.«

»Wie?« fuhr mich Arkadi Nikolajewitsch an. »In dem Stück heißt es: ›Herein kommt Chlestakow‹. Wissen Sie etwa nicht, wie man in ein Hotelzimmer eintritt?«

»Doch.«

»So treten Sie ein. Dann beschimpft Chlestakow den Ossip, weil er sich ›wieder auf dem Bett gewälzt‹ habe. Wissen Sie etwa nicht, wie man schimpft?«

»Doch, das weiß ich.«

»Dann will Chlestakow den Ossip veranlassen, zu gehen und Essen zu besorgen. Wissen Sie etwa nicht, wie man eine delikate Bitte an einen anderen richtet?«

»Auch das weiß ich.«

»So spielen Sie nur das, was Ihnen am Anfang erreichbar ist, das, worin Sie die Wahrheit spüren, woran Sie aufrichtig glauben können.«258

»Was ist uns denn am Anfang in einer neuen Rolle erreichbar?« fragte ich in dem Bemühen um Klärung.

»Etwas. Die Wiedergabe der äußeren Fabel mit ihren Episoden259, mit ihren einfachsten physischen Handlungen.

Am Anfang kann man nur dies aufrichtig, wahrheitsgetreu, von seiner Person aus und auf eigenes Risiko ausführen. Wollen Sie dagegen mehr geben, werden Sie auf Aufgaben stoßen, denen Sie nicht gewachsen sind, und dann riskieren Sie, äußerlich etwas zu zeigen, was Sie innerlich nicht fühlen, und in die Gewalt der Unwahrheit zu geraten, die zum ›Aufsetzen‹, zur Vergewaltigung der Natur anspornt. Scheuen Sie am Anfang übermäßig schwere Aufgaben; Sie sind noch nicht so weit, sich in die Seele der neuen Rolle zu vertiefen. Halten Sie sich deshalb streng an das Ihnen angewiesene enge Gebiet der physischen Handlungen, und suchen Sie in ihnen Logik und Folgerichtigkeit, ohne die man Wahrheit und Glauben nicht findet und folglich auch nicht den Zustand, den wir ›ich bin's‹ nennen.«

»Sie sagen: Vermitteln Sie die Fabel und die einfachsten physischen Handlungen«, begann ich zu diskutieren. »Aber die Fabel vermittelt sich doch von selbst, indem das Stück abläuft. Die Fabel ist ja schon vom Autor geschaffen worden.«

»Stimmt, vom Autor, aber nicht von Ihnen. Seine Fabel soll ja auch bleiben. Notwendig ist Ihre Beziehung dazu. Die Handlungen des Autors sollen schon ausgeführt werden, sie müssen aber zu Ihren eigenen werden und dürfen nicht fremd bleiben. Man kann nicht aufrichtig in fremden Handlungen leben, sondern muß seine eigenen, der Rolle analogen schaffen, die Ihnen von Ihrem eigenen Bewußtsein, Ihrem Wollen und Gefühl, Ihrer Logik und Folgerichtigkeit, Ihrer Wahrheit und Ihrem Glauben gewiesen werden. Versuchen Sie es, gehen Sie auf die Bühne und beginnen Sie mit dem Auftreten Chlestakows. Puschtschin wird den Ossip und Wjunzow den Kellner spielen.«

»Mit Vergnügen!«

»Ich kenne aber den Text nicht und habe nichts zu sagen«, erwiderte ich eigensinnig.

»Gewiß, aber Sie erinnern sich doch des allgemeinen Sinns des Gesprächs?«

»Ja, ungefähr.«

»Dann geben Sie ihn mit Ihren eigenen Worten wieder. Die Reihenfolge der Gedanken des Dialogs werde ich Ihnen vorsagen. Sie selbst aber werden sich an deren Folgerichtigkeit und Logik gewöhnen.«

»Aber ich kenne doch nicht die Gestalt, die dargestellt werden muß.«

»Dafür kennen Sie ein wichtiges Gesetz, und das lautet: ›Welche Rolle der Schauspieler auch spielt, er muß immer von sich aus handeln, auf Ehre und Gewissen.‹ Wenn er sich in der Rolle nicht findet oder sich in ihr verliert, dann tötet er damit die darzustellende Person, die des lebendigen Gefühls verlustig geht. Dies Gefühl kann einzig der Schauspieler der darzustellenden Figur geben, er allein. Spielen Sie deshalb jede Rolle in eigenem Namen in den vorgeschlagenen Situationen, die der Autor gegeben hat. Auf diese Weise werden Sie sich in erster Linie selbst in der Rolle ertasten. Ist das getan, ist es nicht mehr schwer, die ganze Rolle in sich ›großzuziehen‹. Das lebendige, echte Gefühl ist dafür ein guter Boden.«[260]

Arkadi Nikolajewitsch zeigte, wie man von dem Zimmer der Maloletkowa ein Hotelzimmer abgrenzen konnte.[261] Puschtschin legte sich auf den Diwan, ich aber begab mich hinter die Kulissen und bereitete mich vor, wie verlangt einen hungrigen jungen Herrn zu spielen. Langsam ging ich auf die Bühne und übergab Ossip Spazierstock und Zylinder — beide waren imaginär —, kurz, ich wiederholte alle Schablonen beim Spiel einer klassischen Gestalt.

»Ich verstehe nicht, wer Sie sind«, sagte Arkadi Nikolajewitsch, als wir zu Ende gespielt hatten.

»Ich — das bin ich selbst.«

»Stimmt nicht. Im Leben sind Sie ganz anders, nicht wie dort auf der Bühne. Im Leben kommen Sie nicht so, sondern irgendwie anders ins Zimmer.«

»Wie denn?«

»Mit irgendeiner Sorge, mit einem Zweck oder mit Neugier, aber nicht so leer, wie Sie jetzt auf der Bühne waren. Beobachten Sie alle Momente und Stadien natürlicher und organischer Beziehungen. Sie haben das Auftreten eines Schauspielers auf der Bühne vorgeführt, ich brauche aber einen Menschen, der in dies Zimmer kommt. Im Leben gibt es andere Antriebe für die Handlung. Sie müssen sie dort auf der Bühne finden. Wenn Sie zu irgendeinem Zweck auf die Bühne kommen, oder im Gegenteil ohne einen solchen, weil Sie nichts zu tun haben wie Chlestakow, dann werden solche Handlungen dazu beitragen, einen entsprechenden inneren Zustand hervorzurufen. Das gewöhnliche theatralische Auftreten dagegen hindert dies und ruft ein ganz anderes — ein äußerliches, auf den äußeren Effekt berechnetes Schauspielerbefinden hervor. Ihr Erscheinen auf der Bühne war jetzt theatralisch und ›allgemein‹; in den Handlungen vermißte man Logik und Folgerichtigkeit. Sie haben viele notwendige Momente ausgelassen. Im Leben müssen Sie sich zum Beispiel, wohin Sie auch kommen, vor allem orientieren und erkennen, was da, wo Sie erschienen sind, vor sich geht, und wie Sie sich verhalten müssen. Jetzt aber haben Sie beim Auftreten, ohne auch nur das Bett und Ossip anzusehen, schon gesagt: ›Na, hast Du Dich wieder auf dem Bett gewälzt?‹ Weiter! Sie haben die Tür so zugeklappt, wie man das im Theater mit den Leinwanddekorationen tut. Sie erinnerten sich nicht an die Schwere des Gegenstandes und gaben diese nicht wieder. Die Türklinke bewegte sich bei Ihnen wie von selbst. Alle diese kleinen Bewegungen verlangen eine gewisse Aufmerksamkeit und Zeit. Ohne sie erinnert sich kein Mensch an die Wahrheit, fühlt und erfährt sie nicht und glaubt auch nicht an die Echtheit dessen, was er tut. Jetzt, nachdem Sie fast ein ganzes Jahr lang ernsthaft Handlungen mit vorgestellten Gegenständen geübt haben, müssen Sie sich wegen all der Fehler, die Ihnen unterliefen, sehr schämen.«

»Sie rühren daher, daß ich nicht weiß, woher ich gekommen bin«, entschuldigte ich mich verlegen.

»Tun Sie mir einen Gefallen! Wie kann man nur auf der Bühne nicht wissen, woher und wohin man kommt! Das muß man doch genau wissen. Aus ›unbekanntem Raum‹ erfolgende Auftritte gelingen im Theater nie.«

»Woher bin ich denn gekommen?«

»Das ist ja reizend! Woher soll ich das wissen? Das wäre Ihre Sache. Außerdem sagt Chlestakow sogar, wo er war. Da Sie sich aber nun einmal nicht daran erinnern, ist es um so besser.«

»Wieso denn ›um so besser‹?«

»Weil das Ihnen gestatten wird, von sich selbst aus, vom Leben her an die Rolle heranzugehen und nicht von den Regieanweisungen des Autors, nicht von eingefressenen Formen und Schablonen her. Das erlaubt Ihnen, selbständig zu sein in Ihren Ansichten über die Gestalt. Wenn Sie sich aber nur nach den Weisungen des Buches richten, dann werden Sie die von mir erforderte Aufgabe nicht erfüllen, da Sie sich dem Autor blind unterordnen, sich auf ihn verlassen, formal die Worte seines Textes wiederholen, seine Gestalt und deren für Sie fremde Handlungen darbieten, statt Ihre eigene Figur analog zu der des Autors hervorzubringen.

Aus demselben Grunde gebe ich dem Schauspieler in der ersten Zeit weder Buch noch

Rolle und bitte ihn sehr, diese auch zu Hause nicht zu benutzen, um mein Vorhaben nicht zu vereiteln.

Umgeben Sie sich mit den vorgeschlagenen Situationen des Stückes und antworten Sie aufrichtig auf die Frage: ›Was würden Sie selbst (und nicht irgendein Ihnen unbekanntes Wesen: Chlestakow) anfangen, um sich aus einer ausweglosen Lage zu befreien?‹«[262]

»Ja!«, seufzte ich. »Wenn es erforderlich ist, sich selbst aus der Lage zu befreien, statt blind dem Autor zu folgen, dann muß man gründlich nachdenken.«

»Das haben Sie gut gesagt!« bemerkte Arkadi Nikolajewitsch.

»Ich habe ja zum ersten Male die Lage und die vorgeschlagenen Umstände, in die Gogol seine handelnden Personen versetzt hat, auf mich übertragen und empfunden. Für die Zuschauer ist ihre Lage komisch, für die Darsteller von Chlestakow und Ossip aber erscheint sie ausweglos. Das habe ich heute zum ersten Mal gefühlt, und wie oft hatte ich Gelegenheit, den ›Revisor‹ zu lesen und auf der Bühne zu sehen.«

»Das kam vom richtigen Herangehen. Sie haben die Lage der handelnden Personen in den von Gogol vorgeschlagenen Situationen auf sich selbst übertragen und empfunden. Und das ist richtig! Das ist ausgezeichnet! Niemals dürfen Sie sich gewaltsam in die Rolle hineinzwängen! Gehen Sie nie gezwungenermaßen an deren Studium heran. Sie müssen das Ihnen anfangs Erreichbare, und sei es auch noch so gering, selbst auswählen und in dem zu schildernden Leben verwirklichen. Tun Sie das auch heute! Das Ergebnis wird sein, daß Sie sich etwas *in der Rolle* fühlen werden. Wenn Sie damit beginnen, können Sie weitergehen und werden mit der Zeit dahin kommen, daß Sie *die Rolle in sich* fühlen.

Sagen Sie also, was Sie im realen Leben hier, heute und jetzt[263] anfingen und wie Sie aus der Lage herauskämen, in die Sie Gogol versetzt hat. Sie wollen doch nicht in dem gottverlassenen Nest, in das Sie geraten sind, Hungers sterben?«

Ich schwieg, denn ich war verwirrt.

»Überlegen Sie, wie Ihr Tag verlaufen würde?« sagte Torzow ermunternd.

»Ich würde spät aufstehen. Als erstes würde ich Ossip durch Bitten bewegen, zum Wirt zu gehen und Tee zu holen. Dann verginge viel Zeit mit Waschen, Kleiderreinigen, Anziehen, Sich-schön-machen und Teetrinken. Danach würde ich … in den Straßen spazieren gehen. Man sitzt doch nicht gern in der schlechten Luft des Hotelzimmers. Ich glaube, daß während des Spaziergangs mein großstädtisches Äußere die Aufmerksamkeit der Provinzler erregen würde.«

»Und besonders der Provinzlerinnen«, sagte neckend Torzow.

»Um so besser. Ich würde versuchen, mit jemandem von ihnen Bekanntschaft anzuknüpfen und mich zum Mittagessen aufzudrängen. Dann ginge ich in die Verkaufshalle und auf den Markt.«

Als ich das sagte, fühlte ich plötzlich, daß ich Chlestakow ähnlich war.

»Ich könnte mich nicht enthalten, und wo immer nur möglich, — in der Verkaufshalle und auf dem Markt — würde ich etwas Leckeres, das auf Tragbrettchen ausgestellt ist, kosten. Das würde aber den Appetit nicht stillen, sondern ihn im Gegenteil noch mehr reizen. Dann ginge ich auf die Post, um mich nach einer Geldsendung zu erkundigen.«

»Die ist nicht da!« sagte unkend und aufreizend Torzow.

»Nun bin ich ermüdet, zumal der Magen leer ist. Es bleibt nichts anderes übrig, als zurückzukehren und erneut zu versuchen, eine Mahlzeit durch Ossip im Hotel zu bekommen.«

»Sehen Sie, dazu kommen Sie zu Beginn des zweiten Akts auf die Bühne«, unterbrach mich Arkadi Nikolajewitsch. »So mußten Sie, nur um ganz menschlich und nicht wie ein Mime auf die Bühne zu kommen, erfahren, wer Sie sind, was Ihnen passiert ist, unter welchen Bedingungen Sie hier leben, wie Sie den Tag verbringen, woher Sie gekommen sind und viele andere vorgeschlagene Umstände, die Sie noch nicht geschaffen und die Einfluß auf Ihre Handlungen haben. Mit anderen Worten: Nur, um richtig auf die Bühne zu kommen, muß man das Leben des Stückes und die eigene Einstellung zu ihm erkennen.«

.. .. 19..

Arkadi Nikolajewitsch setzte die Arbeit an Chlestakow mit mir fort.

»Jetzt wissen Sie«, sagte er, »wozu Sie auf die Bühne kommen müssen. Stellen Sie den organischen Prozeß der Partnerbeziehung richtig her, damit Sie die Handlungen nicht zum Gaudium des Publikums ausführen, sondern für das Innenleben des Objekts, und gehen Sie dann zu den physischen Handlungen über.

Fragen Sie sich, was es bedeutet, in sein Hotelzimmer zu kommen, nachdem man ergebnislos durch die Stadt gelaufen ist.

Dann stellen Sie sich die Frage, was Sie anstelle Chlestakows hier, heute und jetzt täten, nachdem Sie zurückgekehrt wären, wie Sie mit Ossip verfahren würden, wenn Sie erführen, daß er sich ›wieder auf dem Bett‹ gewälzt hat; wie Sie ihn durch Bitten bewegen würden, zum Wirt zu gehen, um Mittagessen zu besorgen; wie Sie das Ergebnis seiner Bemühungen abwarten und was Sie in der Zwischenzeit tun würden; wie Sie das Bringen der Speise aufnähmen und so weiter und so weiter.

Kurz, erinnern Sie sich jeder Episode des Akts; begreifen Sie, aus welchen Handlungen jede von ihnen entsteht. Beobachten Sie Logik und Folgerichtigkeit aller dieser Handlungen. Wenn Sie das ganze Stück auf diese Weise durchgehen, dann werden Sie die Fabel über die Episoden und physischen Handlungen in natürlicher Weise spielen. Beginnen Sie mit der Bestimmung des natürlichen Wesens jeder physischen Handlung, mit deren Logik und Folgerichtigkeit.«

Diese Arbeit war uns vertraut aus den endlosen Übungen beim Training und Drill. Ich kam mit ihr ziemlich leicht und schnell zurecht. Somit habe ich mich heute nach meinem Mißerfolg in der letzten Unterrichtsstunde selbst und vor allem auch Iwan Platonowitsch rehabilitiert. Diesmal ließ ich nicht das kleinste Hilfsmoment außer acht und bewies damit, daß ich das natürliche Wesen jeder der vorgesehenen physischen Handlungen verstehe.

Arkadi Nikolajewitsch erinnerte sich unserer ersten Erfahrungen bei den Handlungen mit vorgestellten Gegenständen vor einem Jahr in dem denkwürdigen Unterricht, als er mich zum ersten Mal etwas Imaginäres anstatt des Geldes zählen ließ, und zwar in der Etüde »Das Verbrennen des Geldes«.[264]

»Wieviel Zeit wurde damals für dieselbe Arbeit aufgewandt«, sagte Arkadi Nikolajewitsch, »und wie schnell sind wir heute mit einer ähnlichen Aufgabe fertig geworden.«

Nach einer kurzen Atempause fuhr er fort.

»Jetzt, wo Sie Logik und Folgerichtigkeit begriffen, die Wahrheit der physischen Handlung gefühlt und an das, was auf der Bühne geschieht, geglaubt haben, fällt es Ihnen nicht schwer, dieselbe Linie des Handelns unter verschiedenen vorgeschlagenen Umständen zu wiederholen, die Ihnen das Stück gibt und die Ihre Einbildungskraft erfindet und ergänzt.

Was würden Sie also jetzt, heute und hier in diesem angenommenen Hotelzimmer tun, wenn Sie nach einem ergebnislosen Herumlaufen in der Stadt zurückkämen? Beginnen Sie also, aber spielen Sie noch nicht, sondern entscheiden Sie nur die Frage ehrlich und sagen Sie, was Sie tun würden. Das wird in Ihrem Innern den Drang zur Handlung hervorrufen.«

»Warum soll ich denn nicht spielen? Das ist für mich leichter.«

»Natürlich. Aufgesetzt und schablonenhaft zu spielen, ist immer leichter, als richtig zu handeln.«

»Ich meine doch gar nicht Schablonen.«

»Vorläufig wäre nur darüber zu reden. Schablonen stehen immer auf dem Sprung. Die echten, produktiven und zweckmäßigen, von innen eingegebenen Handlungen aber müssen Sie erst gewinnen, und das zu erreichen, sollen Sie sich bemühen.«[265]

Puschtschin legte sich auf den Diwan. Wjunzow bereitete sich für das Auftreten des Kellners vor.

Inzwischen ließ Arkadi Nikolajewitsch mich auf der Bühne stehen und führte laut ein Selbstgespräch:

»Ich werde mich an die vorgeschlagenen Situationen der Rolle erinnern, an ihre Vergangenheit, an ihre Gegenwart — sagte ich mir —, die Zukunft jedoch gehört nicht zur Rolle, wohl aber zu mir, ihrem Darsteller. Chlestakow kann seine Zukunft nicht kennen, aber ich bin dazu verpflichtet. Meine Sache als Schauspieler ist es, diese Zukunft schon von der ersten Szene der Rolle an vorzubereiten. Je aussichtsloser meine Lage in dem schrecklichen Hotelzimmer ist, um so überraschender, ungewöhnlicher und unbegreiflicher werden die Übersiedlung in die Wohnung des Stadthauptmanns, die Liebesintrigen und die Brautwerbung sein.

Ich werde mich an den ganzen Akt episodenweise erinnern.«

Ich begann alle Szenen aufzuzählen und sie eilig mit meinen vorgeschlagenen Umständen zu begründen.

Nachdem ich diese Arbeit beendet hatte, konzentrierte ich mich und begab mich hinter die Kulissen.

Dort stellte ich mir die Frage: »Was täte ich, wenn ich bei der Rückkehr in mein Hotelzimmer hinter mir die Stimme des Wirtes hörte?«

Noch war es mir nicht gelungen, dies »wenn« festzustellen, als etwas mich gleichsam in den Rücken stieß. Ich stürzte vorwärts und befand mich plötzlich in meinem vorgestellten Hotelzimmer, ohne mich zu erinnern, wie ich dahin gekommen war.

»Originell!« rief Arkadi Nikolajewitsch lachend ... »Wiederholen Sie dieselbe Handlung unter irgendwelchen neuen vorgeschlagenen Umständen«, befahl mir Torzow.

Langsam ging ich hinter die Kulissen. Nach einer Vorbereitungspause öffnete ich die Tür und blieb unentschlossen stehen, nicht wissend, ob ich in das Hotelzimmer eintreten oder hinunter ins Restaurant gehen sollte. Doch trat ich ein und suchte etwas mit den Augen im Zimmer selbst, dann, durch den Türspalt, hinter den Kulissen. Nachdenklich ging ich, nachdem ich mich an die Lage angepaßt hatte, wieder von der Bühne fort.

Nach einiger Zeit kam ich wieder herein, launisch, unzufrieden und eigensinnig. Ich sah mich lange nervös um, wobei ich überlegte und mich wieder an etwas anpaßte. Es wurden noch viele Auftrittsarten probiert, bis ich mir schließlich sagte:

»Jetzt verstehe ich anscheinend, wie und wozu ich hereinkäme, wenn ich an Chlestakows Stelle wäre.«

»Wie nennt man das, was Sie jetzt gemacht haben?« fragte [mich Torzow].

»Ich habe mich selbst [Naswanow][266] unter den vorgeschlagenen Situationen Chlestakows *analysiert* und studiert.«

»Jetzt haben Sie hoffentlich den Unterschied begriffen, wie man einerseits von sich aus an die Rolle herangeht und sie beurteilt, andererseits von einer fremden Person her, also wie man eine Rolle mit eigenen Augen anschaut oder mit fremden, denen des Dichters etwa, des Regisseurs oder des Kritikers.

Von sich ausgehend, erlebt man die Rolle, geht man von einer fremden Person aus, dann äfft man sie nach und imitiert sie. Von der eigenen Person ausgehend, erkennt man die Rolle mit dem Verstand, dem Gefühl, dem Wollen und allen psychischen Elementen, geht man aber von einer fremden Person aus, dann erkennt man die Rolle meist nur mit dem Verstand. Eine rein verstandesmäßige Analyse und ein dementsprechendes Verstehen und Schaffen der Rolle brauchen wir aber nicht.

Wir müssen die darzustellende Person mit unserem ganzen Wesen erfassen, dem geistigen wie dem körperlichen. Nur einen solchen Zugang erkenne ich an, und eben dafür bereite ich Sie auch vor: auf das Schaffen eines richtigen und vollständigen Befindens, mit dem allein man die Arbeit an der Rolle beginnen kann.«

.. .. 19..

⟨»Was nun?«, überlegte Arkadi Nikolajewitsch, als er heute die Klasse betrat.

»Die mündliche Wiedergabe ist langweilig, trocken und für die praktische Arbeit wenig überzeugend. Am besten wäre es, wenn ich Sie das, was ich Ihnen erklären muß, selbst ausführen und am eigenen Leibe fühlen ließe. Leider aber beherrschen Sie die Handlung mit vorgestellten Gegenständen noch nicht soweit, daß ich Sie das, was ich brauche, ausführen lassen könnte. So muß ich selbst auf die Bühne gehen und zeigen, wie man von einfachen Aufgaben und Handlungen zum Schaffen des *körperlichen Lebens* und vom körperlichen Leben zum Schaffen des geistigen Lebens übergeht, wie dadurch im Innern das *reale Empfinden des Lebens von Stück und Rolle* entsteht und wie diese Empfindung auf natürliche Weise in das *innere Wohlbefinden* auf der Bühne einmündet, das Sie in sich hervorzurufen gelernt haben.«

Arkadi Nikolajewitsch ging auf die Bühne hinter die Kulissen ...⟩[267]

Es entstand eine lange Pause, während der man Puschtschins Baß brummen hörte. Halblaut erwog er, wo man besser lebe, auf dem Dorf oder in Petersburg.

Plötzlich kam Arkadi Nikolajewitsch auf die Bühne gestürzt. Infolge des überraschenden und ungewöhnlichen Auftretens Chlestakows fuhr ich sogar zusammen. Torzow schlug die Tür hinter sich zu und spähte lange durch das Schlüsselloch in den Korridor. Offenbar war er auf der Flucht vor dem Hotelbesitzer.

Ich kann nicht sagen, daß mich diese Neuerung begeistert hätte, doch war das Auftreten mit ungewöhnlicher Aufrichtigkeit erfolgt. Arkadi Nikolajewitsch selbst aber geriet ins Grübeln über das, was er gemacht hatte.

»Ich habe aufgesetzt!« gestand er sich ein. »Man muß es einfacher machen. Und außerdem, ist das richtig für Chlestakow? Als Petersburger jener Zeit fühlt er sich doch über alle Menschen der Provinz erhaben.

Was hat mich nur zu solchem Auftreten angespornt? Was für Erinnerungen? Man wird nicht daraus klug. Steckt vielleicht in dieser Vereinigung eines Aufschneiders mit einem Feigling und Knaben eine innere Charakteristik Chlestakows? Woher kommen die Empfindungen, die ich hege?«

Nachdem Arkadi Nikolajewitsch eine Weile nachgedacht hatte, wandte er sich an uns und fragte:

»Was habe ich jetzt gemacht? Ich habe analysiert, was ich zufällig gefühlt und was sich zufällig ergeben hatte. Ich habe meine physischen Handlungen unter den vorgeschlagenen Situationen der Rolle analysiert und habe das nicht nur mit kaltem Intellekt getan. Alle Elemente kamen mir zu Hilfe. Ich habe mit Leib und Seele analysiert. Eine solche Analyse und nur eine solche erkenne ich an. Um ihretwillen erläutere ich Ihnen in der zweiten Unterrichtsstunde, was *reales Empfinden des Lebens eines Stückes* ist, das man in das *innere Befinden* auf der Bühne einmünden lassen muß.

Ich setze meine Arbeit fort und entwickle das, was mir die Analyse und meine Erinnerungen eingegeben haben.

Die Logik sagt: Wenn Chlestakow ein Aufschneider und Feigling ist, dann fürchtet er sich innerlich vor einer Begegnung mit dem Hotelbesitzer, äußerlich aber spielt er den Tapferen und will ruhig erscheinen. Er trumpft sogar mit der Ruhe auf, als er den Blick seines Feindes von hinten spürt, während es ihm kalt über den Rücken läuft.«

Arkadi Nikolajewitsch begab sich wieder hinter die Kulissen, und nach kurzer Vorbereitung führte er glänzend aus, was er sich vorgenommen hatte. Wie macht er das nur? Entsteht bei ihm aus dem Empfinden für die Wahrheit der physischen Handlung und dem Glauben an ihre Echtheit wirklich sofort alles übrige, also das Gefühl? Wenn dem so ist, dann muß man sein Verfahren als wunderwirkend bezeichnen.

Arkadi Nikolajewitsch stand lange und dachte nach. Dann sagte er:

»Sie haben gesehen, daß ich das nicht einfach nur mit dem Verstand oder auf rein analytische Weise zuwege gebracht habe, sondern daß ich mich selbst unter den Bedingungen des Lebens der Rolle bei unmittelbarer Teilnahme aller inneren menschlichen Elemente und mittels ihres natürlichen Dranges nach der physischen Handlung studiert habe. Ich führte die Handlungen nicht zu Ende aus Furcht, in Schablonen zu verfallen. Doch besteht die Hauptsache gar nicht in der Handlung selbst, sondern ob das Verlangen nach Handeln natürlich entsteht.

Auf Grund der menschlichen Lebenserfahrung suche ich die richtige physische Aufgabe und Handlung. Um an ihre Wahrheit glauben zu können, muß ich sie innerlich begründen und unter den vorgeschlagenen Umständen der Rolle rechtfertigen. Wenn ich diese innerlichen Rechtfertigungen finde und empfinde, dann wird meine Psyche in gewissem Maße der Psyche der Rolle nahekommen.

Genau dieselbe Arbeit leistete Arkadi Nikolajewitsch bei allen anderen Abschnitten: bei demjenigen, wo er Ossip inständig bittet, ein Mittagessen zu besorgen, bei dem Monolog nach Ossips Abgang, bei der Szene mit dem Kellner und mit dem Mittagessen.[268]

Nachdem all das ausgeführt war, besann sich Arkadi Nikolajewitsch, blickte in Gedanken auf die geleistete Arbeit zurück und sagte:

»Ich fühle eine sich abzeichnende blasse Linie des Dranges nach physischen Handlungen unter den Bedingungen des Lebens und den vorgeschlagenen Umständen der Rolle! ... Nachdem ich den physischen Handlungen der gerade gespielten Szene auf die Spur gekommen bin, muß ich sie zu Papier bringen, und zwar genau so, wie seinerzeit bei der Arbeit an der Spielpause der tragischen Tatenlosigkeit. Damals brachten wir alles mit der Physiologie in Verbindung, erinnern Sie sich? Ich werde dasselbe mit der Chlestakowszene machen.«

Arkadi Nikolajewitsch begann sich zu erinnern, ich aber fing an, alle Handlungen aufzuschreiben, nach denen er ein Verlangen in sich verspürte.[269]

Goworkow fand auch hier Gelegenheit, eine der aufgeschriebenen Handlungen zu bekritteln.

»Aber Entschuldigung, das ist doch, wissen Sie, die reinste psychologische Handlung, aber keine physische!«

»Wir haben doch vereinbart, uns nicht an Worten zu stoßen. Außerdem steht fest, daß in jeder psychischen Handlung viel von einer physischen und in jeder physischen viel von einer psychischen Handlung steckt. Augenblicklich sehe ich die Rolle auf äußere Handlungen durch, deshalb interessiere ich mich nur für sie. Was dabei herauskommt, werden wir bald sehen.

Also ...«, damit kehrte Torzow zu dem unterbrochenen Aufschreiben zurück.

Als das getan war, erklärte er:

»Ebenso könnte man die physischen Handlungen aus dem Exemplar des Stückes herausschreiben. Wenn man beide Listen miteinander vergleicht, dann stimmen sie an einigen Stellen überein (da, wo die Rolle wirklich mit dem Darsteller verschmolzen ist), an anderen nicht (da, wo ein Fehler begangen wurde oder wo die zuweilen zur Rolle passende, in anderen Fällen von ihr abweichende Individualität des Schaffenden stärker in Erscheinung tritt).

Die Aufgabe der weiteren Arbeit des Schauspielers selbst und des Regisseurs besteht darin, die Momente des Verschmelzens zu verstärken und diejenigen des Auseinanderklaffens einander anzunähern. Darüber wird später eingehend gesprochen. Einstweilen sind für mich nur die Momente der Verschmelzung wichtig, die den Schauspieler zunächst mit der darzustellenden Person verbinden. Die lebendig gewordenen Stellen ziehen einen in das Stück hinein; dann fühlt man sich in dessen Leben nicht fremd; und einzelne Stellen empfindet man als seinem Herzen nahestehend.

Beim Durchgehen der Liste«, erklärte Arkadi Nikolajewitsch, »bringe ich meine Aufgaben sozusagen auf einen gemeinsamen Nenner und frage mich: ›Wozu habe ich alle diese Handlungen ausgeführt?‹

Wenn ich alles, was getan ist, analysiere und summiere, komme ich zu dem Schluß, daß meine Hauptaufgabe und -handlung in folgendem bestand: ›essen, den Hunger stillen‹. Dazu bin ich hierhergekommen, dazu habe ich mich bei Ossip eingeschmeichelt und dazu habe ich den Kellner hofiert und mich dann mit ihm gezankt. Künftig widme ich alle meine Handlungen in diesen Szenen nur dieser Hauptaufgabe: ›essen‹.

[Jetzt werde ich alle festgelegten Handlungen nach dieser Aufzeichnung wiederholen«, sagte Torzow. »Um nicht auf Schablonen zu verfallen (da vorläufig bei mir noch keine echten, produktiven und zweckmäßigen Handlungen zustandegekommen sind), werde ich nur von einer richtigen Aufgabe und Handlung zur anderen Aufgabe und Handlung schreiten, ohne sie physisch auszuführen. Einstweilen werde ich mich auf die Erregung des inneren Antriebs zum Handeln beschränken und ihn durch Wiederholungen festigen.

Die echten, produktiven und zweckmäßigen Handlungen«, wiederholte er, »werden von selbst entstehen. Dafür wird eine wundertätige natürliche Veranlagung sorgen.«]²⁷⁰

Danach vollzog er mehrmals die physischen Handlungen oder richtiger, er erregte in seinem Inneren den notwendigen Drang zur Handlung.

Arkadi Nikolajewitsch bemühte sich, keine Bewegungen zu machen. Das, was er im Innern fühlte, gab er nur mit den Augen, in der Mimik und mit den Fingerspitzen wieder. Er sagte abermals, daß die Handlungen von selbst kommen und daß man sie nicht zurückhalten kann, wenn der innere Drang erstarkt ist.

»Es kommt der Augenblick, in dem ich mich wie ein reifes Kücken in der Schale fühle. Mir wird es darin zu eng, und es tritt die Notwendigkeit ein, die Schale zu zerbrechen, um Freiheit der Handlungen zu erlangen.«

Wieder konzentrierte sich Arkadi Nikolajewitsch und begann mit Hilfe der vorgeschlagenen Umstände in sich den inneren Drang zu den physischen Handlungen hervorzurufen, und zwar in der Reihenfolge, in der sie aufgezeichnet waren. Ich verfolgte seine Arbeit an Hand der Liste und machte ihn aufmerksam, wenn er etwas ausgelassen hatte.

»Ich fühle«, sagte er, ohne seine Arbeit zu unterbrechen, »daß aus den einzelnen, isolierten Handlungen große Perioden entstehen und aus den Perioden ununterbrochene Linien logischer und folgerichtiger Handlungen. Sie streben vorwärts, das Streben aber erzeugt Bewegung und die Bewegung echtes inneres Leben. In diesem Empfinden erkenne ich die Wahrheit, und die Wahrheit erzeugt den Glauben. Je öfter ich die Szene wiederhole, um so fester werden diese Linien, um so stärker das Beharrungsvermögen, das Leben, seine Wahrheit und der Glaube. Prägen Sie sich ein, daß wir diese ununterbrochene Abfolge der physischen Handlungen im Fachausdruck als *Linie des körperlichen* Lebens bezeichnen. Das ist keine Bagatelle, sondern die volle (wenn auch nicht die wichtigste) Hälfte des Lebens der Rolle. Denken Sie nur: das körperliche Leben der Rolle! Das ist kolossal!!«

Nach einer ziemlich langen Gedankenpause fuhr er fort: »Sobald aber das körperliche Leben der Rolle geschaffen ist, muß man an etwas viel Wichtigeres denken, an ihr geistiges Leben. Aber da stellt sich heraus, daß es schon in mir zu leben begonnen hat, und zwar von selbst, ohne meinen Willen und mein Bewußtsein. Beweis dafür ist der Umstand, daß meine physischen Handlungen, wie Sie selbst bestätigten, jetzt nicht trocken, formal, tot und schauspielerhaft ausgeführt wurden, sondern von innen her belebt und gerechtfertigt waren.

Wie ist das geschehen? Ganz natürlich: Der Zusammenhang zwischen Körper und Seele ist untrennbar. Das Leben des ersteren erzeugt das Leben der letzteren und umgekehrt. In jeder *physischen Handlung* steckt, wenn sie nicht nur mechanisch ist, sondern von Innen her belebt, eine *innere Handlung*, ein Erleben.

So entstehen zwei Ebenen des Lebens der Rolle: eine innere und eine äußere. Diese sind miteinander verflochten. Der gemeinsame Zweck verbindet sie und festigt den unzerreißbaren Zusammenhang.

In der Etüde ›mit dem Verrückten‹²⁷¹ zum Beispiel sind das innere gemeinsame Streben, sich selber zu retten, und die äußere echte Handlung, sich selbst zu verteidigen, nicht voneinander zu trennen, sie laufen parallel zueinander.

Stellen Sie sich aber eine andere Verbindung zweier Ebenen vor! Auf der einen trachtet alles danach, sich selbst zu retten, und auf der anderen — gleichzeitig — danach, die Gefahr zu erhöhen, das heißt dem ungestümen Verrückten den ungehinderten Zugang in das Zimmer zu verschaffen. Ist es etwa möglich, solche sich gegenseitig aufhebenden inneren Bestrebungen und äußeren Handlungen miteinander zu verbinden? Muß man erst noch beweisen, daß das unmöglich ist, daß es einen unzerreißbaren Zusammenhang zwischen Seele und Körper gibt?

Ich werde das an mir selbst ausprobieren und wiederhole nun die Szene aus dem ›Revisor‹, und zwar nicht mechanisch, nicht formal, sondern in vollem Maße gerechtfertigt auf der Linie des körperlichen Lebens der Rolle.«

Arkadi Nikolajewitsch begann zu spielen und seine Empfindungen zu erläutern: »Während des Spielens belausche ich mich selbst und fühle, daß in meinem Inneren parallel zu der ununterbrochenen Linie der physischen Handlungen eine andere Linie auflebt und sich ausdehnt, die des geistigen Lebens. Sie wird von dem physischen Leben erzeugt und befindet sich mit ihr in Einklang. Doch sind diese Empfindungen vorläufig unklar und wenig begeisternd. Noch fällt es schwer, sie genau zu bestimmen und für sie Interesse zu erwecken. Aber das ist nicht weiter schlimm. Gut ist es auch, daß ich im Innern eine sich abzeichnende Spur des geistigen Lebens der Rolle empfinde«, schlußfolgerte Arkadi Nikolajewitsch. »Je häufiger ich körperliches Leben spüre, wenn ich Chlestakow spiele, um so stärker wird sich in mir das geistige Leben der Rolle herausbilden und festigen.

Je häufiger ich die Verschmelzung der beiden Leben — des physischen und des psychischen — empfinde, desto stärker werde ich an die psychologische Wahrheit dieses Zustands glauben und die beiden Ebenen der Rolle spüren. Das körperliche Leben ist ein guter Boden für den Samen, aus dem geistiges Leben erwächst. Streuen Sie möglichst viel Samen aus.«

»Wie soll man das machen?« fragte ich verständnislos.

»Schaffen Sie das magische ›Wenn‹, vorgeschlagene Situationen, Erfindungen der Einbildungskraft. Sie werden sofort lebendig, verschmelzen mit dem körperlichen Leben, rechtfertigen und locken die physischen Handlungen hervor. Logik und Folgerichtigkeit lebendiger Handlungen tragen dazu bei, die *Wahrheit* dessen, was Sie auf der Bühne machen, zu verstärken. Sie helfen auch, den *Glauben* an das, was auf der Bühne geschieht, zu erzeugen. Der Glaube seinerseits aber bewirkt das Erleben.«

Vielmals wiederholte Arkadi Nikolajewitsch die auf der Liste vorgesehenen physischen Handlungen. Ich brauchte ihn nicht zu korrigieren, noch ihm zu soufflieren, da er sich die richtige Reihenfolge der physischen Handlungen schon eingeprägt hatte.

Nach der zweiten oder dritten Wiederholung sagte er sogar: »Ich fange an, Logik und Folgerichtigkeit und dadurch auch die Wahrheit der Handlungen, die ich ausführe, sehr zu empfinden. Wie angenehm das ist und wie wichtig! Wenn Sie das nur wüßten!« [272]

Indem Torzow diese Arbeit [zur Festigung] der Linie des körperlichen Lebens der Rolle leistete, bemerkte er anscheinend gar nicht, daß echte, produktive und zweckmäßige Handlungen nicht nur physisch, sondern auch psychisch von selbst und ohne seinen Willen in seinem Innern entstanden und durch die Mimik, die Augen, den Körper, die Stimmintonation und durch ausdrucksvolle Bewegungen der Finger äußerlich in Erscheinung traten. Bei jeder Wiederholung festigte sich in ihm immer stärker die Wahrheit und folglich auch der Glaube an das, was er tat. Dank dieser Tatsache wurden seine Handlungen und sein Spiel immer überzeugender.

Mich versetzten seine Augen in Erstaunen. Bald waren es dieselben und bald nicht. Was für dumme, launische, naive, meist öfter als nötig blinzelnde Augen, die kurzsichtig, nicht weit über die Nasenspitze hinaussahen! Das Erstaunlichste war, daß er selbst nicht merkte, was er tat. Mit Hilfe der Mimik gab er großartig und verständlich das wieder, was in seiner Seele vor sich ging. Gesten machte er nicht. Nur die Finger arbeiteten ohne seinen Willen und sehr ausdrucksvoll. Worte sprach er nicht, hier und da aber entschlüpften ihm irgendwelche komischen Intonationen, die ebenfalls sehr ausdrucksstark waren.

Je mehr er die Linie der sogenannten physischen Handlungen, oder richtiger des inneren Dranges zur Handlung wiederholte, um so häufiger zeigten sich unwillkürliche Bewegungen. Schon begann er zu gehen, sich zu setzen, die Krawatte zurechtzurücken, sich an seinen Schuhen und Händen zu ergötzen und sich die Nägel zu reinigen.

Sobald er das merkte, kürzte er die unwillkürlichen Handlungen sofort ab oder nahm sie ganz weg, da er offenbar fürchtete, in Schablonen zu verfallen.

Bei der zehnten Wiederholung machte sein Auftreten den Eindruck eines vollendeten, gut erlebten und infolge der sparsamen Bewegungen sehr beherrschten Spiels. Es entstand ein Leben mit seinen echten produktiven und zweckmäßigen Handlungen. Ich geriet durch die Resultate in Begeisterung, konnte nicht an mich halten und applaudierte. Die Studenten fielen in den Applaus ein.

Arkadi Nikolajewitsch war darüber aufrichtig erstaunt. Er blieb stehen, hörte auf zu spielen und fragte: »Was gibt's? Was ist passiert?«

»Passiert ist, daß Sie, der Sie den Chlestakow nie gespielt, ja nie geprobt hatten, auf die Bühne gingen und die Rolle spielten und erlebten«, erklärte ich.

»Sie irren sich. Ich habe den Chlestakow weder gespielt noch erlebt und werde ihn nie spielen können, da die Rolle mir nicht liegt. Aber den inneren Drang zur Handlung und die echten, produktiven und zweckmäßigen Handlungen selbst kann ich unter den vorgeschlagenen Umständen der Rolle, des Autors und meiner eigenen richtig ausführen. Und dies Wenige gibt Ihnen schon das Empfinden echten Lebens auf der Bühne. Dazu reichte es aus, daß Sie die Wahrheit der Logik, der Folgerichtigkeit und der Echtheit der physischen und nach innen der psychischen Handlungen — mit ihnen zusammenhängend — empfanden und ihnen glaubten.

Urteilen Sie selbst, welche Kraft mein Verfahren des Herangehens an die Rolle von den einfachen physischen Handlungen her hat. Nicht umsonst bestehe ich so darauf, daß Sie bei sich die Technik der Handlung mit vorgestellten Gegenständen ausarbeiten und bis zur Virtuosität entwickeln. Dann werden auch Sie das machen können, was ich getan habe, das heißt, Sie werden, nachdem Sie die Rolle erhalten haben, schon auf der nächsten Probe imstande sein, sie vor dem Regisseur als Abfolge der physischen Handlungen zu spielen.

Wenn die ganze Schauspielertruppe so vorbereitet wäre, dann könnte man schon von der zweiten beziehungsweise dritten Probe an zu einer echten Analyse und Einstudierung der Rolle schreiten, nicht aber zu einem verstandesmäßigen Zerkauen jedes Wortes und jeder Bewegung, das die Rolle zerknüllt, verschleißt und zugrunde richtet, sondern zu einer Analyse, die immer mehr das reale Empfinden für das Leben des Stückes vermittelt, das man nicht nur seelisch, sondern auch mit dem Körper fühlt.

»Wie kann man das denn erreichen?« fragten die interessierten Schüler.

»Durch beständige, systematische und unbedingt richtige Übungen in Handlungen mit vorgestellten Gegenständen.

Sehen Sie, ich bin schon lange bei der Bühne und dennoch mache ich täglich — auch den heutigen Tag nicht ausgeschlossen — je zehn bis zwanzig Minuten lang diese Übungen unter den verschiedenartigsten vorgeschlagenen Situationen und gehe immer von der eigenen Person aus, nach eigenem Risiko und Gewissen. Wieviel Zeit müßte ich, wenn das nicht der Fall wäre, heute darauf verwenden, um das Wesen und die Bestandteile jeder physischen Handlung der Chlestakowszene zu verstehen!

Wenn sich der Schauspieler ständig in dieser Arbeit übt, dann begreift er fast alle menschlichen Handlungen, was ihre Bestandteile, ihre Folgerichtigkeit und Logik betrifft.

Diese Übungen müssen täglich und ständig erfolgen wie bei einem Sänger die Vokalisen und bei einem Tänzer die Exerzisen.

Dank meinen systematischen Übungen in den physischen Handlungen kann ich in dieser Hinsicht jede beliebige Rolle ohne Probe spielen. Aus meinem heutigen Vorspiel müssen Sie schließen, daß das sehr wichtig für den Schauspieler ist. Nicht umsonst bestehe ich darauf, daß Sie diesen Übungen ganz besondere Aufmerksamkeit widmen.

Wenn Sie eine ebensolche Technik, stoische Aufmerksamkeit auf allen Gebieten, Logik und Folgerichtigkeit und ein ebensolches Gefühl der Wahrheit und des Glaubens erreichen, wie sie bei mir als Folge langer Arbeit entstanden sind, dann werden Sie dasselbe machen wie ich. Dabei wird sich auch in Ihnen von selbst, ohne Ihr Bewußtsein das innere schöpferische Leben offenbaren; dann werden auch bei Ihnen in Seele und Körper das Unterbewußtsein, die Intuition, die Lebenserfahrungen und die Gewohnheit, auf der Bühne menschliche Eigenschaften zeigen, zu arbeiten beginnen und anfangen, für Sie zu schaffen.

Dann wird Ihre Darstellung auf der Bühne immer frisch und wie neu erscheinen; sie wird ein Minimum an Schablonen und ein Maximum an Aufrichtigkeit, Wahrheit und Glauben, an menschlichen Emotionen, Willensstrebungen und lebendigen Gedanken aufweisen.

Wenn Sie auf der Bühne diese ganze Arbeit nicht schauspielerhaft, formal und handwerkelnd, sondern menschlich und echt leisten, wenn Sie in Ihren Überlegungen und Handlungen logisch und folgerichtig sind und dabei alle Umstände des Lebens der Rolle beachten, dann zweifle ich keine Minute daran, daß Sie begreifen werden, wie Sie zu verfahren haben. Vergleichen Sie das, was Sie machen mit dem, was auf der Bühne geschieht, und Sie werden in vielem oder doch in manchem eine nahe Verwandtschaft mit der Rolle spüren. In diesen einzelnen Momenten oder gar in einer ganzen Szene werden Sie sich in der Rolle und der Atmosphäre des Stückes fühlen, und ein gewisses Erleben der darzustellenden Person wird Ihnen vertraut. Sie werden begreifen, daß Sie unter den vorgeschlagenen Umständen, mit den Anschauungen und in der gesellschaftlichen Stellung der Gestalt ebenso handeln müßten wie sie.

Bei einer solchen Annäherung an die Figur wird — wie wir das nennen — *der Schauspieler sich selbst in der Rolle und die Rolle in sich wahrnehmen und fühlen.*

Untersuchen Sie auf diese Weise das ganze Stück, alle seine vorgeschlagenen Umstände, alle seine Szenen, Abschnitte und Aufgaben, die Ihnen in der ersten Zeit zugänglich sind. Nehmen wir an, daß Sie in sich entsprechende Handlungen finden und sich daran gewöhnen, diese in logischer Folgerichtigkeit der Rolle vom Anfang bis zum Schluß des Stückes auszuführen. Dann wird bei Ihnen ein äußeres Leben an Handlungen entstehen, das körperliche Leben der Rolle.

Zu wem werden diese Handlungen gehören? Zu Ihnen oder zur Rolle?«

»Zu mir!«

»Der Körper gehört Ihnen, die Bewegungen ebenfalls, auch die Handlungen sind die Ihrigen, die Aufgaben aber, ihre inneren Absichten, ihre Logik und Folgerichtigkeit und die vorgeschlagenen Situationen sind entlehnt. Wo hören Sie auf, und wo beginnt die Rolle?«

»Das läßt sich auf keinen Fall klären«, sagt Wjunzow verwirrt.

»Vergessen Sie nur nicht, daß die gefundenen Handlungen nicht einfach und äußerlich sind, sie sind vielmehr von innen her gerechtfertigt durch Ihr Gefühl, gefestigt durch Ihren Glauben und belebt durch Ihren Zustand ›ich bin's‹; vergessen Sie ferner nicht, daß parallel zu der Abfolge der physischen Handlungen ganz natürlich in Ihrem Innern eine ebenso ununterbrochene Linie Ihrer emotionalen Momente, die in einem fort in das Gebiet des Unterbewußtseins eindringen, entstanden ist und sich schon ausgedehnt hat. Das ist die Linie des echten *Erlebens*.

Zwischen dieser Linie und der Handlungslinie von Schauspieler und Rolle besteht vollkommene Übereinstimmung. Sie wissen, daß man nicht aufrichtig und unmittelbar der Rolle entsprechend handeln und etwas ganz anderes fühlen kann.

Wem gehören denn diese Gefühle: Ihnen oder der Rolle?«

Hoffnungslos winkte Wjunzow ab.

»Sehen Sie, Ihnen ist schwindlig geworden. Das ist gut, denn es beweist, daß sich vieles in der Rolle und in Ihnen so sehr vermischt hat, daß es nicht leicht ist zu erkennen, wo der Schauspieler beginnt und wo die dargestellte Person endet.

In diesem Zustande werden Sie noch näher an die Rolle kommen und sie in sich und sich in ihr spüren.

Wenn Sie die ganze Rolle auf diese Weise durcharbeiten, dann gewinnen Sie schon eine Vorstellung von deren Leben, und dazu keine formale, verstandesmäßige, sondern eine reale, sowohl physische als auch psychische, weil die eine ohne die andere nicht existiert. Mag dies Leben einstweilen auch oberflächlich, nicht tief und vollkommen sein, so ist doch in ihm lebendiges Fleisch und Blut und sogar ein bißchen an lebendiger Seele von Schauspielerindividualität und Rolle gemeinsam enthalten.

Bei solchem Verhältnis zur darzustellenden Figur kann man über deren Leben nur in der ersten und nicht in der dritten Person sprechen. Das ist sehr viel und wichtig bei der weiteren detaillierten, systematischen Arbeit an dem Stück. Dabei bekommt alles, was erworben wird, gleich seinen gebührenden Platz, sein Fach, seinen Aufhänger und wird nicht sinnlos, ohne bestimmten Platz im Kopf herumliegen und das Gehirn vollstopfen, wie es bei Buchstabenfressern unter den Schauspielern geschieht. Mit einem Wort, man muß sich dahin bringen, daß man sich zu der neuen Rolle nicht abstrakt wie zu einer dritten Person verhält, sondern konkret wie zu sich selbst, wie zu seinem eigenen Leben. Wenn beim Schauspieler diese Empfindung seiner selbst in der Rolle und der Rolle in sich von selbst in das schon geschaffene richtige Befinden auf der Bühne mündet, das an das Gebiet des Unterbewußtseins grenzt, dann begeben Sie sich kühn an das Studium des Stückes und auf die Suche nach der Überaufgabe.

Wenn Sie dann Virtuosen in der Psychotechnik sind, werden unsere Proben sehr leicht, planmäßig und schnell ablaufen. Mit der Frage des inneren, äußeren und allgemeinen Befindens werden wir uns dann nicht mehr beschäftigen. Sie werden es vielmehr in jeder Minute des Lebens beherrschen.

Ehe Sie die Arbeit an dem Stück aufnehmen, muß man Ihnen die Empfindung des realen, physischen Lebens der Rolle einflößen. Zu diesem Zwecke lese ich es nicht vor, sondern erzähle Ihnen nur die Fabel und die Handlung des Stückes ebenso genau wie die vorgeschlagenen Situationen, in denen sie ablaufen. Ich beauftrage Sie, zu einem bestimmten Zeitpunkt mir (mit Ihren eigenen Worten und mit ergänzten vorgeschlagenen Situationen) alle physischen Handlungen des Stückes vorzuführen, mit anderen Worten, die Linie des körperlichen Lebens der Rolle ins unreine zu entwerfen.

Sie werden zu Hause arbeiten und mir das Ergebnis zeigen; ich werde dann korrigieren und so weiter. So wird die Linie des körperlichen Lebens entstehen und parallel dazu auch die Linie des geistigen Lebens. Danach wäre Ihr Bühnenbefinden hergestellt — das ist das *kleine* schöpferische Befinden.

Ich möchte Sie zwingend veranlassen, aus sich heraus von neuem einen lebendigen Menschen zu schaffen. Um ihn zu beseelen, sollen Sie das Material nicht beiläufig von irgendwoher, sondern aus sich selbst nehmen, aus den eigenen emotionalen und anderen Erinnerungen, die Sie in der Wirklichkeit gesammelt haben, aus Ihrem Wollen und den inneren ›Elementen‹, die den Emotionen, dem Wollen und den ›Elementen‹ der darzustellenden Person analog sind. Wieder rufen wir die Natur selbst zu Hilfe, die Natur mit ihrem Unterbewußtsein, ihrer Intuition und Gewohnheit, mit ihren Erfahrungen, ihrer Geübtheit und ihren mechanischen Prozessen, kurz alles, was von selbst, ohne unser Bewußtsein die physische Handlung hervorruft. Wie kann man in seinem Innern das Verlangen nach diesen instinktiven, physischen oder anderen Handlungen wecken? Sie wissen aus der Arbeit an der Pause der ›tragischen Untätigkeit‹, daß man sich folgende Frage stellen muß: ›Was würde ich im Leben unter dem Stück analogen Umständen tun? ...‹ Sie verlassen sich bei dieser Arbeit auf Ihren inneren Drang, auf das mechanisch Anerzogene, auf die Verbindung des Äußern mit dem Innern, auf die menschlichen Bedürfnisse und die Lebenserfahrungen, kurz, Sie vertrauen sich Ihrer Natur an. Diese kennt die Logik und Folgerichtigkeit des Gefühls und die organische Wahrheit am besten, der zu glauben man nicht umhin kann. Man muß ihr lediglich gehorchen.

Sie begreifen natürlich, daß es bei diesem Verfahren weniger auf die physischen Handlungen selbst ankommt, sondern mehr auf die inneren Antriebe.

So entsteht instinktiv und natürlich eine Kette der logischen und folgerichtigen physischen Handlungen. Schauen Sie sich diese genau an und Sie werden erkennen, daß die eine Gruppe der physischen Handlungen allein durch inneres Bestreben, durch Wollen und durch Aufgaben entsteht, während die andere Gruppe auf diese oder jene Weise unter dem Druck anderer innerer Ursachen zustande kommt. Benutzen Sie der Reihe nach alle diese inneren Impulse, die die äußeren Handlungen hervorrufen, und es wird sich bei Ihnen eine innere Linie logischer und folgerichtiger Gefühle, Strebungen, des Wollens und Verlangens und so weiter ergeben. Nach ihr richten wir uns beim Schaffen der einen oder anderen Szene, eines Akts, eines Stückes und des inneren Lebens der Rolle. Solcher ›hausbackenen Verfahren‹ bedienen wir uns vorläufig als Ersatz für den noch nicht ermittelten wissenschaftlichen Weg zum Schaffen der Logik und Folgerichtigkeit des Gefühls.

So lösen wir auf praktische Weise die komplizierte, unsere Kräfte übersteigende Frage nach der Logik und Folgerichtigkeit des Gefühls ... Sie müssen feststellen und vor allem fühlen, was Sie als Mensch täten, wenn Sie im realen Leben in die Lage, in die Bedingungen und vorgeschlagenen Situationen der darzustellenden Person kämen. Auch dabei müßten Sie sich von Ihrem menschlichen Gefühl und Ihren persönlichen Lebenserfahrungen leiten lassen. Diese werden Ihnen unmerklich mittels des menschlichen Spürsinns die richtigen physischen Handlungen eingeben.

Stellen Sie eine Liste der physischen Handlungen auf, die Sie persönlich ausführen würden, wenn Sie in die Lage der darzustellenden Person gerieten. Diese äußerlichen Handlungen werden Ihnen durch Ihr persönliches menschliches Gefühl eingegeben. Dieselbe Arbeit müssen Sie auch an der Rolle selbst entsprechend dem Text des Autors leisten, das heißt, Sie machen ein Verzeichnis der Handlungen, die die von Ihnen darzustellende Person im Stück ausführt. Danach vergleichen Sie beide Listen oder legen sozusagen eine Liste auf die andere, wie man Zeichnungen durchpaust, um die Übereinstimmung zwischen ihnen zu entdecken.

Wenn das Werk eines Dichters mit Talent geschrieben und der echten menschlichen Natur, ihren Gefühlen und ihrem Erleben entnommen ist und wenn Ihr Verzeichnis der Handlungen von Ihrer menschlichen Natur und ihren lebendigen Gefühlen eingegeben ist, dann entsteht in vielen und besonders in den hauptsächlichen Etappenmomenten Übereinstimmung. Das sind Momente Ihrer menschlichen Annäherung an die Rolle, Momente, die vom Gefühl her verwandt sind. Sich selbst wenigstens teilweise in der Rolle wiederzufinden und die Rolle teilweise in sich selbst, ist das nicht ein Erfolg! Das ist überhaupt der Anfang einer Verschmelzung, der Beginn des Erlebens. In den übrigen Momenten der Rolle, in denen der Schauspieler noch nicht sich selbst findet, offenbart sich unbedingt der lebendige Mensch, da eine mit Talent gearbeitete Rolle menschlich ist, wie wir selbst es sind, und der Mensch den Menschen spürt.«

. . . . 19 . .

Arkadi Nikolajewitsch sprach wieder zu uns über das psychotechnische Verfahren der Schaffung *des geistigen Lebens* der Rolle mittels *des körperlichen Lebens*. Seine Gedanken erläuterte er wie stets an bildhaften Vergleichen.

»Hatten Sie schon Gelegenheit zu reisen? Wenn ja, dann sind Ihnen die Veränderungen, die sich unterwegs in der Seele des Reisenden und auch außerhalb vollziehen, wohl bekannt. Haben Sie bemerkt, daß sich während der Fahrt sogar der Zug innen und außen verwandelt, je nach den Landstrichen, durch die man dahineilt?

Bei der Abfahrt sieht der im Frost glänzende Eisenbahnwagen wie neu aus. Auf dem Dach liegt dichter Schnee wie ein frisches Tischtuch. Drinnen ist es winterlich düster; das Tageslicht dringt kaum durch die zugefrorenen Fensterscheiben. Der Abschied wirkt auf das Gemüt. Trübe Gedanken stellen sich ein. Man denkt an diejenigen, die man zurückgelassen hat.

Das Schaukeln des Wagens und das Rattern der Räder wirken einschläfernd. Die Dämmerung bricht herein. Man möchte schlafen.

Es vergehen vierundzwanzig Stunden. Man fährt nach Süden. Draußen verwandelt sich alles. Der Schnee ist getaut. Hinter dem Fenster tauchen andere Landschaften auf. Es regnet. Drin im Waggon aber ist es schwül. Die Heizung ist immer noch auf Winter eingestellt. Die

Zusammensetzung der Mitreisenden hat sich geändert. Man hört eine andere Mundart, andere Gespräche und sieht andere Kleidung.

Nur der Schienenweg ändert sich nicht. Er ist immer der gleiche und zieht sich endlos dahin. Immerzu gleiten auch die Telegrafenmasten und die Signaleinrichtungen vorbei.

Nach weiteren vierundzwanzig Stunden entsteht eine neue Verwandlung. Der Waggon rollt durch eine Sandgegend. Dach, Außenwände und Fenster sind mit haftendem weißlichen Staub bedeckt. Ringsum strahlt alles im Glanz der Sonne, die frühlingshaft wärmt. Die Knospen grünen, die Wiesen duften, und man ist fröhlich gestimmt.

In der Ferne, am Horizont, sieht man die Silhouetten von Hügeln und Bergen. Stürmisch fließen die in Frühlingsströme verwandelten Bäche dahin. Ein Gewitter ist niedergegangen. Der Staub ist gelöscht, die Natur erfrischt. Eine wundervolle Luft, ein herrlicher Wohlgeruch! Vor uns liegen Sommer, Wärme, Meer und Erholung.

Der Schienenstrang aber zieht sich dahin wie bisher. Soll er nur! Kommt es etwa auf ihn an? Er wird nur benötigt, weil man sich darauf vorwärts bewegen kann.

Nicht die Schienen interessieren also den Reisenden, sondern was um ihn herum und im Inneren des Waggons vorgeht. Wenn man die Eisenbahn benutzt, kommt man in immer neue Gegenden und empfängt immer neue Eindrücke. Man erlebt sie, wird begeistert oder verfällt in Trübsinn, regt sich auf und verändert jeden Augenblick seine Stimmung und verwandelt sich selbst.

Dasselbe geschieht auf der Bühne. Was gibt es dort anstelle der Schienen? Woraus sind sie herzustellen? Wie bewegt man sich auf ihnen durch das ganze Stück?

Auf den ersten Blick könnte es scheinen, daß man dazu am besten echte, lebendige Gefühle benutzen sollte. Doch ist psychisches Material labil. Man kann es schlecht festhalten. Daraus sind keine festen ›Schienen‹ zu machen. Dazu braucht man etwas ›Materielles‹. Am ehesten scheinen dafür *physische Aufgaben* geeignet. Sie werden körperlich ausgeführt, und der Körper ist unvergleichlich stabiler als unser Gefühl.

Wenn der Schienenweg fertig ist, steigen Sie ein und fahren Sie los, um neue Länder, das heißt das Leben des Stücks zu erforschen. Sie werden in Bewegung geraten und nicht auf der Stelle treten oder sich den Kopf zermartern. Sie werden handeln. Und nur so können Sie das Leben des Stückes richtig beurteilen und es tief begreifen. Sie werden überall Aufhänger finden und alles einordnen.

Ununterbrochen wie ein Schienenweg zieht sich die Linie der physischen Handlungen hin, fest aneinander gefügt durch bestimmte starke Aufgaben wie ein Gleis durch Schwellen und Bolzen. Solche Linie benötigen wir ebenso wie ein Reisender das Eisenbahngleis. Ganz genau so wie dieser auf einem Schienenstrang durch verschiedene Länder fährt, bewegt sich der Schauspieler auf den physischen Handlungen durch das ganze Stück, durch die vorgeschlagenen Situationen, durch die ›*Wenns*‹ und die anderen Erfindungen der Einbildungskraft. Dabei geraten wir ähnlich wie der Reisende auf unserem Weg in die verschiedenartigsten äußeren Bedingungen, die in uns ganz verschiedenartige Stimmungen hervorrufen.

Im Leben des Stückes begegnet der Schauspieler auf der Bühne neuen Menschen, nämlich den handelnden Personen, seinen Partnern im Stück. Mit ihnen teilt er ein gemeinsames Leben, und das erzeugt ein entsprechendes Erleben.

Doch kann man dies Erleben nicht fixieren. Deshalb muß man sich bei Schaffensbeginn, um sich nicht in den komplizierten Krümmungen des Stückes zu verirren, an die feste, klare

Linie der *physischen Handlungen* halten. Diese Linie brauchen wir nicht an und für sich, sondern nur als stabilen Weg, auf dem man wie auf Schienen sicher in das Leben des Stückes gelangt.

Genau so wie einen Reisenden nicht die Schienen interessieren, auf denen er dahinfährt, sondern die Länder und Orte, durch die der Schienenstrang verlegt ist, so interessieren in unserem künstlerischen Streben den Schauspieler nicht physische Handlungen an sich, sondern die inneren Bedingungen und Umstände, durch die das äußere Leben der Rolle gerechtfertigt wird. Wir brauchen schöne Erfindungen der Einbildungskraft, durch die die darzustellende Person zum Leben erweckt wird, das heißt Gefühle, die in der Seele der schöpferisch arbeitenden Schauspielerpersönlichkeit entstehen; wir brauchen begeisternde Aufgaben für die Rolle, die vor uns aufsteigen, wenn wir das ganze Stück durchgehen.

Wie soll man aber diesen einzig richtigen Weg zwischen den vielen anderen — und falschen — finden? Vor dem Schauspieler verzweigen sich wie auf einem großen Eisenbahnknotenpunkt eine Unzahl verschiedener Gleise (Möglichkeiten des Erlebens, des Vorführens, der handwerkelnden Übertreibung, der komödiantischen Tricks, der Deklamation, der Selbstschaustellung und so weiter). Verfolgt man den richtigen Weg, dann erreicht man sein Ziel, schlägt man den falschen ein, dann gerät man statt in die Kunst mitten in den Sumpf der schauspielerischen Künstelei und des Getues. Das ist nämlich dasselbe, als ob man auf einem Eisenbahnknotenpunkt nicht in den richtigen Zug steigt und statt nach Moskau zu fahren, nach Zarewokokschaisk verschlagen wird. Sich bei den Gleisen eines Eisenbahnknotenpunkts zurechtzufinden ist nicht leicht, noch schwerer aber ist es, für jede Rolle in sich selbst die richtigen Wege zu ertasten, die zu echtem Schaffen und echter Kunst hinführen. Ebenso wie die Schienen auf dem Eisenbahnknotenpunkt laufen sie nebeneinander her, verzweigen sich und finden wieder zusammen, kreuzen und überschneiden sich. Man merkt gar nicht, wie man von dem einen, dem richtigen Gleis auf ein anderes und falsches gerät.

Damit das nicht geschieht, müssen Sie den klaren Weg der physischen Aufgaben einschlagen. Dabei dürfen Sie nicht vergessen, an den Stellen, wo zwei oder mehrere Gleise abzweigen, einen erfahrenen, aufmerksamen und wohl disziplinierten ›Weichensteller‹ zu postieren.

In unserem Beruf müssen wir diese wichtige Rolle dem *Gefühl der Wahrheit* übertragen. Es soll die Arbeit des Schauspielers immer auf den richtigen Weg lenken ...

... In den Minuten tragischen Erlebens auf der Bühne darf man am wenigsten an Tragödie und Gefühl denken, sondern muß vor allem ganz einfache *physische Handlungen* ausführen, die durch die vorgeschlagenen Situationen gerechtfertigt sind.«

Arkadi Nikolajewitsch schwieg. Eine Pause trat ein.

Da hörte man plötzlich, wie Goworkow inmitten der Stille fast unverständlich murrte: »Gratuliere, da sind wir also, seht mal, glücklich bei den Verkehrsverbindungen in der Kunst angelangt.«

»Was meinten Sie?« fragte Torzow.

»Wenn Sie nur sehen wollten, sage ich, daß echte Schauspieler nicht in einem Waggon auf der Erde entlangkriechen, sondern in einem Flugzeug über den Wolken schweben, verstehen Sie«, antwortete Goworkow beinahe deklamierend vor Eifer und Pathos.

»Mir gefällt Ihr Vergleich«, entgegnete Arkadi Nikolajewitsch mit stillem Lächeln. »In der nächsten Unterrichtsstunde werden wir ausführlich darüber sprechen.«

.... 19..

»Also der Tragöde braucht ein Flugzeug, das über den Wolken schwebt, und nicht einen Waggon, der auf der Erde rollt!« Mit diesen Worten wandte sich Arkadi Nikolajewitsch an Goworkow, als er heute in die Klasse kam.

»Natürlich, ein Flugzeug«! bestätigte unser Tragöde.

»Nur muß man leider, bevor man sich in die Luft erhebt, eine Zeitlang auf dem festen Boden des Flugplatzes dahinrollen«, bemerkte Arkadi Nikolajewitsch. »Sie kommen also nicht ohne die Erde aus, wenn Sie im Himmel schweben wollen. Die Piloten benötigen sie genau so wie Schauspieler für den unmerklichen Übergang in höhere Regionen eine Linie physischer Handlungen benötigen.

Oder könnten Sie vielleicht ganz senkrecht, ohne Anlauf auf der Erde gleich in die Wolken aufsteigen? Man sagt, die Technik sei schon so weit, doch die schauspielerische Technik kennt noch keine Mittel, um in den Bereich des Unterbewußten direkt vorzudringen. Wenn allerdings der Wirbelsturm der Inspiration losbricht, dann mag er unser ›künstlerisches Flugzeug‹ ohne Anlauf auf der Erde senkrecht in die Wolken emporreißen. Leider aber hängen solche Höhenflüge nicht von uns ab, und wir können sie nicht in Regeln zwängen. Uns ist es nur möglich, den Boden zu bereiten, Schienen zu legen, das heißt physische Handlungen zu schaffen, die an Wahrheit und Überzeugungskraft ihren Halt finden.

Wie sie sehen, auch auf unserem Arbeitsgebiet geht es nicht ohne die ›Erde‹, wenn wir uns in die Höhe schwingen wollen.[273]

Bei den Flugzeugen beginnt der Flug in dem Augenblick, wenn sich die Maschine vom Boden löst, bei uns aber beginnt das Erhabene da, wo das Reale oder sogar das Vollnatürliche aufhört.

»Wie war das?« fragte ich, um beim Notieren mitzukommen.

»Ich will sagen«, erklärte Arkadi Nikolajewitsch, »daß ich mit dem Wort Vollnatürliches den Zustand unserer physischen und psychischen Natur bezeichne, in dem wir *restlos natürlich und normal* sind und daran aufrichtig und organisch glauben. *Nur in einem solchen Zustande öffnen sich unsere tiefsten seelischen Schlupfwinkel ganz weit.* Von dorther kommen irgendwelche kaum wahrnehmbaren Andeutungen, Schattierungen und Aromata eines echten, organischen schöpferischen Gefühls zum Vorschein, das scheu und im höchsten Grade skrupulös ist.«

»Bedeutet das, diese Gefühle entstehen nur dann, wenn der Schauspieler aufrichtig an die Normalität und Richtigkeit der Handlungen der physischen und psychischen Natur glaubt?« fragte ich abermals.

»Jawohl! Unsere tiefen seelischen Schlupfwinkel *öffnen sich nur dann weit, wenn das innere und äußere Erleben des Schauspielers nach allen dafür erkannten Gesetzmäßigkeiten verläuft, wenn es absolut keinen Zwang, keine Abweichungen von der Norm, keine Schablonen, keine Formübertreibungen usw. gibt. Kurz, wenn alles Wahrheit ist, Wahrheit bis an die Grenze des Vollnatürlichen.*

Man braucht das normale Leben unserer Natur nur im geringsten zu stören, und schon gehen die unmerklichen *Feinheiten* des unterbewußten Erlebens verloren.

Aus diesem Grunde fürchten erfahrene Schauspieler mit gut entwickelter psychischer Technik auf der Bühne nicht nur die geringste Anomalie und Unaufrichtigkeit des Gefühls, sondern auch äußerliche Unwahrheit der physischen Handlung. Um das Gefühl nicht einzuschüchtern, denken sie nicht an das innere Erleben, sondern übertragen die Aufmerksamkeit auf ihr körperliches Leben. Dadurch entsteht von selbst und auf natürliche Weise das geistige Leben, das bewußte wie das unterbewußte.

»Aus all dem wird klar«, resümierte Torzow, »daß wir die Wahrheit der physischen Handlungen und den Glauben an sie nicht um des Realismus oder Naturalismus willen brauchen, sondern um auf natürliche Weise reflektorisch in uns das seelische Erleben der Rolle zu wecken, um unser Gefühl nicht einzuschüchtern und nicht zu vergewaltigen, um seine Keuschheit, Unmittelbarkeit und Reinheit zu bewahren und um auf der Bühne das lebendige, menschliche, geistige Wesen der darzustellenden Person wiederzugeben.

Aus diesem Grunde rate ich Ihnen, nicht auf die Erde zu verzichten, wenn Sie in die Höhe fliegen wollen, und ebensowenig rate ich Ihnen, bei Flügen in das Reich des Unterbewußtseins die physischen Handlungen außer acht zu lassen«, sagte Arkadi Nikolajewitsch zu Goworkow, um die Diskussion mit ihm zu beenden.

»Doch genügt es nicht, hoch hinauf zu fliegen, man muß sich dort auch orientieren können«, fuhr Torzow fort. »Im Reich des Unterbewußten gibt es nämlich, ähnlich wie in den höheren Luftsphären, weder Gleise noch Schienen oder Weichensteller. Dort kann man sich leicht verirren und einen falschen Kurs einschlagen. Wie sollen wir uns in diesem unbekannten Gebiet orientieren? Wie sollen wir unsere Gefühle lenken, wenn da das Bewußtsein nicht hingelangt? Beim Flugwesen sendet man Rundfunkwellen in die unerreichbaren Sphären und lenkt mit ihrer Hilfe das hoch oben schwebende Flugzeug von der Erde aus.

Wir machen in unserer Kunst etwas Ähnliches. Wenn das Gefühl in ein Gebiet hineinfliegt, das dem Bewußtsein nicht zugänglich ist, dann wirken wir mit Hilfe von Erregern und Lockmitteln indirekt auf die Emotion ein. Sie enthalten eine Art ›Rundfunkwellen‹, die auf die Intuition einwirken und den Widerhall des Gefühls hervorrufen. Darüber werden wir zu gegebener Zeit noch sprechen.«

Den Abschluß des Unterrichts notiere ich nicht, denn er wurde durch einen überflüssigen Streit Goworkows verdorben. Da Iwan Platonowitsch abwesend war, geriet er außer Rand und Band.[274]

.. ... 19 ..

Heute galt der Unterricht einer Analyse des Versuchs, den Arkadi Nikolajewitsch mit der Chlestakow-Rolle gemacht hatte.

Torzow erklärte:

»Menschen, die die Bedeutung der Linie des körperlichen Lebens nicht begreifen, werden lächeln, wenn man ihnen erklärt, daß eine Abfolge ganz einfacher, realer physischer Handlungen als Anstoß dient, um das überhöhte geistige Leben der Rolle entstehen zu lassen und hervorzubringen. Diese Menschen verwirrt das Naturalistische des Verfahrens. Wenn man dies Wort aber von ›Natur‹ ableitet, was im Russischen auch Wesensart bedeutet, dann steckt nichts Kompromittierendes darin.

Außerdem kommt es, wie ich schon gesagt habe, nicht auf die kleinen realen Handlungen selbst an, sondern auf eine ganze Reihe von Eigenschaften unseres schöpferischen Organismus, die infolge des Anstoßes, der von den physischen Handlungen ausgeht, in Erscheinung treten.

Diese Eigenschaften aber verstärken die Bedeutung einer Schaffenstechnik auf der Linie des körperlichen Lebens der Rolle. Ich will sie heute hervorheben.

Zu diesem Zweck benutze ich die von mir bei dem vorigen Unterricht gemachten Erfahrungen mit der Chlestakow-Rolle.

Ich werde mit den Eigenschaften unseres Organismus beginnen, die die Grundlage meines Verfahrens für das Schaffen des körperlichen Lebens der Rolle sind.

Sie sind uns bekannt, und deshalb erinnere ich jetzt an nur sie.

Wir machen die physischen Handlungen zum Objekt, zum Material, an dem wir die inneren Emotionen, das Wollen, die Logik und Folgerichtigkeit, das Gefühl für Wahrheit, das Überzeugtsein, die anderen ›Elemente des Befindens‹ und das ›ich bin's‹ äußern. Sie alle entwickeln sich an den physischen Handlungen, aus denen eine Linie des körperlichen Lebens entsteht.[275]

... Wie Sie gesehen haben, konnten weder ich noch Naswanow menschlich überzeugend statt schauspielerhaft die Bühne betreten, ohne vorher unsere einfache physische Handlung durch eine ganze Reihe von Erfindungen der Einbildungskraft, von vorgeschlagenen Situationen, von ›Wenns‹ und anderes zu rechtfertigen.

Wie Sie auch bemerkt haben, erforderten andere einfache physische und sonstige Handlungen von uns nicht nur Erfindungen der Einbildungskraft, sondern auch ein Gliedern der Szene in Abschnitte und Aufgaben. Wir brauchten Logik und Folgerichtigkeit der Handlungen und Gefühle, wir mußten in ihnen die Wahrheit suchen und Überzeugungskraft herstellen, brauchten das ›ich bin's‹ und anderes mehr. Um sie aber in uns aufzufinden, saßen wir nicht am Tisch und steckten die Nase ins Buch, wir teilten den Text nicht mit dem Bleistift in der Hand in Abschnitte, sondern blieben auf der Bühne, handelten und suchten in Wirklichkeit, direkt im Leben unseres natürlichen menschlichen Wesens das, was unseren Handlungen half.

Mit anderen Worten, wir versuchten nicht verstandesmäßig, kalt und theoretisch aus unseren Handlungen klug zu werden, sondern gingen an sie von der Praxis her heran, vom Sein, von den menschlichen Erfahrungen, von der Gewohnheit, von dem schauspielerischen und sonstigen Gespür, von der Intuition, vom Unterbewußtsein her usw. Wir selber suchten das, was für die Ausführung der physischen und anderen Handlungen notwendig ist. Unser eigenes Wesen kam uns zu Hilfe und lenkte uns. Dringen Sie in diesen Prozeß ein, und Sie werden begreifen, er ist eine *innere und äußere Analyse* Ihrer selbst als Mensch unter den Bedingungen der Rolle. Ein solcher Prozeß ähnelt nicht dem kalten, verstandesmäßigen Studium, das von den Schauspielern üblicherweise im allerersten Anfangsstadium des Schaffens betrieben wird.

Der Prozeß, von dem ich spreche, wird gleichzeitig von allen geistigen, emotionalen, psychischen und physischen Kräften unserer Natur vollzogen. Das ist kein theoretisches, sondern ein praktisches Suchen, um zu einem realen Ziel zu gelangen. Es wird auf der Bühne durch die physische Handlung erreicht. Mit unserer nächsten physischen Handlung beschäftigt, denken wir nicht an den komplizierten inneren Prozeß der *Analyse*, der sich in uns auf natürliche Weise unmerklich vollzieht, ja wir wissen nicht einmal etwas über ihn.

Somit bestehen das neue Geheimnis und die neue Eigenart meines Verfahrens zum Schaffen des körperlichen Lebens der Rolle darin, daß eine ganz einfache physische Handlung bei ihrer realen Wiedergabe auf der Bühne den Schauspieler zwingt, aus eigenen Antrieben alle möglichen Erfindungen der Einbildungskraft, die vorgeschlagenen Situationen und das ›Wenn‹ zu erschaffen.

Wenn für eine einzige, höchst simple physische Handlung eine solche große Arbeit der Einbildungskraft nötig ist, dann bedarf es für das Erschaffen einer ganzen Linie des körperlichen Lebens der Rolle einer langen ununterbrochenen Reihe von Erfindungen und vorgeschlagenen Umständen, und zwar eigener wie solcher aus dem ganzen Stück.

Diese kann man nur mittels einer eingehenden Analyse erfassen und ans Licht bringen, einer Analyse, die von allen seelischen Kräften der schöpferischen Natur betrieben wird. Mein Verfahren ruft eine solche Analyse ganz natürlich und von selbst hervor.

Diese neue, glückliche Eigenschaft einer natürlichen und unwillkürlichen Selbstanalyse erwähne ich hier ebenfalls.«

Arkadi Nikolajewitsch kam nicht dazu, die Untersuchung seiner Erfahrungen mit der Chlestakow-Rolle abzuschließen. Er versprach, sie in der nächsten Unterrichtsstunde fortzusetzen.

..... 19..

Nachdem Arkadi Nikolajewitsch die Klasse betreten hatte, erklärte er:

»Ich setze die Untersuchung meines Verfahrens beim Schaffen des körperlichen Lebens der Rolle fort.

Also, um die mir selbstgestellte einfache Frage (›Was täte ich, wenn ich in die Lage Chlestakows geriete?‹) zu beantworten, mußte ich alle ›Wenns‹, alle vorgeschlagenen Situationen und andere Erfindungen der Einbildungskraft, die das Leben der darzustellenden Person betreffen, innerlich sehen, begreifen und fühlen.

Dazu bedurfte es der Mithilfe fast aller Elemente (der Emotion, des Bewußtseins, des Wollens, der Einbildungskraft, des Gefühls für Wahrheit, des Überzeugtseins und so weiter). Außerdem brauchte man noch schauspielerisches Gespür, auch Intuition, menschliche Erfahrungen, Lebensgewohnheiten, Unterbewußtsein usw., kurz, das ganze *psychische und physische Wesen des Schauspielers*. Es trägt dazu bei, daß man — wenn auch nicht gleich das ganze Stück — doch seine allgemeine Stimmung, seine Atmosphäre nicht bloß begreift, sondern auch spürt.

Auf welchen Bahnen zieht man denn nun sein schöpferisches Wesen zur Arbeit heran? ... Sie wissen, daß man ihm und seinem schöpferischen Unterbewußtsein zu diesem Zweck volle Handlungsfreiheit gewähren muß.

Auch in diesem Fall kann mein Verfahren Hilfe leisten.

Wenn man sich von den physischen Handlungen *hinreißen* läßt, dann wird man vom Leben seiner inneren, unterbewußten Kräfte *abgelenkt*. Damit gewährt man diesen aber Handlungsfreiheit und *verlockt* sie zu schöpferischer Arbeit. Mit anderen Worten: Lenken Sie die ganze Aufmerksamkeit auf das Schaffen des ›körperlichen Lebens‹! Damit werden Sie Ihrer Natur volle Freiheit gewähren, und Ihre Natur wird Ihnen ungeachtet Ihres Bewußtseins beistehen, also Ihre physischen Handlungen hervorrufen, beleben und rechtfertigen.

Die Handlungen der Natur und ihres Unterbewußtseins sind so fein und tief, daß sogar der Schaffende sie nicht bemerkt.

Als ich den Versuch mit Chlestakow machte und mich zwecks Schaffung des ›körperlichen Lebens‹ ganz den physischen Handlungen hingegeben hatte, kam auch mir nicht zum Bewußtsein, was in meinem Innern vorging. Naiv bildete ich mir ein, ich selbst schüfe die physischen Handlungen und steuere sie. Tatsächlich aber stellte sich heraus, daß sie nur eine äußere, reflektorische Widerspiegelung des Lebens und der schöpferischen Arbeit waren, die ohne mein Bewußtsein im Inneren von unterbewußten Kräften der Natur vollbracht wurde.

Es liegt nicht im Bereich der menschlichen Möglichkeiten, diese verborgene Arbeit bewußt zu leisten, und was unsere Kräfte übersteigt, bewerkstelligt die Natur selbst statt unserer. Was trägt dazu bei, die Natur in die Arbeit einzuschalten? Mein Verfahren zum Schaffen des ›körperlichen Lebens‹. *Auf normalem, natürlichem Wege zieht es die feinsten, unkontrollierbaren schöpferischen Kräfte der Natur zur Arbeit heran.* Diese neue Eigenschaft meines Verfahrens möchte ich hervorheben.«

Wir Studenten verstanden Torzows Erläuterung, wußten aber nicht, wie man sich zwingt, ganz in den physischen Handlungen, im Schaffen des körperlichen Lebens der Rolle aufzugehen. Wir baten, uns deshalb ein konkreteres technisches Verfahren anzugeben.

Darauf antwortete uns Arkadi Nikolajewitsch folgendes:

»Wenn Sie auf der Bühne stehen, die physischen Handlungen ausführen und dem Stück gemäß sich auf ihren Partner einstellen, dann denken Sie nur daran, das, was Sie wiedergeben wollen, möglichst klar, richtig und bildhaft auszudrücken. Stecken Sie sich energisch das Ziel, den Partner zu zwingen, daß er genau so wie Sie denkt und fühlt und das, wovon Sie sprechen, mit Ihren Augen sieht und mit Ihren Ohren hört.[276] Ob Ihnen das gelingt oder nicht, ist eine andere Frage. Wichtig ist, daß Sie selbst das aufrichtig wollen, daß Sie danach streben und an die Möglichkeit der Lösung einer solchen Aufgabe glauben. Dabei wird Ihre Aufmerksamkeit ganz in der geplanten physischen Handlung aufgehen. Inzwischen aber wird die von der Bevormundung befreite Natur das leisten, was über das Vermögen bewußter schauspielerischer Psychotechnik hinausgeht.

Halten Sie sich strikt an die physischen Handlungen. Diese gewähren einer genialen Künstlerin — der schöpferischen Natur — Freiheit und bewahren das Gefühl vor Gewaltanwendung.

Eine weitere Eigenheit meines Verfahrens besteht darin, daß es hilft, *aus der Psyche der schaffenden Schauspielerindividualität deren eigenes, lebendiges, inneres Material zu gewinnen, das der Rolle analog ist.*

Es ist das einzige zum Schaffen der lebendigen Psyche des darzustellenden Menschen geeignete Material.

Dieser Prozeß wird von unserer Natur ganz normal, natürlich und größtenteils unbewußt vollzogen.

Eine weitere, glückliche Eigenheit des Verfahrens besteht in folgendem: Indem es durch das ›körperliche Leben‹ das ›geistige Leben‹ der Rolle hervorruft, läßt es den Schauspieler Gefühle erleben, die denen der von ihm darzustellenden Person ähneln.

Demzufolge begreift der Schaffende mittels der eigenen Empfindungen die Psychologie der Rolle. Nicht umsonst bedeutet in unserem Fachjargon ›begreifen‹ zugleich auch ›empfinden‹. Das angegebene Resultat wird nicht mit Hilfe einer nüchternen Analyse durch den Verstand erreicht, sondern mittels der Arbeit aller inneren schöpferischen Kräfte der Natur.

Diese Bedingung ist ebenfalls eine glückliche Eigenart meines Verfahrens, und deshalb erwähne ich sie.

Eine weitere Voraussetzung, die die *Grundlage* meines Verfahrens ist, besteht in der *Zugänglichkeit physischer Aufgaben* beim Arbeitsbeginn an einer Rolle.

Diese Aufgaben dürfen die schöpferischen Möglichkeiten des Schauspielers nicht vergewaltigen und nicht überschreiten; sie müssen sich im Gegenteil leicht, natürlich und nach den Gesetzen der menschlichen Natur bewältigen lassen.

Aus diesem Grunde zwang ich mich nicht, schon beim ersten Herangehen an die Chlestakow-Rolle sofort eine neue Gestalt zu schaffen (was unmöglich ist). Ich wollte nur ehrlich und menschlich auf die Frage antworten: Was täte ich persönlich, wenn ich in eine Lage versetzt würde, die derjenigen der darzustellenden Person, das heißt Chlestakows ähnelte?

Bei einer Rolle, die der Schauspieler nicht gleich erfühlt hat, kann man nicht von innen nach außen vorgehen, sondern nur von außen nach innen. Dieser Weg ist uns in der Anfangszeit zugänglicher. Auf diesem Weg haben wir es mit dem sichtbaren und greifbaren Körper zu tun und nicht mit dem unfaßbaren, labilen und launischen Gefühl und den anderen Elementen des inneren Befindens auf der Bühne. Auf Grund des unzerreißbaren Zusammenhanges zwischen dem physischen und dem psychischen Leben und der zwischen ihnen bestehenden Wechselwirkung schaffen wir die ›körperliche‹ Linie, um durch sie auf natürliche Weise die ›geistige‹ Linie der Rolle hervorzurufen.

Denken Sie nur einmal, was das heißt, logisch und folgerichtig das einfache, zugängliche körperliche Leben der Rolle zu schaffen und als Ergebnis plötzlich in sich ihr geistiges Leben zu spüren; in sich selbst dasselbe menschliche Material zu finden, das der Autor für die Rolle direkt dem realen Leben, der menschlichen Natur anderer Leute entnommen hat. Ist das nicht ein Wunder!

Ein solches Ergebnis ist um so wichtiger, als man in unserer Kunst kein konventionelles, schauspielerisches, sondern lebendiges, menschliches Material sucht. Man kann es für eine Rolle nur in der Psyche des schaffenden Schauspielers selbst finden.

Haben Sie bemerkt, daß mich, während ich auf der Bühne meine inneren Antriebe zum Handeln in der Chlestakowrolle ertastete, niemand gewaltsam drängte, weder innerlich noch äußerlich, und daß mir niemand Fingerzeige gab. Und nicht nur das. Ich selbst war bemüht, den Schablonen der traditionellen Darstellung einer klassischen Rolle, Schablonen, die mir von früher anhafteten, zu entrinnen.

Darüber hinaus habe ich mich vorübergehend sogar vor dem Einfluß des Autors bewahrt und das Buch mit dem Text seines Stückes absichtlich nicht aufgeschlagen. All das tat ich, um frei und unabhängig zu bleiben, um auf eigenem Weg an die Rolle heranzugehen, auf dem Weg, der von meiner eigenen schöpferischen Natur, von ihrem Unterbewußtsein, von der Intuition, den menschlichen Erfahrungen und so weiter dahin führte. Mir hat niemand geholfen, und doch hätte ich mich im Fall äußerster Notwendigkeit gern an andere gewandt, sowohl an den Autor, als auch an den Regisseur, wenn sie bei der Probe zugegen gewesen wären.

Alle Ratschläge und Auskünfte, die für die Entscheidung der Frage, die ich mir gestellt, und für die Ausführung der Handlung, die ich mir vorgenommen habe, praktisch von Nutzen sind, würde ich dankbar annehmen und sofort bei der Arbeit benutzen. Wenn die Ratschläge aber meiner Psyche fremd wären, würde ich sie mir fernhalten, um meine Natur nicht zu vergewaltigen, In der ersten Zeit vermeide ich sogar allgemeine Überlegungen über das Stück, so interessant diese auch sein mögen.

Der Schauspieler muß vor allem in den richtigen, ganz elementaren und jedermann zugänglichen physischen Handlungen festen Fuß fassen. Mit ihnen oder richtiger mit den inneren Antrieben für sie fange ich an.

Nach einiger Zeit, wenn die Rolle schon tiefer erfaßt ist, werde ich persönlich viele, sehr viele und ganz verschiedenartige Auskünfte über das Stück einholen. Zu Anfang aber, solange keine Basis geschaffen ist, auf die man sich stützen kann, fürchte ich beim Herangehen an die Rolle ein Zuviel, das den Sinn verwirrt und die Arbeit vorzeitig kompliziert.

Begreifen Sie, es ist wichtig, daß der Schauspieler zu Anfang *von sich aus*, aus eigenem Bedürfnis, eigener Notwendigkeit und eigenem Antrieb fremde Hilfe und Hinweise sucht und sie nicht *aufgenötigt* bekommt. Im ersteren Fall wahrt er seine Selbständigkeit, im letzteren aber verliert er sie. Schöpferisches Material seelischer Art, das von einem anderen entlehnt und nicht in der eigenen Psyche erlebt wird, bleibt kalt, verstandesmäßig und unorganisch.

Im Gegensatz dazu gelangt sein eigenes Material gleich an die richtige Stelle und wird in die Tat umgesetzt. Das, was der eigenen organischen Natur, den eigenen Lebenserfahrungen entstammt und in der Seele Widerhall gefunden hat, kann dem Menschen und Künstler nicht fremd sein. Das ihm Eigene wirkt nahe und verwandt. Was einem eigen ist, braucht man nicht erst zu züchten. Es existiert, es tritt immer von selbst ins Leben und drängt, in einer physischen Handlung zu erscheinen.

Ich werde nicht wiederholen, daß alle diese ›eigenen‹ Gefühle denen der Rolle analog sein müssen. Ich werde nicht noch einmal erklären, daß alle diese aus menschlichen Gefühlen zusammengefügten Kombinationen ähnlich denen aus sieben Noten in der Musik unerschöpflich sind. Sie brauchen nicht zu fürchten, daß das lebendige menschliche Material nicht reiche.

Um das, was ich Ihnen empfehle, besser beurteilen zu können, vergleichen Sie mein Verfahren des Herangehens an die Rolle mit dem, was die meisten Schauspieler aller Theater befolgen.

Dort studieren die Regisseure neue Stücke zuhaus in ihren Arbeitszimmern und kommen mit fertigem Plan zur ersten Probe.

Übrigens studieren viele von ihnen gar nicht, sondern verlassen sich auf ihre Erfahrungen. Wir wissen zu gut, daß solche ›erfahrenen‹ Regisseure ganz rasch, wie aus dem Ärmel geschüttelt, mit bloßer Fertigkeit und aus praller Gewohnheit eine Linie für die Rolle festlegen.

Andere, ernstere Regisseure mit literarischem Sinn legen nach langer mühseliger Kleinarbeit in ihrem stillen Arbeitszimmer eine verstandesmäßige Linie für die Rolle gesetzgeberisch fest. Sie ist richtig, aber nicht mitreißend, und deshalb braucht sie der Schaffende nicht.

Schließlich gibt es Regisseure mit außergewöhnlichem Talent, die den Schauspielern zeigen, wie man spielen muß. Je genialer ihr Vorspiel ist, um so stärker haftet der Eindruck bei dem Zuschauenden, aber das führt zur Knechtung durch den Regisseur. Nachdem der Schaffende die geniale Behandlung der Rolle kennengelernt hat, möchte er sie genau so spielen, wie sie gezeigt wurde. Niemals wird er sich von dem empfangenen Eindruck lösen. Er gerät in den Zwang, das Modell ungeschickt zu imitieren, und doch wird es ihm nie gelingen, es nachzubilden. Diese Aufgabe übersteigt seine natürlichen Möglichkeiten. Nach einem solchen Vorspiel geht der Schauspieler seiner Freiheit und der eigenen Meinung über die Rolle verlustig. Mögen die genialen Regisseure nicht diejenigen in Versuchung führen, die nicht so viel Talent haben; sollen sie sich lieber zu den Schauspielern herablassen und sich auf sie einstellen.

In allen angegebenen Fällen ist eine künstlerische Vergewaltigung der Schauspieler durch die Regisseure unvermeidlich, da sie gegen ihren Willen genötigt sind, fremde, ihrer Psyche und ihren Möglichkeiten zuwiderlaufende Instruktionen zu befolgen.

Freilich gelingt es talentierten Schauspielern zuweilen, auch diese Hindernisse zu überwinden, doch davon rede ich nicht, da Ausnahmen keine Regel schaffen.

Jeder Schaffende soll nur das geben, was seinen Kräften entspricht, und nicht dem nachjagen, was über seine schöpferischen Möglichkeiten geht. Die klägliche Kopie eines guten Vorbildes ist schlechter als das gute Original einer mittelmäßigen Gestalt.

Was aber die Regisseure betrifft, so kann man ihnen nur raten, den Schauspielern nichts aufzuzwingen, sie nicht mit dem zu verleiten, was deren Kräfte übersteigt, sondern sie zu begeistern und zu veranlassen, selber aus den Regisseuren herauszulocken, was ihnen zur Ausführung einfacher physischer Handlungen nötig erscheint. Man muß beim Schauspieler Appetit auf eine Rolle anregen können.

Um alle erwähnten Gefahren zu vermeiden, rat' ich den Schauspielern, sich beharrlich an die rettende Linie des körperlichen Lebens der Rolle zu halten. Diese stabile Linie bewahrt vor Abwegen und führt sicher zum geistigen Leben der Rolle.

Damit habe ich Ihnen einerseits erläutert, was in den meisten Theatern geschieht, und andererseits, worin die Besonderheit, das Geheimnis meines Verfahrens besteht, das *die Schaffensfreiheit des Schauspielers wahrt.*

Vergleichen und wählen Sie!«

»Ziehen wir die Bilanz der Arbeit, die wir bei der Untersuchung meines Verfahrens geleistet haben.

Das Ergebnis ist in dem Befinden zu suchen, das sich in dem Schaffenden selbst bildet, nachdem er die Linie des körperlichen und des geistigen Lebens der Rolle erarbeitet hat. Vielen von Ihnen ist es zufällig oder mit Hilfe der Psychotechnik auch wiederholt gelungen, in sich das richtige *innere Befinden für die Bühne* herzustellen. Aber, wie schon gesagt, genügt es nicht, um alle ›Elemente‹ ins Leben zu rufen, um an das Studium und die Analyse des Stückes und der Rolle mit dem ganzen Wesen und nicht nur dem Verstand heranzugehen. Man muß in das geschaffene Befinden *das reale Empfinden des Lebens der Rolle unter den vorgeschlagenen Situationen des Stückes* eingliedern. Das bewirkt in der Seele des schaffenden Künstlers eine wundertätige Verwandlung, eine Metamorphose. Sie werden sie in der Praxis kennenlernen, einstweilen kann ich von diesem Zustand nur andeutungsweise, nur anhand von Beispielen reden.

Hören Sie mir zu!

In meiner Jugend begeisterte ich mich für das Leben in der Antike. Ich las darüber, sprach mit Kennern, sammelte Bücher, Stiche, Zeichnungen, Fotografien und Postkarten, und mir schien es, daß ich die Epoche nicht nur verstand, sondern auch fühlte.

Da geriet ich nach Pompeji und betrat selber den Boden, über den die antiken Menschen gegangen waren. Mit eigenen Augen sah ich die engen Straßen der Stadt, betrat die erhalten gebliebenen Häuser, saß auf denselben Marmorplatten, auf denen die Helden ausgeruht hatten, und berührte mit eigenen Händen die Gegenstände, die sie einst berührt hatten. Eine ganze Woche lang spürte ich das vergangene Leben geistig und körperlich.

Dadurch rückten alle meine vereinzelten Bücher- und anderen Weisheiten zurecht. Sie gewannen samt und sonders ein neuartiges Leben.

Damals begriff ich den gewaltigen Unterschied zwischen der echten Natur und den Postkarten, zwischen dem emotionalen Empfinden des Lebens und dem aus Büchern geschöpften, nur geistigen Verständnis, zwischen der gedanklichen Vorstellung und dem physischen Empfinden und schließlich zwischen einem kalten und toten Herangehen an die zu studierende Epoche und einem innerlich erwärmenden und lebendigen.

Fast dasselbe geschieht in unserem Fach beim ersten Herangehen an die Rolle. Ein emotional oberflächliches Kennenlernen ergibt ein schwaches Resultat, nicht größer als dasjenige, das man gewinnt, wenn man eine Epoche nur aus Büchern, ohne Augenschein studiert.

Nach dem ersten Kennenlernen eines dichterischen Werkes leben die Eindrücke in uns gleichsam als einzelne Tupfen, als Momente, die oft sehr in die Augen springen, unauslöschlich sind und dem ganzen weiteren Schaffen eine Farbe verleihen. Doch vermitteln die isolierten Momente, die nur durch die äußere Fabel und durch keinen allgemeinen inneren Zusammenhang verbunden sind, noch nicht das Empfinden für das ganze Stück. Man begreift es nicht, so lange man nicht dessen ganzes Leben spürt, nicht nur das geistige, sondern auch das körperliche.

Wenn man sich aber die der Rolle analogen eigenen Handlungen nicht nur geistig vorstellt, sondern sie auch körperlich ausführt in den der Rolle analogen vorgeschlagenen Situationen, dann und nur dann ist es möglich, das echte Leben der darzustellenden Person nicht nur verstandesmäßig zu begreifen, sondern es mit dem lebendigen Empfinden des gesamten menschlichen Organismus auch gefühlsmäßig zu erfassen.

Wenn man durch die ganze Rolle hindurch eine Linie des körperlichen Lebens aufbaut und dank dieser in sich auch eine Linie des geistigen Lebens spürt, dann bekommen alle vereinzelten Empfindungen ihren Platz und erhalten neue, reale Bedeutung.

Ein solcher Zustand ist eine feste Basis für den Schaffenden.

Da gelangt jede Mitteilung, die der Schauspieler von außen bekommt, vom Regisseur oder von anderen Personen, sofort an den gebührenden Platz, statt in Hirn oder Herz umherzuliegen wie überflüssige Vorräte in einem überfüllten Lager, oder sie wird im Gegenteil zurückgewiesen und verworfen.

Diese Arbeit wird nicht nur vom Verstand geleistet, sondern von allen schöpferischen Kräften, sämtlichen Elementen des Befindens auf der Bühne, dem sich das reale Empfinden für das Leben des Stückes zugesellt.

Ich habe Sie gelehrt, in sich das reale Empfinden nicht nur des geistigen, sondern auch des körperlichen Lebens der Rolle zu schaffen. Das erreicht man, wie Sie jetzt wissen, mit den einfachsten und zugänglichsten Mitteln.

Das gewonnene Empfinden dringt von selbst in das zuvor entstandene innere Befinden auf der Bühne ein, verbindet sich mit ihm, und zusammen bilden beide das sogenannte *kleine schöpferische Befinden, das Arbeitsbefinden*.[277]

Nur in solchem Zustand ist es möglich, nicht mit kaltem Herzen, nicht verstandesmäßig an die Analyse und das Studium der Rolle heranzugehen, sondern unter Mitwirkung der Elemente des inneren Befindens auf der Bühne und mit aktiver Hilfe aller schöpferischen Kräfte der psychischen und physischen schöpferischen Faktoren.

Ich lege großen Wert darauf, daß ein neues Werk von vornherein nicht so sehr mit dem Verstand, sondern auch mit dem Gefühl ertastet wird, solange im Schauspielerindividuum das Unterbewußtsein und die Intuition frisch und frei sind.

Aus Teilchen der lebendigen Seele des Schauspielers, aus ihrem menschlichen Wollen, aus ihren Absichten und Strebungen fügt sich die Seele der Rolle zusammen.

Bei einer solchen schöpferischen Arbeit gewinnt jede Theaterfigur, die vom Schauspieler geschaffen wird, auf der Bühne Leben und individuelle, originelle Färbung. Eine solche Interpretation ist nur dem Darsteller möglich, der die Rolle eigens schöpferisch hervorbringt.

Bei meinem Vorspiel empfand ich mich selbst minutenlang in der Haut von Chlestakow. Dieser Empfindung folgte eine andere, als ich plötzlich in mir ein Teilchen der Seele der Rolle entdeckte. Das war, als ich mich überraschend fähig fühlte, vom Tablett etwas Eßbares zu klauen. Das war ein Moment teilweisen Verschmelzens mit der Rolle. Das heißt, auch in mir sind Instinkte Chlestakows verborgen. Einen davon hatte ich in mir entdeckt, und er kam mir für die Rolle zustatten. Während ich sie weiter ertastete, fand ich neue Berührungspunkte, wo vorgeschlagene Umstände des äußeren und inneren Lebens mit denen der darzustellenden Figur identisch waren. Solche Momente der Annäherung wurden immer zahlreicher, bis sie schließlich ununterbrochene Linien geistigen und körperlichen Lebens bildeten. Jetzt, wo der allererste Schaffensansatz schon hinter mir liegt, behaupte ich folgendes: Sollte ich in die Lage und in die vorgeschlagenen Situationen Chlestakows geraten, dann würde ich auch im wirklichen Leben ganz genau so verfahren, wie in dem von mir geschaffenen körperlichen Leben der Rolle.

[Ein solcher Zustand, der dem ›ich bin's‹ sehr nahe kommt, ist nichts Schreckliches. Wenn man auf einer stabilen, festen Basis steht, kann man seine physische und auch seine psychische Natur leicht lenken, ohne Gefahr zu laufen, aus dem Konzept zu geraten und den Boden zu verlieren. Kommt man aber auf Abwege, dann kann mein leicht zum ›ich bin's‹ zurückfinden und sich wieder auf das richtige Befinden einstellen. Wenn man auf einer festen Basis steht und das ›ich bin's‹ fühlt, dann kann man die Bretter in jeder beliebigen Charakteristik betreten, wenn man Gewohnheit und Anerziehung zu Hilfe nimmt. Zur Unterstützung der vorgeschlagenen Situationen und der Logik der Gefühle kann man aus der Kombination des gewonnenen inneren Materials jede beliebige Charakteristik bilden. Wenn das innerlich wie das äußerlich Charakteristische auf Wahrheit beruhen, dann ist das ganz gewiß wie Salz in der Suppe, und eine lebendige Gestalt ergibt sich von selbst. So bilden verschiedene organische Stoffe, in der Retorte vereinigt, einen neuen, dritten Stoff ebenfalls organischen Ursprungs. Fremde Meinungen bringen Sie nicht aus dem Konzept und lädieren nicht selbständige Ansichten.«][278]

»Ich habe Ihnen eine ganze Reihe von Eigenschaften und Möglichkeiten meines Verfahrens zum Schaffen des ›körperlichen Lebens‹ enthüllt. Automatisch zergliedert es das Stück; automatisch verlockt es die organische Natur mit ihren wichtigen inneren schöpferischen Kräften zum Schaffen, und diese diktieren uns die physischen Handlungen; automatisch ruft es im Innern lebendiges menschliches Material für das Schaffen hervor; und es hilft, bei den ersten Schritten schon die Gesamtatmosphäre und -stimmung des Stücks zu erahnen.

Alle diese neuen und sehr wichtigen Schaffensmöglichkeiten machen mein Verfahren praktisch noch wertvoller.«[279]

Heute fand im Konversationszimmer ein interessantes Gespräch Arkadi Nikolajewitschs auch mit reifen Schauspielern über seine neue Methode statt, die Rolle über die physischen Handlungen anzupacken.

Es stellt sich heraus, daß bei weitem nicht alle in der Truppe dieses Neue in der Kunst akzeptieren, wie es auch mit anderen Neuerungen geschieht. Es gibt viele Rückschrittler, die sich an das Alte klammern und Neues nicht an sich heranlassen.

»Wenn ich mit fertigen Schauspielern wie Ihnen spreche, ist es für mich leichter, von hinten anzufangen und rückwärts vorzugehen«, sagte Arkadi Nikolajewitsch. »Ihnen ist das Empfinden des Schauspielers in einer erarbeiteten beendeten Rolle wohl bekannt. Die Studenten aber kennen dies Empfinden nicht. Gehen Sie einmal in sich, denken Sie nach, suchen Sie auch mit dem Gefühl und erinnern Sie sich einer oft gespielten Rolle, die sich Ihnen gut eingeprägt hat, und dann sagen Sie: Womit sind Sie beschäftigt, worauf bereiten Sie sich vor, was steht Ihnen vor Augen, welche Aufgaben und Handlungen locken Sie, wenn Sie aus der Garderobe auf die Bühne gehen, um eine wohlbekannte Rolle zu spielen?

Ich spreche nicht von den Schauspielern, die ihre Rollenpartitur aus simplen handwerkelnden ›Tricks‹ und ›Gags‹ zusammenbauen. Ich spreche vielmehr von ernsthaften Künstlern, die schöpferisch vorgehen.«

»Wenn ich auf die Bühne gehe«, sagte einer der Schauspieler, »denke ich an die erste, in der Reihenfolge nächstliegende Aufgabe. Sobald sie ausgeführt ist, entsteht die zweite von selbst, und wenn ich die gespielt habe, denke ich an die dritte, die vierte und so weiter.«[280]

»Ich aber fange mit der durchgehenden Handlung an. Sie zieht sich vor mir hin wie eine endlose Chaussee, an deren Ende die Kuppel der Überaufgabe erglänzt«, sagte ein anderer, ein alter Schauspieler.

»Wie streben Sie denn dem Endziel entgegen, und wie kommen Sie ihm näher?« horchte Torzow ihn aus.

»Indem ich logisch eine Aufgabe nach der anderen ausführe.«

»Sie handeln also, und bringt Sie dieses Handeln dem Endziel immer näher?« forschte Arkadi Nikolajewitsch weiter.

»Natürlich. Und so mache ich es bei jeder Rolle.«

»Wie kommen Ihnen denn diese Handlungen in einer gut erlebten Rolle vor? Schwer, kompliziert, unfaßbar?« Torzow nahm die Antwort gleichsam vorweg.

»Früher war es so, aber letzten Endes bin ich auf ein Dutzend sehr klarer, realer, verständlicher und zugänglicher Handlungen gekommen, die Sie Schema oder Fahrwasser des Stükkes und der Rolle nennen.«

»Was sind das für welche? Feine psychologische Handlungen?«

»Ganz gewiß. Vom häufigen Erleben aber und durch die unzerreißbare Verbindung mit dem Leben der ganzen Rolle hat das Psychologische in starkem Maße körperliche Gestalt gewonnen, durch die man bis zum inneren Wesen des Gefühls vordringt.«

»Sagen Sie mal: Warum ist das denn so?« forschte Torzow.

»Mir scheint das natürlich. Etwas Körperliches, das heißt, der Leib ist wahrnehmbarer und zugänglicher. Man braucht nur logisch und folgerichtig etwas zu tun, und schon kommt das Gefühl von selbst im Laufe der Handlung.«

»So ist es«, hakte Torzow ein, »das, womit Sie aufhören, ist die einfache physische Handlung, mit der wir anfangen. Sie sagen selbst, daß die äußere Handlung, das körperliche Leben

323

zugänglicher sei. Ist es daher nicht besser, das Erarbeiten der Rolle auch mit dem zu beginnen, was zugänglicher ist, das heißt mit physischen Handlungen, mit ihrer ganzen ununterbrochenen Kette, dem ganzen ›körperlichen Leben‹? Sie sagen, in einer fertigen, gut gearbeiteten Rolle folge das Gefühl der Handlung. Aber auch im Anfang, wenn die Rolle noch nicht geformt ist, folgt das Gefühl der Kette der logischen Handlungen. Locken Sie es also sofort heraus, von vornherein! Wozu es quälen und ausquetschen? Wozu monatelang am Tisch sitzen, um schlummerndes Gefühl aus sich herauszupressen? Wozu wollen Sie es zwingen, sein Leben außerhalb der Handlung zu beginnen? Gehen Sie lieber auf die Bühne und handeln Sie sofort, das heißt, führen Sie aus, was Ihnen im gegebenen Zeitpunkt zugänglich ist. Durch die Handlung veranlaßt, kommt innerlich von selber, auf natürlichem Wege, dank des unlösbaren Zusammenhangs mit dem Körper zum Vorschein, was zum gegebenen Zeitpunkt auch dem Gefühl zugänglich ist.«

Arkadi Nikolajewitsch bemühte sich weiterhin, die Theorie seines Verfahrens zu erläutern, eine Theorie, die uns nunmehr wohlbekannt ist und ziemlich klar und verständlich erscheint, seit wir die Logik und Folgerichtigkeit der Handlung und die Technik des Handelns mit vorgestellten Gegenständen beherrschen.

Mir als Studenten erschien es seltsam, daß alte Schauspieler eine solche einfache, normale und natürliche Wahrheit, wie sie Arkadi Nikolajewitsch verfocht, nicht begriffen und sich so schwer zu eigen machten.

Wie konnte es geschehen, dachte ich, daß diese Wahrheit, die wir Studenten schon volle drei Jahre studieren, erst jetzt bis zur Truppe, bis zu den großen Schauspielern durchgedrungen ist?

»Das Tempo beim Arbeiten, die festen Fristen für eine Inszenierung und für die Premiere, der volle Spielplan, Proben, Aufführungen, Doppelbesetzungen, das Einspringen, andere Veranstaltungen und Pfuscherei trüben das gesamte Dasein des Schauspielers. Das umgibt ihn wie ein Rauchschleier, durch den er nicht hindurchblicken und wahrnehmen kann, was in der Kunst geschieht und worin Sie sich als Glückspilze augenblicklich geradezu baden!« sagte mir ein junger Pessimist, der im Abendspielplan des Theaters sehr eingespannt war.

Wir aber, die Studenten, beneiden ihn.

8. AUS NOTIZEN DER JAHRE 1936 UND 1937

Zur Bedeutung der physischen Handlungen

»Sie wissen, daß das Wesentliche nicht in der physischen Handlung liegt, sondern in den Bedingungen, den vorgeschlagenen Situationen und den Gefühlen, die dadurch entstehen. Wichtig ist nicht, daß der Held der Tragödie sich tötet, wichtig ist vielmehr die innere Ursache dafür. Wenn es keine gibt oder sie uninteressant ist, dann wird auch der Tod selbst kaum Eindruck machen. Zwischen einer Bühnenhandlung und ihrer Ursache besteht ein unlösbarer Zusammenhang. Oder anders gesagt, zwischen dem ›körperlichen Leben‹ und dem ›geistigen Leben‹ herrscht vollkommener Einklang. Dies nutzen wir, wie Sie wissen, für unsere Psychotechnik aus. Das tun wir auch jetzt.

Mit Hilfe der Natur, ihrem Unterbewußtsein, ihrem Instinkt, ihrer Intuition, ihrer Gewohnheit und so weiter rufen wir eine Reihe physischer Handlungen hervor, die untereinander verbunden sind. Vermittels der Handlungen bemühen wir uns, innere Ursachen zu ergründen, die sie ausgelöst haben, einzelne Momente des Erlebens sowie die Logik und Folgerichtigkeit des Fühlens unter den vorgeschlagenen Lebensumständen der Rolle zu erfassen. Wenn wir diese Linie erkannt haben, dann begreifen wir auch den tieferen Sinn der physischen Handlungen. Dieses Begreifen entspringt nicht dem Verstand, sondern aus der Emotion, was sehr wichtig ist, da wir am eigenen Empfinden ein Teilchen der Rollenpsychologie erfassen müssen. Eine absolute Rollenpsychologie oder eine Logik und Folgerichtigkeit des Gefühls an und für sich kann man nicht spielen. Deshalb betreten wir die stabilere und uns zugänglichere Linie der physischen Handlungen und befolgen in ihnen strenge Logik und Folgerichtigkeit. Da diese Linie untrennbar mit einer anderen, der inneren Linie des Gefühls verbunden ist, gelingt es uns mittels der Handlungen, die Emotion zu erregen. Die Linie der logischen und folgerichtigen physischen Handlungen wird in die Partitur der Rolle eingeführt.

Wahrscheinlich haben Sie jetzt am eigenen Empfinden die Verbindung erkannt, die zwischen der physischen Handlung und der sie auslösenden inneren Ursache, ihrem Antrieb und Streben existiert. Das ist der Zugang vom Äußeren zum Inneren. Festigen Sie diese Verbindung, wiederholen Sie die Linie des körperlichen Lebens der Rolle viele Male. Dadurch stärken Sie nicht nur die physischen Handlungen selbst, sondern auch die inneren Antriebe dafür. Einige davon können mit der Zeit bewußt werden. Sie sind dann willkürlich benutzbar und rufen ungehindert die Handlungen hervor, die auf natürliche Weise mit ihnen verquickt sind. Viele dieser inneren Antriebe aber, und wahrscheinlich die wertvollsten, sind nicht restlos zu erfassen. Bedauern Sie das nicht. Bewußtsein kann einen Antrieb des Unterbewußtseins töten.

Wie soll man aber folgende Frage beantworten: Welche Antriebe kann man und welche darf man nicht berühren?

Stellen Sie auch diese Frage nicht! Überlassen Sie das unserer natürlichen Veranlagung! Nur sie kennt sich in diesen für unser Bewußtsein nicht zugänglichen Prozessen aus.

Was Sie selbst betrifft, mögen Sie auch diesmal Hilfe in dem von mir angegebenen Verfahren suchen. Gehen Sie im Augenblick des Schaffens nicht auf der inneren Linie der Gefühlsantriebe vor, die selbst besser als Sie wissen, wie sie zu handeln haben; beschreiten Sie vielmehr die Linie des körperlichen Lebens der Rolle.«[281]

Eine neue Art, an die Rolle heranzugehen

»Begeben Sie sich alle auf die Bühne, bereiten Sie sich vor, erzeugen Sie ein inneres Befinden für die Bühne, und dann stellen Sie Partnerbeziehung her.

Machen Sie das nach allen Gesetzen Ihrer organischen Naturveranlagung und lassen Sie kein einziges logisches, folgerichtiges Moment aus. Vergessen Sie nicht, mit den Augen gleichsam wie mit Fühlern in die Seele eines jeden einzudringen, der auf der Bühne ist, um zu erkennen, in welcher Stimmung er sich befindet und wie man auf ihn einwirken kann. Vergessen Sie nicht, sich zu orientieren, sich aneinander zu verhaken oder wo nötig auch ineinander zu verbeißen.«

Ziemlich schnell erzeugten wir bei uns ein inneres Befinden für die Bühne, und dann brachten wir mit Hilfe Arkadi Nikolajewitschs und Iwan Platonowitschs auch den Prozeß der Partnerbeziehung nach allen Regeln und Gesetzen der organischen Naturveranlagung, der Logik und Folgerichtigkeit in Gang.

Ohne Aufgabe und Handlung kann man aber einen solchen Zustand nicht bewahren. Arkadi Nikolajewitsch begriff das und beeilte sich, uns das zu geben, woran es mangelte. Er sagte:

»Stellen Sie sich vor, Sie spielen die Szene aus ›Hamlet‹, in der der Held der Tragödie zum ersten Male bei Hof erscheint. Diese Rolle soll Naswanow spielen, Pustschin und die Weljaminowa spielen den König und die Königin, Schustow spielt den Marcellus und Wjunzow den Polonius.«

»Aber mit Vergnügen!«

»Ich bewege mich auf der Rollenlinie des Hauptthelden«, fuhr Arkadi Nikolajewitsch fort. »Erinnern Sie sich an den Inhalt der von mir gewählten Szene. Hamlet ist gerade erst nach langer Abwesenheit zurückgekehrt. Er hatte Vater und Mutter in den besten freundschaftlichen Beziehungen zueinander zurückgelassen. Jetzt nach seiner Heimkehr hat er erfahren, daß eine verhängnisvolle Veränderung eingetreten ist. Der geliebte Vater ist gestorben, und die vergötterte Mutter hat sich bereits mit dem ihm verhaßten üblen Kerl Claudius, dem neuen König, vermählt. Beide sind fröhlich, schon haben sie den für Hamlet schweren Verlust vergessen, das heißt den vorigen edlen König, Mann, Bruder und Vater.

Spielen Sie mir diese Szene vor, bringen Sie wieder eine ganz enge Beziehung zu Ihren neuen Partnern in Gang, und verfolgen Sie dabei Ihre eigenen, doch denjenigen der Tragödienfigur analogen Aufgaben.«

»Was sind das für Aufgaben?«

»Ist Ihnen etwa nicht klar, was ein Sohn, der in die Lage Hamlets gerät, anstrebt? Jeder Mensch muß in solcher Lage vor allem das Geschehene begreifen, verarbeiten und beurteilen.«

»Natürlich. Das sind nächstliegende, sehr wichtige Momente der Partnerbeziehung. Was muß man zu diesem Zweck tun?«

»Vor allem muß man sich orientieren, sich bemühen, die allgemeine Stimmung zu sondieren, wie mit unsichtbaren Fühlern in die Seele jedes Anwesenden eindringen; dazu muß man ihre Blicke suchen und sich auf sie einstellen, um sie nicht abzuschrecken, sondern vertraulich zu wirken, sie gleichsam festzuhalten und eine Partnerbeziehung hervorzurufen. In der gegebenen Lage aber verbirgt jeder der im Thronsaal Anwesenden seinen wirklichen Zustand, und das besonders vor den forschenden Augen Hamlets. Dessen Befremden und Vorwürfe sind ja aus seinen Blicken abzulesen, erklingen aus seiner Stimme, äußern sich in der Mimik und beunruhigen sein Gewissen jedesmal, wenn die scheußliche Gegenwart ihn an eine herrliche Vergangenheit erinnert. Alle Anwesenden spüren das. Durch geschickte Anpassung maskieren sie ihre Seele, ihren inneren Zustand, um den forschenden Blick des in seinen besten Gefühlen beleidigten jungen Sohns zu parieren.

Arbeiten Sie die ganze Hamlet-Rolle derart auf organische Partnerbeziehungen hin durch. Dann wird sich bei Ihnen nicht nur dies Element des inneren Befindens auf der Bühne ergeben, sondern auch alle anderen für einen solchen Zustand notwendigen Elemente entstehen.«

»Hm! Wieso denn?«

»Aus folgendem Grund. Wenn die Linie der Partnerbeziehung entstanden ist, dann kommt dabei unvermeidlich von selbst auch eine Linie des sich immer neuen Einstellens auf Partner zustande. Um aber derart auf sie einzugehen und in Partnerbeziehung zu bleiben, bedarf es einer Linie von Objekten und von Aufmerksamkeit. Notwendig ist auch eine Linie der emotionalen Erinnerungen und ihr Wiederaufleben, wodurch man gegenseitig in Partnerbeziehung kommt. Das wird nicht sofort in vollem Umfang geschehen, sondern teilweise, den Abschnitten und Aufgaben entsprechend.

Alle diese Momente müssen begründet sein, und deshalb sind Erfindungen der Einbildungskraft notwendig. Ohne Wahrheit und Überzeugungskraft bleiben sie aber ebenso wie die ganze Arbeit der übrigen Elemente machtlos. Wo aber Wahrheit ist und Überzeugungskraft, da ist auch das ›ich bin's‹, und wo das ›ich bin's‹ ist, da wirkt die organische Natur mit ihrem Unterbewußtsein.

Sie spüren, daß alle angegebenen Handlungen auf szenische Objekte, auf lebendige Personen aus dem Stück gerichtet werden. Ein solches Handeln ist wichtig, da es sich auf das Leben bezieht, das auf der Bühne abgebildet wird. Das Publikum kommt ins Theater, um dies wahrzunehmen ...«

»Und wo soll man die Handlungen hernehmen?«

»Aus dem Stück«, soufflierte Wjunzow.

»Die Handlungen im Stück gehören dem Autor und den noch nicht zum Leben erwachten Rollen, wir aber brauchen lebendige Handlungen des schauspielenden Menschen, des Darstellers der Rolle, Handlungen, die denen der darzustellenden Person analog sind. Und wie kann man diese bei sich hervorrufen?«

»Wie soll man sie bloß hervorrufen, wenn sie nicht kommen! Da kannst du vergeblich rufen ...«, klagte Wjunzow.

»Sie irren sich. Vergessen Sie nicht, von dem Augenblick an, in dem Sie die Rolle bekommen, existiert für Sie keine fremde handelnde Person des Stückes mehr. Für Sie gibt es nur noch eine Person, nämlich *Sie selbst* in den vorgeschlagenen Situationen desjenigen, den Sie berufen sind zu schaffen.

Mit sich selbst kommt man leicht ins reine. Sagen Sie nur folgendes zu sich: ›Was täte ich, wenn ich mich plötzlich in die vorgeschlagenen Situationen des Stückes versetzt sähe?‹ und antworten Sie ehrlich auf diese Frage.

Bravo! An Ihren Augen erkenne ich, daß Sie mir schon auf den Leim gegangen sind und daß mein Trick gelungen ist«, freute sich Torzow.

»Was für ein Trick«, fragte ich verständnislos.

»Ich habe durch meine Frage Ihre Aufmerksamkeit auf Ihre eigenen emotionalen und anderen Erinnerungen gelenkt.«

»Und worauf war sie vorher gerichtet?« fragte ich weiter.

»Auf andere, auf fremde und daher tote Gefühle einer Ihnen unbekannten Person ... Diese Rolle und Person erwachen zum Leben, sobald Sie eigene Gefühle in deren Seele gelegt haben. Oder anders ausgedrückt, sobald Sie sich in der Rolle und die Rolle in sich fühlen. Das aber erreichen wir jetzt systematisch, allmählich und folgerichtig. Sie sollen meine Methode begreifen, wie der Schauspieler den allerersten Zugang zu einer neuen Rolle findet. Dies Verfahren bewahrt ihn vor jeder Gewaltanwendung und jeder Verletzung der Gesetze des organischen Wirkens unserer Naturveranlagung.

Ein anderes Ziel besteht darin, daß Sie an sich selbst die Arbeit des Dramatikers erfahren und erfühlen, daß Sie wenigstens ein bißchen in sein Leben dringen und seinem Schaffensweg folgen. Dann werden Sie die Arbeit eines Schriftstellers besser verstehen und mehr schätzen. Sie werden an sich die Qualen der Geburt jedes Details und das Suchen nach den notwendigen Worten erleben, Dinge, die ein Darsteller auf der Bühne so wenig schätzt.

Indem ich Episode für Episode des neuen Stückes erzähle, werde ich Ihnen allmählich die ganze Fabel unseres künftigen Werkes wiedergeben.

Gleichlaufend mit meiner Erzählung werden Sie die physischen Handlungen suchen, aus denen sich die Episoden zusammensetzen. Jetzt, nachdem Sie die Logik und Folgerichtigkeit dieser physischen Handlungen an Übungen mit vorgestellten Gegenständen im Fach ›Training und Drill‹ erlernt haben, wird es Ihnen nicht schwer fallen, meine Aufgaben zu erfassen und zu erfüllen ...«

»Sobald der Schauspieler ein Exemplar des Stückes bekommen hat, legt er es vor sich hin und beginnt den Text seiner Rolle wie verrückt zu lesen, bis er alle Worte abgenutzt hat und sie den Sinn für ihn verlieren.«

»Warum tut er das denn?« fragte jemand.

»Weil er nicht weiß, wie er anders an die Rolle herangehen und in sie eindringen soll. Solange dieser Märtyrer seine Rolle liest, preßt er sich gleichsam mit schrecklicher Gewalt in das Buch hinein. Es drängt ihn physisch zu dem Exemplar des Stückes hin, er strengt sich mit dem ganzen Körper an, ballt die Fäuste, preßt die Zähne zusammen, verzerrt das Gesicht, reißt die Augen auf und röchelt vor Anstrengung.

Andere Schauspieler stellen sich ohne systematisches Herangehen und ohne Technik im Geiste irgendeine Gestalt vor (oder einen Schauspieler, den sie in dieser Rolle gesehen haben). Ähnlich wie der erstere Schauspieler strengen auch sie sich qualvoll an, in sie einzudringen und sie zu beleben. Um zu begreifen und zu empfinden, was solche Schauspieler durchmachen, stellen Sie sich einmal vor, vor Ihnen stünde ein Mannequin, vollgestopft mit Werg, und Sie strengen sich an, da gleichsam hineinzukriechen, sich hineinzuzwängen, obwohl das Mannequin von allen Seiten zugenäht ist und obwohl es nicht Ihrer Statur entspricht, entweder zu klein oder zu groß ist.

Verzweifelt über seine fruchtlosen Qualen, sucht der Schauspieler Hilfe in der gemeinsamen Arbeit am Tisch. Dort stopft man ihm einige Monate lang allerhand Informationen über seine Rolle in den Kopf. So mästet man Kapaune, indem man ihnen Nüsse in den gewaltsam geöffneten Schlund preßt.

Und nun stellen Sie sich ein anderes Verfahren des Herangehens an die Rolle vor, ein Verfahren ohne Gewalt.

Bei diesem Herangehen zwängen Sie sich nirgendwo hinein und niemand stopft Sie gewaltsam voll, sondern Sie selbst geben von sich aus nur wieder, was über Ihre Rolle im Stück gesagt ist und was in der ersten Zeit Ihre Kräfte nicht übersteigt. Beginnen Sie mit dem Leichtesten, mit den physischen Handlungen. Zum Beispiel: In der Rolle heißt es, daß der Mensch, den Sie darstellen, beim Aufgehen des Vorhangs seine Sachen in einen Koffer packt. Wohin und wozu er verreist, ergibt sich ebenfalls aus dem Stück.

Nutzen Sie den Umstand aus, daß Sie jetzt die physischen Handlungen mit vorgestellten Gegenständen beherrschen, dann wird es Ihnen nicht schwer fallen, den Weisungen des Autors nachzukommen und sie durch entsprechende Umstände, die Sie dem Stück oder der eigenen Einbildungskraft entnehmen, zu motivieren.

Weiterhin ersehen Sie aus dem Stück, daß die Person, die Sie darstellen, einem Freund die Gründe für die Abreise erklärt. Dabei äußerte sie die und die Gedanken und bekommt die und die Erwiderungen. Sie schreiben diese Gedanken und Erwiderungen auf und geben Sie im Gespräch mit dem Partner vorläufig mit eigenen Worten wieder, und zwar in der Reihenfolge, in der sie auf dem Zettel notiert sind. Die abfolgerichtige Logik dieses Dialogs wird sich sehr bald genau so einprägen, wie die Logik und Abfolge Ihrer physischen Handlungen.

So gehen Sie das ganze Stück auf Handlungen und Gedanken durch, indem Sie alles, was Ihnen einstweilen zugänglich ist, daraus entnehmen und in eigener Person ausführen.

Spüren Sie, wie sich bei Ihnen zwei ununterbrochene Linien bilden: eine der physischen Handlungen und eine der Gedanken (der psychologischen Handlungen)? Nehmen Sie diese beiden Linien oft durch, um sie einzuprägen. Bald werden Sie in der Logik und Folgerichtigkeit dessen, was Sie auf der Bühne tun und sagen, die aus dem Leben bekannte menschliche Wahrheit fühlen und ihr vertrauen. Das ist ein großer Sieg. Von diesem Augenblick an werden Sie Boden unter Ihren Füßen spüren.«

Das strukturierende Schema der physischen Handlungen

..... 19..

Heute hat man uns anstelle der gewohnten Unterrichtsstunde zu einer Probe ins Theater geführt und unter der Aufsicht von Iwan Platonowitsch im Parkett Platz nehmen lassen. Da kann man Disziplin lernen, da versteht man es, eine Arbeitsstimmung zu schaffen.

Am Regietisch saß Arkadi Nikolajewitsch und leitete die Probe. Er war derselbe wie immer bei uns in der Schule, aber um ihn herum herrschte eine ganz andere Atmosphäre, durchdrungen von der Achtung vor der großen Autorität des Meisters und der freiwilligen Unterordnung unter ihn. Infolgedessen war auch der ganze Ton der Probe ein anderer als bei uns im Unterricht.

Wenn aber große Schauspieler sich so zu Torzow verhalten, was sollen wir denn tun? Offensichtlich verstehen wir noch nichts und sind noch so dumm, daß wir das, was uns Arkadi Nikolajewitsch gibt, nicht einmal zu schätzen wissen. Wie abgeschmackt kam mir Goworkow mit seinen ewigen Protesten vor! Wie bemitleide ich von heute an Iwan Platonowitsch, der unter der Undiszipliniertheit der Studenten in Torzows Gegenwart leidet! Wie verstehe ich jetzt seine Strenge gegen uns und wie billige ich sie. Früher erschien mir diese Strenge übertrieben und überflüssig, vom heutigen Tag an aber halte ich sie für nicht ausreichend. Warum aber duldet Arkadi Nikolajewitsch unser Verhalten, und warum billigt er nicht immer Iwan Platonowitschs Strenge? Geschieht das vielleicht deshalb, weil er eine bewußte und keine formale Disziplin und Einstellung zu sich will und weil er es vorzieht, uns nicht durch Strenge zu beeinflussen, sondern zu aufrichtiger Achtung vor seiner großen Autorität zu erziehen?! Wenn das aber so ist, dann hat er seinen Zweck erreicht. Die anderen Studenten und — nach seinem Gesicht zu urteilen — sogar Goworkow empfanden und erkannten dasselbe wie ich.

Was für ein gescheiter Pädagoge Arkadi Nikolajewitsch war. Wie ich mich jetzt schäme, für mich selbst und für meine Mitstudenten! Welch kolossale erzieherische Bedeutung diese Probe für mich hatte! Obwohl das in Verbindung befindliche Stück bei weitem noch nicht klappte, obwohl nicht alle Schauspieler den Text kannten und nicht alle in voller Lautstärke spielten und trotz der häufigen Unterbrechungen machten die Probe und die sich abzeichnende Darstellung der Rollen auf mich einen tiefen Eindruck. Die Unterbrechungen, Versuche und streitbaren Äußerungen, die das Spiel unterbrachen, halfen mir sogar, die Linie der physischen Handlungen, die von den Schauspielern geschaffen wurde, besser zu ergründen und zu verstehen.

Dasselbe kann ich aber nicht sagen von den vorgeschlagenen Situationen und der Überaufgabe des Stückes, die mir unklar blieben. Diese Lücke wurde nach der Probe weitgehend ausgefüllt durch Erläuterungen des Regisseurs und durch einzelne treffende Bemerkungen Arkadi Nikolajewitschs als künstlerischem Gesamtleiter, die die vorgeschlagenen Situationen, einzelne Aufgaben und die durchgehende Handlung des Stückes ebenso wie das Konzept für die Inszenierung gut schilderten.

Wir Studenten gingen nach der Probe ziemlich erfüllt und bereichert hinaus. Das wäre freilich nicht gelungen, wenn man uns nur den Wortlaut des Stückes vorgelesen hätte, wie das üblicherweise geschieht.

.. ... 19 ..

Erfreut stelle ich fest, daß im allgemeinen Benehmen der Studenten und in der Gesamteinstellung zu Arkadi Nikolajewitsch und sogar zu Iwan Platonowitsch eine entschiedene Wende zum Besseren eingetreten ist.

Heute fand anstelle des üblichen Unterrichts eine gemeinsame Unterhaltung darüber statt, was wir bei der letzten Probe gesehen hatten. Wir untersuchten das Spiel der Schauspieler und der bei der Massenszene Mitwirkenden; wir sprachen darüber, was den einzelnen gelingt und was nicht, was Arkadi Nikolajewitsch selbst mit der Aufführung erreichen will, äußerten uns über die Vorzüge und Mängel des Stückes, redeten davon, was der Autor geliefert hat und was Regisseur und Schauspieler ihm zur Unterstützung ergänzen müssen, und schließlich sprachen wir über die Konzeption der Gesamtinszenierung usw. usf. Als am Schluß Arkadi Nikolajewitsch die Ergebnisse des Gesprächs zusammenfaßte, war deutlich, daß wir in allgemeinen Zügen sehr vieles von dem geklärt hatten, was wir auf dem Gebiet der vorgeschlagenen Situationen und der vorgesehenen durchgehenden Handlung benötigten. Wir hatten eine gewisse Andeutung der Überaufgabe, des allgemeinen Eindrucks und der Gesamtstimmung des Stückes erhalten.

.. ... 19 ..

Heute haben wir das Bild, in dem wir an Massenszenen mitwirken sollen, noch weiter ins einzelne gehend zergliedert. Wir legen die physischen Aufgaben fest, die zu erfüllen sein werden, und berücksichtigten dabei alle vom Autor, vom Regisseur und von den Schauspielern vorgeschlagenen Situationen sowie unsere eigenen Eindrücke, die wir aus unserem emotionalen, visuellen und sonstigen Gedächtnis und aus Momenten des eigenen Lebens bezogen, die denen der Rolle entsprachen.

.. ... 19 ..

Heute haben wir alle physischen Aufgaben erneut geprüft und die körperliche Linie der Rollen entworfen.

.. ... 19 ..

Heute im Unterricht haben wir die physischen Aufgaben entsprechend der körperlichen Linie durchgeführt. Das ist genug Arbeit für eine große Anzahl von Proben. Viele von uns, auch ich, lassen sich verleiten, das Spiel der Kleindarsteller in der Massenszene, die wir sahen, nur zu kopieren. Eine Kopie ist aber noch nicht schöpferische Arbeit. Ehe man zum Eigenen findet, muß man sich von Fremdem lösen. Deshalb hat der Probenbesuch nicht nur großen Nutzen gebracht, sondern auch Schaden gestiftet.

.. ... 19 ..

Ich habe mich nicht geirrt. Heute findet schon die zehnte Probe statt, um das körperliche Leben zu schaffen, und wir haben noch nicht einmal das Schema dieser Linie entwickelt. Was für eine schwierige und wichtige Arbeit!

.. ... 19 ..

Alle zieht es zur Aufführung hin und nicht zu den einfachen physischen Handlungen in vorgeschlagenen Situationen. Alle möchten jemand darstellen und nicht bloß von der eigenen Person ausgehend, nach eigenem Risiko und Gewissen handeln. Das letztere ist am schwersten und verlangt große Aufmerksamkeit und Arbeit.

..... 19..

Heute haben wir zum ersten Male das strukturierende Schema der physischen Handlungen des körperlichen Lebens gespielt. Man braucht viel Aufmerksamkeit, um in jede neue Aufgabe natürlich, logisch und folgerichtig »hineinzukommen«. Wenn man aber drin ist, dann fällt es schwer zu unterbrechen und das Begonnene nicht bis zu Ende zu spielen. Noch schwerer ist es, sich bei veräußerlichtem Spiel zu ertappen und zu begreifen, daß trotz des — nach persönlichem Empfinden — scheinbar echten Erlebens dies mit 95 % veräußerlichtem Spiel vermischt wird, die man unbedingt beseitigen muß.

..... 19..

Heute haben wir nach einem Ausdruck Arkadi Nikolajewitsch das strukturierende Schema unserer Rollen auf der Linie körperlichen Lebens glattgewalzt.

Ich zum Beispiel habe diese Linie in der gewissenhaftesten Weise — und nicht nur formal — elfmal ausgeführt. Das ist gleichbedeutend mit elf Proben.

Schwer ist es, bei diesem Prozeß die ganze Zeit über dem Wesen entsprechend zu handeln. Immer wieder rutscht man auf eine einfache äußerliche, formale und mechanische Handlung ab, die nicht von innen her gerechtfertigt ist.

Trat nun bei uns auch eine Linie des geistigen Lebens hervor? So schien es mir, und ich begann sie zu verfolgen. Als aber Arkadi Nikolajewitsch das bemerkte, unterbrach er mich und erläuterte folgendes:

»Die Linie des körperlichen Lebens mit ihren Handlungen und Bewegungen beruht auf dem relativ groben physischen Apparat des Verkörperns. Das geistige Leben hingegen wird von dem ungreifbaren, launischen und labilen Gefühl geschaffen, das unmittelbar zu Anfang bei seinem Entstehen kaum wahrgenommen wird. Zum Unterschied von den groben Muskeln des Körpers, die die Bewegungen und Handlungen hervorrufen, kann man das Gefühl mit feinen Spinnweben vergleichen.

Wieviele solcher feinen Gespinste muß man zusammenflechten, um sie der Kraft der groben Muskeln entgegensetzen zu können! Wieviel Prozesse des Erlebens muß der Schauspieler durchmachen, damit die innere Linie der Rolle soweit erstarkt, daß sie sich die Linie der Muskeln und des Körpers ganz unterwerfen kann! Lassen Sie deshalb die Linie des geistigen Lebens der Rolle soweit als möglich erstarken, ehe Sie sie benutzen, um das körperliche Leben zu lenken. Aus den wenigen dünnen Spinnfäden, die Sie gewonnen haben, kann man kein Tau drehen, wenn aber Tausende solcher kleiner Fäden zusammengeflochten werden, dann können sie sich mit dem dicksten gewöhnlichen Hanftau messen.

Aus diesem Grunde sollen Sie vorläufig die geistige Linie vergessen. Sie entsteht und erstarkt allmählich, unsichtbar, von selbst und ohne Ihr Wollen. Es kommt die Zeit, wo sie Sie plötzlich gebieterisch hinter sich herzieht mit solcher Kraft, gegen die keine Muskeltaue mehr standhalten. Um die Naturveranlagung nicht bei ihrer unsichtbaren inneren Arbeit zu stören, fahren Sie daher fort, so wie jetzt auch bei der Aufführung vorzugehen und das Schema der Linie des körperlichen Lebens immer mehr zu festigen. Alles, was Sie zu ihrer Vertiefung tun können, besteht darin, daß Sie die das körperliche Leben umgebenden vorgeschlagenen Situationen zuspitzen, verdichten und komplizieren oder über das Hauptziel des Schaffens nachdenken, über die Überaufgabe und die besten Methoden, sie mittels der durchgehenden Handlung der Rolle zu erreichen. Wenn Sie die Atmosphäre, in der sich die physische Handlung abspielt, verdichten und zuspitzen und das Ziel komplizieren, vertiefen Sie damit auch die Linie des körperlichen Lebens, die Sie immer näher an die im Innern natürlich wachsende Linie des geistigen Lebens der Rolle heranführt und schließlich mit ihr verschmilzt.«

. . . . 19. .

Heute haben wir versucht, das Schema der physischen Handlungen und die Linie des körperlichen Lebens, die wir in unserem Probenraum geschaffen und gefestigt hatten, auf die Bühne zu übertragen. Zu diesem Zweck überließ man uns für unsere Proben die Hauptbühne. Dort waren die Dekoration markiert, die Möbel und alle Requisiten genau so vorbereitet, wie bei der Probe mit richtigen Schauspielern. Sie selbst waren zwar nicht da, doch hatte man an ihrer Stelle die zweite Besetzung geschickt.

Infolge der ungewohnten, ablenkenden Umgebung verloren wir in den ersten Minuten um ein Haar die Linie des körperlichen Lebens und ihr Schema, das wir im Probenraum ziemlich gefestigt hatten. Das verwirrte die Studenten und machte sie aufgeregt, Arkadi Nikolajewitsch aber sagte beruhigend:

»Nehmen Sie sich Zeit, um sich an die neue Umgebung zu gewöhnen und lenken Sie Ihre Aufmerksamkeit ohne Gewaltanwendung ruhig und allmählich auf das, für was Sie sich der Rolle entsprechend interessieren sollen. Kurz gesagt, führen Sie so gut, so produktiv und zweckmäßig Sie können Ihre physischen Handlungen aus.«

Das gelang uns nicht so rasch. Wir kamen auch nicht dazu, auf ganz einfache Weise erst mal mit einem »als ob« zu handeln, geschweige denn richtig. Erst nach dieser äußerlichen und mechanischen Erinnerung an die festgewalzte Linie gelang es mir, die Aufmerksamkeit zunächst auf eine physische Handlung selbst und dann auch auf die Hauptsache zu richten, um derentwillen sie ausgeführt wird.

Anfangs wurden uns weder Arrangements noch Stellungswechsel vorgegeben. Je nach unseren Aufgaben, künstlerischen Absichten und Handlungen überließ man sie zunächst unserem eigenen Ermessen. Im Einklang mit dem, was ausgeführt werden sollte, mußten wir selbst die dafür geeignetsten Spielflächen, Gänge und Arrangements wählen. Das war nicht leicht und erforderte etliche Zeit. Ich fand viele solcher Stellungen und Gänge, verfitzte mich darin und konnte mich auf nichts mehr konzentrieren.

»Lassen Sie es einstweilen so«, sagte Arkadi Nikolajewitsch. »Überschlafen Sie es erst einmal. Dann wird Ihnen schon klarer werden, was für Sie wichtig ist und was von selbst wegfällt.«

. . . . 19. .

Vieles von dem, was ich nach Arkadi Nikolajewitschs Ausdruck erst einmal »überschlafen« hatte, wurde tatsächlich hinfällig, vieles aber auch fixiert. Arkadi Nikolajewitsch half mir und den anderen, das Gefundene mit dem Spiel der übrigen Darsteller, dem Stück, der Gesamtkonzeption und der Inszenierung zu verbinden. Torzow schlug mir vor, ich solle das, was noch nicht festgelegt war, selbst suchen und mich dabei von den Aufgaben, der Linie der physischen Handlungen, dem körperlichen Leben und — hauptsächlich — von der Überaufgabe lenken lassen. Auch das neu Erfundene wurde an dem betreffenden Tag nicht gefestigt, es blieb bis zum nächsten »Überschlafen« noch unfixiert.

Heute untersuchte, billigte oder kritisierte Arkadi Nikolajewitsch die Zweckmäßigkeit und Produktivität unserer physischen Handlungen und ihrer Logik und Folgerichtigkeit. Einige neu eingeführte oder vergessene vorgeschlagene Umstände zwangen uns, die Linie der physischen Handlungen und das körperliche Leben der Rollen zu ändern. Das Geänderte wurde in die Partitur einbezogen und mit Hilfe des richtigen Einstiegs in die neuen Aufgaben und Abschnitte und des gesamten Schemas der physischen Handlungen der Szene erneut »festgewalzt«.

Als die Linie des körperlichen Lebens glattgewalzt und gefestigt war, schien es uns viel angenehmer und leichter, sie zu wiederholen. Nun entstand bei vielen, auch bei mir, der Wunsch, nicht mehr von sich aus auf persönliches Risiko und Gewissen zu handeln, sondern auf Kosten irgendeiner anderen Person, die wir darzustellen wünschten. Als Arkadi Nikolajewitsch das merkte, regte er sich sehr auf und begann energisch auf uns einzureden, daß wir keine Fehler machen und unser Selbst nicht in der Rolle verlieren sollten; ein solches Sichverlieren sei gleichbedeutend mit dem Aufhören des schöpferischen Wirkens und Erlebens und deren Ersatz durch Mache, die unsere ganze vorangehende Arbeit zerstören würde und die Rolle in Handwerkelei und Klischee verkehren könne.

»Die echte, lebendige Charakteristik wird von selbst kommen, ohne daß Sie etwas davon merken. Wir, die wir als Unbeteiligte zuschauen, werden später erzählen, was aus Ihrer Verschmelzung mit der Rolle hervorgegangen ist. Sie selbst aber sollen fortfahren, unablässig von sich ausgehend, auf persönliches Risiko und Gewissen zu handeln. Sobald Sie nur anfangen, an die Bühnenfigur selbst zu denken, geraten Sie in Mache und in ein überzogenes Darstellen.«

.... 19..

Heute war wieder Probe auf der Bühne. Sie mußte außerhalb der Unterrichtszeit stattfinden, in der Spanne zwischen der Vormittagsprobe und der Abendvorstellung.

Arkadi Nikolajewitsch erklärte uns zuallererst, daß man uns jetzt die Elemente, Bedingungen, Materialien und kritischen Bemerkungen gegeben habe und daß uns deshalb nichts mehr hindere, das Herbeiführen eines richtigen Gesamtbefindens (eines Arbeitsbefindens) auf der Bühne zu trainieren. Freilich bei richtiger und echter Ausführung der Linie physischer Aufgaben und Handlungen kommt es von selbst. Dennoch steht nichts im Wege, das Befinden auch Element für Element zu überprüfen, aus denen es besteht.

»Zwecks größerer Klarheit werde ich Ihnen diese Arbeit jetzt einmal an mir selbst veranschaulichen.«[282]

ANMERKUNGEN

Aus Notizheften der Jahre 1911 bis 1916

Die hier veröffentlichten Notizen Stanislawskis zur Arbeit an »Eine Dummheit macht auch der Gescheiteste«, »Mirandolina« und »Mozart und Salieri« zeigen, wie Stanislawski seine Erfahrungen als Schauspieler und Regisseur zu theoretischen Schlußfolgerungen und Verallgemeinerungen benutzte. Sie veranschaulichen sein künstlerisches Suchen bei der Gestaltung der Rollen des Krutizki, des Cavaliere di Ripafratta sowie des Salieri und vermitteln eine Vorstellung von seinen Arbeitsmethoden als Regisseur und Pädagoge in den Jahren vor der Revolution.

»Eine Dummheit macht auch der Gescheiteste«
A. N. Ostrowskis Komödie »Eine Dummheit macht auch der Gescheiteste« wurde am 11. März 1910 unter W. I. Nemirowitsch-Dantschenkos und W. W. Lushskis Regie im Moskauer Künstlertheater aufgeführt.

Die Rolle des Generals Krutizki gehört angesichts der tiefen Verwandlung, ihrer satirischen Zuspitzung und ihrem typischen Charakter zu Stanislawskis besten Darstellungen. Nach L. J. Gurewitschs Worten war Stanislawskis Krutizki »die beängstigende Verkörperung all des unbesiegbar Verknöcherten, das sich im Grunde genommen der Erneuerung des Lebens widersetzt ..., eine Art Symbol für alle Überbleibsel der Vergangenheit in der Gegenwart, eine durchaus reale Gestalt, die jedoch eine gewaltige künstlerische Synthese darstellt«. (»Russkie vedomosti« [Russische Nachrichten] vom 27. April 1910.)

Regiebemerkungen
Abdruck erfolgt nach einem Manuskript (Nr. 1333), das Stanislawski unter weiteren Materialien aus frühen Fassungen des »Systems« in einer Mappe aufbewahrt hat, die »Anmerkungen, Illustrationen usw.« als Titel trägt.

1 Vgl. Stanislawskis Bericht im Anhang zu »Mein Leben in der Kunst« (A. a. O., Berlin 1987, s. 508 f.) sowie den Artikel von L. J. Gurewitsch »Hinter der Bühne des Künstlertheaters« (»Reč'« vom 15. Mai 1910), zitiert bei Dieter Hoffmeier in: Stanislawski: Die Arbeit des Schauspielers an der Rolle, Verlag Das Europäische Buch, Berlin (West) 1981, S. 256.

2 In seinem Regieexemplar hat W. I. Nemirowitsch-Dantschenko die allgemeine Atmosphäre der zukünftigen Aufführung wie folgt definiert: »Das Wichtigste im allgemeinen Ton der Darsteller besteht darin, die gewaltige epische Ruhe zu finden. Es muß so sein, als habe man Tausende von Jahren so gelebt und werde noch weitere Tausende so leben ... Dumme Menschen. Aber naiv ... Diese Leute müssen so gespielt werden, wie sie durch Ostrowskis weises, episches Lächeln hindurchgegangen sind.« 1938 notierte W. J. Wilenkin nach einer Besprechung mit Nemirowitsch-Dantschenko folgendes: »W. I. sagte, bei der Inszenierung von ›Eine Dummheit macht auch der Gescheiteste‹ wollte er besonders das ›Tierische‹

in den Gestalten der Ostrowskischen Komödie verkörpern, das ›Tierisch-Grausame und Tierisch-Naive‹.«

In seinen Erinnerungen an die Arbeit am Krutizki stellte Stanislawski fest, Nemirowitsch-Dantschenkos Bemerkung über »Ostrowskis epische Ruhe« habe die »tiefsten Tiefen« seiner Künstlerseele erfaßt und ihm bei der Schaffung dieser Gestalt geholfen.

Die durchgehende Handlung
Abdruck erfolgt nach einem Manuskript (Notizbuch für 1916, Nr. 790, Bl. 36—37).

Vor dem Beginn jeder Spielzeit wurden im Moskauer Künstlertheater die Stücke für den laufenden Spielplan geprobt. Bei diesen Proben kam es zu Aussprachen mit den Darstellern, wurden die Stückdeutungen aufgefrischt, die Arbeit der Zweitbesetzungen in Augenschein genommen, die Dekorationen sowie ihr Zusammenspiel mit Licht, Ton, Musik und Geräuschen überprüft.

»Eine Dummheit macht auch der Gescheiteste« kam in der Spielzeit 1916/1917 am 20. September heraus. Es war die 92. Vorstellung der laufenden Inszenierung.

»Mirandolina«
C. Goldonis Komödie »Mirandolina« (»La Locandiera«) hat Stanislawski im Moskauer Künstlertheater zweimal inszeniert, und zwar 1898 und 1914, wobei er in beiden Inszenierungen die Rolle des Cavaliere die Ripafratta spielte. Während die erste Aufführung für das Künstlertheater etwas Zufälliges und Vorübergehendes war und nur sieben Vorstellungen erlebte, brachte die Aufführung der »Mirandolina« in der Spielzeit 1913/1914 bedeutende und prinzipielle künstlerische Ergebnisse.

Stanislawski war der Ansicht, gerade in diesem Stücke könne er am eindrucksvollsten und überzeugendsten die Errungenschaften des »Systems« vorführen und die schauspielerische Begabung seiner Schülerin O. W. Gsowskaja, die die Mirandolina spielte, zur Geltung bringen. »Ich brauche eine Rolle, in der sich eine Künstlerin erweisen kann. Mir scheint, daß sich die Mirandolina dazu besser eignet. Sie enthält mehr Glanz, und Glanz hat größere Überzeugungskraft«, schrieb er im April 1913 an O. W. Gsowskaja.

In der Spielzeit 1913/1914 führte Stanislawski gemeinsam mit A. N. Benois, Regisseur und Bühnenbildner dieser Aufführung, 112 Proben durch. Die Premiere der »Mirandolina« fand am 3. Februar 1914 statt. Das Stück erfreute sich großer Beliebtheit und erlebte 142 Aufführungen (die letzte fand am 1. Januar 1924 in Boston während des Auslandsgastspiels des Moskauer Akademischen Künstlertheaters statt). Mit Ausnahme einiger Aufführungen, in denen W. L. Jerschow den Cavaliere spielte, war Stanislawski ständiger Darsteller dieser Rolle.

[Zur Arbeit an der Rolle des Cavaliere]
Abdruck erfolgt nach dem Manuskript »Wie das System zu nutzen ist oder Künstlerisches Schaffen«, das zusammen mit anderen Notizen in einem Notizbuch enthalten ist, auf dessen Umschlag Stanislawski vermerkt hat: »1914«. Winter. Jan. usw. XV« (Nr. 789, Bl. 60—70). Wahrscheinlich sind diese Notizen nach dem 7. März 1914 niedergeschrieben worden, das heißt nach der 15. Vorstellung der »Mirandolina«, was ja auch im Text erwähnt wird.

3 Die ersten Proben zur »Mirandolina« fanden im September 1913 in Stanislawskis Wohnung in Markows Haus auf dem Karetny rjad statt, wo Stanislawski von 1903 bis 1920 wohnte.

4 A. L. Wischnewski spielte den Grafen von Albafiorita, G. S. Burdshalow den Marchese di Forlipopoli.

5 Gemeint ist wahrscheinlich die Probe vom 9. September 1913, nach der Stanislawski notierte, er habe sich »in der Rolle nicht gefunden und sich verloren«. In einer späteren Fassung schrieb er, bei den Schauspielern beginne fast jede Rolle »mit tief verwurzelter, abgedroschener und eingefahrener Schablone«. (Vgl. Band 2: Das Verdrängen der Schablone, S. 321 f.)

6 Jelisaweta Georgiewna, eine Bekannte von M. P. Lilina.

7 Die Proben zur »Mirandolina« fanden im Studio I auf der »neuen Bühne« sowie im großen Foyer des Moskauer Künstlertheaters und in Stanislawskis Wohnung auf dem Karetny rjad statt.

Pjotr Michailowitsch Jarzew (verst. 1930) — Theaterkritiker, Theaterhistoriker und Dramatiker. Jarzews Stück »Im Kloster« wurde 1904 im Moskauer Künstlertheater von W. I. Nemirowitsch-Dantschenko inszeniert.

In einigen Artikeln schätzte Jarzew die Kunst des Künstlertheaters hoch ein und betrachtete Stanislawski als Fortsetzer der Tradition Schtschepkins. »... In unseren Tagen hat Stanislawski damit begonnen, nach den Erzminen zu graben, von denen Schtschepkin gesagt hatte, er wolle an sie ›herankommen‹. Schtschepkins Schätze sind heute freigelegt. Schtschepkin wäre selber erstaunt über den Reichtum, der in ihnen entdeckt wurde.« schrieb Jarzew in einem seiner Artikel 1913.

8 Capitano Spavento — eine Maske aus der italienischen Volkskomödie (Commedia dell'arte). In der Maske des Capitano Spavento (»spavento« bedeutet »Schrecken«), eines feigen und prahlerischen Kriegers, widerspiegelte sich der Protest des italienischen Volkes gegen die spanischen Eroberer.

9 Viktor Iwanowitsch Rodon (Gabel) — bekannter Operettenschauspieler, Buffo-Komiker, den Stanislawski in seiner Jugend nachahmte.

10 W. I. Nemirowitsch-Dantschenko wohnte am 21. Dezember 1913 einer Probe zur »Mirandolina« bei. Im Probentagebuch für diesen Tag findet sich die Eintragung, »auf der neuen Bühne arbeiten K. S., W. I. und A. Benois. Die anderen haben frei.«

11 Gardenin — ein Bekannter Stanislawskis.

12 Hier bricht Stanislawskis Manuskript ab. Seine weitere Arbeit am Cavaliere hat er nicht schriftlich niedergelegt.

In den meisten Rezensionen zur »Mirandolina« erfuhr Stanislawskis Cavaliere-Darstellung eine hohe Wertschätzung.

Neben dem Argan in Molières »Eingebildetem Kranken« war der Cavaliere di Ripafratta eine der bemerkenswertesten und bedeutendsten Bühnenschöpfungen Stanislawskis im westeuropäischen Komödienrepertoire. Stanislawski verband in diesen Gestalten Kühnheit, Überraschung und Schärfe der theatralischen Form mit einem tiefen psychologischen Eindringen in das Wesen der Gestalt. Während er bei der ersten Inszenierung der »Mirandolina« (1898) noch das ausgesprochen Komödienhafte und durch Genre und soziale Stellung Charakterisierte in der Gestalt des Cavaliere hervorhob, war jetzt alles in der Wahrhaftigkeit und Aufrichtigkeit des Erlebens, dem Eindringen in die psychologischen Schlupfwinkel der Rolle untergeordnet, und aus der Zuspitzung der inneren Charakterisierung ergab sich auch die äußere Charakterisierung.

»Stanislawski ist ein großer Komödienschauspieler ... Er besitzt eine ungewöhnliche Leichtigkeit, Ausdrucksstärke, Einfachheit sowie einen unerklärbaren inneren Humor ... Der Cavaliere wird gewöhnlich als vorlauter Grobian gespielt ... Stanislawski jedoch bietet die interessante Figur eines edelmütigen, einfältigen, aber lieben Menschen, der wie ein großes Kind ist in seiner Liebe zur Hotelbesitzerin«, schrieb J. Lwow in den »Novostjach sezona« [Neuigkeiten der Spielzeit], Nr. 2807, 1914.

Diese Züge naiver Gutmütigkeit und kindlicher Vertrauensseligkeit in Verbindung mit einem rauhen soldatischen Äußeren wurden in einigen Kritiken zur Aufführung des Moskauer Künstlertheaters unterstrichen. Die innere Entwicklung der Gestalt, das völlige Fehlen von Karikatur und Mache, die Verbindung von echter Einfachheit mit hoher theatralischer Form waren charakteristisch für Stanislawskis Cavaliere-Darstellung. »Der Cavaliere wird aus einem leidenschaftslosen, ruhigen und gutmütigen Wesen trotz äußerer Rauheit nach und nach trunken vor Leidenschaft«, schrieb I. Ignatow am 4. Februar 1914 in den »Russkie vedomosti« [Russische Nachrichten]. »Diesen Übergang, diese allmähliche Veränderung des gesamten seelischen Antlitzes sahen wir, fast ohne die Veränderungen zu bemerken. Derart war der Übergang das Leben selber. Da gab's kein Spielen, sondern nur tatsächliches Erleben, tatsächliche Umwandlung der Seele unter dem Einfluß der Leidenschaft. Und es ist schwer zu sagen, wo der Cavaliere in diesen Übergängen besser war — dort, wo er unnahbar ist, dort, wo er die urplötzlich entstandene Intimität zwischen ihm und Mirandolina genießt und gemeinsam mit ihr über den Marchese lacht, dort, wo er unter dem Eindruck der Erinnerungen an Mirandolina beleidigt ist über die Belästigungen durch andere Frauen oder schließlich dort, wo seine Liebe keine Zurückhaltung mehr kennt. Es ist schwer zu sagen, daß dies die ›vollkommene Darstellung einer Rolle‹ gewesen wäre, da einem das in keinem Augenblick als Rolle vorkam.«

[Über die Beziehungen zwischen Schauspieler und Regisseur]
Abdruck erfolgt nach einem Manuskript ohne Titel aus dem Notizbuch von 1914, in dem Stanislawski seine Eintragungen über die Arbeit an der Rolle des Cavaliere vornahm. (Nr. 789, Bl. 1—3)

13 Eines von Stanislawskis Notizbüchern jener Jahre enthält die Eintragung, daß der Regisseur beim Suchen des Schauspielers nach der Gestalt korrigierend eingreifen solle sowie auch die Behauptung, der

Regisseur müsse ein Spiegel für den Schauspieler sein. »Zuweilen scheint es dem Schauspieler, als durchlebe er Wahrheit, in Wirklichkeit aber ist das nur Klischee. Er braucht das erfahrene Auge des feinfühligen Regisseurs, der Richtung und Suchen korrigieren muß«, schrieb Stanislawski. »So wie es ohne Spiegel schwierig und sogar unmöglich ist, eine schwierige Frisur zustande zu bringen, so ist es auch ohne Regisseur schwierig, die Wahrheit und die richtige komplizierte Verkettung der Aufgaben des Lebens zu verstehen. Zuweilen werden sie zwar richtig verspürt, kommen jedoch infolge schauspielerischer Verrenkung oder gewohnter Klischees falsch zum Ausdruck. Was ist da zu tun, und worin besteht das Korrigieren des Regisseurs? In folgendem: Es gibt ein Spiel, bei dem ein Gegenstand versteckt wird, den einer suchen muß. Jemand wird ans Klavier gesetzt, und wenn sich der Suchende dem versteckten Gegenstand nähert, beginnt die Musik kaum hörbar und langsam zu spielen, und je näher und sicherer er an das Versteck kommt, um so lauter, schneller und energischer spielt die Musik. Diese Rolle des Klavierspielers muß der Regisseur übernehmen und sich ihrer sehr umsichtig bedienen. Er muß die Intuition des Schauspielers bei seinem Suchen volle Freiheit lassen und nur ganz feinfühlig sagen, ich glaube, das ist überzeugend, oder ich glaube es nicht, es ist nicht überzeugend.« (Nr. 674, Bl. 72)

[Aus Notizen von Proben]

Abdruck erfolgt nach Notizbucheintragungen von 1913 (Nr. 786, Bl. 27—32 und 58—59).

In den Probenprotokollen zur »Mirandolina«, die das Museumsarchiv des Moskauer Akademischen Künstlertheaters besitzt, ist der Beginn der Arbeiten mit dem 9. September 1913 angegeben. In einer Eintragung der Regieassistentin A. N. Pagawa heißt es, vor dem 9. September hätten schon Proben in Stanislawskis Wohnung mit A. L. Wischnewski, G. S. Burdshalow und den Darstellerinnen der weiblichen Rollen S. G. Birman und M. N. Kemper stattgefunden.

14   Auf diesen Proben sagte Stanislawski zu den Schauspielern, sie könnten aus Kombinationen eigener Eigenschaften die unterschiedlichsten Gefühle schaffen, selbst solche, die nicht typisch für sie seien. Er war der Ansicht, nach der Arbeit mit Burdshalow sowie mit einer kunstvoll aufgestellten Rollenpartitur und entsprechender Maske, Textgestaltung und Handlungsweise, in der sich die Eifersucht des Marchese gegenüber dem Grafen äußert, »bekommen wir das, was wir brauchen — einen verkommenen alten Mann«.

15   Olga Wladimirowna Gsowskaja — Schauspielerin am Moskauer Künstlertheater von 1910 bis 1914 und von 1915 bis 1917. Bereits als Schauspielerin am Kleinen Theater (1905 bis 1910) arbeitete sie gemeinsam mit Stanislawski an der Erforschung des »Systems«. Wie sie selber äußerte, habe Stanislawski ihr die Augen für das Echte in der Kunst geöffnet. »Sie sei derartig fertig, daß sie nicht mehr hören kann, was im Kleinen Theater geredet und getan wird. Sie bettelt darum, wir möchten sie sofort bei uns aufnehmen ... Rollen fordert sie nicht, sie ist einverstanden, auch Statist zu sein«, schrieb Stanislawski am 16. August 1907 an M. P. Lilina. (Vgl. Stanislawski: Briefe, Berlin 1975, S. 235.)

Unter Stanislawskis unmittelbarer Anleitung spielte O. W. Gsowskaja am Künstlertheater die Ophelia im »Hamlet«, die Wera in »Wo es dünn ist, da reißt's«, die Toinette im »Eingebildeten Kranken« und die Mirandolina in der »Mirandolina«. Sie war eine der besten Helferinnen Stanislawskis bei der Durchsetzung des »Systems«, sie führte Übungen mit den jungen Kollegen im Moskauer Künstlertheater durch und später dann im Opernstudio des Bolschoi-Theaters.

16   Stanislawski schätzte die schöpferische Initiative der Schauspieler, ihre Fähigkeit zur selbständigen Analyse der Rollen und des gesamten Stückes sehr. Neben einer objektiven Analyse des Werkes, das heißt der Klärung der Logik für die Entwicklung der Handlung, wie sie für alle Darsteller verbindlich ist, war es Stanislawski wichtig, bei den Schauspielern eine subjektive Betrachtungsweise der darzustellenden Rolle zu erreichen bzw., wie er immer sagte, »das Sichempfinden in der Rolle«. Je nach den individuellen Qualitäten des Schauspielers und seinem Vorrat an früher aufgenommenen Eindrücken konnte ein und dieselbe durchgehende Handlung einer Rolle unterschiedliche Färbungen erhalten.

Als Stanislawski 1913 mit O. W. Gsowskaja an der Rolle der Toinette arbeitete, riet er ihr (in seinem Brief vom 22. Juli), in der darzustellenden Rolle nie sich selber zu verlieren. Es sei nötig, schrieb er, »daß Sie *sich* in der Rolle fühlen, Ihre *Natur*, so wie sie ist, und nicht so, wie das Leben und die Schauspielerei sie zugerichtet haben«.

17   Medea Iwanowa Figner — bekannte Opernsängerin (dramatischer Sopran), debütierte im Marientheater 1887. M. I. Figner und ihr Mann N. N. Figner nahmen eine führende Stellung in der Operntruppe des Marientheaters ein.

18 Am 22. Juli 1913, schon vor Beginn der Proben zur »Mirandolina«, schrieb Stanislawski an O. W. Gsowskaja: »... Ja, bei der Mirandolina sollten Sie über eines nachdenken. Mit *was für einer* Ihnen eigenen Weiblichkeit könnten Sie ein solches Subjekt wie den Cavaliere bändigen?« und stellte ihr die Aufgabe, in der Gestalt der Mirandolina »Weiblichkeit und weibliche Kraft im weitesten Sinne« zu zeigen.

»Mozart und Salieri«

Am 26. März 1915 brachte das Moskauer Künstlertheater einen Puschkinabend, der aus den drei »kleinen Tragödien« »Das Gelage während der Pest«, »Der steinere Gast« und »Mozart und Salieri« bestand. Die Inszenierung besorgte A. N. Benois unter Mitwirkung von W. I. Nemirowitsch-Dantschenko und K. S. Stanislawski, der den Salieri spielte. In »Mein Leben in der Kunst« schrieb Stanislawski mit der Unbarmherzigkeit, die für die Einschätzung seiner eigenen Arbeit typisch ist: »Für mich selbst bin ich in der Rolle des Salieri fürchterlich durchgefallen. Doch ich tausche dieses Mißlingen für keine Erfolge und Lorbeeren aus: so viel Wichtiges brachte es mir.«

Die Pressestimmen zu Stanislawskis Salieri-Darstellung sind nicht einheitlich. Die meisten Rezensenten reagierten negativ auf den Puschkinabend und auf Stanislawskis Spielweise, wobei sie vor allem das mißlungene Sprechen der Puschkinschen Verse hervorhoben. Einige Rezensionen jedoch verwiesen auch auf die Originalität, Neuheit und Eigenart des Stanislawskischen Vorhabens und seiner Rollenverkörperung. N. J. Efros schrieb, Stanislawskis Salieri »war nicht verurteilt zu kleinlichem seelischem Laster, sondern zu einer tragischen Mission, die ein Mensch nicht bewältigen kann — nämlich das Schicksal zu vergiften, welches es so eingerichtet hat, daß er zu dem Schluß kommt ›Doch Wahrheit ist auch oben nicht‹«. (»Russkie vedomosti« [Russische Nachrichten], 27. März 1915.) »Gleich beim ersten Monolog Salieris, der nachdenklich an seinem Tisch, mit dem Gesicht zum Publikum saß, sah ich«, schrieb L. J. Gurewitsch, »wie dieses kluge, düstere Gesicht bei den Worten vom Neid auf einmal aschgrau wurde, und in den Augen und dem Klang der Stimme des Schauspielers zeigte sich heftiges Leiden und Scham. Mir wurde ganz kalt vor Erregung, und ich begriff, daß ich bei Puschkin nicht alles herausgelesen hatte. Nein, der Neid ist nicht einfach nur eine zerstörende Leidenschaft in Salieris Seele, sondern seine Tragödie, eine für ihn unerträgliche Qual, weil er selber ja ein großer, zutiefst bewußt lebender und durchgeistigter Mensch ist, dem nichts Erhabenes und Edles fremd ist und der sich zutiefst erniedrigt fühlt, als er sich bewußt wird, daß dieser Wurm in ihm nagt.« »(Reč'«, 2. Mai 1915) Selbst so ein ideeller Gegner der Kunst des Künstlertheaters wie F. F. Komissarshewski schrieb Stanislawski am 8. April 1915, sein Salieri sei »Echtes, ausgesprochen Echtes im Theater, das einen zum Weinen bringt und worüber man nachdenkt«, und daß er ihm danke »für jene Freude, die heute so selten im Theater ist«.

In seinen Briefen schreibt Stanislawski verbittert, es falle ihm schwer, den Salieri zu spielen, da er »gegen ein voreingenommenes und von der Presse verhetztes Publikum kämpfen« müsse, da »alle bei Puschkin nur klangvolle Verse hören wollen, jedoch nichts wissen wollen, ja nicht einmal etwas ahnen von den unerreichbaren Tiefen, die all diejenigen erregen, die einmal tief hineingeblickt haben in Puschkins Seele«. (11. April 1915)

Es kann behauptet werden, daß die Salieri-Rolle, die Stanislawski nicht gänzlich gelang, niemandem seiner Vorgänger gelang, obwohl sie von solchen Schauspielern gespielt wurde wie J. B. Brjanski (1832), W. A. Karatygin (1840), M. S. Schtschepkin (1854), W. P. Dalmatow (1887), G. G. Ge (1899) und anderen.

Der Puschkinabend hielt sich nur verhältnismäßig kurze Zeit im Spielplan des Moskauer Künstlertheaters. »Mozart und Salieri« wurde 42mal gezeigt; zum letzten Mal am 14. Mai 1916. Später wollte Stanislawski noch einmal auf die Salieri-Rolle zurückkommen und zog zu diesem Zweck Anfang der zwanziger Jahre J. B. Wachtangow zur gemeinsamen Arbeit mit heran.

Der relative Mißerfolg Stanislawskis in der Rolle des Salieri bestand nach seinem eigenen Eingeständnis in der Unterschätzung der äußeren Ausdrucksmittel und vor allem der Sprechtechnik, die besonders unumgänglich ist für die Darstellung von Rollen aus dem tragischen Repertoire.

Die Erfahrungen aus der Arbeit an der Salieri-Rolle brachten Stanislawski zu wichtigen Schlußfolgerungen über die Notwendigkeit mehrjähriger angespannter Arbeit auf dem Gebiet der äußeren Bühnentechnik.

19 Abdruck erfolgt auf Grund einer Eintragung auf einem besonderen Blatt zwischen weiteren handschriftlichen Entwürfen, die Stanislawski betitelte »Geschichte einer Rolle«. (Nr. 675, Bl. 103)

Es fällt auf, daß Stanislawski in jedem Punkt des hier veröffentlichten Entwurfs an die Bestimmung der durchgehenden Handlung von einer neuen Seite herangeht, wobei er den Inhalt der Tragödie erweitert und vertieft.

In »Mein Leben in der Kunst« schrieb Stanislawski später, er »baute die Rolle nicht auf Neid, sondern auf dem Kampf der verbrecherischen Pflicht mit der Verehrung des Genies auf«, sein Salieri war »ein Priester seiner eigenen Kunst und aus Überzeugung ein Mörder dessen, der an den Grundlagen dieser Kunst rüttelt«. Es ist charakteristisch, daß Stanislawski das Salieri-Thema als Herausforderung an das Schicksal, an Gott, als »Protest der ganzen von Gott im Stich gelassenen Menschheit gen Himmel« definiert. (Vgl. Mein Leben in der Kunst, Berlin 1987, S. 441 und 446.)

20   Abgedruckt werden zwei Bruchstücke aus handschriftlichen Entwürfen, die unter der gemeinsamen Überschrift »Geschichte einer Rolle« zusammengefaßt sind (Nr. 675). Diese Überschrift und der Inhalt der Materialien bezeugen, daß die Arbeit an der Salieri-Gestalt Stanislawski auf den Gedanken brachte, ein theoretisches Werk zu verfassen, um seine Erfahrungen als Schauspieler auszuwerten. Im Grunde genommen sind die hier veröffentlichten Notizen einer der ersten uns bekannten Versuche, den Prozeß der Arbeit an der Rolle darzulegen, und das erfuhr dann seine Weiterentwicklung in einigen Schriften, die in Kapitel 5–7 dieses Bandes veröffentlicht sind.

21   Die sowjetischen Herausgeber ließen hier eine Beschreibung des Arbeitsprozesses an der Rolle aus, ebenso verstreute Bemerkungen Stanislawskis zur Funktion der Einbildung, des affektiven Gedächtnisses u. ä., die sich nicht auf die Salieri-Rolle bezogen.

Das zweite veröffentlichte Textfragment (Bl. 66–73) trägt die Überschrift »Die Praxis. Wie an der Schaffung des Lebens der Rolle gearbeitet werden muß.«

Auf einem besonderen Blatt findet sich eine Notiz, die den Charakter eines Konspektes zu diesem Manuskriptabschnitt trägt. Sie ist überschrieben »W. I. Nemirowitsch-Dantschenkos Theorie über die Besamung. Schöpferische Besamung. ›Mozart und Salieri‹ (die Salieri-Rolle).« Hier ihr Text:
»Ich lese das Werk eines Dichters und notiere mir die Momente seelischer Empfindungen und Zustände sowie affektiver Erinnerungen, die der Autor in sein Werk gelegt hat.
1) Es sei nicht Wahrheit auf der Welt, man sagt's.
Doch Wahrheit ist auch oben nicht.«
Zustand der Empörung bzw. Verzweiflung des Besiegten über Ungerechtigkeit.
2) Im weiteren wird das bisherige Leben Salieris und sein erhaben-reines Verhältnis zur Kunst geklärt:
a) erste Bekanntschaft mit ihr als Kind in der Kirche;
b) jünglingshaftes Entsagen an müßiges Vergnügen um der Kunst willen;
c) Abneigung gegen alles, was nicht Kunst ist, stolz-hochmütige Ablehnung der Wissenschaften, die der Kunst fremd sind, und völliges Aufgehen in der Musik;
d) angespanntes Arbeiten beim Studium der Musik: Der erste Schritte fällt schwer, jedoch ich hab ihn überwunden; Studium des Handwerkes, das heißt der Technik der Kunst; Entwicklung der Finger, des Gehörs, wissenschaftliches Studium der Kunst, Analyse des Tones, mathematische Überprüfung der Harmonie;
e) rituelles Verhältnis zum Schöpfertum, Stille und Geheimnis, völliges Fehlen von Ruhmsucht, Fasten und Schlaflosigkeit, dreitägiger Einschluß in eine Zelle, Vorgefühl des Rausches und Tränen der Begeisterung, Verbrennen der Arbeit.« (Nr. 734)

22   Veröffentlichung von fünf Äußerungen Stanislawskis aus seinen Notizbüchern für 1914 und 1915 (Nr. 673, Bl. 5–16, Nr. 674, Bl. 64–66, Nr. 788, Bl. 87–88), die sich auf seine Arbeit an »Mozart und Salieri« beziehen.

23   Alexej Andrejewitsch Rustejkis — Schauspieler des Moskauer Künstlertheaters von 1914 bis 1916 und 1917 bis 1918. Erster Darsteller der Mozart-Rolle.

24   Gemeint sind Salieris Worte in der zweiten Szene vor Mozarts Vergiftung:
Beaumarchais
  Sagte dann stets: »Hör, Bruder, hör, Salieri,
  Kehrt der Gedanken Schwärze ein bei dir,
  Alsbald entstöpsle die Champagnerflasche
  Und blättre in der Hochzeit Figaros.«

25   L. M. Leonidow erinnert sich, während der Arbeit an der Salieri-Rolle sei Stanislawski »auf den Gedanken gekommen, er könne auf der Bühne nicht richtig sprechen und habe daher begonnen, am Wort

zu arbeiten. Er wandte sich an einen Menschen, den er für den besten Meister des Wortes hielt, an Schaljapin. Dann saßen wir zusammen: Konstantin Sergejewitsch hörte zu, und Schaljapin las ihm Salieris Monolog vor«. (»O Stanislavskom« [Über Stanislawski], S. 272.)

Fjodor Iwanowitsch Schaljapin (1873—1938) war ein berühmter Salieri-Darsteller in N. A. Rimski-Korsakows Oper »Mozart und Salieri«. Diese Rolle, die er 1898 zum ersten Male spielte, war eine wichtige Etappe in Schaljapins künstlerischer Laufbahn. »... Ich überzeugte mich davon,« sagte Schaljapin, »daß derartig aufgebaute Opern eine Neuheit sind ... eine neue Art der Bühnenkunst, die Musik und psychologisches Drama miteinander verbindet.« (L. Nikulin, Fjodor Šaljapin, Moskva 1954, S. 36).

26 Alexander Alexandrowitsch Geirot (1882—1947) — Schauspieler am Moskauer Künstlertheater von 1913 bis 1922 und von 1935 bis 1947, zweiter Mozart-Darsteller.

In dieser Notiz verweist Stanislawski auf die Gefährlichkeit oberflächlicher Anwendung seines methodischen Prinzips bei der Rollenbehandlung, das heißt, er warnt vor verfrühtem Einstudieren des Textes, bevor der Schauspieler sich als real in den Lebensumständen von Stück und Rolle existierend empfindet.

Die Arbeit an der Rolle [»Verstand schafft Leiden«]

Das Archiv des Moskauer Akademischen Künstlertheaters besitzt elf Hefte mit Manuskripten, die Stanislawski ursprünglich für sein Buch »Die Arbeit des Schauspielers an der Rolle« verfaßt hatte. Die ersten drei Hefte mit den Titeln »Die Handwerkelei des Vorführens«, »Die Kunst des Vorführens« und »die Kunst des Erlebens« (Nr. 705—707) sollten den theoretischen Teil des Buches bilden, das heißt eine Art Einführung in die Arbeit des Schauspielers an der Rolle sein.

Den zweiten Teil des Buches, angefangen beim vierten bis hin zum elften Heft (Nr. 571—580), nannte Stanislawski »Die Praxis«. Er befaßt sich mit der Analyse des Schaffensprozesses bei der Arbeit des Schauspielers an der Rolle anhand der Komödie »Verstand schafft Leiden«.

Am ersten — theoretischen — Teil seines Buches hat Stanislawski viele Jahre gearbeitet und dabei mehrfach Pläne und Vorhaben für die künftige Publikation geändert. Ursprünglich wollte er eine selbständige Arbeit über allgemeine Fragen des Theaters und seine Hauptrichtungen verfassen. Das bezeugen die zahlreichen Varianten und Fassungen der entsprechenden Buchabschnitte in seinem Nachlaß: »Das Theater«, »Das Handwerkeln«, »Die Kunst des Vorführens«, »Die Kunst des Erlebens«, »Das literarische Theater«, »Das Theater, in dem der Bühnenbildner vorherrscht« u. a.

Die ersten Gedanken zu diesen Problemen finden wir in Notizen und Tagebüchern zu Beginn des Jahrhunderts. Eine frühe Fassung der von Stanislawski geplanten großen Arbeit über die Theaterkunst ist sein Manuskript »Eine Richtung in der Kunst«, das er im August 1909 in Vichy und Saint-Lunaire abgefaßt hat. Es bestehen auch zahlreiche andere Fassungen und Varianten über die drei Richtungen im Theater. Sie stammen aus der Zeit zwischen 1910 und 1920 sowie aus dem Beginn der zwanziger Jahre.

Während seiner Arbeit an dem hier veröffentlichten Manuskript benutzte Stanislawski Material über die drei Richtungen der Bühnenkunst in überarbeiteter Form als Einleitung zu seinem Buch »Die Arbeit des Schauspielers an der Rolle«.

Auf Grund indirekter Angaben ist der zweite Teil des Buches — »Die Praxis« — ungefähr auf 1917/1918 zu datieren. Der Manuskripttext erwähnt eine Aufführung von »Verstand schafft Leiden« im Künstlertheater. Offensichtlich meint Stanislawski die Wiederaufführung des Stückes 1914, bei der er — wie auch bei der ersten Aufführung im Jahre 1906 — die Famussow-Rolle übernommen hatte. Jedoch ging er nicht gleich nach der Wiederaufführung an das Manuskript. Zunächst versuchte er, den Arbeitsprozeß des Schauspielers anhand der von ihm gerade gespielten Salieri-Rolle aus Puschkins »Mozart und Salieri« (1915) darzulegen. Die unvollendete Rohfassung des Manuskripts unter der Überschrift »Geschichte einer Rolle (Zur Arbeit an der Salieri-Rolle)« ist im vorliegenden Band veröffentlicht (S. 17). Außerdem existiert ein Manuskript mit dem Datum von 1916 bis 1917. Ein Abschnitt daraus bildet die ursprüngliche Anfangsfassung des hier veröffentlichten Manuskripts (Nr. 1403).

Der zweite Teil des Buches (»Die Praxis«) sollte aus vier großen Abschnitten bestehen, die bestimmten Abschnitten der Arbeit an der Rolle — dem Kennenlernen, Erleben, Verkörpern und Einwirken — entsprachen. Von den vier Abschnitten hat Stanislawski für die ersten drei Rohfassungen angefertigt. Vom vierten Abschnitt (die Zeit des Einwirkens) sind nur das Rohkonzept und einzelne Entwürfe erhalten geblieben.

Unter den Vorbereitungsmaterialien zum zweiten Teil des Buches finden sich auch vier dicke Hefte mit Stanislawskis handschriftlichem Vermerk »Extrakt« sowie dem Datum »Juni 1919« (Nr. 583). Der

Text dieser Hefte ist die Überarbeitung der ersten beiden Abschnitte des Manuskriptes »Die Praxis« (»Kennenlernen« und »Erleben«). Er unterscheidet sich wesentlich von der ersten Fassung. Der »Extrakt« enthält bedeutende Kürzungen, Einfügungen, kompositionelle Veränderungen usw.

Anfang der zwanziger Jahre überarbeitete Stanislawski erneut den Text seines Manuskriptes »Die Praxis« (den Abschnitt »Kennenlernen« sowie Fragmente der Abschnitte »Erleben« und »Verkörpern«) und schuf so die dritte uns bekannte Fassung der »Arbeit an der Rolle« anhand von »Verstand schafft Leiden«.

Diese Fassung ist ein Manuskript, das Stanislawski mit kleiner Schrift und eng geschrieben auf einzelnen Kärtchen verfaßt hat. Ein Vergleich zwischen der dritten, der ersten und der zweiten Fassung läßt den Charakter der von ihm vorgenommenen Abänderungen erkennen. Sie hängen nicht nur zusammen mit weiteren literarischen Vervollkommnungen des Textes, sondern vor allem mit dem Suchen nach exakteren Wegen und Mitteln zur Arbeit des Schauspielers an der Rolle sowie nach einer Form zur Darlegung des Materials. In der dritten Manuskriptfassung macht die Methode des abstrakten Phantasierens über Rolle und Stück immer mehr einer konkreten Analyse der Gesetzmäßigkeiten des Schaffensprozesses Platz. Hier wird die Bedeutung der physischen und der elementar-psychologischen Aufgaben im Schaffen klarer gezeigt, wird die Linie der im Schauspieler aufkeimenden Handlungsanlässe und das Handeln selber, der Untertext der Rolle usw. hervorgehoben.

Stanislawski hat die Arbeit an seinem Manuskript nicht abgeschlossen. Der Text enthält Auslassungen, viele Beispiele fehlen, in einigen Fällen werden Abschnitte und Teile des Manuskripts in der Rohfassung gebracht usw. Stanislawski hatte vor, auf die unvollendeten Teile seines Manuskripts zurückzukommen. Das bezeugen die zahlreichen Hinweise im Text, wie z. B.: »Anhand von Beispielen erläutern«, »Eine Seite frei lassen«, oder »Wird geschrieben, wenn ich zusätzliches Material habe« u. a.

»Die Arbeit an der Rolle« anhand von »Verstand schafft Leiden« wird nach der dritten Fassung des Manuskripts vollständig abgedruckt. Fragmente aus der ersten Fassung veröffentlichte das »Jahrbuch des Moskauer Künstlertheaters« 1945, Bd. I, unter der Überschrift »Belebung der äußeren Lebensumstände von Stück und Rolle«.

Der theoretische Einführungsteil — über die drei Richtungen in der Bühnenkunst — wird weggelassen, da Stanislawski später selber dagegen war, ihn in sein Buch »Die Arbeit des Schauspielers an der Rolle« aufzunehmen. Er benutzte dieses Material in überarbeiteter Form teilweise in seinem Artikel »Das Handwerkeln« (vgl. »Kultura teatra« [Theaterkultur] Nr. 5 und 6/1921) sowie in »Geschichte einer Inszenierung (Pädagogischer Roman)«, veröffentlicht im vorliegenden Band und in dem Kapitel »Bühnenkunst und Bühnenhandwerk« in dem Buch »Die Arbeit des Schauspielers an sich selbst im schöpferischen Prozeß des Erlebens« (Berlin 1961).

Fast alle Zwischenüberschriften in den drei Hauptabschnitten stammen von den sowjetischen Herausgebern. Die Ausnahme bilden die ersten vier Unterabschnitte und der Unterabschnitt »Das Überbewußtsein«.

Der Titel von Gribojedows Stück wird nach der eingebürgerten älteren deutschen Übersetzung mit »Verstand schafft Leiden« wiedergegeben, obwohl seit drei Jahrzehnten auch eine andere Übersetzung vorliegt, nämlich »Geist bringt Kummer«. Textstellen aus der Komödie werden nach der Übersetzung Johannes von Guenthers zitiert (Alexander Gribojedow: Geist bringt Kummer, Komödie in vier Akten in Versen, Aufbau Verlag, Berlin 1948).

27   Abdruck erfolgt nach den Manuskripten Nr. 679—682, 684.
28   In Stanislawskis Manuskript steht bei diesem Satz folgende Randbemerkung: »Widerspruch: Der Schauspieler sollte nicht von seiner Rolle reden, aber ... wenn alle mit anderen über fremde Rollen sprechen, werden sie sich unvermeidlich auch mit ihm über seine Rolle unterhalten.«
29   Das »affektive Gedächtnis« ist ein früher Terminus des »Systems«, den Stanislawski aus den Arbeiten des bekannten französischen Psychologen Théodule Ribot (1839—1916) übernommen hat. Das Archiv des Moskauer Künstlertheaters besitzt das Buch »Das affektive Gedächtnis« mit Stanislawskis Randbemerkungen (herausgegeben von der Redaktion der Zeitschrift »Obrazovanie« [Bildung], Sankt-Petersburg 1899, zweite, korrigierte Auflage).

Als affektives Gedächtnis bezeichnet Stanislawski »das Erinnerungsvermögen an die im Leben gehabten Gefühlsregungen«. Im Unterschied zum visuellen, akustischen und anderen Gedächtnis »hält es nicht die Fakten und die Situation fest, sondern die seelischen Gefühle und physischen Empfindungen, die sie begleiten«. (Nr. 677, Bl. 81)

Nach Stanislawskis Meinung könne der Schauspieler in seiner Rolle nicht mit fremden Gefühlen leben, sondern nur mit eigenen. Mit Hilfe des affektiven Gedächtnisses löse er die für die Handlung benötigten Gemütszustände aus, die er irgendwann einmal im Leben unter den entsprechenden Umständen gehabt hat.

Ein solches Vorgehen zwinge den Schauspieler, sich beim Suchen des zur Schaffung der Bühnengestalt erforderlichen Materials stets dem Leben und persönlichen Erfahrungen zuzuwenden, dort vertraute Gefühlszustände zu suchen, analog denen der jeweiligen handelnden Person. Stanislawski hielt die persönlichen Erfahrungen des Schauslpielers immer für umfassender und interessanter als die Erfahrungen als Schauspieler. Daher verlangte er — genauso wie Schtschepkin —, bei der Arbeit an der Rolle »vom Leben auszugehen« und nicht von den üblichen Bedingungen der Bühne, die dazu verleiten, die Wirklichkeit handwerkelnd darzustellen.

In der ersten Entwicklungsetappe seines »Systems« hat Stanislawski jedoch die Bedeutung des affektiven Gedächtnisses im Schaffen des Schauspielers stark überschätzt. Er betrachtete es als Grundlage des schauspielerischen Schaffens, als »Hauptköder« für die Gefühle. Daraus zog er den falschen Schluß, alle Gemütsbewegungen des Schauspielers auf der Bühne seien ausschließlich Wiederholungen.

Ohne die Bedeutung des affektiven Gedächtnisses als Element seines »Systems« in Abrede zu stellen, revidierte Stanislawski später die Rolle dieses Elements im Schaffen des Schauspielers. Er kam zu dem Schluß, daß die Logik der physischen Handlungen zur Realisierung der durchgehenden Handlung sowie der Überaufgabe in Stück und Rolle das Gefühl vollkommener beeinflusse, als es das affektive Gedächtnis könne. Im Unterschied zum affektiven Gedächtnis, das es mit dem launenhaften und nicht faßbaren Gefühl zu tun habe, sei die Logik der physischen Handlungen bestimmter, faßlich, materiell empfindbar, leicht zu fixieren sowie vom Bewußtsein zu kontrollieren und zu beeinflussen. Ihr könne der Schauspieler am leichtesten folgen. Außerdem sei sie eng verbunden mit dem inneren Leben der Rolle.

»... in der Handlung«, schreibt Stanislawski, »ist das Wesen der Rolle verkörpert, das Erleben des Schauspielers und die innere Welt des Stückes. Nach den Handlungen und dem Verhalten beurteilen wir die auf der Bühne dargestellten Menschen, wir verstehen, wer sie sind.« (Vgl. Die Arbeit des Schauspielers an sich selbst, Teil 1, Berlin 1961, S. 60.)

Zu Beginn der dreißiger Jahre ersetzte Stanislawski den Terminus »affektives Gedächtnis« durch den Terminus »emotionales Gedächtnis«, da er diesen Sachverhalt exakter wiedergäbe.

30 Zu solchen Werken mit kompliziertem und tief verborgenem psychologischem Gehalt zählte Stanislawski viele Stücke von H. Ibsen und M. Maeterlinck.

31 Vgl. Anmerkung 32.

32 Im Gegensatz zu verschiedenen rationalistischen Theorien maß Stanislawski bei der Bühnenkunst dem Unbewußten im Schaffen des Schauspielers große Bedeutung bei. Zum Unbewußten bzw. Unterbewußten zählte er jene Momente in der schöpferischen Tätigkeit des Schauspielers, die zusammenhängen mit dem unwillkürlichen Entstehen von Gefühlen auf der Bühne und ihren äußeren, also physischen Erscheinungsformen.

Nach Stanislawskis Ansicht sei die der Schauspielkunst zugrunde liegende Bühnenhandlung immer motiviert und zielgerichtet, folglich also immer bewußt. Jedoch schließe der bewußte Charakter der Bühnenhandlung den unwillkürlichen, unterbewußten und automatischen Verlauf einzelner Bewegungen und Anpassungen, mit denen diese Handlung vollzogen würde, nicht aus. Ballettkünstler, die Tänze aufführen, oder Akrobaten, die Saltos drehen, machen sich in diesem Augenblick auch keine Gedanken über die komplizierten Bewegungen ihrer Arme, Beine und Körper. Automatisch, ohne Beteiligung des Bewußtseins führen sie ihre Bewegungen aus. »Würde ein Akrobat in dem Augenblick, in dem er seine Nummer vorführt, erst noch nachdenken«, sagt Stanislawski, »würde er sich den Hals brechen.«

Ohne Beteiligung unseres Bewußtseins vollziehen sich in der Regel auch alle Ausdrucksbewegungen, in denen sich unsere Gefühle äußern. Zum Beispiel die Mimik, die Gesten, die Intonation u. ä. sind etwas Unwillkürliches, wenn der Schauspieler tatsächlich innerlich beteiligt ist und nicht nachahmt, seine Gefühle nicht vorführt.

Der Bereich der unbewußten Tätigkeit des Schauspielers umfasse eine verhältnismäßig große Zahl von Komponenten des Schaffens, besonders in Augenblicken der Inspiration, bei der ja der Verlauf des Schaffensprozesses bekanntlich nur wenig bewußt werde.

Übermäßige Bewußtheit bei der Ausführung sämtlicher, selbst der kleinsten Aufgaben und Bewegungen bei der Wiedergabe von Gefühlen führe nach Stanislawskis Ansicht zu übermäßiger Rationalität des

Schaffens. Dadurch gehe die lebendige Beziehung zum Partner verloren, werde gegen organisches Handeln und inneres Mitgehen verstoßen, und der Schauspieler gelange zu äußerlicher Darstellung seiner Gestalt.

Mehr noch — die bewußte Realisierung aller Gefühle, Gesten, Intonationen und Bewegungen lenke die Aufmerksamkeit des Schauspielers vom Hauptziel seines Schaffens ab, während andererseits das Unbewußte bei vielen Komponenten des Schaffens die Voraussetzung sei für seine maximale Bewußtheit. Da ein bedeutender Teil der Schaffenselemente unbewußt ausgeführt werde, könne sich das Bewußtsein auf die wichtigsten, die entscheidenden Seiten des Schaffens, auf die Handlungsmotive und -ziele, auf ihren Inhalt konzentrieren, auf das also, was Stanislawski das »Was« nannte im Unterschied zum »Wie«, zur Form, zur Ausführungsweise der Handlung.

»Obwohl vieles in der Arbeit des Schauspielers vom Bewußtsein unerfaßt bleiben soll«, schrieb er, »gibt es doch einen Bereich, in dem die Arbeit des Bewußtseins wichtig und notwendig ist. So müssen beispielsweise die Hauptabschnitte eines Stückes und die wichtigsten Handlungsaufgaben ins Bewußtsein gebracht, festgelegt und ein für alle mal unantastbar bleiben [...] Sie weisen dem Schaffen die Richtung, in die es gehen muß. Aber *wie* jedoch die festgelegten Aufgaben erfüllt werden, was zwischen den Hauptabschnitten vor sich geht, d. h., wie die vorgeschlagenen Situationen, die affektiven Erinnerungen, der Charakter der Wünsche und Bestrebungen, die Form der Partnerbeziehungen, der Anpassung usw. gerechtfertigt werden, kann jedesmal variiert und vom Unterbewußtsein bestimmt werden.« (Vgl. vorliegenden Band, S. 182.)

In seinem Kampf gegen kalte und verstandesmäßige Kunst unterstreicht Stanislawski mit Recht die wichtige Rolle des »Unterbewußten« im Schaffen des Schauspielers. Daneben äußert er in diesem Manuskript auch eine Reihe irriger Ansichten, die er unkritisch aus zeitgenössischen idealistischen Quellen über die Psychologie des künstlerischen Schaffens übernommen hatte. So zum Beispiel seine Behauptungen, »in der Kunst schafft das Gefühl und nicht der Verstand« oder »neun Zehntel des gesamten Lebens oder einer Rolle [...], noch dazu ihr wichtigster Teil« verlaufen unbewußt.

Es sei bemerkt, daß eine solche Konfrontation von Emotion und Bewußtsein, eine solche Leugnung der Rolle des Verstandes im Schaffen des Schauspielers den Grundthesen des »Systems« und insbesondere Stanislawskis Lehre vom Verstand, vom Willen und Gefühl als den Hauptantrieben des psychischen Lebens von Schauspieler und Rolle, von der vorrangigen Bedeutung der durchgehenden Handlung und der Überaufgabe im Bühnenschaffen widersprechen.

Stanislawski war der Ansicht, »daß das Schöpferische vor allem die totale Konzentration der körperlichen und geistigen Natur des Menschen ist. Sie erfaßt nicht nur das Sehen und Hören, sondern sämtliche fünf Sinne und außerdem den Körper, das Denken, den Willen, das Gefühl, das Gedächtnis und die Phantasie.« (Vgl. Mein Leben in der Kunst, Berlin 1987, S. 364.)

In dem zur Veröffentlichung gelangten Manuskript spricht Stanislawski von der außerordentlichen Bedeutung des Verstandes, des Willens und des Gefühls im Schaffensprozeß und unterstreicht den engen Zusammenhang und die wechselseitige Abhängigkeit zwischen den einzelnen Mitgliedern des Triumvirats Verstand, Willen und Gefühl. »Man kann nicht von einem der Antriebe unseres geistigen (psychischen) Lebens sprechen«, schreibt er, »ohne dabei nicht auch die übrigen zwei im Auge zu behalten. Sie sind ›dreieinig‹ und voneinander nicht zu trennen.«

Zum Terminus «Überbewußtsein« vgl. Anmerkung 97.

33 Die Fähigkeit des Schauspielers, Schaffensmaterial, das dem inneren Kern seiner Rolle verwandt ist, in sich selber zu finden, gehört zu den wichtigsten Besonderheiten von Stanislawskis Regiearbeit. Eine Bühnengestalt kann nur dann organisch und nach den Gesetzen des natürlichen Erlebens geschaffen werden, wenn der Schauspieler dabei soviel wie möglich persönliche menschliche Qualitäten, die der Gestalt Leben und individuelle Einmaligkeit verleihen, einbringt.

Daher ging Stanislawski bei der Aufstellung seines Regieplans nicht nur vom eingehenden Studium des betreffenden dramatischen Werkes aus, sondern auch vom konkreten »Material« der Schauspieler, die die Rolle des Stückes verkörpern sollten. Als Beispiel dafür kann sein Regieplan für »Othello« dienen, bei dessen Aufstellung er die individuellen Voraussetzungen der Hauptdarsteller L. M. Leonidow, A. L. Wischnewski, N. P. Batalow (in der Aufführung wurde Jago nicht von N. P. Batalow, sondern von W. A. Sinizyn gespielt) und anderer berücksichtigte.

Stanislawski führte einen entschiedenen Kampf gegen despotische Regiearbeit, die die Möglichkeiten der Schauspieler nicht berücksichtigte, sondern letztere nur als Material zur Realisierung der Regieabsichten benutzt. Ein solcher Regisseur zwinge den Schauspieler seinen fertigen Inszenierungsplan und seine Ansicht über die Gestalt auf und kümmere sich nur wenig um die individuellen Möglichkeiten und Bestrebungen des Schauspielers. In einem Brief vom 14. Februar 1925 an den Herausgeber der Regiepartitur zur »Möwe«, S. D. Baluchatij, schrieb Stanislawski dazu: »Bedenken Sie bitte, daß der Regieplan der ›Möwe‹ auf den alten, inzwischen völlig verworfenen Methoden aufbaute, bei denen wir unsere eigenen, persönlichen Gefühle dem Schauspieler mit Gewalt aufdrängten, wogegen wir uns heute zunächst mit dem Schauspieler, seinen Qualitäten, [als] dem Material für die Rolle beschäftigen, um danach die ihm entsprechende und für ihn notwendige Inszenierungsform zu finden. Mit anderen Worten, die alte Methode war auf einen despotischen Regisseur zugeschnitten, gegen den ich jetzt ankämpfe, während die neuen Regiepläne von einem Regisseur gemacht werden, der vom Schauspieler abhängig ist.« (Vgl. Stanislawski: Briefe, Berlin 1975, S. 538.)

34 Diese Formel entnahm Stanislawski Puschkins unvollendetem Artikel »Über das Volksdrama und M. Pogodins Stück ›Marfa, die Frau des Stadtoberhauptes‹« und legte sie seinem »System« zugrunde, mit dem Unterschied jedoch, daß er anstelle von Puschkins Definition *vorausgesetzte Situationen* den Terminus *»vorgeschlagene Situationen«* gebrauchte. »... die Situationen, die der Dichter angenommen hat«, schreibt Stanislawski, »liegen für uns Schauspieler bereits fest«, sind »also die vom Dichter vorgeschlagenen [...] Und so hat sich der Terminus ›vorgeschlagene Situationen‹ eingebürgert, den wir nun auch benutzen wollen.« (Vgl. Die Arbeit des Schauspielers an sich selbst, Teil 1, Berlin 1961, S. 57.)

35 Durch schöpferische Anwendung des »Systems«, das heißt durch Kenntnis der objektiven Gesetze der Bühnenkunst, erhält der Schauspieler die Möglichkeit, seinen Organismus zu steuern und dessen unterbewußte Tätigkeit, ohne die die Kunst des Erlebens nicht möglich ist, bewußt auszulösen. Darin liegt der allgemeinste Sinn von Stanislawskis Worten: »Über das Bewußte zum Unbewußten — das ist die Devise unserer Kunst und ihrer Technik.« Diese Devise erfahre ihre wissenschaftliche Begründung durch die moderne Psychologie, die die nervlichen Mechanismen der psychischen Erscheinungen klärt.

Wie sind der nervlichen Mechanismen der unbewußten Tätigkeit beschaffen?

Eines der wichtigsten Gesetze der höheren Nerventätigkeit ist bekanntlich das Gesetz von der Induktion der nervlichen Prozesse, demzufolge jeder in der Gehirnrinde entstehende Erregungsherd eine Hemmung der umliegenden Abschnitte auslöst. Das vielschichtige Rindenmosaik besitzt stets einen Bereich, der im jeweiligen Augenblick optimal erregbar ist. Mit dieser Besonderheit der Gehirntätigkeit hängt die optimale Leistung des Bewußtseins sowie aktivste Aufmerksamkeit zusammen. Bewußte Tätigkeit ist eben die nervliche Tätigkeit eines bestimmten Rindenabschnittes der Großhirnhemisphären, der im jeweiligen Augenblick und unter den jeweiligen Bedingungen optimal erregbar ist. In dem Abschnitt mit der optimalen Erregbarkeit bilden sich leicht zeitweilige Verbindungen, erfolgt die exakteste Analyse und Synthese. I. P. Pawlow bezeichnet diesen Rindenabschnitt als »schaffenden Teil der Großhirnhemisphären«.

Verständlicherweise hängt die Aktivität des Bewußtseins beim schaffenden Schauspieler ebenfalls mit einem bestimmten, optimal erregbaren Rindenabschnitt zusammen. Aber in jedem Augenblick ist in der Rinde der Großhirnhemisphären immer nur ein solcher Abschnitt aktivierbar. Da er aber befaßt ist mit der Bewußtmachung der Motive und Ziele des Handelns, können andere Elemente des Schaffens und des Handelns fast ohne unmittelbare Beteiligung des Bewußtseins bzw. gänzlich unbewußt ablaufen und sich vollziehen.

»Wenn man durch das Schädeldach hindurchblicken könnte und die Stelle der Großhirnhemisphären mit optimaler Erregbarkeit aufleuchten würde«, schrieb Pawlow, »so würden wir bei dem denkenden, bewußten Menschen sehen, wie sich über seine Großhirnhemisphären ein dauernd nach Form und Größe wechselnder heller Fleck von merkwürdig unregelmäßigen Umrissen verschiebt, der auf der übrigen Fläche der Hemisphären von einem mehr oder weniger beträchtlichen Schatten umgeben ist.« (I. P. Pawlow: Sämtliche Werke, Bd. III/1, Akademie-Verlag Berlin 1963, S. 178)

Die im »Schatten« befindliche Fläche sind die gehemmten Abschnitte der Hemisphären. In diesen Abschnitten ihrer herabgesetzten Erregbarkeit ist die Herstellung neuer Verbindungen sowie analytisch-synthetische Tätigkeit erschwert. Aber auch die im jeweiligen Augenblick gehemmten Abschnitte der Großhirnhemisphären bleiben durchaus nicht untätig. Sie vollziehen »früher ausgearbeitete Reflexe, die beim Vorhandensein der entsprechenden Reize stereotyp entstehen. Die Tätigkeit dieser Abschnitte ist das, was wir subjektiv unbewußte, automatische Tätigkeit nennen.« (I. P. Pawlow, a. a. O.) Somit sind die zahlreichen Bewegungen, die ein Schauspieler als handelnde Person unbewußt ausführt, ein Produkt der

Tätigkeit derjenigen Abschnitte in den Großhirnhemisphären, die im jeweiligen Augenblick vermindert erregbar sind.

Es sei bemerkt, daß sich in diesen Abschnitten der Großhirnhemisphären ebenfalls zeitweilige Verbindungen bilden können und eine analytisch-synthetische Tätigkeit vor sich gehen kann. Da sich aber diese Rindenakte außerhalb des Abschnitts mit optimaler Erregbarkeit vollziehen, werden sie nicht bewußt, und es kommt einem vor, als wüßte man nicht, »wie und woher«.

Diese Besonderheit der Gehirntätigkeit erklärt die für die Inspiration charakteristische Verbindung von maximaler Klarheit und Schärfe des Bewußtseins sowie völligem Konzentriertsein auf den Gegenstand des Schaffens einerseits und dem geringen Bewußtwerden dessen, wie einige Schaffensprozesse, z. B. das Denken, das Phantasieren u. ä., beim Schauspieler ablaufen.

Das Gefühl, das eng verbunden ist mit der Tätigkeit der Gehirnbildungen unter der Rinde, kann nicht unmittelbar durch Anstrengungen des bewußten Wollens ausgelöst werden. Jedoch der Abschnitt unter der Rinde ist der Rinde untergeordnet, und die »ist zuständig für alle Erscheinungen, die im Körper vor sich gehen« (Pawlow a. a. O.). Die Zentren unterhalb der Rinde, die ihre Vertretung in der Rinde haben, sind durch die Tätigkeit der beiden Signalsysteme miteinander verbunden. Folglich ist jedes Gefühl verbunden mit der Vorstellung einer konkreten Situation, die dieses Gefühl ausgelöst hat, mit dem Bewußtsein dieser Situation und einer bestimmten Einstellung zu ihr.

Deshalb kann — wie Stanislawski — die gemeinsame Tätigkeit von Denken und Phantasie das sogenannte emotionale Gedächtnis des Schauspielers beleben, aus seinen Schlupfwinkeln Elemente bereits verspürter Gefühle herauslocken und sie entsprechend den beim Schauspieler entstehenden Bildern auf neue Weise organisieren. Das stärkste Mittel zur Aktivierung von Denken und Phantasie des schaffenden Schauspielers ist das Handeln.

Daraus leitet Stanislawski seine bekannte These ab: »Denkt nicht an das Gefühl, sondern handelt in den vorgeschlagenen Situationen. Handelt ihr logisch, merkt ihr nicht einmal, wie die notwendigen Gefühle zu euch kommen und die Gestalt entsteht.« Da das Handeln des Schauspielers in der Rolle ein ausgesprochen bewußter Akt ist, der zum unwillkürlichen und — wie Stanislawski sich ausdrückte — unterbewußten Entstehen der Gefühle der jeweiligen Rolle führt, realisiert diese These des »Systems« die Forderung der Kunst des Erlebens: »Über das Bewußte zum Unterbewußten.«

Je aktiver und zielstrebiger ein Schauspieler in seiner Rolle handelt, um so größer ist die Zahl der Komponenten seines Handelns und Schaffens, die unbewußt verlaufen, um so organischer ist das Verhalten der handelnden Person, um so bewußter das Schaffen des Schauspielers. Deshalb ist nach Stanislawski die Hauptlosung der Kunst des Erlebens: »Vom Bewußten zum Unbewußten, zum Schaffen der Natur selber.« Das Handeln innerhalb der durchgehenden Handlung, das der Überaufgabe des Werkes untergeordnet ist, betrachtet er als wichtigstes Mittel zur Realisierung dieser These.

36   In den Vorbereitungsmaterialien zur »Arbeit des Schauspielers an der Rolle« spricht Stanislawski davon, wie bei minderwertigen Stücken zu verfahren ist, die den Schauspielern keine schöpferische Freude bereiten. Nachstehend die entsprechenden Ausführungen: »Jedoch nicht immer birgt das Werk eines Dichters künstlerische Werte als Quell schauspielerischer Freuden. Was soll man tun, wenn der schönen Form, dem Herzstück fehlt, das heißt der geistigen Schönheiten, die tiefe Gefühle erregen?

In diesen Fällen sollte den Schauspieler nichts daran hindern, sich an der Schönheit der äußeren Form zu berauschen und durch sie das Schaffen in sich zu erregen. Aber die Begeisterung für das Äußerliche ist oberflächlich und vergeht rasch. Außerdem besitzen nicht alle Werke von Dichtern eine künstlerische schöne Form. Viele Stücke und Rollen entbehren selbst diesen Quell künstlerischer Reize. Dann muß der Schauspieler das hinzutun, was dem Autor nicht gelungen ist, das heißt, er muß aus dem schlechten Libretto des Dichters eine Symphonie von Gefühlen schaffen, muß unmerklich die Seele der Rolle austauschen, ohne ihre verbale Hülle anzutasten, muß den Autor korrigieren und sich selber die künstlerische Begeisterung schaffen, die er für seine Tätigkeit braucht. Diese undankbare, schwierige, nicht immer zum Erfolg führende Arbeit bedarf der künstlerischen Analyse, die dabei hilft, wenn schon nicht die im Stück verborgenen Elemente künstlerischer Schönheit abzutasten, so doch aber wenigstens ihre Spuren zu finden, die, in Schauspielern zu echten Momenten wahrer schauspielerischer Begeisterung und Erlebnisfähigkeit entwickelt werden können.

Also ist die Analyse erforderlich, um zu bestimmen, ob ein dichterisches Werk künstlerische Elemente besitzt oder nicht und auch, um in der eigenen Seele neue seelische Elemente und künstlerische Schönheiten zu finden und die Rolle damit auszustatten.« (Nr. 676, Bl. 97—98)

37 Auch die Reihenfolge der Ebenen und Schichten ist für das Kennenlernen eines Stückes durch Analyse bedeutungsvoll. Am Anfang stehen Fabel, szenische Fakten und Ereignisse. Sie bilden den festen Boden für das schauspielerische Schaffen. Mit dieser ersten Ebene ist die der Lebensverhältnisse mit ihren Schichten verbunden: der nationalen, der standesbedingten (klassenmäßigen) und der historischen Lebensverhältnisse. Sie veranlaßt den Schauspieler zu einer vertieften Einschätzung der Fakten und Ereignisse, was Stanislawski am Beispiel des Stückanfangs ja dann erläutert. So verläuft der Prozeß des Kennenlernens eines Stückes vom Erfassen der äußeren, am besten zugänglichen Ebenen bis zum Vordringen in das innere Wesen.

Die Einteilung eines Stückes in Ebenen und Schichten charakterisiert eine bestimmte Etappe in Stanislawskis Lehre vom Bühnenschaffen. Wie ein wissenschaftlicher Forscher oder ein Anatom zerlegt er kunstvoll das, was später allseitig und als einheitliches Ganzes im Inszenierungsprozeß wiedererstehen muß. Jedoch der Weg theoretischer Zergliederung ist nicht identisch mit dem künstlerischen Schaffensweg. In seiner Praxis ist Stanislawski nie so streng verfahren, ein Stück in bestimmte Ebenen einzuteilen. Für ihn als Künstler bestanden sie nicht selbständig nebeneinander, gleichsam isoliert. Er sah sie in ihrer gegenseitigen Verschmolzenheit mit dem Ideengehalt eines Werkes und dessen Überaufgabe, der sich alle »Ebenen« unterordneten.

Dennoch zeugt das Verfahren, ein Stück nach Ebenen und Schichten zu zergliedern, von der hohen Kultur der Regiearbeit Stanislawskis, die darauf bedacht war, ein Werk wirklich allseitig zu erfassen, sowohl in seinen objektiven wie subjektiven Bedingtheiten.

38 An dieser Stelle bricht das Manuskript ab. Auf dem Kärtchen finden wir Stanislawskis Hinweis »Unvollendet«. Er wollte »die Ebene der persönlichen schöpferischen Empfindungen des Schauspielers« noch ergänzen, jedoch blieb diese Absicht unerfüllt. Aus anderen vorbereitenden Materialien geht hervor, daß Stanislawski bei der Ebene der persönlichen schöpferischen Empfindungen des Schauspielers folgende drei Momente der Arbeit an der Rolle im Auge hatte:

»Erstens *die Analyse des schöpferischen Befindens des Schauspielers bzw. die Selbstanalyse,* das heißt die Überprüfung des neuen inneren Verhältnisses des Schauspielers zu seiner Rolle nach einer ganzen Reihe vorbereitender Analysen derselben.

Zweitens *die Analyse der Rolle auf Grund neuer Empfindungen des schaffenden Schauspielers,* das heißt Einteilung der Rolle in einzelne schöpferische Willensakte.

Drittens ... *die Verbindung zwischen den inneren Empfindungen des Schauspielers und den Anforderungen der Rolle,* das heißt die harmonische Verteilung der Willensakte des Schauspielers in Anwendung auf das Innenleben der handelnden Person.« (Nr. 676, Bl. 105)

An einer anderen Stelle verweist Stanislawski auf die bedeutende Hilfsrolle der Analyse der künstlerischen, literarischen, historischen, philosophischen und sozialen Ebene des Stückes und schreibt dazu: »Die anderen Analysen sind bei der Schaffung des inneren Plans der darzustellenden Gestalt von entscheidender Bedeutung. Das Studium der Empfindungen des Schauspielers im Augenblick des Schaffens, das heißt die Selbstanalyse, ist eine solche entscheidende Analyse. Sie bestimmt und fixiert innere Verfahren und Techniken, durch die es zu unbewußten schöpferischen Aufwallungen kommt. So gelangt der Schauspieler durch vorbereitende Analysen zu einer selbständigen Anschauung über das dichterische Werk.

Die neue, gut erfühlte Einstellung zur Rolle macht das fremde, vom Dichter geschaffene Sujet zu etwas Eigenem, das dem Schauspieler innerlich nahesteht. Das ist ein wichtiges Moment in unserer Kunst des Erlebens und fußt auf dem inneren Schaffen des Schauspielers. Daher erlangt die innere, psychophysiologische Analyse verständlicherweise endgültige und vorrangige Bedeutung.

Konsequenterweise muß mit mehreren vorbereiteten Analysen begonnen werden, angefangen bei der künstlerischen, literarischen, sozialen und historischen, bis hin zur physiologischen und psychologischen Analyse der Rolle, und dann muß übergegangen werden zur Analyse des schöpferischen Befindens des Schauspielers.« (Nr. 676, Bl. 94—95)

Da Stanislawski der Analyse des schöpferischen Befindens im weiteren immer größere Bedeutung beimaß, korrigierte er die Methode der Arbeit an der Rolle ganz wesentlich. Er empfahl den Schauspielern, die Arbeit am Stück nicht mit spekulativen Studien der Epoche, der Lebensweise, des Stils des Werkes und der Psychologie der handelndlen Personen am Tisch zu beginnen, sondern mit der Selbstanalyse, das heißt mit dem äußeren und inneren Studium der eigenen Person unter den Lebensbedingungen von Stück und Rolle.

Dazu muß sich der Schauspieler »seine rollenanalogen Handlungen unter rollenanalogen vorgeschlagenen Situationen nicht nur gedanklich vorstellen, sondern sie auch physisch ausführen«. Eine solche Analyse, die er nicht nur mit dem Verstand ausführt, sondern mit allen fünf Sinnesorganen, hilft dem Schauspieler, »sich selber in der Rolle und die Rolle in sich zu verspüren«.

39 Zum Überbewußtsein vgl. Anmerkung 97 dieses Bandes.

40 Hier wollte Stanislawski eigentlich ein Verzeichnis von Fakten bringen, die das Vorleben der Helden von »Verstand schafft Leiden« charakterisieren sollten. Da es in der handschriftlichen Fassung fehlt, strichen wir den diesbezüglichen Satz »Was Gribojedow selber von der Vergangenheit sagt. (Auszug aus Fakten der Vergangenheit)«.

In seiner praktischen Arbeit mit den Schauspielern benutzte Stanislawski alle Andeutungen des Autors, um die Vergangenheit der handelnden Personen zu rekonstruieren. So erläuterte er beispielsweise der Lisa-Darstellerin bei den Proben im Opern- und Schauspielstudio 1935 gleich bei den ersten Worten, warum Lisa die ganze Nacht an Sophies Zimmertür verbracht hat:

»Ich wollte gestern schlafen gehen — nein!« ... usw.

Sophies Worte erhellen die Einzelheiten ihres nächtlichen Rendezvous mit Moltschalin:

»Ans Herz zu pressen meine Hand
Blickt er ins Auge mir unverwandt,
Kein keckes Wort, so geht die Nacht vorüber,
Zuweilen seufzt er, heiter bald, bald trüber.«

Aus Tschazkis Monologen erfahren wir nicht nur Ereignisse der jüngsten, sondern auch der fernen Vergangenheit seiner Rolle. Sie vermitteln ein Bild seiner Kindheit, die er gemeinsam mit Sophie in Famussows Haus verbracht hat, wir hören von ihren Kinderspielen, von den Streichen und der Art ihres Unterrichtes, von Sophies und Tschazkis Erziehern, von den vielen Verwandten und Bekannten Famussows, den Vertretern des alten Moskaus der Beamten und Gutsbesitzer, die Gribojedow in seiner Komödie verspottet.

Das Gespräch zwischen Sophie und Lisa wirft ein Licht auf die früheren Beziehungen zwischen Tschazki und Sophie.

Im Text finden wir für den Schauspieler interessante Informationen über die Vergangenheit Moltschalins, der ein kleiner Beamter in Twer gewesen war, sich zum Assessor hochgedient hat, mit Famussows Unterstützung nach Moskau versetzt worden und zu ihm als Haussekretär gekommen ist.

Man kann sich auch eine bestimmte Vorstellung machen über Famussows Bekanntschaften und Interessen, über sein Privat- und Berufsleben. Ferner über Lisas anstrengende und aufreibende Tätigkeit u. ä.

Auch die anderen Akte enthalten viele neue Fakten und Umstände zur Vergangenheit der Helden von »Verstand schafft Leiden«.

41 Hier wollte Stanislawski ein Verzeichnis der Fakten des Stückes geben, die die Zukunft der Personen von »Verstand schafft Leiden« charakterisieren bzw. ihre Perspektive erkennen lassen sollten. Da es im Manuskript fehlt, streichen wir den diesbezüglichen Satz »Was Gribojedow selber dazu sagt«.

Das Stück enthält zahlreiche Äußerungen über die Zukunft der Helden, die der Schauspieler wissen muß.

So nimmt Sophie beispielsweise bei der Verabschiedung von Moltschalin die Hoffnung mit, den langweiligen Tag irgendwie herumzubringen und auf ein neues Stelldichein mit ihrem Auserwählten warten zu können:

»Ade, mein Freund! Das wird ein Tag der Langeweile.«

Moltschalin lebt von dem verlockenden Traum, durch eine Heirat mit Sophie seine Karriere festigen zu können, fürchtet jedoch Famussows Zorn, der die mit solcher Mühe eroberte Stellung vernichten könnte.

Lisa hat Angst vor Famussows Zornesausbrüchen und Nachstellungen, träumt von dem Kellner Petruschka und ahnt ein schreckliches Nachspiel für ihre Hehlerschaft in Sophies Liebesverhältnis mit Moltschalin.

»Doch gnade Gott, jagt er mit einmal
Mich und Moltschalin aus dem Haus.«

Famussow geht es um eine vorteilhafte Verheiratung seiner Tochter, er denkt an seine Stellung in der Gesellschaft und an seinen Ruf, der von der Meinung der Fürstin Marja Alexewna bestimmt wird.

Skalosub möchte General werden.

Tschazki wünscht sich ein neues Vertrautwerden mit Sophie, aber da er völlig überraschend auf ihre kühle Haltung stößt, möchte er wissen, was hier während seiner Abwesenheit vor sich gegangen ist. Neben den Beziehungen zu Sophie und Famussow erhellt der erste Akt auch noch seine kritische Einstellung zu der Famussow umgebenden Gesellschaft, und der unvermeidliche Zusammenstoß mit dieser Gesellschaft bahnt sich an.

Stanislawski betrachtet die Klärung der Zukunftsaussichten als wichtiges Moment, damit der Schauspieler die durchgehende Handlung der Rolle erkennen kann.

42 Weiter folgt im Manuskript der Satz: »Was wir im Stück, in den Kommentaren zu ihm und in der Geschichte der 20er Jahre finden.« Danach steht in Klammern mit Bleistift der Hinweis »Auszug aus Material über die Lebensweise. Entwickeln, ergänzen.« Da Stanislawski seine Absicht nicht verwirklicht und sich nur auf einen Faktenauszug aus dem ersten Akt beschränkt hat, lassen wir diesen Satz weg, denn er bezieht sich nicht nur auf Fakten des Stückes, sondern auch auf Materialien zur Geschichte der Lebensweise in den zwanziger Jahren.

43 In »Verstand schafft Leiden« fällt der Name Jelisaweta Michailownas nicht. Wahrscheinlich meint Stanislawski Jelisaweta Michailowna Kologriwowa (geborene Fürstin Golizyna), die »bekannte Pilgerin« und »mystische Dame« aus dem Heiligen Bund, eine Verwandte des Kavalleriegenerals A. S. Kologriwow, bei dem der junge Gribojedow 1814 in Brest-Litowsk als Adjutant diente. Einige Personen aus A. S. Kologriwows Umgebung benutzte er bekanntlich als Prototypen für seine Komödie »Verstand schafft Leiden«.

44 Weiter folgt eine Aufzählung der Fakten und Quellen, die Regisseur und Schauspieler zur Analyse der sozialen Ebene des Stückes verwenden können. Da dieses Material ausgesprochen konspektartig ist, haben wir es in die Anmerkungen eingefügt:

Berichte der Zeitgenossen, Notizen, Briefe der Vorfahren. Belletristik: Bücher, Lebensbeschreibungen. Erzählungen des Kindermädchens über das Leben in der Leibeigenschaft (»Eugen Onegin«).

Brief ... (1812). Eine Achtzigjährige, die sich damit abquält, ihre sechzigjährige Tochter unter die Leute zu bringen.

Überlieferung, derzufolge Gribojedow eine Treppe hinaufgeritten sein soll (Byronismus).

Bücher: Moskau zur Zeit Gribojedows oder Album der Opotschinins, Graf de Balmin [?] (Die Gogol-Zeit, Originalzeichnungen, 1838/1839). Album mit gezeichneten Illustrationen zum Leben (Militärbälle, Interieurs, Ansichten). Ausstellung russischer Porträts (Djagilew-Sammlung), Ausgabe des Großfürsten Nikolai Michailowitsch.«

Die von Stanislawski erwähnte »Überlieferung« hat N. K. Piksanow in seiner biographischen Gribojedow-Skizze beschrieben. »In der finstersten Provinz, wohin Kologriwows Reserven verschlagen waren, haben Dürftigkeit des Kulturlebens und Langeweile die Husarenstreiche noch mehr zugespitzt. Gribojedow beteiligte sich zusammen mit anderen an ihnen, und es sind einige Anekdoten über seine Streiche auf uns gekommen. Es wird beispielsweise erzählt, er sei mit einem Pferd in das erste Stockwerk zu einem Ball geritten, zu dem man ihn überhaupt nicht eingeladen hatte.« (Vgl. Ges. Werke A. S. Gribojedows, Bd. 1, redigiert und mit Anmerkungen versehen von N. K. Piksanow und I. A. Schljapkin. Verlag der Klasse für schöne Literatur der Kaiserlichen Akademie der Wissenschaften, Sankt-Petersburg 1911, S. XIX, russ.)

Als Quellen nennt Stanislawski M. Herschensons Buch »Moskau zur Zeit Gribojedows«, Verl. von M. und S. Sabaschnikow, Moskva 1916, und das Album »Die Gogol-Zeit«, Originalzeichnungen des Grafen J. P. de Balmin (1838/39) mit einem Einführungsartikel von J. N. Opotschinin, 1909.

Weiterhin nennt er die kunsthistorische Ausstellung russischer Porträts, die am 6. März 1905 im Taurischen Palais eröffnet wurde. Über diese Ausstellung schrieb K. S. Stanislawski aus Petersburg an seine Tochter K. K. Alexejewa: »Das Interessanteste jetzt in Petersburg ist eine Porträtausstellung. In dem riesigen Taurischen Palais sind aus ganz Rußland Bildnisse aller unserer Urgroßmütter und Urgroßväter zusammengetragen, und wer dort nicht alles ist! Für mich ist das sehr günstig, denn wir wollen ja ›Verstand schafft Leiden‹ bringen. Und auf dieser Gemäldeausstellung kann man sie alle treffen: Famussow und Sophie und Skalosub. Ich will jeden Tag hinfahren, um zu zeichnen. Es gibt dort auch Gemälde, die Zimmer darstellen. Da kann man allerlei Dekorationen für ›Verstand schafft Leiden‹ finden.«

In K. S. Stanislawskis Regisseurbibliothek befindet sich ein Album mit fünfundzwanzig Fotografien von Bildern der kunsthistorischen Ausstellung russischer Porträts. In das Album sind Zeichnungen und Skizzen von den Bildern eingeklebt, die Stanislawski angefertigt und mit ausführlichen Kommentaren versehen hat. Das Album enthält auch Skizzen von Möbeln, architektonischen Details, Interieurs, Postkarten u. ä., die ihm als Unterlagen für künftige Inszenierungen dienen sollten.

45 Während der Inszenierung von »Verstand schafft Leiden« am Moskauer Künstlertheater 1905 bis 1906 kamen Stanislawski und Nemirowitsch-Dantschenko auf Grund eingehender Textstudien von Gribojedows Komödie zu dem Schluß, daß Famussow kein prominenter Aristokrat ist, wie ihn das russische Theater des XIX. Jahrhunderts (J. W. Samarin, A. P. Lenski und andere) meist gezeigt hat, sondern ein Vertreter des mittleren Beamtenadels. In seinem Regieexemplar polemisiert Nemirowitsch-Dantschenko gegen die traditionellen Ansichten, Famussow sei ein Vertreter des »Moskauer Hochadels« und schreibt: »... es muß festgestellt werden, zu welcher Adelssippe Famussow eigentlich gehörte.

Hier haben die Kommentatoren mehr Verwirrung gestiftet, als daß sie geholfen hätten, die Sache zu klären. Wir stoßen auf Nuancierungen, denen große Bedeutung beigemessen wird, und zugleich wissen wir doch nichts Bestimmtes. Ein ›Moskauer Protz‹ und ›Mann von altem Adel‹, ein ›gnädiger Herr‹ und ›Beamter‹. Viele sehen in Famussow einen Moskauer Protz. Sie stützen sich dabei auf Schtschepkins bescheidene Äußerung, als man ihn in seiner Famussow-Rolle lobte: ›Was bin ich schon für ein gnädiger Herr!‹ Schtschepkin wußte also, daß er einen adligen gnädigen Herrn zu spielen hatte. Vielleicht aber hat Schtschepkin, der ja selbst aus der Leibeigenschaft stammte, als die Direktoren der Staatstheater sogar die ersten Schauspieler duzen durften, Famussows Rolle als gnädiger Herr etwas übertrieben ...

Um die Frage zu entscheiden, lasse man am besten das Stück selber sprechen.

›Ein reicher und gutbestallter Moskauer Adliger, der eine staatliche Stelle verwaltet‹, ›In Amt und Dienst und Sorgen immerzu‹, Moltschalin hat er ›zum Sekretär gemacht‹, und Moltschalin sagt von Tschazki: ›Mir riet er ab, in Moskau im Archiv zu dienen‹ ... Famussow leitet ein Archiv. Bewohnt keine Dienstwohnung, sondern ein eigenes Haus. Hat mehrere Güter — in den Gouvernements Twer und Saratow. Ein Mann von altem Adel mit einem wichtigen Beamtenposten. Aber er gehört nicht zu den Aristokraten wie Maxim Petrowitsch, obwohl der sein Onkel ist. Man schaue sich Famussows Gäste an. Nur die Chljostowa ist eine ›Vornehme‹. Und die benimmt sich, als tue sie Sophie mit ihrem Besuch einen besonderen Gefallen. Wir sehen weder einen Gouverneur noch einen Adelsmarschall. Die ›Vornehmsten‹ sind die Tugouchowskis und die Chrjumins, und die gehören offensichtlich zum verarmten Adel. Weder Tatjana Jurjewna, noch Pulcheria Andrejewna noch die Fürstin Marja Alexewna sind erschienen. Zwar gibt Famussow keinen Ball. Aus künstlerischen Gründen umgeht Gribojedow beharrlich einen echten großen Moskauer Ball. Dreimal ändert er das Motiv, warum bei Famussow nur ein Hausabend stattfindet. In der einen Fassung sagt Sophie, wegen der Fastenzeit könne kein Ball gegeben werden, in der anderen, das Haus sei zu klein und in der dritten: ›Der Trauer wegen ...‹ Soweit man in Gribojedows Anliegen eindringen kann, würde ein Ball, wie ihn Famussow hätte geben können und den er möglicherweise auch einmal im Jahr gegeben hat, um es den berühmten Bällen jener Zeit gleichzutun, den Dichter zu sehr von dem intimen Drama abgelenkt haben, das ihn vornehmlich bewegte, und dann hätte er die künstlerischen Grenzen seines Anliegens verlassen müssen ...

Auf jeden Fall stand Moskaus Aristokratie Famussow nicht sehr nahe. Wäre Famussow ein Moskauer Protz gewesen, warum hätte er denn einem Oberst aus der Armee so um den Bart gehen sollen? Ein guter Bräutigam zwar, aber ein Adliger hätte sich für seine einzige Tochter einen besseren wünschen können.

Alles läuft darauf hinaus, daß Famussow zwar ein großer Moskauer Herr ist, dennoch aber nicht auf den obersten Stufen steht. Weder sozial noch in der Diensthierarchie. Sein Haus ist nicht sehr beeindruckend. Ihm fehlt die palastartige Einrichtung. Ein gutes Herrenhaus, eines von sehr vielen. Auch Famussows Ton fehlt jene Erhabenheit, die Unabhängigkeit und Macht gekennzeichnet hatte. Er hat ausgedient, und Maxim Petrowitsch hätte wohl kaum seinen Neffen nicht als Dummkopf betrachtet.« (Zit. nach dem Buch: » ›Gore ot uma‹ v postanovke Moskovskogo Chudožestvennogo teatra« [»Verstand schafft Leiden« in der Inszenierung des Moskauer Künstlertheaters], Staatsverlag, Moskva—Petersburg 1923, S. 30—32)

Wenn Stanislawski Famussows Frau eine Aristokratin nennt im Gegensatz zu ihrem Mann, dem Bürokraten, so stützt er sich offensichtlich auf Äußerungen von Zeitgenossen A. S. Gribojedows und besonders S. N. Begitschews, der schrieb, Gribojedow habe in vielerlei Hinsicht den ursprünglichen Plan seiner Komödie geändert »und einige Mitwirkende gestrichen, darunter übrigens auch Famussows Frau, eine sentimentale Modepuppe und Moskauer Aristokratin ...« (Zit. nach dem Buch: M. V. Nečkina: A. S. Griboedov i dekabristy [A. S. Gribojedow und die Dekabristen], 2. Aufl., Moskva 1951, S. 173)

46 Der Abschnitt »Literarische Analyse« blieb genauso ungeschrieben wie viele andere Abschnitte

auch. Das Manuskript enthält nur einen Rohentwurf einzelner Gedanken, die Stanislawski notierte, um sie nicht zu vergessen, in der Hoffnung, später noch einmal auf sie zurückzukommen. Erinnert sei an Stanislawskis Notizen über »Die literarische Analyse« (Ausgewählte Schriften. Bd. 1, Berlin 1988, S. 188 f.).
47 An dieser Stelle des Manuskripts hat Stanislawski vermerkt: »Unvollständig, unbedeutend, einseitig. Besteht denn die ästhetische [Ebene] nur aus den Dekorationen?«
Weiter folgt ein konspektartiger Rohentwurf, ein Plan zum Studium der zwanziger Jahre im Hinblick auf die damalige Lebensweise. Da dieser Plan zweifellos interessant ist zum Verständnis von Stanislawskis Regiemethode und seiner Forderungen an die Mitwirkenden dieser Aufführung, sich eingehende Kenntnisse der Epoche, des Lebens und der Lebensweise der handelnden Personen des Stückes zu verschaffen, bringen wir ihn in den Anmerkungen.
»*Studium der Epoche* (Lebensweise).
Museum. Möbel, Bronze, Stickereien, alle möglichen Sachen. Anmerken: Entartungen, Sonderlichkeiten, chinesische Zimmer zum Beispiel u. ä. Oder die Sentimentalität des kleinen Elfenbeinfächers.
Studium alter Häuser. Chomjakows Haus (enthält noch viel von den zwanziger Jahren). Anordnung der Zimmer begreifen. Die großen Repräsentationsräume sind isoliert von den kleinen Wohnzimmern. Die Repräsentationsräume sind kalt und ungeheizt, die kleinen Wohnzimmer dagegen heiß und niedrig. Architektur der Häuser. Unterschiedliche Höhen des Fußbodens und der Stockwerke. Auf einen zweischiffigen Saal kommen zwei Stockwerke Wohnzimmer. Ursachen für Winkel, Übergänge, Vorratskammern u. ä. Fenster ohne Lüftungsklappen (wegen Wärme und Holzeinsparung). Rauchzimmer bei Chomjakow, eine Masse riesiger Pfeifen. Hier verliefen die theologischen Streitgespräche und Debatten. Die sollte man sich vorstellen. Ein verrauchtes Zimmer. Eine Menge Menschen in diesem Winkel.
Zu Leontjews Haus fahren. Sich den Prunk der Einrichtung und der Sachen ansehen. Zimmerfluchten mit überall herumstehenden Bronzen, Sachen und Möbeln an den Fenstern. Den Palast in Ostankino und Archangelskoje (Paläste anderer Art) besuchen. Die Katharinenepoche und die Gebäude so studieren, wie sie aus den zwanziger Jahren erhalten geblieben sind ...
Die Besichtigung all dieser Häuser reicht nicht aus. Man muß sich in sie hineinfühlen, in Gedanken dort wirklich leben und sie empfinden. Zum Beispiel, wie man mich eingesperrt hat in die Schloßverließe von Bourbon Russet oder mein Leben und eine Übernachtung im runden Turm bei Maeterlinck. Nächtliche Besichtigung der Klosterrefektorien mit Kandelabern. Bett, Schrank mit Waschbecken, nächtliche Laute, Turmuhr, Schritte des Wächters. Einige Tage in St. Michel. Beschreibung der Stadt, des Palastes, des Friedhofes. Der Tempel oben, das Leben der Stadt, des Hafens. Ebbe und Flut. Flugsand, Piratennest, Klosterromantik u. ä.
Leben im Turiner Schloß. Beschreibung eines Feudalschlosses. Erbaut auf einer Felseninsel. Ringsum Wasser, unregelmäßige, seltsame Formen der Straßen, Häuser, Plätze, Zimmer usw.
Fjodor Sollogub, ein Mensch des Mittelalters: Bett, Trikot, Denkweise, Ansichten über das tägliche Leben vom Standpunkt eines Menschen des Mittelalters ... Seine Gedichte eines mittelalterlichen Raufboldes.
Bilderausstellungen, Illustrationen, Stiche, Photographien, Porträts, Karikaturen. Zeitschriften, Modezeichnungen.«
Chomjakows Haus — typische Moskauer Villa aus den vierziger Jahren, auf der ehemaligen Sobatschja ploschtschadka [Hundeplatz] (heute Kompositorskaja uliza). Gehörte einst dem Slawophilen und Dichter A. S. Chomjakow. Nach der Oktoberrevolution wurde das Haus in ein Museum über die Lebensweise der vierziger Jahre umgestaltet. Es zeigt Lebensweise und Atmosphäre einer Moskauer Adelsfamilie aus der ersten Hälfte des XIX. Jahrhunderts.
Leontjews Haus — Villa im ehemaligen Granatny pereulok [Granatengasse] (heute uliza Schtschusewa), erbaut in den Jahren 1836 bis 1838. Heutzutage befindet sich dort das Moskauer staatliche Institut für Maße und Meßgeräte.
Bourbon Russet — mittelalterliches Schloß in der Umgebung von Vichy. Während seines Kuraufenthaltes in Vichy im Sommer 1888 hat Stanislawski weiter an der Rolle des Barons aus Puschkins »Geizigem Ritter« gearbeitet, den er in der kommenden Saison in der Gesellschaft für Kunst und Literatur spielen wollte. Die Rolle gelang ihm lange Zeit nicht, und er quälte sich mit ihr herum. Um sich in den Geist der damaligen Zeit zu versetzen und sich als Mensch des Mittelalters zu fühlen, besuchte er Bourbon Russet und bat den Schloßdiener, ihn für ein paar Stunden in das Verließ des Schlosses einzusperren. (Vgl. Mein Leben in der Kunst, Berlin 1987, S. 133 f.)

Der runde Turm bei Maeterlinck — Turm der St-Wandrille-Abtei in der Normandie, in dem Stanislawski während seiner Fahrt zu M. Maeterlinck im Sommer 1908 zwecks Verhandlungen über die Aufführung des »Blauen Vogels« im Moskauer Künstlertheater ein paar Tage wohnte.

»Das mir zugewiesene Zimmer«, erinnert sich Stanislawski, »befand sich ... in einem runden Turm, den ehemaligen Gemächern des Erzbischofs. Die Nächte, die ich dort verbrachte, werde ich nicht vergessen: ich lauschte den geheimnisvollen Geräuschen des schlafenden Klosters, dem Knarren, Ächzen und Winseln, das ich zu hören glaubte, dem Schlagen der Turmuhr und den Schritten des Wächters.« (Vgl. Mein Leben in der Kunst, Berlin 1987, S. 392.)

Das Schloß in Turin — (Vgl. dazu Mein Leben in der Kunst, Berlin 1987, S. 213ff.)

Fjodor Lwowitsch Sollogub (1848—1890) — einer der Organisatoren und aktiver Teilnehmer der Gesellschaft für Kunst und Literatur, in der er als Schauspieler und Theatermaler mitwirkte. Er fand zu Stanislawski auf Grund gemeinsamer Unzufriedenheit mit der Lage im Theater ihrer Zeit und ihres Hasses gegen Schablone und Routine in der Schauspielerarbeit. Als Bühnenbildner war Sollogub bestrebt, von konventionellen, schablonenhaften Methoden in der Darstellung der Atmosphäre und der Kostüme der handelnden Personen abzukommen. Ausgezeichneter Kenner des Mittelalters. Seine Zeichnungen von Kostümen und Milieus bestachen immer durch genaue Kenntnis der darzustellenden Epoche.

Stanislawski schätzte ihn sehr als hervorragenden Kenner des Mittelalters. In einem Brief an den Dramatiker J. N. Tschirikow (vom 13. Januar 1907) schrieb er: »Ich beichte Ihnen, daß ich den Anspruch hätte, wenn nicht als Sachverständiger, so doch als Mensch zu gelten, der Mittelalter zu spüren und zu fühlen vermag. In dieser Hinsicht rechne ich mich zu den Jüngern Fjodor Lwowitsch Sollogubs.«

48 Stanislawski forderte stets im Theater, daß die bühnenbildnerischen Aufgaben den szenischen untergeordnet werden. Scharf verurteilte er die Bühnenbildner, die die Interessen der Schauspieler ignorieren und die Bühne als Rahmen zum Vorzeigen ihrer Bilder betrachteten. Nach Stanislawskis Meinung muß die äußere, die darstellerische Seite dazu dienen, die innere, die geistige Substanz des Stückes zu enthüllen. Bei der Arbeit mit den Bühnenbildnern ging es ihm vor allem um die Schöpfung eines zur Entfaltung der Bühnenhandlung günstigen Grundrisses der Bühne. Er war gegen das rein malerische Prinzip und strebte danach, bildhauerische, architektonische und malerische Dekorationselemente zu einem einheitlichen Ganzen zu verbinden.

Grundrisse, bei denen der Schauspieler auf der Vorbühne am Souffleurkasten zu stehen kam, hielt Stanislawski für ungünstig, da sie den Schauspieler von der Bühnenatmosphäre ausschließen, ihn direkt mit dem Publikum konfrontieren und dessen Aufmerksamkeit an den Handlungsvorgängen auf der Bühne meist ablenken. Unter solchen Bedingungen gehe leicht die innere Linie der Rolle verloren, und der Schauspieler verfalle in äußerliche Darstellung.

Bei Salvini und der Duse meint Stanislawski wahrscheinlich Tommaso Salvini in der Rolle des Corrado in P. Giacomettis »Die Familie des Verbrechers« und Eleonora Duse in der Rolle der Marguerite Gautier in A. Dumas' »Kameliendame«.

Nach vierzehnjährigem Gefängnisaufenthalt wegen Ermordung des Bruders seiner Frau kommt der Maler Corrado zurück nach Hause. Bei der Wiederbegegnung mit seiner Frau sprach Salvini mehrere Minuten lang nicht ein einziges Wort.

Die Duse machte in der Rolle der Marguerite Gautier nach dem Weggang ihres Geliebten Armand eine große Pause und stand dabei auf der Vorbühne mit dem Gesicht zum Publikum.

Auf diese Beispiele klassischer Spielpausen berief sich Stanislawski häufig bei den Übungen in dem nach ihm benannten Opern- und Schauspielstudio.

49 Gemeint ist M. J. Saltykow-Schtschedrins Stück »Der Tod Pasuchins« im Moskauer Künstlertheater, dessen Premiere am 3. Dezember 1914 stattfand. Die Regie lag in den Händen von W. I. Nemirowitsch-Dantschenko, W. W. Lushski und J. M. Moskwin, das Bühnenbild gestaltete B. M. Kustodijew.

W. F. Gribunin spielte in diesem Stück Semjon Semjonowitsch Furnatschew. Im zweiten Akt erschien Furnatschew in einem grellroten Kittel. In Kustodijews grünem Interieur wirkte dieser wie ein greller Fleck, der die Aufmerksamkeit des Publikums auf sich lenkte. Nach Stanislawskis Meinung war Furnatschews roter Kittel ein unnötiges Detail, das nur die Aufmerksamkeit der Zuschauer vom eigentlichen Wesen des Stückes ablenkte.

50 Ein Manuskript vom Anfang dieses Jahrhunderts enthält interessante Ausführungen Stanislawskis über Schauspieler visuellen und akustischen Typs. Hier nun Auszüge aus diesem Manuskript:

»A. N. Ostrowski soll die Schauspieler in zwei Kategorien eingeteilt haben. Zur ersten zählte er die

›mit dem Auge gestaltenden Schauspieler‹, das heißt Menschen mit stärker entwickeltem Gesichtssinn, die die Eindrücke in ihren äußeren Erscheinungsformen aufnehmen. Die kummervolle Gestalt oder das weinende Gesicht eines Leidenden beeindrucken sie beispielsweise stärker als der Klang seiner klagenden Stimme und sein Schluchzen.

Zur zweiten Kategorie zählte A. N. Ostrowski Schauspieler, bei denen Mitgefühl mit einem Leidenden eher durch dessen Stöhnen und seine klagende Stimme ausgelöst werden. Solche Leute nannte A. N. Ostrowski ›die mit dem Ohr gestaltenden Schauspieler‹.

Diese Einteilung ist sehr klug und talentvoll, und ich glaube gern, daß sie von dem genialen Ostrowski stammt. Aber kann denn jemand nicht gleichzeitig mit Augen und Ohren gestalten? Natürlich, das kann vorkommen. Aber ein echter Schauspieler muß so beschaffen sein, das Leben mit allen Fibern seiner Seele und allen Geweben seines Körpers zu spüren.« (Nr. 696)

51 Hier wurde eine Wiederholung im Text beseitigt.

52 In der letzten Zeit seiner Regisseur- und Pädagogentätigkeit revidierte Stanislawski diese Art, schöpferisches Befinden und reales Sichhineinversetzen in das Leben der Rolle durch reine Denkprozesse und abstraktes Phantasieren über Rolle und Stück zu erzeugen. Er forderte, daß der Schauspieler gleich zu Beginn seiner Arbeit an der Rolle nicht nur mit eingebildeten, sondern mit realen Objekten (Partner, Umgebung) konfrontiert wird. *Nur reales Empfinden des Lebens von Stück und Rolle* unter Beteiligung des gesamten psychischen und physischen Apparates des Schauspielers könne jenen Zustand schaffen, den Stanislawski »ich bin's« nennt, das heißt ich existiere, lebe, fühle und denke in vorgeschlagenen Situationen. Außerhalb physischer Empfindung der Objekte war für Stanislawski künftig die Schaffung lebendiger Bühnengestalten undenkbar.

53 »Einstrahlen« und »Ausstrahlen« sind Begriffe, die Stanislawski Théodule Ribots Buch »Psychologie der Aufmerksamkeit« entlehnt hat. Das Stanislawski-Archiv besitzt Auszüge aus diesem Buch.

Die Begriffe »Einstrahlen« und »Ausstrahlen« benutzte Stanislawski nur bedingt. In einer bestimmten Entwicklungsetappe seines »Systems« hatte sein Bestreben, das »Ein- und Ausstrahlen« bei den Partnerbeziehungen der Schauspieler in Gang zu bringen, einen gewissen praktischen Sinn. Es führte zur erhöhten Aufmerksamkeit der Partner füreinander, zur Festigung ihrer Partnerbeziehung bei einzelnen szenischen Episoden. Jedoch die Versuche, solche Übungen in die praktische pädagogische Arbeit einzuführen, Übungen, die auf dem »Ein- und Ausstrahlen« fußten, das heißt auf dem direkten »Eindringen in die Seele des Partners« außerhalb einer konkreten Handlung, brachten nicht die erforderlichen positiven Ergebnisse. Für Stanislawskis pädagogische Praxis der letzten Jahre sind solche Übungen untypisch.

54 Der Vorname der Chljostowa wird in verschiedenen Ausgaben von »Verstand schafft Leiden« unterschiedlich geschrieben, in einzelnen Fällen Anfissa, in anderen wiederum Amfissa. In den akademischen Ausgaben, die sich streng an Gribojedows Originaltext halten, ist der Vorname der Chljostowa im achten Auftritt des vierten Aktes in der Fassung gegeben, die Stanislawski in seinem Manuskript verwendet: Amfissa Nilowna.

55 Die Chiffre ist der aus Gold geschnittene Namenszug der Zarin, den die Abiturientinnen der Fräuleinstifte bei ihrem Austritt als Auszeichnung erhielten.

56 Stanislawski wollte diesen Gedanken an einem konkreten Beispiel verdeutlichen. Da ein solches jedoch im Manuskript fehlt, lassen wir die diesbezügliche Stelle im Haupttext weg. Sie lautet: »Was ist denn das? Es fällt mir leichter, den betreffenden Zustand an einem Beispiel zu erklären. Man stelle sich vor, ich komme zu meinem Freund und finde ihn in einem schrecklichen Zustand vor. (Beispiel: Ein Freund denkt, ich hätte etwas mit seiner verstorbenen Frau gehabt.)« (Beschreibung dieses Beispiels vgl. Die Arbeit des Schauspielers an sich selbst, Teil 1, Berlin 1961, S. 215)

57 Laut Gesamtplan für den Aufbau der Arbeit sollte nach diesen Ausführungen der Abschnitt »Erleben« kommen. Jedoch unter den Materialien zu »Verstand schafft Leiden« befindet sich ein handschriftlicher Text zu einer wichtigen Etappe in der Arbeit des Schauspielers an der Rolle, die mit der Einschätzung der Fakten des Stückes zusammenhängt. Obwohl dieser Text eine eigene Numerierung hat, ist jedoch völlig offensichtlich, daß er unmittelbar mit dem hier veröffentlichten Material zu tun hat. Stanislawski war der Ansicht, »die Arbeit *zur Bewertung der Fakten* befindet sich an der Scheidegrenze zweier großer Perioden: *des Kennenlernens und des Erlebens;* sie berührt sich mit beiden und schließt sie in sich ein. Einerseits ist die Faktenbewertung der Abschlußprozeß der ersten Periode (des Kennenlernens), da es zu seinen Aufgaben gehört, die Fakten des Stückes zu erfassen und zu analysieren. Andererseits ist

die Faktenbewertung der Anfangsprozeß der zweiten Periode (des Erlebens), da die Faktenbewertung durch die eigenen Empfindungen erfolgt, die dem schöpferischen Erleben Tür und Tor öffnen.«

Die Faktenbewertung gilt also im gleichen Maße für den Abschnitt »Kennenlernen« wie für den Abschnitt »Erleben«. Wir bringen dieses Material am Ende des ersten Abschnittes, da es am Anfang des zweiten Abschnittes den kompositionellen Aufbau des Abschnittes »Erleben« zerstört hätte.

58 Im Text folgt dann die Beschreibung der Szene des von Famussow gestörten Stelldicheins von Sophie mit Moltschalin. Bei der Überarbeitung seines Manuskriptes hat Stanislawski diese Beschreibung aus dem Abschnitt »Erleben« nach hier übertragen. Da er jedoch das Beispiel nicht durch ein anderes ersetzt hat, lassen wir es des Zusammenhanges wegen an der früheren Stelle, nehmen jedoch hier — um eine Wiederholung zu vermeiden — eine Kürzung vor.

59 Indem Stanislawski Tschazki einen »Westler« nennt, unterstreicht er dessen Zugehörigkeit zum fortschrittlichen Teil der russischen Gesellschaft, der gegen Leibeigenschaft, Selbstherrschaft und Bürokratie als Hemmnisse auf Rußlands historischem Entwicklungsweg war.

60 Diese Forderung Stanislawskis ergibt sich aus dem Grundprinzip der Kunst des Erlebens, derzufolge der Schauspieler seine Rolle jedesmal und bei jeder Wiederholung aufrichtig und ehrlich neu erleben sollte, unabhängig davon, ob er sie zum ersten oder zum tausendsten Male spielt. »*Von der dritten Aufführung an zur Handwerkelei überzugeben, ist ein Verbrechen im kollektiven Schaffen*«, schrieb Stanislawski. (Vgl. Die Arbeit des Schauspielers an sich selbst, Teil 2, Berlin 1963, S. 441, Nr. 18; dort in anderer Übersetzung.)

Um Eingepauktes und Mechanisches im Schaffen zu vermeiden, da so das lebendige Gefühl des Schauspielers abgetötet wird, empfiehlt Stanislawski, nicht davon auszugehen, eine ein für allemal fixierte Rollenstruktur immer wieder zu reproduzieren, sondern in jeder Aufführung »*neues, echtes Leben des heutigen Tages*« zu schaffen. Er verlangt vom Schauspieler, die Fakten und Ereignisse des Stückes immer wieder neu zu bewerten, im Sinne des Heute zu handeln und dabei den gesamten Komplex der Zufälligkeiten des heutigen Tages zu berücksichtigen. Unveränderlich bleiben nur die Handlungen und Aufgaben der Rolle, jedoch der Charakter ihrer Ausführung kann unterschiedlich sein und sich aus dem jeweiligen Befinden des Schauspielers ergeben.

Ein solches Herangehen an das Schaffen schützt die Rolle vor dem Absterben und sichert dem Stück ein langes Leben. Als Beispiel kann Stanislawskis Famussow-Darstellung dienen. Diese Rolle spielte er zwanzig Jahre lang und brachte in ihre Darstellung viele neue Farben, Schattierungen und Züge, die nicht nur ihre innere, sondern auch ihre äußere Struktur veränderten.

61 Die dritte Fassung des Abschnitts »Erleben« ist das Manuskript Nr. 575—577 (Hefte VII, VIII und IX) mit einer Überarbeitung einzelner Textstellen auf Kärtchen. Bei ihrer Veröffentlichung wird in den Anmerkungen jedesmal die Inventarnummer der Kärtchen genannt.

Der Anfang des Abschnitts: »Die zweite große schöpferische Periode möchte ich als Periode des Erlebens bezeichnen« und der Schluß »schafft ... die ›Wahrheit der Leidenschaften‹« wird nach dem Manuskript Nr. 685 (Kärtchen) gedruckt.

62 Hier wurde eine Wiederholung im Text beseitigt.

63 Später hat Stanislawski seine Formulierung »vom Inneren zum Äußeren« wesentlich korrigiert. Er kam zu dem Schluß, daß nach dem Gesetz des Zusammenhanges zwischen Psychischem und Physischem, zwischen Innerem und Äußerem nicht nur Inneres Äußeres auslöst, sondern Äußeres auch Inneres beeinflußt. Aus diesem Gesetz zog er für sich eine sehr wichtige Schlußfolgerung: Das Innere beherrscht man am leichtesten, wenn man vom Äußeren ausgeht. »Bei einer Rolle, die der Schauspieler nicht gleich erfühlt«, schreibt Stanislawski, »geht man nicht vom Inneren zum Äußeren, sondern vom Äußeren zum Inneren. Dieser Weg ist anfangs zugänglicher, denn hier haben wir es mit dem sichtbaren und greifbaren Körper zu tun und nicht mit dem unfaßbaren, labilen und launischen Gefühl und den anderen Elementen des inneren Befindens auf der Bühne. Auf Grund des untrennbaren Zusammenhanges zwischen Physischem und Psychischem und der zwischen ihnen bestehenden Wechselwirkung schaffen wir die ›körperliche‹ Linie, um über sie auf natürliche Weise die ›geistige‹ Linie der Rolle hervorzurufen.« (Vgl. S. 318)

Unter »körperlicher« Linie versteht Stanislawski vor allem die Logik des Handelns und der Taten der Menschen, durch die man am leichtesten in die innere Welt der Gestalt eindringt und sie beherrscht. »Wenn man etwas wahrheitsgetreu tat, muß man auch so fühlen«, behauptet Stanislawski.

64 Wir haben den Teil des Satzes, den Stanislawski mit Bleistift eingekreist hat, weil er ihn streichen

wollte, hier weggelassen. Er lautet: »nicht nur die Nähe des Objektes und die aufkommenden Wünsche spüren, sondern auch die inneren Willensanstöße, Zwänge (Bestrebungen) zum Handeln ...«

65   Von »Was würdest du tun« bis »daß ich sogar noch einen neuen Hut geschenkt bekomme« erfolgte der Textabdruck nach der handschriftlichen Fassung Nr. 685 (Kärtchen).

66   Im Manuskript folgt dann die Beschreibung der Szene des morgendlichen Besuches bei Famussow. In der dritten Fassung hat Stanislawski diese Szene im ersten Abschnitt, im Kapitel »Erschaffen und Beleben der inneren Umstände« (Nr. 682) beschrieben. Dem Willen des Autors entsprechend ist darum hier eine Kürzung vorgenommen worden.

67   Von »Nicht umsonst kommt ja das Wort ›Drama‹« bis »ist träges, energieloses Handeln typisch« erfolgte der Textabdruck nach dem Manuskript Nr. 686 (Kärtchen).

68   Hier haben wir den Textteil weggelassen, den Stanislawski mit Bleistift eingekreist hat. Er lautet: »Untätigkeit drückt sich im Handeln aus, wenn der Schauspieler träge und energielos einen Ausweg aus einem schwierigen, gefährlichen und ausweglosen Zustand sucht. Die geringe Aktivität seines seelischen Kampfes in einem gefährlichen Augenblick seines Lebens spricht von der Tatenlosigkeit der darzustellenden Person.«

69   Hier wurde eine Wiederholung im Text beseitigt.

70   Von »Kann man etwa im Leben oder auf der Bühne von fremden Wünschen leben« bis »die Initiatoren des Schaffens und stehen an erster Stelle« erfolgte der Textabdruck nach den Manuskripten Nr. 685–686 (Kärtchen).

71   Vgl. Anmerkung 97.

72   An dieser Stelle erfolgte auf Weisung des Autors (eingeknickte Seite) eine Kürzung. Wir bringen einen Auszug aus dem weggelassenen Text:
»... bei weitem nicht immer beteiligen sich Gefühl und Willen und ihre Begeisterung bewußt am Schaffen des Schauspielers. In der Tat – der Verstand ist ja ein bewußtes Element, Wille und Gefühl dagegen können nicht nur bewußt sein, sondern noch häufiger unbewußt. Daher können auch die Aufgaben selber bewußt oder unbewußt sein. In den einen Fällen ergeben sie sich von selber, intuitiv, und werden erst danach völlig oder zur Hälfte bewußt, in anderen Fällen dagegen findet das Bewußtsein Aufgaben, während Willen und Gefühl auf sie reagieren.«

73   Von »Die Fähigkeit zum Finden oder Schaffen von Aufgaben« bis »ein unerfahrenes Mädchen zu retten, das sich zugrunde richten will« erfolgte der Textabdruck nach dem Manuskript Nr. 687 (Kärtchen).

74   Hier wurde eine Wiederholung im Text beseitigt und ein unvollendeter Satz weggelassen.

75   Hier wurde ein unvollendeter Satz weggelassen.

76   Hier wurde ein unvollendeter Satz weggelassen.

77   Hier wurde ein unvollendeter Satz in Übereinstimmung mit der zweiten Manuskriptfassung rekonstruiert (»Extrakt«, Nr. 583/3, Bl. 60–61). Die dann folgenden unvollendeten Textentwürfe sind von den sowjetischen Herausgebern weggelassen worden, da sie nichts mit dem vorangegangenen Text zu tun haben.

78   Von »Ich nehme diese Bezeichnung aus dem Bereich der Musik« bis »Physisch ist das notwendig« erfolgte der Textabdruck nach dem Manuskript Nr. 690 (Kärtchen).

79   Hier wurde eine Wiederholung im Text beseitigt.

80   Von »All diese auf den ersten Blick so nichtigen und naturalistisch anmutenden Details« bis »und ohne Glauben gibt es kein Erleben und kein Schaffen« erfolgte die Endredaktion nach dem Manuskript Nr. 583/3, Bl. 77 (»Extrakt«).

81   Von »Dazu ist der gesamte Text des Stückes und der Rolle in große *Abschnitte* einzuteilen« bis »und jeder einzeln studiert werden« erfolgte der Textabdruck nach dem Manuskript 681.

82   Im Manuskript folgt dann nachstehender, von der Redaktion ausgelassener Satz: »Beispielsweise leiste ich diese Arbeit bei der Tschazki-Rolle« und der Hinweis »Lücke«. Danach folgt eine kurze, konspektartige Notiz, die die nicht verwirklichten Absichten des Autors deutlich macht. Wir führen sie an: »Den Text von ›Verstand schafft Leiden‹ in seine Bestandteile und Abschnitte aufteilen, und zwar zunächst physisch und elementar-psychologisch. Die vom Schauspieler geschaffene (eingebildete) Partitur mit Gribojedows Partitur vergleichen. Ähnlichkeiten und Unterschiede vermerken.«

83   An dieser Stelle des Manuskripts hat Stanislawski folgenden Hinweis in Klammern gesetzt: »Ausspruch von Schtschepkin: Du kannst schlechter oder besser spielen. Wichtig ist, daß du richtig spielst.«

Stanislawski gibt diesen bekannten Ausspruch M. S. Schtschepkins aus einem Brief an S. W. Schumski vom 27. März 1848 sinngemäß wieder. Der volle Wortlaut heißt: »… um dich und die Ratschläge zu überprüfen, beachte stets die Natur; schlüpf sozusagen in die Haut der handelnden Person, studiere ihre besonderen Ideen gut, falls sie welche hat, und laß nicht einmal die Gesellschaft ihres zurückliegenden Lebens außer acht. Hast du das alles studiert, drückst du alle Lebenssituationen bestimmt richtig aus. Du kannst zuweilen schwach spielen, manchmal auch irgendwie befriedigend (das hängt häufig von der inneren Verfassung ab), aber du spielst richtig.« (M. S. Ščepkin: Zapiski. Pisma. [Notizen. Briefe] Moskva 1952, S. 250.)

84 S. M. Wolkonski — Verfasser einiger Arbeiten über die Schauspielkunst (»Vyrazitel'noe slovo«, »Čelovek na scene«, »Vyrazitel'nyj čelovek« [Das ausdrucksvolle Wort, Der Mensch auf der Bühne, Der ausdrucksvolle Mensch] u. a.). In seinem Brief an M. P. Lilina vom 22. Januar 1911 finden wir eine interessante Erwähnung dieser Tatsache: »Meine Zustimmung habe ich ungern gegeben, jedoch bereue ich es nicht. Das, was er geschrieben hat, ist erheblich talentvoller, viel bedeutsamer, als im Theater behauptet wurde. Er verfolgt nämlich den gleichen Unflat wie ich, dessen Name ist: das Theatralische, im üblichen Sinne dieses Wortes.« Nach der Oktoberrevolution unterrichtete Wolkonski am Moskauer Akademischen Künstlertheater und im Opernstudio des Bolschoi Theaters »Gesetze der Sprechtätigkeit«.

Im Gespräch mit Studenten sowie in seinen Arbeiten zum »System« berief sich Stanislawski häufig auf Wolkonskis Buch »Das ausdrucksvolle Wort«. Er empfahl es seinen Studenten als Lehrmaterial beim Erlernen der »Gesetze des Sprechens«. Über Stanislawskis Einstellung zu Wolkonskis Deklamationssystem siehe: Die Arbeit des Schauspielers an sich selbst, Teil 2, Berlin 1963, S. 411.

85 Von »Die erste Anforderung besteht darin, daß sie *begeistert*« bis »in der Tonart eines freien Mannes« erfolgt der Textabdruck nach dem Manuskript Nr. 681 (Kärtchen).

86 Die Begriffe »innere Tonart« und »Kern des Gefühls« sind charakteristisch für die frühe Entwicklungsperiode des »Systems«. Später hat Stanislawski diese Begriffe vermieden, da sie den Schauspieler auf einen falschen Weg drängen — auf das Spielen von Gefühlen, Zuständen und Bildern. Außerdem färbt der Schauspieler beim Suchen nach einer allgemeinen inneren Tonart die Rolle häufig mit einem einzigen Gefühl ein und macht dadurch die Gestalt arm und einfarbig. In einem seiner Notizbücher äußert sich Stanislawski dazu, wie O. L. Knipper-Tschechowa die Rolle der Natalja Petrowna in »Ein Monat auf dem Lande« spielt. Er kritisiert hier, wie unzureichend es ist, vom dominierenden Gefühl her an die Rolle heranzugehen:

»Da ist eine Schauspielerin. Sie spielt gut und hat eine interessante Rollenanlage, aber … (die Knipper in ›Ein Monat auf dem Lande‹) sie ist zu beteiligt und mag Turgenjewsche Seidenspitzen und Zärtlichkeit. Man sehe sich einmal genauer an, um was sie sich sorgt, wenn sie ihre Rolle spielt — etwa um die Kümmernisse und Gedanken der darzustellenden Person? Keineswegs! Ohne es selber zu wissen, tut sie alles, um zart, poetisch und unirdisch zu sein. Sie spielt Zärtlichkeit. Vom Anfang bis zum Ende der Rolle ist alles von dieser Zärtlichkeit durchtränkt und ausgefüllt. So entsteht ein einziger durchgehender Abschnitt, lauter Zärtlichkeit, hinter der nichts weiter zu erkennen ist.« (Nr. 674, Bl. 3)

87 Im Manuskript folgt dann nachstehende, in Klammern gesetzte Notiz: »Beispiel von W. I. Nemirowitsch-Dantschenko«.

88 Gemeint ist der Vicomte de Signol [?] aus Maupassants Erzählung »Der Feigling« [?].

89 An dieser Stelle steht im Manuskript folgender Vermerk: »Lücke. Verbindung herstellen.« Wahrscheinlich wollte Stanislawski diesen Gedanken weiterentwickeln, hat aber seine Absicht nicht wahrgemacht.

90 An dieser Stelle bricht der Text ab. Im Manuskript folgen dann ein paar eingeknickte Seiten, die Stanislawski kürzen wollte. Dem Willen des Autors folgend, lassen wir diese Seiten aus. In Klammern hat Stanislawski handschriftlich vermerkt: »Verzeichnis von Wurzeln anderer Gefühle.« Diesen Abschnitt wollte Stanislawski wahrscheinlich noch weiterentwickeln und die Eigenarten anderer Gefühle analysieren. Leider blieb diese seine Absicht unverwirklicht.

91 Im Manuskript folgt hier der Satz: »Was ist dafür zu tun? (Zu Ende schreiben).« Da sich dieser Satz auf Ungeschriebenes bezieht, wird er weggelassen.

92 Im Manuskript folgen hier mit Bleistift geschriebene Gedankensplitter und Fragen, die Stanislawski später noch weiterentwickeln wollte: »Analyse und Anatomisierung des Textes in jeder beliebigen Tonart nach dem Schema der Natur des Liebesgefühls.«

Erörtern, was im Text mit dem Schema übereinstimmt.

Partitur in der Tonart eines Patrioten schreiben.
Mit dem Text des Stückes abstimmen (vom Standpunkt eines Patrioten).
Ebenso in der Tonart des freien Mannes.
Erleben der ersten, zweiten und dritten Tonart. Die Partitur stützt sich auf drei Grundlagen, drei Fundamente. In jedem Augenblick kann sich der Schauspieler auf die erste, die zweite oder die dritte Tonart stützen. Je nach Stimmung weiß der Schauspieler beim jeweiligen Rollenmoment schon im voraus, daß er es in der ersten, der zweiten oder der dritten Tonart beleuchtet. Dadurch bleibt diese Stelle nicht tot.
Darüber reden, wie dem Willen der Weg zu bahnen ist, damit er sich trotz nachstehender Hindernisse frei entfalten kann:
1. Angst vor dem Publikum (Kreis).
2. Unklarheit der Aufgabe.
3. Zerstreutheit.
4. Objekt (für jemanden etwas zu erleben ist etwas anderes, als es für sich zu erleben).
Der Schauspieler geht noch einmal den Weg, den der Dichter als erster gebahnt hat und gegangen ist. Die Übereinstimmung in der Linie des abgesteckten Weges bewirkt beim Schauspieler natürlich analoge Eindrücke und Gefühle. Zwei ›Koproduzenten‹ nähern sich innerlich. Auf seinem Wege trifft und stößt der Schauspieler unwillkürlich auf andere handelnde Personen und erkennt anhand eigener Erfahrungen deren innere Bestrebungen, das heißt, anhand persönlicher Erfahrungen erkennt er die Beziehungen der Menschen untereinander. Das lebendige Gefühl des Schauspielers trifft sich schließlich mit dem Gefühl der darzustellenden Person am gemeinsamen schöpferischen Endziel, und dort verschmelzen sie für immer miteinander.«

93 Von »All diese Tonarten, die durch Zeit und Gewohnheit in meiner Seele Wurzeln geschlagen haben« bis »kommen mir vor wie das Gefasel eines Wahnsinnigen« erfolgte der Textabdruck nach dem Manuskript Nr. 690 (Kärtchen).

94 Zu der Zeit macht Stanislawski noch keinen Unterschied zwischen der Überaufgabe und der durchgehenden Handlung der Rolle einerseits und Überaufgabe und durchgehender Handlung des Schauspielers andererseits. Später bezeichnete er Lebensziel und Bestreben des Schauspielers als Über-Überaufgabe, die die ideelle Ausrichtung des Schauspielers bestimmt und seinem Schaffen eine entsprechende gesellschaftliche Zielstellung verleiht.

95 Die erste Fassung des Manuskripts (Nr. 577, Bl. 25) enthielt hier ein Beispiel aus A. P. Tschechows Arbeit am »Kirschgarten«. Im Manuskript ist die Seite mit diesem Beispiel eingeknickt und von Stanislawski mit einem Fragezeichen versehen. Im weiteren benutzte Stanislawski dieses Beispiel in seinem Manuskript »Arbeit an der Rolle anhand von ›Othello‹«. Am Ende des Textes hat Stanislawski vermerkt: »Beispiel ›Nachtasyl‹«. In den Kärtchen haben wir den Text dieses Beispiels gefunden. Auf Grund einer Bemerkung von Stanislawski fügen wir dieses Beispiel in den Text des Manuskripts ein.

96 Im Manuskript folgen hier konspektartige Entwürfe: »Bei der Bestimmung der durchgehenden Handlung muß vereinbart werden, wer sie führt.
Eine einfache Aufgabe, Aufgabe eines Moments, eines Abschnitts. Eine zusammengesetzte Aufgabe ist die Aufgabe einer Periode, eines Aktes.
Überaufgabe als Aufgabe des Stücks.
Das Körnchen verschwindet, die Form bleibt. Das Körnchen muß konserviert werden (es behält das Aroma der Gefühle, wozu sonst eine Konserve erforderlich wäre).«
Von »Jedoch jedes Streben, Bewegen und Handeln« bis zum Ende des Abschnitts erfolgte der Textabdruck nach dem Manuskript Nr. 691, 692 (Kärtchen).

97 »Überbewußtsein« ist ein Begriff, den Stanislawski unkritisch aus der idealistischen Philosophie und Psychologie übernommen hat. Jedoch im Unterschied zu den Idealisten legt Stanislawski einen materialistischen Inhalt in diesen Begriff. Deshalb hat seine idealistische Terminologie nichts mit einer mystischen Auffassung vom Schöpfertum zu tun. »Man sagt, das sei eine geheimnisvolle, wunderwirkende ›Erleuchtung von oben‹, von Apoll oder von Gott«, schrieb Stanislawski. »Aber ich bin kein Mystiker und glaube das nicht, auch wenn ich es in Augenblicken des Schaffens glauben möchte, um mich selber zu inspirieren.« (Die Arbeit des Schauspielers an sich selbst, Teil 2, Berlin 1963, S. 274; dort in anderer Übersetzung.) Er verspottet die »Gelehrten«, die schöne, aber unverständliche Worte von Überbewußtsein, Inspiration und schöpferischer Ekstase reden und sich »in den geheimnisvollen Dschungel der Mystik« verirren.

Für Stanislawski ist das »Überbewußtsein« nicht etwas Unerkennbares, Mystisches, Jenseitiges. Für ihn ist es der organischen Natur des Menschen eigen. »Die Schlüssel zu den Geheimfächern des schöpferischen Überbewußtseins«, behauptet er, »liefert die organische Natur des schauspielerisch tätigen Menschen. Nur sie kennt die Geheimnisse der Inspiration und die unerforschlichen Wege, die dorthin führen. Nur sie vermag das Wunder zu vollbringen, ohne das die toten Buchstaben des Rollentextes nicht zum Leben zu erwecken sind. Mit einem Wort — die Natur ist auf der Welt die einzige Schöpferin des Lebendigen und Organischen.«

Ende der zwanziger Jahre gab Stanislawski den Begriff »Überbewußtsein« auf und ersetzte ihn durch den Begriff »Unterbewußtsein«, der seine Ansichten über die Eigenart des schauspielerischen Schaffens exakter zum Ausdruck bringt und auch mit der modernen wissenschaftlichen Terminologie übereinstimmt. Über das Unterbewußte vgl. Anmerkung 32.

98 Elmar Gates (1859—1923) — amerikanischer Wissenschaftler. Professor der experimentellen Psychologie.

99 Henry Modsley (1835—1918) — englischer Psychologe und Psychiater, Verfasser der bekannten Arbeiten »Physiologie des Verstandes«, »Pathologie der Seele« u. a.

100 Hier wurde eine Wiederholung im Text beseitigt.

101 Eine solche Gegenüberstellung von Bewußtsein und organischer Natur des Menschen ist zufällig und widerspricht Stanislawskis Ansichten über schauspielerisches Schaffen. Für Stanislawski war das Bewußtsein ein überaus wichtiger Bestandteil der organischen Natur des als Schauspieler tätigen Menschen. Verstand, Willen und Gefühl des Schauspielers sollten sich stets im gleichen Maße am Schaffensprozeß beteiligen.

102 Hier wurde eine Wiederholung im Text beseitigt.

103 Beim Studium der Fragen des schauspielerischen Schaffens benutzte Stanislawski unterschiedliche Literatur über Psychologie. Zu Beginn seiner Arbeit am »System« interessierte er sich für den psychologischen Teil des philosophischen Systems der indischen Yogas. In Stanislawskis Bibliothek und im Stanislawski-Archiv befinden sich Arbeiten des Yogi Ramatscharaka [?] »Lehre der Yogas über die psychische Welt des Menschen«, »Yoga-Philosophie vom physischen Wohlbefinden des Menschen« u. a., in denen Stanislawski Antwort zu finden suchte auf die ihn interessierenden Fragen des Schaffens.

Die Yogi sind Nachfolger eines indischen religiös-philosophischen Systems, das den Namen seines Begründers, des berühmten indischen Weisen Patandschali [?] trägt (2. Jh. v. u. Z.). Die Philosophie der Yogi, eine religiös-idealistische Lehre, behauptet, durch das geistige Eindringen in das wahre »Ich« des Menschen als den »rein unsterblichen Geist, der sich von Körper und Verstand unterscheidet«, werde die »Befreiung« des Yogi von der Einwirkung der Objekte der materiellen Außenwelt erreicht, das heißt jener Zustand des Gelöstseins von allem »Irdischen«, Realen, der den Yogi zur Vereinigung mit der »Weltvernunft«, mit der »Gottheit« bringe.

Jedoch nicht dieser mystische Inhalt der Lehre interessierte Stanislawski. Die Yogi formulierten praktische Hinweise zur Entwicklung von Aufmerksamkeit und Konzentration, mit denen angeblich das wahre »Ich« des Menschen bewußt zu machen sei und äußerten dabei einige richtige Vermutungen zur menschlichen Psychologie und Physiologie, insbesondere zur Aufmerksamkeit, zur bewußten und unbewußten Tätigkeit u. a., die für Schauspielkunst und -technik von Interesse waren.

In ihren Übungen zur Erziehung der Aufmerksamkeit lehrten die Yogi, wie man die Wirkung ablenkender Reize überwindet. Sie lehrten, die Aufmerksamkeit zu steuern und keine Zerstreutheit aufkommen zu lassen. Diese zeige sich sowohl darin, daß das Denken ständig von einem auf das andere überspringe, als auch darin, daß ein Mensch, der stark auf einen Gedanken oder Gegenstand konzentriert sei, nichts anderes mehr bemerkt.

Die Yogi verstanden durchaus richtig, daß die Aufmerksamkeit verteilt werden kann, nämlich so, daß von zwei Tätigkeiten wenigstens eine infolge Gewohnheit oder Fertigkeit automatisch verrichtet wird. »Die Gewohnheit«, bemerkt der Yogi Ramatscharaka, »tut das eine, während die Aufmerksamkeit auf das andere gerichtet ist. Die automatische Bewegung lenkt die Aufmerksamkeit nicht vom Wichtigsten ab.« (Yogi Ramatscharaka, Radsha-Yoga, Sankt-Petersburg 1914, S. 99.)

Sehr interessant fand Stanislawski die Vermutung des Yogi über die sogenannte unbewußte bzw. unterbewußte Tätigkeit, die sie als instinktive bzw. automatisierte, gewohnte Tätigkeit betrachteten. Durch die Pflege positiver Fertigkeiten und Gewohnheiten als Ergebnis bewußter Übungen gingen die Yogi, wie Stanislawski bemerkt, tatsächlich über das Bewußte an das Unbewußte heran.

Die Yogi befaßten sich mit einer unbewußten Tätigkeit des Verstandes, die Stanislawski besonders interessierte. Sie führt eine bestimmte Arbeit des Denkens und des Vorstellungsvermögens aus, hilft beispielsweise einem Wissenschaftler, die richtige Lösung einer Aufgabe zu finden und läßt im Künstler notwendige und aussagekräftige Bilder entstehen, von denen er nicht zu wissen glaubt, wie sie entstehen und woher sie kommen. Die moderne wissenschaftliche Psychologie erklärt all diese Erscheinungen der unbewußten Tätigkeit des Menschen, indem sie ihre nervlichen Mechanismen im Lichte der Lehre I. P. Pawlows erläutert (vgl. Anmerkung 35).

Wenn auch die Yogi diese psychischen Erscheinungen primitiv deuteten, so vermuteten doch einige von ihnen durchaus mit Recht, daß, wenn das Bewußtsein mit etwas anderem beschäftigt ist, ein gewisser Teil der Denktätigkeit zwar nicht bewußt erfolgt, aber dennoch nicht aufhört. Hat das Nachdenken über etwas nicht zum Erfolg geführt, lehren sie, sollte man dem ohnehin müde gewordenen Verstand nicht Gewalt antun. Man muß ihm Ruhe lassen und sich mit etwas anderem befassen, die unvollendete Arbeit des Denkens gewissermaßen an die unterbewußte Tätigkeit des Verstandes weitergeben, denn diese setzt die Arbeit fort, und geduldig auf ein positives Ergebnis, das heißt die Ausführung des Befehls des Bewußtseins warten.

Von diesem Vorgehen der Yogi »über das Bewußte zum Unbewußten« spricht Stanislawski in diesem Buch, angewendet auf das schauspielerische Schaffen. Zu bemerken ist, daß Stanislawski die Yoga-Begriffe »Unterbewußtes« und »Überbewußtes« als Synonyme benutzte und ein und denselben Inhalt in sie hineinlegte. Er meinte die psychologischen Erscheinungen, die fast unbewußt verlaufen. Die Yogi dagegen deuteten zwar die Tätigkeit des Unterbewußten mehr oder weniger realistisch, vergöttlichten jedoch die Tätigkeit des Verstandes, die sie als überbewußt bezeichneten und die angeblich das Vorrecht derer sei, die die »Befreiung« erreichen.

104 Hier gibt Stanislawski sinngemäß eine Äußerung des Yogi Ramatscharaka wieder. (Vgl. Yogi Ramatscharaka, Radsha-Yoga, S. 192.)

105 Das Beispiel des Yogi Ramatscharaka gibt Stanislawski sinngemäß wieder. (Vgl. Yogi Ramatscharaka, Radsha-Yoga, S. 198.)

106 Ira Aldridge (1805—1867) — weltberühmter farbiger Tragödienschauspieler. Die von ihm gespielte Othello-Rolle, an der er viele Jahre arbeitete, gehört zu den besten Schöpfungen der internationalen Bühnenkunst.

Außer Othello gelten Macbeth, Lear und Shylock als Aldridges beste Rollen. Sein Spiel zeichnete sich aus durch große Emotionalität, körperliche Ausdrucksfähigkeit und sorgsam erarbeitete schauspielerische Technik. Aldridge gastierte mehrfach in Rußland.

107 Francesco Tamagno (1851—1902) — berühmter italienischer Opernschauspieler, Tenor, zeichnete sich aus durch ungewöhnliche Stimmkraft und beeindruckende dramatische Ausführungen von Opernpartien. »Sein Othello war ein Wunder«, schrieb Stanislawski, »musikalisch wie schauspielerisch ideal. Diese Rolle hatte er jahrelang (jawohl, jahrelang) mit Genies wie Verdi und dem greisen Tomaso Salvini musikalisch und schauspielerisch einstudiert.« (Vgl. Mein Leben in der Kunst, Berlin 1987, S. 35.)

108 Das von Stanislawski angeführte Beispiel über M. S. Schtschepkins anspruchsvolle Einstellung zum Bühnenschaffen findet seine Bestätigung auch in Äußerungen von Zeitgenossen. So sagt beispielsweise S. T. Aksakow über Schtschepkin: »In all den fünfzig Jahren seiner Theaterarbeit hat Schtschepkin nicht nur keine Probe versäumt, sondern ist auch kein einziges Mal zu spät gekommen. Nicht eine einzige Rolle, und wäre es zum hundertsten Mal, hat er gespielt, ohne sie am Abend zuvor beim Schlafengehen, auch wenn er noch so spät nach Hause kam, gelesen zu haben, und ohne sie gehörig morgens am Tage des Auftritts zu proben.« (M. S. Ščepkin, Zapiski. Pis'ma [Notizen, Briefe], Moskva 1952, S. 299.)

109 Die dritte Fassung des Kapitels »Verkörpern« ist im Manuskript Nr. 578—580 (Heft X und XI) niedergeschrieben, in dem einzelne Teile auf Kärtchen überarbeitet wurden. Bei der Veröffentlichung dieser überarbeiteten Teile wird in den Anmerkungen jedesmal die Inventarnummern der Kärtchen angegeben.

Von »Die dritte Periode des Schaffens möchte ich *Periode des Verkörperns* nennen« bis »um so mehr spüre ich den Patrioten in mir« erfolgte der Textabdruck nach dem Manuskript Nr. 694 (Kärtchen).

110 Den Satz »Text des geißelnden Tschazki aus ›Verstand schafft Leiden‹« haben wir hier weggelassen. Stanislawski wollte an dieser Stelle wahrscheinlich Tschazkis geflügelte Sätze anführen, mit denen dieser die Laster der russischen Adelsgesellschaft geißelte.

111 Von »Nach den Augen« bis »im Saft unseres Gefühls, mit besonderem Bemühen und mit Liebe serviert werden« erfolgte der Textabdruck nach Manuskript Nr. 694 (Kärtchen).

112 Von »Zwar kann der Schauspieler in psychologischen Pausen mit Augen und Mimik unter und zwischen den Worten viel sagen« bis »den Körper in vollständiger Botmäßigkeit des Gefühls halten zu können« erfolgte der Textabdruck nach Manuskript Nr. 624 (Kärtchen).
113 Das Ende des Abschnitts »Verkörpern« besteht aus einzelnen, zusammenhanglosen Bruchstücken. Stanislawski legt seine Gedanken, die den Inhalt eines weiteren Abschnitts seines Buches bilden sollten, hier im Rohentwurf dar. Die Herausgeber mußten in diesem Falle die Verantwortung für die Anordnung dieser Texte übernehmen.
114 Antonio Stradivari (1644—1737) — berühmter Geigenbauer. Die Instrumente sind in ihrer Schönheit und Klangfülle, künstlerischen Vollkommenheit der Form, Eleganz der Aufmachung und Qualität des Lacks bis heute noch nicht wieder übertroffen worden. Stradivari hat in seinem Leben mehrere Tausend Instrumente gebaut. Erhalten geblieben davon sind 540 Violinen, 12 Bratschen und 50 Violoncelli.
115 Niccolò Paganini (1782—1840) — großer italienischer Geigenvirtuose. Sein Spiel zeichnete sich aus durch gewaltige Leidenschaftlichkeit, Virtuosität und tonale Farbigkeit sowie durch die Fähigkeit, feinste Nuancen menschlichen Erlebens wiederzugeben.
116 Die erste Fassung des Manuskripts enthält interessante Äußerungen Stanislawskis über die körperliche Ausdrucksfähigkeit, die nicht in spätere Fassungen mit eingegangen sind. Sie werden hier zitiert: »Jedoch nicht alle haben von Natur aus schöne Bewegungen, Gesten und körperliche Ausdruckskraft. Nicht selten muß das alles in Ordnung gebracht werden. Wie aber, wenn man der Natur keine Gewalt antun will? In den allermeisten Fällen hängt ein schlechter Körperausdruck davon ab, daß nicht alle beweglichen Teile, nicht alle Muskeln eine entsprechende und gleichmäßige Entwicklung erfahren haben. Menschen, die körperliche Arbeiten verrichten und Sport treiben, wo eine allseitige Entwicklung des Körpers erforderlich ist, sind gewöhnlich auf ihre Weise ausdrucksstark. Wie gestisch sind beispielsweise Matrosen und Fischer, wie ruhig und ausgeglichen ihre Bewegungen! Dabei ist zu bemerken, daß jeder von ihnen seine eigene individuelle Ausdrucksfähigkeit hat, die nicht der seines Kollegen ähnelt. Das ist etwas ganz anderes als bei Soldaten, die das Militärreglement ausführen, welches ein für allemal in der Dienstvorschrift für jedermann festgelegt ist.
Natürliche Ausdrucksfähigkeit ist anders als die im Theater oder beim Ballett, vor allem deswegen, weil allen Darstellern ein und dieselben Positionen nach einem festliegenden Muster beigebracht werden, das alle Ballerinen, Tenöre u. a. einander ähnlich macht. Um die Individualität des einzelnen nicht zu schädigen, muß man den gesamten Körper, alle Muskeln und die unterschiedlichsten Bewegungen gleichmäßig entwickeln, angefangen bei den Händen, den Fingern, deren Plastizität, Ausdrucksstärke und Beweglichkeit sehr wichtig ist, bis hin zum Gang und zur Bewegung des gesamten Körpers.
Es geht dabei natürlich nicht um den Muskelumfang und auch nicht um die Stärke der Muskeln, sondern um ihre Beweglichkeit und Lebensfähigkeit.
Die berühmte Duncan sucht in ihrer Schule vor allem die Individualität jeder einzelnen Schülerin zu bewahren, im inneren Erleben wie auch in den äußeren Bewegungen und im Körperausdruck. Auf die Frage, warum sie die krumme Haltung einer ihrer Schülerinnen nicht in Ordnung bringt, entgegnete sie: ›Die Schülerin macht die Übungen für alle Körpermuskeln genauso wie die anderen mit. Sicherlich will ihr die Natur diese krumme Haltung lassen, und ich verstehe diesen Wunsch. Das steht ihr. Darin liegt ihr Charme.‹« (Nr. 580, Bl. 18—19)
117 Der Hexameter (vom griech. hex = sechs und metron = Maß) ist ein Versmaß der antiken Versdichtung, ein sechsfüßiger Daktylus. Homers »Ilias« und die »Odyssee« sind in diesem Versmaß geschrieben.
Stanislawski verwahrt sich gegen den Hexameter als Übung zur Entwicklung der Stimme, weil er den Schüler dazu erzieht, Wörter formal auszusprechen, weil er zum Pathos und zum äußerlichen Wohlgefallen am Klang drängt.
118 Bechstein — bekannte Berliner Firma, die Tasteninstrumente baute. Besonders die Flügel erwarben Weltruf.
119 Von »Bislang war die Rede von der Wiedergabe und Verkörperung der inneren Partitur einer Gestalt« bis zum Ende des Textes erfolgte der Abdruck nach dem Manuskript Nr. 695 (Kärtchen).
120 An dieser Stelle bricht das Manuskript ab.

Geschichte einer Inszenierung

(Pädagogischer Roman)
In dem hier veröffentlichten Material versucht Stanislawski erstmals, den Arbeitsprozeß des Schauspielers an der Rolle in belletristischer Form darzulegen.
Die ursprüngliche Fassung der Handschrift trug den Titel »Die Flatterhafte«. Darin wurde der Inszenierungsverlauf eines erfundenen Stückes dargelegt, dessen Inhalt an Werke der vorrevolutionären Trivialdramatik erinnerte. »Schlechte Stücke weibischer Machart«, wie Stanislawski derlei Dramatik charakterisierte, »Stücke, bei denen ein Bühnenbildner, ein Darsteller oder ein Dichter vor Schaffensqualen vergehen, solange ›sie‹ nicht kommt und ihn mit Eingebung erleuchtet. Dann hastet die Feder übers Papier, dann entlocken die Finger dem Instrument ›wundervolle‹ Töne, um die innere Leere dieser Stücke auszufüllen«, fährt Stanislawski fort, »wird eine sehr komplizierte, verschwommene und angeblich feinsinnige Idee erfunden und das Stück eine ›psychologische Studie‹ genannt. Man braucht nur eines von diesen Dramen zu lesen, und schon kennt man all die anderen, ihm ähnelnden. ›Die Flatterhafte‹ war eines davon. Uns schien, als ob wir alle es schon längst kannten.«
Später kam Stanislawski zu dem Schluß, die Darlegung des schauspielerischen Arbeitsprozesses an der Rolle sei an einem solch banalen und abgeschmackten Stück wie »Die Flatterhafte« unzweckmäßig. In seinem literarischen Archiv steht auf dem handschriftlichen Konzept vermerkt: »Ausschuß«.
Wenn auch Stanislawski dies Stück beiseite legte, so verzichtete er doch nicht auf seine Absicht, einen »Pädagogischen Roman« zu schreiben, der dem Schaffen des Schauspielers gewidmet war. Das in unserer Ausgabe zuvor veröffentlichte Manuskript »Die Arbeit an der Rolle (›Verstand schafft Leiden‹)« diente ihm als Material für die »Geschichte einer Inszenierung«. An ihr arbeitete Stanislawski zu Anfang der zwanziger Jahre, insbesondere während der Auslandsgastspiele und des Sommerurlaubs 1923, und zwar gleichzeitig mit der Arbeit an »Mein Leben in der Kunst«.
In einem Brief der Direktionssekretärin des Künstlertheaters O. S. Bokschanskaja an den Hausinspektor F. N. Michalski vom 6. Dezember 1923 heißt es, Stanislawski diktiere ihr das Buch »Mein Leben in der Kunst« und seinen »pädagogischen Roman ›Geschichte einer Inszenierung‹«. In demselben Jahr schrieb Stanislawski auch seiner Schwester S. S. Sokolowa, das »System« würde in Romanform dargelegt. (Vgl. Stanislawski: Briefe, a. a. O., S. 492.)
Wie er in einem Brief an L. J. Gurewitsch vom 14. Juni 1925 mitteilte, würde er nach Abschluß des Buches »Mein Leben in der Kunst« an »die nächsten beiden Theaterbücher« gehen. »Das erste sind Notizen eines Schülers, das zweite ist die Geschichte einer Inszenierung.
Im ersten wird die Arbeit an sich selbst behandelt, im zweiten die Arbeit an der Rolle.
Diese drei Bücher vermitteln einen ziemlich großen Teil meiner Erfahrung und des dazu gehörigen Stoffes. Das ist für die Kunst notwendig.«
Wie aus diesem Plan erhellt, sah Stanislawski in den zwanziger Jahren die »Geschichte einer Inszenierung« als zweiten Teil der Darlegung des »Systems« an, der den Prozeß der Arbeit des Regisseurs und des Schauspielers am Stück und an der Rolle schilderte.
Die im Stanislawski-Archiv erhaltenen Materialien zur »Geschichte einer Inszenierung« beziehen sich auf den ersten Abschnitt der geplanten Arbeit. Es sind vereinzelte Aufzeichnungen, die keine bestimmte Reihenfolge aufweisen, und verschiedene Varianten zur Darlegung ein und derselben Frage.
Das hier veröffentlichte Manuskript gibt eine der Forschungsetappen Stanislawskis über die Arbeit des Schauspielers an der Rolle wieder. Viele dargelegte methodische Leitsätze und praktische Arbeitsverfahren sind in späteren Arbeiten Stanislawskis überprüft und präzisiert worden. Das vorliegende Werk betrachtet er in der Folgezeit als Durchgangsphase seiner literarisch-theoretischen Tätigkeit. Doch trotz der unvollendeten Gestalt ist die »Geschichte einer Inszenierung« sehr aufschlußreich. Darin werden Stanislawskis Ansichten über die Regiekunst kenntlich und Anforderungen an die Regisseure der Kunst des Erlebens benannt.
Die »Geschichte einer Inszenierung« ist auch fesselnd als autobiographisches Dokument, weil es Stanislawskis Schaffenskrise spiegelt, eine Krise, die ihn zu einem vertieften Studium des schöpferischen Befindens beim Schauspieler anregte.
In diesem Werk benutzte Stanislawski freilich, ebenso wie in einer Reihe anderer Schriften über das »System« Material, das er in der vorrevolutionären Periode gesammelt hatte. Er bezieht sich also hauptsächlich auf eine bereits vergangene Theaterpraxis.

Das Manuskript besteht aus zwei zusammengehörigen Heften. Das erste ist teilweise mit Maschine geschrieben und von ihm korrigiert, das übrige folgt dann handschriftlich. Auf dem Umschlag steht: »Geschichte einer Inszenierung« und darüber »*Reinschrift*«. Auf dem Titelblatt lautet die Aufschrift: »*Geschichte einer Inszenierung, Reife und Alter. Pädagogischer Roman. Zweiter Band*« (Nr. 563). Das zweite Heft stellt die Fortsetzung des ersten dar. Auf dem Umschlag steht: »›Geschichte einer Inszenierung‹, Heft II« (Nr. 556).

Wie das erste ist auch das zweite Manuskript keine Darlegung des Themas in logischer Reihenfolge, doch gestatten die Randbemerkungen Stanislawskis und die ursprüngliche Seitennumerierung, die einzelnen Textteile in der richtigen Abfolge zu ordnen. Aus den verschiedenen Fassungen ist für die Veröffentlichung die am weitesten durchgearbeitete ausgewählt. Wiederholungen im Text sind beseitigt worden. Am Schluß stehen einzelne Fragmente in einer Reihenfolge, wie sie sich durch die Logik und Folgerichtigkeit der Erzählung ergibt. Darauf wird fast immer in den Anmerkungen hingewiesen. Einige Skizzen von ausgesprochenen Konzeptcharakter und angefangene Bruchstücke sind nicht aufgenommen worden.

121   Remeslow bedeutet soviel wie »Handwerkler«. In den späteren Arbeiten über seine Lehre verzichtete Stanislawski darauf, schon im Familiennamen der handelnden Personen einen Hinweis auf ihre Haupteigenschaft zu geben. Hier ist das noch der Fall. So wurde der Name Tworzow (darin steckt das russische Wort »Schöpfer«) von ihm in dem Buch »Die Arbeit des Schauspielers an sich selbst« durch Torzow ersetzt, Rassudow (der »Vernünftler«, der sehr viel denkt und immer mit dem Verstand herangeht) durch Rachmanow, Tschuwstwow (der reine »Gefühlsmensch«) durch Schustow, Junzow (das noch fast unreife »Jüngelchen«) durch Wjunzow, Fantassow (der »phantasievoll Losschwärmende«; möglicherweise steckt auch das Wort »Phantast« in seinem Namen) durch Naswanow und so weiter.

Doch sind die handelnden Personen der »Arbeit des Schauspielers an sich selbst« nicht immer mit denjenigen des »Pädagogischen Romans« identisch. Dort besteht die Mehrzahl aus frisch immatrikulierten Studenten, hier handelt es sich zumeist um schon reife Schauspieler. Daher kann die Korrektur der Familiennamen, die Stanislawski in seinen späteren Arbeiten vornahm, nicht mechanisch schon auf dieses Manuskript übertragen werden. Deshalb sind sie unverändert belassen worden.

122   Mit jeder neuen Fassung des Werkes über die Arbeit des Schauspielers an der Rolle bezweifelt Stanislawski immer mehr die Zweckmäßigkeit einer ausführlichen theoretischen Analyse des Stückes *vor Beginn* der praktischen Arbeit der Schauspieler an den Rollen. Obwohl er dies Verfahren anfangs selbst anwandte und es allgemein üblich blieb, begann er zunehmend eine Gefahr zu sehen, nämlich daß die selbständige Initiative der Schauspieler unterdrückt und ihnen eine fertige Interpretationsabsicht durch den Regisseur aufgenötigt wird. Nach Stanislawskis späterer Ansicht wollen die Schauspieler das Werk nicht, am Tische sitzend, abstrakt-theoretisch analysieren, sondern handelnd-konkret auf der Bühne, im Prozeß der schöpferischen Probenarbeit, in der lebendigen Wechselbeziehung zu den Partnern. Der Regisseur habe dabei, wie in dieser Schrift schon angedeutet ist, das Bewußtsein des Schauspielers in die nötige Richtung zu lenken, ohne ihm eine im voraus festgelegte Interpretation der Rolle vorzuschreiben. So könne man auch eine gewaltsame Verrenkung der schöpferischen Natur des Darstellers vermeiden. Stanislawski war nicht grundsätzlich gegen eine Probenarbeit »am Tisch« oder gegen wissenschaftliche Gespräche über das Stück. Nur sollten sie zu einem späteren Zeitpunkt stattfinden, wenn die Rollen bereits weitgehend erarbeitet waren, so daß die Schauspieler Hinweise von Fachleuten vollkommen selbständig und mit größerem Nutzen in den Aufbau ihrer Rolle einfügen konnten.

123   S. W. Schumski (1821—1878), I. W. Samarin (1817—1885) und A. P. Lenski (1847—1908) waren Schauspieler des Kleinen Theaters und berühmte Darsteller des Tschazki und Famussow.

124   W. G. Belinski schrieb mehrere hervorragende kritische Beurteilungen des Stückes »Verstand schafft Leiden«, so zum Beispiel in den Aufsätzen »›Verstand schafft Leiden‹, Komödie in vier Akten in Versen, verfaßt von A. S. Gribojedow«, »Einteilung der Poesie nach Gattungen und Arten« und »Die russische Literatur im Jahre 1841«.

N. K. Piksanow (1878—1969) — Literaturwissenschaftler, Gribojedowforscher, Verfasser mehrerer Schriften über »Verstand schafft Leiden«, darunter »Tvorčeskaja istorija ›Gorja ot uma‹ « [Die Entstehungsgeschichte von »Verstand schafft Leiden«], Moskwa 1928; »Griboedov i staroe barstvo. Po neïzdannym materialam« [Gribojedow und die alte Adelsgesellschaft. Aus unveröffentlichten Papieren], Moskwa 1926; »Sof'ja Pavlowna Famussowa«, Athenäum (literaturgeschichtliches Periodikum), Buch 1 und 2, Leningrad 1924, S. 37 ff.; »Remarki ›Gorja ot uma‹ « [Glossen zu »Verstand schafft Leiden«], Kultur des Theaters, Nr. 5, S. 16 ff. und Nr. 6, S. 32 ff., Moskwa 1921; »Griboedov«, Leningrad 1934; »Sceničeskaja istorija ›Gorja ot uma‹« [Die Bühnengeschichte von »Verstand schafft Leiden«] in: A. S. Griboedov »›Gore ot uma‹. P'esa, stat'i, kommentarii« [»Verstand schafft Leiden«, Stück, Aufsätze und Kommentare], Moskau 1946.

125   Einen solchen Widerspruch seitens der Schauspieler, die die Selbständigkeit ihres Schaffens verteidigten, mußte Stanislawski wiederholt auch innerhalb des Künstlertheaters hören. So hatte er in der Zeit, die der Niederschrift dieses Manuskriptes vorausging, im Jahre 1922, eine Auseinandersetzung mit dem Schauspieler J. N. Pewzow, der die Rolle des Zaren Fjodor Ioannowitsch übernahm. Nach einem ausführlichen Gespräch über die Epoche und die Persönlichkeit des Zaren Fjodor fragte Stanislawski Pewzow, ob ihn nicht all das störe, was er über die Rolle sage.

»Um ehrlich zu sein, ja, es stört«, antwortete J. N. Pewzow.

»Und warum?«

»Weil Sie die Gestalt so faszinierend zeichnen, daß ich mir im Vergleich zu den Bildern in Ihrer Vorstellungskraft wie ein absolut armer Teufel vorkomme, und mir bleibt nur übrig zu versuchen, wenigstens etwas von dem, was Sie entworfen haben, nachzuvollziehen. Ich habe nämlich bisher das in mir und aus mir Entstandene, wenn es auch schlechter war, dem Besseren vorgezogen, das mir ein anderer aufzunötigen trachtete ... Sie haben in die Gestalt des Fjodor Ioannowitsch einen solchen Reichtum Ihrer Phantasie hineingelegt, der für meine Fähigkeiten keinen Raum läßt; ich kann nichts machen, als nur zaghaft das auszumalen, was sie vorgezeichnet haben. Ich meine aber, daß ich ein Schauspieler sein müßte, der nicht nachzeichnet, sondern verkörpert.« (Sammelband »I. N. Pevcov«, Leningrad 1935, S. 64)

126   Stanislawskis Arbeit am »Pädagogischen Roman« vollzog sich zu einer Zeit, als kubistische und futuristische Elemente in Bühnenbild und Kostümen des sowjetischen Theaters häufig die Schauspielkunst überlagerten. Dagegen führte er einen heftigen Kampf. Vgl. u. a. »Mein Leben in der Kunst« (Kapitel »Abreise und Rückkehr«) oder seine Polemik mit Wachtangow über die Groteske (Bd. 2, S. 85 ff.).

127   P. J. Tschaadajew (1793–1856), bekannter russischer Philosoph und Publizist, Freund Puschkins und Gribojedows. In seinen Aufsätzen übte er scharfe Kritik an der zaristischen Selbstherrschaft, der Leibeigenschaft und der Rückständigkeit Rußlands. Wegen des 1836 in der Zeitschrift »Teleskop« veröffentlichten »Philosophischen Briefes«, der nach einem Ausspruch Herzens »das ganze denkende Rußland erschütterte«, wurde er von der zaristischen Regierung für wahnsinnig erklärt.

Einige Forscher, die sich mit »Verstand schafft Leiden« befaßten, darunter A. I. Kirpitschnikow und L. P. Grossman, sahen in Tschaadajew den Prototyp Tschazkis.

128   Stanislawski meint hier den Aufsatz »Einige Gedanken über die Bühnenkunst« von Tommaso Salvini (russische Übersetzung in der Zeitschrift »Artist« 1891, Nr. 14) und die Schriften von Coquelin dem Älteren »Die Kunst des Schauspielers«, »Die Kunst und der Schauspieler« und »Die Kunst, den Monolog zu sprechen«. Sie erschienen sämtlich in russischer Übersetzung. In deutscher Sprache liegt nur Coquelins zweitgenannte Schrift vor. Von Tommaso Salvini gibt es einen Aufsatz in deutscher Sprache unter dem Titel »Das Geheimnis der Bühnenkunst« (Deutsche Revue, 30 Jg., 4. Band, Stuttgart und Leipzig 1905, S. 42 ff.). Er ist höchstwahrscheinlich mit dem oben genannten Aufsatz nicht identisch, da das Zitat am Ende dieser Anmerkung darin nicht vorkommt.

In seinen Schriften behauptete Coquelin, der Schauspieler solle die Gefühle seiner Rolle nur bei deren Erarbeitung erleben, auf der Bühne aber als kalter Darsteller bloß die äußere Zeichnung der Rolle geben. Diesen Ratschlag bekräftigte er durch Hinweise auf das »Paradox über den Schauspieler«, in dem Denis Diderot behauptet: »Ich bleibe bei meiner These und sage: übertriebene Empfindsamkeit macht mittelmäßige Darsteller; mittelmäßige Empfindsamkeit macht die Masse schlechter Schauspieler, das vollständige Fehlen von Empfindsamkeit ist die Voraussetzung für erhabene Schauspieler.« (Diderot: Ästhetische Schriften, 2. Band, Berlin und Weimar 1967, S. 489.)

Mit Coquelin polemisierend, bestätigte Tommaso Salvini das Hauptprinzip der Kunst des Erlebens wie folgt: »... jeder große Schauspieler muß fühlen und fühlt tatsächlich, was er darstellt. Ich finde ferner, daß er nicht nur verpflichtet ist, diese innere Bewegung ein- oder zweimal zu fühlen, oder nur, wenn er die Rolle einstudiert, sondern in höherem oder geringerem Maße bei jedem Spielen der Rolle zum ersten oder zum tausendsten Male; dementsprechend wird er die Herzen der Zuschauer rühren.«

129   So steht es im Manuskript. Hier wie auch an anderen Stellen sind nicht durchdachte Formulierungen auf den Konzeptcharakter des Manuskriptes zurückzuführen.

130   Stanislawski kämpfte gegen ein überhastetes handwerkelndes Arbeiten. Er strebte danach, den

künstlerischen Arbeitsprozeß auch zeitlich so zu organisieren, daß eine Aufführung unbedrängt entstehen konnte und in ihrer Qualität eine möglichst hohe Vollendung erreichte. Das hieß nicht, daß er von vornherein gleich eine Frist von mehreren Monaten festlegte.

In seiner persönlichen künstlerischen Praxis waren diese Zeiträume sehr verschieden. Sie hingen vor allem vom Schwierigkeitsgrad der Dramaturgie eines Stückes und vom Können des Schauspielerkollektivs ab. Auf die letztgenannte Bedingung legte er besonderes Gewicht. Oft ärgerte er sich, wenn er gezwungen war, Proben in Unterrichtsstunden über sein »System« zu verwandeln, was unvermeidlich den Gang der Arbeit verlangsamte. In seinen letzten Lebensjahren behauptete er, wenn die Truppe die Arbeitsmethodik an der Rolle vollkommen beherrschen würde und die Schauspieler imstande wären, die Handlungslinie ihrer Rolle zu Hause vorzubereiten, dann würde er sich verpflichten, mit einer solchen Künstlerschar ein Stück in zwei Wochen zu inszenieren.

Als sich in den Theatern die Frage erhob, was als Kennzeichen des sozialistischen Wettbewerbs gelten solle, sagte Stanislawski, wetteifern solle man nicht um die Tempi der Fertigstellung von Aufführungen, sondern um die Tempi der Aneignung von Techniken seiner Kunst, was unvermeidlich die Verkürzung von Arbeitsfristen ohne Nachteil für die Qualität einer Aufführung nach sich zöge.

An dieser Stelle werden nun drei Bruchstücke in das Manuskript eingefügt, die die Fortsetzung des Streites zwischen Rassudow und Remeslow über Regiekunst schildern.

Die Anordnung der drei Fragmente stammt von den sowjetischen Herausgebern, da bei Stanislawski nur Randbemerkungen stehen wie: »Den Ort finden«, »Irgendwie unterbringen«.

Außerdem existiert im Stanislawski-Archiv ein selbständiges Manuskript (Nr. 551), in dem auch ein Streit zwischen Rassudow und Remeslow geschildert wird, wie der Regisseur die erste Lesung eines Stückes vor Schauspielern behandeln soll. Daraus stammt der folgende Textauszug:

»Womit fangen Sie Ihre Arbeit eigentlich an?« fragte Rassudow seinen Gesprächspartner beinahe drohend.

»Pardon, eben mit dem Anfang«, sagte Remeslow bewußt spaßhaft und herausfordernd.

»Das heißt also?« fragte Rassudow nochmals streng.

»Womit? Na, eben mit dem Lesen des Stückes, wenn es neu ist und niemandem bekannt«, entgegnete Remeslow schon etwas grob.

»Lesen Sie gut?« forschte Rassudow weiter.

»Sie nötigen mich, unbescheiden zu sein«, kokettierte Remeslow. »In der Provinz gelte ich als sehr, sehr guter Vorleser, aber was die Hauptstadt betrifft, wie soll ich kleines Provinz-Regisseurchen da mitkommen!!«

»Wahrscheinlich bemühen Sie sich doch beim Vorlesen, vollendete, scharf hervortretende Umrisse der Rollen zu geben, wie Sie sie selbst verstehen, sowie den allgemeinen Ton und die Stimmung des ganzen Stückes zur Empfindung zu bringen, die Sie ja schon viel früher durchlebt haben, nicht wahr?« fragte Rassudow.

»Freilich bin ich bestrebt, die Gestalten und das Stück in dem Licht zu zeigen, wie ich es zu inszenieren beabsichtige. Und, wie man sagt, gelingt mir das in der Provinz nicht ohne Erfolg«, prahlte Remeslow.

»Das ist ganz schlecht!« schloß Rassudow überraschend.

»Schlecht!?« rief Remeslow aus und verwandelte sich vor Erstaunen fast in ein Fragezeichen.

»Schlecht nicht für Sie natürlich, sondern für die Kunst und für uns Schauspieler«, erklärte Rassudow.

»Schlecht, weil ich gut lese?« fragte Remeslow befremdet.

»Wäre es denn besser, wenn ich schlecht lesen würde?«

»Nein, keineswegs«, meinte Rassudow ruhig. »Schlecht ist es, weil Sie nicht Ihre eigene Aufgabe in Angriff nehmen, sondern die Rollen und das ganze Stück schon beim ersten Vorlesen erschaffen. Rollen zu schaffen ist nicht Ihre Angelegenheit. Das ist vielmehr Sache der Schauspieler, Ihre Aufgabe wäre es, das Stück bloß gut vorzutragen. Schlecht aber, wenn Sie nur auf Schauspielerart gut lesen, schön wäre es, wenn Sie das Stück literarisch vortrügen, ohne den Schauspielern Ihre Meinung aufzudrängen und sie dadurch der Freiheit und Selbständigkeit zu berauben. Schlecht ist es, wenn Sie schon von den ersten Schritten an Seele, Willen und Verstand der Schauspieler vergewaltigen und eine ›Voreingenommenheit‹ gegenüber dem bevorstehenden schöpferischen Wirken erzeugen. Voreingenommenheit aber, in welcher Form sie sich äußern mag, ist das größte Hindernis für ein freies Schaffen des Schauspielers. Wahres schauspielerisches Schaffen kann sich nur frei, individuell, in der Eigenheit und in der Besonderheit jeder einzelnen Person entfalten. Es kann kein freies Schaffen auf Befehl des Regisseurs geben. Sie drängen, einem despotischen Vater ähnelnd, den Schauspielern Ehegatten oder Liebhaber nach höchst eigenem Geschmack und eigener Sympathie auf. Doch eine Zwangsehe ist selten glücklich.«

»Ich dränge niemals und niemandem etwas auf«, sagte Remeslow, sich ereifernd. »Ich schlage den Schauspielern meine Interpretation vor.«

»Noch schlechter«, meinte Rassudow. »Der Schauspieler ist faul, er liebt das Fertige. Er kann die Qualen des Schaffens nicht leiden. Man braucht ihm nur zu zeigen, wie die betreffende Rolle gespielt wird, und schon ist er zufrieden. Er wird sich das einprägen, zur Schablone machen und ... bums haben wir die schönste Handwerkelei. Dann wird die ganze Rolle vom Anfang bis zum Ende eine einzige Voreingenommenheit. Und die zu überwinden gibt es nun keine Möglichkeit mehr. Indessen ist nicht nur eine solche komplette, sondern schon die kleinste, unbedeutendste Voreingenommenheit ein gefährliches Hindernis für ein normales, natürliches Schaffen der Schauspieler.«

»Was für eine Voreingenommenheit?« fragte Remeslow erstaunt. »Regieanweisungen wären eine Voreingenommenheit?«

»Jawohl«, antwortete Rassudow wiederum unerwartet. »Regieanweisungen, die zur unrechten Zeit gegeben werden und die der schöpferischen Natur des Schauspielers nicht angepaßt sind, die nicht aus dem geistigen Wesen des Stückes und der Rolle hervorgehen, Regieanweisungen, die vom launischen Dünkel, von Selbstgefälligkeit, von Eigensinn und Dickköpfigkeit oder von übermäßiger Selbständigkeit herrühren, erzeugen zwar beim Regisseur lebendiges Gefühl und Erleben, aber nicht beim Schauspieler. Eine solche Anweisung des Regisseurs ruft beim Schauspieler nur Vorurteil hervor, in das er sich nicht einlebt, sondern mit dem er sich widerwillig oder einfach nur aus Trägheit abfindet, das er nicht liebt, dem er sich aber fügt, und an das er sich irgendwie äußerlich, mechanisch anpaßt. Wieviel Geschöpfe auf der Bühne werden verunstaltet, wieviel Rollen verdorben infolge falschen ersten Kennenlernens eines Stückes, weil sich dem Schauspieler nicht das geistige Wesen, der süße Kern eines Werkes erschließt, nicht dessen Hauptidee oder wichtigstes Gefühl, die den Dichter zum Schaffen veranlaßt und sein Werk hervorgebracht haben, und weil sich nicht enthüllt, was einen Schauspieler für seine bevorstehende künstlerische Tätigkeit begeistern kann und muß. In den meisten Fällen ruft das erste Vorlesen eines Stückes beim Schauspieler nicht Begeisterung für die grundlegenden Elemente des dichterischen Werkes hervor, sondern nur für beiläufige oder behelfsartige Details oder für rein zufällige Erscheinungen wie gutes Vorlesen oder mitreißendes Phantasieren des Regisseurs über Dekorationen, Kostüme und Inszenierung oder gar für das Effektvolle einzelner Rollen und Situationen im Stück ...«

131 Jetzt folgt wieder der Text des Manuskripts Nr. 563.
132 Gesang nach der Messe für das Wohl des Kaiserlichen Hauses. Dann ein Text aus »Hamlet«.
133 Siehe Anmerkung 34 im vorliegenden Band.
134 Hier zielt Stanislawski auf die vor der Revolution in symbolistischen Kreisen weitverbreitete Idee der Verwandlung des Theaters in eine »Gemeinschaftskunst« [sobornoe tvorčestvo], wo es keinen Unterschied mehr zwischen dem Theater und dem Leben gibt und wo die Zuschauer gleichzeitig die Mitwirkenden an der »Aufführung« sind. Die Symbolisten riefen auch zur Erneuerung des antiken religiösen Dionysoskultes im Theater auf. Die theoretische Begründung für die »Gemeinschaftskunst« gaben F. L. Sollogub, W. I. Iwanow und andere.
135 Die Schilderung dieser »denkwürdigen« Aufführung, bei der der fiktive Autor Fantassow die Notwendigkeit spürt, seine künstlerische Methodik gründlich zu überprüfen, erinnert an ein ähnliches Geschehen in Stanislawskis Leben. In einem Gespräch, das die Zeitschrift »Studija« [Atelier, Studio] am 29. April 1912 veröffentlichte, teilte er mit, das Bedürfnis, seine schauspielerische Technik zu überprüfen, sei »während der fünfzigsten Vorstellung eines Stückes« überaus stark geworden. »Wir hatten großen Erfolg, aber mich persönlich frappierte es entsetzlich, daß ich während des Spiels auf der Bühne daran dachte, was ich während der Pause unternehmen, wie ich einen gerade eingetroffenen Brief beantworten würde und so weiter. Der Eindruck dieser Erkenntnis traf mich so tief, daß ich von der Bühne abgehen wollte ... Danach begann ich die Psychologie der schauspielerischen Tätigkeit zu studieren ...«

Vermutlich bezog sich Stanislawski hier auf die Rolle des Doktor Stockmann in Ibsens »Ein Volksfeind«, die er am 10. März 1906 zum fünfzigsten Male gespielt hatte. Den Doktor Stockmann hielt er bekanntlich für seine beste Rolle. Über die Krise, die er damals durchmachte, berichtete er auch in dem Buch »Mein Leben in der Kunst«, und zwar in dem Kapitel »Entdeckung altbekannter Wahrheiten«. Auf das Jahr 1906 bezieht sich auch sein Geständnis: »Im Laufe der Zeit aber verblaßten diese Erinnerungen, die die Antriebe des geistigen Lebens der Rolle und das Leitmotiv des Stückes gewesen waren.« (Vgl. Ausgabe Berlin 1987, S. 358.)

136   Dieses Mißverständnis entsteht beim Zuhörer, wenn die Worte »ich, wir« (russisch: ja, my) in der schauspielerischen Diktion nicht genügend voneinander abgesetzt werden, sondern ineinander übergehen, so daß es dann wie »Gruben« (russisch: jamy) klingt und Widersinn ergibt. Das Wortspiel ist leider unübersetzbar. Das trifft auch auf das hier anschließende Beispiel zu, bei dem nun gerade eine kurze Pause an falscher Stelle im Satz den Widersinn erzeugt. Es wäre im deutschen Text nicht verständlich, und so sind die wenigen Zeilen weggelassen worden.

137   Nach diesen Worten heißt es im Manuskript: »Diskussion über die Handwerkelei.« Diese Diskussion ist als selbständiger Text am Ende des zweiten Heftes (Nr. 556) niedergeschrieben und sollte offenbar in den Haupttext eingefügt werden.

Gestützt auf Stanislawskis Hinweis, wird hier der fehlende Text der Diskussion über die Handwerkelei hineingenommen. Er erinnert inhaltlich schon an den Aufsatz »Das Handwerkeln« (vgl. Ausgewählte Schriften, Bd. 2, Berlin 1988, S. 9 ff.).

138   Danach heißt es im Manuskript: »Lücke in der theoretischen Debatte«. Auf Grund dieses Vermerks wird eine Diskussion über die Kunst des Erlebens und die Kunst des Vorführens hier eingefügt, wie sie Stanislawski in dem Ergänzungsheft zur »Geschichte einer Inszenierung« (Nr. 556) verfaßt hat. Um Wiederholungen zu vermeiden, wird der Text an einigen Stellen leicht gekürzt.

139   Im Original steht hier ein anderer Name, nämlich Preshiwalow. So wollte Stanislawski ursprünglich den Theaterleiter nennen. Um die Einheitlichkeit in der Namensbezeichnung der handelnden Personen zu wahren, sind im Text jeweils die notwendigen Korrekturen vorgenommen worden.

140   Oscar Wilde (1854–1900) – bekannter irischer Erzähler, Dramatiker und Lyriker. Seine Ansichten legte er in »Verfall der Lüge« (1889), »Der Kritiker als Künstler« (1890) und in anderen Schriften dar. Theoretisch vertrat er einen wirklichkeitsfremden Ästhetizismus, den Vorrang der Kunst gegenüber dem Leben (das Leben ahme die Kunst nach).

141   Der hier in Anführungsstrichen stehende Gedanke drückt nach Stanislawskis Meinung das Wesen der Schtschepkinschen Tradition aus, ist aber kein Zitat aus irgendeinem Werk oder Brief Schtschepkins. In derselben Formulierung gibt Stanislawski diesen Gedanken mehrfach wieder.

So sagte er zum Beispiel in dem »Bericht über zehn Jahre Tätigkeit des Moskauer Künstlertheaters«: »Das Herrlichste in der russischen Kunst ist Schtschepkins unvergeßliches Vermächtnis: ›Nehmt eure Vorbilder aus dem Leben und der Natur‹. Sie bieten unerschöpfliches Material für das Schaffen des Schauspielers.« (Siehe S. 145 des vorliegenden Bandes).

142   Hier formuliert Igralow die wichtigsten Grundsätze der Kunst des Vorführens, die Stanislawski dann in einem speziellen Aufsatz ausführlicher dargelegt hat (vgl. Ausgewählte Schriften, Bd. 2, Berlin 1988, S. 26 ff.). Auch in dem Buch »Die Arbeit des Schauspielers an sich selbst« (Teil 1, Berlin 1961) kommt er im zweiten Kapitel darauf zurück.

143   In einem Brief an J. J. Sosnizki vom 2. November 1846 behauptet Gogol, daß »... zweitrangige Schauspieler einen Charakter wohl nachäffen, nicht aber schaffen können«. Ähnliche Gedanken sind in Briefen an M. S. Schtschepkin enthalten.

144   An dieser Stelle des Manuskriptes steht folgender Vermerk Stanislawskis: »Kurze Diskussion Rassudows und Remeslows.« Aus bestimmten Angaben ist zu ersehen, daß der Text der Diskussion eher geschrieben wurde, als der Text von der mißlungenen Darstellung der Rolle. Als Stanislawski den Vermerk im Manuskript machte, hatte er offenbar die schon geschriebenen Teile im Auge. Deshalb werden sie aus dem zweiten Heft (Nr. 556) übernommen und hier in den Haupttext eingefügt.

145   Stanislawski bezieht sich hier auf die Gedenkfeier zum sechzigsten Todestag Puschkins am 4. Januar 1897 im Gebäude des Korschtheaters. Auf dieser Veranstaltung trug er Lermontows Gedicht »Der Tod des Dichters« vor. Das Ereignis ist von ihm auch in einer Skizze »Spielzeitbeginn« beschrieben worden, die 1907/08 erschien. Sie ist in der vorliegenden Ausgabe nicht enthalten.

146   Diese und die folgenden Episoden sind auch in dem Buch »Mein Leben in der Kunst« beschrieben (Berlin 1987, S. 14 f.). Das weist auf den autobiographischen Charakter der Erzählung von den Schaffensqualen hin, die Stanislawski dem Schauspieler Fantassow zuschreibt.

147   Danach steht im Manuskript ein Gliederungsentwurf mit folgendem Wortlaut:
»Den ›Eingebildeten Kranken‹ und ›Ein Monat auf dem Lande‹ lobte man. Der schöne Pipo. Ich ko-

pierte Lenski (hatte Erfolg bei den Damen). Aufführung bei Paradies. Paradies selber lobte mich. Mondäne Aufführung (mit einem Großfürsten). Erfolg bei den Aristokraten. Engagement. Gastspielreisen in die Provinz. Präsente. ›Die versunkene Glocke‹, ›Acosta‹. Aufführung mit der Strepetowa. Einladung ins Theater. Die ersten Tränen. Je weiter, um so schwerer, schließlich — heute.«

Alle hier erwähnten Tatsachen und Namen beziehen sich auf Stanislawskis eigene Biographie. In dem »Eingebildeten Kranken« von Molière spielte er mit Erfolg den Argan (1913) und im »Monat auf dem Lande« den Rakitin (1909). Den schönen Pipo spielte er 1884 in der Operette »Maskottchen« von Audran im Alexejew-Zirkel. Zu dieser Zeit kopierte er auch A.P. Lenski. Die Aufführungen der Gesellschaft für Kunst und Literatur wurden sowohl bei dem deutschen Theaterunternehmer Paradies als auch bei M.W. Lentowski inszeniert. Bekanntlich wurde Stanislawski zu Aufführungen der vornehmen Welt unter Teilnahme des Großfürsten Konstantin Romanow eingeladen. Die Gastspielreisen in die Provinz mit hervorragenden Schauspielern des Kleinen Theaters fallen in die Jahre 1892—1897. 1894 gastierte er in Nishni Nowgorod mit M.N. Jermolowa in der »Braut ohne Mitgift« von Ostrowski. Gerhart Hauptmanns »Die versunkene Glocke« (1898) und Karl Gutzkows »Uriel Acosta« (1895) waren Aufführungen der Gesellschaft für Kunst und Literatur, bei denen Stanislawski als Schauspieler und Regisseur mitwirkte. Die Aufführung mit der Strepetowa (»Bitteres Los« von Pissemski), bei der Stanislawski die Rolle des Ananij Jakowlew spielte, fand 1895 statt.

Dieser ganze Abschnitt, mit Bleistift entworfen, sollte offenbar bei der weiteren Bearbeitung des Manuskripts ausführlich dargelegt werden.

148 Im Auftreten des Regisseurs Bywalow verspottete Stanislawski den Standpunkt der Konservativen, die die veralteten Traditionen und schlechten Theaterkonventionen verteidigten. Gegen sie richtete das Künstlertheater seinen unversöhnlichen Kampf. Die Bühnengeschichte von »Verstand schafft Leiden« ist reich an Entstellungen des realistischen Kerns im Werk Gribojedows. Sie entstanden, weil platte Unterhaltung sowie Spieltechniken, die vom Klassizismus und von Molière-Komödien herrührten, die Überhand gewannen. (Vgl. N.K. Piksanov: Sceničeskaja istorija »Gorja ot uma« [Die Bühnengeschichte von »Verstand schafft Leiden«] in der Ausgabe: A.S. Griboedov: »Gore ot uma«, Moskva 1946; auch W.I. Nemirovič-Dančenko: »Gore ot uma« na scene Moskovskogo Chudožestvennogo teatra [»Verstand schafft Leiden« auf der Bühne des Moskauer Künstlertheaters] Moskva-Petrograd 1923).

149 Indem Stanislawski die Namen Schtschepkins und Sadowskis neben die von Miloslawski und Kramolow-Krawzow stellt, betont er die Verwechslung und Vermischung der echten Traditionen des russischen Theaters mit den fragwürdigen Traditionen der Theaterprovinz. Wenn Stanislawski Miloslawski nennt, denkt er offenbar an den bekannten Provinz-Schauspieler romantischer Richtung Nikolai Karlowitsch Miloslawski (1811—1882). Kramolow-Krawzow dagegen ist eine erfundene Person. Unter dem Theater verbundenen Zeitgenossen Stanislawskis wären hier nur zu nennen der Provinz-Entrepreneur W.A. Kramolow und der Operndarsteller und Tenor P.I. Krawzow; aus der Verbindung dieser Namen ist wahrscheinlich der Gattungsname der Provinzberühmtheit Kramolow-Krawzow gebildet worden.

150 Stanislawski gibt mit eigenen Worten folgenden Ausspruch Gogols wieder: »... der Revisor ist gespielt — und in meinem Herzen ist es so dunkel verworren und so seltsam ...« (Siehe »Auszug aus einem Brief, den der Autor bald nach der ersten Vorstellung des ›Revisors‹ an einen Literaten schrieb«, in dem Sammelband »Gogol i teatr« [Gogol und das Theater], Moskva 1952, S. 374.)

151 In einem Brief an den Grafen A.P. Tolstoi, enthalten in dem Buch: »Ausgewählte Stellen aus dem Briefwechsel mit Freunden« und betitelt »Vom Theater, vom einseitigen Blick auf das Theater und über die Einseitigkeit im allgemeinen« schrieb Gogol: »Man kann alle Stücke wieder frisch, neu und für groß und klein fesselnd machen, wenn man es nur versteht, wie gehörig zu inszenieren ... Man nehme das abgedroschenste Stück und inszeniere es richtig, und dasselbe Publikum wird in Massen herbeiströmen. Molière wird ihm zur Neuheit und Shakespeare anziehender als der allermodernste Schwank.« (Sammelband »Gogol i teatr«, S. 386.)

152 M.N. Nikiforow der Ältere (1824—1881) — bekannter Episodendarsteller am Kleinen Theater.

153 Ausführlicher spricht Stanislawski über diese italienischen Sänger und das Opernpublikum in seinem Buch »Mein Leben in der Kunst«, und zwar in dem Kapitel »Italienische Oper«.

154 Die in eckigen Klammern stehenden Worte sind der Seite 117 des Manuskripts Nr. 556 entnommen. Sie stehen dort in Bleistift und haben keinen bestimmten Zusammenhang mit dem vorhergehenden

oder folgenden Text. Dem Sinne nach aber müssen sie hier in den Ablauf eingefügt werden, weil sich der Schauspieler Fantassow danach mit der Theaterleitung auseinandersetzt.

Der weitere Text wird auszugsweise nach einem Typoskript mit selbständiger Seitennumerierung gedruckt, das Stanislawski dem Heft Nr. 563 hinzugefügt hat.

155 An dieser Stelle werden zwei nicht fertig geschriebene Textseiten weggelassen. Sie stehen in keinem direkten Zusammenhang mit dem folgenden.

156 Das bezieht sich auf den Glockengießer Heinrich aus Gerhart Hauptmanns »Die versunkene Glocke«. Stanislawski spielte die Rolle 1898. Rostanew aus der Bühnenfassung von Dostojewskis »Das Dorf Stepantschikowo« war eine von Stanislawskis Lieblingsrollen. Er spielte sie auf der Bühne der Gesellschaft für Kunst und Literatur 1891.

157 Der weitere Text (die Fortsetzung der Auseinandersetzung Fantassows mit Tworzow) wird dem Manuskript Nr. 556 entnommen.

158 Damit endet augenscheinlich der Anfangsteil der »Geschichte einer Inszenierung (Pädagogischer Roman)«.

Auch dieses Werk ist Bruchstück geblieben. Wie aus Konzepten hervorgeht, sollte nun die Arbeit an »Verstand schafft Leiden« und an der Tschazki-Rolle nach Tworzows Methodik beginnen. Gleichzeitig würde Fantassow in der Schauspielschule die einzelnen Elemente des schöpferischen Befindens auf der Bühne kennen- und beherrschen lernen. Diesen Entwicklungsgang hat Stanislawski später — ebenfalls in belletristischer Form — in den beiden Teilen der »Arbeit des Schauspielers an sich selbst« (allerdings ohne jeglichen Zusammenhang mit einer gleichzeitig stattfindenden Inszenierung) ziemlich ausführlich schildern können. (Vgl. die deutschen Ausgaben dieses Werkes: Berlin 1961 und 1963.)

Aus Notizheften Ende der zwanziger, Anfang der dreißiger Jahre

Über die Groteske

Dem Abdruck liegt ein maschinengeschriebener Text zugrunde, der Korrekturen von Stanislawski enthält (Nr. 612). Er befindet sich in seinem Archiv neben dem Manuskript »Das Charakteristische« (Nr. 499). Die erste Seite trägt die Vermerke »Arbeit an der Rolle« und »Wird aus dem Kapitel ›Das Charakteristische‹ in ›Die Arbeit an der Rolle‹ übernommen«. Diese Vermerke und auch die von Stanislawski durchgestrichenen Zeilen bezeugen, daß er das Manuskript anfänglich als Bestandteil des Kapitels »Das Charakteristische« betrachtete, es jedoch später herausgenommen hat, um es in den Band über die Arbeit des Schauspielers an der Rolle einzufügen.

Der veröffentlichte Text (wahrscheinlich zu Beginn der dreißiger Jahre geschrieben) ist die späteste Überarbeitung früherer Manuskripte. Der Textanfang steht in Zusammenhang mit den Manuskripten »Das Theater« von 1913/14 (deutsch veröffentlicht in: Neue Welt, Halbmonatsschrift im Verlag »Tägliche Rundschau« Berlin, Jahrgang 1953, Heft 10, S. 1310 ff.) und »Streit mit einem Bühnenbildner« aus dem Anfang der zwanziger Jahre. Der Schlußteil ist eine überarbeitete Fassung des Manuskripts »Aus dem letzten Gespräch mit Wachtangow« (vgl. Ausgewählte Schriften, Bd. 2, Berlin 1988, S. 85 ff.). Er faßt Stanislawskis eigene Grundsätze und Erfahrungen beim Inszenieren des »Heißen Herzens«, des »Tollen Tags« und der »Toten Seelen« zusammen, in denen großartige Beispiele echter Groteske zu sehen waren.

Betont sei, daß der Vertreter der »extrem linken Richtung in unserer Kunst«, der Leiter der Theaterschule N., in der vorliegenden Fassung nicht mit J. B. Wachtangow gleichgesetzt werden darf.

Die fachlichen Auseinandersetzungen zwischen ihm und Stanislawski in den Jahren 1920 und 1921 dienten nur als Anlaß, als Ausgangspunkt für Stanislawskis Überlegungen zur Eigenart der Bühnengroteske, und die erwähnte Studentenaufführung, bei der angeblich drei Tragödien von Puschkin gezeigt wurden, hat sich Stanislawski ausgedacht und entspricht nur bis zu einem gewissen Grade realen Tatsachen. (Zu Begegnungen zwischen Stanislawski und Wachtangow kam es auf Grund gemeinsamer Arbeit an »Mozart und Salieri«. »Das Gelage während der Pest« probte das von Wachtangow geleitete Studio III des Moskauer Akademischen Künstlertheaters.)

Die Begeisterung für die Bühnengroteske war in den zwanziger und zu Beginn der dreißiger Jahre für viele Theaterleute charakteristisch, die sich für Neuerer auf dem Gebiet szenischer Form hielten. Stanislawskis warnendes Manuskript ist jedoch erst aus seinem Nachlaß 1957 veröffentlicht worden.

159 Die »Wanderausteller« vertraten eine fortschrittliche realistische Richtung der russischen Malerei in der zweiten Hälfte des 19. Jahrhunderts. Als »Wanderer« wurden Maler bezeichnet, die der 1870 von

Mjassojedow, Kramskoi, Perow, Gay und anderen gegründeten Genossenschaft für Wanderkunstausstellungen angehörten. Später kamen noch Repin, Surikow, die Wasnezows, Lewitan, Polenow und andere große realistische Maler Rußlands hinzu.
Alle Sympathien Stanislawskis lagen zweifellos bei diesen Malern. Mit vielen von ihnen hatte er in seiner fachlichen und gesellschaftlichen Tätigkeit unmittelbare Kontakte.

160   Stanislawski bezieht sich hier auf verbreitete Tendenzen in der Aufführungspraxis der zwanziger Jahre. Ausführlicher spricht er darüber in seiner Autobiographie »Mein Leben in der Kunst« im Kapitel »Abreise und Rückkehr« (Berlin 1987, S. 470 ff.).

Die Arbeit an der Rolle (»Othello«)

Hier veröffentlichen wir Materialien aus K. S. Stanislawskis unvollendeter Schrift, die den Titel »Die Arbeit an der Rolle« trägt.

In bezug auf Inhalt und Form der Darlegung ist sie die direkte Fortsetzung der »Arbeit des Schauspielers an sich selbst«. Torzows Studenten befinden sich im zweiten (nach einigen Varianten — im dritten) Studienjahr, haben den Vorbereitungslehrgang zur Arbeit an sich selber hinter sich und wollen nun den Arbeitsprozeß an der Rolle anhand von Shakespeares »Othello« studieren.

Das Stanislawski-Archiv besitzt über zehn Manuskriptentwürfe zur »Arbeit an der Rolle« anhand von »Othello«. Diese Arbeit an der Rolle ist in einzelnen Textfragmenten in fünf Hauptmanuskripten dargelegt. Sie tragen folgende Überschriften:

1) »Erstes Kennenlernen von Stück und Rolle« (Nr. 586); 2) »Schaffung des körperlichen Lebens« (Nr. 589); 3) »Periode des Begreifens. Prozeß der Analyse von Stück und Rolle« (Nr. 587); 4) »Analyse (Fortsetzung). Analyse nach Schichten« (Nr. 588) und 5) »Prozeß des Begreifens (der Analyse) von Rolle und Stück« (Nr. 590).

Außerdem hat Stanislawski zwei ausführliche Exposés für sein Buch »Die Arbeit an der Rolle« verfaßt. Sie enthalten konspektartig das gesamte Material der fünf aufgezählten Manuskripte sowie neue, wesentliche Ergänzungen zu dem bereits vorhandenen Text (Nr. 585 und 584). In den beiden Exposés hat Stanislawski festgelegt, wie das gesamte Material zur Arbeit an der Rolle einzuordnen ist.

Das Stanislawski-Archiv besitzt noch weitere Texte zu verschiedenen Abschnitten der beabsichtigten Arbeit sowie Entwürfe für die Anordnung des Buches »Die Arbeit an der Rolle« anhand von »Othello«.

Keines der vorhandenen Manuskripte trägt ein Datum, jedoch auf Grund indirekter Angaben muß Stanislawski 1930 bis 1933 an ihnen gearbeitet haben.

Durch das Studium der aufgezählten Materialien kann festgestellt werden, wie Stanislawski an der neuen Variante seines Buches gearbeitet hat.

Von 1929 bis 1930 begann er parallel zur Aufstellung des Regieplanes für »Othello« mit der Ausarbeitung von Materialien für sein neues Buch über die Arbeit an der Rolle. Unter teilweiser Verwendung bereits geschriebenen Materials zu »Verstand schafft Leiden« schrieb er parallel zur »Arbeit des Schauspielers an sich selbst« den Rohentwurf eines neuen Buches über die Arbeit an der Rolle, das sich inhaltlich und in der Form wesentlich von der ursprünglichen Variante (»Verstand schafft Leiden«) unterschied. So entstand beispielsweise in diesem Werk der völlig neue Abschnitt über die Schaffung »des körperlichen Lebens« der Rolle, das Stanislawski in den Vordergrund der gesamten Arbeit des Schauspielers und des Regisseurs an Stück und Rolle stellte.

Notizblockeintragungen (Nr. 600) besagen, daß Stanislawski nicht gleich festgelegt hat, welchen Platz dieser neue Abschnitt im Gesamtprozeß der Arbeit des Schauspielers an der Rolle einnehmen sollte. Erst wollte er den Abschnitt »Die Schaffung des körperlichen Lebens« in ein Abschlußkapitel, dann aber wieder in ein Anfangskapitel des von ihm geplanten Buches einfügen. Vergleiche der Manuskripte ergeben, daß Stanislawski beim Darlegen der Arbeit an der Rolle mit dem »körperlichen Leben« beginnen wollte, dabei jedoch in Widerspruch zur Logik des Aufbaus alles übrigen Materials geriet, das er sonst grundlegend hätte umarbeiten müssen.

Schließlich zeigen Notizentwürfe (Nr. 817) Stanislawskis Absicht, das gesamte geschriebene Material neuzuordnen, um den Prozeß der Schaffung des »körperlichen Lebens« und die übrigen Methoden zur Rollenanalyse zu einem Ganzen zusammenzufügen.

Aber dieses Vorhaben hat Stanislawski nicht zu Ende geführt. Bei seinem Versuch, frühere Materialien über die Arbeit an der Rolle zur Darlegung neuer Schaffensmethoden zu benutzen, stieß er auf Widersprüche, die auch in der vorliegenden Veröffentlichung auffallen. So verlieren beispielsweise die früher von Stanislawski festgelegten Stadien der Arbeit an der Rolle — erstes Kennenlernen von Stück und Rolle, Analyse, Schaffung der vorgeschlagenen Situationen, Faktenbewertung, Prozeß des Erlebens, des Verkörperns u. a. — beim neuen Herangehen an Stück und Rolle durch das Erschaffen des »körperlichen Lebens« ihre Bedeutung als selbständige Schaffensetappen. Bei einem solchen Herangehen verbinden sich alle aufgezählten Momente und verlaufen gleichzeitig, wenn die Logik der zu vollziehenden Handlungen und Taten allmählich genauer bestimmt und vertieft wird, denn der im zweiten Abschnitt dargelegte Prozeß der Erschaffung des »körperlichen Lebens« enthält ja auch das Begreifen des Stückes, die Berücksichtigung der vorgeschlagenen Situationen und die Faktenbewertung. Das wiederum bereitet den Boden zum schöpferischen Erleben und Verkörpern der Rolle vor.

Stanislawskis Manuskripte über die Arbeit an der Rolle anhand von »Othello« widerspiegeln also eine Zwischenetappe seines schöpferischen Suchens, und das erklärt wahrscheinlich auch, warum Stanislawski sie nicht abgeschlossen, sondern beiseite gelegt hat, um sich einige Jahre später an sein neues Buch über die Arbeit des Schauspielers an der Rolle anhand des »Revisors« zu machen.

Obwohl er das vorliegende Buch nicht zu Ende geschrieben hat, ist das hierzu veröffentlichte Material von außerordentlichem Interesse, um Stanislawskis Methodologie zu studieren. Trotz aller Widersprüchlichkeit und des bruchstückhaften Charakters zeichnet es sich gegenüber anderen Manuskripten zum gleichen Thema dadurch aus, daß es das Erschaffen von Bühnengestalten am umfassendsten behandelt. Hier finden wir die Grundlagen jener Methode, die Stanislawski später als sein künstlerisches Vermächtnis an die neue Theatergeneration bezeichnete.

Doch läßt sich ein Mangel dieser Arbeit nicht beseitigen. Sie ist unvollendet und nur Rohentwurf. Bestimmt hätte Stanislawski den ursprünglichen Text und die vorgesehene Komposition überarbeitet, wenn es zu einem Abschluß gekommen wäre. Einzelne, meist unzusammenhängende Textentwürfe hat er thematisch in mehreren Heften untergebracht, jedoch ohne eine bestimmte Reihenfolge und häufig nur in zufälliger Anordnung.

Da aber zwei einander fast ähnelnde Konspekte vorliegen, die später als die fünf Hauptmanuskripte entstanden sein müssen, und da die einzelnen Paragraphen in diesen Konspekten genauso numeriert sind wie die Textfragmente, läßt sich der Wille des Autors erkennen, den er auf einer bestimmten Etappe seiner Arbeit an diesem Werk geäußert hat, und so können wir die Texte in der von ihm festgelegten Reihenfolge publizieren.

Ein solcher Versuch wurde erstmalig unternommen bei der Veröffentlichung der Materialien im »Jahrbuch des Moskauer Künstlertheaters« für 1948, Bd. I (zusammengestellt von J. N. Semjanowskaja, Redaktion G. W. Kristi). Diese zum Teil noch lückenhafte und etwas anders gegliederte Fassung lag auch der ersten deutschen Übersetzung zugrunde, die 1955 unter dem Titel »K. S. Stanislawski: Die Arbeit des Schauspielers an der Rolle / Fragmente eines Buches« im Henschelverlag, Berlin, herauskam.

Auf Grund weiterer Forschungsarbeiten im Stanislawski-Archiv und durch Heranziehung neuer Manuskripte, die den Herausgebern früher unbekannt waren, sind jetzt wesentliche Ergänzungen zu den früheren Veröffentlichungen möglich.

Die wesentlichsten Varianten und unterschiedlichen Lesarten führen wir in den Kommentaren an.

Da Stanislawski teilweise seine bereits früher geschriebene Arbeit zu »Verstand schafft Leiden« benutzte und einzelne Abschnitte daraus in den Text des hier veröffentlichten Manuskripts einfügte, sind gewisse Wiederholungen in den beiden Publikationen unvermeidlich. Wir konnten sie auch nicht gänzlich beseitigen, da wir nicht gegen die Folgerichtigkeit der Darlegung verstoßen wollten.

Besonderheiten der textologischen Arbeit zu jedem Abschnitt sind in den Kommentaren angegeben.

Die Komposition des Buches ist — wie bereits gesagt — auch vom Autor selber nicht bis zum Schluß festgelegt worden. Wir behalten die ursprünglich von Stanislawski festgelegte Einteilung in folgende drei Hauptabschnitte bei: 1. Erstes Kennenlernen von Stück und Rolle. 2. Erschaffung des körperlichen Lebens. 3. Das Begreifen von Stück und Rolle (Analyse). Dies ist seinerseits wiederum in Unterabschnitte gegliedert, die teilweise von Stanislawski und teilweise von den Herausgebern auf Grund indirekter Hinweise des Autors mit Überschriften versehen wurden. Nach dem dritten Abschnitt folgt der Schlußteil, der aus mehreren selbständigen Textfragmenten besteht.

Die Anordnung des Materials ergibt sich aus der Numerierung der einzelnen Textstücke. Sie stimmt mit der Numerierung der Paragraphen in den Exposés überein.

161 Das einführende Gespräch über den Inhalt der bevorstehenden Arbeit an der Rolle besteht aus zwei Teilen, die zwei selbständige Fragmente darstellen. Der Abdruck des ersten erfolgt nach dem Manuskript Nr. 586, das zweite (ab »Jeder Regisseur ...«) nach dem Manuskript Nr. 587 auf Grund von Stanislawskis Vermerk »Für den Anfang des ersten Kapitels«.

162 Stanislawskis Arbeiten zum »System« enthalten widersprüchliche Angaben über die Studienzeiträume für das Fach »Technik und Können des Schauspielers« in der Theaterschule.

Im vorliegenden Falle soll mit dem Studium der Arbeit an der Rolle im *zweiten* Studienjahr begonnen werden, in anderen Fällen wiederum im dritten, wobei der Schauspieler in den beiden ersten Studienjahren an sich selber arbeiten lernt. (Vgl. Die Arbeit des Schauspielers an sich selbst, Teil 1, Berlin 1961, S. 330)

Diese Widersprüche zeigen, daß Stanislawski die Aufteilung des Unterrichtsprogramms auf die Studienjahre nicht bis zu Ende entschieden hatte. Hervorzuheben ist jedoch, daß er in seiner pädagogischen Praxis ab zweitem bzw. drittem Studienjahr mit Studioinszenierungen begann, ohne dabei die Übungen zur Vervollkommnung und Entwicklung der inneren und äußeren Technik des Schauspielers einzustellen, das heißt, die Arbeit an sich selber und die Arbeit an der Rolle liefen *gleichzeitig* und bereicherten einander. Hatte man für ein erstes Kennenlernen der Elemente des »Systems« nur das erste Studienjahr vorgesehen (im Opern- und Schauspielstudio war das beispielsweise der Fall), so bedeutete das durchaus nicht, daß der Schauspieler die Arbeit an sich selber einstellte, wenn er mit der Arbeit an der Rolle begann. Tägliches Training während des gesamten Studiums betrachtete Stanislawski als unerläßliche Voraussetzung für eine richtige Schauspielerausbildung.

163 Ab zweitem Studienjahr (1936) wurden die Schauspielstudenten im Opern- und Schauspielstudio besonders an »Hamlet« und »Romeo und Julia« ausgebildet.

Wenn Stanislawski mit den jungen Schauspielern die Arbeit an Shakespearestücken aufnahm, so wies er immer darauf hin, daß damit keine Aufführung inszeniert, sondern nur die Arbeitsmethodik an der Rolle erworben werden sollte.

An Shakespeares Dramen interessierten Stanislawski die Tiefe und die großartige Logik bei der Entwicklung von Handlung und menschlichen Leidenschaften.

164 Der weitere Textabdruck erfolgt nach dem Manuskript »Erstes Kennenlernen von Stück und Rolle« (Nr. 586). Die Ergänzungen zu diesem Abschnitt, die Stanislawski im Exposé (Nr. 585) vorgenommen hat, sind im veröffentlichten Text in Klammern gesetzt.

165 In beiden Exposés (Nr. 585 und 584) sah Stanislawski einen anderen Weg für den Beginn der Arbeit am Stück vor.

Im durchgestrichenen Text lautet der letzte Satz im Manuskript Nr. 585 ursprünglich so: »Wenn Sie das Stück kennen, dann spielen Sie's doch.« Darauf erwidern die Schüler, sie könnten es nicht spielen, da sie es nicht gut genug kennen. »Alles können Sie nicht, aber manches doch«, wendet Torzow darauf ein. »Das erste Bild beginnt beispielsweise damit, daß Rodrigo und Jago herauskommen. Können Sie etwa nicht herauskommen? Dann schlagen sie Alarm. Können Sie etwa nicht schreien?«

»Aber das ist doch kein Spielen.«

»Stimmt nicht. Was ich meine, bedeutet, dem Stück entsprechend zu handeln, wenn auch zunächst nur in seiner oberen Ebene. Aber es ist natürlich sehr schwierig, am schwierigsten fast, einfachste physische Aufgaben ordentlich auszuführen.«

Dieser Anfang deckt sich fast völlig mit dem Beginn des zweiten Abschnitts des hier abgedruckten Materials »Das Erschaffen des körperlichen Lebens« und ist von prinzipiellem Interesse, da Stanislawski weiteres künstlerisches Bemühen die Zweckmäßigkeit eines Herangehens an die Rolle von seiten des »körperlichen Lebens« bestätigte. Ausführlicher entwickelte Stanislawski das neue Herangehen an die Rolle einige Jahre später in seinem Manuskript »Die Arbeit an der Rolle (›Der Revisor‹)«, das im vorliegenden Band abgedruckt ist.

166 Georg Gottfried Gervinus (1805—1871) — bürgerlich-demokratischer Geschichtsschreiber und Literaturhistoriker, Verfasser einer grundlegenden Untersuchung über Shakespeare. (»Shakespeare«, 1849—1850, 4 Bände)

167 Stanislawski nennt hier einige einst beliebte Stücke, die zum Repertoire vieler hervorragender Gastschauspieler gehörten.

»Kean oder Unordnung und Genie« ist ein Drama in fünf Akten von Alexandre Dumas d. Ä.

»Louis XI.« ist eine Tragödie in fünf Akten von Casimir Delavigne (E. Rossis Repertoire).

»Der Sohn der Wildnis« ist ein Drama in fünf Akten von Friedrich Halm (T. Salvinis Repertoire).
»Don César de Bazan« ist ein Melodrama in fünf Akten von Dumanoir und d'Ennery.
168 Abneigung gegen Gymnasiallehrer, scholastische Unterrichtsmethoden und das Büffeln hatte Stanislawski schon von Kindheit an. Davon erzählt er sehr anschaulich in seinem Buch »Mein Leben in der Kunst«. Wenn es um Fragen der Kunstgeschichte, der Literatur und des Theaters ging, verlangte Stanislawski von den Pädagogen immer, die von den Schauspielern benötigten Kenntnisse anschaulich zu vermitteln.
169 Stanislawski hat immer wieder darauf hingewiesen, daß große Dramen in verschiedenen historischen Abschnitten jedesmal neu gelesen werden können und müssen, wobei, wie er behauptete, »die Interpretation eines Dramas und die Art seiner Realisierung auf der Bühne sind immer und unvermeidlich in gewissem Grade subjektiv und von persönlichen wie nationalen Eigenheiten des Regisseurs und des Schauspielers gefärbt«. (Vgl. »Die Kunst des Schauspielers und des Regisseurs«. (Ausgewählte Schriften, Bd. 2, Berlin 1988, S. 76)
Stanislawski meinte, veraltete »traditionelle« Urteile und ein enges, kommentierendes Behandeln großer klassischer Werke hindern den Schauspieler daran, das Wesen der zu schaffenden Gestalt als lebendige, handelnde Person aufzufassen. Ein Herangehen an klassische Werke ohne Voreingenommenheit und falsche Traditionen verteidigte Stanislawski in einem Brief an den französischen Kritiker L. Benard, der ihm vorgeworfen hatte, bei der »Othello«-Aufführung 1896 in der Gesellschaft für Kunst und Literatur von den allgemein üblichen Traditionen abgewichen zu sein. (Vgl. Stanislawski: Briefe, Berlin 1975, S. 54 ff.)
170 Stanislawski kannte Fälle augenblicklichen Erfassens von Gestalten aus seinen eigenen schauspielerischen Erfahrungen sowie auch aus denen I. M. Moskwins. Zu solchen Rollen zählte er Dr. Stockmann und Michael Kramer, die er selber gespielt hat.
Mit den beiden Schauspielern, »denen die Hauptrollen im neuen Stück vorbehalten waren«, meinte Stanislawski wahrscheinlich I. M. Moskwin in der Rolle des Arnold sowie sich selber in der Rolle Michael Kramers in G. Hauptmanns »Michael Kramer«, den das Moskauer Künstlertheater 1901 aufführte.
171 Im Manuskript Nr. 584 (Plan des Buches) hat Stanislawski diesen Gedanken ausführlicher dargelegt. Wir bringen hier die andere Lesart:
»Nicht selten rufen einfache Zufälligkeiten Voreingenommenheit hervor und bringen den Schauspieler dahin, Widerwillen gegen ein Stück zu empfinden. Ich wundere mich, daß das bei Wjunzow nicht geschah. Wie langweilig, ein Stück mit herausgerissenen Seiten lesen zu müssen! Was soll man dabei schon verstehen? Wenn er die Lücken durch eigene Ergänzungen ausgefüllt hat, kann man sich leicht vorstellen, was für ein Unsinn nach dem Lesen des ›Othello‹ in seinem Kopf entstanden ist, und ich wundere mich nicht, wenn er seine Rolle nicht mag. Das ist auch eine Voreingenommenheit. Ebenso bei Wesselowski, bei dem sich Reiseeindrücke mit Shakespeare vermischt haben und in das Stück hineinkamen. Wer findet heraus, was hier für ein Mischmasch entstand? Mit seinen Voraussetzungen hätte er den Rodrigo gut spielen können. Aber ich wundere mich nicht, wenn in ihm nach der ersten Bekanntschaft Widerwillen gegen den Unsinn entstand, der sich durch die zufällige Voreingenommenheit in seinem Kopf gebildet hat.
Hier haben wir eine neue Form der Voreingenommenheit, jedoch in der entgegengesetzten, für den Schauspieler positiven Richtung. Goworkow ist überzeugt, er allein könne bei uns Othello spielen. In Wirklichkeit aber hat er dazu keinerlei Voraussetzungen. Aber er hat die Rolle in einer nur ihm verständlichen Richtung auf seine Weise falsch und voreingenommen verstanden. So entstand die neue Voreingenommenheit in der Rolle und in sich selber. Wie oft bewirkt doch der Zufall Abneigung oder Begeisterung für passende bzw. unpassende Rollen. Schauspieler lehnen passende Rollen ab und übernehmen unpassende.«
172 »... Der Zufall, daß ein Regisseur herrliche und neuartige Arrangements und Inszenierungsideen entwirft, ... die ihm dann selber nicht gefallen«, ist Stanislawski während seiner Arbeit an Tschechows »Möwe« passiert. In »Mein Leben in der Kunst« erzählt er, daß die die Vorzüge des neuen Stückes nicht gleich begriffen und zu schätzen gewußt habe. (Vgl. Mein Leben in der Kunst, Berlin 1987, S. 246)
173 Wenn Stanislawski von den Vorteilen »guter literarischer Sachkenntnis« redet, denkt er an Regisseure, die es — wie W. I. Nemirowitsch-Dantschenko — ausgezeichnet verstanden haben, »ein Stück zu anatomisieren«, seinen »Kern«, seine Hauptsubstanz sowie seine kompositionelle Struktur und seinen

Stil zu finden. Über Nemirowitsch-Dantschenko schrieb Stanislawski: »Er verstand es, den Inhalt von Stücken so zu erzählen, daß sie interessant wirkten.« (Vgl. Mein Leben in der Kunst, a.a.O., S.246)
174 In spitzen Klammern steht hier, wie auch im weiteren, der Text, den Stanislawski in seinem Manuskript durchgestrichen hat, den wir jedoch abdrucken, um den Sinnzusammenhang herzustellen. Wahrscheinlich wollte Stanislawski den durchgestrichenen Text durch einen neuen ersetzen, hat dies aber nicht mehr getan.
175 Im Manuskript Nr. 585 hat dieser Unterabschnitt mit der Überschrift »Natürliches, intuitives Herangehen an Stück und Rolle« folgende Ergänzungen:
»... Viele, darunter auch Sie«, wandte er sich an Naswanow, »wünschen sich eine ›Inspiration‹, die gleich die ganze Rolle oder das Stück erfassen soll. Geschieht so ein Wunder, bleibt einem nichts weiter übrig, als jegliches ›System‹, jegliche Technik zu vergessen und sich der Natur hinzugeben.
In den allermeisten Fällen jedoch geht das Werk eines Dichters dem Schauspieler nicht gleich, sondern erst Stück für Stück ein ...
... Aber leider spürt der Schauspieler bei weitem nicht immer die einzelnen Stellen gleich richtig. Sehr häufig entstehen ärgerliche Mißverständnisse. Aber auch schlecht aufgenommene Eindrücke üben einen starken und entscheidenden Einfluß auf die weitere Arbeit und das Schaffen aus. Solche Irrtümer sind gefährlicher, weil sie nicht selten intuitiv und organisch entstehen. Gegen die Natur kommt man schwer an, und daher sind Diskrepanzen zwischen Schauspieler und Rolle unerwünscht. Um so mehr muß nach erstem Kennenlernen auf einzelne, ja selbst auf kleinste Lichtblicke in der Dunkelheit von Stück und Rolle geachtet werden.
Wir übersehen ja auch nicht die ›Lichtflecken‹ bei Ihnen in der Seele, die nach Ihrem mißglückten ersten Kennenlernen der Rolle an verschiedenen Stellen verstreut sind. Wer weiß, vielleicht stecken in ihnen Elemente der zukünftigen Seele, Körnchen echten Lebens der Rolle, oder vielleicht sind sie Ergebnis *schöpferischer Begeisterung*, die ja die beste, einfachste und natürlichste Art ist, an ein dramatisches Werk heranzugehen.«
176 Der Text in den eckigen Klammern stammt aus dem Exposé Nr. 584 und folgt hier gleich auf Naswanows Bericht. Laut Stanislawskis Vermerk am Ende dieses Fragments sollten noch Berichte anderer Schüler folgen, die jedoch nicht geschrieben wurden.
177 Die Worte in Klammern hat Stanislawski in den Text desselben Satzes im Manuskript Nr. 586, Bl. 54, eingefügt.
178 In eckigen Klammern steht der Text aus dem Exposé Nr. 585, der den vorangegangenen Text fortsetzt. Das bestätigt die Numerierung der Paragraphen am Rand dieser Manuskripte.
Manuskript Nr. 584 enthält folgende Weiterentwicklung von Stanislawskis Gedanken:
»Das alles kennt unsere weise Natur, und an uns liegt es, sie in ihrer wunderwirkenden Arbeit nicht zu stören. Die alten Schauspieler haben das begriffen und sich darum gekümmert, ihre schöpferische Begeisterung zu schaffen und zu schützen. Man hat mir erzählt, die Fedotowa hätte niemandem erlaubt, in ihrer Gegenwart von einem Stück, in dem sie mitspielen sollte, schlecht zu reden. Einen ihrer Gäste, der sich dieser Regel nicht fügen wollte, hätte sie gebeten, das Haus zu verlassen.«
Der weitere Textabdruck erfolgt nach Manuskript Nr. 589, einer Fortsetzung des Manuskripts Nr. 586.
179 Im Manuskript Nr. 584 beginnt dieser Unterabschnitt anders. Bevor Torzow das Stück nochmals lesen läßt, erzählt er den Studenten, wann und unter welchen Umständen »selbst Shakespeare eines seiner genialen Stücke geschrieben hat«, um so eine »künstlerischere Atmosphäre« zu schaffen.
180 Das Exposé Nr. 584 enthält noch nachstehenden Text, der die hier dargelegten Gedanken ergänzt und weiterentwickelt:
»... Erste Aufgabe eines jeden Schauspielers ist es also, alle Schönheiten eines dichterischen Werkes sichtbar zu machen. Dazu müssen sich jedoch vor allem die Zuhörer in dem Stück auskennen. Daher gilt es, den Handlungsstrang, der an sich schon interessant ist, klar und folgerichtig wiederzugeben. Die Ereignisse müssen in logischer und folgerichtiger Ordnung ablaufen und einander abwechseln. Von ihnen hängt ja nicht selten Denken und Erleben ab. Oder es ist auch so, daß Fakten und Ereignisse aus Denken und Erleben hervorgehen. Auch dieser Zusammenhang ist wichtig für die Eigenart eines Stückes und sollte möglichst deutlich gezeigt werden. Dasselbe gilt auch für die Stellungen auf der Bühne, für überraschende Expositionsarten, effektvolle Enthüllungen der inneren Entwicklungslinie und einzelne Höhepunkte, die vom Autor gut vorbereitet und dargeboten werden müssen, oder deren Stärke darin liegt, daß

sie unerwartet kommen. Auch sie gehören zur allgemeinen Architektur des Stückes, und all das muß beim ersten Lesen gut herausgearbeitet werden. Einzelne Details des Stückes müssen ebenfalls vom Vorleser hervorgehoben werden. Charakteristische Sätze und Wörter, die für Rolle, Gedanken und Handlung typisch sind und die Lebensweise wie auch die Mentalität gut kennzeichnen, müssen den Zuhörern nahegebracht werden. All das sollte nicht allzu sehr unterstrichen und noch viel weniger aufgedrängt werden. Aber verstümmelt werden sollte es auch nicht.

Die innere Linie der Beziehungen zwischen den einzelnen handelnden Personen ist außerordentlich wichtig und muß klar herausgearbeitet werden. Jedoch nicht so, wie sie sich der Vorleser auf Grund seiner individuellen Besonderheiten denkt, sondern so, wie sie beim Autor abgefaßt ist. Viele Zuhörer erfassen den Ort der Handlung und die Lebensbedingungen eines Stückes nicht so schnell und können sich darin nicht so rasch orientieren. Daher haben sie Mühe, während des Vorlesens Zugang zu den handelnden Personen zu finden und sie zu erkennen. Das muß der Vorleser beachten und muß in dieser Hinsicht seinen Zuhörern helfen. Denn wenn sie nicht verstehen, wer was zu wem sagt, wo sich die handelnden Personen befinden und warum, werden sie die komplizierten Fäden des Stückes und die Beziehungen der Rollen zueinander wohl kaum erfassen und begreifen.

Mit Ausnahme der einfachsten Stücke erfassen die Zuhörer in den allermeisten Fällen nicht gleich all die vielen und zuweilen sehr komplizierten und unübersichtlichen Fäden eines Stückes. Man muß ihnen helfen, diesen Knäuel zu entwirren. Bei Stücken, deren Intrige auf dem äußeren Handlungsstrang beruht, ist das leichter. Schwieriger, aber dafür notwendiger ist es, den Zuhörern dabei zu helfen, die verworrenen Fäden der psychologischen Linie komplizierter Stücke zu durchschauen.

Ich bilde mir natürlich nicht ein, meine Zuhörer beim ersten Lesen gleich dahin bringen zu können, den Kern, das Wesen und die Überaufgabe eines Stückes sofort zu begreifen, wiederzugeben, sich daran zu entzünden und die durchgehende Handlung in sich erregen zu lassen. Zufälle, Glücksumstände und Übereinstimmungen können ein solches sofortiges Begreifen beschleunigen. Regeln lassen sich nicht darauf aufbauen.

Welche Ergebnisse sind beim ersten Kennenlernen eines Stückes zu erwarten? Vielleicht begeistern sich die Schauspieler für das Stück oder einen Teil davon, vielleicht verstehen und empfinden sie es nach ihrem Geschmack, nach den Eigenarten ihrer Natur und spüren Verwandtschaft. Natürlich kann ihre Intuition auch in die falsche Richtung gehen, und dann muß wieder daran gearbeitet werden, die falsche Linie in Ordnung zu bringen. Aber davor sollten wir keine Angst haben. Die natürlichen Eigenschaften und Neigungen der Schauspieler müssen für die zu spielenden Rollen selbstverständlich bekannt sein.

Worauf rechnet also der Vorleser beim ersten Lesen eines Stückes? Auf das Bewußtsein? Natürlich ist das von großer Bedeutung und nicht zu trennen vom anderen Teil der Eigenart der Schauspieler, die sich das Stück anhören. Aber auch auf ihre Empfindungen beim ersten Kennenlernen. Bewußtes Herangehen liegt stets in unserer Macht. Das verläßt uns nicht. Ich habe nur Angst, es dringt vorzeitig ein und überschattet andere, wichtigere und feinere schöpferische Wege und Methoden, die auf der emotionalen und intuitiven Feinfühligkeit echter Schauspieler, auf der Schärfe ihres Vorstellungsvermögens und unterbewußter Empfänglichkeit sowie auf ihrer künstlerischen Erregbarkeit für die Perlen dichterischer Werke beruhen. Ich rechne immer darauf, daß die Schauspieler auf Grund ihres persönlichen und individuellen Geschmacks auf ihre Weise und in Übereinstimmung mit ihrer Individualität ein Stück empfinden, spüren und erahnen. Ich setze auf die natürliche, unmittelbare, jedoch unbedingt selbständige, intuitive, organische, natürliche Aufnahme des ersten Eindrucks.

Wie Sie wissen, wird gerade so ein Schaffen in unserer Kunst am meisten geschätzt.«

181 In eckigen Klammern steht der zusätzliche Text aus dem Exposé Nr. 585.
182 Im Manuskript folgt dann nachstehender unvollendeter Text, den wir bei der Veröffentlichung ausgelassen haben: »Diese Rolle bekam Schustow, und hier ist das Verzeichnis der aufeinanderfolgenden Fakten, die die Fabel des Stücks ausmachen und die ich so aufgeschrieben habe, wie Pascha sie mir genannt hat.« Dann folgt der Bleistiftvermerk »Fakten der Fabel aus dem Stück herausschreiben«, was Stanislawski allerdings nicht getan hat. In eckigen Klammern folgt darauf der Text aus dem Manuskript Nr. 584, der diese Lücke bis zu einem gewissen Grade ausfüllt und ein Verzeichnis der Umstände enthält, ohne die »das Stück nichts ist«.

In seiner praktischen Arbeit benutzte Stanislawski als erstes Moment zur Analyse eines Stückes die eine wie auch die andere Methode. das heißt die Wiedergabe der Fabel auf Grund der Fakten und das

Verzeichnis der Fakten und Umstände, die den dramaturgischen Kern bzw. den Grundstock eines Werkes bilden.
183   Der Textabdruck erfolgt bei diesem Abschnitt nach Manuskript Nr. 589. Die Ergänzungen zum Text (in eckigen Klammern) stammen aus dem Exposé Nr. 585.
184   Eine solche Methode für die Arbeit an der Rolle ist kennzeichnend für Stanislawskis Praxis als Regisseur und Pädagoge in seinen letzten Lebensjahren. Später wurde sie bekannt als »Methode der physischen Handlungen« (eine nur bedingte Bezeichnung, auf der Stanislawski nicht bestand).
185   Aus den Erfahrungen bei der Arbeit mit Schauspielern ist Stanislawski später zu dem Schluß gekommen, daß das exakte Festlegen der Dekorationen bei den ersten Proben keineswegs unbedingt erforderlich, sondern sogar unerwünscht sei. Stanislawski verlangte von den Schauspielern, sie müßten bei den Anfangsproben so zu handeln verstehen, daß sie sich an jede reale Umgebung anpassen könnten und nicht schon im vorgestellten Raum der künftigen Dekorationen zu agieren sich zwängen, statt unter den konkreten Bedingungen des Raumes, in dem die Probe stattfand.
   Torzows Bemerkung, der Schauspieler solle keine Arrangements unter Berücksichtigung des Publikums aufbauen, konnte nur auf die Bühnenproben zutreffen, bei denen die äußere Form der Aufführung zu klären war, auf keinen Fall jedoch auf die Anfangsproben, bei denen die Stellung der Schauspieler im Probenraum von der Art des Wechselspiels mit den Partnern bestimmt wird.
   Wenn Stanislawski merkte, daß die Schauspieler bei den Proben allzu eifrig zum Regisseur hin spielten, protestierte er stets gegen diese Selbstdarstellung, indem er sich manchmal an die entgegengesetzte Wand des Probenraumes setzte, um die Schauspieler davon abzubringen, sich nach dem Publikum » zu orientieren«.
   Das hieß jedoch nicht, daß er die Bedeutung des Arrangements bei einer Aufführung unterschätzt hätte. Im Gegenteil, in der letzten Zeit seiner Tätigkeit führte er einen speziellen Zyklus von Übungen zur Entwicklung des Gefühls für die Arrangements in das schauspielerische Übungssystem ein.
186   Bei den ersten Proben ließ Stanislawski die Schauspieler immer die Mittel und Gegenstände benutzen, die sie gerade zur Hand hatten. Die Schauspieler sollten sich nicht in das Venedig des 16. Jahrhunderts versetzen, sondern sich vor allem als real existierende Menschen fühlen, die im eigenen Namen »hier und heute« (und nicht »irgendwo und irgendwann«) im Stück agierten. Erst allmählich sollten sie sich mit den vorgeschlagenen Lebensumständen der Venezianer aus der Zeit der Renaissance umgeben.
187   Stanislawski wollte eigentlich den hier noch nicht abgeschlossenen Gedanken weiterentwickeln und zu Ende führen. Das ergibt sich aus dem von uns weggelassenen Satzanfang »In der Tat ... (abschließen)«.
188   Stanislawski benutzt hier den Begriff »Klischee« im Sinne der Durchsetzung positiver Fertigkeiten und Gewohnheiten.
   Die Gewohnheit, »alle Aufgaben der Rollenpartitur, die durchgehende Handlung und die Überaufgabe« vor Beginn einer Aufführung »noch einmal durchzusehen und aufzufrischen«, die Fähigkeit des »richtigen und echten inneren Mitgehen« widersprechen ja eigentlich grundsätzlich handwerkelnder Schauspielerei, die sich auf Schablonen im direkten Sinne des Wortes stützt.
189   In Anführungsstrichen steht ein Zitat aus dem Monolog von Boris Godunow im 7. Bild von Puschkins gleichnamigem Stück.
190   Dieses Beispiel veranschaulicht Stanislawskis Gedanken, daß Arrangements im vorläufigen Regieplan noch nicht endgültig festgelegt werden können. Die Form der Aufführung wird auf Grund gemeinsamer Arbeit von Regisseur und Schauspielern gefunden und hängt — wie ja auch im vorliegenden Falle — häufig von den individuellen Qualitäten der Schauspieler ab.
   Stanislawski war geneigt, dasjenige Arrangement für das beste und überzeugendste anzusehen, das sich auf natürliche Weise aus dem lebendigen Wechselspiel zwischen den Schauspielern und während der Probenarbeit auf der Bühne ergab.
191   Eine Variante desselben Textes (Nr. 587) enthält folgende andre Lesart: Auf Goworkows Einwand, er könne sich nicht alle Gedanken des Autors in ihrer logischen Reihenfolge merken, schlägt Torzow vor, den Text des ersten Bildes nochmals zu lesen. »Sie«, wendet er sich an seine Studenten, »werden dann die Gedanken notieren, und unser Chronist wird sie in ihrer Reihenfolge niederschreiben.«
   Arkadi Nikolajewitsch begann mit dem Lesen der Szene, die Studenten unterbrachen ihn, wenn ein Gedanke zu Ende ging und ein anderer begann.

192 Amati, eine berühmte Geigenbauerfamilie, lebte im 16. und 17. Jahrhundert in Cremona (Italien). Die von ihr hergestellten Instrumente, deren Qualität bisher unübertroffen ist, stellen gegenwärtig antiquarische Raritäten dar.

193 Um es nicht zum mechanischen Auswendiglernen des Autorentextes kommen zu lassen und um das Wort zum Werkzeug für das Handeln auf der Bühne zu machen, benutzte Stanislawski in seinen letzten Lebensjahren immer häufiger die hier genannte Methode: die erste Etappe der Probenarbeit baute er so auf, daß die Schauspieler allmählich von eigenen Worten auf Grund der Autorengedanken zum Autorentext selber übergingen. Die Schauspieler sollten die Worte der Rolle erst dann bekommen, wenn sich die Logik der zu vollziehenden Handlungen gefestigt hatte und sie die Worte brauchten, um die Handlungen auszuführen.

Die Erfahrungen zeigten jedoch, daß bei allzu langem und mehrfachem Wiederholen eigener Texte auf den Proben der Autorentext zu sehr mit eigenem Text überladen und der Augenblick verpaßt werden konnte, in dem die eigenen Worte durch die des Autors verdrängt werden mußten.

Bis an sein Lebensende forschte und suchte Stanislawski zu klären, wann bei der Arbeit an der Rolle zum Autorentext überzugehen war.

194 Stanislawski wollte unbedingt das Wort »Statist« aus der Theatersprache streichen, da er es als Zubehör des handwerkelnden Theaters betrachtete. Er ersetzte es durch das Wort »Mitarbeiter«. Wir übersetzen es in der Regel mit »Kleindarsteller«.

Charakteristisch ist, daß Stanislawski einwandfreies Arbeiten »einfacher Mitarbeiter« gern zeigte und damit auf die künftigen Schauspieler einzuwirken suchte.

195 Nach diesen Worten folgt im Manuskript eine freie Seite mit Stanislawskis Vermerk »Liste zu Ende schreiben«.

196 Die Begriffe *Aufgaben und Handlungen* stehen hier nebeneinander, als sollten sie sich ergänzen. Später hat es Stanislawski immer vermieden, die Rolle in kleine Aufgaben aufzuteilen und hat seine Aufmerksamkeit immer mehr auf die genaue Festlegung und Ausführung der Handlungen konzentriert. Vorrangig hat er die Schauspieler nicht — wie früher — an einer nebligen Abfolge von Willensaufgaben (von Wünschen) orientiert, sondern an der logischen Abfolge von Handlungen, die er als das vollkommenste Mittel ansah, um auch in das psychische Leben der Rolle einzudringen und ihr die Struktur zu geben.

Bei den *Anpassungen* (das heißt bei dem, *wie* die Handlungen ausgeführt werden) wollte Stanislawski, daß sie immer bis zu einem gewissen Grade Improvisationen sind bzw. »Halbimprovisationen«, wie er sie gewöhnlich nannte. Um sie nicht schablonenhaft werden zu lassen, schlug er auf den Proben immer vor, die Logik der auszuführenden Handlungen zu festigen und sich in der Fähigkeit zu üben, den »Drang« zum Handeln hervorzurufen.

197 Hier endet das Manuskript Nr. 589. Der weitere Textabdruck erfolgt nach dem Manuskript Nr. 585, einer direkten Fortsetzung des vorangegangenen Textes. Das bestätigt auch die textliche Übereinstimmung zwischen dem Schluß des Manuskripts Nr. 589 und dem Satz, der dem nachstehend veröffentlichten Text vorangeht sowie die fortlaufende Numerierung der Paragraphen nach Manuskript Nr. 589.

198 Dieser Gedanke fand später einen exakteren Ausdruck. Stanislawski betrachtete die physische Handlung und die psychologische Handlung immer als zwei Seiten ein und desselben Prozesses: der psychophysischen Handlung.

199 Viele der in diesem Abschnitt behandelten Arbeitsmethoden, wie ja auch die Überschrift selber, »Das Begreifen von Stück und Rolle (Analyse)«, stammen aus einer frühen Fassung des Manuskripts »Die Arbeit an der Rolle (›Verstand schafft Leiden‹)«.

Im vorliegenden Manuskript ist dieser Abschnitt nicht ganz gerechtfertigt. Kennenlernen und Analyse erfolgten bereits teilweise in den vorangegangenen Etappen des Studiums von Stück und Rollen, besonders aber beim Erschaffen des »körperlichen Lebens« der Rolle.

Die gegenwärtige dritte Arbeitsetappe an der Rolle enthält nur weitere zusätzliche Methoden zur Analyse von Stück und Rolle, die die bereits früher geleistete Arbeit vertiefen.

200 In eckigen Klammern folgt dann der Text aus dem Manuskript Nr. 587. Er gelangt in den Text des Manuskripts Nr. 585 auf Grund der Numerierung, die Stanislawski in dem einen und dem anderen Manuskript vorgenommen hat. Sie bestimmen die Anordnung der zum Beginn des Abschnitts über die Analyse gehörenden Texte.

201 Der weitere Abdruck erfolgt nach dem Manuskript Nr. 585. Wir betrachten diesen Text als Fort-

setzung des in eckigen Klammern stehenden Textes, und zwar auf Grund der Numerierung, die Stanislawski auf den Rändern beider Manuskripte vorgenommen hat.

Den ersten Satz, der nicht mit dem vorangegangenen Text in Verbindung steht, lassen wir aus, da Stanislawski — wie aus Randbemerkungen im Manuskript hervorgeht — den Anfang überarbeiten wollte.

202   Im Manuskript Nr. 584 hat Stanislawski bei dieser Frage am Rand folgendes notiert: »Klären, was Assoziation und Reflex ist. Meiner Meinung nach ist das Lesen und wohl auch das Gespräch (die unmittelbare Annäherung auf Grund des Nebeneinanders bzw. der Ähnlichkeit von eigenem Erleben und dem Erleben der Rolle) Assoziation, während das körperliche Leben Reflex ist.«

203   Der Abdruck des folgenden Textfragments erfolgt nach dem Manuskript Nr. 585.

204   Dazu sagt Stanislawski an einer anderen Stelle des Manuskripts Nr. 585 folgendes:

»Alle Funktionen der Analyse, all ihre technischen Methoden zum Erfassen und Herangehen an die Rolle werden Ihnen zur gegebenen Zeit in der Praxis vorgeführt. Jetzt gleich ist das aus verschiedenen Gründen nicht möglich. Erstens, weil uns das zu lange an einer Stelle aufhalten würde, ich es jedoch für wichtig erachte, daß Sie die gesamte Arbeit an der Rolle, und sei es nur in allgemeinen Zügen, recht bald erfassen. Der zweite Grund ist, daß ein allzu detailliertes Kennenlernen aller technischen Methoden die Sache unnötigerweise erschwert, Ihnen den Kopf verkeilt, das Stück verflacht, es nicht zur Geltung kommen läßt und Ihre Aufmerksamkeit nach einer Richtung hin überlastet. Der dritte Grund ist der, daß ein und dieselbe Arbeit nach längerer Zeit langweilig werden kann, unsere Sache aber muß man freudig studieren.

Alle diese Gründe veranlassen mich, die einzelnen technischen Analysemethoden nicht gleich auf einmal durchzunehmen, sondern während der praktischen Arbeit am Stück, das heißt, die eine Methode bei der Besprechung der einen Szene zu benutzen, die andere bei der Durchnahme der anderen, die dritte bei der Analyse der dritten Szene usw.«

In seiner Regisseurpraxis hat Stanislawski zu verschiedenen Zeiten alle von ihm genannten Analysemethoden angewandt und jedesmal diejenige benutzt, die sich aus künstlerischer Notwendigkeit und praktischen Erfordernissen ergab. Die Reihenfolge ihrer Anwendung in der Arbeit mit den Schauspielern hat sich ständig geändert.

Der weitere Textabdruck erfolgt nach Manuskript Nr. 587.

Zum besseren Verständnis des fragmentarischen und häufig konspektartigen Textes benutzen wir Zwischenüberschriften für die verschiedenen Methoden der Stückanalyse.

Sie alle stützen sich auf das Verzeichnis der Methoden zur Stückanalyse aus dem vorangegangenen Textfragment sowie aus dem Exposé des Manuskripts Nr. 587, Titelblatt.

205   Stanislawski hat diese Seite nicht zu Ende geschrieben. Die von uns weggelassenen Worte »Da ist sie, die Liste ...« weisen darauf hin, daß Stanislawski bei der endgültigen Abfassung seines Manuskripts ein Beispiel für Exzerpte aus Stücken geben wollte.

Das Manuskript Nr. 585 enthält Andeutungen, daß die Sache mit den Exzerpten aus Stücken weiterentwickelt werden sollte. So finden wir im Manuskript beispielsweise folgenden Beginn eines neuen Gesprächs Torzows mit den Schülern:

»Arkadi Nikolajewitsch hat die Liste bestätigt, jedoch die Notizen nach ... einzelnen Rubriken aussortieren lassen. ›Das verhilft Ihnen zum besseren Verständnis, wie sich ein Stück nach Schichten aufgliedern läßt ...‹«

Wir bringen nachstehend ein Textfragment zur gleichen Frage aus dem Manuskript Nr. 588:

. . . . 19 . .

»Aus dem beim ersten Kennenlernen der Rolle Gesagten wird klar, daß der Autor vieles unerwähnt läßt, was er denkt, fühlt, innerlich hört und vor seinem geistigen Auge sieht. Jedoch einiges kommentiert er entweder mit den Worten der handelnden Personen oder aber in seinen Regieanweisungen. Diese seine Worte und Anweisungen müssen wir kennen, fühlen und verstehen und sie in unserer Vorstellung über das Spielen der einzelnen Rollen und die Aufführung des Stückes mitverarbeiten.

Dazu lesen wir nochmals das gesamte Stück und machen uns Auszüge über unsere und die fremden Rollen sowie auch über die Wünsche des Autors hinsichtlich der Aufführung.

Ich werde lesen, und Sie notieren sich alles, was Ihnen als notwendig erscheint für unsere neue Aufgabe, den Wunsch des Autors zu erkennen.

Wieder wurde der Text der ersten Szene gelesen ...

Es wurde darüber gesprochen, wie die Notizen gemacht werden sollen.

Zum Beispiel sagt Jago über Othello: ›Ich hasse den Mohren.‹ Sollen wir lediglich diese Worte notieren oder wollen wir auch wissen und uns Gedanken darüber machen, warum Jago Othello haßt und wofür? Das Letztere ist wichtiger. Also notieren Sie es auch so ...«
Außerdem befindet sich im Stanislawski-Archiv ein Manuskript mit Auszügen aus dem Stück und Notizen zur Jago-Rolle (Nr. 592). Teilweise hat Stanislawski die Notizen selber gemacht, teilweise aber auch I. K. Alexejew diktiert. Sie betreffen die beiden ersten Akte der Tragödie und enthalten Hinweise auf bestimmte Seiten und Textzeilen (W. Shakespeare: »Othello«, ins Russische übersetzt von P. Weinberg, Moskva—Petersburg 1923).
Zum ersten Bild liegen folgende Stichpunkte vor:
»Jago — Rodrigos Kamerad und Freund. Haudegen, haßt die Kriegswissenschaft. Alarmszene — guter Regisseur. Seine Äußerungen gegenüber Brabantio sind Zynismus und Verachtung. Sein gesamtes Verhältnis zu Rodrigo ist Heuchelei. Ende des Bildes — Fähigkeit zum Entwischen.«
Stichpunkte zum zweiten Bild des ersten Aktes:
»Das ganze Bild — hündische Ergebenheit. Larve der Ergebenheit. Beginn des Bildes — Anspielungen auf Rodrigo — Heuchelei. Hält Othello auf, um ihn mit Brabantio zusammenstoßen zu lassen (guter Regisseur). Desdemona wird [in den Senat] gebracht — Amme.«
Zum dritten Bild:
»Ganze Szene mit Rodrigo — alter Kamerad. Mut machen. Beginn des Monologs — Menschenverachtung. [Im Monolog] — eifersüchtig. Ende des Monologs und Ende des Bildes: ›beschaffe Geld ...‹ — Erpressung.«
Zum zweiten Akt:
»Zyniker — Spaßvogel (scherzhafter Streit mit der eigenen Frau). Scherze, um die Soldaten bei Laune zu halten. Guter Regisseur. Haß gegen Cassio und Verachtung. Haß gegen Othello. Schachspieler, Katze, die sich das Maul leckt, weil sie eine Maus fangen kann.
Vorbereitung des Streits zwischen Rodrigo und Cassio — guter Regisseur. Rodrigos Freund. Verachtung, fast Ekel gegenüber Rodrigo. Verachtung sogar gegenüber Othello, die aber in Eigenliebe übergeht (Intrigenschauspieler). Schelmerei, guter Kamerad Cassios. Säufer, Witzbold. Guter Regisseur. Intrigenschauspieler. Larve der Freundschaft gegenüber Cassio. Hinwendung zu Rodrigo — guter Regisseur. Heuchelei. Auskosten von Situationen.«
Auf Grund dieser Auszüge stellt Stanislawski ein Verzeichnis der Eigenschaften Jagos auf und teilt es in vier Gruppen ein.
In der ersten zählt er Jagos äußere zur Schau getragene Charakterzüge auf (wie ihn seine Umgebung sieht):
»Larve der Freundschaft. Hündische Ergebenheit. Amme. Kameradschaftlichkeit. Haudegen. Saufbruder und Krakeeler. Larve der Gutmütigkeit. Zynismus — Spaßvogel.«
Die zweite Gruppe enthält Jagos Talente:
»Guter Regisseur. Intrigenschauspieler. Schachspieler. Weiß sich zu helfen.«
Die letzten beiden Gruppen beschreiben seine Mängel und Laster:
»Heuchelei. Menschenverachtung. Erpressung. Zynismus. Kleinliche Eigenliebe. Neid. Übelnehmerisch. Eifersucht. Haß.«
Diese Stichpunkte zur Jago-Rolle veranschaulichen, was Stanislawski mit Exzerpten aus dem Text des Stückes nach Rollen meinte.
Eine noch ausführlichere Charakteristik Jagos enthält ein Manuskript, das unter den Materialien zum Regieplan »Othello« aufgefunden wurde (Nr. 6209/2). Hier ist auch die Linie für die Jago-Rolle festgelegt. Sie umfaßt die Ereignisse der beiden ersten Akte. Stanislawski beschränkt sich dabei nicht nur auf das, was ihm der Autor liefert, sondern rekonstruiert auch noch das Leben der Rolle zwischen den szenischen Episoden. Wir bringen nachstehend die Stichpunkte zur Linie der Jago-Rolle:
»6 Uhr abends. Othello zu Hochzeit. Jago erfährt es und will die Stadt mobilisieren. Benachrichtigt Rodrigo. Fährt zu Brabantio. Macht Skandal. Eilt zu Othello.
9 Uhr abends. Othello kehrt mit Blumen zurück. Jago findet Othello und hält ihn bis zu Brabantios Ankunft auf. Cassio kommt. Wird in den Senat bestellt. Brabantio kommt. Skandal, Fahrt zum Senat.
12 Uhr nachts. Senatssitzung. Boten. Othello kommt. Brabantio kommt. Neue Komplikation. Othellos Rede. Desdemona wird gebracht. Sache geschlichtet. Ernennung Othellos zum Oberkommandierenden.

Ende der Sitzung. Othello und Desdemona werden verabschiedet. Unterweisung Rodrigos. Erpressung. Erster allgemeiner Racheplan (Regisseur). Warten auf Papiere und Geld.

Nacht. Othellos Abreise, Desdemonas Reisevorbereitungen. Die Amme. Desdemonas und Jagos Abreise.

2—3 Tage. Seereise. Sturm. Amme. Auf dem Schiff ist er die Hauptperson. Dem Schiffbruch noch entronnen. Macht den Passagieren Mut und belustigt die Damen. Ist tapfer.

Nacht. Alles schaukelt es durcheinander. Außer Jago. Ankunft. Enttäuschung: Othello ist nicht da. Warten. Jago macht den anderen Mut — Spaßvogel. Begegnung mit Cassio. — wieder innerer Aufruhr. Jago als Regisseur malt sich Cassios Rolle in seiner Inszenierung aus.

5 Uhr morgens. Othellos Ankunft. Begegnung, Parade. Keine Zeit verlieren, solange die Insel in Erregung ist. Regisseur, bereitet Rodrigo vor. Allein. Stellt Aktionsplan auf und geht ihn in Gedanken durch. Den ganzen Tag. Intrigiert an allen Enden und verbreitet Gerüchte. Bringt selber und durch andere die Insel in Erregung.

9.30 Uhr abends. Bald Beginn. Cassio betrunken machen. Kleinen Schmaus vorbereiten. Offiziere von der Insel einladen. Alle betrunken machen. Regisseur. Krakeeler. Montano vorbereiten: Cassio — Säufer. Larve der Liebe gegenüber Cassio.

12 Uhr nachts. Schickt Rodrigo, um einen Streit mit Cassio vom Zaune zu brechen. Skandal, Prügelei; es läutet. Aufstand der Inselbewohner. Othello kommt. Besänftigt die Menschenmenge. Gerichtsverhandlung. Cassios Rücktritt. Othello geht.

3 Uhr nachts. Jago tröstet Cassio, verbindet die Wunde. Allein. Freut sich über seine Geschicklichkeit und ist gespannt auf den weiteren Verlauf der Intrige. Unterstützt Rodrigos Hoffnungen ...«

Der weitere Textabdruck erfolgt nach dem Manuskript Nr. 585. Das ergibt sich aus Stanislawskis Numerierung an den Rändern der Manuskripte.

206   Die Methode, beim Träumen die Phantasie durch Fragen anzuregen, beschreibt K. S. Stanislawski in der »Arbeit des Schauspielers an sich selbst« (vgl. a. a. O., Teil 1, Berlin 1961, S. 81 f.).

207   Im Juli 1902 besuchte Stanislawski Aufführungen von Wagner-Opern im Bayreuther Festspielhaus. Er sah »Parzifal« und den »Fliegenden Holländer«. Cosima Wagner gab ihm Einblicke in die Bühnentechnik.

Im Manuskript folgt nachstehender, von uns ausgelassener Satz: »Der Mechanismus dieses Effekts ist nicht kompliziert« sowie Stanislawskis Hinweis: »Den Rest aus den szenischen Arrangements nehmen«, das heißt aus dem Regieplan zu »Othello«.

Dieser enthält folgende Beschreibung des Effekts:

»Als ich auf der Bühne stand, sah ich, wie sich in den Schiffen ungefähr zwölf Mann aufstellen und sie in verschiedene Richtungen drängen, indem sie im Schiffsrumpf gehen. Das Wasser verbirgt die sich bewegenden Räder, und zwar wird das so gemacht: Über die ganze Bühne breitet man einen riesigen (weichen) Sack aus Leinwand oder anderem feinen Stoff aus. Er ist mit einer Masse imprägniert, die Luft schlecht (oder überhaupt nicht) durchläßt. Von zwei Seiten der Bühne aus führen Guttaperchaschläuche in diesen Sack und befördern Luft aus großen Ventilatoren, die unterhalb der Bühne angebracht sind. (Es wurden Wellen gebraucht. Während also der eine Ventilator, der rechte beispielsweise, Luft einblies, die dann nach links strömte und Wellen im Stoff bildete, saugte der linke Ventilator das heranströmende Luftgeriesel wieder ein.)

Wir brauchen keine Wellen, und daher reicht es, daß der Sack ständig aus mehreren Ventilatoren mit Luft gefüllt wird. Es ist nicht so schlimm, wenn der Stoff, der das Wasser darstellen soll, etwas Luft durchläßt. Die wird ja die ganze Zeit mit den Ventilatoren nachgefüllt. Wir brauchen das nicht für irgendwelche realistischen Effekte, sondern nur, um den unteren Teil der Gondel mit den Rädern zu verdecken.

Noch ein kleines Detail, das seinerzeit eine entsprechende Stimmung vermittelte. Das eine Ruder, das der Gondoliere benutzt, soll aus Blech und innen hohl sein, um es mit Wasser füllen zu können. Beim Bewegen des Ruders läuft das Wasser hin und her und bewirkt jenes Plätschern, das so charakteristisch für Venedig ist.«

Nach diesem Exkurs in die Bühneneffekte wollte Stanislawski allem Anschein nach den Schülern weitere Fragen stellen, was aus seinem Hinweis »Analoge Fragen« am Rande der folgenden unbeschriebenen Manuskriptseite hervorgeht.

208   Die folgenden fünf Paragraphen im Manuskript enthalten konspektartig das, was im weiteren aus-

führlicher besprochen wird (Gegenwart, Vergangenheit und Zukunft des Stückes, Rechtfertigen der Tatsachen). Es sind Textabschnitte, die Stanislawski aus der ursprünglichen Fassung seines Werkes über die Arbeit des Schauspielers an der Rolle anhand von »Verstand schafft Leiden« nach hier übernommen hat. Sie sind an die Manuskripte Nr. 587 und 588 angeheftet und weisen nur geringe Autorenkorrekturen auf. Um Textwiederholungen zu vermeiden, haben wir sie nicht mit in den publizierten Grundtext aufgenommen.

Der weitere Textabdruck erfolgt nach Manuskript Nr. 588, einer Fortsetzung des Manuskripts Nr. 587 (das Titelblatt trägt Stanislawskis Vermerk *»Analyse«* [Fortsetzung]).

209   Eleonora Duse spielte in der »Kameliendame« von A. Dumas d. J. die Rolle der Marguerite Gautier.

210   Es folgt der von uns ausgelassene Satz: »Fangen wir ganz von vorn an« und der Vermerk »Mein szenisches Arrangement des ersten Aktes von ›Othello‹.« Allem Anschein nach wollte Stanislawski hier die in seinem Regieplan beschriebene Vergangenheit der handelnden Personen im »Othello« behandeln, jedoch gab er wegen der weiteren Darlegung der Arbeit am Stück seine ursprüngliche Absicht auf und benutzte das »szenische Arrangement«, das heißt den Regieplan des ersten Bildes von »Othello« für den Schlußteil seines Manuskripts.

Der Abdruck des Textes in den eckigen Klammern erfolgt nach dem Manuskript Nr. 589. Stanislawski wollte eigentlich diesen Text vor das Gespräch über das Stück setzen. Das bestätigen auch seine Vermerke im Manuskript und die Hinweise im Exposé (Nr. 584), das folgende Variante desselben Textes enthält.

»Es muß geschimpft, gestritten und protestiert werden. Auch das ist ein ausgezeichneter Weg zur Erregung der Begeisterung, zum Sichhineinversetzen und zum Eindringen in die Tiefe des Stückes, wohin nicht das Denken gelangt, sondern nur das Gefühl. Sich begeistern zu können ist eine Fähigkeit, ein Talent.«

»Aber Sie haben uns doch verboten, zu reden, zu lauschen und Meinungen auszutauschen«, [erinnerte] Goworkow.

»Im Gegenteil, ich habe Sie ersucht, das recht viel und recht häufig zu tun, jedoch unter einer Bedingung: sich nicht unnötigerweise fremden Meinungen zu fügen und sich nicht in Streitgesprächen zu verlieren. Jetzt, da wir gewisse Momente empfunden haben, die Sie dem Stück näherbringen, haben Sie etwas, woran Sie sich halten und was Sie aus Eigenem verteidigen können. Da sich Ihre eigene Meinung noch nicht gefestigt hat und Sie noch nicht in der Lage sind, sie zu verteidigen, sind Iwan Platonowitsch und ich auch noch bestrebt, die Individualität eines jeden einzelnen zu verstehen, stehen wir auf Wacht und schützen sie. Zunächst machen wir für Sie noch das, womit Sie selber nur schwer fertig werden. Mit der Zeit dann, wenn Sie es gelernt haben, kommen Sie auch ohne uns aus. Zunächst aber lassen wir das, was unserer Ansicht nach Ihrer Natur vertraut ist, nicht antasten. Sollten wir etwas übersehen und sollten Sie irgendwo von Ihrer tatsächlichen [Meinung] abgehen oder sich in einer fremden verstricken, helfen wir Ihnen auf den rechten Weg zurück.«

Nach diesem Text folgt Stanislawskis Vermerk »Beschreibung des Gesprächs — vgl. großes Manuskript«, das heißt das Exposé (Nr. 585) mit dem nachstehend publizierten Gespräch über das Stück.

211   Stanislawski wollte wahrscheinlich ein spezielles Gespräch zwischen Torzow und seinen Schülern als Auswertung der Streitgespräche über das Stück verfassen. Das bezeugt nachstehende Notiz im Exposé (Nr. 584):

»Das Gespräch endet mit der Aufzählung dessen, was unter die Haut gegangen ist: a) Tragödie der menschlichen Leidenschaft — Liebe — ›Romeo und Julia‹. Tragödie der menschlichen Leidenschaft — Eifersucht — ›Othello‹. Machtgier — ›Macbeth‹. Shakespeare als Dichter der menschlichen Leidenschaften. b) ›Othello‹ als die von einem Genie vorgenommene Überarbeitung einer Novelle. c) ›Othello‹ als Sittengemälde aus dem Soldatenleben. d) Kampf der Klassen und Nationalitäten. Gesellschaftliche Bedeutung (Venedig, der Mohr, die Türken). e) Psychologisches Stück. f) Fabelstück. g) Tragödie der Vertrauensseligkeit. h) Othello ist nicht eifersüchtig.« Der weitere Textabdruck erfolgt lt. Anweisung des Autors nach dem Exposé (Nr. 585).

212   An dieser Stelle des Manuskripts hat Stanislawski vermerkt: »Ergänzen, wie die Kreise sich schließen.« Diese Absicht hat er jedoch nicht wahrgemacht.

213   Der weitere Textabdruck erfolgt lt. Anweisungen des Autors nach dem Manuskript Nr. 587.

214   Stanislawski schlägt hier zwei Möglichkeiten vor, wie man den Inhalt eines Stückes nacherzählen

kann. Entweder von der Position dessen, der das Stück liest und die sich in ihm entwickelnden Ereignisse objektiv beobachtet, oder aber in der ersten Person. Dabei versetzt sich der Schauspieler in die Lage einer der handelnden Personen, umgibt sich mit den Situationen der Rolle und bewertet die Ereignisse des Stücks vom Standpunkt der Interessen seiner handelnden Figur.

215 Der Abdruck dieses neuen Abschnitts erfolgt lt. Anweisungen des Autors, wie sie auf den Seitenrändern des Manuskripts Nr. 588 stehen.

216 Hier hat Stanislawski in Klammern vermerkt: »Nach diesem Muster die anderen Tatsachen der ersten Szene bewerten« und eine Seite freigelassen.

Erhalten ist die Rohfassung (Nr. 600), in der Stanislawski festlegt, wie er das Stück weiter nach Fakten und Ereignissen analysieren will.

Wir bringen einen Auszug aus diesem Konspekt, der sich auf andere Szenen des I., II. und III. Aktes bezieht:

»Zweites Bild. Boten vom Senat. Direkte Fortsetzung des ersten Bildes. Gleichzeitig als Ganzes analysieren. Verbindung zur Linie des ›Raubs‹, der ›Einführung‹. Aber für das Stück ist viel wichtiger, daß das zweite Bild eine neue Linie beginnt: die des Krieges, und warum die Republik Othello braucht ... Im dritten Bild vereinigen sich die beiden Linien. Die Senatoren und der Doge werden vor die Wahl gestellt, die Heimat zu retten (Othello) oder den Adel zu beleidigen (Brabantio). Sie entscheiden sich für das erstere und erkennen die Ehre mit dem Fremden an.

Aber diese Bilder enthalten noch ... andere Linien außer Brabantio und Othello. Das erste Bild exponiert den Haß und die Intrige Jagos und Rodrigos gegen Othello und Cassio. Im dritten Bild erleidet die (höfische, militärische) Intrigenlinie eine Niederlage, da Othello anerkannt wird.

Jago schmiedet einen neuen Plan gegen Othello und Cassio, einen Plan der Rache über Desdemona. Mit ihm trifft er entweder Cassio (›Corps de guarde‹) oder Othello und Desdemona (alle folgenden Akte). Und schließlich die Lösung des Knotens — das letzte Bild. Damit haben wir die Konstruktion des Stückes auf Grund der Faktenbewertung.

Die erste Episode (als Fakt), in der Jago Rodrigo zu überreden versucht, brauchen wir als Vorbereitungsmoment für den Alarm und als Exposition der Beziehungen zwischen Jago und Rodrigo. Jago und Cassio, Jago und Othello, Jago und Emilia, Rodrigo und Desdemona, Cassio und Desdemona.

Den Alarm brauchen wir *für die Verfolgungsjagd. Die Verfolgungsjagd* brauchen wir für Desdemonas Rettung.

Zweites Bild. Eingeholt, gerettet — es scheint also erreicht worden zu sein ... Othello wird bestraft und seine Ehe geschieden. *Aber nein! Der Krieg bricht aus, und Othello wird gebraucht.* Wahl zwischen dem *Wohl der Heimat und Hochmut.* Othello siegt. Neuer Fakt — *Jagos neuer Plan,* Othello mit Cassio über Desdemona und Emilia in Streit geraten zu lassen.

Das Leben auf Zypern beginnt mit Küssen und Liebe wie bei Romeo und Julia (Othello und Desdemona).

[Jago] schießt das erste Torpedo ab — Cassio bittet um Vergebung.

Im nächsten Bild verabreicht Jago dann *das erste Gift* für Othello. Es wirkt: erste Anzeichen, erste *Vermutung einer Untreue ...*«

Es fällt auf, daß Stanislawski den Begriff »Fakt« mit dem Begriff »Episode« verbindet. In der letzten Zeit seiner Tätigkeit hielt er es bei der Aufnahme der Arbeit an einem neuen Stück für entscheidend, ein szenisches Ereignis bzw. eine Episode zu bestimmen, die den Kampf der handelnden Personen um die Erreichung eines Zieles enthielt.

217 Hier haben wir eine Textwiederholung beseitigt.

218 Hat der Schauspieler seine Rolle erhalten, soll er — so schlägt Stanislawski vor, in der ersten Person von ihr sprechen. Es versetzt der Schauspieler gleich in die Rollenumstände hinein und läßt ihn im eigenen Namen »auf eigenes Risiko« handeln. Die Verquickung von Schauspieler und Rolle soll also gleich bei den ersten Proben beginnen.

219 Der weitere Text des vorliegenden Manuskripts (Nr. 588) stellt eine Analyse und Faktenbewertung von »Verstand schafft Leiden« aus einer frühen Fassung der »Arbeit an der Rolle« dar. Offensichtlich wollte Stanislawski diesen Text gegen einen anderen mit Beispielen aus »Othello« austauschen. Sein Literaturarchiv enthält ein spezielles Manuskript, das diese Frage beantwortet und in dem Fakten aus »Othello« analysiert und bewertet werden (Nr. 593). Stanislawski hat dieses Manuskript »Arbeit an der Rolle« betitelt, jedoch fehlt ein exakter Hinweis, wo es innerhalb der Materialien über »Othello« veröf-

fentlicht werden sollte. Wir setzen das zusätzliche Manuskript in eckige Klammern und lassen den Text aus, der sich auf »Verstand schafft Leiden« bezieht.
Wir drucken den Anfang des Manuskripts Nr. 593 nicht ab, denn er wiederholt Gedanken aus dem vorangegangenen Text.
In spitzen Klammern steht vom Autor durchgestrichener Text. Wir drucken ihn jedoch ab, um den Sinnzusammenhang herzustellen.
220   Stanislawski meint hier den plötzlichen Überfall der japanischen Flotte auf eine russische Flottenabteilung im Raum von Port Arthur im Februar 1904, mit dem der russisch-japanische Krieg begann.
221   Den Schluß des Manuskripts Nr. 593 drucken wir nicht ab, da er Gedanken wiederholt, die im weiteren Text dargelegt sind, der aus dem Manuskript Nr. 588 stammt. Die sinngemäße Übereinstimmung zwischen dem Schluß des Manuskripts Nr. 593 und der nachstehend veröffentlichten Fortsetzung des Manuskripts Nr. 588 ist ein weiterer Beweis dafür, daß Stanislawski den in eckige Klammern gesetzten Text des Manuskripts Nr. 593 geschrieben hat, um ihn an dieser Stelle des Hauptmanuskripts einzufügen.
222   Um diese These zu veranschaulichen, bringen wir einen Auszug aus dem Text, der eine Variante bzw. eine beabsichtigte Ergänzung zum vorliegenden Abschnitt darstellt (Nr. 590).
»Laut Stück wird Othello im zweiten Bild gleich nach der Trauung nachts in den Senat gerufen und von dort aus in den Krieg geschickt, nach Zypern, wo ihn ein schreckliches Ende erwartet.
Stellen Sie sich vor, der Regisseur läßt ferne Donner grollen und Blitze zucken, wodurch die ganze Szene etwas Unheilverkündendes bekommt.
Ein solcher Regieeffekt ist ein einfacher Fakt, ein äußerlicher ›Umstand‹. Aber man kann auch anders zu ihm stehen, kann ihn deuten als mystische Vorahnung von Unglück, als böses Omen. Da könnte der äußerliche Fakt ein inneres Gefühl enthüllen, und das können wir jetzt gut gebrauchen, da uns jeder Zugang zur Seele des Schauspielers besonders wichtig ist. Er bringt inneres Material, mit dem wir bereits erschaffenes körperliches Leben ausfüllen. Wie Elektrizität, die einen Akkumulator auflädt.«
223   Manuskript Nr. 585 enthält einen Text, der verdeutlicht, was Stanislawski unter den Umständen verstand, mit denen »wir selber unsere Rolle ergänzen« und die aus persönlichen emotionalen Erinnerungen des Schauspielers stammen. Auf Grund der übereinstimmenden Numerierung an den Seitenrändern ist zu vermuten, daß Stanislawski diesen Text als Ergänzung und Veranschaulichung des publizierten Haupttextes verwenden wollte. Dann aber hätte er ihn wahrscheinlich gekürzt oder überarbeitet. Wir bringen nachstehend einen Auszug aus diesem Text:
»›... Nehmen wir an, Sie wiederholen zum zwanzigsten oder dreißigsten Male das ausgewogene körperliche Leben der von Ihnen dargestellten Person in der ersten ›Othello‹-Szene ›Alarm und Verfolgungsjagd‹. Begreifen Sie dabei die physischen Aufgaben richtig und setzen sie in Handlung um, dann empfinden Sie nicht nur äußerlich das körperliche Leben der Rolle, sondern gewahren zugleich als Reflex oder Analogie die inneren Gefühlsregungen, welche den physischen Handlungen entsprechen, da ja die Linien des Körpers und der Seele voneinander abhängen, einander entsprechen und parallel verlaufen.
Aber dieses Leben mit seinen primitivsten äußeren Aufgaben, die nur wenig von innen her durch das Gefühl, den Willen oder eine Idee erwärmt werden, ist dürftig, langweilig und elementar. Dazu brauchen die Zuschauer nicht ins Theater zu fahren. Die Linie eines solchen Lebens der Rolle ist kerzengerade, hat keine Krümmungen und ist daher langweilig wie ein Bürgersteig. Und wenn Sie das ganze Haus auf die Beine bringen und eine Verfolgungsjagd veranstalten — ich als Zuschauer sehe zu und glaube Ihnen, bleibe jedoch gleichgültig gegenüber allem, was auf der Bühne vor sich geht. Aber stellen Sie sich vor, in diese langweilige Kette mit ihren äußerst einfachen physischen und elementaren psychologischen Handlungen schaltet sich plötzlich für einen Augenblick ein neues Glied mit elektrischem Strom ein. Da bekommt gleich alles Leben und wird ausgefüllt.‹
›Was ist denn das für ein Glied, und woher kommt es?‹ wollten die Schüler wissen.
Torzow antwortete mit einem bildhaften Beispiel, und zwar:
›Irgendwann im Winter bin ich einmal in einer Frostnacht spät nach Hause gekommen, konnte jedoch nicht ins Haus, da ich den Haustürschlüssel verloren oder vergessen hatte.
Erst hab ich vorsichtig gerufen und geklopft, aber da niemand auf mein Rufen reagierte, wurde ich wütend und stieß vor Raserei und Wut nicht einfach nur so gegen die Tür, sondern voller Haß. Ich wollte

mich rächen für die Aufregungen und Ängste, die ich ausstehen mußte, weil sie mir den Eingang ins warme Haus versperrten.

Schließlich überkam mich Panik, und vor Verzweiflung und Machtlosigkeit begann ich zu winseln. Danach fing ich derart zu stöhnen an, daß ich selber über meinen Zustand erschrak.

Jetzt stellen Sie sich für einen Augenblick vor, ich spiele Rodrigo oder Jago. Bei einer der Wiederholungen des ›körperlichen Lebens‹ kommen durch die Ähnlichkeit der Alarmszene mit dem, was mein emotionales Gedächtnis aus der Wirklichkeit behalten hat, ganz zufällig Erlebnisse wieder in mir hoch, an die ich mich gut erinnern kann. Ich versichere Ihnen, der ganze Saal und auch ich selber fahren gleich zusammen, und in die bisherige langweilige Linie und in die Alarmszene selber kommt Leben.

Natürlich spendet man mir danach für solche Augenblicke der Inspiration viel Lob, und ich habe natürlich den Wunsch, sie auch für die Zukunft zu bewahren. Wie erreiche ich das?

Unerfahrene Schauspieler wie Sie würden sich unmittelbar an das Gefühl wenden und es ausquetschen wollen. Aber Sie wissen ja, wohin Zwang führt.

Erfahrene Schauspieler wie ich gehen da anders vor, Sie lassen das Gefühl in Ruhe, richten ihre gesamte Aufmerksamkeit auf das ›körperliche Leben‹ und bemühen sich, nicht das Gefühl verstehen zu wollen, denn das beherrschen wir nicht, sondern jene zufällige Aufgabe, die sich plötzlich in die Linie der Rolle eingeschaltet hat. Nehmen wir an, wir nennen sie ›eine Tür kurz und klein schlagen‹, und die andere Aufgabe nennen wir ›Alarm schlagen‹. Verstehen Sie, in diesen Worten liegen für mich nicht nur physische Akte bzw. körperliches Leben, sondern auch noch etwas anderes, was von innen heraus die äußerlichsten und unerwartetsten Handlungen, das heißt mein ›geistiges Leben‹ auslöst. Wenn wir also jetzt diese Handlungen wahrheitsgetreu ausführen und an ihre Wirklichkeit glauben, so wiederholt sich auf Grund der bestehenden Verbindung zwischen Innerem und Äußerem, genauso wie zwischen Äußerem und Innerem der gleiche Reflex (oder die Assoziation?) auch auf der Bühne. Sind die neuen Aufgaben und Handlungen fest in die physische Linie der Rolle eingegangen, sind auch ihre inneren geistigen Begründungen gesichert, da die ihnen verwandten Gefühle ihren Platz in der inneren Linie der Rolle gefunden haben.‹«

224 Nach der Numerierung an den Rändern des Manuskripts Nr. 585 folgt hier der Text, der die Methode zur Analyse des Stücks nach Schichten bzw. Ebenen behandelt. Zu ihnen zählte Stanislawski:

1) die *äußere* Ebene (Fakten, Ereignisse, Fabel und Machart des Stücks); 2) die Ebene der *Lebensweise* mit ihren Schichtungen: Stände, Nationalität, historischer Zeitraum usw.; 3) die *literarische* Ebene; 4) die *ästhetische* Ebene; 5) die *psychologische* Ebene; 6) die *physische* Ebene; 7) die *Ebene der persönlichen Empfindungen des Schauspielers*. Diesen Text drucken wir nicht mit ab, da er fast wörtlich dem entsprechenden Abschnitt der Arbeit an der Rolle anhand von »Verstand schafft Leiden« entspricht.

Eine Variante dieses Textes über die Bedeutung der Analyse nach Ebenen enthält Manuskript Nr. 587. Daraus folgender Auszug:

»Nichts ist leichter, als sich den Text des Dichters einzupauken, eine hübsche Dekoration zu malen und den Zuschauern mit den Autorenworte mit den schauspielerischen Handlungen so vorzutragen, wie sie der Dramatiker verfaßt hat, ohne ihnen etwas an eigenem persönlichem schauspielerischem Schaffen hinzuzufügen. Aber das ist dann keine Kunst, ist keine Bühnenschöpfung, sondern nur eine der üblichen handwerkelnden Vorstellungen, die man zu Millionen für Geld an allen Enden der Welt zeigt.

Für eine echte Bühnenschöpfung brauchen wir Schauspieler, Regisseure und andere Theaterkünstler. Wir brauchen ihr gemeinsames kollektives Schaffen.

Thema und Worte für dieses Schaffen erhalten wir vom Dramatiker [...] in seinem Stück.

Um Mitarbeiter des Dichters zu werden und ein Bühnenwerk bzw. ein Schauspiel auf die Beine zu stellen, müssen die Schauspieler nicht nur das Thema des Schaffens, sondern auch seine fertige verbale Form ganz in sich aufnehmen. Sie müssen sie nicht einfach nur kennen, sondern organisch in sich aufnehmen, das heißt das fremde Thema und seine verbale Form verarbeiten und zu etwas Eigenem machen. Der Prozeß einer solchen Umwandlung ist nur die Anfangsform eines Prozesses, um an den Punkt zu gelangen, an dem der Schaffensprozeß des Dramatikers, des Schöpfers dieses Stückes, begann. Kann fremder Jubel oder fremde Angst zu etwas Eigenem werden? Natürlich nicht. Jeder hat sein Material, hat seine Lebenserfahrungen, hat seine Gefühle, Gedanken und Erinnerungen, um sie zu erschaffen. Sie unterscheiden sich, in ihrem Wesen jedoch sind sie dem Dichter wie dem Schauspieler nah und vertraut.

Die Analyse des Stückes verläuft somit von der äußeren Form — verkörpert im Text des Dichters — zur inneren, gistigen Substanz des Werkes, das der Schauspieler schöpferisch erlebt, das heißt verläuft von der Peripherie zum Zentrum des Stückes und der Rolle. Hat der Schauspieler die seelische Substanz des Werkes, die den Dichter veranlaßt hat, zur Feder zu greifen, dann erkannt und selber erlebt, verläuft die Analyse nicht mehr wie bisher, das heißt von der Peripherie zum Zentrum, sondern auf einem anderen, neuen Weg, nämlich vom Zentrum zur Peripherie, von der Seele zum Körper, vom Erleben zum Verkörpern. Die Schaffenswege von Schauspieler und Dichter verlaufen also parallel und nahe zueinander. Sie führen in natürlicher Weise zu einem gemeinsamen Schaffensziel, an dem Dichter und Schauspieler ineinander aufgehen.

Haben Sie verstanden, daß ich Sie während unserer praktischen Arbeiten an den Rollen und am Stück erst den Weg der Analyse von der Peripherie zum Zentrum, vom [Text] des Stückes zu seiner Überaufgabe geführt habe?

Jetzt müssen wir Sie den Weg des Schauspielers führen, der dem des Dichters analog ist. Er geht von dem Samenkorn, das der Dichter in Ihrer Seele ausgesät hat, zu Ihrer Bühnenschöpfung, die der des Dichters analog ist — vom Zentrum zur Peripherie, zur szenischen Form.«

Der weitere Textabdruck erfolgt nach Manuskript Nr. 585.

225 Nach diesen Worten hat Stanislawski notiert: »Jagos Charakteristik (Auszug)« und etwas weiter dann, nach den Worten »Diese Lebensweise ergab in seinen Vorstellungen ungefähr folgendes Bild« finden wir die analoge Notiz »Auszug über Rodrigo«.

Im Manuskript Nr. 584 finden wir nach den gleichen Worten einen ähnlichen, aber exakteren Vermerk mit einem Hinweis auf die Quelle, der die Charakteristiken Jagos und Rodrigos entnommen werden sollen: »Charakteristik Jagos, vgl. szenisches Arrangement S. ...« sowie »Charakteristik Rodrigos, vgl. szenisches Arrangement S. ...«

So gelangen Jagos und Rodrigos Charakteristiken aus dem Regieplan (dem szenischen Arrangement) zu »Othello«, auf den sich Stanislawski beruft (Nr. 9361), in den Text.

Die dem Regieplan entnommenen Texte sind in Anführungszeichen gesetzt.

226 Den weiteren, von uns publizierten Text hat Stanislawski nicht an den Rändern numeriert. Daß er nach dem Auszug aus dem Regieplan zu »Othello« einen Dialog zwischen Torzow und den Kleindarstellern bringen wollte, bezeugt die konspektartige Niederschrift in Manuskript Nr. 585, wo nach dem Gespräch mit Wjunzow und dem »Auszug aus dem szenischen Arrangement« folgende Worte stehen: »Fragen an die Kleindarsteller. Ihre Lebensweise (bereits Geschriebenem entnehmen)«. Die Befragung der Kleindarsteller bringen wir nach Manuskript Nr. 590.

227 Nach diesen Worten steht in Klammern »szenisches Arrangement«. Diesem Hinweis entsprechend bringen wir Auszüge aus dem Regieplan zum ersten Bild der Tragödie.

Dabei ist zu beachten, daß Stanislawski bei der Abfassung vorliegender Arbeit bereits das Prinzip aufgegeben hatte, losgelöst vom Schauspielerkollektiv vorher einen ausführlichen Regieplan aufzustellen, da er den Schauspielern keine fertige Form für die Darstellung ihrer Rollen aufzwingen wollte. (Vgl. Stanislawski: Briefe, Berlin 1975, Brief an S. D. Baluchatij, S. 538)

Den Regieplan zu »Othello« schrieb Stanislawski während seiner Krankheit, weitab vom Theater, und deshalb enthält er natürlich noch Elemente eines Regiediktats, die aus alten Arbeitsmethoden stammen.

228 Weinbergs russische Übersetzung des Shakespeare, die Stanislawski benutzte, weicht hier vom üblichen Text etwas ab und lautet: »Auf die Suche, schnell! / Ihr hier entlang, die and'ren dort.«

229 Der weitere Abdruck des Textes — Torzows Abschlußgespräch mit seinen Studenten — erfolgt nach dem Manuskript Nr. 588 (Bl. 33 ff.).

Ergänzendes Material zur »Arbeit an der Rolle (›Othello‹)«

[I. Rechtfertigen des Textes]

Druckvorlage ist ein maschinengeschriebener Text, der handschriftliche Korrekturen von Stanislawski aufweist (Nr. 591). Das Manuskript entstand Ende der zwanziger Jahre, offenbar früher als die anderen Manuskripte zur Arbeit an der Rolle anhand von »Othello«. Indirekte Hinweise bestätigen, daß es ursprünglich als Material für ein geplantes Kapitel des Buches »Die Arbeit des Schauspielers an sich selbst« dienen sollte (wahrscheinlich für das Kapitel »Text und Untertext«, das in einigen Plänen des Buches erscheint). Erst später hat es Stanislawski aus den Materialien für dieses Buch entfernt und auf das erste Blatt als Überschrift gesetzt: »Die Arbeit an der Rolle«. Das Herangehen an die Rolle unterscheidet sich hier wesentlich von den Arbeitsgrundsätzen, die später entwickelt wurden. Deshalb erscheint es getrennt von den zuvor für die Arbeit an der Rolle zusammengestellten Materialien als selbständiges Kapitel mit der vom Herausgeber eingesetzten, jedoch nur bedingt gültigen Überschrift »Rechtfertigen des Textes«. Der hierin beschriebene Arbeitsprozeß ist für Stanislawskis Regiepraxis bis Mitte der zwanziger Jahre kennzeichnend.

230 Die zitierten Dialoge zwischen Jago und Othello aus dem dritten Akt stützen sich ebenso wie weitere von Stanislawski erwähnte Textstellen auf die russische Übersetzung des Stücks von P. Weinberg, die auch dem Regieplan zugrunde liegt. Stanislawski hat sie allerdings gelegentlich verändert, wo es ihm für den Sinn und die Logik der Handlung besser erschien. Solche Veränderungen sind im vorliegenden deutschen Text freilich nicht wiedergegeben.

231 In ihren Erinnerungen an Stanislawskis Jugendjahre erzählt S. S. Sokolowa von einem Perser mit einem dressierten Affen, der auf dem Hof des Alexejewschen Hauses Vorstellungen gab. Die Kinder sahen sie mit großem Interesse und brachten dem bettelarmen Perser und seinem Affen besonderes Mitgefühl entgegen. (K. S. Stanislawski: Materialien, Briefe und Forschungen, Moskau 1955, S. 358f. russ.)

232 Der hier umrissene »klassische« oder »akademische« Gang des Schaffens unterscheidet sich wesentlich von der Arbeitsmethode Stanislawskis, die er in den dreißiger Jahren festlegte und in seinen späteren Schriften beleuchtet.

Der »akademische« Gang des Schaffens, der vom Intellekt zur Emotion und erst danach zum Handeln führt, ist charakteristisch für eine bestimmte Arbeitsperiode Stanislawskis, als er den Aneignungsprozeß der Rolle in die Etappen Analyse, Erleben und Verkörpern einteilte.

Doch ist das veröffentlichte Material aufschlußreich, um die Entwicklung seiner Auffassung vom Schaffensprozeß und sein damaliges konzeptionelles Herangehen an eine der wichtigsten Szenen aus »Othello« zu erfassen.

233 Torzow erinnert die Schüler hier an ihr erstes Auftreten auf der Bühne, das in dem Buch »Die Arbeit des Schauspielers an sich selbst« beschrieben ist. (Vgl. a. a. O., Teil 1, Berlin 1961, Kapitel 1.)

II. Aufgaben. Durchgehende Handlung. Überaufgabe.

Das zugrunde liegende Manuskript besteht aus einer Reihe von Bruchstücken, die in einem Heft zusammengefaßt sind, das dem Thema der Aufgaben, der durchgehenden Handlung und der Überaufgabe in der schauspielerischen Arbeit gewidmet ist (Nr. 614). Jedes Bruchstück ist mit der Aufschrift versehen: »Die Arbeit an der Rolle« oder »Band III. Die Arbeit an der Rolle. Aufgaben. Durchgehende Handlung. Überaufgabe«. Einige Texte waren ursprünglich für das Buch »Die Arbeit des Schauspielers an sich selbst« verfaßt und teilweise für das Kapitel »Überaufgabe und durchgehende Handlung« benutzt worden. Das Manuskript ist undatiert, fällt aber wahrscheinlich in die Zeit der Abfassung des »Regieplans zu ›Othello‹« und der Erstfassung des Kapitels »Überaufgabe und durchgehende Handlung«, das heißt in den Anfang der dreißiger Jahre.

Abgedruckt sind vier selbständige Textfragmente aus dem angegebenen Manuskript in einer von den sowjetischen Herausgebern festgelegten Reihenfolge.

234 Es handelt sich hier um eine nicht wörtlich, sondern frei wiedergegebene Äußerung M. S. Stschepkins aus seinem Brief an S. W. Schumski vom 27. März 1848.

235 Ursprünglich stand hier der Name von Artur Nikisch (1855–1922), dem hervorragenden Dirigenten und langjährigen Chef des Leipziger Gewandhausorchesters sowie der Berliner Philharmoniker. Er gastierte mit großem Erfolg auch in Rußland.

Aus dem Regieplan »Othello«

Die Auszüge aus dem Regieplan »Othello« werden nach Manuskripten veröffentlicht, die sich im Museum des Künstlertheaters befinden (Nr. 6209). Teils stammen sie von der Hand Stanislawskis selbst, teils sind sie diktiert von seinem Sohn Igor niedergeschrieben worden. Russische Erstveröffentlichung in: K. S. Stanislawskij: Režissërskij plan »Otello«, Moskva / Leningrad 1945, S. 37, S. 230–235 und S. 262–273. In deutscher Übersetzung erscheinen sie in vorliegenden Buch zum ersten Mal, aus dem Russischen übertragen von Dieter Hoffmeier.

Nach dem schweren gesundheitlichen Zusammenbruch im Herbst 1928 konnte Stanislawski lange Zeit nicht mehr unmittelbar an der Arbeit im Künstlertheater teilnehmen. Während eines Kuraufenthaltes im Ausland verfaßte er 1929/30 hauptsächlich in Nizza den Regieplan »Othello« für eine Inszenierung, die er seiner Krankheit wegen hatte unterbrechen müssen. Die Inszenierung wurde während seiner Abwesenheit von I. J. Sudakow beendet und kam am 14. März 1930 zur Premiere. Stanislawskis Inszenierungsvorschläge aus dem Regieplan waren dabei nur spärlich und zudem unzulänglich aufgegriffen worden.

Den Regieplan »Othello« hatte er ursprünglich vor allem im Hinblick auf die individuellen schauspielerischen Eigenheiten Leonid Leonidows entworfen, des Darstellers der Titelrolle. Jener ließ sich beim Spielen oft zu sehr von bloßen Gefühlen tragen und hatte überdies, wie Stanislawski meinte, »für Einzelmomente der Rolle ganze Poeme zusammenphantasiert«. Deshalb sind im Regieplan jene Szenen und Bilder nicht ausgeführt, von denen Stanislawski meinte, sie seien von Leonidow bereits hinreichend erarbeitet worden und würden schon »vorzüglich laufen«.

In den veröffentlichten Auszügen aus dem Regieplan unternimmt Stanislawski eine grundlegende Handlungsanalyse der Othello-Rolle (sowie einiger anderer Rollen). Sie überschreitet die Grenzen eines Inszenierungsentwurfs und entwickelt schauspielmethodische und pädagogische Hinweise vor allem für Leonidow, um ihn vor einer maßlosen und unsorgsamen Vergeudung seiner Gefühle und Nerven in einer der schwierigsten Rollen des tragischen Repertoires zu bewahren.

Die von Stanislawski hierbei dargelegten methodischen Hinweise zur Arbeit an der Rolle beruhen auf den Erfahrungen seiner inszenatorischen und pädagogischen Praxis während des Jahrzehnts nach der Oktoberrevolution. Sie leiten zugleich einen neuen Abschnitt seiner kreativen Suche und seiner methodisch-theoretischen Forschungen zum Wesen der Schauspielkunst ein. Hier sind bereits jene Grundlagen skizziert, deren weitere Ausarbeitung Stanislawski dann bis an sein Lebensende beschäftigt.

236 Stanislawskis Bezeichnung für das erste Bild in seinem Regieplan (»Othello« I,1).

237 Gemeint ist die Situation, als Brabantio und sein ganzes Hausgesinde von der heimlichen Vermählung ihrer Desdemona mit einem Mohren erfahren.

238 Die dritte Szene des dritten Aktes in »Othello« zerteilte Stanislawski in einige selbständige Episoden, die sich aus unterschiedlichen Situationen ergaben und zu entsprechenden Bühnenbildlösungen, also zu unterschiedlichen Spielorten führten. In der ersten Episode — am Bassin — bittet Desdemona ihren Mann inständig, Cassio doch wegen der Prügelei auf Zypern zu verzeihen. Die zweite Episode, Arbeitszimmer genannt, findet in Othellos Arbeitsraum statt, wo Jago den ersten Zweifel in Othellos Seele senkt und wo Emilia das von Desdemona fallengelassene Tuch entwendet, um es ihrem Mann als »Beweisstück« zuzuspielen. Die dritte Episode — auf dem Festungstum — schließt dann die Szene III,3 ab.

239 Hier und etwas später gibt Stanislawski einen Gedanken M. S. Stschepkins mit eigenen Worten wieder. Stschepkin hatte am 27. März 1848 seinem Schüler S. W. Schumski gegenüber in einem Brief folgendes geäußert: »... schlüpfe sozusagen in die Haut der handelnden Person, erforsche gehörig ihre besonderen Gedanken, wenn welche da sind, und laß auch den Umkreis ihres vergangenen Lebens nicht aus dem Auge. Wenn das alles getan ist, dann wären sämtliche Situationen aus dem Leben gegriffen — du wirst dies unbedingt richtig ausdrücken. Du kannst manchmal schwach oder schlecht spielen, manchmal zumindest einigermaßen zufriedenstellend (das hängt häufig von der inneren Verfassung ab), doch du wirst notwendig richtig spielen.« (M. S. Ščepkin: Zaspisi, Pis'ma, Moskva 1952, S. 250; Übersetzung aus dem Russischen: Dieter Hoffmeier).

240 Um ein logisches und folgerichtiges Verhalten aller Personen während des ganzen Stücks zu erreichen, widmete Stanislawski auch Ereignissen, die in den »Zwischenakten«, also zwischen ihren Auftritten geschahen, große Aufmerksamkeit. Die Schauspieler sollten sich auch jene Momente im Leben einer Rolle vergegenwärtigen, die gleichsam nur »hinter den Kulissen« abliefen, ihnen aber für den nächsten Auftritt das richtige innere Ausgangsbefinden vermitteln halfen. Dies Bemühen nannte er scherzhaft »ein Spiel bloß für Apoll«.

241 Hier stellen sich Ungereimtheiten und Schwierigkeiten mit der Übersetzung in den Weg. Im englischen Original, das Stanislawski offenbar nicht hinzuzog, steht statt des Ausrufezeichens beispielsweise ein Fragezeichen: »Ha! False to me?« Das ergibt einen anderen Gestus. Auch eine Wiederholung des »me« ist im englischen Text nicht vorhanden.

242 Stanislawski meint den Othello-Darsteller Leonid M. Leonidow.

243 Stanislawski meint hier den Untertext. Der Begriff selbst taucht im Regieplan Othello schon hin und wieder auf, war jedoch als methodische Handhabe in seinen beiden Dimensionen, als Kette von Gedanken und als Abfolge bildlicher Vorstellungen noch nicht bewußt erarbeitet.

244 Als Virtuosenpause [gastrol'naja pauza] bezeichnete Stanislawski ein Verfahren, das er bei berühmten reisenden Virtuosen während ihrer Gastspiele in Rußland beobachtet hatte, bei Salvini, Rossi, Barnay

und anderen. An Höhe- und Drehpunkten ihrer Rollen hatten sie den tragischen Gehalt durch ein kurzes, stummes Spiel erweitert und vertieft. Diese sogenannten Virtuosen- oder Spielpausen dienten nach Stanislawskis Überzeugung dazu, »einzelne Sätze eines kurzen Monologs in eine ganze Spanne oder Periode menschlichen Lebens zu verwandeln« (Režissërskij plan »Otello«, a. a. O., S. 230).

Plan zur Arbeit an der Rolle

Das Manuskript Nr. 411 befindet sich im selben Heft wie der zweite Teil der »Unterrichtsdemonstration des Opern- und Schauspielstudios. Wort und Sprechen« (siehe Stanislawski: Die Arbeit des Schauspielers an sich selbst, Teil 2, Berlin 1963, S. 389 ff.), besitzt jedoch eine selbständige Seitenzählung. Die Überschrift heißt »Das Herangehen an die Rolle«, und ein weiterer Vermerk Stanislawskis lautet »Drittes Studienjahr«. Wie daraus zu entnehmen ist, umreißt der veröffentlichte Text ein Lehrprogramm für das dritte Studienjahr des Opern- und Schauspielstudios, bei dem der Arbeitsprozeß des Schauspielers an der Rolle im Mittelpunkt stand.

Es ist das einzige Dokument, in dem Stanislawski sämtliche Arbeitsschritte des Schauspielers an der Rolle gemäß der weiterentwickelten Methodik skizziert. Der hier konspektartig zusammengefaßte schauspielerische Entstehungsprozeß einer Bühnenfigur entspricht Stanislawskis pädagogischer Praxis in den letzten Lebensjahren und ermöglicht Einsichten, wie auch das Manuskript über die Rollenarbeit des Schauspielers beim »Revisor« vermutlich hätte weitergeführt werden können. Dort sind nur die ersten vier von insgesamt 24 Arbeitsschritten beschrieben.

Der Plan ist frühestens 1937 abgefaßt, da Stanislawski eine vorangehende Kurzvariante seinen Assistenten vom Studio im Spätsommer 1937 während des Aufenthaltes im Sanatorium »Barwicha« diktiert hatte. In einer Schreibmaschinenabschrift wurde ihm dieser Text zur Durchsicht übergeben. Ein von seiner Hand korrigiertes Exemplar ist dem Heft beigefügt, aus dem die veröffentlichte erweiterte Variante stammt.

245 Um die Anfangsetappe der Arbeit mit den Schauspielern nach der hier benutzten Methodik näher zu erläutern, führen die sowjetischen Herausgeber Beispiele aus Stanislawskis pädagogischer Praxis von 1935 bei einem Szenenstudium des Stückbeginns von »Verstand schafft Leiden« an. Nach Stanislawskis Meinung dürfe man nicht gleich den Inhalt des ganzen Stücks erzählen. Es genüge, mit der ersten Episode anzufangen und die Aufmerksamkeit zunächst bloß auf die notwendigsten physischen Handlungen zu richten, ohne die die Rolle nicht weiter aufgebaut werden könnte, beispielsweise: Lisa erwacht in einem Lehnstuhl des Eßsalons in Famussows Haus und entdeckt, daß es schon Morgen ist. Wenn die Schauspielerin versucht, das Erwachen als erste Handlung auszuführen, wird sie unvermeidlich zur Frage gelangen: Warum ist Lisa in einem Lehnstuhl eingeschlafen? Die Klärung des Umstands führt zur Präzisierung der Handlung, nämlich sich in der ungewohnten Umgebung zu orientieren und sich den Anlaß zu vergegenwärtigen, der sie zwang, hier die Nacht zu verbringen. Wenn die Schauspielerin die zweite Handlung ausführt und entdeckt, daß es schon Morgen und höchste Zeit ist, die Verliebten davon in Kenntnis zu setzen, entsteht unbedingt eine Frage: Welche Gefahr ist nahe, wenn jetzt Famussow erschiene und Rechenschaft verlangte?

Einer derart praktischen Stückanalyse auf Haupthandlungen und Vorgänge hin mit allmählicher Präzisierung von Lebensbedingungen der handelnden Personen habe Stanislawski außerordentliche, ja erstrangige Bedeutung beigemessen und diesen Prozeß mit dem Bau eines Schienenstrangs verglichen, auf dem der Schauspieler jederzeit sicher durch das Stück gelangen würde.

246 Schon in Stanislawskis erster Unterrichtsstunde zu »Verstand schafft Leiden« ergaben sich notwendig Etüden über Ereignisse, die unmittelbar vor der Bühnenhandlung lagen, beispielsweise: Wie verlief das Rendezvous von Sophie und Moltschalin? Wieso schlief Lisa auf ihrem Posten ein? u. ä.

247 Jetzt traten die Darsteller selbst als Erzähler auf. Stanislawski lenkte und ergänzte ihre Erzählung nur.

248 Das heutige Kalinin.

249 Die vorläufige und nur annähernde Bezeichnung der Überaufgabe ergab sich aus dem veränderten Anfangscharakter der Arbeit an der Rolle. Die Überaufgabe durfte nicht vor Beginn der Proben rein verstandesmäßig betrachtend erarbeitet oder vom Regisseur gar verordnet werden. Der handelnd analysierende Schauspieler sollte sie erst im Verlauf der Proben vertiefen und genau herausarbeiten und sie dann als Endziel auch bewußt erfassen.

Dieser Vorschlag hatte in der Sowjetunion zu Mißverständnissen geführt. Die thesenartige Knappheit des Plans kann solche Mißverständnisse auch bei uns heraufbeschwören. Deshalb sei an eine Warnung Stanislawskis erinnert, seine neue Methode nicht scholastisch vereinfacht aufzufassen: »Ich habe gehört, [...] daß man im Theater davon spricht, ich würde die Schauspieler jetzt auffordern, das Stück, die Rollen zu vergessen und frisch darauf loszuspielen, das heißt zu handeln. All das ist zum Teil richtig. [...] Ich betone: für den Beginn der Arbeit an Ihren Rollen. Aber erstens habe ich nie gesagt, daß man proben soll, ohne das Stück zu kennen, ohne es gelesen und darüber nachgedacht, seine Idee, seine Überaufgabe und die durchgehende Handlung klar erkannt zu haben. Und zweitens habe ich den Mitwirkenden keiner einzigen Probe, keines einzigen alten oder neuen Stücks jemals gesagt, daß ich mir selbst oder auch ihnen verbiete, Fragen zu stellen, mit mir über das Stück, die Rolle, die Idee des Autors zu sprechen usw. [...] Sowohl der Regisseur als auch der Schauspieler müssen das Stück kennen. Was ist denn das für eine Arbeit, wenn man nicht weiß, woran man arbeitet? Mein ganzes Leben hindurch habe ich davon gesprochen, daß es ohne Dramatiker kein Theater gibt.« (Gortschakow: Stanislawski über den Aufbau der Rolle durch Handlungen, in: Kunst und Literatur, Jg. 1956, Heft 2, S. 134f.)

Um Mißverständnissen vorzubeugen, muß der Unterschied zwischen der schauspielerischen Methode des Rollenaufbaus und der Regiemethodik bedacht werden. Beides deckt sich nicht immer, und in den Materialien zur Arbeit des Schauspielers an der Rolle hat Stanislawski vorwiegend und oft ausschließlich nur den ersten Bereich behandelt. Der Arbeitsbeginn eines Regisseurs am Stück kann und muß methodisch anders aussehen als der des Schauspielers, der hier skizziert wird.

250 Die folgenden Arbeitsschritte verblüffen vielleicht. Man darf jedoch nicht übersehen, daß Stanislawski einen Experimentalplan schuf und ihn in der Praxis erst noch erproben wollte und daß er sich in den letzten Lebensjahren verstärkt mit Forschungen befaßte, die den Gesetzmäßigkeiten des Handelns mit dem Wort galten. Auch hier befand er sich mitten in Versuchen, als fünfundsiebzigjährig starb. Um in seine Absichten stärker einzudringen, muß man weitere Aufzeichnungen heranziehen, etwa die zur »Unterrichtsdemonstration des Opern- und Schauspielstudios. Zweiter Teil«. (Siehe Stanislawski: Die Arbeit des Schauspielers an sich selbst, Teil 2, Berlin 1963, S. 389ff.) Das Tatatieren ist im Begriffsregister am Ende dieser Ausgabe erläutert.

251 Stanislawski schlug den Studenten vor, sich auf die Hände zu setzen und zeitweilig nicht zu gestikulieren, damit ihre Aufmerksamkeit voll dem Ausdruck der Worte gelten konnte. Die Arbeit am Tisch während dieses und des folgenden Schrittes unterschied sich völlig von der früher praktizierten, bei der ein Stück vor Probenbeginn nur verstandesmäßig analysiert worden war. Jetzt sollten durch technische Mittel lediglich die führenden Elemente der Worthandlung, nämlich die bildhaften Vorstellungen, die Gedankenketten und die Handlungsabsichten kräftiger ausgeprägt und den Partnern auch durch deutlichere Intonation vermittelt werden.

252 Die drei Hauptphasen der Rollenerarbeitung — Aufbau einzelner physischer Handlungen, Bau der durchgehenden Handlung und Ausbau der Worthandlung — bieten eine Grundvoraussetzung für die endgültig festzulegende äußere Form der Inszenierung, für die Gänge und Stellungen und den Grundriß des Bühnenbaus. Arrangements und Raumverhältnisse werden auf induktive Weise erst durch die handelnden Schauspieler endgültig fixierbar. So entsteht die Inszenierung methodisch nicht als eine unbedingte, fast diktatorische Vorgabe des Regisseurs, sondern als Ensemblearbeit, bei der alle notwendigen Erfindungen der einzelnen Schauspieler in das Ursprungskonzept des Regisseurs bereichernd einfließen.

Stanislawski sieht in seinem Unterrichtsplan dann vor, auch einmal die sogenannte vierte Wand des Bühnenraums zu schließen und eine beliebige andere zu öffnen, um die Erfindungskraft der Schauspieler sogar hinsichtlich der Arrangements lebendig zu erhalten und es nicht zu früh festzulegen. In der praktischen Arbeit hat er — soweit bekannt — während der letzten Lebensjahre dies Verfahren aber nicht mehr angewandt.

253 Der letzte Schritt ist von Stanislawski nicht beziffert worden. Vermutlich handelt es sich um eine nur hinzugefügte methodische Bemerkung, die den Arbeitsprozeß an der Rolle nicht beschließen muß. Das Aufgreifen wesentlicher literarischer, politischer und weiterer Bezüge bei der Schlußüberprüfung der Überaufgabe scheint die Arbeit organischer zu beenden.

Die Arbeit an der Rolle (»Der Revisor«)

Das reale Empfinden des Lebens von Stück und Rolle
Das veröffentlichte Manuskript ist ein Konzept für das Anfangskapitel des Buches »Die Arbeit an der Rolle« und zeitlich gesehen die letzte Variante Stanislawskis über dies Thema. Die von Torzow anhand des »Revisors« verwendete neue Arbeitsmethode an Stück und Rolle gibt die Praxis Stanislawskis als Regisseur und Pädagoge in seinen letzten Lebensjahren wieder.

Das veröffentlichte Material besteht aus zwei Heften. Auf dem Umschlag des ersten Heftes (Nr. 594) steht, von Stanislawskis Hand geschrieben: »*Die Arbeit an der Rolle. Der organische Prozeß der Partnerbeziehung* (Ergänzung zum Kapitel ›Partnerbeziehung‹). *Physische Aufgaben (Linie). Das reale Empfinden des Lebens von Stück und Rolle*«. Unten auf dem Blatt befindet sich der Vermerk: »Vorläufig für das künftige Buch geschrieben«.

Die Überschrift »*Der organische Prozeß der Partnerbeziehung* (Ergänzung zum Kapitel ›Partnerbeziehung‹)« bezieht sich auf das Material, das im Anhang zum ersten Teil der »Arbeit des Schauspielers an sich selbst« — dort deutsch mit »Wechselbeziehung« übersetzt — veröffentlicht worden ist (anscheinend wurden die beiden Handschriften ursprünglich zusammen aufbewahrt).

Auf dem Anfangsblatt des ersten Heftes stehen folgende Notizen: »*1936. Barwicha. Die Arbeit an der Rolle. Ergänzung zum [Kapitel]: Das innere Befinden auf der Bühne. Das reale Empfinden des Lebens von Stück und Rolle*«. Unten auf dem Blatt: »Vorläufig geschrieben für die Fortsetzung ›Das innere Befinden auf der Bühne‹«.

Den notierten Überschriften kann man entnehmen, daß Stanislawski das Manuskript als Material in sein Buch »Die Arbeit an der Rolle« aufnehmen oder bei einer Neuauflage der »Arbeit des Schauspielers an sich selbst im schöpferischen Prozeß des Erlebens« in das Kapitel »Das innere Befinden auf der Bühne« einfügen wollte.

Der zweimal wiederholte Untertitel »Das reale Empfinden des Lebens von Stück und Rolle« muß als Benennung des entworfenen Einleitungskapitels oder -abschnitts eines künftigen Buches angesehen werden.

Eine maschinengeschriebene Abschrift des Heftes vom Oktober 1937 (Nr. 595) gibt den Manuskripttext fast vollständig wieder und weist einige mit Bleistift vermerkte Korrekturen Stanislawskis auf, die bei der vorliegenden Publikation berücksichtigt sind.

Das zweite Heft — dem Inhalte nach die unmittelbare Fortsetzung des ersten — beginnt mit den Worten: »Heute galt der Unterricht einer Analyse des Versuchs, den Arkadi Nikolajewitsch mit der Chlestakowrolle gemacht hatte« (Nr. 596). Es besitzt keine besondere Aufschrift und ist ebenfalls 1936 geschrieben worden, wie aus indirekten Angaben hervorgeht (so steht beispielsweise auf der Rückseite eines Manuskriptblattes das Konzept eines Briefes vom 21. September 1936 an N. P. Chmeljow).

Beide Manuskripte sind allererste Rohfassungen, die Stanislawski nicht mehr zu einem einheitlichen und folgerichtigen Ganzen verschmolzen hat. Einige Seiten, die zahlreiche Korrekturen und Vermerke aufwiesen, schrieb er auch neu, und zwar häufig mit bedeutenden Ergänzungen auf Blättern, die am Ende des Manuskripts angefügt sind. Einige Texte sind auch selbständige Bruchstücke, die keine Beziehung zu vorangehenden oder nachfolgenden Darlegungen aufnehmen.

Es gibt Ungereimtheiten im Manuskript. So wird zum Beispiel der Versuch bei der Arbeit an der Chlestakowrolle von dem Studenten Naswanow ausgeführt, während Torzow bei der Analyse des Versuchs von sich als dem Chlestakowdarsteller spricht.

Auch fehlt eine durchgehende Numerierung der Seiten. Nur gelegentlich stößt man auf die Numerierung einiger miteinander verbundenen Blätter. Das Material ist von den sowjetischen Herausgebern aufgrund des sinngemäßen Zusammenhangs der Texte und einiger Vermerke des Autors auf den Rändern in der vorliegenden Form zusammengestellt worden. Jede Abweichung von der Reihenfolge im Manuskript wird in einer Anmerkung nachgewiesen. Wörtliche Textwiederholungen sind ausgemerzt, einige Sinnwiederholungen ließen sich wegen des Entwurfscharakters der Handschrift nicht vermeiden.

Russisch erschien das Material in gekürzter Form erstmals in der Moskauer Zeitschrift »Teatr« 1948 (Heft 8) und 1950 (Heft 11). — Deutsche Erstübersetzung eines kürzeren Textauszuges in: Stanislawski/Prokofjew/Toporkow/Sachawa/Gurjew: Der schauspielerische Weg zur Rolle, Berlin 1952.

254 Das erste Mal äußerte Stanislawski seine kritische Einstellung gegenüber der Arbeit am Tisch als Anfangsmoment des Herangehens an ein Stück schon zu Beginn der zwanziger Jahre in der »Geschichte

einer Inszenierung (Pädagogischer Roman)«. Wie sich seine Anschauungen darüber entwickelten, ist in einer Anmerkung dort umrissen (vgl. Anm. 122).

255 Ähnliche Versuche machte Stanislawski in seinem eigenen Opern- und Schauspielstudio anhand von »Verstand schafft Leiden« und der Etüden, die die Studenten schufen. Stanislawski schlug seinen Assistenten vor, folgendes Herangehen an ein neues Stück auszuprobieren: Man soll — nicht zu ausführlich — die Fabel des Stückes erzählen, indem man mit dem Inhalt der ersten Episode anfängt, und dann den Schauspielstudenten vorschlagen, diese äußere Fabel in physischen Handlungen zu spielen. Je nachdem, wie weit man die Handlungen der Rolle beherrscht, soll man dann die vorgeschlagenen Situationen vertiefen und damit die Vorstellungen von dem Stück erweitern.

256 Das Verfahren, ein Stück unter Mitwirkung der Darsteller selber durch Improvisation entstehen zu lassen, interessierte Stanislawski immer als ein Weg, beim Schauspieler eine aktivere schöpferische Initiative beim Verkörpern von Bühnengestalten auszulösen. Da Stanislawski stets die führende Rolle der Dramatik als Grundlage für Theaterkunst anerkannte, war er bestrebt, zu dieser experimentellen Arbeit einen erfahrenen Dramatiker hinzuzuziehen, unter dessen Leitung sich der ganze schöpferische Prozeß der Stückentstehung abspielen sollte.

Stanislawskis Idee einer gemeinsamen Arbeit von Dramatiker und Theater an einem Stück wurde seinerzeit lebhaft von A. M. Gorki unterstützt. Während einer Begegnung auf Capri im Jahre 1911 wurde beschlossen, Gorki solle Stanislawski für die Arbeit im Studio einige Szenarien schreiben, die das Handlungsschema eines künftigen dramatischen Werkes und eine Charakteristik der handelnden Personen darlegen. Den endgültigen Text sollte Gorki dann unter Berücksichtigung dessen schreiben, was die Schauspieler bei der Probenarbeit finden würden. Bald darauf schon schickte Gorki Stanislawski einige Szenarien für Experimente mit den jungen Studioangehörigen.

Über ähnliche Versuche Stanislawskis schrieb A. A. Block im Oktober 1912 in sein Tagebuch: »... Man gibt den Schauspielern (vorwiegend jungen) das Handlungsgerüst, den Stoff, einen schemaartigen Plan, der sich fortwährend ›verdichtet‹. Der den Plan beisteuert (der Schriftsteller zum Beispiel), kennt dessen ausführliche Entwicklung, doch die *Worte* liefern die *Schauspieler*. Einstweilen hat Nemirowitsch-Dantschenko einen solchen Plan aus dem Leben von Schauspielern in möblierten Zimmern vorgelegt ... ebenso probt man Molière (!), indem man Unkenntnis der Worte voraussetzt. Nachdem man ausführlich Charaktere und Situationen umrissen hat, überläßt man es den *Schauspielern*, das Stillschweigen mit Worten auszufüllen: Stanislawski sagt, sie seien dem Text Molières schon nähergekommen (ich kenne ihn, er ist ein exaltierter Mensch!).«

Im Opern- und Schauspielstudio wollte Stanislawski ein ähnliches Experiment zusammen mit dem Schriftsteller P. Romanow durchführen. Gleichfalls unternahm er den Versuch, zum Entstehen eines Stückes beizutragen, indem er eine Etüde über den Flug in die Stratosphäre weiterentwickelte.

257 Der in eckigen Klammern stehende Text befindet sich im Originalmanuskript in der Mitte. Wegen des Sinnzusammenhangs wurde er von den sowjetischen Herausgebern hier weiter vorn eingefügt. Die letzten Zeilen des Bruchstücks stimmen außerdem wörtlich mit den Anfangszeilen des folgenden Textes überein.

258 In einem Manuskriptentwurf (Nr. 622) mit dem Titel »Die Arbeit an der Rolle (physische Handlungen)« gibt es Textstellen, die dem hier veröffentlichten Material nahekommen. Eine davon, die damit fast übereinstimmt, endet wie folgt:

»›Ich bitte Sie nicht, gleichzeitig die Rolle zu erleben, ihre Überaufgabe und durchgehende Handlung zu finden und dazu die vorgeschlagenen Situationen. Ich weiß, all das ist schwierig und anfangs fast unmöglich. Deshalb wird Ihnen etwas sehr Leichtes, Einfaches und Zugängliches vorgeschlagen, nämlich eine physische Handlung: ins Zimmer zu kommen, Ossip anzuschnauzen und eine heikle Bitte an ihn zu richten.‹

›Das ist doch keine physische Handlung‹, nörgelte Goworkow.

›Wieso? Weil Sie nicht mit den Füßen, dem Rumpf und den Händen bitten, sondern mit der Stimme und der Sprache?‹

›Naja, eben darum, wissen Sie.‹

›Aber ist denn Sprache und Stimmapparat kein Teil unseres Körpers?‹«

Wenn Stanislawski von den Schauspielern die Fähigkeit verlangt, von der eigenen Person ausgehend alle Handlungen der Rolle zu rechtfertigen und auszuführen, dann stützt er sich auf das Prinzip, das er am Rande des Manuskripts notiert hat: »*Grundbedingung:* Es gibt keine Handlung und keine Situation, die man nicht aus eigenen emotionalen Lebenserinnerungen rechtfertigen könnte. Wenn der Schauspieler aber jeden Fakt durch eigene emotionale Erinnerungen stützt, dann wird er zur Selbständigkeit gelangen.«

259   In der Arbeitspraxis der letzten Jahre benutzte Stanislawski beim Zergliedern eines Stückes in seine Bestandteile neben der üblichen Bezeichnung »Abschnitte« auch den Terminus »Episoden«, womit er seine Forderung nach äußerst aktiver, äußerst wirksamer Aufdeckung eines Stückinhalts zu betonen wünschte. Die Bestimmung einer Episode ergibt sich als Antwort auf die Frage, *was geschieht* in diesem Stückabschnitt, welches Ereignis oder welche Begebenheit, die die Fabel des Stückes weiter entwickelt.

260   Im Manuskript befindet sich eine durchgestrichene Fortsetzung des Dialogs zwischen Torzow und Naswanow, die Stanislawskis Haltung zu dem Problem erkennen läßt, wie man das äußerlich Charakteristische schafft.

»›Und das äußerlich Charakteristische, das mich verhüllen soll und die Figur heraus zu modellieren hilft?‹ fuhr ich eigensinnig fort.

›Wenn es sich um die wichtigste, die innere Charakterbeschaffenheit handelt, so können Sie diese nur aus Ihren eigenen inneren Elementen zusammenfügen und kombinieren. Dazu muß man sie erst wahrnehmen, in sich finden und aus dem Inneren hervorrufen. Man muß in der Rolle seine eigenen, ihr analogen menschlichen ›Elemente‹ aufsuchen. Sie entsprechend der seelischen Verfassung der darzustellenden Person kombinieren, können Sie später. Erst muß einmal etwas da sein, was man zusammenstellt. Die Hauptsache ist, daß dies seelische Material lebendig und nicht tot und schauspielerhaft ist.

Was das äußerlich Charakteristische betrifft, so dürfen Sie nie, unter keinen Umständen damit beginnen, sonst verfallen Sie nämlich in bloßes Spielen der Gestalt, das jedes schöpferische Wirken tötet. Die äußerliche Charakterbeschaffenheit kommt von selbst, wenn der Schaffende die Wahrheit fühlt und ihr glaubt. In solchem Zustand können Sie die Rolle im Namen einer beliebigen Gestalt wiedergeben. Wenn aber die Charakterbeschaffenheit nicht von selbst entsteht, dann gibt es viele technische Verfahren, um die äußerlichen darstellerischen Fähigkeiten des Schauspielers zu wecken und schöpferisches Wirken anzuregen.‹«

Vermutlich hat Stanislawski diesen Abschnitt deshalb ausgelassen, weil er an dieser Stelle erstens den Fortgang der Erzählung aufhielt und weil er zweitens bei der weiteren Darlegung des Arbeitsprozesses an der Rolle ohnehin diese Frage behandeln wollte.

261   Die Bezeichnung »Zimmer der Maloletkowa« entstand bei den Übungen Torzows mit den Studenten (Maloletkowa war ja eine seiner Studentinnen). Um auf der Bühne ein normales schöpferisches Befinden entwickeln zu helfen, führte Torzow den Unterricht zuweilen hinter geschlossenem Vorhang durch. Er hatte dort eine Wohnung aufbauen lassen, in der man »nicht nur handeln, sondern auch leben« konnte. (Siehe: Die Arbeit des Schauspielers an sich selbst, Teil 1, Berlin 1961, S. 49.)

262   Hier und an anderen Stellen des Manuskripts werden in durchgestrichenen Texten vorgeschlagene Situationen beschrieben, die vom Chlestakowdarsteller beim Auftreten auf der Bühne berücksichtigt werden sollen. Stanislawski merzte die Textstellen vermutlich aus, weil er die vorgeschlagenen Situationen erst im weiteren Arbeitsverlauf an der Rolle ausführlicher erläutern wollte. Zu Anfang dagegen werden nur sehr allgemeine und notwendige Situationen geklärt, die den Schauspieler zu handeln veranlassen. Hier folgen drei der durchgestrichenen Textstellen:

»So, nun trete ich mein neues Amt als Souffleur an und erinnere Sie daran, wie die Episoden des Stückes ablaufen.

Doch zuvor lassen Sie uns darüber sprechen, was den handelnden Personen vorher passiert ist, ehe der Vorhang aufging, und welche Pläne und Perspektiven sie für die Zukunft haben. Sie wissen, daß es ohne Vergangenheit und Zukunft keine Gegenwart geben kann. Chlestakow kutscht also mit Postpferden von Petersburg nach dem Gouvernement [Saratow] auf das kleine Gut seines Vaters. Ossip begleitet ihn. Man hatte Chlestakow genügend Geld für die Reise geschickt. Doch unterwegs beim Kartenspielen büßte er es an einen Infanteriehauptmann ein, und jetzt besitzt er keinen roten Heller mehr. Zu essen hat er nichts mehr, er besitzt auch keine Mittel, um weiterzufahren. Er sitzt und wartet darauf, daß sein Vater ihm erneut Geld schickt. Alles, was zu verkaufen war, hat er verkauft. Nur von dem eleganten Petersburger Anzug will er sich nicht trennen. Er muß unbedingt – Ossip als Lakai hinten auf dem Wagentritt – bei dem benachbarten Gutsbesitzer als großer Herr vorgefahren kommen.«

»Der Vater ist ein kleiner Gutsbesitzer, in bescheidenen Verhältnissen lebend und streng. Nach Ossips Worten ist er imstande, seinen Sohn falls nötig zu schlagen. Chlestakow fürchtet ihn. Der Alte hat das letzte Geld geschickt. Die Begegnung wird unangenehm sein. Hier ist die Lage ausweglos ...«

»›Was täten Sie, wenn Sie in Chlestakows Lage versetzt würden?‹

›Ich glaube, in seine Lage könnte ich nicht geraten‹, meinte ich.

›Schauen Sie, ist das nicht zu selbstgefällig? Ich nehme nicht an, daß Sie Ihr ganzes Geld im Kartenspiel an den ersten besten Infanteriehauptmann verlieren würden. Doch könnte man Ihnen die Geldbörse stehlen, dann wären Sie faktisch in der Lage Chlestakows.‹

›Nun ja, das ist natürlich möglich‹, mußte ich zugeben.

›Und falls ich die Frage nun etwas anders stelle — würden Sie sie anerkennen? Und zwar: Sie sind — Sie. Sie sind aus diesen oder jenen Gründen in Chlestakows Lage geraten. Aber Sie sind kein hohler Schwätzer und kein Lügner wie der vermeintliche Revisor. Was würden Sie im realen Leben anfangen, um aus der verzweifelten Lage herauszukommen? Sie wollen doch nicht Hungers sterben beim Warten auf die Geldsendung?‹

›Mir würde der Hotelbesitzer Kredit geben!‹

›Um Ihrer schönen Augen willen? Nein, das bezweifle ich stark, die Hauptsache aber, das gibt es im Stück nicht, die Fabel ist aber für Sie verbindlich ... Alles ist längst verkauft. Ihnen ist nur noch das geblieben, was Sie auf dem Leibe tragen. Sie können ja nicht nackt umherlaufen.‹

›Wahrlich! Eine schöne Lage!!‹«

263 Den Gedanken, daß der Schauspieler »hier, heute und jetzt« handeln müsse, wollte Stanislawski anscheinend bei einer abschließenden Bearbeitung des Manuskripts ausführlicher entwickeln, was einer Notiz im Schlußteil des Manuskripts zu entnehmen ist. Veranlaßt ist sie durch eine Auseinandersetzung mit Maria Petrowna Lilina im Sanatorium »Barwicha«, wo beide im Jahre 1936 zur Erholung weilten. Lilina bestritt Stanislawskis Standpunkt und behauptete, man müsse, um an der Episode der alten Chljostowa aus »Verstand schafft Leiden« zu arbeiten, sich vor allem das Milieu des Famussowschen Hauses vorstellen.

Gegen diese Behauptung argumentierend, notierte Stanislawski:

»Sagen und erläutern, daß man eine physische Handlung ausführen kann — in diesem Zimmer hier real handelnd.

Was bedeutet hier? Es bedeutet: stets kann ich nur mich nehmen sowie die Umgebung und den Ort, wo ich mich befinde. Die Chljostowa ist zum Ball gekommen und will Eindruck machen, das Prestige wahren, und zwar hier — im Zimmer unserer Barwichaer Unterkunft ... Ich überlege: Warum könnte Sofja nicht hier wohnen? Auch die Chljostowa ist hierher geraten. Warum könnten nicht auch die anderen Damen hierher kommen ... Nehmen wir an, sie wären hier. Ich frage: Was täte ich wenn ich die Chljostowa wäre, um ihnen Furcht und Achtung einzuflößen ... um die Autorität zu wahren?«

Diese außerordentlich wichtige Bedingung für die Arbeit an der Rolle nach der neuen Methode wurde von Stanislawski also wie folgt gesehen: Der Schauspieler soll in der Rolle handeln — nicht als *irgendwer* (die Chljostowa), nicht *irgendwann* (in den zwanziger Jahren des vorigen Jahrhunderts) und nicht *irgendwo* (in dem vorgestellten Hause Famussows), sondern als *ich* (in diesem Falle M. P. Lilina) *heute* (im Sommer 1936) und *hier* (im Zimmer des Barwichaer Kurheims) unter den Bedingungen der Rolle.

264 Die Etüde »Das Verbrennen des Geldes« ist im ersten Teil der »Arbeit des Schauspielers an sich selbst« dargelegt. Dort wird auch die Übung im Nachzählen der vorgestellten Geldes beschrieben. (Siehe: Die Arbeit des Schauspielers an sich selbst, Teil 1, Berlin 1961, S. 155f.)

Mehrmals beim Erläutern der neuen Arbeitsmethode an der Rolle empfiehlt Stanislawski in diesem Manuskript nachdrücklich, Handlungen mit vorgestellten Gegenständen zu üben. Etwas weiter unten, am Ende des Gesprächs mit den Studenten, macht Torzow (Stanislawski) den Erfolg seines neuen Verfahrens sogar davon abhängig, wie gut ein Schauspieler in Handlungen mit vorgestellten Gegenständen trainiert sei. Nach seiner Ansicht hängen davon der Zeitraum der Arbeit und die Präzision beim Ausführen der Handlung auf der Bühne ab, die Frische und Ehrlichkeit des Spiels und die Fähigkeit der Darsteller, ihr Unterbewußtsein darin zu verwickeln.

Stanislawski bestand darauf, daß die Schauspieler die Technik, mit vorgestellten Gegenständen zu handeln, durch ständiges und systematisches Üben bis zur Virtuosität entwickelten. »Diese Übungen müssen täglich und ständig erfolgen wie bei einem Sänger die Vokalisen und bei einem Tänzer die Exerzisen«, schrieb er. In der Praxis seiner Arbeit verlangte er von den Studenten wie von den Schauspielern beharrlich Vollkommenheit bei diesen Übungen und brachte sie in direkten Zusammenhang mit der neuen Arbeitsmethode an der Rolle.

265 Abweichend vom Originalmanuskript wird die Anordnung einiger Blätter auf Grund des Sinnzusammenhangs vorgenommen.

266 Hier sind von den sowjetischen Herausgebern in eckigen Klammern Korrekturen angebracht worden, entsprechend denen, die Stanislawski in dem Schreibmaschinendurchschlag von 1937 vorzunehmen begonnen hatte. So fügte er zum Beispiel nach den Worten »Ich werde mich an die vorgeschlagenen Situationen der Rolle erinnern, an ihre Vergangenheit, an ihre Gegenwart« den Zusatz ein: »sagte ich mir«. Der Satz »Arkadi Nikolajewitsch zählte alle Szenen auf« wurde verändert: »Ich begann alle Szenen aufzuzählen«; anstelle von »konzentrierte er sich« steht »konzentrierte ich mich« usw.

Anscheinend beabsichtigte Stanislawski, bei der Überarbeitung des Textes dem Studenten Naswanow alles zu übertragen, was sich auf die Chlestakowrolle bezog. Das hätte auch seiner eigenen Praxis bei der Arbeit mit Studenten nach der neuen Methode mehr entsprochen, die jedes Vorspielen durch den Regisseur oder Pädagogen ausschloß.

267 Der in spitzen Klammern stehende Text ist im Original durchgestrichen, hier aber des Sinnzusammenhangs wegen wieder aufgenommen worden.

268 Im Original sind einige Textentwürfe durchgestrichen, die die erwähnten Abschnitte im zweiten Akt näher beschreiben. Da in ihnen auch neue Besonderheiten von Torzows Arbeit beim Einstudieren der Chlestakowrolle erscheinen, sollen einige hier zitiert werden.

»›Ich werde versuchen, von einer ganz anderen Seite heranzugehen. Nicht am Hotelbesitzer liegt es, sondern daran, daß ich unbedingt essen muß, aber nicht weiß, woher die Speise nehmen. Einerseits möchte ich Ossip da nicht um Hilfe bitten, andererseits auch nicht ins Restaurant gehen und Krach schlagen. An Chlestakows Stelle würde ich in diesem Moment auch sehr unentschlossen sein.‹

Wieder ging Arkadi Nikolajewitsch hinter die Kulissen. Dort verweilte er eine Zeit. Offenbar bedachte er neue vorgeschlagene Umstände.

Schließlich öffnete er langsam die Tür, aber nur zur Hälfte, und blieb unschlüssig stehen. Als er sich aber entschieden hatte, ins Restaurant zu gehen, drehte er sich heftig um, kehrte Ossip den Rücken zu, hielt ihm die Schultern hin, damit er den Mantel abnehmen sollte. Dabei sagte er: ›Los, nimm ab!‹ Schon wollte er die Tür wieder schließen, um zum Hotelbesitzer hinunterzugehen, da bekam er Angst, wurde still und trat bescheiden ins Zimmer zurück, die Tür hinter sich schließend.

›Die Spielpause ist etwas ausgedehnt‹, meinte Torzow, ›viel Überflüssiges und Gekünsteltes, aber einiges rührt auch von echter Wahrheit her …‹

›S-o-o-o!‹ murmelte er tief nachdenklich. ›Um das Leben des Stückes real zu empfinden, dafür reicht mir einstweilen, was wir gefunden haben. Mit der Zeit wird sich alles festigen. Ich gehe weiter zur zweiten Episode, die man nennen könnte ›ich will essen‹. Übrigens steht bei der ersten Episode dieselbe Aufgabe …‹«

»Dann wandte er sich um, dachte lange über etwas nach, bewegungslos, und sprach leise vor sich hin: ›So-o-o! Der Treppenaufgang ist dort (er zeigte nach rechts zum Korridor, woher er gerade gekommen war). Wohin wird er mich ziehen?‹ fragte er sich.

Arkadi Nikolajewitsch machte gar nichts, nur die Finger bewegte er etwas, gleichsam zur Unterstützung beim Überlegen. Trotzdem ging in ihm eine Veränderung vor. Er wurde hilflos; seine Augen ähnelten denen eines Kaninchens, das etwas ausgefressen hat; sein Gesichtsausdruck war mehr launisch als böse. Lange stand er unbeweglich, als wäre er betäubt, dachte an gar nichts und richtete die Augen auf einen bestimmten Punkt; wieder zu sich gekommen, tastete er mit ihnen das ganze Zimmer ab, als ob er etwas suche. Ich staunte über seine künstlerische Beherrschung; bewundernd stellte ich fest, daß man trotz seiner vollständigen Untätigkeit fühlte, was in seinem Inneren vorging.

›So-o-o' Verst-e-he!‹ sagte er nachdenklich. ›Und weiter. Da ich müde bin, würde ich mich gern hinlegen. Dienstboten zu verwöhnen, ist bei mir nicht üblich. So halte ich den vorgestellten Spazierstock und Zylinder hin und … warte. Puschtschin als Ossip kommt auch, hebt mir den Mantel von den Schultern und will mir Zylinder und Stock abnehmen. Aber da entdecke ich noch Staub auf dem Zylinder und … bevor ich ihn übergebe, bürste ich ihn eigenhändig sauber, denn er ist mein wertvollstes Stück …‹«

»›Ich bin müde, heiß ist es, ich habe Hunger, mir ist übel. Außer dem Stuhl, einem Schemel mit Waschschüssel und dem Bett ist im Zimmer nichts vorhanden. Was täte ich jetzt an Chlestakows Stelle? Ich würde zum Bett gehen und mich hinlegen. Das tue ich auch. Wie ich ans Bett trete, sehe ich, daß dort alles, Laken, Decke und Kissen, zerzaust ist.‹

Das versetzte Arkadi Nikolajewitsch einen tiefen Stich. Er machte Ossip eine Szene und gebrauchte dabei eigene Worte.

›Joi, hast du hier rumgebumst!‹ Damit blieb er stehen. Dann sprach er nur noch mit den Augen. Das war beredter, als es Worte gewesen wären.

Mir schien, diese ganze Szene sei hysterischer verlaufen als notwendig. Das gab er selber zu und korrigierte sich sogleich, indem er die Episode nicht zornig, sondern mehr launenhaft und verwöhnt wiederholte. Das fiel bedeutend sanfter aus ...«

»Arkadi Nikolajewitsch sah Puschtschin lange an, er suchte eine Anpassung, indem er etwas mit sich machte. Wieder kriegte er die Augen eines reumütigen Kaninchens. Offenbar lauschte er auf innere Antriebe, auf einen inneren Drang zum Handeln ... er wollte aus Nervosität oder Launenhaftigkeit etwas tun, machte aber gar nichts. Er probierte, wie streng seine Stimme klang.

›Hab' ich begriffen‹, schloß Arkadi Nikolajewitsch lächelnd.

Sobald er die Szene durchempfunden hatte, erklärte er: ›Ich gehe weiter. Dritte Episode!‹

Halb erlebte, halb tastete Torzow innerlich die ganze Szene mit Ossip und dem Kellner ab, wobei er immer gespannt in sich und ringsum das suchte, was seine Handlungen beeinflussen konnte. Waren es physische oder psychische Handlungen? Arkadi Nikolajewitsch hielt sie offenbar für physische. Zumindest schien es, als ob er selbst nur an sie dachte. Scharf beobachtete er seinen Partner Puschtschin und suchte Anpassungen.

Er machte kaum Bewegungen, sondern drückte alles nur mit den Augen, in der Mimik und mit den Fingerspitzen aus. Wir als Zuschauer gewannen den Eindruck, als erlebe er alles.«

269 Im Manuskript steht hier in Klammern: »Verzeichnis der Handlungen«. Offenbar wollte Stanislawski beim Fertigstellen des Textes die Partitur von Chlestakows Handlungen einfügen.

270 Der in eckige Klammern gesetzte Text stammt von einer anderen Stelle des Manuskripts, wo er ohne logischen Zusammenhang mit den folgenden oder vorangehenden Ausführungen steht.

271 Die Etüde »mit dem Verrückten« ist im ersten Teil der »Arbeit des Schauspielers an sich selbst« beschrieben. (Siehe: a. a. O., Teil 1, Berlin 1961, S. 52.)

272 Danach folgt im Manuskript ein Text, wo Torzow die Bilanz alles Gesagten zieht und seine Methode, das »körperliche Leben« zu schaffen, mit dem Bau eines Schienenstranges vergleicht. Dann wird die nur unterbrochene Beschreibung des schauspielmethodischen Versuchs Torzows fortgesetzt, bis man abermals zu dem Vergleich mit der Eisenbahn zurückkehrt.

Um die logische Reihenfolge in der Darlegung zu wahren, wird dieser Zwischentext weiter nach unten gerückt an die Stelle, wo Torzow zum zweiten Mal auf die Eisenbahn zu sprechen kommt. Ein solcher redaktioneller Eingriff erfolgt in Übereinstimmung mit Stanislawskis Weisung »Weiter unten einfügen« am Rande des Manuskripts.

273 Auf diese für das Verständnis des ganzen »Systems« wichtige Frage kam Stanislawski wiederholt zurück. Eine ähnliche Auseinandersetzung mit Goworkow beschrieb er in der »Arbeit des Schauspielers an sich selbst« (a. a. O., Teil 1, Berlin 1961, S. 182 ff.). Ein analoges Beispiel wird auch im »›Othello‹-Regieplan« zitiert, im Abschnitt »Die physische Handlung« (im dritten Akt).

274 Der weitere Text mit der Analyse des Versuchs von Torzow an der Chlestakowrolle wird aus dem zweiten Manuskript (Nr. 596) entnommen.

275 Der weitere Text bis zu den Worten »Eine weitere Voraussetzung, die die *Grundlage* meines Verfahrens ist« entstammt einer anderen Stelle des Manuskripts, wo er in keinem logischen Zusammenhang mit vorangehenden oder folgenden Ausführungen steht. An der vorliegenden Stelle aber ergibt sich ein Sinn.

276 Als Regisseur und Pädagoge verlangte Stanislawski in seiner letzten Lebenszeit von den Schauspielern beharrlich die Fähigkeit, auf der Bühne ausschließlich für den Partner und um des Partners willen zu handeln und auf ihn vor allem durch die Schärfe der bildhaften Vorstellungen einzuwirken. Auf diesem Grundsatz beruht auch seine Lehre von der Worthandlung.

277 Stanislawski führte hier den Begriff »kleines schöpferisches Befinden« oder »Arbeitsbefinden« ein. Seine frühere Ansicht, das innere und das äußere Befinden müßten getrennt entstehen und erst danach zu einem *Gesamtbefinden auf der Bühne* verschmelzen, wich einer neuen Auffassung. Jetzt sollten alle geistigen und körperlichen Elemente des Schauspielerbefindens gleichzeitig das Schaffen eines »realen Empfindens von Stück und Rolle« bewirken.

Das volle *schöpferische Befinden* ergibt sich seines Erachtens erst nach der ganzen Arbeit des Schauspielers an der Rolle, wenn sämtliche gefundenen Handlungen in die Strömung der nach der *Oberaufgabe* strebenden *durchgehenden Handlung* des Stücks und der Rolle einmünden. Zu Anfang der Rollen-

analyse kann die Überaufgabe noch nicht vollständig und erschöpfend empfunden und noch nicht endgültig bestimmt werden. Wenn die Rolle aber ganz auf physische Handlungen begründet worden ist, dann sollen sich die Schauspieler erneut — nach Torzow — Stanislawskis Ratschlag — in das Stück vertiefen und »sich kühn an das Studium des Stückes und an das Suchen der Überaufgabe« machen.
278 Der in eckige Klammern gefaßte Text bildet im Manuskript ein selbständiges Bruchstück. Des Sinnzusammenhangs wegen wurde es jedoch an vorliegender Stelle eingefügt.
279 Der folgende Text, der den Schlußteil des Kapitels bildet, ist dem Manuskript Nr. 594 entnommen.
280 Das war eine Antwort L. M. Leonidows auf eine ihm von Stanislawski gestellte Frage. Eine ähnliche Frage richtete Stanislawski auch an andere Schauspieler des Künstlertheaters sowie des Kleinen Theaters. Die von ihm vorgeschlagene Arbeitsmethode ist also keineswegs nur eine Verallgemeinerung seiner persönlichen künstlerischen Erfahrungen, sondern bezieht auch Erfahrungen anderer großer Schauspieler, vieler seiner Kollegen ein.

Aus Notizen der Jahre 1936 und 1937

[Zur Bedeutung der physischen Handlungen]
Der Text ist ein Rohentwurf, der vermutlich zur letzten Fassung der »Arbeit an der Rolle« gehört (Nr. 625). Darauf deutet die erste durchgestrichene Zeile »Jetzt will ich Ihnen noch ein sehr wichtiges Geheimnis meines Verfahrens enthüllen.« Auch weitere Anzeichen im Text lassen einen Zusammenhang mit dem Manuskript über die »Arbeit an der Rolle (›Der Revisor‹)« ahnen, was dazu berechtigt, ihn zu den Paralipomena zu zählen.
281 Hier bricht der Text ab. Auf der Rückseite des letzten Blattes steht noch folgende konspektartige Notiz, die Stanislawskis weiteren Gedankengang skizziert: »Widerspruch: Früher sagte ich, innerlich vorgehen, jetzt aber äußerlich. Anfangs kommen Sie auf der äußeren Linie (leichter) voran. Sie gewöhnen sich daran und werden streckenweise innerlich, streckenweise äußerlich vorgehen.«

[Eine neue Art, an die Rolle heranzugehen]
Der Text entstammt der allerersten Fassung einer Schrift über die neue Arbeitsmethodik an der Rolle (Nr. 622). Diese Fassung wird nur auszugsweise gedruckt, da Stanislawski Teile daraus bereits in »Die Arbeit an der Rolle (›Der Revisor‹)« übernommen hat. Entstanden ist sie anscheinend 1936, was aus Probennotizen zur Oper »Rigoletto« (auf der Rückseite von Blatt 14) hervorgeht und durch die erwähnte Szene aus »Hamlet« bekräftigt wird, an der auch zu dieser Zeit, und zwar im Opern- und Schauspielstudio geprobt wurde.

[Das strukturierende Schema der physischen Handlungen]
Manuskript Nr. 603 ist undatiert. Wie man einigen Anzeichen entnehmen kann, entstand es frühestens 1936 und war vermutlich für »Die Arbeit des Schauspielers an der Rolle« bestimmt. Der Gedanke einer Verbindung von Ausbildung und Theaterpraxis beschäftigte Stanislawski in dem Aufsatz »Der Weg zur Meisterschaft« von 1937, abgedruckt in Ausgewählte Schriften, Bd. 2, Berlin 1988, S. 166ff., und im Kapitel »Die Kontrolle des Befindens auf der Bühne«, das er ebenfalls 1937 verfaßte. (Siehe: Die Arbeit des Schauspielers an sich selbst, Teil 2, Berlin 1963.)
282 Hier bricht das Manuskript ab. — Unter Überprüfung oder Kontrolle aller Elemente des Befindens verstand Stanislawski zu jener Zeit die sogenannte Toilette des Schauspielers, das heißt eine Reihe von Übungen, die die Ausdrucksmittel des Darstellers auf die bevorstehende künstlerische Arbeit einstimmen und dabei schöpferisches Befinden erzeugen, gleichgültig ob er nur eine Szene oder eine ganze Rolle in einer vollständigen Aufführung zu spielen hat. Die von Stanislawski überwachten Übungen dauerten 15 bis 20 Minuten. Er ließ sie gewöhnlich unmittelbar vor Proben- oder Aufführungsbeginn durchführen. Dabei befreiten sich die Darsteller von überflüssigen Verspannungen, belebten ihre Wahrnehmungsorgane, übten sich im »Weglassen« (im Handeln mit vorgestellten Gegenständen), im schnellen Finden eines notwendigen Arrangements, im Rhythmus und so weiter. Die Schlußübung verwandelte sich gewöhnlich in eine gemeinsame Etüde über die unmittelbare Vorgeschichte des Stückanfangs und führte die Darsteller dicht an die Bühnenhandlung heran.

INHALT

DIE ARBEIT DES SCHAUSPIELERS AN DER ROLLE
VORWORT (DIETER HOFFMEIER) 5
1. AUS NOTIZHEFTEN DER JAHRE 1911 BIS 1916 9
  »Eine Dummheit macht auch der Gescheiteste« 9
  »Mirandolina« 10
  »Mozart und Salieri« 17
2. DIE ARBEIT AN DER ROLLE (»VERSTAND SCHAFFT LEIDEN«) [1916–1920] 21
  I. Die Periode des Kennenlernens 21
  II. Die Periode des Erlebens 56
  III. Die Periode des Verkörperns 95
3. GESCHICHTE EINER INSZENIERUNG (PÄDAGOGISCHER ROMAN) 116
4. AUS NOTIZHEFTEN ENDE DER ZWANZIGER, ANFANG DER DREISSIGER JAHRE 182
  Über Bewußtes und Unbewußtes im Schaffen 182
  Über die Groteske 185
5. DIE ARBEIT AN DER ROLLE (»OTHELLO«) [1930–1933] . . 192
  I. Erstes Kennenlernen von Stück und Rolle 193
  II. Schaffung des körperlichen Lebens der Rolle 207
  III. Das Begreifen von Stück und Rolle (Analyse) 220
  IV. Prüfung des Durchgenommenen und Auswertung 248
  ERGÄNZENDES MATERIAL ZUR »ARBEIT AN DER ROLLE (›OTHELLO‹)« 258
  I. Rechtfertigen des Textes 258
  II. Aufgaben. Durchgehende Handlung. Überaufgabe 270
  III. Aus dem Regieplan »Othello« 275
6. PLAN ZUR ARBEIT AN DER ROLLE 289
7. DIE ARBEIT AN DER ROLLE (»DER REVISOR«) 292
8. AUS NOTIZEN DER JAHRE 1936 UND 1937 325
  Zur Bedeutung der physischen Handlungen 325
  Eine neue Art, an die Rolle heranzugehen 326
  Das strukturierende Schema der physischen Handlungen 330

ANMERKUNGEN 335

STUDIEN- UND AUSBILDUNGSLITERATUR
FÜR THEATER- UND FILMSCHAFFENDE
SOWIE ALLE, DIE ES WERDEN WOLLEN

AUS DEM PROGRAMM
DES HENSCHELVERLAGS

Konstantin Sergejewitsch Stanislawski

DIE ARBEIT DES SCHAUSPIELERS AN SICH SELBST

Band 1: Die Arbeit an sich selbst
im schöpferischen Prozeß des Erlebens
Band 2: Die Arbeit an sich selbst
im schöpferischen Prozeß des Verkörperns
864 Seiten, Leinen
DM 98,–, öS 765,–, sFr 99,–
ISBN 3-89487-000-1

Konstantin Sergejewitsch Stanislawski

AUSGEWÄHLTE SCHRIFTEN IN ZWEI BÄNDEN

Band 1: 1885–1924, Band 2: 1924–1938
1020 Seiten, Leinen
DM 75,–, öS 585,–, sFr 76,–
ISBN 3-89487-051-6

Konstantin Sergejewitsch Stanislawski
MEIN LEBEN IN DER KUNST

544 Seiten, Taschenbuch
DM 19,80, öS 155,–, sFr 20,80
ISBN 3-89487-030-3

Gerhard Ebert
IMPROVISATION UND SCHAUSPIELKUNST

Über die Kreativität des
Schauspielers

Überarbeitete Neuauflage
196 Seiten, Broschur
12,5 × 20 cm
DM 24,80, öS 194,–, sFr 25,80
ISBN 3-89487-172-5

Gerhard Ebert
DER SCHAUSPIELER – GESCHICHTE EINES BERUFES

336 Seiten, 57 Abbildungen, Leinen
DM 98,–, öS 765,–, sFr 99,–
ISBN 3-89487-039-7

Gerhard Ebert/Rudolf Penka

SCHAUSPIELEN
HANDBUCH DER SCHAUSPIELER-AUSBILDUNG

340 Seiten, 243 Abbildungen, Leinen
DM 39,80, öS 311,–, sFr 40,80
ISBN 3-89487-048-6

Egon Aderhold

SPRECHERZIEHUNG DES SCHAUSPIELERS
GRUNDLAGEN UND METHODEN

324 Seiten, 22 Abbildungen
geb. mit Schutzumschlag
DM 39,80, öS 311,–, sFr 40,80
ISBN 3-89487-004-4

Edith Wolf/Egon Aderhold

SPRECHERZIEHERISCHES ÜBUNGSBUCH

128 Seiten, Leinen
DM 16,–, öS 125,–, sFr 17,–
ISBN 3-89487-035-4